国殇

第五部

中国远征军
缅甸、滇西抗战秘录

陈立人 著

GUOSHANG

团结出版社

©团结出版社，2013年

图书在版编目（CIP）数据

国殇：中国远征军缅甸·滇西抗战秘录 第五部/陈立人著.-- 北京：团结出版社，2013.1（2026.1重印）
 ISBN 978-7-5126-1407-9

Ⅰ.①国… Ⅱ.①陈… Ⅲ.①国民党军－第二次世界大战－史料 Ⅳ.①E296.93②K265.210.6

中国版本图书馆 CIP 数据核字(2012)第 259207 号

责任编辑：韩　旭
封面设计：阳洪燕

出　　版：	团结出版社
	（北京市东城区东皇城根南街 84 号　邮编：100006）
电　　话：	（010）65228880　65244790（出版社）
	（010）65238766　85113874　65133603（发行部）
	（010）65133603（邮购）
网　　址：	http://www.tjpress.com
电子邮箱：	zb65244790@vip.163.com
经　　销：	全国新华书店
印　　装：	三河市东方印刷有限公司
开　　本：	170mm×240mm　　16 开
印　　张：	37　　　　　　字　　数：565 千字
版　　次：	2013 年 1 月　第 1 版　　印　　次：2026 年 1 月　第 12 次印刷
书　　号：	978-7-5126-1407-9
定　　价：	89.00 元

（版权所属，盗版必究）

前　言

丛林的记忆

中国远征军的最后枪声从这里消失，已经半个多世纪了。

缅北丛林，以及穿越丛林的著名的滇缅公路和中印公路，在宁静中送走了一个又一个春夏秋冬。

70年前，为争夺丛林，争夺道路，争夺生存而进行的那场战争，以日军的覆灭、中国远征军的辉煌胜利而告终。当时，有人称缅北抗日的胜利，是盟军会师东京的先声。也有人说，从缅北重新打通的国际通路，是直捣东京的胜利之路。

这是属于中华民族的胜利。

但是，人们在谈论胜利的时候，且不要把失败掩盖了。请记住，远征缅甸的作战是在经历了一系列惨败之后，才取得胜利的。

人们在给凯旋者授予勋章的时候，且不要把阵亡者遗忘了。请记住，茫茫丛林里、漫漫的公路下，曾经躺着中国远征军官兵不下10万具遗骸。

战争不可能没有遗憾，即使是一场胜利的战争。

当那场战争如火光雷电急促进行的时候，不管是起初在失败中挣扎，还是后来在胜利中行进，远征军的将领们都没有忘记，每打完一仗，一定吩咐部队把阵亡官兵的尸骨收拢起来，选块干燥点儿的地方安葬，并且留下伤兵看护陵墓。丛林里，公路旁，战争的风火轮滚滚向前，而在战火残灰中，也崛起了一串串坟包。

副总司令官杜聿明，在败退中身染重疾，对躺倒林中的官兵极为伤感，立誓要照料好烈士后事。

军长郑洞国,每到一处,必然拜谒烈士陵墓,他指天誓地,告慰亡灵:好弟兄,再等一等,仗一打完,一定把你们的遗骨迎回国内,葬到你们的家乡。说完,他又挥师向前。

师长孙立人,每安葬好一批阵亡者的尸骨,都献上一束野花,说,我们还在打仗,先让野花陪伴你们。你们听着,什么时候丛林里枪声停息了,什么时候我们来接你们。说完,他的吉普车又向着硝烟和火光开去。

师长廖耀湘,每看到阵亡官兵躺在阴暗潮湿的草丛里、荆棘中,止不住泪水模糊了眼镜片,说,委屈你们了,等打完仗再说吧!说完,他骑着战马迎着枪声而去。

心到神知。战争激荡之际,难为这些官长们还记挂着葬身异国他乡的亡灵。

可是,世事匆忙,命途多舛。人的誓言也不是都能实现的。缅甸之战还没打完,因为国内战场告急,1944年12月廖耀湘部首先紧急空运回国。1945年夏,缅甸的战火刚刚熄灭,国民党独裁者便在国内筹划内战,企图独吞抗战胜利果实。郑洞国和孙立人急如星火,奉命回国,投入反共、反人民的内战。

将军们万万没有想到,此次离开缅甸后,便再也没有机会回来。

命运捉弄了他们。

因为在缅甸创造了辉煌战绩,远征军部队作为精锐之师,被国民党独裁者投入最重要的内战战场。杜聿明、郑洞国、廖耀湘、孙立人先后被调往东北。

没想到,这些在缅甸抗日战场上曾经能征惯战、战功显赫的名将,在人民解放战争中是如此不堪一击,他们的军队随着国民党政权在中国大陆的失败而土崩瓦解。这是命运的捉弄?这是历史的警示?令人感慨欷歔!

然而,缅甸丛林里的数万亡灵,依然牢记着他们长官的诺言。他们天天等,年年盼。山中的野花开了一遍又一遍,满山的枯枝落叶铺了一层又一层。可是,仍然不见长官的踪影。就连当年奉命看护亡者的那些可怜的伤兵,在无望中也熬到了生命的尽头,把自己的尸骨留给了丛林。

昔日的旧坟旁又添了座座新墓。

现在，这片山林中，不管是当年壮烈阵亡者的坟头，还是守墓人后来留下的新墓，经过风雨侵蚀，岁月消磨，坟包平了，瘪了，塌了，埋到枯枝落叶之下。有的地方，甚至从坟穴中窜起了一棵参天大树。

于是，那些无家可归、没有着落的亡灵们在幽暗潮湿的丛林中到处游荡。风声是他们的叹息，雨点是他们的哀求，雷电是他们的怒吼：

"我们要回家！"

"我们要回家！"

半个多世纪了，他们依然水土不服，思乡心切。尤其叫他们不得安宁的是，在这片山林中，日军的鬼魂也在四处游荡，并且仗着数量上的优势，常常使中国官兵亡灵们处于不利境地，到了狂风大作、电闪雷鸣的时候，丛林中还会猝然响起阵阵喊声："冲啊！""杀啊！""打死他！""掐死他！"

那是中国官兵亡灵与日本官兵亡灵在搏斗。

呵！春去冬来，星移斗转，丛林外已是一个崭新世界。当今，天下尽管还不太平，但饱经战乱之苦的人类正在尽力消弭战争创伤。可是，在这片荒山野岭中，亡灵们还在剧烈对峙之中。

这不怪他们，他们属于半个多世纪前战乱的那一代。

现在，缅北那片曾经是野人出没的洪荒莽林，正在逐步开发利用，那曾经为战争而诞生的滇缅公路和中印公路，现在也成了增进国际友谊的重要通道。丛林里的故事一点一点被人们遗忘。但是沉默的山林，将目睹的往事深深地藏在自己的记忆之中。

你瞧，那棵歪脖子树，它那经磨历劫的躯干隆起的一个个包块里，紧紧包藏着当年日军打来的弹片。那棵枝叶繁茂的老榕树的树干上，"反攻缅甸，消灭鬼子"几个大字赫然在目，那是当年中国士兵用刺刀在树身上刻下的誓言。天长日久，随着大树一圈圈成长，那字也越来越大。那丛芒竹为何长得如此蓬勃旺盛，它很可能得到中国官兵白骨的滋润。那片野花，为何开得如此绚丽夺目，红黄蓝白，异彩纷呈，在它的底下，敢说没有中国士兵的热血浇灌？开山的犁铧翻出堆堆锈迹斑斑的钢铁，那是当年打日本鬼子的枪支。运载木材的卡车在当年一寸寸开辟出来的

公路上飞驰，车轮下吱吱作响，有人说，这是埋在路面下的中国官兵们白骨的声响……

呵，大丛林，你不可能磨灭中国远征军官兵浴血奋战的痕迹。

如今，中国远征军阵亡官兵的遗骨已经和缅北丛林融为一体。当年曾许下宏愿的官长们，一个个也都先后老去，不在人世。于是，缅北那片丛林成了远征军亡灵长久的坟地。

高高隆起的大山成了他们巍峨的坟头，蜿蜒而去的公路成了他们沉重的挽幛。春天，满山遍野的鲜花是献给他们的祭品；夏天，滂沱大雨是献给他们的奠酒；秋天，铺天盖地的落叶是献给他们的纸钱；冬天，峰峦之巅的积雪是献给他们的花圈。

这是一座天造地设、无与伦比的巨大陵墓。

遗憾的是，它同时也是一座没有碑记的坟地。

所幸，随着社会的进步，历史真相的回归，近年来，越来越多的人们开始关注当年缅甸丛林里所发生的战争事件，中国远征军的悲壮故事在越来越广的范围得到传播。"中国远征军"、"缅甸抗战"，也逐渐成为当今社会热词。甚至连远征军老将军们当年立了誓言，而来不及实施的迁回烈士遗骨这件大事，也得到积极推动。在社会各界、民间团体和热心人士的发起和推动下，2011年9月，有19位中国远征军烈士的遗骨分别从缅甸的密支那和西保墓地移回国内，厚葬于腾冲国殇墓园。

亡者在天之灵有知，亦当笑慰！

当然，这19个亡灵只是一支小小的先头部队，为数众多的远征军亡灵们回国的道路还十分漫长。

重要的是，已经有了开头！

2012年4月4日清明节

目 录
CONTENTS

上 编

第一章 战争的导火索

滇缅路：一条胜败攸关的国际运输线 / 3
车轮滚滚，10万精锐出征缅甸 / 11
蒋介石训诫：入缅作战能胜不能败 / 15
中英军联合作战，美国参谋长踌躇满志 / 20

第二章 同古城下的钢铁雄师

在缅甸南部狭长地带，日军向英军发起绞肉机式攻击 / 27
接过同古城防，戴安澜深深地吸了一口气 / 30
谁是中国远征军战场指挥官 / 34
皮尤河前哨战，中国军队给日军当头一棒 / 40
同古作战白热化，戴安澜写下遗书决心死战 / 44
危急关头，蒋介石命令第200师突围 / 51

第三章　平满纳会战的泡影

愚人节那天，史迪威与蒋介石就指挥权问题摊牌　/ 55

蒋介石再次入缅部署作战　/ 61

杜聿明心旌飘荡，决心在平满纳大干一场　/ 67

日军从东路偷袭，我军一个整师部队突然不见踪影　/ 73

第四章　仁安羌救援

孙立人出任缅甸故都卫戍司令　/ 81

傲慢的英军司令屈尊向中国军队求援　/ 86

7000 英军获救，孙立人获得一串盟军勋章　/ 95

第五章　曼德勒大溃退

战场情况瞬息万变，中国远征军阵脚大乱　/ 102

蒋介石连降金牌，遥控指挥，杜聿明回天无力　/ 106

日军攻占腊戍，掐住了中国远征军的咽喉　/ 111

总撤退，是中英指挥官下达的最没有争议的命令　/ 114

密支那失守，中国远征军归国之路又被切断　/ 120

第六章　归国无路

部署撤退，孙立人与杜聿明各持己见，不欢而散　/ **128**

焚毁战车火炮，新 22 师弃车上山　/ **133**

日军围追堵截，杜聿明部陷入野人山绝地　/ **138**

第 96 师辗转高黎贡山，回国之时只剩 3000 残兵　/ **143**

第七章　缅北茅邦传来噩耗

缅甸战败，惩办找不到人，奖励想起了第 200 师　/ **146**

戴安澜用良心打仗，毅然冒险北进　/ **149**

与友军失去联系，第 200 师孤军夜过南渡河　/ **151**

突遭日军伏击，收拢残部，却不见师长　/ **155**

遥望国境，将军倒在异国的土地上　/ **162**

第八章　孙立人率师退入印度

退往印度路上，到处是英军遗弃的战车火炮　/ **167**

新 38 师撤到印度，英国人无礼要求缴械　/ **171**

霍马林遭遇敌军，齐学启将军以鲜血书写传奇人生　/ **176**

参加盟军阅兵式，英国人对中国军队刮目相看　/ **179**

第九章　史迪威的雄心与困惑

韦维尔揶揄史迪威："将军脱险，值得庆贺" /183
"西瓜事件"，导致总司令与参谋长之间矛盾总爆发 /190
史迪威："我们没有被征服，必须打回缅甸。" /193

第十章　太阳浴血

在日军铁蹄下，缅甸乃至东南亚都在颤抖 /203
占领仰光，"皇军"兽性大发 /213
日军傀儡政府挂牌，缅甸百姓痛哭流涕 /219

第十一章　野性野人山

野人山里文明与野蛮的冲突 /226
人类由文明跌进野蛮，竟然就在一夜之间 /229
十来个玉米棒子的代价：多个士兵和野人死于非命 /237
野人山里的篝火：一个跨越文明的歌舞之夜 /240

第十二章　丛林里的女兵们

野人山里最为不幸的一群人　/244
猴子与人的战争：女人的最后防线崩溃　/246
饥饿和伤病夺走多少热血健儿的生命　/249
豸虫和瘴疠让细皮嫩肉的女兵们惨不可言　/252
大胡子男兵和5个女兵的生死征程　/256

第十三章　丛林大救援

杜聿明和他的部队挣扎在尸体横陈的丛林中　/267
总司令和参谋长闹僵，美国特使带来了耐人寻味的"口香糖"　/275
走出野人山，第5军残部没有一个像人样的人　/283

下 编

第十四章 沸腾的蓝姆迦

"打回缅甸去!"中国驻印军 X 部队发出了吼声 / 292
晨曦中,兵营里军旗飘扬,战歌嘹亮 / 299
"丛林食谱"让中国官兵长见识,长胆量,长本领 / 304
野人别动队:一支独特的抗日战斗队 / 309

第十五章 X 部队与 Y 部队

史迪威将军说,鱼儿已经上钩 / 315
从国内空运新兵,蓝姆迦兵营越来越热闹 / 321
中国军官被撤职,让蓝姆迦兵营炸了窝 / 326
组建 Y 部队,滇西成为对日作战前线 / 335

第十六章　印缅边境的战斗

反攻缅甸，"茶碟"计划和"长炮"计划相互打架　/ **343**
列多丛林里，藏龙卧虎，隐伏着数万精兵　/ **346**
日军策划新的战略进攻，缅甸在战栗　/ **348**
闯过"鬼门关"，密集的炮火把守关日军打蒙了　/ **353**
修筑中印公路，缅甸之战成为激烈的交通战　/ **358**

第十七章　英雄的独木林

中外丛林作战史上一场独特的战斗　/ **366**
"树顶战场"，敌我双方在一棵大树上展开搏斗　/ **373**
洞穴作战，敌方阵地紧贴我方阵地　/ **375**
大榕树像一根拴马桩，把日军死死拴住　/ **382**

第十八章　开罗的暖冬

丘吉尔的骄横态度，让蒋介石感到愤怒　/ **389**
剖陈利害，罗斯福把丘吉尔拉回缅甸丛林中　/ **395**
作为开罗会议参加国，中国代表团常常坐冷板凳　/ **401**
《开罗宣言》的发表，是中国人的盛大节日　/ **407**

第十九章　扬威胡康河谷

中国军队反攻缅北，打乱了日军的作战部署　/412
激战胡康河谷，X部队一路摧枯拉朽　/419
发起总攻，孟关城外尸横遍野　/426
水陆空立体作战，瓦鲁班日军防线彻底崩溃　/430

第二十章　攻占孟拱河谷

用两只拳头砸碎敌人的两只"大螯"　/438
斧与锯：征服丛林的两样利器　/442
廖耀湘的紫藤杖敲开敌重兵防守的索卡道　/446
孙立人的象脚椅，助他运筹帷幄巧妙用兵　/453
战场成了军需库，廖耀湘和孙立人通话：恭喜发财　/458

第二十一章　"眼镜王蛇"行动

密支那，中美军队锁定的下一个进攻目标　/461
中美特遣队的秘密行动和"摘除心脏手术"　/466
神兵天降，日酋尚在慰安妇的温柔乡中　/472
突袭日军机场，"威尼斯商人"款款而来　/476
"眼镜王蛇"行动成功！英国人颇为尴尬　/480

第二十二章 密支那攻坚战

首战失利,梅利尔身心交瘁无奈离任 /483
再战无功,麦卡门黯然去职 /487
第三轮攻势受挫,鲍特纳万分沮丧 /491
攻坚乏力,韦瑟尔斯忧心忡忡 /496
郑洞国临危受命,果断指挥,全歼守敌 /500

第二十三章 五月渡泸

对峙与冒险:日军向印度英法尔地区发动突然进攻 /509
斡旋与摊牌:蒋介石发出渡江作战命令 /513
"五月渡泸":Y部队10余万官兵突破敌人封锁,合击滇西 /520

第二十四章　滇西大反攻

腾冲攻坚：第 20 集团军令日军"黑风队"魂断古城　/528
松山之战：第 8 军 8 次进攻，3000"皇军"全员"玉碎"　/537
龙陵拉锯战：日军的"断"变为中国的"通"　/546

第二十五章　X+Y ＝ V

中国驻印军扩编与史迪威将军黯然去职　/554
X 部队攻占八莫、南坎　/559
第 11 集团军攻占芒市、遮放、畹町　/564
X、Y 部队胜利会师，中印公路全线打通　/566

后记 /572

主要参考书目 /574

上编

惨　败

●1941年12月23日，日军轰炸仰光，旋即出动地面部队向缅甸进攻，企图切断滇缅公路。

●应英国政府请求，1942年2月下旬起，中国远征军3个军共10万精兵入缅作战。

●1942年3月中、下旬，我第200师戴安澜部在同古城下与日军激战12昼夜，重创日军第55师团。

●1942年4月中旬，我新38师孙立人部奉命驰援仁安羌，解救英军7000余人。

●中英联军在缅甸作战失利。中国远征军分路撤退，损失惨重，3个军10万兵力，结果损失一半以上战斗人员。

●戴安澜将军在撤退途中重伤不治，胡义宾将军阵亡，齐学启将军被俘后遇害。

●战斗的结果，中国失去了重要的战略屏障缅甸，失去了至关重要的滇缅路，以及怒江西岸，包括腾冲、松山、龙陵、芒市、遮放、畹町等大片国土。

中国远征军入缅作战要图
1942年1~5月

原载:《远征印缅抗战》中国文史出版社出版

第一章 战争的导火索

滇缅路：一条胜败攸关的国际运输线

缅甸在历史上是一个风光旖旎、宁静、神秘、远离尘世纷争的佛教国度，但是在第二次世界大战中，却深深地卷入战火，兵连祸结。

战后日本防卫厅出版的关于缅甸作战的典籍中，第一句话就写道："缅甸这一地名给日本造成深刻印象，恐怕是从它作为援蒋路线之一，突然引起世人注目的时候开始的。"

这句话可谓开宗明义，一下点到了要害。其中讲到的"援蒋路线"，就是指以仰光为出海口的滇缅路。

1941年，当第二次世界大战的旋涡，把全球搅得天翻地覆的时候，缅甸却依然风平浪静。不仅如此，由于盟国援助中国的大批物资从仰光上岸，再经滇缅路运往云南，所以，仰光在世界大战的环境中竟出奇地繁荣起来。仰光港内，悬挂星条旗、米字旗，还有镰刀斧头旗的巨轮进进出出，各种军火物资堆积如山。滇缅路车水马龙。

仰光的平静和繁荣，完全不符合日本的愿望。1941年12月

日军轰炸仰光

23日圣诞节前夕，首批54架日本飞机空袭仰光。仰光港内硝烟弥漫，爆炸声震耳欲聋。轮船中弹起火，燃烧着的盟国旗帜从桅杆顶上飘落水中。轮船倾斜，沉没，激起巨大的水柱。火光映红水面。码头上堆积着的盟国援华物资燃烧。堆放汽车轮胎的货垛燃起大火。堆放弹药的货垛着火，接连爆炸。桶装汽油起火爆炸，巨大的火球腾上半空，码头成了一片火海。

日军的偷袭摧毁了仰光码头，瘫痪了城市，中断了滇缅路交通，举世震惊。这是继珍珠港事变后，发生在亚洲、太平洋战场上的又一重大事件。

缅语意为"战争终结"的仰光，自此成为一场新的战争的起点。

日本觊觎缅甸已经有很长一段时间了。中日之间的全面战争，从1937年"七七事变"到1941年，已经打了5个年头。贪婪的日本"皇军"已经占领中国大半领土，并且切断了中国大陆经中国香港、越南与同盟国的通路，包围了中国，但是仍然不能制服中国。日军大本营认为，滇缅路畅通、外国援助物资源源不断输入，是中国人不肯服输的重要原因。只有掐断滇缅路，才能最后置中国于死地。同时，缅甸和印度同是英国人的殖民地，攻占缅甸，进而夺取印度，可以彻底肃清英国在亚洲的势力，并实现日、德、意军队在中东地区会师，最终完成轴心国的全球战略。

因而，早在1941年春，日本大本营在制订庞大的南方作战计划时，便把太平洋和印度洋同时纳入他们的作战范围，确定日军未来的作战目标为"东面暂从威克岛经马绍尔群岛到俾斯麦群岛（尤其是拉包尔）一线，西面大致以缅甸作为重点保卫区域"。于是，居心叵测的日本军队在一只手伸向太平洋的珍珠港的同时，另一只手悄悄伸向更加深远的印度洋北侧的仰光港。

日军进攻缅甸的战车就这样不可抑制地隆隆启动了。

对坚持抗战的中国政府来说，缅甸的战略地位至关重要。抗战头几年，中国与盟国的联系主要有4个通道：东边的香港，南边的桂越和滇越铁路，西北的新疆，以及西南的滇缅公路。可是，后来香港和越南相继陷落，而疑神疑鬼的蒋介石不愿意走西北路线，他害怕苏联在运进军火的同时，把赤化思想也一起运进中国。他曾恼怒地训斥一位热衷于西北运输线的交通部次长，说："运，运，运，再这样下去，中国都成了赤色世界。"

因此，滇缅路成了中国巨人最后一根输血管。盟国援华物资，通过这条运输线，源源不断地运入中国。滇缅路是一个完备的运输体系。它北起昆明，南至仰光，包括仰光港、缅甸铁路和滇缅公路。援华物资从海路运抵仰光港，再通过铁路运至缅北的腊戍，在腊戍通过滇缅公路转运昆明。在这个交通体系中，滇缅公路尤为引人注目。

滇缅公路险要地段

滇缅公路，即中国云南通往缅甸的公路，自昆明起，途经楚雄、下关、保山、芒市至畹町出境，出境后接通缅甸境内原有公路至腊戍。滇缅公路在中国境内路段全长958公里。

抗日战争爆发后，为防止日军封锁，中国政府决定修建滇缅公路。公路工程于1937年底动工。政府紧急动员滇缅公路沿线近30个县约20万民工投入建设。因为青壮年大都应征入伍，所以民工中多为老人、妇女和儿童。滇缅公路穿越横断山脉，百分之八十路段处于山地和河谷，工程无比艰险。没有施工机械，全靠手工作业，移山填坑，推沙运石，压路的石碾也靠人工拉拽。1938年8月底，滇缅公路建成通车。中国抗日战场急需的战略物资由此源源运回。其中包括美国等盟国援助、中国政府在国外购买以及海外华侨捐献的战略物资。据统计，从1939年初至1940年6月间，滇缅公路平均每月运入的军用物资约1万吨。1941年全年运入的军用物资及其他各类物资达13.2万多吨。而1941年11月的运输量，达到1.75万吨，成为滇缅公路开通以来的最高运输纪录。

日军处心积虑切断滇缅公路。1940年，日军占领越南，切断滇越铁路后，专门成立了"滇缅路封锁委员会"。日军飞机以越南为基地，轰炸滇缅公路。1940年10月起，半年时间里，日军共出动飞机四百多架次，轰炸滇缅公路上的桥梁，使滇缅公路多次中断。

麻烦还在于缅甸是英国的殖民地。中国和英国在历史上结怨甚多，鸦片战争的阴影一直笼罩着东西方这两个大国。英国人习惯于用殖民主义者高傲的眼光看待中国，对中国不屑一顾。而在中国人看来，大英帝国现今已经日薄西山，成为垂死和没落的象征，英国人现在只配说，他们的祖先曾经如何威风过。

中国与英国合作是一件困难的事情，在缅甸战场尤其如此。1940年6月，日本扬言，英国如果继续让美援物资通过滇缅公路运入中国，他们将拿香港和新加坡进行报复。小日本一句话，把大英帝国吓得直哆嗦。

抢修滇缅路的中国劳工

果然，他们不顾中国和美国的强烈反对，从1940年7月起，封闭了滇缅路，把蒋介石憋得上气不接下气。后来，日本人当面扇了英国人的耳光，同年9月日军攻下越南，直接威胁英国在亚洲进行殖民统治的香港、殖民地马来西亚和新加坡。英国人恼羞成怒，这才重新开放了滇缅路。

即使开放滇缅路，英国也不断从中捞油水，刮地皮。1940年12月，竟把美国援华的150辆道格拉斯大卡车和一船军火，从仰光港扣了下来，据为己有。

只不过拿英国与日本比较，英国是个小偷，日本则是强盗。为了对付强盗，有时要与小偷结盟。中国人这么想。

缅甸是英国的殖民地，英国人不会眼巴巴地让这只金孔雀落入日本之手。滇缅公路是中国的输血管和生命线，中国人绝不能让日本鬼子从仰光爬上岸。面对日军咄咄逼人的攻势和迫在眉睫的危机，共同的命运和利益，促使中国和英国两个巨人相互伸出了援手。

联合英国，共同保卫缅甸，中国政府从一开始就表现出极大的热情。1941年1月，中国国民政府派出了以商震为团长、林蔚为副团长，团员包括杜聿明、侯腾等高级将领在内的军事考察团，考察了同是英国在亚洲殖民地的缅甸、印度、马来西亚，提出了中英共同防御方案。

为应对滇缅路可能出现的危机，同年7月，中国国民政府统帅部将精锐的第5军、第6军调入云南，并开始组建第66军。同时设立军事委员会驻滇参谋团，负责筹划中国军队入缅作战事宜。

英国政府也面临着重大危局。英国军队在德军的紧逼下，于1940年5月从敦刻尔克大撤退，之后，英军致力于本土防御，无力分兵守卫远东地区殖民地。此时他们需要借助中国的力量与日军抗衡。

在这种情况下，英国人只好响应中国政府的呼吁。英国政府任命丹尼斯少将为驻华武官，开始酝酿中英军事同盟。之后，英军驻印度总司令韦维尔上将，驻缅甸总司令胡敦中将，英属新加坡总督波普汉相继访华。英军还派出一批军官来华学习游击战术。

英国人三心二意，骨子里还是瞧不起中国。蒋介石却信以为真，跃跃欲试。韦维尔上将在重庆访问的时候，蒋介石曾对他说：

"中英两国，不可有一国失败。如果贵国需要，我国可派8万精兵入缅作战。"

没想到,独眼将军韦维尔,正眼也不瞧他一下,回答说:

"如果由华军解救缅甸,实在是英军的耻辱。"

蒋介石一辈子也忘不了独眼将军的这句毒话。他在自己的日记里写道:

"英国人狂妄无知,愚不可及,实不足与之共事。"

之后,他将商震等人提出的中英共同防御滇缅路方案束之高阁,并再也不愿意晤见"一身生牛肉味"的英国佬。

1941年12月7日,星期日。日本偷袭珍珠港。美国太平洋舰队几乎全军覆没。

日军袭击珍珠港

已被日本小太阳烤得发烫的亚洲、太平洋地区,一下又升高了不少热度,地球的运转好像都加快了。

太平洋东岸,美国举国上下沉浸在极大痛苦之中,罗斯福在国会大厦发表广播演说,对日宣战。

太平洋西岸,中国陪都重庆,却一片欢腾。"美国终于和日本打起来了","日本祸水终于撞向太平洋了"。国民党政要们奔走相告,拍手称快。

美国参战让蒋介石极为振奋。事件的当天,他召开国民党中央常委特别会议,决定对日宣战(中国全面抗战已进行4年多,国土沦陷大半,国民党一直没有正式对日宣战）。同日，他向罗斯福建议成立中、美、英、苏、荷、澳等国军事同盟，共同对付日本。

12月26日，中英两国政府在重庆签订了《中英共同防御滇缅路协定》，建立军事同盟。

同日，中国国民政府军事委员会下令组建中国远征军，下辖第5军、第6军和第66军，共3个军约10万兵力。其序列如下：

中国远征军长官部（总司令卫立煌、副总司令杜聿明）

第5军（军长杜聿明兼）

第200师（师长戴安澜）、新22师（师长廖耀湘）、第96师（师长余韶）

第6军（军长甘丽初）

第49师（师长彭璧生）、第93师（师长吕国铨）、暂55师（师长陈勉吾）

第66军（军长张轸）

新28师（师长刘伯龙）、新29师（师长马维骥）、新38师（师长孙立人）

此外，依据国民政府军事委员会军令部拟订的确保滇缅路作战计划，在云南还部署了第52军、第71军、第79军等部队，作为第二线兵团。在云南境内，国民政府共集结了近20万兵力。曾经是抗日后方的云南，一下成了集结强大兵力，随时准备出击的抗日前线。

此期间，罗斯福、丘吉尔邀集26个国家首脑，举行了历史性的华盛顿会议。会上，美、英、苏、中四国领衔签署了《对法西斯轴心国共同行动宣言》（又称《联合国家共同宣言》），中国开始跻身于世界四强地位。蒋介石在日记中写下当时无以复加的兴奋心情：

我国签字于共同宣言，罗斯福总统特别对宋子文表示：欢迎中国列为四强之一。此言闻之，但有惭惶而已！

12月31日，经罗斯福提议，盟军设立中国战区，由蒋介石任战区总司令，指挥在中国、越南、泰国的盟军作战。当盟国代表把委任证书送达重庆，请蒋总司令签字时，他的双手神经质地剧烈颤抖，足足有半分钟，才把"蒋中正"三个字写了上去。

世界大国领袖的地位，盟军战区统帅的头衔，还有那如潮水般涌来的美援物资……

　　珍珠港事变后，不到一个月的时间，蒋介石做了多少年的梦一个一个实现了。如此看来，事变的当天，山城重庆那种把别人的丧事当喜事欢庆的反常景象，实在是情理中的事。

　　对中国远征军入缅作战，英国人有太多的犹豫和顾虑。在战况紧急的时刻，他们想请中国军队协防缅甸，抵抗日军，同时又担心中国军队入缅会惊扰他们的殖民地美梦。所以，他们不断地拖延中国军队入缅的时间。

　　中国政府曾于1941年12月11日向中国远征军下达入缅作战动员令，命令第5军向保山集结，命令第6军克日完成入缅准备。旋即，又因"英方表示第5军及第6军主力暂时毋庸入缅"而中止。

　　可是，日本人的进攻步伐坚定不移。日军自1941年12月23日轰炸仰光后，随即展开对缅甸的地面进攻。早已集结在泰国境内的日军第55师团先遣部队，于12月28日突破泰缅边境，向缅甸南部地区出击。次年1月19日，日军击溃英军第48旅守备部队，攻占缅甸南部的土瓦和耶城。1月31日，日军攻占缅南军事重镇毛淡棉。日军陆上进攻锋芒直指仰光。

　　英国人这才慌了手脚。英国政府向中国政府请求"速派军队入缅参战"。1942年2月26日，中国政府向中国远征军部队再次下达入缅作战命令。中国远征军终于正式向缅甸进军，投入对日作战的国际战场。

1942年，滇缅公路　　　　抢修滇缅公路的中国劳工

车轮滚滚，10万精锐出征缅甸

中国远征军挥师出征的那一天，场面何等壮观，阵容何等威武，气概何等昂扬：

空中有盟国的飞机掩护。地上车轮滚滚，马达雷鸣。上千辆各式各样的军车，坦克车、拖炮车、弹药车、步兵输送车、救护车、通信车、辎重车，还有从缅甸赶来协助运兵的英国红头大卡车，犹如钢铁巨龙，沿着滇缅公路，出保山，渡怒江，过龙陵，越芒市，直奔国门畹町而去。

滇缅公路上突然出现的这支机械化部队，其规模、质量，在中国战争史上是空前的。远征军序列内，全是国军中的精锐。尤其第5军，是中国第一个机械化军，王牌中的王牌。不久前，在昆仑关战役中牛刀小试，全歼日军一个旅团，可谓声威正隆。出征缅甸，英国人专门点了第5军的将。

隆隆而去的战车、大炮，都是近年从国外购买，以及苏联和美国援助的新式装备。一点点积攒起来的这点老本，蒋介石曾紧紧地攥在手心，轻易舍不得用。如今，走上国际战场，蒋总司令一咬牙，抖出来了！

中国远征军部队跨出国门奔赴缅甸战场

滇西是块多情的土地，民风淳朴且崇尚武功。老百姓听说中国军队出国作战，备受鼓舞。多少年来，中国人只有在自家门内受人欺负的份儿。现在，跨出国门，到缅甸打鬼子，中国也有今天！

部队出征的这一天，各族民众闻风而至，围拢到道路两旁，为远征官兵壮行。当地的头人按习俗，在路口摆香案，垒祭台，由祭师主持，杀牲献祭。军车一停，各族男女老少，一拥而上，献米酒，敬山茶，递纸烟，犒劳官兵。沿途，人山人海，欢腾雀跃。出征的官兵热血奔涌，斗志昂扬。进军路上，飞出激昂的远征军战歌：

　　枪，在我们肩上，

　　血，在我们胸膛。

　　到缅甸去吧，

　　走上国际的战场。

远征军出征，蒋介石虽不能亲躬其事，但是，他的画像代表总司令本人为官兵壮行。矗立在畹町桥头的巨幅画像中，蒋介石威风凛凛，顶天立地。他脚蹬马靴，腰挂佩剑，肩披黑色披氅，就像一面迎风飘扬的战旗。面对南边那片狼烟四起的丛林，他那夸张了的右手，凌空一挥，直指前方。巨臂之下，是两行斗大的字：

　　驱除倭寇

　　收复缅甸

乘坐卡车开往前线的中国远征军士兵

在蒋总司令炯炯目光下，中国远征军官兵喝下当地民众献上的最后一杯壮行酒，便雄赳赳地跨出国门。坦克、大炮、汽车，一队接一队，跨过畹町界河大桥，开入缅甸国土。

2月里，战争尚远在南方。缅北春光明媚，一片宁静。野花遍地怒放，牛羊在山坡吃草，高大的棕榈树在春风里摇曳着美丽的身姿，气势非凡的佛塔在蓝天下大放异彩，竹楼里升起缕缕炊烟，山坳中不时传来姑娘和小伙子情意缠绵的歌声。

在美丽神奇的异国土地上，中国远征军风驰电掣，全速南行。农田、村落、古树、佛寺，从眼前一闪而过。经过繁华市镇时，穿得花花绿绿的当地华侨，打着小旗夹道欢迎，一盒盒香烟，一包包糖果，一束束鲜花，雨点一样抛到车上，"欢迎中国远征军到缅甸打仗"的呼号在风中回荡。异国情调，英雄式进军，真让人激情奔涌，热血沸腾，官兵们甚至忘记，他们是迎着炮声而去的。

最先向缅甸战场开进的是中国远征军第5军之第200师。这个师是中国军队中的第一个机械化师，战功显赫。它的前身是国民政府军事委员会直属战车营，1937年3月，该营与交通兵第2团装甲汽车队合编为装甲兵团，杜聿明任团长。1938年1月，该团于湖南湘潭扩编为第200师，杜聿明升任该师首任师长。它由2个战车团、2个摩托化步兵团，以及汽车团、工兵团、炮兵团、搜索装甲团组成，装备有苏式9吨半重型坦克、英式6吨半威克斯中型坦克和意大利2吨半菲亚特轻型坦克。这些"铁家伙"就是当时全军战车部队的全部家底。同年11月，杜聿明升任副军长，在杜聿明的举荐下，原第89师副师长戴安澜继任师长。1939年冬，第200师作为第5军主力，与荣誉第1师、新22师投入昆仑关大战，消灭了号称"钢军"的日军第5师团主力部队，击毙日军第5师团第12旅团旅团长中村正雄。第200师初试锋芒，为国人瞩目。

现在作为入缅作战的前锋，第200师的官兵们，正意气风发地杀上国际战场。

进军路上，第200师师长戴安澜心情极为激动。

戴安澜，安徽无为人。字衍功，号海鸥。早年就读于安徽公学。1926年黄埔军校第三期毕业。后随国民革命军参加北伐。1932年冬，任第25师之第145团团长，率部移防抗日前线北平。1933年3月，在长城古北口抗击日军。1937年卢沟桥事变爆发，任第25师之第73旅旅长，参加平汉线、台儿庄等战役。1938年5月，因功晋升第89师副师长，参加武汉会战。1939年1月，升任第200师师长，后率领所部参加了昆仑关会战，建立卓越战功。

戴安澜将军

但见沿途山峦起伏,林木葱茏。道路两旁,芸香草遍地开花,香味扑鼻。戴安澜不禁神思飞扬。

他想起,出征之前,部队在云南保山集结期间,他曾拜谒了武侯点将台。诸葛亮南征的历史佳话,在当地广为流传。传说,当年诸葛亮远征南蛮时,瘴烟大起,军中人马病死无数。后得仙人指点,自山中采摘薤叶芸香,每人口含一叶,则瘴气不染,病患全除,遂大败孟获。待诸葛亮回师北返,蛮人留之。诸葛亮告慰道,吾将重来。蛮人问重来之期。诸葛亮指着遍山的芸香草说,此草开花之期,则吾重来之时矣。

芸香草为滇西缅北特有,高可达1米,叶子有特异香味,可入药,性温,有驱寒祛湿、行气止痛、防腐杀菌之功用。

芸香草原本极少开花,百年难得一遇。今年春天,中国远征军进兵缅甸,正巧芸香花竞相开放,灿如云霞。戴安澜挈兵远行,壮志凌云,又见仙草开花,迎迓王师,不禁心血来潮,进军途中吟成了豪迈诗句:

> 万里旌旗耀眼开,王师出境岛夷摧,
> 扬鞭遥指花如许,诸葛前身今又来。

> 策马奔车走八荒,远征功业迈秦皇,
> 澄清宇宙安黎庶,先挽长弓射夕阳。

然而,对中国远征军来说,缅甸是一个既陌生又充满危险的战场。偏偏中国军队又是一支完全没有国外作战经验的军队。

深入缅甸境内,不断接触到一些令人不安的情形,中国官兵方才明白缅甸原来是一个十分凶险的战场。

缅甸地形复杂,高山环列,河流交错,茂密的热带丛林遍于全境,交通十分困难。这些情况对机械化部队运动作战不利。炎热的气候,也叫人难以忍受。虽然是春季，气温常常高达40摄氏度。中国军队缺少热带作战的装备，有的官兵还穿着厚厚的冬装。

日军虽然尚远在缅甸南部，但是，其奸细已经渗透到北方。一般来说，缅甸老百姓对中国没有夙怨，但他们恨英国人。英国殖民者已经统治缅甸一百多年。日本人心怀叵测，到处张贴传单，蛊惑人心地散布"是赶走万恶的英国人的时候了"，"日本军队帮助缅甸独立"。

这种话要是日本人自己说，老百姓恐怕不大相信，但他们收买了不少缅甸和尚，让和尚帮腔。缅甸是个佛教国家，和尚的话就是佛爷的话。于是，老百姓开始倒向日本人一边。中国远征军所到之处，除了华侨外，当地缅人闻风而逃。对此，官兵们大惑不解：我们来帮你们打日本，你们跑什么呢？

中国军队哪里知道，在缅甸百姓的眼里，自己已被当成英国佬的帮凶。

谁也不知英国人葫芦里卖的什么药。铁路在他们手里，输送中国军队的列车走走停停。有时火车头莫名其妙地被调走。中国官兵被撂在铁路上，一等就是好几个小时。与此相反，一列列满载英军的列车在仓皇后撤。而缅奸到处捣乱，放火、投毒、挖铁轨、袭军车，搞得鸡犬不宁。

中国军队语言不通，地形不熟，气候不适，情报不灵，这时才强烈地感觉到：我们原来是一支外籍军队，在别国土地上打仗。

蒋介石训诫：入缅作战能胜不能败

中国远征军挥师出征，在缅甸之战即将打响的重要时刻，3月1日，蒋介石偕夫人从昆明飞抵缅甸腊戍。

当日，腊戍机场。停机坪前，缅甸英国殖民当局的官员忙碌着，准备迎接贵宾。一支身着红衣黑裤、肩挎武器的英缅军仪仗队列队完毕，旁边还有一支手持风笛的乐队待命。

英国政府委任的缅甸殖民地总督史密斯勋爵和新任驻缅英军总司令亚力山大上将在草坪上等候。亚力山大将军是几天前刚从英国派到缅甸的。不久前，他因为在欧洲战场指挥了敦刻尔克大撤退而声名大噪。当

缅甸面临危局，丘吉尔又把他派到亚洲战场。今天，他身穿礼服，胸前佩戴勋章，神态高傲。

史密斯抬头望望天说："天气真好。"

亚力山大："一个有意义的日子。"

他望着列队等候的仪仗队，接着对史密斯说："总督先生，你把他们也派来了，太铺张了吧？现在是战时，大元帅只是到前线视察他的部队。"

史密斯："不，不，将军，中国人是最讲礼仪的。况且，人家把机械化部队都派来了，难道我们还派不出一支仪仗队？哈哈！"

一队汽车驶来，停稳。中国远征军副总司令杜聿明从雪佛莱轿车上走下。

杜聿明将军

杜聿明，字光亭。1904年11月出生，陕西省米脂县人，1924年6月入黄埔军校第一期学习，毕业后在国民革命军东征中初露头角。1933年以副师长身份指挥长城古北口对日战斗，激战三昼夜，歼敌2000余人。1937年5月，杜聿明受命组建国民政府陆军第一个装甲兵团，首任装甲兵团团长。8月率部参加淞沪会战。1938年7月任第200师师长。1939年11月任第5军军长，率部参加桂南会战，在昆仑关重创号称"钢军"的日军第5师团，歼灭日寇4000余人，击毙敌旅团长中村正雄。1942年2月任中国远征军副总司令长官兼第5军军长，率部参加缅甸对日作战。

杜聿明上前与史密斯和亚力山大见面。

史密斯："中将阁下，你来晚了啰！"

杜聿明看了一下手表说："尊敬的先生，我不晚，是你早了。"

亚力山大傲慢地："我们是主人嘛。"

天空传来轰鸣声。一架飞机飞临机场上空,逐渐降落,滑行,停稳。

舱门打开,蒋介石和夫人出现在舱门口。蒋介石身披米黄色披风,站在舷梯上,招招手,开始走下飞机。宋美龄身穿旗袍,手挽蒋介石,款款而下。国民政府军事委员会外事局局长商震等随后。

杜聿明快步上前,在舷梯下,向蒋介石和夫人行军礼。蒋介石还礼。

杜聿明向蒋介石和夫人逐一介绍英方军政官员。

两位缅甸妇女上前为蒋介石夫妇各撑一把遮阳伞。史密斯和亚力山大陪同蒋介石夫妇检阅仪仗队。乐队吹奏英格兰风笛。蒋满意地挥挥手。

检阅完毕,蒋介石夫妇、史密斯总督登车离去。中英官员登车紧随其后。车队驶离机场。

蒋介石夫妇下榻在腊戌波特酒家。这是两层砖石结构的豪宅,客厅内全是缅式陈设。

蒋介石站在窗前,眺望窗外景象。窗外可见腊戌街景和远处的佛塔。

宋美龄走了过来,颇为感慨地说:"一个佛教国家,就要陷入战火。真可惜!"

蒋介石仍望着窗外:"东洋人搞得人神共怒,不会有好结果的。"

说完,蒋介石转过身,商震和杜聿明肃立在旁。蒋坐下。侍者端上茶水。

蒋介石呷了一口茶,说:"杜副总司令,你报告一下部队的情况吧。"

杜聿明:"是,校长。自2月16日接到入缅命令后,我远征军部队即开始行动。目前,在中路,先头部队第200师已进至腊戌,并控制了机场,以及铁路和滇缅公路北段。在东路,第6军前锋也陆续进入缅甸景东地区。"

蒋介石:"很好。此次远征,目的在于保卫滇缅路,维护我国与盟国的陆地联系,巩固战略后方。"

蒋介石站了起来,在室内踱了几步,接着说,"参战之第5军、第6军是全军精锐,武器也是最好的。在国内战场,我也不轻易动用这两支部队,现在,将他们投入缅甸战场,因为滇缅路过于重要。我国抗战已经四年,人力物力损耗巨大,我们必须得到盟国援助,我们不能没有滇缅路。此役只能胜,不能败。"

蒋介石与宋美龄

杜聿明颔首:"学生懂得了。"

坐在蒋介石旁边的宋美龄,向杜聿明投来期待的目光,说:"委员长把你派到缅甸战场,你肩头责任重大呀!杜将军。"

杜聿明以感激的目光望着蒋介石夫妇:"学生绝不辜负校长的栽培。"

蒋介石走到杜聿明面前,以犀利的目光直对着杜聿明,说:"此次缅甸作战,是鸦片战争以后,中国军队第一次在国外打仗。此役,关系抗战成败,关系我国国际声望,关系中华民族存亡。现在作战部署已定,我远征将士,须抱决战决胜、成仁取义之心志,拼杀沙场,报效国家。出国前,虽然发表卫立煌为远征军总司令,但他一时脱不开身,不能到任,你以副总司令代行总司令之职,要负起责任来,要在缅甸打胜仗,让盟国知道我们中国军队是能打仗的。你有信心吧?"

杜聿明立正,挺直胸膛:"学生对缅甸之战,有必胜信心。日军不足惧。只是,头一回在国外作战,和英国人做盟友,我担心英国人。"

蒋介石说:"说得对,英国人不是好打交道的。"

宋美龄接着说:"英国人一贯自私,傲慢,殖民主义思想严重,中英两国历来隔阂很深。"

商震说:"此次出兵,英国人就设了不少障碍。"

蒋介石说:"在机场见到的亚力山大,就是指挥了敦刻尔克大撤退的那个英国将领吧?"

商震说:"是的,委座,正是他指挥了那场大撤退。上个月,他刚被派到缅甸,担任驻缅英军总司令。"

蒋介石说："防卫缅甸，是中英两国共同利益所在，英国人必须出力，不能耍滑头。为了便于和英军协调指挥，我把史迪威将军请到缅甸来。史迪威将军什么时候到？"

商震报告道："史将军已到印度，后天就能到达腊戍。"

蒋介石说："嗯。"

大战在即，蒋介石亲临前线部署作战，足见他对缅甸作战的关切。到达腊戍的次日，蒋委员长召见了第200师师长戴安澜。见过面，蒋介石询问缅甸日军情况和我军到达位置，戴安澜一一作答。蒋指示，"你先开一团至腊戍，其余待命"。当晚，蒋介石又召见戴安澜，并与之共进晚餐。蒋夫人在座。戴安澜是黄埔三期学生，蒋介石的爱将，在即将打响的缅甸作战中身负重任，自然得到委座的格外垂爱。席间，蒋介石指示戴安澜，"部队在腊戍集齐后，每天向前开出一个团，至平满纳、同古占领阵地"。

3月3日午后4时，蒋介石在住处召集入缅作战军高级官长训话。接受训话的官长有：军委会外事局局长商震、联勤部部长俞飞鹏、军令部次长兼军委会滇缅参谋团团长林蔚、空军司令周至柔、远征军副总司令兼第5军军长杜聿明、第6军军长甘丽初、第200师师长戴安澜、暂55师师长陈勉吾等。

蒋介石在训话中首先指出，此次第5、第6两军出国作战，因地形生疏，习惯不同，后方组织尚未完成，心中颇难自安。故亲来缅甸主持指导。

他接着强调，我军此次在缅甸作战，缅甸多森林，故对森林战，应详加研究，日寇蓄意侵略，其对南洋一带地形地物，苦心研究，对森林研究尤为深刻；英军对此淡然置之，并未注重。故寇军得以少数迂回至英军后方。我军此次对森林作战，应特别注意并预先实地演练。

对缅甸作战的战术原则，委员长也做了详细分析和规定，他说，我军之作战指导，应视敌情而定：

1. 在第5军之集中尚未完成，敌人即已占领仰光时；
2. 第5军在集中期间，敌人毫无行动，仍停滞于锡唐河两岸时；
3. 第5军之主力两师，已集中在同古，而敌已进占仰光时；

4. 在第5军主力未集中完毕，敌寇即进攻同古时。

在第一种情况时，应侦察占领仰光敌寇兵力之大小，以决定我对仰光反攻与否。若敌兵力小，则我可即行反攻；第200师尚须三四日方可开拔完毕，可兼开战车一部，以利作战；若敌占领仰光已久，其海、陆、空军已有联络，则我攻击困难；但敌兵力若在两师以内则我仍可反攻。若有三师，则反攻不易矣。故第5军主力两师，仍应在后方集中，视情况而定作战方略。但同古之机场，应予固守。

在第二种情况时，则应对勃固河东岸之敌攻击或歼灭之。

在第三种情况时，其发生当在10日之后，此时如敌为一师，我应对其反攻。

在第四种情况时，则第200师应死守同古，一俟第5军大部集中，即行反攻。

第200师到同古后，应注意敌情侦察，并与友军联络，可多制缅人便衣，以便进入森林及敌后侦察作战，并宜雇缅人带路。

第5军对敌之攻守，须视敌军兵力多少及占领仰光之久暂为断。如敌兵力在一师以内，且方占领仰光，我第5军已集中二师兵力，则可进攻，如敌兵力在二师以上，占领仰光时间已逾一周，即不宜强攻。

最后，蒋介石说，3月10日，为日寇之陆军节，据报日寇将于3月10日以前占领仰光，故再观察一周即可知寇之动向如何。我军此次在国外作战，可胜不可败；故在未作战之前，应十分谨慎，侦察敌情十分明了，一经接战，则不计一切牺牲，以期必胜；第5军之两师，应在畹町附近集中，以待军部及直属部队到达，一同入缅作战。

真可谓耳提面命，叮嘱再三。

中英军联合作战，美国参谋长踌躇满志

当蒋介石在腊戍向远征军将领训话之时，作为远征军前线指挥官的史迪威将军尚在赶赴腊戍的途中。

任命史迪威将军为盟军中国战区参谋长，并委以中国远征军在缅作

战指挥官之重任,是蒋介石担任盟军中国战区总司令后,经过深思熟虑采取的一个重要步骤。蒋介石虽然被封为中国战区总司令,负责中国、越南、泰国战事。但是,在他出任总司令之前,法属越南在日军武力逼迫之下,1940年9月22日已同日本缔结了"友好条约"。1942年12月8日,泰王也同日军订立"城下之盟"。就连中国,也已被日军占去多半。蒋介石实际上只能指挥小半个中国,出了重庆和中国西南一隅,总司令就号令不灵,鞭长莫及了。

而眼下正要展开的缅甸战场,划归盟军印缅战区,总司令正好是那位蛮横无理、目中无人的英国独眼将军韦维尔。显然,缅甸的事情,蒋介石不能过多指手画脚。

鸦片战争都结束一百年了,难道在缅甸又要让英国佬骑到中国人头上来?蒋总司令决意不让英国人染指中国远征军。

权衡再三,蒋介石决定请罗斯福总统给中国战区派来一名参谋长,负责指挥入缅中国军队。他认为,虽然美国人和英国人都是大鼻子,但是美国大鼻子比英国大鼻子还要大一号。把远征军交给美国人指挥,在英国人那里才不会吃亏。蒋介石还想到,他这个总司令是罗斯福总统抬举的,请美国人当参谋长,对罗总统是个报答。而且,今后由这位美国参谋长出面替中国讨要美援物资,国会山这个坎也许更容易迈得过。

蒋介石是上海证券交易所造就出来的,他的每一笔买卖,必须有三个以上的赚头。

蒋介石把这件事委托给宋子文。中国国民政府的这位外交部部长现在常住华盛顿,专门办理中美外交。在电报中,蒋介石特别提醒宋子文,想法子用巧妙的外交辞令,把如下意思暗示给罗总统——

请选派一位对中国过去的事情不甚了了的人来,以免他用看待旧军阀的眼光,看待今日的中国。

说穿了,蒋介石要的是一位不必有什么才华,而只须效忠于总司令本人的大鼻子参谋长。

真是精明过人,滴水不漏!难怪外国人说,蒋介石是20世纪最诡计多端的独裁者。有的外国来访者,看到蒋介石那光溜溜、令人捉摸不透的脑袋瓜后评论说,全世界找不出第二颗这样好使的脑袋。

参谋长派来了。

不过,这是一位蒋介石所熟悉的"大鼻子"。就任中国战区参谋长的史迪威将军,是一位中国通,除了鼻子是美国式的,全身上下都是中国味儿。一位东方化了的西方人,并且年龄还比蒋介石大4岁。这与总司令本意完全相悖。

约瑟夫·史迪威将军,1883年出生于美国佛罗里达州。1904年毕业于西点军校,在此之前,还上过弗吉尼亚军校。从西点毕业后,被美军派往菲律宾第二步兵团服务。1911年,他途经中国,在北平住了13天,目睹辛亥革命风暴。他对中国开始产生深刻印象。他将辛亥革命与美国南北战争时期相提并论,寄予期望。第一次世界大战中,他在潘兴大将率领的美国远征军中做情报工作,踏遍了法国北部地区。1919年至1923年,史迪威第二次来华,充任北京美军语言教官,恰逢五四运动,他混在外国留学生队伍中,整天活跃在北京街头。事后,他将五四运动的情况,给美国国防部提交了一份很有见地的详细报告,得到上司的赞许。1925年回国,入指挥参谋学校,与艾森豪威尔同级。

史迪威将军

1926年至1929年,他第三次来华,任美军驻天津第15步兵团营长,马歇尔当时任该团执行长。二人从此结下友情。史迪威生性好动,北伐时期,他走遍中国北方数省。时而坐吉普车,时而骑马,甚至还坐过陕北的老牛车。张作霖的奉军、阎锡山的晋军、吴佩孚的直系军队和冯玉祥的国民军,他都去过,甚至在冯玉祥部队的士兵帐篷中睡过觉。他对中国军队摸得透,对军阀们了如指掌。哪派军阀和哪派军阀有什么夙怨,有什么瓜葛,有什么默契,哪派军阀走的什么路线,以哪个国家为靠山,他都清楚,甚至军阀老爷们个人志趣、传闻逸事,也能津津乐道。

这就更犯蒋介石的忌了。

不过，史迪威对蒋介石本人并无烦言。1937年，史迪威第四次来到中国，就任美国驻华使馆武官，不久，卢沟桥事变爆发，国共合作抗日。1939年，史迪威离任回国时，在重庆拜谒了蒋委员长，他同蒋介石夫妇虽然只会晤了15分钟，但会晤是愉快的，互相都留下了良好印象。轻易不说别人好话的史迪威在日记中写道：

> 会晤非常融洽。俩人看上去都非常健康。他们都相当坦率，给了我一张蒋介石签名的照片，并向我表示赞许。

所以，两年多后，当史迪威的老上司、美国陆军参谋长马歇尔，在把他推荐给蒋介石做参谋长之前征求意见时，以他的昵称问道："乔，准备派你去中国，行不行，24小时后回答我。"史迪威当即回答："不用等，我现在就回答你，行！"很快，"乔大叔"到白宫晋见罗斯福，领受任务。之后，他返回加利福尼亚州卡麦尔城，告别妻儿，背上行囊，戴上那顶第一次世界大战时在欧洲戴过的战斗帽，奔上了第二次世界大战中的亚洲战场。

2月13日，史迪威乘坐泛美航空公司的飞机，跨越大西洋，在开罗稍作停留后，飞往印度新德里。2月28日，史迪威在加尔各答会见印缅战区总司令韦维尔。刚从激战中的爪哇飞回的这位英军统帅，"疲惫不堪，神情沮丧，一副吃了大败仗的模样"。韦维尔丧魂落魄的样子叫史迪威吃惊。

东南亚局势不妙，现在该我出场了。史迪威想。

2月底，蒋介石在飞往缅北腊戍之前，通知还没有正式上任的史迪威，让他从印度直飞腊戍，向他报到。

3月3日，史迪威从加尔各答登机，向北飞行。穿过印度的阿萨姆邦后，飞机进入缅甸北部丛林的上空。

透过机窗，远望脚下那片莽莽苍苍、浩浩荡荡的丛林，"真是美极了，气派极了。"史迪威兴奋地说。

他当时不知道，这就是可怕的野人山，更不可能料想，3个月后，野人山怎样无情地毁灭他麾下的一支精锐部队。

直到3月4日,蒋介石才在腊戍波特酒家会见了史迪威。

蒋介石的奉化口音很重,说话又尖又快。史迪威竭力捕捉和辨别他说的每一个字,想听清总司令对他有何训示。蒋夫人也从旁帮助,她把蒋介石说的一些关键性的话,用标准普通话再重复一遍。史迪威这才全部听懂了。蒋介石说,他真诚欢迎史迪威的到来。接着,询问途中天气如何,旅途顺利不顺利,能不能适应远东的高温,甚至问印度的矮床睡得习不习惯。

然而,他闭口不谈缅甸的战况和史迪威的使命。他们的见面一共只有五六分钟。

从蒋介石的客厅出来,史迪威看见远征军将官们正守候在楼梯下,等待蒋总司令最后训话。蒋介石热情地把史迪威介绍给中国将领。机敏的史迪威这时有一个重要发现,站在楼梯下的这帮高级将领,清一色都是嫡系,没有一个杂牌货。在中国的土地上,蒋介石十几年征战,使尽浑身解数,也没能消灭那多如牛毛的杂牌部队,而在缅甸,他终于建立起自己的一支蒋家军,实现了多年的夙愿。

站在楼梯上,蒋介石发表了冗长而激越的训词。部将们颔首挺胸,洗耳恭听。

史迪威被撂在一边。

之后,中英双方举行军事会议。中方参加会议的有中国远征军主要将领,英缅方参加会议的有缅甸总督史密斯、驻缅英军总司令亚力山大将军,以及主要参谋军官。会议室内,长条桌两侧分坐中英双方高级将领。蒋介石与史密斯分坐两端首席。墙上有一幅缅甸军事地图。

蒋介石正襟危坐,他首先向在座的英缅方官员介绍了史迪威将军。蒋介石说,"总督先生,亚力山大将军,

蒋介石夫妇与史迪威将军在缅甸前线

我今天要郑重地宣布一项重要决定，为了便于缅甸作战指挥，中国政府与美国政府商定，任命一位美国将领担任中国远征军指挥职责。他就是史迪威将军，一位出色的美国将军。"

史迪威将军起立，向众人致意。

全场鼓掌。

亚力山大起身，与史迪威握手。

尖刻的史密斯嘟哝了一句："美国政府真正关心缅甸作战的话，应该派来一支军队，而不是一位光杆司令。"

蒋介石正色道："史迪威将军是我请来的，他是我的参谋长，负有指挥在缅中国远征军作战之责。"

亚力山大："既然如此，我们乐意与史迪威将军合作。"

蒋介石转向史迪威问道："史将军你有什么要说的吗？"

史迪威站起来说："感谢蒋总司令委以重任！我刚刚到达亚洲战场，情况不明，多说无益，愿听各位高见。"

接着由杜聿明介绍中国军队部署情况。杜聿明介绍完毕，蒋介石对英缅方官员说："根据中英防守缅甸协议，我们在缅甸投入10万精兵。中国政府恪守承诺。请问我们的朋友，你们对缅甸作战有何高见？"

史密斯吸了一口雪茄，慢条斯理地说："本人认为，日军虽在太平洋地区得手，但是，印度洋不是太平洋。缅甸，还有印度，都是大英帝国的殖民地，谁也别想打它的主意。"

蒋介石问："我想听到贵军作战方略。"

史密斯："亚力山大将军有很好的计划，请你给客人介绍吧。"

亚力山大起立，指着地图介绍说："缅甸英军目前正在缅南与日军展开战斗。在毛淡棉地区，英印军第17师已经与日军激战一个多月。仰光及其以北地区，是英缅军第1师和装甲第7旅防区。此外，我们将从印度继续向缅甸增兵。据情报，日军企图进攻仰光。英军将在仰光与敌决战。为了使英军集中兵力，我们请求中国军队立即前出至同古城，接替防务，共同对敌。谢谢！"

亚力山大报告完毕，归座。

蒋介石听完，目光扫过全场，他说："感谢亚力山大将军刚才的介

绍。珍珠港事件后,日本成了全世界共同敌人,同盟国成立,使我们和英国,还有美国等结成盟友。作为同盟国中国战区总司令,我要说的是,保卫缅甸是中英共同利益所在。中国政府将最精锐的部队派到缅甸,与盟军并肩战斗,我们要共同守住缅甸,守住滇缅路。"

史密斯和亚力山大听到蒋介石这番话,脸上露出了笑容。

蒋介石接着说,"关于接替同古防务的请求,可以接受。杜副总司令官,你听清楚了吧?"

杜聿明起立:"遵命。"

蒋介石郑重其事地对亚力山大说:"中英共同防守缅甸,不可有一方受损,中国有一句话,叫做唇亡齿寒。你们一定要守住仰光。"

亚力山大点头:"好。请大元帅放心。"

蒋介石:"嗯,好。缅甸作战部署可以这样定下来了。将军们,你们要在缅甸打一个大胜仗。"

第二章　同古城下的钢铁雄师

在缅甸南部狭长地带，日军向英军发起绞肉机式攻击

缅甸作战在日本大本营的棋盘上占有极其重要的位置。日本大本营认为，缅甸作为广阔南方地区北翼的重要据点，不仅具有必须确保的战略地位，而且具有切断援蒋公路、围困中国，以及促使印度脱离英国的重大战略意义。

为了即将展开的缅甸作战，负责太平洋和印度洋广阔地区作战任务的日本南方军，于1941年10月初，以泰国为基地，组建了第15军，饭田祥二中将任军长，下辖第33师团和第55师团，并规定该军先期驻扎在泰国，而后，迅速做好进攻缅甸的准备。在作战初期，伺机摧毁缅甸南部的英国空军基地，保证在马来西亚方向作战的日军侧背安全，然后攻占仰光，摧毁英、中合作的据点。待作战告一段落后，再集中兵力击溃驻缅甸的英、中联军，加强对中国和对印度的压力。

在日军准备动手的这个时候，英国驻缅甸的军队共有2个师、7个旅，共4万余人，序列如下：

驻缅英军总司令胡敦（1942年2月前）、亚力山大（1942年2月后）

英缅军第1师（师长斯考特少将）

下辖第1、第2、第13步兵旅

英印军第17师（师长史密斯少将）

下辖第16、第46、第63步兵旅

英军装甲第7旅（战车150辆）

国境守卫部队共5个团

驻缅英国空军2个中队，共配备45架老式作战飞机

日军对英国人指挥的这支以缠着包头布、打着赤脚的缅印籍士兵为主体的农民军队，以及那几十架老掉牙的"水牛"式飞机，不屑一顾。轰炸仰光的爆炸声刚刚响过，以泰国为前进基地的日本第15军部队立即像狼群一样扑了过来。

1941年12月28日，日军第33师团派出一支先遣队突破泰缅边境线，击溃缅甸国境守卫队，占领了缅甸的土瓦。日军在边境得手后，迅速扩大突破口，第33师团、第55师团主力沿"来兴—麦索—密亚华迪道"之线，大批涌进缅甸南部地区。在仰光以南的狭长地带，日军大举进攻。从1942年1月20日夜间起，日军第55师团分三路，向缅南重镇毛淡棉猛攻。至1月31日，日军攻占毛淡棉，俘获英印军官兵800余人。与此同时，第33师团攻占帕安，进抵萨尔温江东岸。

2月间，日军势如破竹，乘胜前进。一场空前惨烈的绞肉机式歼灭战在锡唐河两岸展开。驻守在锡唐河地区的是史密斯少将指挥的英印军第17师。这个师大都由没有实战经验的英国军官和缺乏训练的印度籍士兵组成，由于日军连日空袭，他们疲于奔命，心惊胆战，现在面对如狼似虎的日本陆军强大攻势，其命运可想而知。

2月中旬，日军第33师团主力与英印军第17师在锡唐河东岸的开阔地带展开激战。场面颇为恐怖。日军攻击部队全速前进。冲在前面的坦克，炮塔上插着日军膏药旗。坦克后面是运载步兵的卡车。队伍中夹杂着大批牛车，牛车上插着缅甸义勇军的孔雀旗。这些义勇军都是日本人通过缅甸奸细策动，打着"推翻英国殖民统治，恢复缅甸独立"的旗号，而拼凑起来的。义勇军士兵穿灯笼裙，手拿鸟枪、稻叉、铁铲、木棍，驾着牛车，跟着日军前进。一路上烟尘滚滚，遮天蔽日。

据英国人自己后来说，那一天，一架英军侦察机从空中掠过。机舱内，飞行员从舷窗向下观察，只见地面烟尘滚滚，影影绰绰。飞行员分辨不清日军战车和义勇军牛车，误以为是一支庞大的坦克战斗群。于是大惊失色，大喊一声："天呀！"随后用无线电向指挥部报告："仰光以南地区，发现日军坦克集群。"

英国人的狼狈模样可以想象。此役,数千名英印军士兵被俘,遗弃大量的装备。

2月23日,英印军放弃了重要的锡唐河东岸防线。

日军的凌厉攻势,彻底摧毁了英国人本来就十分脆弱的作战信心。锡唐河的弃守,比他们预想得更快更惨。此后,仰光直接暴露在日军进攻的锋芒之下。锡唐河以西至仰光不足100公里,且该地区地势平坦,无险可守,况且英印军第17师被击溃后,英国已无兵可派,仰光基本上成了一座空城。这时,英国人咬咬牙,决心放弃仰光。

2月底的一天夜里,仰光城内,富丽堂皇的缅甸殖民政府总督府大厦内灯火辉煌,头缠白布、身穿长衫、罩着黑色坎肩的缅甸仆人,端着托盘,进进出出。

大厅正中的墙上,挂着6幅前任缅甸总督的画像。现任总督史密斯勋爵领着驻缅英军总司令亚力山大将军正在瞻仰画像。

史密斯指着画像伤感地说:"历任缅甸总督,他们在注视着我们哪,亚力山大将军。"

亚力山大一幅一幅地观赏,说:"都是令人尊敬的殖民先驱啊。爵士,你的画像什么时候挂上?"

史密斯说:"等我有了继任者吧。"

离开大厅,二人来到总督书房。坐下后,史密斯说:"自香港和马来西亚被日军占领后,缅甸成了大英帝国的东方前哨。我为缅甸的前途担忧,我不想成为缅甸最后一任总督。将军,你必须帮助我。"

亚力山大:"我将尽力,爵士。坦率地说,缅甸遇到了前所未有的危机。日本人是我们从未遇到过的强大对手。他们想取我们而代之。不过,日本人不会得逞的。中国军队马上开来,真是令人信心大增,阁下。"

史密斯神情黯淡地说:"可是,日军已经渡过锡唐河,兵临仰光城下了。我们怎么办?亚力山大将军。"

亚力山大顿了一顿,不容置疑地说:"撤出仰光。"

史密斯:"为什么?"

亚力山大:"仰光附近地区无险可守。死守将承担重大损失。主动放弃仰光,同古将成为缅甸最前线。让中国军队在同古与日军拼杀,以亚

洲人对付亚洲人,这符合英军利益。对吧?"

史密斯:"让中国人为他们的滇缅路流血,符合逻辑。不过,仰光毕竟是大英帝国版图的一块,拱手让给日军,我深感难堪。"

亚力山大:"勋爵,我发誓,我们会重新夺回仰光的。"

果然,3月8日,英国军队和英国殖民政府全部撤离仰光,将缅甸首都拱手交给日本人。

接过同古城防,戴安澜深深地吸了一口气

英国人大步后退,中国远征军部队却风驰电掣般向前进军。由戴安澜率领的第200师部队日夜兼程,正向缅南重镇同古全速前进。

第200师师长戴安澜

同古,又名东吁或东瓜,位于缅甸南部,是南缅平原上的一座小城,人口约8万。同古城池虽小,战略地位却十分重要。它南距仰光260公里,北距缅甸故都曼德勒320公里,扼公路、铁路和水路要冲,城北有克容冈机场。目前,驻守同古的是斯考特将军指挥的英缅第1师部队。该师士兵主体是缅甸人,缺少训练,士气低落。

按照中英联合作战计划,中国第200师将协同英缅第1师,共同守卫同古城。

戴安澜重任在肩,心急火燎。3月6日,他率领第200师师部及直属队赶到同古。他想尽快与英军接洽城防。次日清晨,戴安澜草草吃过早点,匆忙赶往英缅军第1师司令部。

英缅军师部设在同古城内的一座豪宅里,戒备森严。门前,有英军哨兵站岗。附近摆着两辆轻型装甲车。

戴安澜乘吉普车从城门进入,来到英军师部门前。

戴安澜下车。

英军联络官在门外迎接。敬礼。

联络官引领戴安澜等进入师部,来到会客厅。坐下。

戴安澜:"请你们的长官。"

联络官神情迟疑,问:"现在?"

戴安澜:"立即!"

第200师部队向前线进发

联络官回答:"8时以后,长官才处理军务。"

联络官奉上茶水。

日本人已打到家门,军情紧急,且日已三竿,英军师长仍高卧未起,不知这位英国将领如何睡得这样安稳?

按照中国军人的秉性,遇到这等荒唐事,恐怕要到屋后,放上一把火,将他燎起来。可是,这是在缅甸,他们是盟军。

戴安澜耐着性子,继续等待,坐了一会儿,再也坐不住了。他起身踱步。里屋还是没有动静。他忍无可忍,拍响桌子,茶水四溅。他厉声对英军联络官说:

"你,去请——他!"

联络官战战兢兢,不知如何是好。

师长斯考特这才从里屋踱了出来。他边走边系风纪扣,装模作样地

说:"是谁怠慢了我的朋友?"

进入会客厅,斯考特远远地向戴安澜伸过手:"失迎,失迎。阁下。"

戴安澜与斯考特握过手。

二人坐下。

斯考特端起咖啡,喝了一口。

戴安澜说:"将军,本师先遣队奉命已于昨晚到达同古,有关防务我们想听听您的高见。"

斯考特:"好得很。"

斯考特又品了一口咖啡,接着说:"同古是一座非常迷人的城市,她很古老,有高大的城墙,有河流,四周有树林。很美。我喜欢这里的一切……"

斯考特滔滔不绝的废话,让戴安澜极其难耐。

戴安澜:"将军,请您介绍同古的防务吧!"

斯考特:"非常正确。请这边来。"

斯考特起身把戴安澜引到他的作战室。

作战室里布置十分简单,除了墙上几张作战地图、两部电话外,别无他物。戴安澜问同古城防工事情况,斯考特支支吾吾,问当前敌军的进展如何,他只是摇头,问敌军在缅甸作战有什么特点,他什么也不知道。戴安澜十分失望。

3月8日,传来了英军撤出仰光的消息,情况越来越紧张。戴安澜督促后续部队加紧开进,3月8日夜间,第599团、第600团到达同古。10日,第598团,以及军部临时配属的摩托化骑兵团、工兵团,也陆续到达。

3月11日,戴安澜领着本师各团主要军官巡视同古防务。同古地形是不错的,缅甸中央铁路穿城而过。路西为旧城,路东是新城。旧城城墙高20米,厚13米,全是砖石砌筑,是很好的防御工事。新城建筑密集,街道纵横,利于巷战。城东有锡唐河掩护,城西北十余里有克容冈机场。

但是英军的工事构筑得浮皮潦草,十分简陋。这里堆几个沙袋,那里拉几道铁丝网,散兵壕挖得很浅,士兵蹲在里面,还有半个屁股撅在外面。战斗指挥所的掩体覆盖层太薄,根本经不住炮火轰击。锡唐河大桥竟然没有永备性桥头堡。克容冈机场没有高炮,也没有地面工事,四处都敞开着。而城里的英军,早已收帐篷,卷铺盖,打点好行囊背包。火炮挂上了炮车,从掩体卸下的机枪已驮到骡马背上。看那架势,只等中国军队接防,他们拔腿就撤了。

英军队伍里,那些包着缠头、蓄着胡子,懒懒散散的雇佣兵,坐在工事外的沙袋上,枪支夹在膝盖中间,一边抽着纸烟,一边远远望着中国人,他们觉得很奇怪:英国人都嫌跑得慢,中国军队还开过来干什么呢?

3月12日,刚下令英国军队从仰光撤退的亚力山大将军来到同古。他在斯考特和戴安澜的陪同下巡视了同古防务,说了一些不着边际的话,中午就匆忙乘飞机离去。英军态度消极,亚力山大的意图难以捉摸,我军初来乍到,情况不明,远征军主力部队此时尚在国内,第200师孤军深入,戴安澜深感责任重大。

从3月16日起,日军开始轰炸同古。城内店铺关闭,百姓纷纷逃离,一片兵荒马乱景象。其间,军委会滇缅参谋团传送错误情报,使部队整夜奔忙,徒增紧张气氛,令人懊恼。

同古战场第200师炮兵阵地

3月17日，杜聿明来到同古，戴安澜陪同军长视察阵地，研究作战部署。杜聿明指出，在国外打仗与在国内不同，英军的作战意图不明，我军要以我为主，方能立于不败之地。同古位置突出，日军北犯，首当其冲。所以，第200师应做好在敌重兵包围下独立作战的准备，挡住敌人，掩护我军主力集中。等我军主力到齐，一切都有办法。

迎着杜聿明灼灼目光，戴安澜郑重表示："宁可玉碎，不可瓦全。请军长放心。"

送走杜军长后，戴安澜督促部队加强警戒，准备应战。

当天夜里，戴安澜接到英军通报，英缅军第1师奉命撤离同古。

斯考特少将如释重负，急忙将同古城防移交，说声"拜拜"，便带着部队向西撤走。同古是个烫手的山芋，斯考特恨不得马上塞给中国人。

英军突然撤退，让戴安澜感到震惊，但是却无可奈何。接过同古城防，戴安澜深深吸了一口气，他振作精神，立即布置部队准备应战。

当务之急是赶修工事，展开兵力。戴安澜划分各团作战地域，命令官兵们争分夺秒，构筑阵地。各部队利用城墙构筑坚固的复廓阵地，在城内各交通要道加修堡垒群，锡唐河西岸也构筑纵深防御阵地，在一些重要地段，构筑了全封闭坑道式堡垒。在第200师官兵手里，同古城很快形成城内城外、地上地下的立体防御体系。

谁是中国远征军战场指挥官

中国远征军出征缅甸，虽满怀决胜信心，但是缅甸战场错综复杂，许多事情的头绪一时难以厘清。

其中最突出的是中国远征军的指挥权问题。这个问题不仅牵扯到蒋介石、史迪威、杜聿明这样几位个性鲜明的将帅人物，还牵涉到中英美三个盟国的关系，因而更显复杂、纠葛。

在盟军的战场划分中，缅甸战场划归印缅战区，印缅战区归韦维尔将军节制。而韦维尔将军不是一个好合作的将领。驻缅甸的英军总司令亚力山大将军，在韦维尔之下负责驻缅英军指挥，他也是一个十分强势的人物。蒋介石对这两个人都不大放心，所以他才通过罗斯福总统，把史迪威将军请来，担当中国远征军战场指挥官。而史迪威将军也不是蒋介石最中意的人选。蒋介石起先瞩意的是另一位美国将领。现在史迪威总算请到了，但是他初来乍到，对缅甸情况不熟悉，对中国军队不熟悉，对英国人也不了解。蒋介石对他也放心不下。

所以，3月4日在腊戍，他与史迪威将军见了面，并把他介绍给在场的中英将领后，又直接把这位新上任的参谋长带回重庆，面授机宜。

3月6日，在重庆黄山官邸，史迪威晋谒蒋介石。为了避免在腊戍时那种不着边际的谈话，史迪威开门见山，单刀直入。呈上罗斯福致蒋介石的亲笔信件后，史迪威操着流利的中国话，郑重其事地说：

"就本人地位而言，特向钧座声明如下。"

蒋介石无法适应这种谈话方式！他把罗斯福的信件放下，抬头扫了史迪威一眼，心想，你是来向我报到呢，还是向我宣布某项决定？他很不自然，很不情愿地向史迪威点点头，示意他往下说。

"第一，"史迪威像在宣读命令或者外交文本，"本人奉命指挥在中国、缅甸及印度的美国军队；第二，本人奉命监督及管理美国对中国的国防援助；第三，在军事会议中，本人以美国政府代表资格出席；第四，本人为蒋委员长及韦维尔将军之间的联络员；第五，管理维持及改善滇缅公路……"

史迪威有这个头衔、那个头衔，就是不提蒋介石最关心的那个头衔，总司令面有愠色，插断了史迪威的话，问道：

"余愿悉将军是否为余之参谋长？"

史迪威立刻挺起胸，回答："是的。本人为钧座之参谋长，直接接受钧座命令而工作。"

"将军与韦维尔是何关系？"蒋介石又问。

"本人不为他工作，唯为他与钧座间的联络员。在中国战区中，钧座为最高统帅，本人为钧座的参谋长。"

蒋介石脑袋瓜上的塄塄坎坎鼓得更高了，他在想：哼，你身兼六职之多，是美军司令，还是罗斯福的代表，我怎么指挥你？要是指挥不了你，我怎么能把远征军交给你呢？

沉默一会儿后，蒋介石缓缓说：

"史迪威将军，关于你作为战区参谋长的具体事务，你去和何应钦及商震洽商吧。"

说完，蒋介石把史迪威打发走了。

3月7日一天，蒋介石再不露面。史迪威一到重庆，就落入云里雾中。他不知道蒋总司令到底怎么啦？

关于远征军指挥权，总司令与参谋长在无言中僵持着。最后，日本人出来说话了，3月8日，日军攻占仰光。蒋介石这才慌了神，当天晚上召见史迪威，笑吟吟地对他说：

"将军，入缅华军归你指挥。"

3月10日午后，在重庆山官邸，蒋介石召见史迪威，就缅甸作战事宜作了长谈。蒋夫人宋美龄和外事局局长商震在座。

蒋介石对史迪威说："愿听将军对缅甸作战的看法。"

史迪威就缅甸作战的意义发表见解，他说："缅甸对中国的重要性大于英国，英国可以失去缅甸，而中国不可。英国欲守缅甸，目的只在保卫印度。中国如失去缅甸，则与世界的交通路线因而中断。因此，我军须尽量利用英国留缅的兵力。亚力山大将军与我虽不是十分熟识，但他的指挥才能和作战经验值得信赖，应当鼓励他好自为之。我深信此人必能与我合作，且能增强其部队战斗意志。本人当面晤亚力山大将军，确定彼方与我合作程度并促其全力从事，使我军不至再增负担。本人不愿见中国撤兵，亦不愿见英方传言中国将撤兵。"

史迪威讲完后，蒋介石发表训词，表明自己作为统帅对中国军队在缅甸作战的意图。他说："将军以余之参谋长资格在缅指挥作战，自应确知余之意见及对战局之观点。愿将缅甸现状，余所知者为将军言之，深信此必有助于将军之执行职责。我军此次入缅作战，能胜不能败。第5、第6两军为我国军精锐，苟或败挫，不仅在缅甸反攻无望，即中国战场全线欲发动反攻，亦不可能。故此次出师，绝不应视为两三个军战斗之效果，其胜败之机不独足以决定全部军心之振颓，且足以影响全国人民之心理。将军既为入缅国军之司令官，自应深切注意我国军民态度与心理，将军既为余之参谋长，将此等情形详告将军，亦为余之责任。"

就中国军队与英军的指挥协调，史迪威将军问道："关于统一指挥问题，不知钧座是否向英军司令官声明，目前暂由彼指挥缅甸作战，将来我入缅部队增多之后，则由我指挥。如果英方提出交换条件，不知如何应答？"

蒋介石答道："我入缅部队之数量超过英方甚多，故对整个缅甸作战问题，彼应接受将军之指挥，唯英军防御区域，则应由彼等继续负责。"

蒋介石还有更重要的话要说，他继续指示道："将军此去，更有三点应加注意：第一，给养应充分供给，不应每日发领。余3月3日在腊成时，曾嘱丹尼斯将军（注：在缅负责中国军队给养之美国将领）为我军筹储十日之粮，至今尚未得彼答复。每日发饷之办法只可行之平时，战时，最少应储一月之粮，我国各战区储粮皆以三个月为标准。此为安定军心之要素。倘军无匝月之粮，士怀断炊之惧，安得坚其斗志哉！将军对此应加注意。第二，每月应供给我方汽油73万加仑，如无此数量，我无法输送军队、炮兵与坦克入缅。第三，为联络参谋问题。英方要求在国军每个团派一名联络参谋，余要求对等待遇，彼等拒之。余继要求凡与国军接触之英军，至少每旅设我联络参谋一人，迄今未见答复。余深信将军指挥中国军队，如指挥美国军队而不感困难。近观英军，进退自作主张，不遵上级命令，此种无纪律现象，殊足骇怪。中国军队无论为师为旅，如有未奉令擅自撤退者，其长官必受军法之处分。"

史迪威答道："当遵命为之。"

最后史将军又补充了一句："美国空中运输机已在途中，其中有一架为C-39大型运输机，拟专为钧座个人之座机。"

这也算是史迪威将军上任的一点见面礼吧。

蒋介石有点高兴了，回答："盛意至感。"

此次谈话后，蒋介石还是不大放心，没有让史迪威立刻返回缅甸。3月11日上午，又约谈一次。蒋介石告诉史迪威，他已致电罗斯福总统，请总统转告丘吉尔首相，以史迪威指挥盟军在缅作战。史迪威则明白回答，"倘若韦维尔调动中国军队，我将拒绝。"

蒋夫人唯恐史迪威不能领会总司令深意，再三嘱咐道：

"小心谨慎，千万千万。"

蒋介石犹犹豫豫，吞吞吐吐，欲擒故纵，好不容易把远征军指挥权交到史迪威手里。史迪威怕夜长梦多，3月11日下午，匆忙离开重庆，飞往缅甸前线。

回到缅甸，史迪威把自己的总部设在缅甸中部梅苗的一座浸礼教传教士的红砖楼内。他雄心勃勃地打算，从这座古老的建筑物里，通过无线电指挥中国军队，挡住日军进攻，挽救滇缅路，挽救全缅甸。

之后，史迪威将军去拜访亚力山大将军。亚力山大将军是史迪威看重的少数几位英国将领之一。此前，在盟军拟议的"体育家"作战计划中，他们两人曾被指定率领各自本国军队，在非洲北部与德军打仗，现在却阴差阳错地同时被派到缅甸。这更增加了史迪威的好感。因而轻易不夸奖别人的他，在蒋介石面前还为亚力山大说了不少好话。

二人会面的这天天气晴好，史迪威将军乘坐一辆吉普车来到设在梅苗旗杆别墅的英军指挥部。别墅门外有一根高耸的光秃秃的旗杆，但没有旗帜。花圃里有一片罂粟花开得十分艳丽。亚力山大在门口迎接史迪威。

亚力山大："欢迎你，史迪威将军！"

史迪威："见到你很高兴。"

亚力山大："我也一样。"

亚力山大引导史迪威将军进入他的指挥部。建筑物内装饰讲究，灯火辉煌。

史迪威："好气派啊！请问阁下，对这座建筑物的主人，我该把他当作将军，还是国王？"

亚力山大："嗨，这种建筑，在梅苗不止一处。你是不是也需要一处？"

史迪威："我？我有帐篷和睡袋，在印度买的。我挺喜欢它。"

亚力山大："今天我们讨论点什么？"

史迪威："我们共同的使命。"

亚力山大："好。"

史迪威："请问曾在敦刻尔克创造了奇迹，让德国人大吃一惊的英国英雄，是否准备在缅甸再创造一个神话，让日本人也开开眼界？"

亚力山大："你这样期待？"

史迪威："这是一个创造神话的时代。"

亚力山大："乔，你知道的，你我本来是要参加'体育家'计划，在北非打击德国人，没想到，我们都到了缅甸。"

史迪威："感谢上帝的安排。"

亚力山大："乔，你放下'体育家'计划，来到缅甸，想和日本人打一套太极拳？"

史迪威："勋爵阁下，我不喜欢太极拳，喜欢足球。我们在缅甸，打一场攻势足球，怎么样？"

亚力山大："你主攻，我助攻。"

史迪威："你不要扯后腿啊。"

亚力山大："乔，大元帅让你当场上球队长，请问，他是否授予你全权？"

史迪威："我想是这样的。"

亚力山大："我妒忌你！乔，按早先约定，入缅中国军队是归我指挥的。我本有望得到一枚中国勋章，是你夺了我的权，抢走了我的勋章。"

史迪威："勋爵，集中全力，守住缅甸，不要分心走神。"

亚力山大："中国军队呢？"

史迪威："中国军队已经开到同古接防。中英军队并肩战斗。"

亚力山大："好，越快越好。"

史迪威："勋爵，我们无缘在北非执行'体育家'计划，那么我们在缅甸好好干吧！"

亚力山大："好好干。走，到我的作战室参观一下。"

于是，二人边说边进入作战室。

然而，让史迪威将军万万没有想到的是，第二天，就在亚力山大这座漂亮的指挥部里，它的主人又接待了一位中国将领，他们也谈到在缅中国军队指挥权问题，他们谈话的情形和内容却是这样的：

亚力山大与来访的杜聿明将军谈完军务后，送他到门口。

杜聿明的座车开了过来。

杜聿明向亚力山大握手告别。

临别时,亚力山大狡黠地问道:"阁下,我想最后请教一个问题。"

杜聿明:"哦?什么问题?请讲。"

亚力山大:"昨天,我在这座建筑物内接待了一位美国将军,他向我声明,他拥有中国军队的指挥权。而今天你以同样的身份来和我晤谈。我为此感到困惑。"

杜聿明:"你说的是史迪威将军吧?他以为他取得了指挥权,实际上事情并非如此。哈哈!"

杜聿明登车离去。

皮尤河前哨战,中国军队给日军当头一棒

日军兵不血刃占领缅甸首都仰光。轻易到手的果实,更加刺激了日军的侵略野心。就在日军占领仰光的同一天,日本南方军总司令寺内寿一迫不及待地给第15军下达新的作战命令:

进一步抓住战机,以大胆果断的作战,迫使曼德勒方面之敌,特别是中国军队进行决战,务于短期内将其歼灭。本项作战应争取于5月末以前完成。

日军的作战命令简单而明确,狂妄而坚决,不容置疑,刀刀见血。

为了贯彻这个作战部署,日本南方军采取有力措施,加强第15军兵力,决定将刚刚结束在新加坡和马来西亚作战,尚停留在太平洋地区的第18师团和第56师团,转归第15军建制。这样一来,担任缅甸作战任务的第15军总兵力,将增加到4个师团,共约10万之众,其序列如下:

第15军(军司令官饭田祥二中将)

第18师团(师团长牟田口廉也中将)

第33师团(师团长樱井省三中将)

第55师团(师团长竹内宽中将)

第56师团(师团长渡边正夫中将)

另外,由第5飞行师团配属作战

3月9日，日军第15军司令官饭田祥二中将，将军司令部从南缅甸的毛淡棉，推进至新占领的仰光，并以胜利者的姿态，举行了一个十分张扬的入城仪式。

进了仰光城，饭田祥二入驻总督府。其实，总督府大厦内，一片狼藉。英国军政官员撤离后，地面散落着文件杂物，墙上挂着的那几幅缅甸前总督画像，被戳得全身是洞，东倒西歪。

饭田祥二中将四处巡视，看着被捅得全是窟窿的画像，十分快意，他得意地对身后的幕僚说："一场可怕的大屠杀！是谁谋杀了这些尊贵的绅士？"

几位日军士兵准备将画像从墙上扯下，饭田祥二制止了："不，不，让他们吊着吧。他们在忏悔呢。"

饭田祥二在椅子上坐下，手里拄着战刀。他问："城里情况如何？"

军参谋长向他报告战果："司令官，皇军完整占领仰光，城内水厂、电厂完好无损，还有英军和缅甸政府留下的大量物资。仰光港内的援华物资，全部为我所有，俘获港内三艘美国轮船，滇缅路的出海口已经堵死了。"

饭田祥二听了十分满意，说："明天就是陆军节，拿仰光献给天皇，是一份合适的礼物。当然，我们还要拿下全缅甸。英军去向如何？"

军参谋长："目前，英军正在向北撤退。"

饭田祥二站了起来，一字一顿地说："命令部队，放胆向北进攻，彻底消灭敌军，彻底封闭滇缅路。"

3月12日，日军第15军司令部向率先占领仰光的第55师团，下达了如下作战命令：

第55师团击败正面敌人后，首先应迅速向东吁（同古）前进，在确保该地附近机场的同时，整修仰光至东吁的道路，并准备以后向曼德勒方向跃进。

由竹内宽中将指挥的第55师团，当作一只凶猛的狼，被饭田祥二司令官放了出去，向同古猛扑而上。

3月19日，日军第55师团第112联队搜索队，由南而北，向同古方向进犯，逐渐接近我军皮尤河前哨阵地。

皮尤河在同古城以南59公里处,是同古城外的第一道防线。从英军手中接防后,戴安澜即派军摩托化骑兵团,附第598团1个连至此严密布防。我军在南北两岸均设置了伏击阵地,在桥上预先埋设了炸药。

由矶部一郎中佐率领的这支搜索队,共500余人。他们有的开着摩托车,有的坐着卡车,有的骑着脚踏车,正追赶着一股英缅军士兵,凶猛而来。日军骄横狂妄,目空一切。入侵缅甸后,第55师团先在毛淡棉一带俘虏数千英军,后又兵不血刃轻取仰光。英军不堪阵战,望风而逃,更助长其嚣张气焰。摩托车上插着小太阳旗的这支小小搜索队,从仰光出发,一路北进,所向披靡,如入无人之境。搜索队长矶部一郎以为,既然仰光可以不战而下,那么,以他的搜索队占领同古也不足为奇。

公路上,日军穷追猛打。架在车上的机枪"哒哒哒"狂扫,子弹"啾啾啾"地叫。英缅军溃兵向北逃跑,有的被击中倒地。日军军车碾着尸体继续向前狂追。

日军逐渐进至我军伏击阵地。我骑兵团官兵等候在桥头的掩体内。

被日军追击的英缅军士兵,像兔子一样仓皇地从桥上逃过。

日军加大油门,也冲上了皮尤河大桥。

突然,"轰隆"一声巨响,走在前面的摩托车,连同桥身一起栽进河中。后续车辆"吱吱吱"地紧急刹车,拥塞在南岸公路上。

不容矶部一郎弄清怎么一回事,霎时,枪声四起,我官兵从掩体中冲出,对日兵狂扫怒射,还出动了轻型战车。日军前进不能,后退不得,被夹在南岸公路上,成了我军的活靶子。

我骑兵团中尉排长王若坤打得特别过瘾。日军遭我突袭后,全被打蒙了,聚集在南岸桥头。王若坤看到一个日兵扔下脚踏车,往后跑,连挂在车上的枪也来不及拿。王排长带着一个士兵正要冲上去抢枪。这时,从树林里窜出一位日军少尉军官。王排长举枪就射,一枪将其击毙。王排长觉得还不过瘾,四处张望,看到附近有棵大树树梢在摇晃。树上有鬼。王排长抬手又是一枪,一个鬼子从树上掉下。近前一看,又是一个军官,且是中尉,官儿不小。他从这位中尉身上搜出一个皮囊,里面有作战地图和重要文件。王排长一人,用了两粒子弹,转眼工夫,就撂倒日军一个少尉、一个中尉,还缴获了敌军重要文件。

皮尤河战斗结果，日军丢下上百具尸体，侥幸活着的从密林中逃遁。

皮尤河前哨战，是我远征军在缅甸战场打的第一个漂亮仗，也是近百年来中国军队在国外战场打响的第一枪。这一仗长了中国军队的志气，振奋了军心，而且我缴获日军作战文件，为我军制订作战计划提供了重要情报。

3月20日，杜聿明再次来到同古，巡视阵地，分析敌情。根据缴获的敌军文件，他确信目前日军在缅甸投入作战的兵力只有两个师团，按照蒋介石此前在腊戍确定的"敌兵力若在两师以内则我仍可反攻"的方针，杜聿明提出了"集中兵力，在同古与日军决战，击破当面之敌，进而收复仰光"的大胆设想。他的设想得到蒋介石和史迪威将军的赞许。

3月21日，史迪威将军签发了如下作战命令，部署同古会战。

我军决定在同古附近拒止由勃固方向北进之敌，并与英军协同作战。其兵力部署如下：

1. 第200师及第5军直属部队及第6军之暂第55师主力，归杜军长指挥，担任同古方面作战。第6军暂第55师主力应即由现在地向瓢背附近输送，听候杜军长指挥。

2. 第5军之新22师即由曼德勒开到唐得文伊附近，归余指挥，准备支援普罗美方面英军之作战。

3. 第6军方面，就现在部署，准备拒止由泰国方面来攻之敌。但对毛奇方面，应依照参谋团原定计划，派暂55师之一部接替英缅第1师第13旅之防务，并在该方面确实占领要点，构筑工事，拒止来犯之敌，以掩护同古正面我军之左侧背。

4. 第96师为总预备队，即开曼德勒附近，归余直接指挥。

史迪威将军运用他的总指挥权威，调动中国远征军主力部队，决心在缅甸战场大干一场。

皮尤河一仗，给了骄横的日军当头一棒，鬼子暴跳如雷。第55师团师团长竹内宽中将凭直觉知道，他的对手不是英军，中国远征军到达战场了。

竹内宽是一匹嗜血的狼。进入缅甸战场后，他的师团在仰光以南地

区驰骋千里,势如破竹,英印军第17师望风而逃,不战而退。日军没有找到真正的对手,没有打过像样的硬仗,现在终于遇上了强手。他认为,可以放手打一仗了。

第55师团指挥所设在一座帐篷里,对面是缅寺。日本军旗和经幡相对飘扬。中间有棵大榕树,树下拴着几匹战马。停着几辆汽车。有哨兵。

竹内宽神气地从指挥所走出。他腰间挂着战刀,脚蹬马靴,面露杀气。在帐篷门口,他看到哨兵的帽子戴歪了,伸手拉了一拉。之后,他朝对面的缅寺走去。卫兵紧随其后,刺刀在阳光下闪着光芒。

几个缅甸和尚出迎,向日本将军行礼。

竹内宽阴笑着进入寺内。他内行地参观了寺内的设施,皮靴在木地板上踩来踩去。

竹内宽高傲地对和尚说:"缅甸和日本,同种同根。缅寺和日本神社供奉的都是祖先和佛,知道么?"

和尚赶紧点头。

竹内宽接着说:"皇军开进缅甸,赶走白人,推翻白人统治,让缅甸独立,好么?"

和尚点头。

竹内宽将战刀挂在蒲团上,提高声调,说:"但是,战争正进行,现在让缅甸独立是不可能的。缅甸要配合皇军作战,把房屋让出来,把大米献出来。男人去修工事,女人也要到前线慰劳,明白么?"

和尚越听越害怕,两腿打颤。一个老和尚的尿液顺着大腿往下流,泄了一地。

竹内宽出了缅寺,回到指挥所。他下达作战命令,将师团主力第112联队和第143联队,迅速投入同古战场,同时他请求军部派空军支援。

同古作战白热化,戴安澜写下遗书决心死战

在皮尤河前哨,我军达成作战任务后,主动后撤,将兵力收缩至同古城南的鄂克温。鄂克温距同古12公里,地势高耸,是同古城的第二道

防线。我军在这里构筑了坚固的防御工事，有散兵壕，有迫击炮和速射炮阵地，机枪火力点十分隐蔽。

日军尾随而至，激烈的战斗随即在鄂克温周围地区打响。日军第143联队向我鄂克温左翼阵地进攻。敌军攻势凶猛，附重炮2门，又有空军支援，我军顽强固守，激战终日，损失很大。日军第112联队也在右翼投入作战。敌兵分两路，从两翼压迫，企图包围我军。守卫阵地的第600团官兵以牙还牙，坚守阵地，奋勇杀敌。战斗极为激烈。

22日，日军在炮火掩护下，先以步兵攻击我军左翼阵地，再以骑兵迂回我军右翼。我军左翼阵地一度被敌突破，我第600团赵立斌副团长率预备队施行反击，得以恢复阵地。战至黄昏，敌继续进攻。我守军坚守阵地，大量杀伤敌兵，战斗竟夜。

同古作战日趋激烈，很快进入白热化。第200师官兵同仇敌忾，奋勇作战，但是整个缅甸战场态势于我不利。驻缅英军此时已全部收缩至西线普罗美方向，驻缅甸的英国空军已被日军全部摧毁，日军在缅甸拥有完全的制空权。中国远征军部队目前只有第200师一个师投入作战。中路第二梯队、第5军之第22师尚在输送途中，没有到达前线。而远征军东路之第6军部队主力则远在景东地区。第200师孤军作战，处境艰难。戴安澜感到肩头压力巨大，他开始作最坏打算，决心战死同古，报效国家。

此刻，他唯一牵挂的是家中老少妻儿。戴安澜长年征战在外，家中父母鲜得侍奉。戴安澜出征缅甸前夕，自小栽培指引过他的祖叔父端公（戴端甫）病逝，他也顾不上亲临送葬。戴安澜的妻子王荷馨带着覆东、靖东、藩篱、澄东4个年幼子女，随部队颠沛流离，吃苦不少，现在客居广西全州，终日为他担惊受怕。眼下，戴安澜下了战死决心，想到必须对家中老少有所交代。于是，他拿来纸笔，写下两封义无反顾而又儿女情长的遗书。

一封致夫人王荷馨，写道：

亲爱的荷馨：

余此次奉命固守东瓜，因上面大计未定，其后方联络过远，敌人行动又快，现在孤军奋斗，决以全部牺牲，以报国家养育！为国战死，事

极光荣,所念者,老母外出,未能侍奉。端公仙逝,未及送葬。你们母子今后生活,当更痛苦。但东、靖、篱、澄四儿,俱极聪俊,将来必有大成。你只苦得几年,即可有福,自有出头之日矣。望勿以我为念,我要部署杀敌,时间太忙,望你自重,并爱护诸儿,侍奉老母!老父在皖,可不必呈闻。于此即颂

心安

安澜

民国三十一年三月二十二日

生活费用,可与志川、子模、尔奎三人洽取,因为他们经手,我亦不知,想他们必能本诸良心,以不负我也。又及。

另一封致军中几位至交好友,写道:

子模、志川、尔奎,三位同志鉴:

余此次远征缅甸,因主力距离过远,敌人行动又快,余决以一死,以报国家!我们或为姻戚,或为同僚,相处多年,肝胆相照,而生活费用,均由诸兄经手。余如战死之后,妻子精神生活,已极痛苦,物质生活,更断来源,望兄等为我善筹善后。

人之相知,贵相知心,想诸兄必不负我也。手此即颂勋安

安澜手启

写完遗书,戴安澜将其与随他多年的日记本一起装入作战皮包,交给副官寄存到安全地点,因而他多年养成的写阵中日记的习惯也告中断。

了断一切牵挂,戴安澜一心投入作战指挥。

同古城久攻不下,第55师团师团长竹内宽受到饭田祥二军司令官的严厉申斥。竹内宽满怀恼怒,仔细研究同古战场形势和中国军队作战特点。他发现同古城西北的克容冈,是可以下手的软肋和要害。

克容冈在同古西北侧约6公里处,这里有机场和火车站,是同古向北通往平满纳和曼德勒的交通枢纽,占领克容冈就可以切断第200师与后方的联系,将其围困,最终予以歼灭。

竹内宽于是变更战术,把第112联队留在鄂克温,继续进攻,吸引中国军队注意力,而将第143联队从正面撤下,穿过森林,绕到同古侧后,

进攻克容冈。

3月24日，日军第143联队派出突击队1000余人，包括步兵、骑兵和炮兵，突然出现在克容冈机场。守卫机场的军部工兵团一营，猝不及防，仓促应战，力不能支。当晚，机场陷落。次日，工兵团长李树正组织反攻，但是没有得手。

紧接着，日军又趁势攻占机场附近的火车站。

克容冈机场和火车站相继陷入敌手，第200师的处境立时严峻起来。战前，杜聿明军长说过的"要准备独立作战"的话应验了。

正当第200师在同古奋勇作战的

廖耀湘将军

紧急时刻，新22师师长廖耀湘奉命率领本部前往驰援。

廖耀湘，号建楚，1906年出生，湖南邵阳人。1925年到湖南陆军第3师第3旅教导总队当学兵。1926年7月考入黄埔军校第6期，1928年毕业。因成绩优异，1930年被公派法国留学，学习机械化骑兵。1936年，从法国圣西尔军校毕业回国，在陆军教导总队骑兵连任少校连长。1937年升该队旅部中校主任参谋，并参加南京保卫战。后任第5军第200师参谋长，参加兰封会战和昆仑关会战。1941年任第5军新22师副师长，入缅作战前夕升任新22师师长。

廖耀湘是国军中少数喝过洋墨水的将领之一，又曾在戴安澜师长麾下任过参谋长。现在戴安澜率第200师在前方陷入苦战，廖耀湘奉命驰援，他心急火燎，恨不得立刻杀上前线。

廖耀湘率师前卫第65团从唐得文伊向南开拔，但是，缅甸的铁路运输掌握在英国人手里，英国人处处掣肘，输送部队的列车走走停停。到了平满纳火车站，英国军官竟强行将机车开走。

廖耀湘大怒。师特务连连长飞奔下车，追上正要开走的火车头，命

令司机停车。

英国军官居然不予理会。特务连长上前一脚将他踹下机车，捆绑在地，才将车头夺了回来。

列车于是继续南行。不久，得知南阳火车站已经被日军攻占，铁路中断。廖耀湘命令部队下车，徒步向南阳车站攻击前进。

第65团团长邓军林率部向南阳车站发起进攻。战斗首先在南阳车站北侧5公里的一个村庄打响。午后2时，第1营在这里与日军遭遇，展开战斗。第2营随即赶来增援，战至黄昏，敌人后退。当夜，日军派出小分队偷袭我第2营阵地，我军一位排长阵亡。

次日清晨，第65团继续向南阳车站推进。第5军装甲团派出一个战车连共4辆战车前来支援。

南阳车站外围是连绵的大山，林木茂盛。我进攻部队在外围阵地遭到敌军顽强阻击。敌军利用山地挖掘了堑壕，布置交叉火力，还利用阵地周围的大树，将机枪射击点设置在树顶。

我军以坦克开路，步兵勇猛冲锋。

掩体里，敌军密集开火。我军士兵中弹者众多。至下午3时，我第1营攻占车站外围高地。但由于车站内建筑物坚固，地形复杂，战车进攻受限，车站仍然没有拿下。

邓军林团长看着进攻受挫，心急如焚。

廖耀湘更是豹眼圆睁。

史迪威将军对新22师的表现极不满意。他派出美军联络官到新22师督战，仍然没有进展。

由于克容冈机场失守，同古已经三面被围，北、西、南三个方向都有日军，东面是锡唐河，我军只有守住河防方能与后方保持联络。我军临危不惧，死守待援。

在同古城外，日军连日猛攻，四处碰壁，头破血流。日军强攻不下，便使用诡计。日军派出士兵化装成缅人，由缅奸带路，偷袭我阵地。

这一天夜里，月暗星稀。同古西门外我军哨位，哨兵在执勤。城外树林里传来"吱扭吱扭"的响声。哨兵警惕了起来。

微弱的月光下，看见来了一队牛车，有七八辆，二三十个缅人装束的汉子，有的坐在车上，有的跟在车旁。

牛车队越走越近。

哨兵拉响枪栓，吼道："站住！"

牛车停下，对方用缅语答："别开枪！"

哨兵问："什么人？"

对方答："缅人。"

哨兵问："干什么来了？"

对方答："给城里运粮。"

我班长领着几个士兵上前查看。来到牛车队跟前，看到领头的两个人，一个细高个子，一个矮墩。经盘问，班长发现了破绽，矮子根本不懂缅语。

班长围着牛车转了一圈，车上码放着麻袋，班长突然伸手掀起一个麻袋，下面露出了长长的家伙，是枪支。那矮个子见计谋败露，一下扑了上来。我班长早有准备，一个螳螂腿将其绊倒。牛车队里的鬼子，一下全亮出家伙，我哨兵早有防备，拔枪就打。鬼子被撂倒几个，还了几枪，其余的撒腿便跑。

鬼子一计不成又生一计。日军将以前在中国战场俘获的中国战俘，派到缅甸，充当炮灰。日军将这些战俘编成战斗小组，为日军打头阵。日军发起攻击时，这些中国俘虏兵被迫冲在队伍前面，他们一面进攻一面高喊：枪向上，都是中国人。戴安澜指示部队，每当遇到这种情形，就对来者喊话：放下武器，就地卧倒。之后，我军向后面的日军射击。日军的诡计没能得逞。

日军还使出更加恶毒的计谋。1939年，在桂南战役中，日军曾俘获第200师第598团19名负伤的士兵，日军将他们送到台湾接受训练。此次缅甸作战，日军将他们派到同古，专门刺探我军情报。其中有一名士兵在同古战场被我军俘获，经审问，他坦白交代事情的原委，揭穿了日军的阴谋。

日军强攻硬取，施展计谋，无所不用其极，企图击垮我军。

在同古城内，我第200师孤军奋战，顽强固守，而援军不至，处境越来越危险。敌军凭借地面兵力优势，加上空中火力打击，对我立体围攻，

日紧一日。第200师同古作战已到最后关头。24日夜间,戴安澜召开作战会议,部署决战。

师指挥所的地下掩体,被炮火震得不断掉土。电信室里,电话电报响成一片。

作战室内灯光刺眼,气氛严肃。出席作战会议的师部主要军官、各团长、师直属营长共十余人。军官们军衣破损,胡子很长,有的身上带伤,但是个个神情严峻、刚毅。

戴安澜光着头,圆圆的面孔满是灰土和汗渍。服装很不像样,上身米黄色衬衣纽扣已经掉了两三颗。但他精神振奋,仍是一副天不怕,地不怕的大丈夫气概。今天的会,没别的,就四个字:准备死战。

戴安澜决定放弃外围阵地,将全师部队收缩至城廓地区,凭既设阵地坚守,等待援兵。他决定把3个步兵团全都集中到城内,第598团在城西,第599团守城南,第600团在城北,军部配属的摩托化骑兵团和补充第1团放在城东,加强锡唐河防守力量,保持我军与后方通路。并决定固守城内的3个步兵团,统一由师步兵指挥官兼第598团团长郑庭笈负责指挥。同时将师指挥所移至锡唐河东岸的英登冈。

下达了战斗任务后,戴安澜缓缓起立,他戴上军帽,扣紧衣襟,目光灼灼,如火如电。在场的军官知师长将要宣布重要决定,纷纷垂手而立。

戴安澜神情庄严:"各位!同古作战,已进入决战时刻。"

说到此处,戴安澜顿了一顿,接着说:"敌军企图合围我师。这是意料中的事。委座把我师放在同古,是要我们将敌人挡住、拖住、钉住,掩护主力集中。我们多坚持一天,为主力部队多争取一天时间,就多一份胜利的把握。我等身为军人,有幸出国作战,打头阵,立头功,杀敌报国,是一件极光荣的事。全师要发扬昆仑关作战精神,攻必克,守必固,决战决胜,奋勇杀敌,与同古城共存亡。"

戴安澜接着郑重宣布:"自古以来,马革裹尸,是军人的荣耀。同古会战已到最后关头,余奉命固守同古,誓与城共存亡。余战死,以副师长代理。副师长战死,以参谋长代理。其余以此类推。"

戴安澜继续说:"你们,各位团长、营长,也要指定继任者。听清楚了没有?"

众军官齐声答道:"坚决执行命令。"

言之铿锵,掷地有声。

指挥所里笼罩着诀别的气氛。

危急关头,蒋介石命令第200师突围

日军第55师团拼尽全力,加上第5飞行师团的空中支援,围攻一座小小的同古城,竟久攻不下。第15军司令官饭田祥二中将为此大光其火。他认为,此一仗,开太平洋战争以来未有之例,皇军的武威在同古城受到极大挑战。饭田祥二军司令官将竹内宽师团长严加申斥之后,决定把从新加坡匆匆赶到的第56师团,派往同古战场,增强攻击力量。

3月26日,仰光港。大批日军走下军舰。第56师团先头部队从新加坡到达缅甸。

刚一登陆,师团长渡边正夫中将旋即被饭田祥二军司令官召去。

饭田祥二:"本军在同古作战受到前所未有的阻力,使皇军蒙受羞辱。缅甸战场将因贵部到达,而掀开新的一页。拜托啦!"

渡边正夫踌躇满志,回答道:"本师团与近卫师团在新加坡,曾创下一役俘获英军7万余人的赫赫战果。缅甸敌军命运不会比新加坡更好。同古之敌绝不是本师团与第55师团的对手。请军司令官宽心。"

按照军下达的作战命令,渡边正夫命令师团搜索联队和第144联队,分乘汽车和火车从仰光出发,直趋同古。

援兵到达后,同古日军发起更加猛烈的进攻。3月27日,日军集中兵力,向同古城西北部发起猛攻,新到达战场的第56师团第144联队也投入战斗。我第600团官兵坚守阵地,打退敌人进攻。日军转而向第599团正面阵地大举进攻。我官兵沉着应战,日军攻击受挫。

28日天亮后,日军出动20多架飞机,对我军阵地轮番轰炸,城墙被炸塌,地面建筑全部被摧毁,敌军并使用毒气弹。我军第600团奋战竟日,终因城墙坍塌,伤亡过大,黄昏时,撤出阵地,退守铁路以东。自

此,同古城敌我各半,敌占铁路以西,我守路东。同古城内敌我阵地相互交错,态势极其险恶。

敌军在对同古城内我军进行围攻的同时,派第56师团搜索联队,迂回前进,蹈狭钻隙,从同古城东侧,向我军侧后偷袭。

第56师团搜索联队,配属两个步兵中队,一个野炮中队,一个工兵小队和一个辎重兵中队,机动作战能力强,经常被派去担任突击任务。联队长平井卯辅大佐,是一个机敏而凶残的人物,在马来西亚丛林,曾让英军吃尽苦头。

此时,在同古城头,中国官兵正集中全力在城区与敌搏斗,撕缠扭打,再也抽不出手对付平井卯辅这只狐狸。28日夜间,敌兵400余人偷渡锡唐河。当时锡唐河水深齐胸,流速每秒1米,日兵得以裸体徒涉。尔后,潜入我军阵地,日军摸黑前进,直指要害。守卫在东岸的我军官兵猝不及防,伤亡很大。一队日军,直扑东岸英登冈我第200师指挥所。

突然出现的敌情,让我师指挥所陷入极大危险之中。戴安澜临危不惧,他立刻组织师指挥所战斗人员,奋起抵抗,他自己提起冲锋枪参加战斗。同时,命令郑庭笈派兵来援。正在城里与敌激战的郑庭笈接令后,火速派遣第598团两个连前来增援。激战至拂晓,虽将日军打退,保住师指挥所,可是,敌人乘机占领了锡唐河大桥,切断了师指挥所与城内的联系。

经过多日血战,第200师在重围中左冲右突,前遮后挡,孤军奋战,援兵不至,已精疲力竭,只有招架之功,再无还手之力。

此后,日军不断向城东及师指挥所猛攻,企图拿下城东阵地,瘫痪我军指挥,将第200师一举全歼。

同古会战演成危局,远征军副总司令官兼第5军军长杜聿明极其担忧:

同古会战从3月19日打响,至今已近旬日。第200师孤军作战,精疲力竭,难以久撑。奉命赴援的新22师在南阳车站遭敌军阻滞,苦战竟日,仍然没有进展。我第96师尚在国内集结,一周以后方能入缅。东路我第6军更是远在景东毛奇之线。且第66军虽然归入远征军建制,但还没有完成集结,何时入缅尚难预料。

西路的英国人不断地向后撤退，已经退至普罗美。英国空军自3月21日在马格威遭日军重创后，其余战机全部撤回印度，缅甸上空再没有英国战机的影子。美国空军曾应允支援，但至今一直没有出现。

而日军来势汹汹，援兵不断。目前在缅作战的除第33师团、第55师团，和新增援的第56师团外，据报，第18师团也已经到达泰国，随时可以投入缅甸战场。

杜聿明想到，目前我军既不能迅速集中主力与敌决战，以解同古之围，旷日持久，陆续到达的敌军势必投入同古战斗，拖延时日，将坐使第200师被歼。由此，我远征军将被敌人各个击破，有全军覆没之虞。他下定决心，命令第200师尽快突围，易地再战。

杜聿明的这一计划遭到史迪威将军坚决反对。史迪威力主督促廖耀湘新22师突破南阳车站，挥师南下，与第200师在同古协力歼敌。他还表示可以去说服亚力山大将军，派英缅军第13旅策应中路我军作战。

杜聿明断然拒绝史迪威的这个方案。在需要做出决定的紧急时刻，中国远征军战场指挥权却成为一个问题。他们两位将领，一位是被蒋介石当众确认的总指挥，一位是手握重兵、以副代正的远征军副总司令兼第5军军长。他们谁也不能说服谁。

史迪威大光其火，但又无可奈何，摔门而去。

史迪威走后，杜聿明起草电报，直接向委员长请示。

此时在重庆，蒋介石正为缅甸作战忧心忡忡。他接到杜聿明的电报后，沉思良久。

这时何应钦进言："第200师在同古与敌军决战已愈旬日，元气大伤。目前该师位置过于突出，处境危险。光亭之意是将第200师撤出同古，再寻找机会与敌再战。我看，缅甸战局骤变，也只好如此了。"

蒋介石思量再三，无可奈何地说："嗯，同古固然重要，滇缅路也是我国抗战所必需。可是，将部队都拼光了，要滇缅路何用？要枪炮物资何用？撤吧！敬之，快给光亭复电。撤！"

得到蒋介石的批准后，杜聿明火速布置撤退。他下令第200师29日晚开始突围，部队从同古东面渡过锡唐河后，沿东岸退至叶达西。同时命令新22师继续向南阳车站发起猛烈攻击，吸引敌军注意力，掩护第

200师突围。

　　戴安澜接到命令后,立即行动。他命令师步兵指挥官郑庭笈组织城内各团次序后退,特别嘱咐要把所有的伤兵带上。

　　29日夜间,第200师各步兵团派出多股突击队向敌人冲击。炮兵猛烈开火。

　　30日凌晨,在枪炮声的掩护下,全师部队乘着浓雾,悄悄撤出同古城。

　　戴安澜骑在马上,久久地回望火光中的城池。

　　火光映照着撤退中的士兵的脸庞,许多人流下了眼泪。

　　之后,部队涉水蹚过了锡唐河,消失在浓浓的夜色中。

　　锡唐河静静地流淌,河边的大树上,一群乌鸦在鼓噪。

　　天亮以后,日军第55、第56师团集中全力,卯足劲,发起总攻。他们发现,同古城已是一座空城。日军搜遍全城,没有抓到一个俘虏,也没有找到一个伤兵。

　　次日,日本第15军司令官饭田祥二来到同古,他巡视全城,看到城池已被战火夷为平地,尸体枕藉。虽说是战场上的对手,但他对中国军队勇敢战斗精神,不得不表示赞赏。他下令厚葬阵亡中国官兵,并在墓前竖立"支那勇士之墓"木牌。

第三章　平满纳会战的泡影

愚人节那天，史迪威与蒋介石就指挥权问题摊牌

中国远征军入缅作战开局不利。精锐的第200师在同古作战中，虽然表现出顽强的战斗精神和强大的战斗力，但是，在日军优势兵力攻击下，付出了重大代价，并最终弃城撤退。这预示着缅甸作战前景堪忧。

史迪威将军尤其感到气恼。他认为，作为蒋介石委派到缅甸战场的中国军队前线指挥官，战斗并没有按照他的计划进行，中国军队并没有听从他的指挥。他认为他并没有得到完全的授权。蒋介石既公开表明，由他指挥作战，又不予以足够的指挥权，这是他不能接受的，并且会危及战局。

3月31日午后，史迪威将军无聊地在帐篷内玩纸牌。

副官杨孟东进来通报："有客人，将军。"

史迪威："谁？"

杨孟东："亚力山大将军。"

史迪威："讨厌的家伙！"

史迪威继续玩他的纸牌。

亚力山大进入，幸灾乐祸地问道："阁下，一个人玩牌，为什么不找个对手？"

史迪威抬头看他一眼："你想玩？"

亚力山大："不，不，拜访您。"

史迪威："同情我？"

亚力山大坐在史迪威对面："不，不，是敬意，诚挚的敬意。在阁下

的指挥下,中国军队在同古英勇作战,我,还有我的士兵,深表敬意。"

史迪威:"阁下,恕我直言,我为英军的表现感到痛心。伟大的英国军队在缅甸除了撤退外,还做了什么?"

亚力山大:"将军,英国军队做了应该做的事。他们没做错什么。"

史迪威生气地将纸牌推开:"他们做对了什么?"

亚力山大:"史迪威将军,在你和中国军队到来之前,英军已经在缅甸作战3个月了,在毛淡棉、在锡唐河,上千名士兵阵亡,他们流的血还少吗?我们认为,在缅甸战场,中国军队的表现应该更出色一些。听说,史迪威将军有一些很好的战略设想,遗憾的是,没有坚决实施。史迪威将军,看来要得到中国人的一枚勋章,不是一件容易的事。"

史迪威:"将军,我必须为中国人说一句公道话。在缅甸战场,如果只对付日本人,也许容易一些。加上伟大的英国盟友后,事情反而复杂了。中国人对英国朋友太不了解了。"

亚力山大:"一位美国将军,这样指责英国军队,太过分了。阁下,战争正在进行,我们选择合作吧。"

史迪威:"我赞成你的这个建议,亚力山大将军,不过,要拿出诚意来。明确地讲,中国军队遵守协议,在中路浴血作战。英国军队在西线的作战,再也不能……我怎么相信你呢,将军?"

亚力山大:"请史迪威将军相信,中国军人和英国军人洒在战场上的鲜血,颜色是相同的。"

史迪威:"此话有理。"

亚力山大:"我们找到了共同点,真高兴。"

亚力山大将纸牌推回史迪威面前:"继续你的战争吧。我到中国人那里,看看他们。"

亚力山大迈步出门。在门口,他回头狡黠地说:"史迪威将军,我本来准备明天来拜访你的,可是提前来了。你知道为什么吗?"

史迪威愣了一下。

亚力山大:"因为明天不是拜访朋友的合适时间。"

史迪威:"你在说些什么?"

亚力山大:"阁下肯定是忘了,明天是愚人节。"

亚力山大哈哈一笑，离去。

史迪威坐下，重新玩起纸牌。他突然生气起来，将纸牌撒了一地，大声喊道："梅利尔上校，你过来。"

史迪威将军的参谋军官梅利尔快步进来。

梅利尔："将军，有何吩咐？"

史迪威："准备飞机，我要到重庆。"

4月1日，重庆黄山官邸。

蒋介石在批阅公文。何应钦、商震等恭立在侧。

何应钦适时地递上一份文件："委座，这是《中华民国战时军律修正案》，军政部已经改了三稿。请求公布。"

蒋介石："都有什么新内容？"

何应钦："新律较旧律加重了处罚条款。新律规定，凡阵前违反命令，有叛敌行为，妨碍抗战，扰乱后方，造谣惑众，动摇军心者均处死刑。"

蒋介石："好，改得好。抗战以来，为严正军纪，我们已开了杀戒，杀了一些作战不力、临阵逃脱的高级军官。如韩复榘、李服膺之流，杀得好。但是杀得还不够，还要再狠一点。公文，我不看了，拿去公布吧。"

蒋介石将文件交还何应钦。蒋介石问："本周战况如何？"

何应钦报告道："本周国内战场战事平稳。日军万余人在胶东'扫荡'。华北日军在搞第四次强化治安运动。其余战区有零星战斗。"

蒋介石问商震："盟军方面有什么情况？"

商震："本周日军占领了爪哇。日军南云上将率领的一支航母战斗群进入印度洋。盟军太平洋作战会议正在华盛顿召开，据熊式辉来电，会上，将对缅甸作战进行讨论。"

蒋介石："哼，仗在缅甸打，兵是我们出，会到华盛顿去开，他们为什么不能到重庆来开？"

侍从官进入，报告："史迪威将军到了。"

蒋介石问何应钦、商震："你们还有什么报告事项没有？"

二人回答："没有了。"

蒋介石这才对侍从官说:"请史迪威将军。"

史迪威进入,向蒋介石敬礼,向何应钦、商震点头示意。

蒋介石:"史迪威将军,辛苦了。快请坐。"

史迪威回答:"谢谢。"

蒋介石:"史迪威将军什么时候回重庆的?"

史迪威:"凌晨二时。"

蒋介石:"啊,请把缅甸的情况报告一下吧。那里怎么样了?"

史迪威:"我要说,情况很不好,简直是糟透了。"

蒋介石:"啊。"

史迪威:"我军错过了一次绝好的进攻机会,莫名其妙地从同古撤了出来。"

蒋介石:"啊,愿闻其详。"

史迪威:"总司令,我在扮演一个可悲的角色。知道吗?今天是愚人节。我就是缅甸战场上的那个傻瓜。"

蒋介石:"此话怎么讲?"

史迪威:"在缅甸,我是一个孤独的人,不仅要和日本人斗,和缅甸人斗,还要和英国人斗,甚至要和自己手下的将领斗。我名义上是总指挥,但是我的命令,在中国军官那里都给顶回来了。我无法指挥他们。"

蒋介石:"有这种事?他们为什么不听你的指挥?"

史迪威:"我不知道。"

蒋介石:"我要调查这件事。战场上不服从命令,是要枪毙的。"

何应钦:"国民政府正在修改战时军律,不服从命令者一律处死。"

史迪威:"那好,我要问,杜聿明不服从命令,是不是也可以枪毙?"

何应钦:"他?"

史迪威:"是的,就是他。从同古撤退,就是他下的命令。"

蒋介石不快地说:"唔,唔,是这样的,史迪威将军,有些事情,你不完全清楚,部队从同古撤退,是我同意的。杜军长请示过我,我同意了。"

史迪威:"你批准的?"

蒋介石:"是的。有什么不妥吗?"

58

史迪威毫不掩饰自己的愤怒,说:"总司令,你当然有权指挥一切。你既然指挥一切,那么,还要我这个战场指挥官做什么?"

蒋介石动怒了,说:"史迪威将军言之差矣。我是战区统帅,无不可过问之事。你是我的参谋长,不是太上参谋长。"

史迪威:"既然总司令事必躬亲,依我看,参谋长职务可以勾销。我请求免去我的指挥职务。"

看到史迪威将军动怒,蒋介石喝了一口茶,转为和颜悦色。

蒋介石:"史迪威将军求战心切,肯于负责,我已深知。不过,我过问前线战事,也是出于职责。我平素指挥作战,惯于用电话与前线将领联系,必要时不分昼夜。如此可依其习性和能力,纠正其错误。中国抗战能坚持到今天,此实为一重要原因。"

史迪威不以为然:"原来是这样。既然总司令要直接指挥前线作战,我就留在重庆好啦。我在重庆还有许多重要事情办理。比如管理美援物资,指挥美国空军等。当然啰,我不能将美援物资和美国空军,用于支援那些我不信任的军队。"

史迪威将军以上这些话是非常有分量的。史迪威将军来华负有多重使命,他不只是盟军中国战区参谋长,还负有分配和管理美援物资、指挥在中国战区美军等重大使命。美援物资是一个命门,他只要点一下,蒋介石就硬不起来。

商震生怕史迪威把事情闹僵了,他赶紧出来打圆场,说:"史迪威将军,不要焦急,很多事情是可以商量的。"

蒋介石的口气也软了下来,说:"将军,这怎么可以呢?缅甸作战怎能没有你呢?这,这太不合适了。"

这时,宋美龄走了进来。她总是在蒋介石最需要的时候,出现在他的身边。

蒋夫人春风满面,娇小动人。在蒋介石那充满坎坷、大起大落的一生中,蒋夫人运用一种奇特的力量,于顾盼流转之间,曾帮他渡过多少难关,为他争取到多少朋友!要是没有夫人从旁相助,蒋介石一生的历史恐怕是另一种写法了。现在,蒋夫人款款走到史迪威跟前,笑容可掬地说:"史将军,你瞧,外面阳光多好,我们到花园散步去,别在这磨牙

斗气,走。"

史迪威将军无法拒绝她。

宋美龄上前,一只手挽起了史迪威的胳膊,另一只手挽起了蒋介石的胳膊。

宋美龄:"走哇,达令。"

宋美龄挽着两人,走了出去。

果然,在明丽的阳光下,清爽的春风中,总司令和参谋长和解了。

"我总是个老毛子吧!"史迪威设身处地地说:"不能奢望全权指挥如此庞大的华军,不过,我倒希望单独拨出一支小部队,一个军,一个师都行,由我指挥,按我的计划办。"

蒋介石:"不,不,你还是做你的总指挥官。"

史迪威:"即使总司令把远征军都交给我,我也指挥不动啊!像杜聿明这样有才华、有个性的将领,不是我能驾驭得了的。"

看准火候,得寸进尺,史迪威想趁机排挤杜聿明。

蒋介石继续退让,他说:"我把罗卓英派去,他会同你很好合作的。"

宋美龄:"史将军,还有什么困难吗?我可以做你的后盾。我在战线的另一端支持你。"蒋夫人说完,将一束玫瑰花递到史迪威手里。

罗卓英将军

史迪威:"夫人,我愿意效劳。"

史迪威那张满是皱纹的老脸有了笑容。

蒋介石很快兑现了他对史迪威的承诺。4月2日,他下达了关于罗卓英接替因故不能到任的卫立煌出任中国远征军总司令的任职命令。

罗卓英,1896年出生,字尤青,广东省大埔县人,1923年入保定军官学校第8期炮兵科,与同期同学陈诚交好。毕业后参加北伐,历任北伐军炮兵连长、炮兵副营长,国民革命军第21师参谋处长、参谋长，第33旅旅长，第10师师长。1928年秋，因其"整军经武，屡建殊勋"，提升为第8军副军长。嗣后，历任第5军军长、第18军军长。抗日战争时期，率部先后参加了上海抗战、南京保卫战、南昌会战、长沙会战等重大战役，先后任第16军团司令、第15集团军总司令、南京卫戍副司令长官、第9战区前敌总司令、第9战区副司令长官、第19集团军总司令等职。

发布罗卓英任职命令的当日，蒋介石在重庆又一次召见史迪威，详细商谈了今后处理缅甸战场中国军队指挥权有关事宜。

蒋介石对史迪威说："我决定派罗卓英到缅甸，罗卓英将秉承史迪威将军之命令，负责指挥在缅作战之第5军、第6军以及其他部队。罗卓英较杜军长年事为高，且多经验，将军如有命令，可随时告知罗将军，由其转令杜军长及其他军事长官执行。此项办法有两个优点：第一，将军可不必与各军军长直接接触，俾得保持与彼等之好感。第二，罗将军一方面可听从将军之命令，一方面可督促此项命令之执行。杜军长为人，少年气盛，办事能力固强，唯亦有过分固执之处。今罗卓英将军听从史迪威将军之命令，单独接触，随时了解将军之意旨，然后转令各军。如此可减少发生误会，未知将军对此项办法有何意见？"

蒋介石专为史迪威做出了这个安排，史迪威当然只有叫好，他真诚地表态说："本人亟盼与罗将军顺利合作。"

史迪威将军这回算是吃了一颗定心丸。

蒋介石再次入缅部署作战

鉴于缅甸作战即将全面打响，决战迫在眉睫。4月5日，蒋介石再次飞赴缅甸前线进行部署。此次与他同行的有史迪威将军和新上任的远征军总司令罗卓英。

在缅甸梅苗中国远征军长官部，蒋介石设宴招待中国远征军主要将领。宴会上，蒋介石当着各位将领的面，特别明确了在缅中国军队的指挥体制。他郑重其事地告知诸位将领：

"在就席之前我有数言奉告，史迪威将军作为我的参谋长，以下五点请诸位注意：一、史迪威将军负指挥国军在缅甸作战之责。此后指挥系统规定如下。二、罗长官应受史迪威将军之指挥，而第5、第6两军军长以及其他在缅国军长官则应受罗和史之指挥。换言之，史迪威将军应命令罗长官，而由罗长官命令其他军官。三、有关缅甸作战事宜，我授全权予史迪威将军作最后决定。四、史迪威将军有赏罚之全权。五、由史迪威将军负责与英军接洽。"

蒋介石接着举杯勉励各位将领，他说："我国军出国作战，在近代史中，尚为首创，故应发扬我忠勇英毅之气概与临难不苟之牺牲精神，力求全胜。"

这回史迪威满意了。

可是杜聿明闹心了。

缅甸之战打响以来，远在重庆的蒋总司令，日夜关注着战局，除了利用电台遥控指挥外，还接二连三地向前线派遣指挥官。初时，明令杜聿明"以副代正"，实际上负全责。不久，又派军令部次长林蔚率领军委会滇缅参谋团，从旁襄助。到腊戍后，又派来了史迪威。现在罗卓英走马上任，担任远征军总司令，设长官部。中国远征军的作战部队没有增加，还是3个军，但指挥班子已经增加到4套。床上架屋，互相掣肘。

杜聿明心中抱怨蒋介石：校长，你让学生听谁的啊！

4月6日，蒋介石特别召见戴安澜。戴安澜率领第200师同古一战，打出了中国军队的威风，振奋了士气，也为中国军队赢得了国际声誉。蒋介石要当面嘉勉这位爱将。他命人通知戴安澜来梅苗晋见他。

戴安澜此时正率部在叶达西地区休整。他本来决心死守同古，而结果却是按照上级的命令突出重围。同古失利，影响缅甸作战全局，戴安澜自觉难辞其咎。他以胜败萦心，精神不爽。接到蒋介石召见的通知后，他心中颇为忐忑。戴安澜料定：此去必死无疑。因此，去梅苗之前，他先到军部与杜聿明告别，移交军务。

戴安澜说："军座，委座此次召见，恐怕是要追究同古作战的责任。"

杜聿明答道："不会的。你放心。"

戴安澜："不管委座有无责备的意思，同古作战失利，影响大局，我难辞其咎。我准备向委座自请处分，以严肃军纪。"

杜聿明："哎，戴师长，同古之战，你部作战勇敢，重创日军，立了头功。如果要追究撤退的责任，责任在我，我下的命令，与你无涉。"

戴安澜："委座不追究责任即罢，如果追究，我一人承担，绝不连累长官。"

杜聿明："不会，不会的，你放心地去吧。"

临别，戴安澜泪流满面，对军长说："败军之将，按律当斩，我死而无怨。"

4月6日夜间，戴安澜赶到了梅苗。梅苗是缅甸避暑胜地，树林茂密，道路弯曲，竟至迷路。后来在路边遇见滇缅参谋团一位参谋军官，才找到了蒋介石的下榻处。夜里10时，戴安澜晋见蒋介石。蒋夫人在座。

戴安澜："学生奉命晋见校长。"

蒋介石："戴师长，快请坐。"

宋美龄："坐下来说话。"

戴不敢就座，说："委座，学生无能。仗没打好，我是请罪来的。"

蒋介石："哎，哎，不是这个意思，不是这个意思。坐下说话。"

宋美龄："戴将军，你误会了吧？"

蒋介石："同古作战，将士用命，仗打得很好，怎么说没打好呢？你这么说，我倒真要生气了。快，坐下，坐下。"

戴安澜坐下。

宋美龄："同古作战，你们杜军长已经汇报过，他对第200师的表现很满意。英国人也服气。我们很高兴。"

蒋介石："嗯。当然，同古作战是我军入缅初战，要好好总结。你们第200师是国军精锐，打过不少大仗。同古作战有什么体会，你是前线指挥官，我想听听你的意见。"

戴安澜站立着简要汇报了同古作战的经过情形。

蒋介石听了很高兴，说："戴师长，同古之战打得很好。第200师在同古勇敢作战，说明黄埔精神远远胜于日本武士道，很了不起！远征军全体官兵，都要仿效你们，奋勇杀敌，报效国家。"

戴安澜接着检讨作战感受，他说："同古作战由于部署得当，官兵上下一心，愈战愈勇。但是作为指挥官，见援军终日不至，心中甚为焦虑，情绪不够稳定，这是缺点。而日军增援不断，战法较之以前有推陈出新之处，值得借鉴。缅甸和尚受日军利用，处处与中国军队为敌，给战斗增加许多困难，这是日军从事谋略策反工作的结果，也是我们的教训。"

蒋介石听了十分赞赏，鼓励戴安澜要好好地总结，以利再战。

看到时间已晚，宋美龄对蒋介石说："达令，就谈到这里吧。让戴师长早点休息。"

蒋介石："好。"

戴起身告辞，准备离去。

宋美龄："戴师长不要回去了，今晚就住在这里吧。"

蒋介石："对，就住楼上！"

戴十分惶恐："委座，这，这……"

蒋介石："你是我的学生，不要客气。去吧。"

宋美龄："侍从官，你去安排一下。"

侍从官把戴安澜引到蒋介石寝室隔壁的房间，安排就宿。

戴安澜万万没有想到，蒋介石不仅没有追究同古作战失利的责任，反而对官兵勇敢精神大加赞赏。晚上，得在蒋介石的行辕留宿，与蒋介石寝室仅隔一墙。戴安澜受宠若惊，暗发誓言：

赴汤蹈火，拼杀疆场，报答统帅之垂青。

蒋介石此次携史迪威、罗卓英一同来到缅甸前线，表达了他对缅甸作战的高度重视。他此行的最终目的，是要亲自巡视战场，了解战况，与前线指挥官一起，决定缅甸作战的战略方针。

同古之战结束后，缅甸战场的局势更加明朗。敌我双方的主力已经逐次展开，形成了中路、东路和西路三条战线各自独立作战，又相互呼应的战场格局。

中路作战以缅甸中央铁路为轴心，主要战场包括平满纳、曼德勒等缅甸核心地区。东路战场主要是缅甸东部的毛奇、棠吉、罗衣考之线以及与泰国相邻的掸邦高原。西路作战区域在伊洛瓦底江下游的普罗美、阿兰庙、马圭、仁安羌之线。

中国远征军主要负责中路和东路作战，英军负责西路作战。

在中路，我军作战主力是第 5 军。第 200 师在同古的防御作战为我军集结赢得了时间。4 月初，第 5 军部队已经全部到达战场，其中新 22 师在南阳车站以北地区继续与敌周旋，第 96 师已到达曼德勒。第 200 师撤出同古后，已退到叶达西附近地区休整。

在东路，我第 6 军也已全部入缅，其中暂 55 师作为前锋已前出至毛奇至罗衣考之线占领阵地，第 49 师已达木迈，第 93 师到达景东。

我第 66 军作为战略预备队，也已集结完毕，其中新 38 师已开至腊成，新 28、新 29 师也已抵达中缅边境的芒市、畹町之线，随时可以入缅。而由黄琪翔将军率领的特遣游击队，已经渗透到缅南地区，开展游击战。

至此，在缅甸战场，中国远征军已经集结了 7 个师的强大兵力，还有 2 个师在边境地区待命。同时，大批坦克、野炮等重型装备，陆续进抵战场。

在西路，从缅南败退的英印军第 17 师残部，与从同古地区撤出的英缅军第 1 师已经会合，沿着伊洛瓦底江东西两岸布防。

日军也不断调遣部队，发展攻势。占领同古后，日军将从泰国开来的第 18 师团投入作战。第 18 师团与第 55 师团一起，从中路沿着仰光至曼德勒的中央铁路继续向北推进，伺机与我第 5 军决战。日军第 56 师团则转到东路作战，向我第 6 军部队进逼。在西路，日军第 33 师团继续向北进攻，攻势强劲。

目前缅甸作战态势对中国远征军总体有利，中国远征军主力部队基本展开，特别是在中路已形成了较大的兵力优势。同时，同古作战以后，中国军队亟须一个决定性的胜利提振士气，在国际上树立中国军队形象。中国远征军对日军进行战略决战势所必然。

4 月 7 日，蒋介石在梅苗亲自主持召开军事会议，部署决战。会上首先由戴安澜汇报同古作战情况，蒋介石对同古作战给予高度评价。接着由各将领陈述对缅甸作战的看法。经过反复研究，最终由蒋介石拍板确定了缅甸作战战略方针，要点是，我军以缅甸中央铁路沿线为重心，组织两次会战，消灭日军。第一次会战，我军以第 5 军为主力，在平满纳地区与敌会战,歼灭或重创日第18、第55师团。第二次会战,我军集中第66军全部,以及第6军之暂55师,配合第5军,在曼德勒地区会战,最终歼灭入缅日军,收复缅甸,重新打通滇缅路。

根据这个战略方针,会上详细研究了平满纳会战作战计划,决定"军以决战之目的,即以阻击兵团逐次阻止消耗进犯之敌,次以固守兵团吸引敌于平满纳地区,待其胶着时,再以机动兵团转取攻势,将敌包围于平满纳地区而歼灭之"。

中国远征军部队向前线开进

具体部署是,第96师作为固守兵团,从曼德勒前出至平满纳地区,在正面构筑工事,布置阵地;新22师作为阻击兵团,沿斯瓦地区逐次抵抗,吸引敌军至平满纳我预设阵地。第200师休整完毕后,作为机动兵团,附军属炮兵和战车各一部,开至平满纳以东开当冈地区待命。待敌军进入平满纳后,我第96师从北面,第200师从东面,新22师从西面将敌军合围,予以歼灭。同时,第6军在东路、英军在西路侧翼配合。

1942年4月7日,在凉风习习的缅甸避暑胜地梅苗,在中国军队最高统帅下榻的行辕里,中国远征军的将帅们坚决果断地将入缅作战的第一个会战目标选定在平满纳。

平满纳这个对大多数中国官兵来说尚十分陌生的缅甸城镇，在中国远征军的作战地图中被悄悄锁定了。

平满纳位于缅甸中部，是仰光与曼德勒之间的一座不足10万人口的中型城镇，到仰光和到曼德勒距离均为200余公里，从仰光通向缅甸北部的中央铁路和公路从城中穿过，也是滇缅路的一个重要枢纽。它是缅甸南北交通的支撑点，也是东西联络的要地。从平满纳向东不足100公里，与毛奇、垒固相接，向西120公里与阿兰庙相连，是缅甸中部的一个四战之地。而且城市南北两侧有大山屏障，东面有锡唐河依托，易守难攻。

缅甸战场，战云低垂，一场大战一触即发。

杜聿明心旌飘荡，决心在平满纳大干一场

平满纳会战率先由新22师启动。4月上旬，廖耀湘将军指挥新22师部队主动撤出南阳车站，沿锡唐河向北撤退，进入斯瓦隘路地段，逐次抵抗日军。

从南阳车站到平满纳之间距离约80公里，两地之间有锡唐河上下贯通，锡唐河两岸多山，地势险要，特别是斯瓦以北地区，山高林密，道路狭窄，是缅甸中部险要的隘路地段。按照作战计划，新22师部队第65、第66两个步兵团，将在这个地段内凭借险要，交替作战，逐次抵抗，边打边撤，最后将日军吸引至平满纳。

4月10日，第65团部队从南阳火车站附近地区撤至斯瓦南端隘口，早有第66团部队在此接应。两天前，第66团已经到达这里，他们利用锡唐河两岸的地形，构筑工事，在隘路口上埋设地雷，做好战斗准备。

当第65团邓军林团长领着部队进入隘口时，第66团谢蔚云团长在桥头迎接，两位团长见了面。谢团长掏出香烟，递给邓团长一支，自己一支。

邓团长问："准备得差不多了吧？"

谢团长答:"酒桌都摆好了,鬼子一来就上菜。"

邓团长:"要上大菜!"

谢团长:"机枪,手雷,小钢炮,老三样,错不了。老兄,南阳车站报销了不少鬼子吧。看着你们打,我们手里直痒痒呢。"

邓团长:"轮到你们了。老兄,这个阵地不错哇,依山傍水,凭险固守,还不得报销几百个鬼子?"

谢团长:"哎,别急,你们进了山就知道,这山越往里走越有意思。好的地方给你们留着呢。"

邓团长:"那我们走啦。你们不要把鬼子都弄干净了哇,留一点给我们。"

谢团长:"放心。"

于是,邓团长领着第65团队伍离开桥头,往山里开进。

4月11日,日军尾随第65团来到斯瓦南隘口,可是在这里等候他们的已经是我军第66团。当日军进入预设布袋阵地时,谢团长指挥士兵,引爆地雷,埋伏在两侧火力点的士兵同时射击,打得鬼子无处躲藏,打完后,我军从容撤退。第二天他们又与第65团交换防务。

廖耀湘将军指挥的第65、第66两个团,就这样虚虚实实,不温不火,若即若离,交替作战,牵着日军的鼻子,一点点向平满纳靠近。

作为平满纳会战的固守兵团,4月上旬,我第96师部队从曼德勒移师平满纳,进入指定位置。

缅甸作战打响后,第5军三个师中的第200师已在同古打了一个硬仗,得到国内外一片赞誉。新22师也在南阳车站及斯瓦地区投入战斗,唯有第96师一枪未放。现在,他们师作为平满纳会战的主力兵团,挥戈上阵,正是杀敌立功的大好时机,全师士气高涨,跃跃欲试。

为了熟悉沿途的地形,第96师师长余韶坐着吉普车一路前进。途中,他特地绕道到位于瓢背的军部见了杜聿明军长,杜军长嘱咐他:"平满纳是个很好的战场,你到了那里赶快做工事。"

余韶是一位老资格的军人,但是在精锐的第5军,他带的这个师是出国前才被划进来的,他们需要用战功证明自己的实力。平满纳正是他们唱戏的好戏台。

余韶，号述虞，1891年生，湖南平江县人。清光绪三十四年（1908年）入清军第49标当兵，后参加武昌起义及护国、护法诸役。1924年加入国民党，任国民革命军团长，参加东征之役。1926年参加北伐，后任第36军少将参谋长。1938年9月任国民革命军第96师师长。1939年参加昆仑关战役。战后，第96师被编入第5军，并随之入缅作战。

第96师进入平满纳前，这里已遭敌机多次轰炸，城内到处是断壁残垣，百姓早已逃避一空，公路和铁路桥梁也被炸掉一半，不通车辆，唯人马尚可勉强通行。第96师到达战场后，余韶师长领着各团军官侦察地形，划分防区，构筑工事，准备战斗。其间缅奸四处破坏，打枪放火，滋扰我军。日机昼夜轰炸，给我军造成不少伤亡。

此时，第200师部队也完成了休整任务，作为平满纳会战的机动兵团，4月9日，全师部队向平满纳北部的也真集中。为了保持行动隐秘，部队全都在夜间行军。

到了新的集结地后，戴安澜按照蒋介石的嘱咐，督促部队抓紧训练。他们针对同古作战中遇到的新情况，着重研讨丛林战术。不久，师配备的战车和重炮团陆续到达战场，戴师长率领全师营以上军官集中演练步兵与炮兵、战车协同作战的要领。

经过整训，第200师补充了兵员和装备，修补战袍，摩拳擦掌，正准备投入新的战斗。

平满纳会战正按着预定的计划，有条不紊地进行。4月15日，杜聿明从军指挥所瓢背赶往平满纳前线。他的"雪佛莱"座车在颠簸中向前行驶。气温越来越高，车门摸着直烫手，车内尘土飞扬，但杜聿明的心情却平静多了。他不慌不忙地仔细谋划着平满纳会战的每个细节。

平满纳会战是蒋介石亲临缅甸前线确定的作战计划，也是中国远征军投入缅甸作战后周密组织的第一个会战，会

余韶将军

中国远征军炮兵阵地

战的主力又是他的第 5 军。杜聿明认为,在缅甸打仗,情况复杂,头绪繁多,部队良莠不齐,指挥层次又多,他这个副总司令官,别的事情不一定管得了,但他是第 5 军军长,在第 5 军说话是算数的。他对第 5 军的战斗力充满信心,让第 5 军为主力打平满纳会战十拿九稳。

他把整个会战计划在心中推演一番后,情绪激动,心旌飘荡:在平满纳一定能打一个震惊中外、漂漂亮亮的大歼灭战,不仅超出昆仑关会战,而且东汉大将班超远征西域的疏勒会战、北宋狄青荡平西夏的邕州之战,都将为之失色。中国军队国际声誉之确立当在此举!

在平满纳大干一场吧!杜聿明胸有成竹,对自己说。

血色黄昏中,杜聿明乘坐的"雪佛莱"车,开进平满纳城。

杜聿明在余韶师长的陪同下视察了第 96 师阵地。军长对战场准备深表满意。

当夜,杜聿明主持召开军事会议。戴安澜、廖耀湘、余韶三位师长出席。

作战室内,各位师长脱下军帽,挂好佩戴的手枪,相互问候。

杜聿明在军参谋长罗又伦陪同下从里屋走进作战室。与各位师长打过招呼。

杜聿明背着手,神情严肃,他走到戴安澜师长面前,问:"戴师长,你们准备得怎么样?"

戴安澜立正:"报告军座,我师已开进至平满纳以东待发阵地,做好了攻击准备。"

杜聿明:"好。"

他来到廖耀湘跟前:"廖师长,你们呢?"

廖耀湘立正:"报告军长,我师在斯瓦地区逐次抵抗,打了十多天,今天已转移到沙瓦特地区,离平满纳只有40里了。只等我军正面完成各项准备,我就把鬼子放进来。"

杜聿明:"嗯。"

杜聿明走到余韶师长跟前。"余师长,你们呢?"

余韶:"报告军长,我师已准备就绪。"

"好!时机已到。"杜聿明走到前头,以坚定的语气说:"平满纳会战是委座到缅甸亲自部署的,成败在此一举。参谋长,部署吧!"

罗又伦应答:"好!"

罗又伦来到地图前,说:"各位,目前平满纳当面之敌为第55师团、第18师团,以铁路为界,路西为第55师团,路东为第18师团。我军作战目标,是将敌军吸引到平满纳以南既设阵地,予以歼灭。各部作战任务是,新22师完成阻击任务后,撤出斯瓦阵地,放敌军进入我预设阵地;第96师在平满纳正面,拦击敌军。新22师转为攻击兵团,与第200师分别从东西两翼出击,截断敌军退路,最终与第96师合围敌军,一举聚歼。"

罗又伦布置完毕,众将领望着杜聿明,等待军长的最后号令。

杜聿明宣布:"会战发起时间为明天16日黄昏7时,届时新22师撤出斯瓦最后阵地,把鬼子放进来,会战全面展开,各师开始行动。要坚决战斗,狠狠地打击敌人,力争4月底之前,将敌军歼灭于平满纳城下。"

各位师长领令而去。

4月16日黄昏,斯瓦最后防线,战斗在激烈进行。新22师之第65团官兵在各自战位上还击敌人。

团长邓军林冒着炮火,在前沿督战。团长来到最前沿第1营阵地。邓团长把第1营关营长叫来问:"情况怎么样?"

关营长:"过瘾。"

缅甸战场的中国远征军机枪手

邓团长:"过瘾就好。"

团长看看表,接着说:"关营长,你听着,斯瓦阻击任务已经完成,晚上 7 时你就将队伍撤下来。"

关营长:"这是斯瓦最后一道坝,这里一撤,就把鬼子放进来喽,要收,可是收不住了啊。"

邓团长:"放心,等着吃饺子吧,第 96 师、第 200 师在后面等急了。"

关营长答:"明白了。"

邓团长离去。

在第 1 营正面阵地,我军又打退敌人新一轮进攻,鬼子们拼命往山下逃窜。我军士兵打鸟一样瞄准敌兵,一个个收拾。

一抹晚霞从天边消失,地面的景色朦胧了起来。

第 1 营关营长见撤退的时间已到,便下令部队撤出阵地。

新 22 师按计划撤出斯瓦最后防线后,日军长驱直进。17 日,敌先头部队推至平满纳南面的也那,闯入我第 96 师预设阵地。第 96 师之第 288 团前哨部队与日军展开战斗。敌军出动飞机在我阵地上空盘旋轰炸,之后,敌坦克和骑兵发起进攻。敌人投入 6 辆坦克、200 余骑兵,来势凶猛。我军凭借工事,顽强阻敌。

继后,日军加大兵力,向我第 288 团新昂久主阵地进攻。敌出动坦克 8 辆,另有骑兵七八百人由侧翼迂回。我军奋勇作战,将敌军击退。敌军以炮火掩护步兵,向我第 288 团序克林东、扁克比、卫支等阵地全面进攻,硝烟弥漫,枪炮声连成一片。敌我展开夜战。我毙敌百余,我军连长吴丽生、排长杨汉秋及士兵 30 余人阵亡。

18 日,战斗愈趋激烈。敌军出动十几架战机,轮番轰炸,以重炮向我军阵地发射炮弹 400 余发,后出动 2000 余士兵,在坦克掩护下沿铁路向我第286团正面阵地进攻。午后三时，又有一股敌军沿锡唐河东岸，向我第287团阵地攻击。敌军百余人渗透进入我军阵地，双方展开肉搏。这一天，敌军投入大批坦克、步兵和骑兵，向我第96师各团阵地轮番进攻，全面交火。平满纳城下、锡唐河两岸，敌我激烈战斗，拼死厮杀。

中国远征军部队组织的平满纳会战看似进展顺利。第96师正在平满纳正面阵地邀击敌军，只等新22师和第200师从东西两翼包抄，日军就会束手就擒。

然而，平满纳远不是缅甸战场的全部。缅甸战场实际上广阔和险恶得多。

一个巨大的危险悄悄地向我军逼近。

一支致命的毒箭正向我军身后射来。

日军从东路偷袭，我军一个整师部队突然不见踪影

当中国军队的指挥官们在酝酿、制订平满纳会战计划的时候，日军第15军司令官也在谋划同古战役后下一步作战方案。同古作战中，第200师的战力给日军留下深刻印象，他们意识到，在缅甸战场上遇到的中国远征军不同于英军，也不同于以往在中国境内交过手的华军，他们具有顽强的作战意志和强大的战斗力。与他们作战不能强攻，只能用计。日本人还知道，在缅甸战场，中国军队的主要注意力在中路，而两翼相对薄弱。基于以上判断，4月3日，日军第15军司令官饭田祥二，拟订了一个野心勃勃的曼德勒会战计划。

这个作战计划的要点是，以有力兵团占领腊戍，切断华军退路；以主力自中路沿仰光至曼德勒铁路以及从西路沿伊洛瓦底江向北推进，在曼德勒地区将敌包围，进而歼灭于缅甸境内。

具体部署是：

1. 第56师团从同古附近隐蔽出发，沿毛奇、罗衣考、棠吉之线向腊戍快速突进，切断中国军队退路。

2. 第18师团沿仰光至曼德勒中央铁路以东地区推进，包围中国军队

左翼主力。

3. 第55师团沿仰光至曼德勒中央铁路以西地区推进，包围中国军队右翼主力。

4. 第33师团沿伊洛瓦底江向北推进，与第55师团会合，在曼德勒以西围歼英军。

如果将4月上旬中日双方自各制订的缅甸作战计划作比较，就可以发现，双方作战指挥机关背靠背自各制订的两个计划，是如何的针尖对麦芒，彼此都想致敌于死地。然而，两个作战计划相较，日本人的胃口更大，也更具冒险和进攻精神。中国人将缅甸作战分两步进行，第一步在平满纳，第二步才是曼德勒。而日本人是一步到位，一下子就要打到曼德勒，拿下全缅甸，一举消灭在缅中英联军。

4月4日，在蒋介石在梅苗召开军事会议，谋划缅甸作战的三天前，在同古城内，日军第15军已经对曼德勒会战进行了部署。

第15军前线指挥所帐篷外的草地上，军和各师团主要军官席地而坐。

军参谋长大越兼二少将指着铺在草地上的地图，介绍作战态势和计划："中英联军作战行动完全在军司令官预期之内。在中央地区，华军已经将强大的第5军集中完毕，准备与我决战。而在它的西方向，英军战斗意志大大削弱，英军加快了撤退速度。据判断，英军有退出缅甸、进入印度之企图。东面是华军第6军。第6军作战意志和战斗力均逊于第5军，是二流军队，且战线广阔。军司令官决定，中央地区，第55、第18两个师团，作出应战的架势，继续沿着铁路，向北压迫，吸引第5军。第33师团在西方向，加紧进攻，迫使英军后撤，暴露华军侧翼，分散其注意力。而第56师团是我军进攻真面目。第56师团应从毛奇出动，以果敢行动，从东路迅速推进，突破第6军防线，攻占罗衣考、棠吉、雷列姆之线，最终占领腊戍，切断华军归国之路，全歼华军于缅甸境内。"

司令官饭田祥二站了起来，皮靴踩着软绵绵的草地，他得意地对各位师团长说："声东击西，避实就虚。用中国人的战法，对付中国人。"

会后，日军各将领领令而去。

在梅苗指挥所小心地掌控中路进展的史迪威将军，对东路第6军的情况不大放心。日前又接到前线报告称，日军第56师团突然从同古地区消失，去向不明，他的心更是悬了起来。这天，史迪威将军挎着武器，带着几位美军参谋军官乘坐吉普车，来到第6军军部。

第6军军部所在地是缅甸东部城镇棠吉。城内佛塔高耸，民宅密集。军指挥所设在一座土墙大院里。门外，岗哨森严，仪仗队士兵列队待命。军长甘丽初领着军部军官在门口等候。

甘丽初，1901年生，广西容县人。1924年初考入黄埔军校第1期，同年11月毕业。后参加东征，因功升任营长。1926年7月，参加北伐战争，升任第1军第1师第3团团长。1932年，入陆军大学第10期学习，1935年毕业后，升任陆军第93师师长。1938年3月，率部参加台儿庄会战。9月，升任陆军第6军军长。1939年12月，率第6军参加昆仑关战役，与杜聿明指挥的第5军等部队一起，予日军沉重打击。

两辆吉普车驶来。在军部门前停车。史迪威下车。

甘丽初笑呵呵地迎上，敬礼："报告总指挥官，中国远征军第6军军长甘丽初率军部军官，在此恭候。"

史迪威朝甘丽初摆摆手，算是还礼。

甘丽初："军仪仗队在等候您检阅。"

史迪威校阅。看到士兵精神饱满，十分可爱，将军满意地点头。他站到队伍前头，对中国士兵大加慰勉："请稍息！你们都是我的好孩子。要好好打仗。"

士兵们齐呼："消灭日寇，保卫缅甸！"

校阅完毕，甘丽初引领史迪威进入作战室。

众人入座。勤务兵递上毛巾，端上水果。

甘丽初谦恭地说："将军不辞辛劳，亲临敝军视察，不胜荣幸。"

史迪威用毛巾擦过脸，说："甘军长，汇报情况吧。"

甘丽初："好的，将军。本军防区，西与第5军防区相接，东至泰缅边境，南至缅甸南部毛奇，北以国境车里、佛海为后方。防区范围包括整个掸邦高原。目前，暂55师作为军前锋，前出至罗衣考、毛奇布防。第49师开至木迈，93师布置在景东。据报，4月5日，暂55师先头部队，在毛奇地区与敌发生了战斗。"

史迪威:"结果如何?"

甘丽初:"小规模战斗,敌军出动约一个中队兵力。战斗至黄昏,敌军自动撤退。"

史迪威关切地问道:"日军番号?"

甘丽初:"小股日军,番号不明。"

史迪威正色道:"甘军长,据我空军侦察,日军第56师团突然在东部地区失踪,去向不明,你们应当严密注意,切实查清当面敌情,不可大意。"

甘丽初:"是的。我明白。"

史迪威:"甘军长,目前杜聿明将军正指挥第5军主力,在平满纳地区与敌决战。东部防御关系重大,不能出半点差错啊。"

甘丽初:"报告史迪威将军,本军有必胜信心。不过,东部防线过于宽广。"

突然,哨兵大喊:"有敌机!"

空中,一架敌机嗡嗡地飞来。我军地面高射炮开火,敌机俯冲投弹。炸弹在军指挥所附近爆炸,有房屋中弹起火。

作战室内,甘丽初神色慌张:"史迪威将军,是不是出去避一避?"

史迪威点头。

军官们撤出指挥所,冲进一片树林。在一棵大树下,史迪威抬头望着敌机,吸着烟斗。敌机继续投弹。炸弹在四周猛烈爆炸。稍顷,敌机飞离。

军官们走出树林,来到军部门前的一排石凳旁,大家围坐在一起。

史迪威:"继续吧,甘军长。"

甘丽初定定神,指着地图继续汇报:"史迪威将军,我军防线过宽。南北长400余公里,东西宽200多公里,压力很大。"

史迪威:"甘军长,你当面之敌是第56师团,你手里有3个整师。用3个师对敌军1个师,打一场防御战还少?不少了,我的将军。"

甘丽初:"敌军有制空权,还有战车。"

史迪威:"而你们没有,是吗?甘军长,你们军部与前线距离多远?"

甘丽初:"这个?"他望了参谋长一眼。

参谋长回答:"120公里,长官。"

史迪威："离谱。"

甘丽初："这是保证指挥所安全所必需的。"

史迪威："指挥机关过于安全,前线就不会安全。将军,必须将指挥部向前移动。听不到炮声,怎么指挥打仗?"

甘丽初："是命令吗?"

史迪威："是的,是命令。领着你的人马,靠上前去,打击敌人。"

甘丽初点头称是："好,执行你的命令,史迪威将军。"

第6军的情形让史迪威将军很不放心,临走的时候,他特意留下两位美军联络官,负责与长官部沟通情况,协助指挥。

史迪威将军离开第6军军部后,甘丽初军长准备将军指挥部向前移动。此时,从暂55师方面不断传来紧急情报。暂55师作为第6军前锋部署在缅甸东部前线,师部在罗衣考,前沿阵地前出至毛奇以南地区。他们正是日军第56师团首先要打击的对象。

4月初,同古作战刚结束,平井卯辅大佐就奉命率搜索联队,作为第56师团先遣队,从同古隐蔽出动,向我暂55师防区纵深穿插。这一带属于缅甸掸邦高原,地势险要,河流众多,山高林密。为了争取时间,日军攀岩越涧,徒步行军。平井卯辅大佐身材瘦小,行动缓慢,他便命士兵用担架抬着他行军。4月5日,在我军毛奇前哨阵地发生的小规模战斗,正是平井卯辅大佐率领的搜索部队与我军首次接触。

继后,日军增加兵力,向我前哨阵地发起猛攻。我守军与敌人激战。日军集中炮火轰击我阵地。堑壕里,我官兵顽强抵抗。4月8日至10日,我勃劳河、吐昌、南格黑克、毛奇、包拉克一线阵地接连被敌突破。

4月11日,渡边正夫师团长率第56师团主力在南格黑克与毛奇之间集结完毕。渡边正夫仿效同古作战故伎,除留下部分部队继续在正面进攻外,另派出一支生力部队绕到罗衣考以北,切断暂55师退路。

4月16日,日军突然出现在罗衣考以北我暂55师阵地前。敌军发起进攻,炮火倾泻而下。我守军猝不及防,官兵大部分阵亡,阵地丢失。

暂55师师长陈勉吾惊慌失措,带着师部少数参谋人员迅速撤出罗衣考,仓皇向后逃跑。罗衣考于是陷入敌手。

罗衣考失守的消息传到第6军军部,顿时引起一阵恐慌。当夜,第6

军军部作战室内,电话铃声大作,乱成一团。军长甘丽初急得如热锅上的蚂蚁。

军参谋长满头大汗对着电话不断喊叫:"暂55师,暂55师,……暂……"参谋长放下电话,对甘丽初说:"军座,暂55师,联系中断。"

甘丽初拍桌子:"谁能告诉我,到底出了什么事?"

参谋长报告道:"暂55师电话全断了,电报也断了。情况不妙。陈师长下落不明。"

甘丽初军长下令派侦察队迅速查明暂55师的情况,同时命令在棠吉的第49师加强警戒,准备应战。

罗衣考失守、暂55师失去联系的消息传到远征军长官部,已经是下半夜。长官部参谋长杨业孔听完甘丽初的告急电话,放下话筒,骂一声:"该死的甘丽初!"

他一看手表,是夜里二时。他犹豫了一下后,进入罗卓英的寝室。罗卓英在睡眠。

杨业孔在床前轻轻叫了一声:"长官。"

罗卓英腾的一下,从床上坐起。

罗卓英:"有情况?"

杨业孔:"情况不好。第6军报告,日军攻占罗衣考,暂55师下落不明。棠吉受到威胁。"

罗卓英翻身下床:"大事不好,快找史迪威将军。"

二人出门,驱车来到史迪威将军住处。通报后,入内。史迪威披衣来到作战室。

史迪威问:"发生了什么情况?"

罗卓英:"将军,东线发生了灾难。第6军丢失了罗衣考,暂55师下落不明。"

史迪威:"一个整师突然丢了?无影无踪?天哪!"

罗卓英:"真是糟糕。"

史迪威发怒道:"应该把这个师长送上军事法庭。"

罗卓英:"是的,应该将他送上军事法庭。"

史迪威:"我警告过甘丽初,叫他注意他的前线。看来日本人更了解他，直接向他下手了。这个可怜的蠢货。"

罗卓英："可是我们现在怎么办，史迪威将军？"

史迪威："让我们想想办法吧。"

史迪威坐了下来，从口袋里掏出烟斗，装上一支香烟，点燃，抽了一口。

罗卓英和杨业孔打开地图，在上面指指画画。

其实这个时候不用看地图，缅甸战场的态势已经了然于胸，日军作战意图已十分明显，敌人企图从东线突破，占领棠吉、雷列姆、腊戍，切断我军回国的退路，在缅北地区，将中国远征军全部包围，一举歼灭。

史迪威烟斗里的香烟，一点点地变成白色的烟灰，将军抬头问罗卓英："滇缅参谋团这个时候有没有什么高见？"

罗卓英："是的，我们听听他们的建议吧。"

罗卓英让杨业孔马上给滇缅参谋团团长林蔚打电话。但是电话没有打通。过了好一会儿，等来了林蔚派来的一位参谋军官。

滇缅参谋团团长林蔚得知罗衣考失守后，也是彻夜无眠。他们是军委

滇缅参谋团团长林蔚

会派到前线的代表和高参，在战场突变的关键时刻，他们必须提出应对危机的意见。林蔚将参谋团的建议写在纸上，星夜派人送到长官部。

在信件中，林蔚提出了处理危局的两个方案：一是继续贯彻平满纳会战宗旨，努力击退东路敌军，以解除我军危局；二是立即脱出敌人的包围圈，将部队撤至曼德勒东北地区，再增调兵力，重新部署决战。

看了林蔚的信件，史迪威将军认为，林蔚提出的坚持平满纳会战的方案，已经不合时宜。既要坚持平满纳会战，又要击退东路敌军，我军将陷入两面作战。再说要击退东路敌军，必须从中路抽调兵力。而要从中路抽调兵力，平满纳会战就必须放弃。因而林蔚的第一个方案，不是一个好

主意。史迪威将军原则同意,以林蔚的第二个方案为基础,在曼德勒重新部署,准备决战。

对史迪威将军的决断,罗卓英立即表示赞成。他赞成的主要理由是,蒋委员长4月初到缅甸视察时,就已经把在曼德勒地区进行决战,作为第二次会战列入缅甸作战方针。这个锦囊妙计,现在终于用上了。

史迪威与罗卓英殊途同归地达成一致:放弃平满纳会战,将部队后撤,准备在曼德勒地区与敌决战。4月18日凌晨,远征军长官部下达战斗命令如下:

一、放弃平满纳会战,改守梅克提拉、敏杨之线,准备曼德勒会战。

二、令第66军新28师固守曼德勒,先派一部占领敏杨、棠沙之线,对西南警戒。

三、令第66军新38师前方两团以棠沙为后路,逐次阻敌,节节抵抗。

四、令第5军第200师回占敏铁拉、瓢背一线,掩护主力转移。

五、以第96师在平满纳坚强抵抗正面之敌。

六、第5军以棠吉为后方,准备在敏铁拉、他希之线打击北犯之敌。

中国远征军部队费了九牛二虎之力组织发起的平满纳会战宣告破产。4月21日,日军占领平满纳。

日军第55师团师团长竹内宽在卫兵簇拥下,来到平满纳城内的一座缅寺前。竹内宽把战刀往地上一戳,神气活现。

竹内宽:"为什么没有人迎接皇军,中国人呢?"

第18师团师团长牟田口领着自己的人马也来到缅寺跟前。牟田口下马,竹内宽迎上。二人互相敬礼,握手。

竹内宽:"牟田口君,我们会合了。"

牟田口:"竹内君,这就是平满纳?"

竹内宽:"是的,平满纳在我们脚下颤抖。"

牟田口:"向天皇报喜吧。"

二位日军中将站在高处,面向北方,振臂高呼:"天皇万岁!"

一群日本士兵举起三八大盖,对空鸣放。

第四章 仁安羌救援

孙立人出任缅甸故都卫戍司令

在中国远征军编成内的3个军中，第66军与第5军、第6军的情况有很大不同。它组建很晚，缅甸之战打响前夕才仓促编成，1942年3月，第5军、第6军已开始入缅，它的3个师还分散在贵州和四川，尚未集结。它的军部以军政部第二补训总处为基础组成。军长张轸是保定军官学校毕业的老资格军人，军下辖的新编第28师、新编第29师、新编第38师等3个师分别由军委会别动队、军政部第二补训总处一部和财政部税警总团编成，各有各的来头，全都带"新"字号。

第66军不是国军中的王牌，甚至算不上是一支正规野战军，它寸功未建，不为外人所知。但是它在缅甸战局中却举足轻重，担任战略预备队留在滇西，由蒋介石亲自掌控，不到关键时刻不轻易使用。关于第66军的使用，3月16日，蒋介石曾有严令：

第66军绝不能再开。第66军主力不仅是远征军总预备队，并且要兼顾昆明警备。

进入4月份，缅甸开锅了！这里出奇的热，气温高达40摄氏度，在骄阳蒸烤下，森林起白烟，池塘冒热气，水牛吐白沫。

路上，常常可以看见被晒死的耕牛或者行人。

缅甸的战火比夏天的太阳更炽热。中路，中国远征军第5军同日军第55、第18师团浴血奋战，天昏地暗。东路，第6军与日军第56师团艰苦作战，炮声隆隆。西路，英军与日军第33师团不断交火，一路狼烟。众多的军队在搏斗，众多的火器在交锋，悬浮在印度洋北岸的这一

小块陆地快被踩塌了,炸崩了。

全缅甸,烈焰腾空,炮声撼地,硝烟弥漫,沸沸扬扬,简直就是一口烧开了的锅。

缅甸战场,中国已经投进了第5军和第6军。第66军作为远征军预备队,是蒋介石节制缅甸战场温度的最后一盆凉水,轻易不能浇下去。

蒋介石这时正站在大锅旁边,心中犹豫:

是把这瓢凉水浇下去呢,还是留着?

他想浇下去,把火压住,又怕浇下去万一压不住火,反把这瓢水也蒸干了。

后来,接到报告,同古失守,前线兵力颇感不足,请求增兵。蒋介石这才同意增调第66军入缅参战。

总司令一狠心,终于将最后一瓢凉水,浇进缅甸这口噗噗冒气的滚水锅。

按照蒋介石的命令,孙立人中将指挥的新38师,作为第66军的前锋,挥师入缅。4月3日,师前卫部队开至腊戍,接过机场防务。4月8日,又奉命开进缅甸故都曼德勒,接替故都城防。

曼德勒又名"瓦城",是缅甸故都,全国第二大城市,缅甸中部经济、文化和交通中心。缅甸中央铁路南北纵贯,伊洛瓦底江从西侧流过。城内建筑物古色古香,有金碧辉煌的皇宫,其布局仿照北京紫禁城。然而,由于日军飞机狂轰滥炸,这座曾经的五代古都已经遭到极大摧残。弹坑、瓦砾、血污、尸骨,代替了昔日的繁荣。

城内到处是人畜尸体。鼓胀胀的死尸泡在发绿的污水里,在太阳的暴晒下,发出阵阵恶臭。红头苍蝇在尸堆里嗡嗡飞舞,乌鸦从这具尸体跳上那具尸体,专门啄吃死人的眼珠,野狼也大摇大摆地跑上大街叼吃尸骨。

曼德勒成了一座空城、废城、死城。

新38师开来之前,蒋介石和夫人宋美龄到缅甸部署军事时,曾到曼德勒巡视一番,曼德勒的惨象使蒋介石大为震惊,他亲自给丘吉尔修书一封,说:

"在我多年的戎马生涯中,从来没有见过哪个地方像缅甸战区这样悲惨，这样肮脏，这样毫无准备，这样混乱和衰败。"

连铁石心肠、见多识广的蒋介石也发出如此令人揪心的感慨，足以证明曼德勒的情况确实糟到了极点。

而当新38师威武雄壮的队列，整齐地行进在大街上，当孙立人乌黑锃亮的马靴，稳稳地踩在瓦砾上，曼德勒，这块在日军狰狞的威逼下瑟瑟颤抖的土地，便开始镇静下来。

新38师是一支训练有素、令人放心的队伍。

其来历非同寻常。它的前身是财政部税警总团，担负全国缉私任务，直接受财政部长宋子文指挥。就连蒋介石要动用这支部队，也得跟大舅子商量商量。腰包鼓鼓的宋子文，把自己手下的这支"宋家军"养得膘肥体壮，精精神神。

税警总团的装备在国军里首屈一指，清一色的美式装备，枪支、火炮、车辆、电台、电话、望远镜、医疗器械，随便哪一件都有USA的字母，就连吃的罐头也是美国制造的。里里外外，上上下下，除了那身灰军装和青天白日帽徽是国货，其余全是"美国造"。这一点哪一支国军也望尘莫及。

军官派头足，牌子硬。营以上军官大多留学过英美军校，不是吃小米红薯长大的土包子，是牛奶面包喂出来的留学生。不少人外国话说得跟国语一样溜。他们军阶高，薪水多，伙食好，谁见了都眼红。

师长孙立人更非平庸之辈。

孙立人，字抚民，号仲能，1900年12月生，安徽省巢湖庐江县金牛镇人，1923年清华大学毕业，同年赴美留学，入普渡大学学习工程专业。1925年毕业后，考入美国弗吉尼亚军事学院。1927年毕业，应邀游历欧洲，考察英、德、法等国军事。1928年回国后，在国民党中央党务学校任上尉队长。1931年入陆海空军总司令部侍卫总队任上校副总队

新38师师长孙立人

长。1932年调财政部税警总团任第4团团长,后升任第2支队少将司令。1937年10月,孙立人率部参加淞沪会战。他身先士卒,浴血奋战,身中敌弹,11处负伤,昏迷三日,后送香港医治。此役后,税警总团因为在战斗中表现良好,被改编为陆军第40师,纳入第8军序列。1938年孙立人伤愈归队后,受命在贵州重组财政部税警总团。他利用清华大学和老税警总团的关系感召旧部,很快组建了一支4个团的队伍,不久扩充到6个团。孙立人任中将总队长。1941年12月,税警总团再次改编,孙立人被迫交出3个团给戴笠,以另3个团改编为新编第38师,孙立人任师长。随后,全师编入第66军序列,赴缅参战。

孙立人出身书香门第,早年在青岛读书。14岁时,他曾在租界里被德国人无端地打了一记耳光。这记耻辱的耳光,在孙立人心里埋下报仇的种子。大学毕业时,他看到第一次世界大战后,欧美各国迅速崛起,而中国惨遭列强鲸吞,内乱外患,民不聊生。他认为救中国,不在振兴工业,首先要强固国防;有志青年不是做学者,首先应是军人。他没有沉湎于当工程师美梦,放弃了工业救国的初衷,考入了美国弗吉尼亚军校。

弗吉尼亚军校在美国是第一流的。人才济济,将星闪烁。现任美国陆军总参谋长马歇尔和目下正在缅甸指挥作战的史迪威将军,都是从这所军校毕业的。

孙立人从美国起步,开始了戎马生涯,而且起点就是有名的弗吉尼亚军校。他学成回国,很受器重,连连升迁。十年时间,他从一名上尉升至中将。这个速度,没人赶得上!就连出类拔萃、1920年投身国民革命、1924年入黄埔军校第1期、1925年为孙中山守过灵的杜聿明也没超过他。杜聿明到现在也还是一位中将!

说到孙立人这个中将军衔,许多人不服气:他打过几仗?放过几枪?

只有知道内情的人明白,宋子文花钱也不是图热闹,买好看,他对手下这支部队抓得很紧。孙立人也不是吃干饭的,他对练兵很有一套办法。不然,组建中国远征军时,英美军事代表团把西南地区国军考察一遍后,怎么会偏偏看上本来不是野战军序列的税警总团?

但是,在国军中还是黄埔系说话最硬气。说到税警总团,也有许多风凉话：那是绣花枕头，中看不中用！也有人总想着找机会把这个部队吃掉。

孙立人到了晚年，在台湾回忆起当年刚到缅甸的情形，曾说过这样的话："当初我出发到缅甸是奉命的，部队在都匀训练时，还有许多人想吃掉我。到了缅甸，上面给个番号叫第66军新38师。军长是个大老粗。我去向他报到。他就说，'哎呀，你怎么当军人呢？你们当学生的为什么来当军人呢？太可惜了！你看我的三个师，就你的这个师最差劲。'我听了这话很扫兴。"

这是后话。而当时孙立人抱定的信念是：战场上看吧！

缅甸作战如火如荼，新38师作为一支生力军投入战场，斗志昂扬，"将帅有必死之心，士卒无生还之念"。全师上下横下一条心："为了国家存亡，老子豁出去了！"

进驻曼德勒后，新38师官兵放下背包，便操起铁锹扫帚，扫街道，填弹坑，清运瓦砾，掩埋死尸，还满街打消毒药水。好像他们到缅甸来不是为打仗，而是搞建设。

缅甸作战瞬息万变，战况愈演愈烈。4月上旬，蒋介石从国内飞抵缅甸，亲临前线，在缅北的梅苗，召集军事会议。会后，蒋介石偕夫人亲赴曼德勒巡视防务，指示机宜。

蒋介石走后，派人送来任命孙立人为曼德勒卫戍司令的手令。有了尚方宝剑，孙立人正式行使职权。于是，盖有曼德勒卫戍司令官孙立人中将大红印鉴的安民告示，用中英缅三国文字写成，在全城广为张贴：

本司令奉命卫戍是间，保此土，安斯民，职责所在，兹特与全城民众共约四事：

一、放火者杀无赦；

二、杀人越货者杀无赦；

三、充当敌人间谍侦探者杀无赦；

四、造谣惑众扰乱治安者杀无赦。

其余僧侣人等生命财产均在本司令保护之列……

孙立人刚到缅甸，未放一枪，就被封为当地最高军政长官。古往今来，没有任何一位中国将领享受如此殊荣。

孙立人治理城市的措施开始见效。躲到山里的百姓逐渐回到城内，店铺开门，工厂开工，水厂、电厂恢复供水、供电，断壁颓垣之下又升起了缕缕炊烟。

曼德勒城在战乱中恢复了生气。

住进英军大兵营的新38师官兵们，睡着英国人留下的弹簧床，用上电扇、冰箱，喝着清凉止渴的啤酒，心里美滋滋的。而此时，第5军、第6军的弟兄们正在前线抛头颅、洒热血，与日军拼命呢！

傲慢的英军司令屈尊向中国军队求援

而缅甸的战局仍然不断地恶化，特别是英军负责的西路作战，不断地传来令人忧心的消息。

放弃仰光后，在缅英军全部撤到了西线，将中路和东路防务交给中国军队。英军在缅甸不断地打败仗，防区越来越小，部队越来越少，但是指挥层次越来越多。亚力山大将军认为，他身兼缅甸总司令和在缅英军司令二职，还要具体指挥作战，职责过于繁重，因此，要求增设军团一级机构。印缅英军总司令韦维尔批准了这个要求。于是，3月15日，斯利姆中将从印度飞到缅甸，就任军团长。这样，斯利姆在亚力山大节制之下，负责指挥已经残缺不全的英缅军第1师、英印军第17师以及英军装甲第7旅。

在缅英军缺的是勇气，并不缺少将军，斯利姆中将的到任丝毫不能改变英军现状。英印军第17师，在仰光以南的作战中受到日军重创，之后，虽然得到来自印度的少量兵员和装备补充，但是在心理上已成惊弓之鸟。从同古撤出的英缅军第1师，作战能力本来就不强，面对严峻的战场形势，士气也十分低落。

而日军却是虎狼之师。

在西路进攻的是日军第33师团。第33师团从泰国攻入缅甸后，一直追赶着英军痛打，在仰光以南的狭长地带，重创英印军第17师。3月8

战火弥漫的曼德勒

日,占领仰光以后,第33师团作短暂休整。此期间,师团第二梯队也从中国战场赶到缅甸。第二梯队由步兵团长荒木正二少将指挥,兵力包括步兵第213联队、山炮兵第33联队主力、辎重兵第33联队主力。在仰光经过10天的休整和补充,第33师团这只狼又嗥叫了起来。

3月18日,日军第15军饭田祥二司令官给第33师团下达了如下作战命令:

第33师团在完成北进准备后,应立即开始前进,沿伊洛瓦底江河谷前出到仁安羌北侧地区。在此期间应尽量消灭当面之敌。

樱井省三师团长接到命令后立即行动。他将师团部队分为两路,分别沿着伊洛瓦底江东、西两岸向北突进。原田栋大佐率领步兵第215联队,奉命从伊洛瓦底江西岸的兴实达出发,向北进攻,必要时转到东岸作战。师团主力部队以作间乔宜大佐率领的步兵第214联队为前锋,从伊洛瓦底江东岸北进。

师团作战的目标是突破普罗美,占领阿兰庙,然后直取仁安羌。

两路日军分别沿着伊洛瓦底江东西两岸向北进攻,实际上这也是原田与作间两个联队之间的一场竞赛。

日军攻势炽盛,英军不断向后撤退,兵败如山倒。不出十天,日军连下苗旺、瑞同、榜地、德贡，4月3日，两支突击部队合力攻占了伊洛瓦底江东岸要点阿兰庙。

之后，日军的下一个目标是攻占仁安羌。

仁安羌，缅语意为"油河"，这里是缅甸最大的油田。它于1887年开采，是亚洲最早开采的油田之一，眼下也是缅甸战场盟军油料供应地。它位于缅甸中部偏西，伊洛瓦底江东岸，北侧有宾墙河流过。这里气候干热，最热的月份平均气温30摄氏度以上。境内多沙地和山地，沙丘密布，沟壑纵横，交通不便。

日军决意攻占仁安羌，不仅仅是看上了这里丰富的石油，更为紧迫和直接的原因是为了尽快消灭撤退中的英军。仁安羌是英军北去的必经之地。占领仁安羌，等于掐住了英军的咽喉。

第33师团为攻占仁安羌，采取了前堵、后追、侧翼夹击的战术，要点是：以作间乔宜大佐率领的步兵第214联队作为一支奇兵，抄近道直插仁安羌以北地区，截断英军去路；由荒木正二少将率第213联队，附装甲车和炮兵从伊洛瓦底江东岸向北追击；原田栋大佐率第215联队从东侧策应，夹击仁安羌。

作间乔宜大佐率领的第214联队，一直都是西路作战的急先锋，攻打普罗美，夺取阿兰庙，他们都打头阵，现在奉到抢占仁安羌的作战命令，又不顾一切地扑了上去。4月9日夜间，他们乘汽车向雷德特隐蔽前进。11日击溃瑟塔高克附近英军，进入公路以北地区。12日夜间，作间部队渡过因河，经新甸、纳貌，挺进到仁安羌以东5公里处。午夜时分，作间部队进至公路附近地区，远远望见路面大批英军军车源源开过，车灯把路面照得如同白昼。作间大佐高兴得几乎跳了起来。

这是一支庞大而慌乱的队伍。英缅军第1师和临时配属的装甲第7旅，在师长斯考特将军率领下，正在慌忙赶路，向北逃跑。英缅军第1师自从撤出同古后，不断向后撤退，沿途与日军只有小规模接触，队伍基本完好。装甲第7旅拥有100多辆坦克，但是在缅甸战场也没与日军正面交过手。现在，这两支后撤的队伍汇集在一起，共有7000余人，几百辆各式军车，像一条大肚子的长蛇，沿着公路缓慢地向北蠕动。队伍中，还有数百名随军撤退的英国传教士、新闻记者。斯考特将军的计划是尽快将队伍带到仁安羌，在那里稍作休整，补充油料给养后，将油田破坏，之后继续北撤。

此时作间大佐伏在公路东侧的高地上，远望路面缓缓移动的英军，按捺不住心中的冲动。作间大佐是一只饥饿的狼，见了猎物，就要扑上去咬。他来不及查清这支队伍是英军的哪一支部队，来不及看清这条队伍有多长，也不问这股英军有多少兵力，更不管敌我双方的兵力对比是多少，他立即下令进攻。他将手中的兵力分为两路，一路派第3大队向南，在凯敏地区占领阵地，将公路切断，掐住英军往南回缩的退路；他自己率领联队主力，向仁安羌东北角三叉路口攻击，控制公路，堵住英军北去的道路。

撤退中的英军风声鹤唳，只管赶路，做梦也没有想到，突然会有日军偷袭。夜暗中，作间部队轻而易举地占领仁安羌公路南北两侧有利地形，切断了公路，将英军包围在伊洛瓦底江以东、宾墙河以南的狭窄的油田地区。

天亮后，英军组织突围。但是英军并不清楚包围他们的日军从何而来，也不清楚日军有多少兵力，而且仁安羌地形复杂，高低起伏，由于雨水侵蚀而形成的裂缝如同断崖，让英军的火炮和坦克无法机动。英军有如出水蛟龙，浑身的力使不出。英军两次突围均告挫败。斯考特将军陷入绝望，只好向上司求援。

仁安羌是沙漠地带，赤日炎炎，不要说日军四面围攻，只要切断水源，不出三天，包围圈内的英军就要土崩瓦解。

情况万分危急！军团长斯利姆接到斯考特的告急电报后，不敢片刻迟缓，马上报告亚力山大。亚力山大太清楚英军的状况了，所以这位英国爵士立刻屈尊向中国军队求援。

4月16日，孙立人将军奉命到梅苗参加中英军事会议。

梅苗在曼德勒以东50公里处，是缅甸避暑胜地。这里地盘不大，但环境优美，精巧别致的西式建筑，点缀在青松翠竹之间。往年每到夏季，在仰光的缅甸政府机关全都搬到梅苗办公。现时，梅苗成了缅甸盟军指挥中枢。驻缅英军总部、中国远征军长官部、重庆军委会滇缅参谋团，以及史迪威的指挥部都设在这里。中、英、美和缅甸的国旗在这块清凉

世界同时飘扬。

中英军事会议在英军总部举行。英军在缅甸虽然只有2个师加1个旅,而设在弗拉格斯塔大厦的英军总部却官盖云集,将星璀璨,共有18名准将,5名少将,2名中将,1名上将。将多兵少,头重脚轻。

驻缅英军总司令亚力山大上将主持今天的会议。亚力山大是一位伯爵的后代,毕业于皇家国防学院。1911年起在爱尔兰禁卫军服役,参加过第一次世界大战。当时是一名中尉。第二次世界大战初期,他指挥过在法国作战的英国远征军一个机械化军。1940年5月,敦刻尔克大撤退中,他为自己赢得了好名声。据说,那天,20多万英军在德军飞机追逐下,仓皇向海上撤退,这位指挥官却临危不乱,"穿着擦得锃亮的皮鞋和笔挺的马裤,正在用早餐,并对法国果酱赞不绝口"。

在今天的会议上,亚力山大的皮鞋还是那么亮,马裤还是那么挺,棕色的卷发梳理得十分讲究,一撇禁卫军式小胡子神气地翘着,一副统摄全局、指挥若定的神情。

坐在亚力山大旁边,史迪威中将显得既苍老干瘪,又邋邋遢遢。半个多月前,他在腊戍刚刚度过59岁生日。他岁数比亚力山大整整大10岁,而肩上比人家少一颗"星"。史迪威的脸像一块老姜,满是皱褶,没有一点光泽。他的鼻梁也高,但是太陡峭了,远不如亚力山大的那么丰满而圆润。一副很大的无框眼镜,几乎遮住了半个脸,与干瘦的脸形很不协调。唯有头上那顶第一次世界大战时流行的战斗帽,与他的精神气质很合拍。一个不走运又脾气古怪的老头儿!

罗卓英因为刚刚到任,战场情况陌生,对英军很不熟悉。今天,他若无其事地坐在史迪威将军的旁边,主意拿定,今天的会议,唯史迪威将军马首是瞻。

貌不惊人的杜聿明,不露声色地坐在属于他的位子上。缅甸战场,他的地位在亚力山大和史迪威之下。蒋介石曾明白交代,他归史迪威指挥,史迪威归亚力山大统制。但他却是实权人物。亚力山大手中只有不大中用的英军2个师,史迪威是光杆司令,而杜聿明是中国远征军的实权人物。所以,在亚力山大和史迪威面前,杜聿明总是不拘言笑,矜持而傲慢。两位上司时时感到他犀利而冷峻的目光中,闪烁着东方人精明、倔犟的光芒。一个硬邦邦的家伙。

孙立人坐在杜聿明的身边。他第一次参加盟军的军事会议。从亚力山大、史迪威和杜聿明各自的神情，他已感觉到在缅甸战场，盟国之间错综复杂的微妙关系。

今天的军事会议，商议一个极为紧迫的问题：救援在仁安羌被围的7000英军。

中英军事会议上，亚力山大用漂亮的马鞭，点了点地图上的仁安羌，介绍了那里出现的紧急情况。

"看在上帝的份上，伸出仁爱之手吧！"亚力山大介绍完情况后，放下马鞭向史迪威和中国将领们投来期待的目光。

这位以善于处理危局著称的英国上将此时别无他法。英印军第17师早在仰光失陷之前，已被日军击溃。那一仗，数千英军被俘。现在，英缅军第1师和装甲第7旅，又有7000余人落入罗网。英军无可派之兵，解围的唯一希望是中国军队。

史迪威完全不理会亚力山大，他在用竹签一心一意地抠挖积蓄在烟嘴里的烟泥。那是一只雕花烟嘴，他心爱的玩物。据他自己说，那是当年他在北平当武官时，一位朋友送给他的。等把烟泥抠干净，又插上一支香烟，点燃，深深吸了一口，史迪威这才抬起眼皮，向亚力山大发问：

"阁下，英军一直在后退，并且速度不慢。我搞不明白，怎么会让日本人抄了后路？"

史迪威不慌不忙，可话相当辛辣。

亚力山大是个明白人，又那么有涵养，他懂得，在缅甸战

驻缅英军总司令亚力山大上将

场，他不能向日军取攻势，在会议桌上，也不应向史迪威发起反击。他无可奈何地说：

"的确，应该承认，日军的进攻速度，大大超出我们的意料。"

"还有一点，"史迪威接着问，"在西线作战的一直是日军第33师团。据空军侦察，4月15日，该师团主力尚远在马格威以南，他们怎么会突然出现在仁安羌？有多少兵力？"

"天晓得。"亚力山大确实搞不清楚。

"那么，请老天保佑你们的人吧！"

史迪威的揶揄，使英国绅士的自尊心受到伤害。大英帝国什么时候乞求过别人？

亚力山大用手里的马鞭在空中生气地画了个弧，说："让英军主力毁灭在仁安羌，我认为不但违背英国的愿望，也不符合中国的利益。要知道英军一直在担负着华军侧翼掩护任务，为此，他们已经做出很大牺牲。危急关头，他们有权要求帮助。"

史迪威的本意不是要英军覆灭，只不过想敲打敲打亚力山大。缅战以来，英军表现太差。史迪威本来有一些很好的计划，结果都让英军断送了。看见几句话把亚力山大挖苦得浑身难受，史迪威这才话锋一转，说：

"既然如此，听听中国朋友的高见吧！"

罗卓英见史迪威将皮球踢了过来，他稍为盘带一下，便传给杜聿明："这真是一个不幸的消息。杜副总司令，你看怎么办哪？"

皮球于是踢到杜聿明的脚下。杜聿明缺乏西方人的幽默感，但刚才听着史迪威对亚力山大热嘲冷讽，倒也开心。由于英军的败退，已严重威胁到正在组织的平满纳会战，杜聿明对此大为恼火，他拿定主意，不能出兵仁安羌。蒋介石早有预言，"我军决战地区在曼德勒。如英军退守仁安羌油田，则我前出部队，不得超越东敦吉。"况且，亚力山大也说不清仁安羌到底有多少日军。想想看，包包子一斤馅还得两斤皮呢，包围7000英军，日军该投入多少兵力？要解英军之围，又得派多少救兵？仁安羌要是一个无底洞，派去的救兵有去无回，在蒋介石那里如何交代？

杜聿明想，你7000英军，有战车、大炮，要是杀不出一条血路，也就没人能把你们背出来了。

史迪威现在是要让杜聿明派救兵，杜聿明瞥了他一眼，心里说，你鼻子大，打了败仗，委员长也奈何不了你。我不行，得听委员长的，不能轻进。于是，他欠了欠身子，对亚力山大说：

"盟军在仁安羌遇围，本军休戚与共，深为忧虑，自当竭力相助。"

听到这句，亚力山大眉头顿然舒展，脸色由阴转晴。史迪威也赞许地点点头。

"但是，"杜聿明却急转直下，说，"目前缅甸战场全面交火，平满纳会战正在铺开，中国军队十个指头按十个跳蚤，实在腾不出手来。"

译员翻译这段话时，其中"十个指头按十个跳蚤"这句，半天也译不出来。不过，亚力山大对此不感兴趣。只听到那个"但是"，他脸色便马上阴沉起来。

"就算我们能抽出一支部队，"杜聿明补充道，"就目前缅甸的交通状况，也不可能在三两天内赶到仁安羌。诸位知道，3月下旬，我军为解同古之围，新22师从曼德勒开到南阳火车站，300里地，走了10天，以致误事。因此，对仁安羌的盟军，我们恐怕鞭长莫及。我们只能在中路和东路加紧进攻，减轻西路压力，以利于他们突围。"

杜聿明这句话，等于给亚力山大打了一个耳光。缅甸的铁路一直操纵在英国人手里，他们过去对中国军队的调运常常亮"红灯"。

会议成了僵局。

孙立人却坐不住了。杜聿明讲这个手指头，那个手指头，但没提他新38师这个手指头。前天，新38师113团已经开到曼德勒以西的乔克柏当，离仁安羌不远了。

他与杜聿明位置不同，想法也不同。他想，要是英缅军第1师在仁安羌被歼，那么，日军下一个目标就是纳特曼克和乔克柏当。今日英军的下场，就是明天新38师的结局。与其坐看被敌人各个击破，不如趁早合兵一处，也许能打垮日军，稳住西线。而且他吃过洋面包，和史迪威都是从弗吉尼亚军校毕业，虽然谈不上很深的私谊，但是，他们的军事思想、战术风格以及处世原则，总有不少共通之处。孙立人曾赴欧洲考察，在英法军方也结识了不少朋友。

由于这些缘故，孙立人对亚力山大，特别是史迪威的请求，不像坐在旁边的杜聿明那样断然拒绝。

杜聿明感觉到孙立人跃跃欲试，急忙拉扯他的衣角，示意他不可轻动。

孙立人主意已决，对杜聿明的暗示佯装不知。孙立人缓缓起立，环顾全场，说："新38师可以出兵仁安羌，担负救援任务。"

史迪威将军叼着烟斗，点点头。

罗卓英不置可否。

杜聿明愤怒地瞪着孙立人。

亚力山大感激地说："万分感谢！"

孙立人："但是，有两个条件。第一，派车运送救援部队；第二，48小时内英军坚守仁安羌现有阵地。"

史迪威："亚力山大将军，能办到吧？"

亚力山大："能。一定能。"

史迪威："肯定？英军执行协议的纪录，不是很好啊。"

亚力山大："会兑现的。我发誓。"

史迪威放下烟斗，站了起来，说："各位将军，军情紧急，应该做出决定了。中英军队在同一条战线。为了挽救英军，挽救缅甸战局，我履行中国远征军总指挥的权力，决定派新38师出兵仁安羌，为英军解围。"

杜聿明气得脸色铁青。孙立人露出胸有成竹的神情。亚力山大感激地望着史迪威。

史迪威看了孙立人一眼，说："行动吧。"

杜聿明起身，拿起帽子，愤然离去。

罗卓英追着杜聿明出了门。

杜聿明停步，责问他："罗长官，对英军的方针，委座曾有明令，你难道忘了？"

罗卓英搔头："史迪威将军拍板，我有什么办法？"

杜聿明"哼"了一声，登车，"砰"地关上车门。雪佛莱开走了。

散会的时候，亚力山大对孙立人又拍肩膀，又拥抱，还特别委派驻缅英军军团长斯利姆中将协调中英军行动。临别的时候，亚力山大把孙立人和斯利姆拉到一块,说,"预祝你们的合作取得成功"。

7000英军获救,孙立人获得一串盟军勋章

英国人这回说话算数。不出 4 个小时,80 辆福特牌红头汽车开到乔克柏当新 38 师第 113 团营房。斯利姆也随车到来,并且会见了第 113 团团长刘放吾。

战后,斯利姆在他的回忆录《反败为胜》中描述了当时的情形:"我在乔克柏当村里一栋残存的建筑楼下见到团长,他相当清瘦,方正的脸上透出刚毅。他戴一副野战眼镜,挂一把手枪。我们通过英军翻译官介绍并握手后,旋即摊开地图言归正传。在叙述战况之间,团长给我的印象是反应敏捷。他了解我要他率团立即搭乘已备妥的卡车,迅速开往宾墙河。我告诉他计划于 18 日清晨渡河攻击,以呼应英缅军第 1 师突围。"

关于这段往事,第 113 团团长刘放吾在他后来写的回忆录中也有记述,其中写道:"斯利姆要求我部立刻行动,我告诉他'非经孙师长下令,部队不能离开乔克柏当'。斯利姆说:'孙将军已受令归我指挥,如果他在此地,我会对他下令,他也会遵

战场上的中英士兵

命。'我仍然没有应允,斯利姆又拿出一张纸条,写上他的命令:'致 113 团团长刘放吾上校,兹派贵官率领贵团全部,乘汽车至宾墙河地区。你的任务是攻击并消灭宾墙河北岸约两英里公路两侧之敌。'斯利姆以为有了他的手令,这下总可以行动了吧。但是我还是不能动。我当时不知道新 38 师划归斯利姆指挥,他的命令又是很随便地写在一张纸条上,难以令人相信。所以一直到通过无线电与孙立人联络后,我们才奉命行动。"

国殇 中国远征军缅甸、滇西抗战秘录

刘放吾团长这边开始行动了,可是孙立人师长那边又遇到难题。孙立人到了台湾以后,到了老年,他回忆起当时的情形,还历历在目。他回忆说:

当时我认为,派第113团到仁安羌救援英军,是部队到缅甸打的第一仗,我作为师长应当亲自带队出征。同时也考虑到当时部队部署的情况很不利,新38师的3个团被分散使用,第113团在乔克柏当,第112团在曼德勒,第114团在腊戌,我们很担心,在缅甸战场,部队被人"拉夫"吃掉了,我这个师长被架空了。我想趁着出援仁安羌这个机会,将全师部队集中到曼德勒以南地区,形成一个拳头。但是罗卓英不同意,罗卓英要求我继续留守曼德勒,只派副师长带一个团去仁安羌。我连夜赶到罗卓英指挥所,求见罗卓英。罗卓英不在,只见到罗的参谋长。我坚持要求带队出发。参谋长仍然要我留守。我争辩说:"我是一个师长,你怎么可以一个钉子把我钉死在曼德勒?这是什么指挥?"参谋长答:"是司令官的命令。"我也火了,说:"什么命令也好,你说我抗命也好,将在外,军令有所不受。"说完,我离开了罗卓英的指挥部。

军情紧急,救兵如救火。第113团官兵登车出发了。

自从到了缅甸,新38师这柄战刀还没开荤。官兵们斗志旺盛,摩拳擦掌。第113团先捞着打仗的机会,士气更高。他们昼夜兼程,衔枚疾走,17日,部队赶到仁安羌外围宾墙河以北地区。

孙立人率指挥所也随后到达。

日军作间乔宜大佐率领的第214联队,将英军这头大驴子围住后,急切间难以一口吞下。他手中只有区区1000余兵力,又没有重型武器,包围圈里的英军却有数千兵力,且配有重炮、坦克。但是作间这只狼只要让它咬上猎物,就绝不会松口。他不急于向英军发起进攻,而将联队的3个步兵大队分别布置在东、北、南三个方向,利用宾墙河和仁安羌四周的沟壑、断崖等地障,对英军围而不打,同时派联队直辖部队和炮兵第3大队控制住仁安羌中心区的三叉路口,使包围圈内的英军不能动弹。作间乔宜大佐企图把英军拖住,等待后续的荒木部队赶到,再向英军发起总攻。

螳螂捕蝉,黄雀在后。我第113团赶到宾墙河以北地区后,稍作休整,即向宾墙河北岸地区日军发起攻击。刘放吾团长率第 1 营从左翼进攻,第 2 营从右翼进攻,第 3 营留作预备队。我军来得突然,进攻猛烈。日军没有防备,一下被打蒙了。18 日午前,中国军队将宾墙河北岸的日军肃清,夺回渡口。

被围在宾墙河南岸的英军,已困守两日,既无粮食,又无饮水,饥渴难熬,濒临崩溃。师长斯考特如热锅上的蚂蚁,急得团团转。他在包围圈内听到宾墙河北岸打响,知援兵已到,恨不得中国军队立时打到南岸将他的部队救出。

但是,孙立人将军认为,宾墙河南岸地势较高,日军筑有工事,居高临下,我军处于仰攻作战的不利态势。我军必须侦察南岸敌军情况,做出周密部署,而且还要准备渡河器材,倘若仓促进攻,不仅陷我军于危险境地,救援英军计划也将化为泡影。于是决定,18 日晚停止作战,准备第二天再发起总攻。斯考特将军却等不及了,夜里,他的求救电话打到孙立人的指挥所。他先找到派驻孙立人指挥所的英军联络官约克。

斯考特:"约克,干得漂亮,北岸的枪声真让人兴奋。情况怎么样?"

约克:"报告将军,北岸的敌人已经肃清,渡口已经夺回。"

斯考特:"可是,怎么停下了?为什么不渡河?"

约克:"他们需要时间做准备。"

斯考特:"不,不,不,不要等待,等不及了。请求他们马上渡河。"

约克:"这,这……"

斯考特:"约克,不要说不。我要和他们的长官通话。请他。"

约克:"孙立人将军就在这里,你可以和他直接通话。"

约克将话筒递给孙立人。

孙立人:"斯考特将军,你好。"

斯考特:"孙将军,你好。我以英军的名义,向你以及你统率的官兵,表示敬意。"

孙立人:"我们为共同目标而战斗。将军阁下,你们情况怎么样?"

斯考特:"情况不好,很不好。恳求你们现在,立即打过来。"

孙立人:"现在?将军,现在不行。我们要做渡河准备。"

斯考特:"何时进攻?"

孙立人:"明天。"

斯考特:"明天?就是说,我们还要再等一天。我的天,你不知道,我的士兵们两天没喝水了。"

孙立人:"水?将军,河边有水,你们为什么不去取水?"

斯考特:"取水?日本人就会干掉我们的。"

孙立人:"那,等着吧。你们已经等了两天,咬紧牙关,务必再坚持一天,将军。"

中国军队在仁安羌油田与日军激战

斯考特:"上帝,太可怕了。"

孙立人:"斯考特将军,我保证,明天我们一定打过去。"

斯考特:"你肯定?"

孙立人:"斯考特将军,我以军人的名誉担保,中国军队,连我本人在内,即使战斗到最后一个人,也要将贵部救出。"

斯考特:"尊敬的孙将军,有你这句话,我还能说什么呢?感谢上帝。"

19日凌晨4时,东方欲晓,朝霞满天。借着霞光,往南望去,一片荒野之上,矗立着一排排高大的井架,那就是仁安羌油田。

第113团开始渡河。士兵们驾着竹筏驶向南岸。士兵跳下竹筏，冲上堤岸。堤岸上敌军有零星抵抗。我军突破敌阵，以战斗队形，分路突入油田区。敌我交火，枪炮声密集，震耳欲聋。

黎明时分发生在油田的战斗惊心动魄，残酷无情。中国官兵渡过清凉的宾墙河后，立刻投入一个炽热的战场。仁安羌真是名副其实的油河。遍地都是油管、油罐、油桶，随便一枪，就能引燃一团大火。成排的油罐在猛烈爆炸，火龙随着油流四处窜动。高大的井架在火光中显现出可怕的姿态，有的被烈焰烧化，轰然倒塌。整个油田变成一座火场。敌我双方在火和烟中混战。

渡河时，中国官兵浸湿衣服，在火阵中占了不小的便宜。我官兵突入敌阵后，积极抢占制高点和上风口，又得了更大的主动。在高处，中国士兵打开油罐，乌黑的石油往低处流，流到哪，哪里就是一片火海。有的将油桶，滚向敌阵，滚到哪，哪里就爆起一团火球。日军烟熏火燎，像进了火葬场。

敌军依托工事向我军还击。我军不少官兵中弹倒下。

我军越过敌军堑壕，奋勇冲击，战斗向敌纵深阵地发展。

高大的井架在燃烧，倾斜，倒塌，在火光映照下，样子十分恐怖。油管起火，像一条火龙一样在地面翻滚。油罐被引燃，不断发出爆炸声。整个油田陷入一片火海。

在一座井架下，我官兵追击一股敌军，敌人无处藏身。我士兵端着枪，打鸟一样瞄准敌兵射击。

一股敌兵在我军追赶下，拼命往后退。一道油管横在他们的后头。我迫击炮开火，将油管炸断，引燃。敌兵脚下蹿起一道火墙。敌兵退路被截断，只好硬着头皮，掉头拼命。结果被我军全歼。

在一处堑壕前，第3营营长张琦举着手枪，高喊："弟兄们冲啊！"突然敌军机枪开火。张营长中弹倒地，壮烈牺牲。

一位班长看到敌机枪阵地后面有个大油罐，端起冲锋枪，打出一梭子弹。油罐被击中，火球腾空而起，油罐爆炸起火，一团大火随油流四处蔓延，敌机枪阵地被笼罩在火海中。

一处制高点，摆着一些油桶。我士兵将油桶放倒，引燃，一个个油

桶火球一样滚入敌阵，爆炸起火，敌阵变成火场。

在英军阵地，被围的英缅军也开始反击，从里往外打。

一些缠着包头的缅甸籍士兵，端着枪，大胆地往外冲锋。

英军装甲车开足马力，向外突击。

斯考特师长举着手枪亲自督战。他对着士兵大喊："打吧，不要吝惜子弹，现在是你们出气的时候了。"

一批英缅军士兵迎着火光冲上前去。

英国新闻记者们又活跃了起来，在战场上忙着拍摄照片。

英国传教士在阵地上为激战中的官兵祷告。

日军经不住中英军队内外夹攻，阵地动摇，狼奔豕突，抱头鼠窜，激战至下午5时，终于被逐出仁安羌。

被围困了4天的英军7000官兵、130多辆坦克、300余辆汽车和数百匹军马终于脱离险境。同时得救的还有美国传教士、新闻记者等500余人。

宾墙河里，英缅军士兵迫不及待地扑入水中，牛一样喝水解渴。有的干脆泡在水中。

有些英国士兵看到中国士兵，情不自禁地竖起大姆指高喊："中国军万岁！"

孙立人将军和斯考特将军在阵地见面，二人热烈拥抱。

斯考特："感谢上帝，还有你们。"

孙立人："上帝不是万能的。"

斯考特："要不是你们及时赶到，我们就完了。"

斯考特惊魂未定，不敢停留。

4月20日，他指挥英军跨过宾墙河大桥，继续北撤。

仁安羌解围的战报，飞向重庆，飞向华盛顿，飞向伦敦。全世界为之一震，英伦三岛更是一片欢腾。英国人把仁安羌突围比作第二个敦刻尔克大撤退，举国庆贺，大事渲染。英国是个体面的民族，什么事情都说得很动听，很鼓舞人心。

而仁安羌之战到底怎么回事，只有孙立人最清楚。当英军从油田退走后，孙立人曾审问了被俘的一名日军少佐参谋。其结果，让孙立人哭笑不得。原来包围仁安羌的日军，仅仅是作间大佐率领的第214联队主力，1000余人。他利用英军的恐惧心理，虚张声势，四处出击。又利用仁安羌四周的沟沟壑壑，对英军实施"地障包围"。胆怯的英国大驴子，果然让凶猛的日本小老虎吓得屁滚尿流，不敢动弹。

孙立人走运了。他一下成了缅甸这场失败战争中唯一的英雄。

4月21日，罗卓英致电蒋委员长，特地报喜，电文如下：

蒋委员长：孙师113团篠日（17日）扫荡平河（宾墙河）以北敌人，复进而救援在彦南扬（仁安羌）被围之英军，现据孙师长皓末（19日）电称，刘团经两昼夜激战，占领彦南扬，救出被围英缅军第1师七千余人，情形狼狈不堪，我军并由敌人手中夺获之英方辎重数百辆，悉数交还。敌向南退，死伤五百余名，我亦伤亡百余。查孙师刘团作战努力，除奖励外，谨闻。罗卓英。

蒋介石闻报大喜，特令为孙立人颁发四等云麾勋章。罗斯福宣布给孙立人授予"丰功"勋章。英王乔治六世更在伦敦高调宣布，将给孙立人颁发一枚"帝国司令"勋章。

面对接踵而至的荣誉、一大串叮当作响的勋章，孙立人心想，我当了英雄，英国人的脸上才好看一点。缅甸战场，盟军太缺少鼓舞人心的事情了。

第五章 曼德勒大溃退

战场情况瞬息万变，中国远征军阵脚大乱

在缅甸战场，中国远征军不断地变更作战部署，朝令夕改，顾此失彼，局势异常严峻。

放弃平满纳会战后，史迪威与罗卓英仓促决定准备曼德勒会战，并下达了相应的作战命令。对于他们的这个部署，杜聿明持反对态度。他认为，史迪威与罗卓英的计划，将第5军和第66军摆在平满纳至曼德勒之间200余公里的公路上，既不能攻，也不能守。他主张既然放弃平满纳会战，就应集中兵力退守棠吉、梅苗之线，防止分散兵力，被敌人各个击破。在电话中，杜聿明与罗卓英各执一词，相持不下，最后罗卓英以"执行命令"相威胁，杜聿明只好服从。

作为一位握有重兵的战场指挥官，杜聿明这时也陷入困境。自从同古会战以后，他与史迪威将军在许多重大问题上发生争执，多次闹翻。但是他不能抗拒罗卓英。他是主力第5军军长，但同时他又是远征军长官部副总司令官，他必须听命于总司令官罗卓英将军。

中国远征军各部队按照史迪威与罗卓英的命令，正在变更部署，准备向曼德勒会战的集结地域调动。这时，情况又有了新的变化。

4月19日，中国远征军长官部接到英军的报告，说乔克柏当发现数千日军。

英军的这一情报让史迪威和罗卓英极为忧虑。他们认为，乔克柏当在平满纳西北地区，已经超越了平满纳，敌军深入到我军主力侧后，对我形成巨大威胁，我军必须派有力部队到乔克柏当，打退日军，巩固我

军侧后。他们决定派第200师前往乔克柏当。

杜聿明对英军的情报心存疑虑。他认为西路日军与英军尚在仁安羌地区纠缠,不可能有大股敌军窜至仁安

日军进入曼德勒

羌以北的乔克柏当。他前往长官部向史迪威、罗卓英陈述自己的意见,但是罗卓英坚持说英军的情报确实,第200师非去不可。

杜聿明警告罗卓英:"出此决策,我不能负责。"

罗卓英哑然无语。

长官部参谋长杨业孔劝杜聿明"执行命令"。

史迪威将军见杜聿明不肯派兵,勃然大怒,说:"中国军队光吃饭不打仗吗?"

杜聿明也不示弱,回敬道:"我们吃的是中国饭,而不是英国的饭。"

在看似威严的中国远征军长官部,佩戴"两颗星"、"三颗星"的高级将领们,用这样的方式和语言讨论重大军事行动,远征军决策层的混乱和无序可见一斑。在这种气氛下已经不可能作出正确的决策。如此大闹一场后,杜聿明气鼓鼓地离开了长官部,回到第5军军部,给第200师下达命令。杜聿明不能不执行罗卓英的指令,但是他心中不服,在执行命令时又留了一手,他命令戴安澜先派一个团到乔克柏当作试探性进攻,师主力先不要出动,待查明情况后再作定夺。

果然,4月20日,当第200师599团到了乔克柏当后,只看到少量英军士兵向后撤退,此处并无敌军重兵,才知英军向我提供错误情报,我军上了英国人的当。

得知这个情况后，杜聿明急赴位于瓢背的长官部，打算向罗卓英报告情况。罗卓英不在长官部。长官部参谋长说，罗已到滇缅参谋团。杜聿明即改赴位于梅苗的滇缅参谋团。

在路上，杜聿明与罗卓英相遇。

此时已是4月20日午夜时分。

罗卓英下车后，对杜聿明说："唉，光亭，急死人了。现在照你的意见，第200师不去乔克柏当，改开棠吉。"

杜聿明一惊："怎么回事？"

罗卓英拉上杜聿明："来，上我的车。车上说。"

二人上车，汽车调头往瓢背急驶。在车上，罗卓英对杜聿明说："东路出现严重情况，罗衣考已经失守，敌人正在向棠吉、雷列姆进攻。必须派得力部队，赶紧把这个洞堵上。"

杜聿明告诉罗卓英："好在我下令戴安澜只派一个团去乔克柏当，另两个团还在待命。"

罗卓英神色紧张地说："我已于本日午前直接下令第200师全部开到乔克柏当。"

杜聿明说："如果有你的直接命令，可能主力已到乔克柏当了。"

罗卓英"唉"了一声，便不再说话了。

4月21日，杜聿明赶回第5军军部，重新下令，将第200师主力，附军部摩托化骑兵团，改开棠吉。

这样，第200师部队在乔克柏当之间，来回折返，疲于奔命，耽误了两天时间。

4月23日，当戴安澜率领师主力赶到东线时，棠吉已于22日被日军攻陷，日军第56师团第113联队向守卫棠吉的我第49师一部发起攻击，我守军一触即溃，弃城而逃。

棠吉，位于罗衣考以北100余公里，腊戍以南150公里，是缅甸东部地区重镇，也是我军战略后方腊戍的门户。

棠吉失守立即威胁到腊戍，刚刚赶到的第200师奉命坚决夺回棠吉。

当日黄昏，在棠吉外围阵地，戴安澜与率军骑兵团和第598团先期到达的郑庭笈会合。

郑庭笈向戴师长介绍情况："棠吉城分新城区和旧城区，公路由南向北从城内穿过。出棠吉往北50公里是雷列姆，再往北约100公里是腊戍。据侦察，攻入棠吉的敌人有1000余人，主要在新区。我先头部队第598团已占领棠吉城南的黑水河，切断罗衣考至棠吉的公路，将后续日军阻击在棠吉以南地区。第6军第49师少量部队在棠吉以东地区活动。"

军情紧迫，事不宜迟。戴安澜当即决定明天早晨开始进攻。

24日清晨，薄雾散去，棠吉城区轮廓显露出来。

我军炮兵阵地开炮射击，城内一片火光。

我军第599、第600团从东西两侧，勇猛进攻。

敌军开火还击。

我士兵越过堑壕，冲入城内。日军抵挡不住，向后溃退。我军继续攻击，将敌军赶出城外。

戴安澜站在山顶督战，脸上露出欣慰的神情。

当日下午，杜聿明来到棠吉，他在戴安澜陪同下视察阵地。

棠吉城内，房屋被战火摧毁，到处是弹坑、敌尸。士兵们在打扫战场，构筑工事。

杜聿明："夺回棠吉，总算稳住了阵脚。"

戴安澜："可是仗往下怎么打？"

杜聿明："平满纳会战破产，我们全毁了。英国人在西线败退，把史迪威的注意力吸引到西线。我早就跟他们说，东线才是关键，可是他鬼迷心窍。"

戴安澜："史迪威将军不明白，我们那位罗长官呢？"

杜聿明："哼！事情都坏在他的手里。史迪威，我不怕，大不了，跟他闹翻。可是罗卓英我不知怎样对待他？他是委座亲自送到缅甸来的。他来以后，委座再没给我来过电报。"

戴安澜："委座太相信他们了。"

杜聿明："我头上有史迪威，还有罗卓英，我没有办法。"

戴安澜："军座，现在我军防线破碎，态势不利，必须重新部署，避免被敌军各个击破。"

杜聿明："我想过了，唯一的办法是将第96师和新22师撤出来，集中到东路，和你师一起，守住棠吉、腊戌，把我军退路守住，保全部队，伺机再战。"

戴安澜："只能这样了，赶快部署吧。"

蒋介石连降金牌，遥控指挥，杜聿明回天无力

缅甸作战败绩频传，蒋介石十分震惊。他从重庆连降战牌，遥控指挥。4月中旬，蒋介石急令，第66军之新28、新29师，自滇缅边境的畹町、芒市，即刻入缅；另将第71军之第36师从昆明车运至保山，做好入缅作战准备。

及至后来，战局变化越来越快，蒋介石嫌电报太慢，常常直接使用电话下达作战命令。4月24日，蒋介石从重庆直接打电话，向在腊戌的军委会滇缅参谋团团长林蔚下达训令，并命林蔚转达史迪威、罗卓英，训令内容：

一、国军今后在缅甸之作战指挥，以不离开缅境，而不与敌主力决战为原则；以此原则，以机动作战，极力阻止并迟滞敌之发展，尤以对棠吉、雷列姆北进之敌，极力阻止其继续前进。

二、新28师主力可速运腊戌与雷列姆方面。当先以保守腊戌为主，并尽可能将该方面之敌击灭之。

三、第5军在平满纳方面，应以逐次迟滞敌之前进为目的，施行持久抵抗，但亦不可过久胶着一地招过甚之损失。为应对将来状况之演进，第6军应准备以景东、车里（今景洪）、佛海（今勐海）方面，第5及第66两军主力应以密支那与八莫方面为后方联络线。

缅甸作战已到了最危急的关头，战场情况瞬息万变，蒋介石身在重庆，远离前线，情况不明，靠电话指挥作战无济于事，只能添乱。就在他下令将新28师调到雷列姆的次日，4月25日，日军第56师团部队已经绕过棠吉，抢占了雷列姆，并继续向腊戌推进。

史迪威和罗卓英对缅甸战场态势和战事演进，作出错误判断，他们固执地认为放弃平满纳会战之后，缅甸作战重心仍然在中路，曼德勒仍是战场核心区，他们断章取义地理解蒋介石4月24日的训令，根据其中关于"不离开缅境"，"第5军、第66军主力以密支那八莫为后方"等内容，提出了将第5军、第66军主力部队向中路集中，联合英军在曼德勒地区与敌作战的计划。于是，4月25日，远征军长官部召开军事会议，部署曼德勒作战行动。史迪威、罗卓英、杜聿明、林蔚、杨业孔、甘丽初、张轸等出席军事会议。

会上，史迪威将军对第6军部队的作战表现严词斥责。史迪威眼睛直对甘丽初，厉声问道："甘军长，你的暂55师找到没有？"

甘丽初目光游移，说："他们在罗衣考以南被击溃了。"

史迪威："难道连渣都没有了？"

甘丽初："师长带残部退到木迈以东地区。我把他撤了职。"

史迪威："是日本人把他撤了，他的部队没了。而你，将军，你应当将那个师长亲自送上军事法庭，还应当撤销暂55师番号。"

甘丽初满脸通红。众将领无语。

罗卓英点点头，他问道："史迪威将军，我们开始布置吧。"

史迪威："好吧，罗将军，你布置。"

罗卓英站了起来，说："缅甸作战出现了复杂情况。东路敌第56师团向北压迫，我军防线被迫收缩至棠吉以北地区。西路英军沿伊洛瓦底江两岸继续后撤，大部已撤过皎勃东、蒲甘地区。蒋委员长昨日电谕，'今后我军作战以不离开缅境，不与敌主力决战为原则'、'第6军应准备以景东、车里、佛海方面，第5及第66两军主力应以密支那与八莫方面为后方联络线'。据此，长官部决定，我军主力转移至曼德勒地区，在缅甸境内与敌周旋，机动作战。"

罗卓英将手中的茶杯往地图上曼德勒的位置上重重一放。

史迪威对长官部参谋长杨业孔说："你把具体部署都说了吧！"

杨业孔起立："我军下阶段的作战部署是，第96师、新22师即由现阵地向曼德勒方向靠拢，构筑防线，顽强固守。鉴于日军已占领雷列姆，我军固守棠吉失去意义，着第200师即撤出棠吉，回占敏铁拉、瓢背之

线。第66军之新38师以乔克柏当、棠沙为后路,节节阻敌。新28师车运西保,于曼德勒以东地区担任警戒。新29师速开腊戍布防。第6军以景东、车里、佛海为后方,在东线组织严密防线,掩护我军战略后方。"

部署完毕。史迪威提问:"甘军长,你的东线防区已经缩小一半,这下,能守住吧?"甘丽初起立:"坚决守住,再不会有差错了。"

史迪威:"张军长,孙师在仁安羌打得不错哦,把腊戍交给你们,没有问题吧?"

张轸起立,说:"孙师是我们军的榜样。我们的部队在仁安羌打胜仗,在腊戍照样行。"

史迪威看了一眼杜聿明,见杜聿明绷着脸,不言语。

史迪威问:"杜副总司令有何高见?"

杜聿明起立,说:"本人反对将主力集中到曼德勒地区。曼德勒现在是个死地。缅甸作战必须有紧急处置。滇缅路沿线地区现在是我军生死存亡的关键。本人坚决主张,将主力集中到棠吉、腊戍之线,密集防守,持久作战。"

杜聿明拿起罗卓英放在地图上曼德勒位置的那只茶杯,往腊戍"咣"的一声重重放下。

史迪威:"你的意图很明显,你想收缩,把部队统统撤回国内,不干了。"

杜聿明:"远征军部队是国军精锐,拼光了,我等都要上军事法庭。"

史迪威:"远征军10万精兵,有美制装备,就是打仗用的。不许撤退。留在缅甸,进攻!进攻!"

史迪威又拿起茶杯,"咚"的一下放回到地图上曼德勒的位置,不容分辩地说:"就在曼德勒,打。"

罗卓英:"光亭,不要争论。曼德勒作战计划已经决定,执行吧!"

杜聿明:"出此下策,你们要负责。"

罗卓英则威胁道:"执行命令。不执行,不行!"

杜聿明气呼呼地离去。

回到第5军军部,杜聿明紧急部署本军部队下一步的作战行动。放弃平满纳会战后,第5军部队被东拉西扯地调开了,第200师到了棠吉,新22师从平满纳右翼阵地后撤,而第96师仍在平满纳地区继续苦战。杜聿明决定将第5军的3个师重新集中起来,防止被罗卓英分散使用,更避免被敌各个击破。

杜聿明率领军部进驻曼德勒。把指挥所安顿在皇城的兵营内后,杜聿明四处巡视阵地。杜军长认为缅甸作战到了今天这个地步,现在只有背水一战,绝不能再退,再退就该退回畹町了。而退回畹町是什么滋味?想当初出兵的时候,滇西老百姓敲锣打鼓,兴高采烈欢送远征队伍,一旦战败而回,何脸见江东父老?畹町桥头矗立着蒋介石巨幅画像,"驱除倭寇,收复缅甸",言犹在耳,如果丢盔弃甲,陷城失地,大败而归,如何复命?三国时期,诸葛亮在这一带七擒孟获,功昭天下,现今要是在这里一败涂地,怎么对得起列祖列宗?

背水为阵,绝处求生!

当天,杜聿明接到罗卓英转来蒋介石的电报,电文如下:

最急,罗长官。我军应决心固守瓦城,完成兄等志意并转迪威、光亭各将领同鉴。中正手启

看过电报,杜聿明知道曼德勒(瓦城)会战计划已得到蒋委员长批准,现在只好执行了。

喝下英军派人送来的一听冰镇罐装啤酒,他便抖擞精神,口授电文:

限二小时到。委员长蒋:瓦城会战各部集中完毕,决与城共存亡。职杜聿明叩。

英国人这时已经悄悄地为自己安排后事。这天早晨,在亚力山大指挥所,精致的餐盘、面包、

1942年4月28日,蒋介石致电罗卓英指示我军应决心固守瓦城的电报手稿

果酱、咖啡,亚力山大津津有味地用早餐,对咖啡大加赞赏。电话铃响起。副官拿起话筒:"哈啰!亚力山大将军指挥所……斯考特将军……请稍候。"

副官将话筒递给亚力山大,说:"斯考特将军来的电话。"

亚力山大放下餐具,解下餐巾,擦擦嘴,接过电话:"斯考特将军,请讲。"

斯考特:"报告将军,我们遇到麻烦,我们在伊洛瓦底江渡口遭到日军截击,我们需要支援。"

亚力山大:"你是说派援兵吗?将军。"

斯考特:"是的。"

亚力山大:"没有援兵。将军,你以为还会出现仁安羌的奇迹?不会了。没有人解救你,中国人也在后撤。你必须自己把渡口夺回来,然后,带上你的人马渡江。你的前进目标是印度。祝你好运,将军。"

亚力山大放下电话。又坐回餐桌边,拿起刀叉。

缅甸总督史密斯来访。

史密斯:"哈啰!"

亚力山大:"用早餐吗,总督先生?"

史密斯:"用过了,谢谢。"

史密斯坐下,说:"我是来告别的。亚力山大将军,我已接到伦敦殖民部命令,要将缅甸殖民政府机关人员撤往印度。英国在缅甸殖民历史终结了,我对此深感悲痛。战争还能维持多久?"

亚力山大:"快了,等我们的军队全部撤过伊洛瓦底江,与日军脱离接触,我们就脱离了战场。不过,总督先生,战争并未终结,而是刚刚开始。大英帝国绝不会就此退出东方。"

史密斯:"可是作为缅甸总督,我的使命完结了。而亚力山大将军,你是成功的,你把驻缅甸的军队安全地撤了出来。据伦敦传出的消息,缅甸作战结束后,亚力山大将军将被派到非洲前线。那里的英军是不是又遇到麻烦?"

亚力山大:"总督先生,你的这条消息有待证实。你什么时候动身?"

史密斯:"印度派来的飞机马上就到。"

亚力山大："还需要我做点什么？"

史密斯："不用了，亚力山大将军，你为缅甸已经做出了非凡的贡献。"

史密斯告退。

日军攻占腊戍，掐住了中国远征军的咽喉

在缅甸，日军的作战计划始终坚定不移，沿着既定目标不断加快推进。

4月20日，日军第55师团和第18师团占领平满纳后，日军第15军司令官饭田祥二认为，与敌军的主力决战已告结束，现在可转为战场追击。当天，日军第15军下达了新的作战命令：

一、决定以一个兵团切断腊戍方面敌之退路。同时以主力沿平满纳至曼德勒公路及伊洛瓦底江向曼德勒方面突进，包围敌人之两翼压向伊洛瓦底江歼灭之。

二、第56师团沿罗衣考—雷列姆—腊戍道路，向腊戍方面突进，切断敌军退路。独立第56步兵团回归师团长指挥。

三、第18师团应在进入央米丁东侧地区后，向曼德勒方面突进，切断敌主力的退路，并捕歼之。

四、第55师团在进入央米丁西侧地区后，向曼德勒西南地区突进，将敌军主力压向伊洛瓦底江歼灭之。

五、第18师团、第55师团的作战区划以央米丁—苗沙铁路为界（线上属第18师团）。但有关使用平满纳—曼德勒公路事宜两师团可协商决定之。

六、第33师团经敏建附近向曼德勒方面突进，捕歼敌主力。

与4月2日日军第15军占领同古后提出的作战计划相比，4月20日，在占领平满纳后提出的这个作战计划，口气更硬，胃口更大了，通篇使用的都是"突进"、"歼灭"这样的字眼。这时饭田祥二中将的目光

已经越过曼德勒,到达中国军队的咽喉要地腊戌。日军的战略目标是将中国远征军的后路掐断,将其在缅甸境内全部歼灭。

东路作战的日军第56师团,在渡边正夫师团长的指挥下势如破竹,不可遏制。平井卯辅率领的搜索联队和松井率领的第113联队,成为56师团的两个拳头,左右开弓,分进合击,不断地打向中国军队的要害。当第113联队在棠吉与戴安澜第200师激战的时候,以平井卯辅指挥的搜索联队为先导,渡边正夫率师团主力已经从东面绕过棠吉,占领了雷列姆,直扑腊戌。

而此时,中国远征军第6军部队在东路屡经日军打击后,部队残破不全,正仓促向东北方向败退,大部队已退到萨尔温江以东地区。眼下,部署在腊戌地区负责防守的只有仓促入缅的第66军新29师部分兵力。

师团长渡边正夫坐着吉普车随着进攻部队向前开进,来到雷列姆桥头。渡边正夫下车,察看地形。他领着几位幕僚往前走了几步,进入瓜田,遍地都是西瓜。

一辆摩托车由北向南飞速开回。斥候队长从车上跳下,向师团长报告:"长官,我军占领雷列姆后,敌军已主动撤出棠吉,向曼德勒方向败退。腊戌敌军防守薄弱。"

渡边正夫听后,阴险地说:"妙极了。"

他指着瓜地里的西瓜和藤,对幕僚讲解战术,说:"这里就是滇缅路,这是棠吉,这是曼德勒,而这里是腊戌。华军向曼德勒集中,东部必然空虚。我军从棠吉往北,侧后包抄,直扑腊戌,切断华军后路——"说到这,渡边正夫抽出战刀,将瓜藤从根部斩断,恶狠狠地说,"怎么样?"

众僚属称赞:"极高明的战术。"

渡边正夫收起战刀,下令:"向腊戌攻击前进。"

说完,渡边正夫上车。吉普车全速开进,绝尘而去。

在通往腊戌的公路上,大批日军向北进发。公路边,停着几辆吉普车。搜索联队长平井卯辅在路边等候师团长到来。渡边正夫师团长下了车,平井卯辅向师团长报告了部队开进情形。师团长满意地说:"这一路拜托你了,平井君,4月29日是天长节,请把腊戌拿下,作为献给天皇生日礼物。可以吗？"

平井卯辅："遵命！"

渡边正夫："现在离天长节还有三天时间，你有无为难之处？"

平井卯辅："报告长官，没有困难。"

平井卯辅部队的进攻不可抵挡。柏油公路上，日军追击部队全速向北开进。平井卯辅坐在吉普车上，焦灼的目光注视着前方。

路上乱糟糟的有许多运载物资的中国车队。中国车队在前头跑，日军军车在后面追。公路上一片慌乱。日军超越货车前行。

日军汽车车胎爆裂。日兵将中国货车上的车胎卸下，换到军车上，继续开进。

柏油公路上，一队日军步兵强行军。日兵鞋子破损，用布包裹脚板，跑步前进。

4月28日，日军迫近了腊戌大桥。大桥上，哨兵在指挥过往车辆。大批中国车辆乱哄哄地通过大桥，向后开去。

日军车队快速追击而来。日本军车冲向大桥。

我哨兵没有看清是日本军车，仍在挥旗。等日军冲到跟前，哨兵一看，傻了眼，撒腿就跑。桥头堡里的卫兵，刚反应过来，准备开枪，可是为时已晚。

日军装甲车上的机枪猛烈开火，打掉了桥头堡里我军火力点。日军军车冲过桥梁，继续前进。

在腊戌火车站。站台上围满了准备逃离的人群。一列火车进站，军人百姓，商贾难民，男女老少，各色人等，成百上千，蚂蚁一样围了上去。人们以各种方式，从车门，从车窗，骑在别人的肩膀，踩着别人的脑袋，拼命挤进车厢。争抢、殴打、叫骂，乱作一团。

一队日兵冲进站台。日兵开枪。站台上的人们四散逃命。

4月29日，日军完全占领腊戌。

这一天正是日本天长节。日本天皇在自己生日的这一天，收到缅甸前线皇军献上的一份厚礼。

腊戌虽然不大，新城和旧城总共不过一万人口，但是在缅甸作战的棋盘上，是个棋眼。它西南距曼德勒230公里，北与畹町相距约130公

里。这里是缅甸东北部铁路终点,也滇缅公路与缅甸铁路的连接点。从仰光上岸的美援物资,除了少量用汽车由仰光直接运往昆明外,大部分先由铁路运至腊戍,再转为汽车装运。腊戍成了滇缅路上最大的转运站。货满为患,车满为患,人满为患。城里最气派的建筑是军需仓库,最主要的职业是装卸工,最乱七八糟的处所是供过往汽车司机歇宿的路边旅馆。开战以后,腊戍更是身价百倍,不仅仅转运物资,而且是中国远征军10万人马攻退进出的咽喉要地。

日军占领腊戍,截断了滇缅路,点了中国军队的死穴,史迪威和罗卓英策划的曼德勒会战,顷刻胎死腹中。

大势去矣!

总撤退,是中英指挥官下达的最没有争议的命令

时间紧迫,刻不容缓,中英军队指挥官们在曼德勒附近的士威坡召开紧急会议,部署总撤退。同以往历次中英军队联席会议一样,指责、挖苦、算计以至谩骂是必不可少的调味品,两军指挥官在缅甸最后举行的这次会议也不例外。

出席会议的亚力山大服装笔挺,勋章闪亮,像出席重大典礼。史迪威则戴着第一次世界大战时的战斗帽,没有佩戴勋章和绶带,他叼着烟斗,一副漫不经心的样子。罗卓英满脸不高兴,杜聿明则紧绷着脸。

中英将领到齐后,亚力山大对史迪威将军说:"我们开始吧。将军。"

史迪威点头:"你都说了吧。"

亚力山大清清嗓子,大声地说:"各位将军,局势已经十分明显,缅甸作战已经到了最后的关头。就英军而言,我们已经别无选择,我们必须退出战场。英军将退往印度。"

罗卓英:"亚力山大将军,其实你们早已决定撤退。你们一直在撤退。"

亚力山大:"我们曾经努力过,可是没有成功。非常遗憾。"

杜聿明:"简直是一个骗局。"

史迪威:"亚力山大将军,缅甸是你的第二个敦刻尔克吗?"

亚力山大:"人们总是指责撤退,其实这并不公平。史迪威将军。"

史迪威:"是的。两个月前,有一位英国将领曾经下令,让新加坡的8万英军向日军投降。比较起来,你比他强多了。"

杜聿明气鼓鼓地站在一旁,不再说话。

亚力山大:"其实,进攻也好,撤退也好,只要有利于最后胜利,都无可指责,包括缴械。我看不出让士兵们送死,像你们在上海,在南京,士兵们成批地被屠杀,像刈草一样,这对战争有什么好处?"

杜聿明站在一旁,跺一脚,骂一句:"什么鸟话?"

亚力山大:"将军们,现在不是争论的时候。当务之急,是挽救我们的军队。我认为现在是做出决定的时候了。史迪威将军,这是我们起草的中英联军总撤退令。我们现在应当签署这份命令。"

一位英军参谋军官将命令草稿从皮包里拿了出来。

这时,响起了空袭警报。两架日机飞来。高射炮开火。日机强行俯冲投弹。炸弹在附近爆炸。一枚炸弹在不远处炸响。有的军官躲进能避弹的地方。亚力山大直挺挺地站在原地不动,抬头望着敌机,一副临危不惧的样子。史迪威将军则依在自己的吉普车旁,嘴里叼着烟斗,若无其事地看着眼前的一切。杜聿明站在不远处,冷眼旁观。有的军官想钻进自己的座车逃跑,但看到史迪威和亚力山大没有离去之意,便也站住了。

敌机飞走后,人们又集拢起来。

史迪威往车上磕了一下烟斗。亚力山大用白手套弹了一下溅在军装上的泥土。二人对视了一下,相向走近。

史迪威:"亚力山大将军,我们做出决定吧。"

亚力山大:"是时候了。"

亚力山大在总撤退命令上签上自己的名字。史迪威也签了字。

中英军队从曼德勒开始总撤退。这是在缅甸战场上,盟军做出的决议中,最没有争议的一个。

夕阳西下。大地苍茫。

指挥官们签署了总撤退的命令后,中英军队立刻分路行动。

曼德勒城外的一个交叉路口。路牌醒目地标示着此处往北是密支那，往西是印度。中英军队在此分道扬镳。

大批身着灰色军装、头戴棕色斗笠的中国士兵由此向密支那撤退。穿短衣短裤，五光十色的英缅军、英印军士兵源源不断地向印度方向退去。

史迪威将军站在吉普车旁，痛苦地注视着撤退的军队。

亚力山大乘坐的红色轿车，开了过来，在史迪威将军跟前停车。亚力山大下车，与史迪威将军告别。

亚力山大："史迪威将军，在缅甸我们合作得很好，我期待着下一次合作。"

史迪威："这样的合作，难道一次还少吗？"

亚力山大："将军，战争还在继续，我们还会见面的。"

二位将军挥手告别。

亚力山大登车，座车鸣着喇叭，向印度方向开去。车后扬起一片尘土。

4月30日午夜23时50分，当麇集在曼德勒的最后一批英印军第17师官兵跨过伊洛瓦底江大桥后，英国人炸毁了这座巍峨的铁桥。斯利姆将军目睹了大桥被炸毁的那一瞬，多年后，他回忆起当时的情形，还伤感地写道："一声巨响后，桥的中段完整地落入江中，既是一幅可悲的情景，也是一个信号，我们丢掉了缅甸。"

在英军撤退的同时，中国军队也开始分路撤退。

在腊戍通向畹町的滇缅公路沿线，第66军之新28、新29师部队，在张轸军长的带领下，竭力抵挡日军的凌厉攻势，向着国境地区步步后撤。

在东路的第6军部队的撤退相当迅速和顺利。罗卓英4月30日下达了"第6军部队向景东转移"的命令，这正合甘丽初军长的意。甘军长认为，既然日军攻下了腊戍，中国远征军向北的退路被切断，第6军也只有向云南境内车里、佛海撤退这条路了。于是他迅速下令，各部队"分别自行掩护，向新地区前进"。甘军长行动更快，5月2日，他即带领军部徒步向景东转移。

此时，在东部地区作战的日军第 56 师团的主攻方向在滇缅路沿线地区，对甘丽初指挥的第 6 军部队，无暇顾及。能对第 6 军构成威胁的只有少量越过泰缅边境，进入缅甸掸邦高原的泰国军队。泰国政府早在去年，已经向日本投降，泰国军队成为日军的帮凶，开始对中国军队作战。但是泰军的战斗力毕竟有限，进入掸邦高原的少量泰军，不是中国军队的对手。第 6 军之第 49 师部队轻易地将来犯的泰军击退。日军既要捕捉集中在缅北的中国远征军主力，对正在东路撤退的第 6 军也不轻易放弃。5 月初，日军第 15 军司令官饭田祥二下令，将在曼德勒的第 18 师团调到东路，追击第 6 军。

5 月 3 日，第 18 师团主力之第 55、第 56 联队由曼德勒，分两路向掸邦高原疾进，企图将我第 6 军合围于萨尔温江以西地区。但是第 6 军撤退速度不慢，并且沿途砍倒大树，埋设地雷，迟缓日军进攻。5 月 8 日，日军主力到达萨尔温江时，第 6 军已经退到对岸。日军只在西岸捕捉了少量没有来得及撤退的零星部队。

中国远征军东线战场于是沉寂。

集结在曼德勒地区的中国远征军主力部队，包括第 5 军之第 96 师、新 22 师，以及第 66 军之新 38 师，在杜聿明将军的率领下，向北，向密支那方向撤退，自此踏上了漫长、艰难和悲惨的旅途。

进入 5 月，已是缅甸雨季前期。天空乌云翻滚，雨水淅淅沥沥，更增添凄凉、萧杀的气氛。

现在，远征军官兵们再也没有刚出征时顺我者昌、逆我者亡的昂扬斗志；没有声威震荡、气贯长虹的高亢战歌。人人心中只剩一个念头：撤退，撤退，赶紧撤退！

谁也没有料到，缅甸是个大泥潭，只要踩进脚来，休想脱身而去。

从曼德勒往北，已开始进入山地丛林，除了密瓦铁路和一条简易公路外，只有一些能通牛车的山间小道。道路两旁全是大山和莽莽苍苍的丛林。这时节，缅甸已乱成一锅粥。军队在撤退，老百姓也在逃难。漫山遍野都是惊慌失措的难民，途为之塞。

远征军机械化部队，离不开道路。铁路没多大指望。全缅铁路都控制在英国人手里，他们也要逃命。即使抢到车皮，铁路也极不安全。缅奸到处破坏，炸桥梁，挖铁轨，搬道岔，神出鬼没，防不胜防。运载远征军直属辎重团的一列火车，从车站开出不到5公里，为缅奸颠覆，死伤300多人。

1942年，缅甸，设立在一所学校里的急救医院。

公路上，人满为患，车满为患。缅甸是牛车的王国，再穷的农户也有牛车。拉家带口逃难，百姓们更少不了牛车。沿途塞满了吱吱扭扭、慢慢吞吞的牛车。

缅甸汽车也特别多。一条滇缅公路不知招来多少辆汽车。有国民党西南运输处的大车队，也有冒险家们走私倒卖做生意的私人汽车。又因为腊戍失陷，跑滇缅路的汽车全都挤到密支那方向来了。有的是抢运积压在缅甸的援华物资，而更多的装着在滇缅公路上营私舞弊、倒卖军火的奸商的财物。卡车上，军毯、皮鞋、雨衣、轮胎、香烟、罐头、茶叶、布匹，甚至还有香水、乳罩、高跟鞋。军需民用，应有尽有。一条滇缅路不知曾经滋生了多少奸商和蟊贼。

滇缅路在流血，也在流脓。

远征军的战车、炮火、运兵车，夹杂在乱七八糟的人流和车流里，慢慢地爬行。

英军联络官欧文少尉来不及跟上英军撤退，这时也挤在中国士兵中间。他开着一辆吉普车，鸣着喇叭，在路上挤来挤去，招来不少臭骂。第5军女翻译官岩珠正徒步前行。

欧文在车上向岩珠打招呼："哈啰！我们又见面了，小姐。"

岩珠回头看着欧文，似曾见过面，"嗨"了一声。

欧文："我们见过面的，在曼德勒。我叫欧文。"

岩珠想起来了，点点头，说："你们不是退往印度吗？为什么跟上我们？"

欧文无奈地回答："很遗憾，我掉队了。"

停了一会儿，他问岩珠："上车不？小姐。"

岩珠摇了摇手。

一些士兵围到吉普车旁。见车上放着一些罐头食品，士兵们伸手就拿。欧文阻拦不及，士兵拿走了几个罐头。欧文加油，吉普车窜了出去。开出几步，又停下来。欧文问岩珠："我带你去印度，怎么样？"

岩珠拒绝。

欧文摇摇头："小姐，你是个冷酷的女人。"

欧文开车想走。

几个士兵围了上来，拦住吉普车。

一个老兵对岩珠说："告诉他，我们有伤员，要搭他的车。"

岩珠告诉了欧文。欧文不答应，开车要走。

士兵们发火，围了上来，威胁要给欧文的轮胎撒气。欧文无奈，只好应承。众人将伤兵扶上吉普车。

欧文很不情愿地开车前行。

汽车走走停停，启动一次，只能挪上一二百米，一天走不了二三十里地。有些路段，堵塞的车流竟有几十公里长。有的司机干脆摊开被褥，在汽车底下睡觉，醒了再走。

常常是徒步行走的难民，超越汽车，走到了前头。于是，头戴盔式凉帽，怀抱钢枪，待在汽车上闲得无聊的士兵们，捞着一个看"西洋景"的好机会，他们可以从一个比较高的角度上，仔细地观看从车旁经过的男人和女人们。难民们五花八门，形形色色。有来缅甸做工的印度人，还有倒卖珠宝的非洲黑人和英国殖民统治者，更多的是缅甸土人。比较而言，缅甸男人比较懒散，也显得干瘪。男人们也穿筒裙，宽宽松松的，腰间不经心地挽上一个结，走路大摇大摆。但是发起急来，他们干活做事，一个顶仨。逃难路上，有的男人左手拎个篮，右手提个包，两个胳肢窝底下还夹着包，像耍杂技的大力士。有的男人左手拉个孩子，右手也拉个孩子，脖子上还骑着孩子，像耍猴似的。但不管怎么说，穿裙子

的男人，总让中国士兵们看不大顺眼。

缅甸女人个个长得水灵灵的，也能干。每人挑着一对大竹箩，一扭一扭往前走。她们穿得单，下身是薄薄的筒裙，上身是紧身的小汗衫。那筒裙，长得不能再长，一直拖到地上。而汗衫又短到不能再短，简直就是件小背心。汗衫与裙子之间，袒露着一抹小葱样白嫩嫩的腰围。女人的短衫是有道理的。没有衣袖是为了炫耀腕上的玉镯，领口开得低，才能显露那珠光宝气的项链。要知道缅甸是个盛产玉石金银的地方啊！筒裙式样新颖，薄如蝉翼，而且颜色艳丽，就像漫山遍野的鲜花。缅甸的山水宝石把女人们出落得仙女一般。可惜是在逃难，人人脸上挂着愁容，要是赶庙会或者参加泼水节，那该有多快活呀！望着一群群匆匆而过的难民，中国士兵们心中不禁怅然：

"唉，仅仅为了这帮可怜的缅甸女子，也不该把仗打败了啊！"

杜聿明脸色阴沉，一言不发地坐在一辆敞篷吉普车上。离开曼德勒时，他换了辆车。那辆心爱的"雪佛莱"比较娇气，跑不了缅北的山路，中途退役了。为了避免日本人在中国远征军副总司令的座车上做什么文章，司机只好忍痛把"雪佛莱"推下伊洛瓦底江。

这件事看起来很小，但给杜聿明内心巨大的创痛。心烦意乱的行军路上，再不能把自己关在密闭的车厢内，想自己该想的事情了。作为一个司令官，连为自己创造一个不受干扰地展开思路的小环境都办不到，这本身已经说明，战争彻底绝望了。

密支那失守，中国远征军归国之路又被切断

杜聿明现在想的和做的唯有一件事，就是杀出一路血路，把部队和装备撤回国内去。

5月7日晨，杜聿明接到蒋介石发来的急令：

杜军长：转史参谋长、罗长官。我军应即向密支那、片马、泸水、云龙转进，勿再犹豫停顿。中正手启

一电刚达，另电又至。当天上午，杜聿明再次接到蒋介石的急电：

杜副长官：希即率我缅北各部，速向密支那、片马转进。勿误。中正手启

前后不过两个时辰，蒋介石连发两封内容相同的电报，且命杜聿明转达史迪威和罗卓英。蒋介石内心之焦虑，由此可见。

杜聿明不敢片刻耽误，催促各部火速向密支那方向前进。

通往密支那公路的一处桥头，撤退队伍如同洪流向北滚动。狭窄的公路上挤满士兵和军车。桥头更是拥挤不堪。军参谋长罗又伦领着宪兵队在桥头疏导队伍。一辆卡车在桥头突然熄火。宪兵队长不由分说，领着一群士兵，将熄火的卡车推下河中。人车一拥而上，刚刚疏通的桥面又被堵上。罗又伦爬上一辆卡车，站在车厢上，他对空放了一枪，吼道："都给我听好了。不要挤，卡车排成一列，靠左侧通过大桥，步兵成四路纵队，靠右列队通过。不许乱来。"

部队渐渐恢复秩序，顺序过桥。

杜聿明乘坐的吉普车开来，在桥头停下。杜聿明从车内探出头。罗又伦看到军长，赶紧跳下卡车，跑步上前。杜聿明下车。

罗又伦："军座，你看……"

杜聿明："行军速度太慢了。"

罗又伦："道路情况不好，路面也太窄。"

杜聿明："现在是哪支部队在通过？"

罗又伦："是军直属单位。第96师先头部队第66团今天早晨已全部通过这里。"

二人来到路边的一个乱石岗，站住了。

杜聿明："情况万分危急。现在我军唯一退路是密支那，必须抢占。要集中所有车辆，把第96师先头部队送过去，不得有误。"

罗又伦："是。"

二人走下乱石岗。

杜聿明："参谋长，你留在这里，督促部队加速前进。新22师和新38师部队马上就开上来了。我到第96师去。"

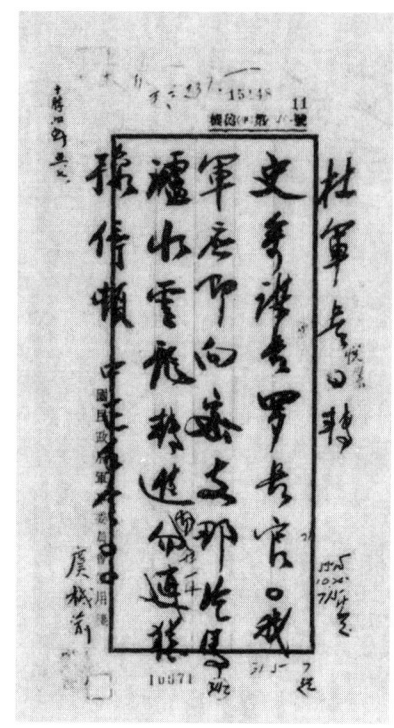

1942年5月7日，蒋介石致杜聿明转史迪威、罗卓英，令我军向密支那转进手令

说完，杜聿明登车，向北进发。

缅甸战场的危急情况，令蒋介石寝食难安。他一方面随时掌控在缅甸的中国军队的撤退，一方面要紧急部署滇西国境地区防守，防止日军趁虚攻入云南。他坐镇重庆中枢，调兵遣将，力挽危局。

5月3日，蒋介石致电军委会滇缅参谋团团长林蔚，要求第66军张军长竭力固守畹町，迟滞敌军行动。指示林蔚速到保山布防，派一有力部队，在怒江两岸，沿公路两侧潜伏袭击敌之部队。

5月4日，蒋介石电令林蔚：新维至畹町间道路应一面破坏，一面装埋地雷，如无地雷则埋手榴弹于路中，亦可限制战车前进；所有桥梁应尽量破坏。并要求林蔚，命令第71军工兵处长马崇六全力破路与构筑工事。

5月6日，蒋介石急电昆明行营主任龙云，令其派第71军之第36师、预备第2师在怒江和澜沧江布防，阻击敌军。并对昆明城防积极准备，从速部署。

5月6日，蒋介石致电林蔚，催促速调第36师到怒江惠通桥布防，并要求预2师部队以一团守澜沧江功果桥，一团守保山，一团分守祥云、大理。

蒋介石文电交驰，部署作战，但是日军的攻势难以遏止。

日军第56师团在攻占腊戍后，又接到军部下达的作战命令：

"应继续以主力突破中缅边境，沿滇缅公路，向怒江一线追击。"

此时，第56师团师团长渡边正夫志得意满，又欲壑难填。在缅甸战场，他的师团投入最晚，而推进最快，作战距离最长，战果最大。3月26

日，他们刚从新加坡赶到仰光，即投入同古作战，迅速与第55师团一起攻下同古。4月初，他们从同古出发，在缅甸东部掸邦高原，长驱直进，凶猛出击，撕开了中国第6军防线，至3月29日，轻取腊戌。他们投入缅甸作战以来，仅用一个月时间，就从缅甸南端打到了北端，纵贯缅甸全境，行程1000余公里。现在，他占领缅北腊戌，掐住了中国军队的咽喉后，他想的是如何尽快地将其窒息致死，一口吞下。

渡边正夫从交手中知道，中国远征军这个庞然大物，现在气若游丝。他还知道，眼下在腊戌以北、沿中缅边境地区防守的中国新28师、新29师部队，是两支带"新"字号的部队，战斗力很差，尤其缺乏战斗意志，其中新28师曾被击溃。他预计进攻怒江方向不会遇到顽强抵抗，师团无须以全力攻击。相反，华军在曼德勒方向仍有强大部队，他们将向密支那、八莫突围。渡边正夫极其贪婪，他认为，如果师团以主力向八莫、密支那方向突击，切断华军主力归国之路，将有重大价值。于是，渡边正夫独断决定，师团部队从两个方向，同时出击，一是按军部命令组织一支快速部队向怒江方向进攻，二是命令师团主力向密支那、八莫突进。

渡边正夫在向军司令官报告自己作战方案的同时，不等获准，便迅速付诸行动。

两支出击的部队迅速出发。一支是以松本喜六大佐指挥的第148联队为基干的快速部队，沿滇缅公路向怒江推进；另一支是师团主力部队，向八莫、密支那方向突击。

进攻八莫、密支那方向的师团主力部队，仍以由平井卯辅大佐率领的搜索联队为前锋。渡边中将把平井卯辅大佐叫到指挥部。师团长在地图上腊戌到新维、木姐、南坎、八莫、密支那之间果断地画了一道粗重的红线。之后，把红铅笔"叭"地一掷，说：

"这一路拜托你了。一周之内，请把密支那拿下。"

"耶西。"平井大佐一个有力的靠腿立正，小胸脯一挺，把任务领下了。

4月30日上午9时，平井大佐领着他的部队从腊戌出发。平井支队包括一个搜索联队、一个速射炮中队、一个野炮小队、一个重炮大队、一个工兵小队和少量卫生兵，总共约1000人。

用这么点人马,打通从腊戌到密支那这样一条对华军生死攸关的数百里防线,可能吗?平井大佐好像觉得这个问题不值得思索。他专心致志,催动部下,沿着滇缅公路宽广的柏油路面,甩动双腿,大步向前。沿途,路面有华军布置的路障,路侧丛林中遗弃着大批军用物资和汽油桶,平井看也不看一眼。日本兵斜背枪支,刺刀上挑着钢盔,一路嘻嘻哈哈,如入无人之境,好像他们不是去打仗,而是进行无惊无险的演习。

第66军军长张轸

5月1日,平井部队开进新维。日军在新维与部署在这里的第66军部队相遇。

第66军军长张轸,这位保定军官学校毕业的老将军,善于侦察地形,他利用新维附近的丘陵,布置了两道防线,将新29师两个团部署在第一线,把刚从腊戌败退的新28师残部部署在第二线。但是张军长麾下的部队不争气。新29师战斗力薄弱,师长马维骥指挥无方。双方刚一交火,没打几个回合,中国军队的第一道防线即被日军突破,第二道防线接着崩溃。日军并不费力就占领了新维。

平井大佐自己感觉,新维战斗是一场轻松愉快的角力,跟玩儿似的。仗不大,但战果不小。日军总共才打了40多发炮弹,新29师却给他们留下了十几辆汽车和七门野炮。

给平井大佐以深刻印象的是,他在望远镜里看到华军一位上校参谋,面对败局,竟不屈服,指挥若定,督促部队拼命抵抗。"好样的!"平井称赞了一声。随后,他把炮兵小队长叫来,"叭叭"打了两个耳光:"炮兵,什么的干活?"那小队长回到炮位后,集中炮火,一个齐射。平井从望远镜看到,刚才那位上校参谋被炮火掀到半空。放下望远镜,平井脸上闪过一种异样的情绪。

平井支队继续北进,5月2日午夜赶到木姐,与从八莫退却的中国军队汽车分队遭遇。经短促战斗,中国军队败退。日军俘虏了随队英军上校军需顾问一名，缴获了大批汽车和辎重。木姐在畹町西南 15 公里处，是滇缅公路与密支那至八莫公路的交会点。

此时平井卯辅得知中缅边境南坎的桥梁尚未被破坏，便马不停蹄地指挥部队向南坎疾进。3 日黎明时分，平井部队突然出现在瑞丽江畔，日军尖兵开着汽车冲上桥面，边行进，开边火，守卫在桥头的中国军队惊慌失措，没有抵抗就败退下去，来不及引爆早已安放在桥上的炸药，日军轻易地占领了边境地区滇缅公路这座长 100 多米的重要桥梁。

平井部队放胆向八莫方向疾进，3 日夜间到达八莫南郊。当时八莫共有中国军队和英印、英缅士兵约 1000 名。日军的进攻速度完全出乎守军意料，守军仓促应战，当夜 23 时日军完全占领八莫。在八莫，日军在飞机场装配车间缴获 6 架正在装配的飞机和大量美军飞机零件，还截获 2 万袋大米和 8000 桶汽油。

中国远征军部队抗击日军

平井支队自 4 月 30 日从腊戍出动，到 5 月 3 日攻下八莫，四天时间，推进 350 余公里，连下四城，俘虏千余，斩获无数，而自身仅阵亡 17 人。

5 月 4 日，渡边正夫师团长率师团主力到达八莫，并马不停蹄地向密支那突进。

5 月 7 日 16 时，日军进入密支那近郊。

8 日凌晨 3 时，日军开始强渡伊洛瓦底江。7 时，占领密支那火车站。

9时,占领密支那全部。

再说杜聿明带领着部队昼夜兼程,紧赶慢赶,5月9日夜间,部队到达卡萨。卡萨在密支那以南80多里,离密支那已经不远了。

当夜,军指挥所。杜聿明坐在帐篷里。烛光跳动。蚊虫嗡嗡地叫。杜聿明心中烦躁。他起身走出帐篷。

夜幕沉沉,繁星闪闪,大地黑黢黢的。公路两侧是部队的宿营地,长长的车队整齐地停在路面。士兵们在帐篷里已经入睡,鼾声四起。不远处传来哨兵换岗的声音。

杜聿明站在空旷的山坡上,留意起满天星斗,心中乱如麻团。

参谋长罗又伦走了过来。

罗又伦:"军座,没有休息啦?"

杜聿明:"睡不着啊。"

罗又伦:"天热。"

杜聿明:"行军速度太慢,今天走了不到50里,太慢了。照这样子,什么时候到达密支那?"

罗又伦:"今天,又从汽车团调来50辆卡车和6000加仑汽油,明天速度也许会快一些。"

杜聿明:"参谋长,密支那是我们回国最后一条退路,千万不能出错。"

罗又伦:"是的。军座,时间不早了,休息吧。"

杜聿明挥挥手,罗又伦离去。

杜聿明回到帐篷,在行军床和衣躺下,床旁小桌上有收音机。印度电台华语广播正播送缅甸作战新闻。一位女播音员的声音:

"伟大的英国军队,在亚力山大将军的统率下,完成缅甸战场作战任务,目前正向印度边境地区转移。中国军队继续撤退。滇缅路战况沉寂,日本军队突破中缅边境,进入中国境内。据缅甸方面消息,日军于今日占领密支那……"

杜聿明听到这个消息,立即从床上弹了起来。

杜聿明:"什么?日军占领密支那?"

他一拳砸在收音机上。收音机一下哑了。

迎头一棒，当胸一拳。杜聿明感到脑袋"嗡嗡嗡"地响，胸门火辣辣地痛，汗珠刷刷地往下淌。

几天来，杜聿明心中只有一个密支那，它就像茫茫夜空中的一盏灯火，一直悬在杜聿明的头顶。

密支那是缅北的战略要点，南距仰光1200公里，是缅甸中央铁路最北部的终点。由此向东有公路通过八莫，与畹町相连，向北翻越高黎贡山可到达云南境内腾冲。腊戍失守后，密支那是中国军队回国的最后通路。

猛然间，明灯熄灭，最后的一丝光亮消失。世界顿时陷入一片黑暗之中。

杜聿明感到胸口发堵，全身燥热，无法安寝，便迈出帐篷。

帐篷外也不清凉。5月正是缅甸一年中最闷热的月份。

地面热得冒气，空气潮得发黏。饥饿的蚊虫急得嗡嗡叫。而更为熬人的是心理失调。心静则凉，心躁则热。这位副司令官甚至没有察觉到，他是穿着背心，趿着鞋，在黑暗中面对自己的千军万马的。

地上是黑黢黢的长长的车队，各种车辆，摆放整齐。车上车下，宿营的士兵，鼾声四起。夜空晴朗无云，繁星点点，闪闪烁烁。

杜聿明突然留心起那满天星斗。乍看浩渺星空，杂乱无章，毫无头绪，实则连座布斗，有门有道，如列兵摆阵。其中玄机深藏，疑团密布，莫测高深。

多像缅甸的战局啊！

杜聿明第一次感到领兵打仗，血战沙场，竟如观星象、探玄机一样扑朔迷离，难以捉摸。

在真刀实枪、强者生存的世界里，当人被逼得走投无路的时候，也会在宿命论的阴影里得到片刻安慰。站在空旷的山坡上，远望月色下起伏群山，莽莽丛林，近观公路上绵延不绝的车队和灰茫茫的一片行军帐篷，杜聿明心情沉重：

如何把这数万人马带回国去？

第六章　归国无路

部署撤退，孙立人与杜聿明各持己见，不欢而散

5月8日，日军攻占密支那，这是继4月30攻占腊戍后，日军对中国远征军的又一致命打击。至此，聚集在缅北地区的中国远征军部队回国的道路均被切断。

蒋介石从电台广播中得知密支那失陷，将信将疑之间，于5月9日，给前线发电，做出如下指示：

急。杜军长：并转史参谋长、罗长官：顷敌广播称：彼寇昨日已占密支那，微（6）日已占八莫；无论其宣传之虚实，我应特别戒备。唯其兵力绝不强大，此次行军作战要领如下：甲，各路纵队之先头，皆须选其精强者，至少要能击破敌一个大队之兵力为编组基准。乙，兵力不可太分散，各纵队联络须求确实，多约暗号密语。丙，如敌已占领据点顽抗，则切勿攻坚；唯派有力部队监视包围之，以掩护我主力通过。丁，各路侦察搜索宜广宜远。凡两日行程前方之要地情况，须能切实明了，尤其对八莫、密支那之敌情及其兵力，必须特加侦察，时时明悉行进，不太求急速；但警戒必要严密。戊，总目标应以先能接近国境，为唯一要旨，务使进战退守皆能自如。己，伤兵应特别设法处理与护送回国。中正

从蒋介石的这封电报，可以看到，关于密支那失守的信息来源，也是电台广播。如此胜败攸关的重大情报，中国军队前线指挥官杜聿明是听了广播方知的，在重庆指挥中枢的蒋介石也是从广播听来的，说明中国军队信息系统严重失灵，指挥体系陷于紊乱。蒋介石电报内容也是十

分笼统、含糊，要求部队"接近国境"，但如何"接近"、何时"接近"、从何"接近"，都没有明示，只提了若干战术性要求。实际上，缅北的中国军队已经无路可退，山穷水尽。

中国远征军部队分路撤退

在蒋介石直接发给杜聿明的这封电报中，要求杜聿明将电报转史迪威和罗卓英，但是此时史迪威和罗卓英在哪里呢？他们早已渡过伊洛瓦底江，离开中路，离开部队，往西撤退。杜聿明派出参谋长罗又伦追赶罗卓英，也没有追上。

而在三天前，5月5日，罗卓英曾给杜聿明发来一封电报，命令中路我军"决然西行，先向邦平附近集中，再相机处置"。邦平，位于印度英法尔以东约180公里处，杜聿明已经读出"再相机处置"的含义，即是部队下一步将撤向印度。杜聿明坚决反对这个计划，当时，他曾急电罗卓英，陈述意见，他认为："我军战败入印，将为印人不齿。拟仍向密支那转移，与由畹町犯密之敌决一死战，胜可保存缅北一隅，败则退守腾冲。"

现在罗卓英长官已经远离部队，独自行动。史迪威将军也不知现在何处。留在缅甸的部队怎么办？东路第6军3个师的残部已经向景东方向退走，这个时候可能已经回到西双版纳了。滇缅公路沿线的第66军之新

28、新29两师战败后,残部也已退回滇西。作为远征军副总司令长官,杜聿明对这两个方向的部队以前管不着,现在更不用管了。眼前最主要的是如何挽救跟随着他的中路部队。这支部队现在主要包括第5军之新22师、第96师和第5军军部直属单位,以及新38师孙立人部。

此时,杜聿明认为,日军虽然占领了密支那,但是其兵力不会十分强大。中路我军仍应继续北进,向密支那靠近,如密支那敌军果然力量薄弱,我军可强攻夺回密支那,重新打通密支那至八莫的公路,经畹町回国,如密支那敌军兵力过厚,则按蒋介石电令"派有力部队监视包围之",以掩护我主力绕过密支那,从密支那以西,经孟拱向国境地区接近,然后翻越高黎贡山,从片马、腾冲附近地区回国。此时,杜聿明手里尚握有3个建制基本完整、战斗力强的作战师,以及其他部队临时归属的零散官兵,加上军部,尚有3万余兵力,仍可与日军一搏。

主意拿定,杜聿明召开军事会议布置行动。杜聿明和军参谋长罗又伦以及师长廖耀湘、余韶、孙立人等参加。

会上,参谋长罗又伦首先讲明我军的作战意图:"日军抢占密支那,并控制密支那至八莫公路,打乱我军转进计划。我军决定继续贯彻北进计划,或强攻夺回密支那,从八莫回国,或绕过密支那,从孟拱以西地区,翻越高黎贡山,返回云南。"

杜聿明点头,望着众将领,等待各人表示态度。

这时,作战参谋送上一封电报。杜聿明展开,阅毕。他"啪"的一下将电报拍在桌子上。

罗又伦忙问:"军座,怎么啦?"

杜聿明:"罗长官下令,退往印度。"

罗又伦拿起电报,看了一眼,读出其中关键字句:退往印度,路途较近,也较安全,利于保存我军实力……

杜聿明拍案而起:"胡说!那才叫丧师辱国!"

余韶:"到印度,做难民,难民饭不是好吃的。"

廖耀湘:"我们听军座的,爬也要爬回国内去!"

罗又伦:"局面都让他们搞坏了,不要理他们。"

孙立人没有言语。

杜聿明站起来:"参谋长,照我们的计划,部署吧。"

罗又伦接着说:"军计划,第96师作为前锋立即前出至孟拱,占领地形,准备向密支那进攻。新22师和军部直属单位,向东防御八莫方向日军,尔后向孟拱地区靠拢。新38师继续在温藻、卡萨一带坚守数日,击退自曼德勒北进之敌,掩护主力撤退。"

杜聿明:"同舟共济,齐心协力,杀出一条生路。必须如此。"

余韶:"本师愿意承担前锋,为全军开辟通路。"

廖耀湘:"军情紧急,就这么办吧。"

孙立人低头不语。

孙立人将军

败军之际召开部署撤退的军事会议,气氛原本不会轻松,加上危急关头将领们各有各的打算,实难合拍。孙立人与杜聿明过去没有历史渊源,新38师属第66军序列,现在临时拨归第5军指挥。况且,因为出兵仁安羌,俩人憋着一股劲。杜聿明认为兵败至此,与孙立人不听指挥,擅自出兵仁安羌,拉长了远征军防线有很大干系。孙立人则心有怨言,杜聿明作为握有实权的副帅,胸无全局,致日军夺占腊戍、密支那,断我后路,陷全军于绝地。

现在,杜聿明提出了北进回国的方案,要求新38师在卡萨以南地区继续阻击敌兵,为全军断后。

这一计划让孙立人颇感寒心。缅甸作战以来,第66军部队原本作为战略预备队使用,但是仁安羌战斗后,新38师一直作为掩护部队为别人撤退断后,已经蒙受巨大损失。现在,部队向高黎贡山撤退,仍要他们师殿后,他极不满意。他知道密支那以西以北全是热带丛林,纵横千里,杳无人烟,给养困难,前面成万大军如蝗群席卷而过,他的部队跟着别人后面走,恐怕连野菜树皮也没得吃。孙立人认为,杜聿明偏心

眼，危急关头，为救他的第5军，不惜拿新38师垫底。

杜聿明看出孙立人神色不悦，问道："孙师长的看法呢？"

孙立人："我有几句话要说。"

杜聿明："请讲。"

孙立人："本人对刚才罗参谋长的布置，心有疑虑，不得不说。"

罗又伦："孙师长，请讲。"

孙立人："第一，密支那以西之孟拱河谷以及高黎贡山，全都是崇山密林，并无道路，装备怎么办？第二，这一带人烟稀少，且皆为瘴疠之地，我数万官兵行经此地，粮食医药如何筹集？第三，缅北地形险要，河流隘口众多，假如日军伏击，我军如何应对？"

罗又伦："孙师长，目前我处境极为危险，难以全师而退，必须准备做出牺牲。装备可能要损失，人要挨饿。要有这个准备。"

廖耀湘："这也担心，那也担心，不然，只有等死。"

余韶："与其坐以待毙，不如拼死一搏。"

孙立人："孙立人不是怕死之人。问题是，在缅北将装备丢光了，我等如何向国人交代？"

杜聿明："莫非孙师长另有全师之策？"

孙立人："我以为，还是应当先退入印度，再图良策。"

廖耀湘："说来说去，是惦记着英国人。"

余韶："不能再上他们的当了。"

杜聿明："听孙师长的意思，是不是把到印度的路都看好了？"

孙立人："我没有杜副总司令的先见之明，早将重装备送回国内。我们的汽车和大炮都还带着呢？"

罗又伦："孙师长是决心向印度撤退了？"

杜聿明："谁敢抗命？"

孙立人："谁在抗命？是你！副总司令官，史迪威将军、罗长官命令我军退向印度。你，为什么不执行？"

杜聿明："你？大胆！"

孙立人越说越激动："副总司令，你，你们，把手放在胸膛上说，这公平吗？撤退以来，新38师一直殿后打掩护，损失最大！现在全军向孟拱撤退，还叫我们打掩护。数万军队向丛林撤退，走在前面的也许能找到粮食，我们走在后面，吃什么？恐怕连草根都吃不上。你们第96师、新22师怕挨饿，我们就不怕挨饿吗？我们也是娘养的！"

杜聿明拍案而起："你，你，从何说起？简直是胡说八道。"

孙立人不听从命令，杜聿明大为震怒。旁边的廖耀湘更是火冒三丈。

廖耀湘心里想，你新38师算老几，不就是在仁安羌捡了个便宜？老子新22师在斯瓦打纵深防御战，与日本人头顶头，脸对脸，打了半个月，挡住日军两个师团的进攻，哪点比你们差？

廖耀湘是个急性子，认死理不认活人。他正眼也不瞧孙立人，对杜聿明说："罢了，到了最后关头，只有自己靠得住，谁也不用求谁。他走他的阳关道，咱走咱的独木桥，各奔前程。"

孙立人与杜聿明已成僵局，经廖耀湘一激，崩了。

况且，来卡萨开会之前，孙立人曾接到史迪威和罗卓英的电报，命令新38师退往印度。于是，孙立人站了起来，毫不妥协地说：

"副座，以目前本师位置，离高黎贡山尚有千里之遥，且道路艰难。而去印度只有300余里。古语曰，两利相较取其重，两害相较取其轻。既然都是撤退，何不选条近道？我决定，本师先撤往印度，再假道回国。副总司令，各位将军，我，告辞了。"

说完，孙立人拿起军帽，走人。

焚毁战车火炮，新22师弃车上山

这次军事会议后，杜聿明领着第5军的两个师及军部，继续向北撤退。其中，第96师担任前锋，新22师随后跟进，杜聿明领军部随新22师行动。

5月10日晨7时，余韶率第96师及军炮兵团、战防炮营，从印道出动。出发前，杜聿明给余韶打气说："将所有炮弹打在密支那，不信打不开。"

为了加快行军速度，军部汽车连派车支援第96师行动。缅北地区到

处都是树林,道路稀少,主要是牛车道。大批军车沿着林中的牛车道向北急驰,牛车道很快被碾压成汽车道,道路两侧树木的枝杈和表皮都被刮掉,露出白色的树干,光秃秃的成了部队前进的路标。沿途没有发现敌军,部队行进速度很快,日行百里。第二天上午 11 时,先头部队第 286 团到达孟拱。

自孟拱至密支那虽只有 15 公里,但已进入山区隘路,交通更加艰难,连牛车道也没有。余韶命令第 286 团就地休整,待后续部队到齐,再向密支那进发。

正在此时,杜聿明得到情报,八莫、密支那方向日军已得到大批增援,日军第 56 师团 113 联队从八莫,沿伊洛瓦底江顺流而下,已切断从孟拱至密支那的隘路。而日军第 55 师团、第 33 师团,沿着伊洛瓦底江和曼密铁路,由南而北,水陆并进,企图与第 56 师团会合,将我军包围在卡萨以北地区。敌军集中 3 个师团的优势兵力,一旦形成合围,我军难以脱身。

情况突变,杜聿明不敢稍有迟缓,当即决定:"军以迅速脱离敌人为目的,即改沿曼密铁路以西地区,径向孟关、大洛之线转进。"

然而此时,第 96 师部队已向北前出至孟拱,与军部和新 22 师部队距离百里以上,两个师的部队难以集中行动。

杜聿明只好命令第 96 师从孟拱折回,在密支那以南渡过伊洛瓦底江,择路回国。

余韶接到电报后,认为现在伊洛瓦底江上已有日军巡逻艇在活动,沿岸有日军重兵布防,在这种情形下渡河危险太大。既然是回国,路线由他视情自行选择较为稳妥。他电复杜聿明,陈述意见,得到杜聿明的批准。杜聿明同时指示,将所有车辆就地焚毁,但需将大炮抬回国内。

11 日,杜聿明部队自印道离开密瓦公路,改道向西北方向而去。此时,杜副总司令长官能够指挥、身前身后跟随行动的只有第 5 军军部及廖耀湘新 22 师。

部队行走数日,情况越来越不妙。道路愈见狭窄,两旁林木参天,遮天蔽日。队伍行进其间,恐怖、压抑的气氛让人喘不过气来。

5 月 15 日,杜聿明接到蒋介石通过林蔚转来的手令电报,电文如下:

林次长：密转杜军长。现已设法由空中运输粮弹前来接济，一俟陆空联络确实即可开始实施。如此，弟部行动不必太急，应从容设计分路绕道进行，务以避开密支那为稳妥。中意应以孟关为总目标，其次为清加林、卡姆特及龙通与红巴，再次为霍马林与大曼的。该路粮食或易设法购办，不待空运也。但龙通至加迈道路，必须派有力部队侦察相机占领，乃可掩护西面各路各部队前进。如果龙通至加迈道路不能确实掌握，则只可先到达霍马林、大曼的暂时整顿保养，待机再行为要。中正手启

蒋介石的这封电报，对部队撤退路线提出了三个方案：第一个是经孟关回国，第二个是从清加林、卡姆特回国，第三个是到了霍马林再定。霍马林在缅印边境，蒋介石限定，部队如至霍马林，"应暂时整顿保养，待机再行为要"。也就是说，此时蒋介石并未批准部队进入印度。

蒋介石的这个电令，与杜聿明先前决定的"径向孟关、大洛之线转进"的计划相吻合。因此接到电报后，杜聿明催动官兵，加紧行军。

但是日军仍然没有放过已经撤入缅北丛林的这支中国远征军残部，日军以密支那为据点，派出部队围追堵截，控制了密支那以西、孟关以北广大地区，又一次截断了杜聿明部队从孟关回国的退路。5月23日，杜聿明只好按蒋介石提出的第二个方案，命令部队向清加林、卡姆特撤退。

部队开始进入缅北蛮荒的原始丛林。工兵在前面开路。部队沿着小道前进。

越往前走，林木越茂密，道路越狭窄。参天大树遮天蔽日，地面树丛蒿草密密麻麻。枯树败叶，厚厚的一层。丛林中光线昏暗，野兽啼叫，阴森恐怖。

一日，部队来到林中的一个小山寨，再往前，连牛车道也没有了。工兵们累得精疲力竭，有的扔掉手中的刀斧，倚着大树直喘，有的倒在地上。

各种军车在林中慢慢爬行，越走越慢，最后都停了下来。密林中摆起一条钢铁长龙。

士兵们下了车，在林子里钻来钻去，找不到道路。士兵们用拳头砸，

用脚踢那像篱笆一样挡着去路的大树，骂道："走到死路上来了！"

廖耀湘骑着马跑过来。他走到队伍前面，问："怎么都停下了？"

邓军林团长报告："师座，没路了。"

廖耀湘望着密密麻麻的树林，叹了一声："唉！"

杜聿明坐着吉普车也开过来。杜聿明望着眼前的情景，脸色阴沉。

杜聿明跳下车。

廖耀湘走过去对杜聿明说："军座，路没有了。"

杜聿明沉默不语。

庞大的车队，被困在密匝匝的丛林之中，动弹不得。

一支机械化部队，终于走上绝路。

杜聿明四处查看地形，但见寨子后面是一道断崖，断崖之下是峡谷。峡谷里，雾霭升腾，深不可测。山风吹来，林涛阵阵，虎啸猿啼。

前无道路，后有追兵，部队怎么办，车辆装备怎么办？

杜聿明围着村子转了几圈，决心难下。望着停在路上的战车、大炮，好不心疼呀！

这些装备都是中国军队坚持抗战，用血和生命换来的。有些新式大炮，在缅甸战场还没来得及打呢。现在怎么办？开又开不走，抬也抬不动，扔掉了又恐落入日军之手，反而危害我军。杜聿明是国军机械化部队的老长官，这些装备都是经他之手，一点点积攒下来的，都是他心头之肉啊！但是，部队到了这个地步，不能在这里等死，官兵的性命才是最重要的啊！杜聿明思量再三，直到夕阳西下，才下达了那道让他悔恨一辈子的命令：

弃车上山！

在林中的一块空地，部队奉命将所有车辆、坦克、大炮等重型装备集中焚毁。

命令下达后，士兵们迟迟不肯行动，有的抓着汽车的方向盘，有的抱住炮管。

廖耀湘亲自督促，将所有重型装备集中排列。

司机老王含着泪，将杜聿明乘坐的吉普车，开到前头停放。

炮手们忍痛将火炮推了过去，不停地念叨："这炮还没打过啊！怎舍得?"

其他车辆也顺序开了过去。

官兵们奉命卸下炮镜,拆下汽车内胎,以及其他有用的部件,然后将所有的装备,浇上汽油。

所有的车辆、火炮集中完毕,所有车辆的车灯也全部打开。

灯光雪亮,如同白昼;引擎咆哮,地动山摇。

士兵们紧紧地围在四周,眼睛一齐盯着曾经和自己一同征战过的车辆、火炮。

廖耀湘师长,将一支火把交给师特务连连长。

连长双手颤抖着:"这些装备,跟着我们从昆仑关打到缅甸,怎么下得了手?"

连长又将火把交给排长,排长也摇头:"这不是砍我们胳膊,剁我们脚吗?"

排长又将火把交给士兵。火把在官兵手中传了一圈,但是没人上前点火。

廖耀湘拔出手枪,命令特务连长执行命令。连长却仍在迟疑。

这时,杜聿明的司机老王走出队列,他嘴里不断嘟哝:"我给长官开了十几年车,我怎能扔下这些车呢。"

他爬上杜聿明乘坐的吉普车,坐进驾驶室,用衣袖擦擦挡风玻璃,嘴里念叨着:"多好的车子啊!我怎么舍得你?"老司机将钥匙插上,用力一拧,踩下油门,"轰"的一声,吉普车引擎启动。加大油门,一团黑烟夹着火苗从排气管喷出。

立时引燃了一团大火。火光吞没了吉普车。

顷刻间整个停车场火光熊熊,浓烟翻滚。油箱接连爆炸,腾起一个个火球。

火光映照着官兵热泪涌流的脸,许多官兵放声大哭。

杜聿明泪光闪闪,背过脸去。

罗又伦难过地低着头。

廖耀湘神色沉重。他戴着的眼镜片在火光映照下,白茫茫的一片。

日落之前,官兵们携带轻便武器,牵着分到的骡马,钻进了无边无

际、莽莽苍苍的热带丛林。

丛林外,留下战车、大炮的残骸,那是中国远征军机械化部队的坟场!

日军围追堵截,杜聿明部陷入野人山绝地

杜聿明部队在丛林中艰苦行进,5月底,到达清加林。

这时,国内滇西局势继续恶化,日军已经占领怒江以西,包括盈江、腾冲在内的广大边境地区,且日军已侦知缅北我军主力部队回国路线,在高黎贡山各山口均布下重兵,准备拦击。我军归国之路不仅是缅北,连国境内的通道也完全断绝。

为了避免我军主力落入日军罗网,5月30日,蒋介石急电杜聿明:"军既抵清加林、卡姆特,即应向印境或北向雷多前进,不必再越葡萄,以免中途被围。"

接到蒋介石的这封电报,杜聿明万念俱灰。缅甸作战以来,中国军队选派最强的部队参战,战斗中将士用命,死力搏斗,作战不谓不勇敢,牺牲不谓不巨大,但是仗打得一塌糊涂。

作为战场指挥官,从3月中旬开战,到5月初开始总撤退,他参与组织指挥三次会战,结果三次下令部队突围,屡战屡败。第一次是3月30日,命令第200师撤出同古;第二次是4月18日,命令第5军放弃平满纳会战;第三次是5月1日,放弃曼德勒,下达总撤退令。缅甸作战,如同一次又一次截肢手术,每组织一次会战,就后退一大步。

而开始总撤退之后,他又四次更改撤退路线。路线越改越靠西,部队越走离国境越远。开始计划从密支那夺路回国,后改为从孟关翻越高黎贡山返回,再改为从清加林、卡姆特返回,现在竟要撤退到印度。

杜聿明打心眼里不愿意退入印度。中国军队打了败仗,难道还要到印度丢人现眼?况且印度是英国人的殖民地,中国军队开进去,英国人能有好脸色?

可是,事到如今,救军要紧,也顾不得什么脸面了。部队既已陷于

绝境，别无出路，且有蒋介石明令，也只好遵令将部队往印度方向撤退。他召集罗又伦、廖耀湘，传达了蒋介石的命令，研究部队行军路线。

罗参谋长找来向导，打探去印度的路线。一说去印度，那位矮小的当地土人立刻惊恐起来。他讲，此去印度尚有200多里，全是野人出没的老荒山。他还说："前年，他和5个伙伴到印度贩卖盐巴，活着回来的就他一个人。那还是在旱季呢，现在已是雨季，更不好说了。"

军令如山。杜副司令官沉默半晌，最后，斩钉截铁地说："穿过野人山，朝印度前进！"走！纵是万丈深渊，也要跳；纵是千尺火山，也要上。

在滂沱大雨中，部队又出发了。官兵们三三两两，从临时避雨的棚子里、树洞中钻了出来，饥肠辘辘，浑身透湿，拖着疲惫的双腿，一步一步，向前走去。

这是一支溃败的队伍。没有口令，没有歌声，也没有队形，一切死气沉沉。他们很快消失在哗哗雨声和迷蒙雨幕中。

他们是走向生存，还是走向死亡？天晓得哟！

官兵们日复一日，在林中艰难跋涉。进入雨季，大雨滂沱，林中雾气迷蒙。官兵日无果腹之粮，夜无栖身之所，许多人累垮病倒。还因为蚊虫叮咬，各种可怕的丛林疾病开始流行。

杜聿明内外交困，急火攻心，不久竟也病倒了。他患上了可怕的丛林回归热病。

用芭蕉叶临时搭成的棚子里，杜聿明躺在担架上，气息奄奄。

再硬的铁汉，也经不住回归热病的折磨；持续不退的高烧，使他一直昏迷不醒。他脸色绯红，呼吸短促，嘴唇烧起了一串燎泡，清瘦的脸庞明显地塌陷下去，而那又脏又乱的胡子却越长越长。压在身上的军毯，全是泥点水渍，湿漉漉的。

守在旁边的医生一筹莫展。仓皇撤退中，跌跌撞撞，树挂藤绊，药箱里的药品竟全给跑丢了。没有药品，甚至连一口热粥也弄不来。部队已经断粮。

天亮以后，丛林又下起了大雨。

这简直不能叫雨。一道雷电捅破天河，雨点就劈头盖脸往下泼。雨

点大得吓人,有铜钱般大,银圆般大,铺天盖地,盖地铺天。雨珠急促地敲打着树叶,敲打着丛林,有如千军万马席卷而来。丛林里一片哗啦啦,白茫茫。顷刻间,大树成了瀑布,一道道水柱从树顶倾泻而下。树木低头,竹丛弯腰,林中皆成泽国。巨雷在头顶翻滚,闪电像一柄柄利斧,从天空劈进丛林。古树在电光中被劈为两半。

丛林中的雷雨是毁灭性的。

那座芭蕉棚,早就抵挡不住暴雨的摧残,雨水哗哗地往里灌。人们手忙脚乱地在棚内支起雨衣。可是,这无济于事。雨水还是透过缝隙,淌到担架上,淌到病人那发烫的额头、脸颊和脖颈上。

昏厥中的杜聿明竟醒了过来。

不知是他的烧退了些,还是仅仅因为冰凉的雨水,使他的体温暂时下降。他通红、干裂的嘴唇翕动了几下。医生急忙用茶缸接住雨水,一点点喂进他干渴的口中。冥冥之中,他完全靠着一种本能,贪婪地把水咽了下去。

过了好大一会儿,他深深地呼出一口气,这才慢慢抬起了眼皮。

杜聿明那失神、疲倦的目光,把周围的人扫了一遍,看见军参谋长罗又伦、师长廖耀湘、参谋处长李汉萍等,一齐围在四周,他意识到出了什么事情,吃力地问:

"什么地方?"

"这是大洛,军座。"参谋长罗又伦俯下身,低声回答。

大洛?怎么还在大洛?

杜聿明隐隐约约记起,数天前,他已把队伍带进大洛。那是一个黄昏,太阳血红血红地挂在树梢上,林子里死静死静的。说好了的,睡一觉,天一亮就往前走。怎么,现在还在大洛?杜聿明眉心拧成了疙瘩。

参谋处长李汉萍告诉他,就在到达大洛的那个黄昏,他病倒了。罗参谋长和廖师长商量,让部队停下来,等军长身体好了再作定夺。

杜聿明一听,脸上浮起了怒容,胸膛急促起伏,非常不满、不容争辩地说:

"前进,死也要前进,一刻也不准停留。"

离开大洛,杜聿明躺在担架上由卫士抬着行进。回归热病继续折磨着他，体温又在升高。他时而清醒，时而昏厥。他不断地重复着一句话：

不准停留，死也要前进……

阵雨时缓时急，头顶雷声隆隆。部队在密林中又艰难地行走了一天。

傍晚宿营的时候，疲惫不堪的士兵们回头一看，早上离开的那片芒果树林，还在身后的山坡上，这天只走了四五里地！

道路如此艰难，照这种速度，何时走出丛林？

最要命的是没有粮食，官兵们已经数日粒米未进，只靠野果充饥。

宿营时，官兵饥寒交迫，哀声遍野。

把参谋长罗又伦叫来，杜聿明以命令的口吻说："无论如何，要弄点吃的，不然要死人的。"

他一生征战，过去总以为只要武器好，弹药足，加上指挥得当，就能打胜仗。现在才懂得军队要生存，首先要吃饭。民以食为天，兵亦以食为天。

到哪里弄吃的呢？

罗又伦搓手跺脚，左右为难，半晌只好实说："搞不到粮食，山里没有人家。"

"就这么等死啦？"副司令官脸有怒色，他不相信精明强干的参谋长一点法子也没有。

"唉，这实在是……"参谋长唉声叹气，转过脸去，一会儿，他自言自语。"倒是还有些骡马……"

"多少？"杜聿明的耳朵出奇的灵，紧接着追问。

"每个连队五六匹不等，是驮弹药和伤员的。"此时此刻，参谋长特别不忍心提到这些骡马。在缅甸作战中，骡马前送弹药，后送伤员，是立了大功的。进入丛林后，骡马负重而行，比人受罪大。怎么能打它们的主意呢？

"杀！"重病中的杜聿明，不知哪里来了一股力量，做了一个十分有力的手势，大声说。

是逼出来的！

杀马的命令一传下去，丛林立刻疯狂了起来。早已饿昏了头的士兵"噌"地从地上爬了起来，端着枪刺，举着刀，全围到拴马的大树下。马

通人事,见大事不好,惊恐万状。拿枪的士兵不由分说,"砰"的一枪,马应声倒地。

人们一拥而上,七手八脚,叽里咔嚓,你剜一块,我割一刀,转眼工夫,一匹战马只剩下骨架、蹄子和皮毛。士兵们三个一群,五个一伙,生起火堆,用竹棍串着马肉,边烤边吃。丛林里弥漫着烤肉馋人的油香。

按命令,每个连队只准杀一匹马,可是士兵们饿红了眼,有的连队一下放倒两匹马。即使如此,下手晚的士兵,还吃不上马肉,只能抱着马骨头和马蹄啃。

当士兵们吃完马肉之后,不少人围着战马遗下的皮毛尸骨,号啕大哭。战马都杀了,人还有什么指望?一个连队总共五六匹马,能吃几天?吃了马,我们还吃什么?

丛林又是一片哀声。

因为饱餐了一顿马肉,官兵们腿脚有劲,次日的行军速度明显加快。躺在担架上的杜聿明,心中略为宽慰。

可是,没走出多远,前面又传来坏消息。

进山十多天来,一直给部队当向导的当地土人,今天竟然迷失了方向,找不到他前年穿越丛林时留下的标记。老天哪!方圆数百里的大丛林,要是在里面转圈子,这辈子就走不出去啦。

方向不明,部队不敢前进,顿时军心动荡。有人听到这消息,心中害怕,悄悄离开队伍,从原路往回跑。

当此军心不稳、人人惊慌的时候,少数官兵开小差的暗流,要不坚决制止,可能演成瓦解全军的洪波浊浪。再说,在偌大森林,又无粮食,往后走更是死路一条。唯一的办法是全军团结一致,抱成一团,齐心协力往前闯,方能闯出一条生路。

杜聿明想到,统兵万众,攻城略地,当个得胜将军固然不易,而一旦损兵折将,溃退千里,当个蒙败将军尤其艰难。

败将难当!

如何整顿这支残破的队伍,收拾动荡的军心?大败之际,比任何时候更需要坚强的信念和铁的手腕。

杜聿明扶病料理一切。他一面命令特务营立即派兵追寻逃跑的官兵;

一面叫来向导，好生安慰，叫他不要着慌，慢慢回忆，仔细寻找，相信一定可以找到指路的标记。

第二天中午，特务营长李公瑜押着被抓回的五名逃兵来见杜聿明。

杜副司令官支撑着虚弱的身子，从担架上坐起，看了一眼跪在跟前的官兵，问道：

"贪生怕死，临危逃跑，知罪吗？"

"知罪。"逃兵们磕头如捣蒜。

"都叫什么名字？哪里人？家中还有什么亲人？"

五名官兵泪流满面，一一禀报。

杜聿明笔尖抖索，详细记录。

之后，杜长官说："各人家中老少，本官会妥善照顾，放心去吧！"

五名官兵一齐放声大哭。

一刻钟后，丛林里响起五声枪声。声音低沉、凄婉，长时间在林中回荡。

杜聿明躺在担架上，由卫兵抬着前进。雨水从他的身上、担架上往下滴答。他已经清醒多了。可是，越是头脑清醒，他越是感到内心痛苦。远望白茫茫的丛林，耳听乱糟糟的雨声，那冰凉冰凉的雨点抽打着脸面，犹如万箭穿心，他不断在心中责问自己：

如何落到这步田地？

第 96 师辗转高黎贡山，回国之时只剩 3000 残兵

第 96 师师长余韶自 5 月 13 日得到杜聿明下达的"自行回国"的命令后，果断行动。

据余韶师长后来回忆，部队出发前，他找来当地一位华侨，请教回国的路径，得知孟拱以西有道路通向孙布拉蚌，后向东行，过江心坡，翻越高黎贡山，经片马、拖角，可以回国。余韶大喜，遂部署部队尽速行动。

15 日，余韶师长亲自率领第 286 团、第 288 团从孟拱出发，向孙布

拉蚌前进。同时，派副师长胡义宾率第287团担任后卫，掩护主力部队。官兵带足干粮，焚毁了大部分辎重，只抬着出国前新装备的几门大炮行军。沿途全是密林，"密得连狗都钻不进"。

19日，林中下起了大雨，山洪暴发，冲毁桥梁，无法过河。幸林中多有参天巨木，官兵在岸边砍倒两棵大树，倒向对岸，做成两座独木桥，部队勉强过了河。官兵在林中跋涉，吃尽苦头。特别是抬炮的士兵异常辛苦，林中道路崎岖，炮身又重，人少了抬不动，人多了无路走。一路上，因抬炮压伤累倒了100多士兵，累死了30多人。士兵们不住地埋怨，"这大炮打仗时没见开过一炮，现在却来祸害我们"。

24日，部队总算到达孙布拉蚌。

孙布拉蚌是位于本柏山下的一个集镇，有两千余户人家，除了当地山头人，也有不少华侨，还有英国人。镇上有一座天主教堂。部队到达时，英国人已经全部撤往印度。余韶师长在教堂里找到两个留下的女传教士，她们都是美国人。在这荒山僻壤，竟有来自美洲的女传教士传播福音，这已经很稀罕。兵荒马乱，连英国官员都跑了，美国女传教士却留了下来，更加令人尊敬。余韶诚恳地向美国女传教士打听去江心坡的道路。热情善良的女传教士说，此去江心坡，要经过四合地，那里山高岭峻，无路可行。山里的山头人很野蛮。英国人过去曾想打通这条路，一直不敢去。余韶归国心切，说，英国人打不通，我们可以打通。女传教士答，没有人肯带路。余韶说，可以给很多钱。女传教士答，给他一个世界，也无人敢去。余韶无奈，只好请女传教士帮助另想办法。第二天，一位女传教士来见，她对余韶说，从孙布拉蚌向北有路可通葡萄，90里地，道路平坦。葡萄是个产粮区，从葡萄有两条路通向中国，常有华侨来往。

余韶一听，十分高兴，谢过美国女传教士，回来后遂向杜聿明报告此间道路情形。杜聿明复电，同意第96师部队从葡萄回国。

部队在孙布拉蚌休整数日，29日向葡萄开拔。行军6天，于6月5日到达葡萄。这一路，仅因为抬炮，又累死了数十名官兵。

葡萄位于缅甸最北部，与中国藏南的察隅毗邻。这里是群山环抱的一个小平原，到处是稻田，有居民数千人，还有英国人建的机场。在葡萄,部队得到当地头人和民众的支持,补充了给养。部队在此通过电台与重庆取得了联系。重庆方面及时派来飞机空投物资,并指示回国路线。

此期间,胡义宾副师长率领第287团,为师主力殿后。他们受到日军追击,在林中迂回,行进受阻。7月上旬,第287团在麦通与日军发生遭遇战,战斗十分激烈。胡副师长率尖兵连与敌搏斗,身中数弹,壮烈殉国。

胡义宾烈士,字履冰,1906年出生,江西省兴国县人。黄埔军校第三期毕业。他身材魁梧,臂力过人,努力学习,刻苦训练,很受校方赏识。毕业后,参加北伐战争。抗日战争时期,在鄂北、豫南与日军的战斗中,胡义宾身先士卒,奋勇作战,曾负伤两次。1940年春被提升为第96师少将副师长。1942年参加缅甸作战。在平满纳会战中,亲临前线指挥作战,鼓励士兵奋勇杀敌,报效祖国。后在部队撤退途中,胡义宾率领第287团为全师担任掩护任务不幸殉国。

第96师主力部队在葡萄休整后,7月上旬奉命回国。途中翻越高黎贡山,在山中辗转近一个月,损失惨重。大炮也因为实在抬不动了,只好埋在山里。直到8月上旬,第96师第286、288团才陆续渡过怒江,回到国内。

不久,第287团也回到国内与师主力会合。归国时,第287团官兵只剩五六百人,且全都精疲力竭,衣衫褴褛,枪械不全。有一位士兵回到国内,因一时兴奋,站在山上引吭高歌,刚唱了一句,竟猝然气绝身亡。

据统计,第96师部队出国参战时官兵总数为9863人,战斗中减员4081人,战场失踪453人,撤退回国途中因伤病、饥饿和抬炮死亡2000余人,回国时全师仅存3000余人。

第七章　缅北茅邦传来噩耗

缅甸战败，惩办找不到人，奖励想起了第200师

5月上旬的一天。重庆天空乌云密布，山雨欲来。黄山官邸云岫楼的阳台上，可见远处长江波浪翻滚。蒋介石在观看江面景色。何应钦站在他的身后。

蒋介石踱了几步，转过身，杀气腾腾地说："战时军律颁布后，杀了一些人，很有必要。缅甸作战失败，我也要借几个人头。"

何应钦："据军委会滇缅参谋团报告，战场上已经处决了几位临阵逃脱的营连级军官。"

蒋介石："我是说要拿一两个高级将领开刀。慈不掌兵，不能手软。"

何应钦："是的。军法部正在专案处理此事，也提出了几个准备惩处的对象。可是……"

蒋介石："都有谁？"

何应钦："有人提出惩处暂55师师长陈勉吾。他对东线毛奇、罗衣考失守负有责任。"

蒋介石："那就拿他开刀。"

何应钦："可是陈勉吾大喊冤屈。"

蒋介石："他有冤屈？"

何应钦："陈勉吾上书军法部称，第6军3个师，在缅甸真正打过仗的只有暂55师。苦战多日，死伤过半。他本人被日军炮弹击伤。他是被打垮的。要惩办，先得惩办站着看的，不战而退的。"

蒋介石不言语。

何应钦："史迪威曾提出惩办第6军军长甘丽初，可是甘丽初不服，控告长官部指挥失当，应为东线失守负责。宋希濂提出，第66军丧失了腊戍、畹町、龙陵、芒市广大地区，应惩办军长。张轸申辩，远征军多头指挥，一会儿是长官部，一会儿是史迪威，一会儿是参谋团，把部署搞乱了……"

蒋介石："仗是他们打败的，可都没有责任。到底谁来负责？"

何应钦："不少人提出，史迪威将军指挥失当，难辞其咎。"

蒋介石："史迪威是罗斯福总统派来的，纵然有罪，我能惩办他吗？"

何应钦："委座，缅甸战败责任是一定要追究的。可是此事牵扯面广，不如先处理战场善后，惩办责任军官之事，容后处理。"

蒋介石："打了败仗，都不负责。难道要我负责？"

何应钦："委座……"

蒋介石："哼，此事不能就此罢了，你要亲自督办！你说一说缅甸战况吧。"

何应钦："委座，接林蔚报告，自5月1日下达总撤退令后，各部队分路向国境地区转进，进展尚可。第66军之新28、29两师，已撤回怒江东岸地区固守。景东方向，第6军已撤过萨尔温江。第5军廖师、余师，第66军孙师等，目前均与敌军脱离接触。唯有第200师目前尚在腊戍西南地区，正向国境地区靠近。"

蒋介石看了一下地图，对何应钦说："敬之，缅甸之战，虽是败了，可是得把部队给我撤回来。第200师目前位置滞后，我不放心。你电告林蔚，要特别注意与戴师长保持联系，接应他们。第200师进攻在前，撤退在后，要奖励他们。惩办找不到人，奖励总可以吧。"

何应钦："是，军政部马上颁布嘉奖令。"

在重庆，蒋介石十分关注第200师进展情况，并指名要予以嘉奖。但在缅甸战场，第200师正处在极其危险的环境中。

在4月下旬至5月上旬，缅甸战局急转直下，风声鹤唳。此期间，第200师部队远离军部，在曼德勒以东以北地区孤军奋战。

4月24日，第200师打下棠吉，正准备坚守阵地，像一个月前在同古一样，打一个漂亮的阻击战，挡住日军的攻势，为远征军主力部队组

织曼德勒会战创造条件。

可是,日本人又出险招。他们放弃棠吉,调头向东,直接进攻雷列姆。日军不在棠吉与中国军队纠缠,一是侦知在棠吉与他们作战的是第200师,该师在同古作战表现出来的顽强战力,令日军心惊,认为如在棠吉与第200师争夺,胜负难料;二是日军的作战目标是迅速占领腊戍,切断中国军队归路,日军不想在棠吉耗费时间。

日军绕过棠吉向北进攻,我军固守棠吉已经无益,远征军长官部遂命第200师放弃棠吉,尾随日军争夺雷列姆。第200师于是成为一支追兵。因棠吉至雷列姆道路遭日军破坏,25日,戴安澜率部离开棠吉,转道曼德勒,再奔雷列姆。部队昼夜兼程,29日到达雷列姆附近的雷伊文。次日,部队正准备向雷列姆发起攻击,前方传来败报,日本人已经拿下了腊戍。

日军的进攻速度实在太快,第200师往返奔波,徒劳无功。

此时,中国远征军全线崩溃。第5军、第6军、第66军三个军已经被日军隔开,彼此不能照应。杜聿明领着第5军两个师及新38师向缅北撤退,第6军正向缅甸东部掸邦高原败走,第66军之新28、新29师残部已退向滇西境内。而第200师却被阻击在雷列姆以南、日军的后方。

第200师的去向和安危,成了统帅部关注的焦点。蒋介石对此极其忧心,接连下达指令。4月28日,蒋介石致电军令部次长、滇缅参谋团团长林蔚:

林次长:戴部现到何地,应时时注意,切实联系,总使戴刘("刘"指刘伯龙新28师)两部行动时间与地点能适合勿差,此乃兄之唯一要务。此两部联合方面,除空军掷通信袋与无线电通信以外,在其两部中间之山地,如能约地派员联络更好。望适合运用。中正

发了这封电报,蒋介石仍然不放心,同一日又致电杜聿明:

杜副长官:戴部现到何地,须每日电告,并嘱其与林次长时时通电切实联络,俾与张军(张轸之第66军)夹击敌军,不失机宜也。中正

在战局告急、全线震荡的时刻,蒋介石"一日两电",单独对戴安澜部队的联络与接应做出详细安排,可见其对戴安澜部的倚重、关注与忧

虑非同一般。

戴安澜用良心打仗，毅然冒险北进

全军开始总撤退后，第200师的境况更加恶化。此时关于第200师撤退路线，上级指挥官有两种不同意见。

杜军长看到第200师远离军部，孤军作战，单打独斗，如在狼群，十分危险，4月30日，他下令第200师速向曼德勒地区靠拢，与军主力会合。

而军委会滇缅参谋团认为，第200师已远离第5军主力，位置滞后，而该师与第6军距离较近，敌军兵力比较薄弱，因而提出第200师改道东进，渡萨尔温江，与第6军会合。

部队何去何从？成了一个紧迫问题摆在师长戴安澜的面前。

这天夜里，第200师宿营地。一片帐篷。哨兵在巡逻。

师指挥所帐篷内。烛光。蚊虫飞舞。

昏黄的烛光照着戴安澜疲惫的脸。师长胡子拉碴，消瘦，憔悴，但双眼依然有神。他在注视着手里那张褶皱的地图。

副师长高吉人拿着几个罐头走到师长身旁，说："师座吃点东西吧。"

师长"嗯"了一声。

高吉人打开罐头，递给戴安澜。

师步兵指挥官郑庭笈走进来，说："师长、副师长，部队都安顿好了。"

戴安澜："加强警戒，不可大意。"

郑庭笈："是，都布置下去了。"

郑庭笈解下手枪放在桌子上，坐下。高吉人递给他一盒罐头。

郑庭笈打开罐头，吃了一口："师长，听村里百姓说，两天前，日本人从这里开过。他妈的，鬼子简直是山上的蚂蚱，到处都是。"

高吉人："别人都撤走，鬼子就围上我们了。也不知军主力到了什么地方？"

戴安澜:"军座已3天没来电报了。"

郑庭笈:"都走了,就把我们落下,这仗打得,窝火,憋气。"

戴安澜:"就当我们为全军殿后吧。"

另一座帐篷内,电台兵接收电报。

译电员走进师部帐篷:"报告师座,参谋团急电。"

递上一封电报。

郑庭笈:"参谋团?成事不足,败事有余。"

戴安澜接过电报,打开。电文如下:

着第200师随第6军向景东转进,归甘军长指挥。

高吉人打开地图,在图上标示路线,说:"景东?在这。目前我师在曼卡特。向东,过达高、孟宾,到景东,从景东回车里。嗯,这倒是一条近道。"

郑庭笈将罐头盒放下,嚷了起来:"不行,不行。叫我们随第6军撤退,归甘丽初指挥,给他殿后擦屁股。他是什么东西?"

戴安澜站了起来,沉默不语。二位军官见师长不语,便也不再言语。

师长踱了几步,说:"两条路,一条按军长的命令,继续往北,向军部靠拢、归建;一条向东,向第6军靠拢。我们怎么办?"

戴安澜以信任的目光望着二位幕僚。

高吉人:"师座问我,我就敞开说。"他指着地图陈述:"从本师目前的位置看,向北撤退,风险很大。北去,要渡过两条河流,穿过三条公路。沿途有日军堵截,我军孤军转进,非常危险。而从东路撤退,路途短,敌军兵力薄弱,比较安全。"

戴安澜:"郑指挥官的意见呢?"

郑庭笈:"副师长的分折固然有道理,向东撤退比较安全。我是想,第200师是第5军的老部队,我们跟上甘丽初,撤回车里,甘丽初要是顺手牵羊把我们吃了,不吐出来,我们师不就过继给第6军,成了他甘丽初的干儿子了?甘丽初在缅甸把他的暂55师打没了,却把我们抱养过去,这像什么话?"

高吉人涨红着脸:"郑指挥官,话不是这么说的!"

郑庭笈倒笑了起来:"我是个粗人,话糙,嘴臭,但理不歪。"

戴安澜："你们两个，一哼一哈。"

高吉人："师座，你拿主意，我们听你的。"

郑庭笈："你说怎么办就怎么办！师长。"

戴安澜将地图合上，平静地说："我等都是多年袍泽，肝胆相照，你们刚才说的都有道理。我是这样想，既要考虑到本师，还要考虑到全军。以眼下战局观之，全军都处在危险中。特别是中路，特别是第 5 军。杜军长领着军部和廖师、余师向北撤退，他们是敌军主要打击目标。5 天前，军座来电，命令我师向北撤退，与军部靠拢，是要挽救全军。我想，本师是第 5 军主力，军长正在危难之中，更要兵合一股，将打一处，突出重围。我们不能撇下长官，只顾自己逃生。第 200 师，杜长官是第一任师长。他一手带出这支队伍，又亲手交给我。危难之际，我把队伍拉走了，于情于理都说不通。"

高吉人："师座，别说了，照你的主意办。"

郑庭笈："北进，刀山火海，豁出去了！"

二位幕僚态度坚决，戴安澜心中欣慰。三人走出帐篷。帐篷外，夜色正浓。夜空，北斗星闪闪发亮，十分耀眼，戴安澜指着北斗星说："北斗星多亮啊！"

郑庭笈："它在给我们指路呢。"

戴安澜："说得对，认准它，北进，打回去！"

高吉人："师长放心，我们就跟上你。"

戴安澜："你们也休息吧，明晨 5 时出发。"

二位幕僚离去。

戴安澜拒绝了林蔚的命令，决定带领部队北进。将军是人，不是机器。除了照着命令、看着地图行事外，有时也靠感情，靠良心打仗！

北进，纵然是刀山火海也要北进！戴安澜铁了心。

与友军失去联系，第 200 师孤军夜过南渡河

第 200 师曾经是最先进入缅甸战场的先锋部队，现在又成了最后一支

撤退的部队。戴安澜领着官兵,在敌军的后方,寻找道路,蹈瑕钻隙,潜行秘进。

简易公路上布满弹坑和水坑。被炸死的马匹和水牛,肚子胀得鼓鼓的。

第200师官兵脚穿草鞋,头戴斗笠,次序撤退。

行列中,士兵们在议论。

"打死也不当步兵!腿都跑肿了。"

"班长,瞧,你的鞋都成什么样了?"

班长抬起脚,草鞋露了底。他说:"这鞋跑了多少路哟?"

一个兵抬脚:"你瞧,我这脚肿得比鞋大。"

"真是的。打从撤出同古,天天撤退,没停过。"

"可怜我们第200师。"

炮车拉着火炮,匆匆开过。炮兵坐在车上,对步兵说:"步兵兄弟,辛苦了!"

一位炮兵大哥从车上扔下一只水壶:"喝水吧。"

一个步兵接过水壶,说:"好人啊!"

兵喝了一口水,又把水壶递给别人。兵们一人喝一口。喝过水,兵们更活跃了。

"听说了没有,别的部队全都走光了,就我们落在最后。"

"他们也不等我们?"

"谁管谁呀!"

"军长也不管我们?"

"军长?怕他自己也顾不上自己了。"

"嗨,谁都欺负我们师长。"

"当师长难呀,上头有军长,有总司令,还有那个洋人,叫什么来着?"

"史迪威。"

"对,那个死老头。死老头上面还有一老头——委员长,都得听。难哪!"

"赶路吧。少废话!"

突然，两架日军飞机低空飞过。

队伍散开。士兵们有的就地趴下，有的躲到树下。车辆急忙驶离路面，疏散隐蔽。

日军飞机沿着路面扫射，炸弹爆炸。几匹骡马受了惊吓，在路上乱跑，被敌机炸死。

士兵用机枪向敌机射击。

敌机飞离。

官兵们爬起，抖落灰土，继续前进。

这天，部队来到南渡河。白天部队看地形，扎竹筏，准备渡河器材。夜里，全师官兵埋伏在河岸，伺机渡河。

四周极黑，极静。没有月亮，没有星星，没有风声，没有雨声。缅北丛林的夜间常常是这样的。

可是今夜还是有点异样。乌鸦在树梢"呱呱"乱叫，蚊蚋"嗡嗡哼哼"，叫得特别欢，而喜欢在夜间发出动听的鸣叫、寻求配偶的林蛙却又默不作声，萤火虫来回飞蹿，好像打着火把，探寻林中的秘密。

鸟虫的知觉是准确的。是不一样，黑暗中这座山林已埋藏了一支满是汗臭、馊味的军队。

第200师师长戴安澜这时躺在一片乱石上。他的旁边倚着石头坐着的是师步兵指挥官郑庭笈。远一点儿是他的卫兵，再远点儿，附近山头蛰伏着的，全是他的部下。

出国作战的时候，第200师齐装满员，共有12000余人。经过2个多月的艰苦征战，浴血苦斗，已经有4000多弟兄躺倒在缅甸战场。现在，剩下的数千人，全都集拢在师长四周。

黑暗中，戴安澜和郑庭笈在慢慢地啃着手里的苞米。这是军需官费了千辛万苦，悄悄地溜到百姓家里，买来的。在缅甸打仗的头两个月倒是不错。军需不用我们自己办理，一切供应都由英军包办。不管打到哪里，只要给英军联络官开张清单，英国人就开着汽车把食品送来。

现在可好，打了败仗，英国人先跑了，把中国军队撂在后边，没人管饭。撤退这半个月，全靠手中的一点缅币，沿路向当地人求购粮食，和叫花子差不多。

军需粮秣现在还不过分叫戴安澜操心,军需处还有些钱,最叫他心神不定的是,部队预定明晨渡过南渡河。这是一只拦路虎。河宽1000多米,既无桥,也无船。白天,戴安澜命令全师隐蔽山中,编扎竹筏。现在一切齐备,只等凌晨渡河。

按说有了竹筏,一条南渡河也不在话下。可是,眼下孤军奋战,英军已跑得无影无踪,友邻中国部队情况不明。

友军在哪?敌军在哪?一概茫然。明晨就要渡河,天晓得我军计划是否暴露?

沿途缅奸不断捣乱,万一走漏风声,日军或者在对岸伏击,或者派炮艇在河中拦截,我军危矣!

戴安澜左思右想,心烦意乱。

"呱、呱、呱……"

这时,一群乌鸦在头顶盘旋,发出阵阵凄惨的哀鸣。

天下乌鸦一样的令人讨厌。而今晚,在异国的荒郊僻岭,深山老林之中,这叫声尤其阴森、恐怖、瘆人,报丧似的。

戴安澜心事重重,翻了个身,坐起来骂道:"唉,今晚老鸹号个什么呢?"

郑庭笈知师长感物伤怀,便好言排解道:

"人有人言,兽有兽语。老鸹与我们何干?"

"可这讨厌的东西,干吗老在我们头顶转?从撤出同古就老跟着我们,烦人!"

"师长,缅甸这地方乌鸦多嘛。大家都讨厌乌鸦,其实那黑家伙是孝鸟,不是有乌鸦反哺的老话吗?说不定乌鸦在骂我们搅了它的窝呢!"

"唉"。戴安澜叹了一声,便沉默不语。

"呱、呱、呱……"

林中的乌鸦仍在不停地鸣叫,声声凄厉,令人胆寒。

夜色下,南渡河泛着波光,静静流淌。

一只夜光表在"滴答滴答"地走着。

午夜时分。对岸有手电筒光闪了三下。

高吉人看到闪光,走了过来:"师长,是侦察连的信号,可以渡河。"

戴安澜："行动吧！"

黑暗中，郑庭笈领着官兵扛起竹筏，推下河中。官兵登上筏子。十几个筏子向北岸划去。河面发出"哗哗"的划水声。

郑庭笈和第一批官兵渡过河面。

筏子回到南岸。第二批官兵登了筏子，继续渡河。士兵们划动几只载着火炮的竹筏，竹筏慢慢向前行进，有的士兵跳入水中，推着竹筏往前走。

戴安澜和高吉人也登上竹筏，顺利渡过河面。

戴安澜登上北岸，郑庭笈在岸边迎接师长："师长，队伍都过来了。"

戴安澜看到全师官兵安全过河，心中十分欣慰："好，很好！"

天色放亮，河面的景象清晰了起来。一群乌鸦从河面飞过，发出"呱呱"的叫声。

郑庭笈指着乌鸦，说："师长，它们在送我们呢。"

戴安澜想起，昨晚伏在山林，于心烦意乱之际，曾不断诅咒那些老鸹，便对郑庭笈嘿嘿一笑：

"看来，是冤枉黑家伙了。"

二人相对一笑。

渡过南渡河后，部队进入密林。官兵们在阴暗闷热的林中艰难前进，没有给养，没有道路，也没有向导。有时在林中钻了一天，结果发现又回到原处。为了安全，戴安澜吩咐部队：每穿过一道河川和公路，白天先派侦察分队，化装成缅民，侦察敌情，占领有利地形，掩护部队夜间通过。每一路口，由各连互派联络员，传递信号，指导行动，防止迷路。

密林之中，全师官兵或者昼伏夜行，或者夜伏昼行，左右呼应，首尾衔接，跳跃前进。

突遭日军伏击，收拢残部，却不见师长

不久，戴安澜得到消息，日军沿滇缅公路北进，已突破中缅边境，连陷畹町、瑞丽、芒市，进至怒江。滇西大片国土，已沦敌手。第56师

团快速纵队又抢占了八莫、密支那，杜聿明军长率部开始进入了缅北野人山地区。

此时，第200师不仅无法与军部会合，而且自己身陷敌军重围之中。

日军电台在不断广播："要奠定东亚和平，非消灭第5军，尤其是第200师不可。"

日本飞机往密林中散发传单，上面画着一只老虎，后头是拿枪的猎人，前头张开一面大网，旁边写着："第200师跑不了。"

日本人可不是拿空话吓唬人。

一个多月前，让第200师从铁壁合围的同古逃脱，渡边正夫中将认为，这是他的第56师团的耻辱，是缅甸作战的一个遗憾。他发誓要重新捕捉这支华军，彻底歼灭。渡边盘算，第200师是机械化部队，在平原地区固守或运动作战是他们的长处，一旦进入丛林，就寸步难行。而他的第56师团，是丛林作战老手，曾在马来西亚和新加坡打败过英军。在林中捉迷藏，第200师绝不是他的对手！渡边在莽林中布下一道道封锁线，撒下一层层包围网，要把第200师拖垮，拽倒，吃掉。

这里是滇缅公路腊戍西南侧细包至摩谷路段。

路面布满弹坑，遗弃着车辆，卡车的车厢上刷着"中缅运输局"字样。被炸翻的卡车旁散落着木箱、纸箱、食品、布匹等。路边有腐臭的人畜死尸。乌鸦在尸堆里跳上跳下。野狗警觉地嗅来嗅去。

日军巡逻队的装甲车从远处开来。惊飞了路面上的乌鸦，吓跑了野狗。

巡逻队停车。第56师团搜索联队长平井卯辅大佐下车，察看地形。他来到一座路碑前，查看碑名，上面有"细包—摩谷"字样。

不一会儿，几辆吉普车开了过来。停车。第56师团长渡边正夫下车。

平井卯辅大佐跑步上前，"叭"地一个立正，向师团长敬礼。

渡边正夫还礼后，迈着"八字步"，来到一辆歪在桥旁，刷有"中缅运输局"字样的货车前，得意洋洋地说："滇缅路终于落到我们手中！"

平井卯辅："是的。长官。"

渡边正夫："可是，中国军队没有肃清，他们像兔子一样藏在树林里面。要把他们找到，消灭掉。平井君，第200师去向，是否侦察清楚？"

平井卯辅："报告长官，根据侦察，两天前，该敌渡过南渡河，正向这一带靠近。该敌有穿越滇缅公路回国之企图。"

渡边正夫："第200师是王牌，昆仑关、同古、棠吉，让我们吃了不少苦头。要捉住他们。"

平井卯辅："跑不了。"

渡边正夫："平井君，不要轻敌。在同古，你们曾攻入他们的指挥所，可还是让他们跑了。"

平井卯辅的脸涨得通红。

渡边正夫阴险地说："巧妙布置，周密安排，布下封锁线，撒下包围网，一网打尽。明白？"

平井卯辅："明白。"

5月18日黄昏，第200师官兵隐蔽运动至腊戌西南侧的郎科地区。前头不远处就是滇缅公路细包至摩谷路段。

戴安澜坐在一片低矮的灌木丛中，掏出那张皱皱巴巴的地图，在膝盖上展开，他借着西方的晚霞，在仔细看地图。郑庭笈也凑了过来。

从地图上看，郎科离国境线只有半截手指长，实地是一百五六十里距离。回国的路程十分已经走完九分。郎科正对着中缅边境的南坎。国境线走到这里，突然向缅甸方向突出，呈"U"字形，南坎便是"U"字的底部。这个"U"字，现在在戴安澜眼里，如母亲向他伸出的手臂。只要再朝前迈上一步，就可以牢牢抓住这只温暖的大手，重新投回祖国的怀抱！

"再有三五天，我们就到家了！"

戴安澜无比兴奋，继而，又深深地叹了一声："唉……"

一声叹息，个中几多酸甜苦辣。

想到出国远征，抛妻儿，别亲人，出国门，走异邦，征战沙场，刀光血影。而今，眼看即将踏进家门，谁能无动于衷？

再想到，缅甸败退后，入密林，走荒郊，衣不御寒，食不果腹，行荆棘丛中，睡草莽之内，后有追兵，前有罗网，身临绝境，危在旦夕。现在，眼看就要脱离险境，扑进祖国怀抱，谁不大喜过望？

可是转念再想，我远征大军，旌旗蔽日，刀枪如林，抱必胜信心，立钢铁誓言，保卫滇缅路，弘扬中华魂，可结果，丢盔弃甲，大败而回，丧师辱国，丢尽中国人的脸。踏上国门之时，直觉得惭愧满面，无地自容。

"醉卧沙场君莫笑，古来征战几人回？"我真该轰轰烈烈地战死在缅甸，不该这么窝窝囊囊败归。

戴安澜乍喜乍悲，百感交集。

师长神情忧郁，郑庭笈心里也不好受，本想劝慰几句，但搜肠刮肚找不到词儿，只重复了两句老话：

"留得青山在，不愁没柴烧。"

戴安澜看看身前身后的数千残兵，立时感到责任巨大。

当务之急是把官兵们带回国内，个人荣辱毁誉，不足为念！

继续前进！戴安澜挺起胸膛，甩开大步，走到队伍前头。

越是接近国境，越是不敢大意。官兵们又是兴奋，又是不安，高抬脚，轻落地，蔫不吱声朝前迈。林中有一条小路，那是往返于云南与缅甸之间的马帮踩出来的。马帮大多是走私贩运，他们行走的路线都很隐蔽，连当地人也难以发现。

路很难走，曲里拐弯，磕磕绊绊，不时能踩到一堆堆膻臭的马粪。这是唯一可靠的路标。每踩到一脚"卟卟唧唧"的马粪，给人的感觉是踏实，而不是落空；是希望，而不是懊丧。

队伍小心翼翼地在密林中前进。森林的夜色真美呀！

满弦的月亮挂在树梢，银光泻满大地。千枝万叶在明月照射下，映出点点幽光。森林好像披上一件镶满珍珠宝石的睡袍，来自印度洋的晚风轻轻吹拂，夜雾在林中缥缥缈缈，<u>丝丝缕缕</u>。那些不知名的野花在黑暗中散发出阵阵清香。叶瓣草尖不知什么时候已经挂上露珠，碰在脸上，给你一丝清凉，一丝甜润。满山遍野，虫鸣鸟噪，还有那高亢的蛙声，抑扬顿挫，悦耳动听。

可是，不要被森林的夜色迷住了！

你知道，月光笼罩之下，这里是怎样的世界？森林之夜并不宁静，并不和谐。号称林中之王的老虎最喜欢在夜间行动，大象、野猪也是走夜路的。黑狼、印度豹、马来熊，这些凶残的食肉类猛兽，很多都是白天养精蓄锐，夜间彼此争斗的。猫头鹰、蝙蝠这类货色，白天睡大觉，专在夜间捕食，连那讨厌的蚊蚋也是夜间比白天更猖狂。

森林的夜间在那月色朦胧之下，在那万籁俱寂中，处处藏着杀机啊！这里通行的是优胜劣汰、弱肉强食的铁的法则。这种搏斗比白天更残酷、更无情。

你听，山那边一群野狼发出为饥饿所折磨的阵阵号叫；山这边，立即回响马来熊更加饥渴的呼啸。那阵阵悠扬甜畅的松涛声中，谁敢肯定，其中没有掩藏着饿虎扑食的脚步声？身边，蚊蚋在不停地嗡嗡叫，你以为是美妙的音乐吗？不是，每一声鸣叫都伴随着一次进攻！

森林的夜晚如同一丛盛开的罂粟花，美得让人发怵；动物世界的大合唱像一支震耳的夜曲，甜润得叫人胆寒。

第200师的官兵们提心吊胆，百倍警惕，衔枚疾走。因怕弄出响声，有经验的老兵给水壶和铁锹缝了布套；烟瘾大的士兵，只能把烟丝揉碎，放在嘴里嚼；为了防止掉队，老道的连长，拉起一根长藤，全连官兵一个挨一个，牵着往前走。

不久，来到公路。眼下，横在面前的细包至摩谷公路，是归国途中要穿越的最后一条公路。只要今晚顺利通过细摩公路，明晚绕过包德温矿区，再有两三天路程，国境线就在脚下了。

但绝不能莽撞，此地离敌人占据的腊戍不过几十公里。

细摩公路静静地横在眼前。沥青路面在月光照射下，油光闪闪。公路顺着山势向前延伸，直到消失在山脊的暗处。

戴安澜这时潜伏在路南的高地，正瞪大眼睛，注视着公路上的动静。

因为是机械化部队的主官，戴安澜对公路的感情，与对战车、火炮的感情一样深。特别是英国人修建的这条细摩公路，路面又宽又平，全都铺上沥青。2月间出征的时候，第200师的庞大车队，就是从这条公路隆隆开过来的。

那是多么威风啊！

现在不一样了，他的战车没有了，汽车也丢了，公路再不属于他。他和他的队伍，只能像兔子一样，躲在路边，在暗中窥测动静，伺机一

跃而过。戴安澜再次尝到失败的痛楚。

公路上没有过往车辆，连个人影也没有，一切平静。然而，横卧在跟前的是一条沉睡中的蟒蛇，可别把它弄醒了。

夜里11时，"哇，哇……"前面传来几声青蛙的鸣叫，这是尖兵发出的"可以通过"的暗号。

一群黑影随即跃上公路。刹那间，又窜进路北的丛林里。师前卫部队第600团迅速穿过公路。

接着，戴安澜随第599团部队也踏上了公路。师长没有立刻离去的意思，他那犀利的目光在黑暗中搜索着，好像在寻找2个多月前战车从这里隆隆开过的痕迹。他发现路边立着一个里程碑，立刻奔了过去，借着月光，同时也靠着手的触觉，他读出了石碑上刻着的几排英文字母：

Isipaw-Mogok
20KM

（细包至摩谷20公里）

这么说，部队行进的方向完全正确。根据这块里程碑，戴安澜已经可以确定部队现在所处的位置，并且精确计算出回国的路程。此地离国境线不超过120里，正北就是南坎，就是祖国伸过来的大手。师长很兴奋，一抬头，望见北斗星在朝他眨眼，好像也在说：

是，没错，大胆走吧！

他转身跟上队伍，离开公路，"噌噌"几下，窜进丛林。

就在这一刹那，黑暗的丛林绽开了朵朵火花。随着一阵猝然而起的爆响，戴安澜看见他的士兵在火光中疯狂地手舞足蹈，然后像被伐倒的大树，东歪西斜。

这一幕，就像一张曝了光的底片，永远留在他的脑海里。

遭伏击了。

一个最简单的念头闪电一样在戴安澜脑里闪过。他的第一个反应是原地卧倒，然后，伸手拔腰间的勃朗宁手枪。

面临突然事变，作为一个指挥官，首先是判断，之后，才是行动。

趴在草丛里，戴安澜支起耳朵。日军枪声来自东北高地的一片密林，从火力强度判断，敌人有二至三个大队的兵力。看来，敌人没有足够的兵力对我形成包围。我众敌寡，最不宜与其混战。必须把部队从敌人的射界内脱离出来，然后侧翼迂回，对敌人展开反包围。

师长叫来作战参谋，让他通知正在与敌混战的第599团迅速向西侧的洼地撤退。可是，部队在行进间遇敌突袭，队伍散乱，指挥瘫痪。团长柳树人下落不明。而在慌乱中，我军官兵四面开火，盲目射击，正好暴露自己，招来敌人更猛烈的火力。火光中，我军官兵纷纷倒地，戴安澜再也按捺不住，腾地从草丛中跃起，举着勃朗宁，边跑边喊：

"弟兄们，往西撤退，快！"

混战中的官兵，听见师长那熟悉的安徽口音，顿时醒悟过来，调头向西撤退。

戴安澜领着官兵边打边转移，日军的子弹雨点一样追着打来，突然，他感到被什么东西从背后狠狠一击，眼前金花怒放，火蛇乱舞，双脚一软，身子向后仰去。刹那间，他望见头顶那颗北斗星突然暗淡下去。

……

郑庭笈率后续的第598团赶到战场，终于将敌军打退。

设伏的日军因寡不敌众，死的死，活着的借着密林逃之夭夭。日军是一条狡猾的狼，咬你一口，叼上块肉就跑。

天亮以后，枪声停止。

第200师可惨了。

夜间激战过的这片密林，像遭了台风和雷击。树身东倒西歪，伤痕累累；树冠枝残叶缺，稀稀拉拉。灌木和草莽中，横七竖八，躺着一具具尸体。偶尔，能看到树枝上挂着一截枪管，一顶破帽，或者一条炸飞了的大腿，殷红的血水还在往下滴。第599团、第600团各自只剩下一个营。第599团团长柳树人、副团长刘杰阵亡。

残存的队伍在山坡上自动集拢起来，可是不见师长。

师长哪里去了？队伍立即惊慌起来。副师长高吉人、参谋长周之再、步兵指挥官郑庭笈你看我，我看你，一阵恐惧袭上心头。

"找师长去！"高吉人喊了一声。官兵们慌忙钻进那片血淋淋的丛林，

寻找自己的师长。

人们一边呼喊师长,一边在林子里翻腾,掀开炸倒的大树,扒开密密麻麻的灌木丛,还查验了一具具尸体。是参谋长周之再在土坡下的草丛中找到了师长。师长蜷缩着身子,躺在厚厚的枯草上,四周一片鲜血。参谋长扑了上去,发现师长胸部、腹部各中一弹。他俯下头,把耳朵轻轻贴在师长胸脯上,听到游丝一样微弱的搏动。

"师长在这!"

"师长还有救!"

周之再轻轻抱起师长,他仰着头,放开喉咙,对着大山,对着森林,对着全体官兵,大声吼道。

是的,师长应该有救。他有钢铁一样强健的躯体,他的那颗心脏像战车上的发动机一样强劲有力。1939年,在昆仑关战役,他也曾身负重伤,不也挺过来了?况且,在目前危难之际,一支残破的队伍,数千衣衫褴褛、饥肠辘辘的士兵,都在指望着他。

此刻,怎能没有师长呢?

郑庭笈泪流满面,对戴安澜说:"师长,翻过前面那座大山,就到家了。你一定得挺住。"

师长艰难地点点头。

郑庭笈叫来担架,抬着师长急速北撤。

遥望国境,将军倒在异国的土地上

5月下旬,已是缅甸的雨季,终日大雨滂沱。林中遍地沼泽,道路泥泞,行进尤为艰难。部队粮食断绝,一位营长见师长身体十分虚弱,宿营时,设法向当地土人求得一碗粥糜,戴安澜饥渴中,仅喝了一口,看了看左右围着的官兵,伤心地说:

"我怎么忍心一人独吃呢?"

说着,泪水夺眶而出。

部队不仅断粮,更没有药品,连块干净的绷带也没有。连日大雨,加上蚊子叮，蚂蝗咬，好皮好肉都长起了红包。戴安澜身上那两个大伤口，感染、溃烂、化脓，还长了蛆。

戴安澜痛苦不堪。

5月26日，第200师残部行至缅甸北部的茅邦村。此地离国境线不过三四十里，祖国已近在眼前。

可是，枪伤恶化，高烧不退，戴安澜已经心力交瘁，几次昏厥，生命之火就像风前的灯盏，忽闪忽闪，随时可能熄灭。

茅邦村外有一座古寺，戴师长被安顿在寺内歇息。凌晨，他清醒了一小会儿。他询问部队目前的位置，离云南多远？还有几天才能回国？郑庭笈一一作答。师长边听边点头，苍白的脸上露出笑容。他庆幸部队归国有望。

然而，师长对自己的信心越来越不足了。他已经感到自己生时有限，于是吩咐卫士帮助整理衣冠，从担架上将他扶起。

他那失神的双眼，遥望天际，夜幕低垂，穹隆寥寞，月暗星稀，唯有那颗北斗星依稀可辨。戴安澜凝神片刻。事有凑巧，这时一颗陨星划过长空。

日蚀月亏，陨星流石，本来是司空见惯的自然现象。戴安澜戎马一生，叱咤风云，从来不以此类子虚乌有之事为意。可是，此时此刻，此情此景，却勾起他满腔哀凉。望着那颗逝去的流星，他叹了一声：

"生死有命，富贵在天。"

人之将死，其言亦哀。郑庭笈听了师长这句话，心头不禁一阵震颤：这位顶天立地的铮铮铁汉，壮怀激越的武勇将军，什么时候说过这种听天由命、无可奈何的话语？

于今弥留之际，戴安澜引咎自责，他双目圆睁，烦躁不安。缅甸作战，损兵折将，一败涂地，愧对长官，愧对民族，死而有憾哪！

戴安澜那颗曾经像发动机一样强劲的心脏终于熄火。时间是1942年5月26日下午5时40分。享年38岁。

郑庭笈强忍悲痛，派工兵上山砍来一棵坚硬无比，长了百年以上的番龙眼树，打造成一口大棺材，将师长厚殓。棺木前头，放着一束开放着紫白色小花的芸香草。

次日，全师官兵扶棺前进，一路悲声不绝。古人有抬棺决战的壮举，但抬的都是空棺。而今天，这口棺木里躺着曾与他们出生入死、同甘共苦的师长！第200师万名官兵开进缅甸，血战数月，现在连伤带病只剩4000余人，师长还是躺在棺材里回来的。思前想后，能不哀伤？

5月29日，部队退到瑞丽江边。因为天气炎热，又是雨水连绵，师长遗体眼看不保。可是逝者有言，死后一定葬回国内，这可怎么办呢？

兵败异国他乡，生无退还之路，死无葬身之地！

郑庭笈长吁短叹，愁肠寸断，万般无奈，只好将师长遗体连同棺木一起火化。

瑞丽江畔，燃起一堆熊熊大火，火光将江水映照得如同血海一般。滚滚浓烟，冲天而起，那是一个不屈的灵魂在升腾，在奔突。

高山肃立。

林涛哀吟。

江水呜咽。

第200师官兵围着火堆整整守了一夜。

天亮以后，郑庭笈亲手将师长遗骨一一捡出，用红布包裹，装进木匣。他泣不成声，说：

"师长，我没能按你的遗言办理后事，我对不起你呀！"

大颗大颗的泪珠，滚进未烬的余灰中。

6月1日，在重庆，军委会会议厅内。蒋介石亲自主持会议，部署救援中国远征军事宜。何应钦、俞飞鹏、商震等高级将领十多人参加。

蒋介石极为震怒，对在座将领大加训斥："缅甸作战，我投入十万兵力，全是精锐部队，还有那么多的装备。仗打败了，兵也撤不回来？兵撤不回来，我就撤你们！"

将领们面面相觑。

侍从官匆匆走了进来："委座，第200师来电。"

蒋介石接过电报，看了一眼。电文是：

戴师长因伤不治，于缅北茅邦村殉职。

蒋介石仰天长叹："国失干城！国失干城！"

众将军一齐肃立低头。

当日，蒋介石满怀悲痛，致电杜聿明：

杜军长：安澜殉职，无任悲哀。凡接近国境各部，应即严令其就近回国，何必再问行止。弟与军部究在何处，速复。中正

6月2日，第200师幸存官兵终于穿过国境线，回到祖国。一踏上中国的土地，官兵们悲喜交集，难以自持。有人放声欢呼，更多的人失声痛哭。

途经腾冲北侧时，部队买来一口棺木，把师长的骨灰，连同木匣一起放进棺材，重新装殓。副师长高吉人率兵护送灵柩去昆明。

路过安宁县时，灵柩停放在一位老华侨住所。出国前，途经安宁县，戴安澜也曾在这位华侨家里借宿。

现在只见棺木在，不见故人回。这位七十高龄的老人止不住泪水横流，不胜悲戚。他看见将军棺木单薄，于心不忍，说：

"戴将军是国家功臣，为国捐躯，怎能让他躺在这么个局促的地方呢？"

这位耄耋老者献出了为自己百年之后备下的寿木。此棺不仅质地好，而且硕大无朋。高吉人谢过老人后，把装有师长遗骸的那口小棺，装入楠木大棺成殓。于是，戴安澜的灵柩共有三层，开古今殡葬先例。最里层是骨灰匣，中间是小棺，外层是大棺。外棺两壁漆为绛色，两端漆成朱红。灵车两侧即挂着戴安澜四件血衣。庄严肃穆，悲天恸地。

戴安澜的灵车经过昆明、贵阳、桂林，最后运抵广西全州，在第200师发祥地厝葬。灵柩转运每到一地，家家素烛鲜花，人人挥涕执拂。

在重庆，蒋介石献赠挽联，祭奠这员爱将。联曰：

> 虎头食肉负雄姿，看万里长征，与敌周旋欣不悉。
>
> 马革裹尸酬壮志，惜大勋未集，虚予期望痛何如？

在延安，毛泽东也撰写挽诗，遥祭壮士英魂。诗曰：

> 外侮需人御，将军赋采薇。
>
> 师称机械化，勇夺虎罴威。
>
> 浴血东瓜守，驱倭棠吉归。

沙场竟殒命，壮志也无违。

周恩来敬题挽联：

黄埔之英，民族之雄。

朱德和彭德怀合敬挽联：

将略冠军门，日寇几回遭重创

英魂羁缅境，国人无处不哀思

回到祖国的土地，回到亲人的身边，戴安澜将军，你可以安息了！

1983年，美国政府为戴安澜遗属补发的懋绩勋章。

第八章　孙立人率师退入印度

退往印度路上，到处是英军遗弃的战车火炮

5月9日，孙立人脱离了杜聿明的指挥后，按照史迪威的命令，带领着新38师掉头向西，往印度境内英法尔方向撤退。

撤退的前一天晚上，孙立人与副师长齐学启、参谋长何均衡研究退兵之计。孙立人想到，此时，英军装甲第7旅尚在伊洛瓦底江右岸，撤离之前，如果与英军联合行动，主动出击，打击敌人气焰。这样，我们可以从容撤退，敌军不敢穷追。

想法固然很好，但是英国人干不干呢？

参谋长何均衡说："我看英国人没这个勇气。装甲第7旅所以没开走，是因为通向印度的道路堵塞。一旦道路畅通，他们就要和我们'拜拜'了"。

孙立人说："我看未必。英军装甲第7旅过去在非洲和中东是打过一些硬仗的，在缅甸我们解救过他们。和我们联手打一仗，对他们撤退也有好处。"

齐副师长却摇头："英国人靠不住。"

果然，当夜接到英军通报：装甲第7旅开始撤退。

孙立人不甘心，天明后，驱车追赶，好不容易追上了英军，见到了亚力山大将军。这位英军统帅于撤退途中，依然风度翩翩，从容镇定，黑皮鞋，白手套。听完孙立人的陈述后，他不慌不忙地说：

"敝军油料不足，战车能不能开回印度尚成问题，实在无法与贵军配合作战。"

说完,他钻进汽车,一挥手,果真给孙立人留下一句:

"Good-bye.(再见)"

孙立人气得一句话也说不出来。

亚力山大将军指挥大部队撤退果然有方。在缅英军不仅有随时撤退的思想准备和周密的行动计划,而且撤退的道路早就准备好了。英军工兵部队早在3月以前,就修通了一条从曼德勒至印度的应急道路。现在,亚力山大将军领着他的大队人马,迅速从曼德勒以西地区脱离战场,一溜烟消失得无影无踪。

而新38师部队此时尚分散在一百多里长的战线上。其中第113团,在北侧的卡萨地区正与从八莫南下的日军交火,一直在南侧为中英军队担任后卫的第112团,在温藻被日军咬住不放。孙立人决定亲率第114团折回温藻,先解112团之围,后向西渡过钦敦江,脱离日军追击。同时,命令齐学启副师长率第113团继续在卡萨阻击日军,掩护师主力撤退。

5月10日,孙立人率领第114团两个营返回温藻。12日,在温藻火车站与日军接火。围攻第112团的日军荒木部队,苦战三日,精疲力竭。现在,侧后突然杀出一支生力军,荒木部队立即乱了阵脚。日军抵挡不住我军两个团南北夹击,撤围而去,向南溃逃。

孙立人领着第112、第114团,乘隙迅速撤出温藻,沿着公路,向西而去。荒木部队摸不清我军底细,不敢追赶。

通向印度的道路上到处都是被遗弃的枪支、弹药、战车和火炮,正是英军装甲第7旅的装备。想起撤离曼德勒时亚力山大的那个"Good-bye",孙立人心中极为愤慨:和英国人做盟友一起打仗,没有不败的道理!

新38师部队官兵,沿着公路整齐有序地向西开进。

孙立人坐着吉普车从后面驶过来。师参谋长何均衡与他同车。

何均衡:"缅战打成这个样子,心中不甘啊!"

孙立人:"说什么也晚了。现在只剩一个念头,赶在日军合围之前,赶紧将队伍带出去,全师为上。"

何均衡:"是的。只要保全队伍,就有办法。师长,只是去印度的这条路,我们从没走过啊!"

孙立人掏出英军军团长斯利姆送给他的地图，递给何均衡，感慨地说："真没想到，斯利姆给我的这张地图真的用上了。你好好看看路线。"

何均衡接过地图，研究了一番，说："师长，沿着这条公路，翻过明京山脉，渡过钦敦江，不远就到缅印边境，再往前走到达印度英法尔。行程200余公里。"

孙立人："加紧走吧！"

何均衡对司机说："加油。"

司机加大油门，吉普车加快速度，超越行军队列，奔驰而去。

16日，部队到达刊蒂，这是明京山的一个隘口。路面上，英军遗弃的物品越来越多，罐头盒、废报纸、烟头、女人照片、枪支弹药遍地都是。

新38师官兵走在公路上，不时踩着英军扔下的废弃物。士兵看到地上的罐头盒，生气地抬脚踢了出去，骂道："简直是一群畜生，一路走，一路撒。"

一位士兵捡起英国人遗弃的枪支，一看是新的，舍不得扔，背了起来，骂道："这枪，挺新的，咋就扔了呢？"

队伍来到隘口，路面横摆着几辆装甲车。英国人把这些装甲车当成路障，堵住隘口。

我军官兵围着英军装甲车骂开了。

"装甲车都不要了？英国孬种！"

"他娘的，好好的装甲车，用来当路障。"

"英国佬自己跑了，还要把路堵上。缺德！"

士兵们一拥上前，费了很大工夫，总算把英军装甲车弄到路边。

官兵们用了两天时间，终于翻过明京山。5月18日，部队来到旁滨，这里是钦敦江的一个渡口。钦敦江是缅甸西部的一条主要江河，由北而南，缓缓流淌。部队只要渡过这条大江，就可以摆脱日军的追击。

江面宽阔，水波茫茫。

突然，几艘日军汽艇从下游溯江而上，疾速驶过，平静的江面骤然笼罩着紧张气氛。看来敌军的追兵已尾随而至，再看渡口附近的村子里，有不少当地百姓模样的人在走动，行迹相当可疑。

前有江河,后有追兵,形势十分危急,然而孙立人师长心中有数。他一面命令部队布置警戒,构筑火力点,虚张声势,做出扎营应战的态势,迷惑敌人;一面派兵伐树砍竹,制作木筏竹排,准备渡江。

当天夜里,月色微明,江面弥漫着白雾。

我军官兵不敢停留,乘着夜色,分批渡江。

拂晓时分,日军炮艇赶到,村里的缅奸也都露出了真面目,穿着白色长袍,亮出武器,从村子向渡口猛扑过来。

一时枪炮齐鸣,震耳欲聋。

江面上,最后一批渡江的我军第114团第3营官兵,一边开枪还击,一边加紧划动竹筏。

已经渡过江的我军在西岸集中火力,向敌军汽艇射击,掩护正在渡江的部队。

敌我激烈交火。江面水花四溅。

江中我官兵顽强作战,奋力前进。有人中弹落水。江水一片鲜红。终于,最后几只竹排全都靠了岸,士兵们跃上江岸,摆脱了日军。

炮艇上,日军军官眼看着我官兵脱身而去,气得要命,狠狠地打了缅奸一个耳光。

孙立人师长率师主力渡过钦敦江,摆脱了日军追击后,开始进入缅印边境那加山脉热带丛林。在丛林中,虽然摆脱了日本兵,但公路也没有了,只能用指北针判别方向。偶见当地土人西去的痕迹,如扔下的纸屑、瓜皮、果壳,部队便循迹而往。也有不少路段,部队和难民挤到了一起。难民们拉家带口,扶老携幼,饥渴交加,情形十分可怜。我军官兵有的主动把水壶中的饮水分给难民解渴,有的将囊中的干粮省下,救济难民。有一位老大娘,途中得了重病,行走困难,官兵们抬着她一直走到印度。部队官兵警卫曼德勒时,上街打扫卫生,清除垃圾,蒋委员长为此发放了若干奖金,余款尚有数千卢比,孙师长将其分发给难民,补贴途中费用。

在莽莽苍苍的丛林中,我官兵跋山涉水,忍饥挨饿,日行群山之巅,夜卧草莽之中。千难万险,艰苦备尝。

经过近十天的长途跋涉,5月27日,部队终于走出丛林,进入印度境内，来到普拉村。

新38师撤到印度，英国人无礼要求缴械

普拉村是印度东北部边境的一个小村寨，附近全是山地，一座大山耸立在印缅边境。大山东侧是缅甸，丛林密布，群峰叠嶂。西侧是印度，山势平缓，绿草如茵。

刚刚从一场劫难中挣脱出来，站到印度的土地上，新38师官兵的感觉是从地狱进入天堂。这里的山比缅甸的美，水比缅甸的甜，空气比缅甸的清爽，甚至太阳也比缅甸的明亮。

但是，这里毕竟是国外，是印度，是英国的领地，不是中国，不是自己的家乡。

孙立人命令部队就地宿营，构筑工事，擦枪抹油，整顿军容，剪发洗身，缝衣补裤，休整待命。同时，派出联络官，前往英法尔与英军接洽交涉。

英法尔是印度曼尼普尔邦首府，驻印英军东方警备军团司令部所在地。英法尔城外是一片开阔的丘陵地，四处散布着农田和村庄。山顶有英军的兵营和炮兵阵地，路口有岗哨和工事。

时至5月下旬，边境公路上，从缅甸逃回的英军士兵仍源源而至。这是一支被彻底打败的队伍，和难民没有区别。衣衫破烂，胡子拉碴。有的干脆光着膀子。大多数士兵两手空空，没有武器。有的伤兵拄着拐杖，一颠一颠。印度和缅甸士兵胡子蓬乱，身上又脏又臭，简直和土匪一个模样。

路口设置的接待站里，备有饮水、食品和药品。从缅甸逃回的英军士兵，狼群一样，一拥而上，抢吃的，抢喝的，见什么抢什么。

英军东方警备军团司令部设在英法尔城内的一座豪华建筑物内。军团长艾尔文这时正在接待新38师派来的联络官。

新38师联络官诚恳地向艾尔文中将介绍有关情况。他说："中将阁下，中国远征军新38师部队，奉命从缅甸向印度撤退。现在，我部已进

入印度境内,目前在边境普拉村待命。"

军团长艾尔文中将,是一个既傲慢又神经质的家伙。他一边喝着咖啡,一边听着中国联络官的陈述,时而看看指甲,时而梳理鬓发,派头十足,神气活现。

听说是一支中国军队从缅甸退到印度,要求接济,艾尔文脸上露出蔑视而厌恶的神情,就像一个富豪遇上了乞丐。

从缅甸败回的军队是什么样子,他见过。前些天,他到英法尔城外巡视,看到一批批从缅甸败回的英军。那不叫军队,是祸水。士兵三个一群,五个一伙,蓬头垢面,胡子拉碴,指甲老长老长的,衣冠不整,枪械不齐。沿途抢劫房掠,饿狼一般,扰得四邻不安,鸡犬不宁。英国皇家军队尚且如此,中国军队就更不用提啦。

听完中国联络官的陈述,艾尔文问:"你们奉了谁的命令进入印度?"

联络官:"史迪威将军。"

艾尔文:"喔,是那位美国将军?可是,这里是印度,是英国的属地。明白我的意思吗?"

联络官:"我们是盟军。在缅甸我们和英军一起战斗。在仁安羌……"

艾尔文粗暴地打断:"啊,知道的,我知道。"

联络官:"好极了。"

艾尔文:"你们现在要求回报?"

联络官:"我们需要接济。"

艾尔文:"啊,我知道。你们肯定是挨饿了。前几天我看到从缅甸撤回的英缅军队,他们也饿坏了,更不用说你们啦。"

联络官在等待他的下文。

这位英国将领慢条斯理地说:"这里是大英帝国的领地,绝不能容许外籍军队进入。不过,你们是盟军,从人道主义出发,我们不能见死不救。但是,只能是收容。"

说到这,艾尔文直起腰来,以一个施主的目光,注视着中国军队使者惊诧的神情,比画着重复道:

"是收容,懂吗?"

联络官:"将军,你是说要缴我们的械吗?"

艾尔文:"完全正确。"

联络官:"将军,英国军队可以这样对待一支曾经帮助过他们的友军吗?"

艾尔文:"你说的没错。正因为我们是友军,才收容你们。否则,我们将会以另一种方式处理这件事。请回去告诉你的长官,我们同意收容你们,是收容,懂吗?"

中国人懂,你这忘恩负义、没心没肺的英国佬!

联络官回来报告交涉经过,平时温文尔雅的孙立人此刻火冒三丈,暴跳如雷。

孙立人:"没说我们是中国远征军?"

联络官:"说了。"

孙立人:"没说我们是从缅甸打过来的?"

联络官:"说了。"

孙立人:"没说我们是新38师?"

联络官:"说了。"

孙立人:"没说仁安羌之战?"

联络官:"说了。"

该说的都说了,可是英国人一句也没听进去。他们的信条是:只有永久的利益,没有永久的朋友。

孙立人于是下令:"全师集合,准备战斗!"

"的的的哒……"中国军队的军号,在这块无情的土地上威严地震响。

"英国人敢缴我们的枪,我们就和他拼!"刚刚结束了同日军殊死搏斗的中国官兵,又拿起武器,准备对付英军的无礼行为。

把中国军队的使者打发走,艾尔文仔细一想,事情可能没那么简单,于是,向新德里请示。驻印英军总司令韦维尔上将接到电报,一时也拿不定主意。这时,从缅甸败退回来的亚力山大恰好也到了新德里,他认为艾尔文这家伙把事情弄拧了。他对韦维尔说:

"在缅甸战场,华军对英军安全撤退起了很大的作用。新38师在仁

安羌为英军立了大功。如果反而缴了他们的械,那么,英军在盟友中的形象就太糟糕了。"

他还说:"仁安羌战斗后,英王已宣布,将向孙立人将军颁发'帝国司令'勋章,现在帝国军队缴'帝国司令'的械,岂不荒唐?"

韦维尔听着,摁灭手中的雪茄,生气地说:

"艾尔文这家伙,乱弹琴!"

前不久从缅甸退回的斯利姆军团长,此时正好在英法尔英军医院治病。听说冒失鬼艾尔文要缴新38师的械,他生怕闹出乱子,扶病会见艾尔文。

这一天,在英法尔英军医院病房内,斯利姆用完精美的早餐,站在窗前,欣赏窗外景色。

一位女护士进来:"长官,您的客人到了。"

斯利姆:"请!"

一会儿,艾尔文在医生的引领下,走了进来。

艾尔文:"斯利姆将军,你好啊。"

斯利姆:"你好,艾尔文将军。"

艾尔文:"你对这里的一切还满意吧?"

斯利姆:"十分满意。简直是天堂。"

艾尔文:"那么,你就好好享受这里的阳光、空气和精美的早餐吧。将军,请问你还有什么吩咐吗?"

斯利姆:"将军,听说,昨天有一支中国军队到了英法尔。他们是新38师,对吗?"

艾尔文:"是的,是他们,一支中国人的队伍,必须缴械。"

斯利姆:"啊,不,不,将军,他们是我们的朋友,不能这样对待他们。"

艾尔文:"可是在大英帝国的领地,一支外籍军队没有容身之地。况且他们现在相当狼狈,要吃的,要喝的。"

斯利姆:"这支华军是能打仗的,在仁安羌,我见过他们。"

艾尔文:"你有什么建议吗?"

斯利姆:"不信你去看看再说吧!不然,会闯祸的!"

艾尔文："那好吧！"

新38师在普拉村安营扎寨，严阵以待，准备和英军见个高低。可是，一连几天，不见什么动静。英军既不肯供应粮秣，也不来收缴枪械。好在这一带人烟稠密，盛产大米，又是印缅边境，两国货币都能通用。部队尚有少量缅甸卢比，可以买到粮食，暂时维持。官兵们寄居异邦一隅，百倍警惕，抓紧操练，静观局势变化。

这一天，艾尔文来访。

孙立人搞不清他葫芦里卖的什么药。但是有一条，军人与军人没别的语言，唯有实力。

艾尔文未到，孙立人先派出仪仗队，在营门列队待命。

不一会儿，几辆英军轿车开过来。到了营门，孙立人师长和几位主要军官迎上前去。车门打开，艾尔文中将下车。

孙立人上前敬礼，用英语高声说道："中国远征军新38师师长孙立人中将向你致敬。"

艾尔文还礼："你好，孙将军。"

仪仗队队长手持卡宾枪，正步上前向艾尔文敬礼。

队长："中将阁下，仪仗队列队，请你校阅。"

孙立人："请。"

艾尔文在孙立人的陪同下，检阅仪仗队。

艾尔文暗自吃惊。好家伙，想不到一支败军，还能拉出一支仪仗队！

200名精壮士兵，往营门一站，就是一堵墙壁，一列山脉。那些士兵，个头儿虽不比英军高大魁梧，可是结实，小铁墩儿似的，挺胸收腹，双腿绷直，目光炯炯，精神头十足。他们撤入印度，休整数日，洗了澡，理了发，刮了胡子，补好战袍，况且印度大米好吃呀，煮在锅里，白花花，香喷喷，哪顿不吃个斤儿八两的。都是些二十郎当岁的小伙子，又经过缅甸战场的大灾大难，有这白米饭喂着，三天能长一圈肉。如今恢复元气，又是一条龙。

军装是破了点，但枪支是锃亮的，在阳光下闪闪发光。

仪仗队前头，还摆着两门小钢炮，四挺重机枪。

艾尔文对此大为惊异。

他知道,从缅甸撤回的英军,在那加山脉什么都扔了,战车、大炮、机枪、冲锋枪、手枪、图囊、电台,甚至连被子、蚊帐、衣服、裤子都不要了,只穿件裤衩跑了回来。而中国士兵,把钢炮和重机枪都扛了过来,这是为什么呢?

艾尔文走到队伍前头,问那机枪手:

"如何把重机枪扛过来的?"

中国兵"叭"的一个立正,大声回答:

"武器是我们的生命,人在武器在。"

"顶好!顶好!"

艾尔文听完,竖起大拇指。他明白了个道理:武器是中国士兵的生命,你要缴他的枪,能答应吗?

孙立人领着艾尔文参观营房。帐篷里,军毯叠得方砖似的,有棱有角。厨房井井有条,连厕所也打扫得干干净净,还垫了一层细细的白沙。在操场上,孙立人特意安排了军事表演。步枪射击,百步穿杨;白刃格斗,龙腾虎跃;尤其是徒手擒拿,扑朔迷离,眼花缭乱。

艾尔文看了一路,赞不绝口。他也是从英国皇家陆军学院毕业的。《步兵操典》、《营地管理条例》他背得滚瓜烂熟。要照着去做,平时可以,打了胜仗时也行。而大败之余,也能章法严明,方寸不乱,太难了。艾尔文问自己:他们能叫败兵吗?

不!这是真正的铁军!

艾尔文走了。第二天,英军开着汽车,把大米、白面、蔬菜、牛肉、罐头、香烟、茶叶送来了。并且,按照中国官兵人数,代发了两个月的薪饷。

中国官兵的衣袋里,于是有了"沙沙"作响的印度卢比。

霍马林遭遇敌军,齐学启将军以鲜血书写传奇人生

新38师之第112团、第114团官兵颇费周折,总算得到英军的接纳,在普拉村安顿了下来。6月8日,第113团官兵也辗转来到印度,与师主

力会合。他们还带来了副师长齐学启被俘的不幸消息。

第113团的撤退，历尽艰难，付出了巨大牺牲。

5月上旬，新38师主力部队开始向西撤退的时候，第113团担任阻击任务，远离师主力在卡萨地区与敌苦战。

卡萨位于伊洛瓦底江东岸，上游是八莫和密支那。日军利用伊洛瓦底江水上交通便利，不断从八莫和密支那派兵增援。第113团一时难以脱身。

第113团自仁安羌为英军解围后，一直处于掩护英军撤退的位置，一直与敌军保持着接触，每日必战，虽然十分疲惫，但斗志始终高昂。加上齐学启副师长受孙立人师长委派，亲自率领第113团作战，指挥有方，全团在艰苦的环境下，顽强战斗，从容应付。

5月12日，日军大批援兵又至卡萨，向我军阵地猛扑而来。齐学启副师长亲自部署，决定第113团在集中火力痛击日军后，当夜主动撤出卡萨阵地，向西转移，追赶师主力部队，归还建制。部署既定，当晚全团按计划行动。

就在准备撤退的这个晚上，齐学启接到孙立人师长的电话，命他返回师部，并且约定第二天凌晨3时，师部派汽车去接他。齐副师长想起，此前部队从第5军借用的装甲车必须归还。于是，他领兵驾驶装甲车，连夜赶往驻在曼西的第5军军部，归还车辆，并向杜聿明军长报告了第113团行动计划。之后，他打算按与孙立人师长原先的约定，赶往搭车接头地点。可此时第5军正在转进，交通困难，因而延误了接头的时间。

齐学启是一位十分仁慈的长官，他想到新38师尚有一批伤兵在第5军医院医治，现在部队要撤退了，不能撂下伤兵不管。于是他赶到医院探望伤兵。在医院，伤兵们正为撤退而心慌意乱，听说自己的长官前来看望，十分感动，如同见到再生父母。伤兵们一致要求跟随齐副师长撤退。危难之际，齐学启不忍心抛弃多年追随自己的袍泽，便答应了他们的请求。

此时，已是5月13日，第113团在卡萨完成阻击任务后已经撤退，齐副师长与部队失去了联系。他便领着这批伤兵向西寻路前进，追赶部队。起初伤兵们互相搀扶，尚能勉强行军，后来，一些重伤员伤口发作，

体力不支，不能徒步行走。齐学启向村民买来几头黄牛，驮着重伤员前行。再后来，因天气炎热，加上连日下雨，许多伤员创口溃烂，连黄牛也不能骑。齐副师长又去买来竹子，编成竹筏，载着伤员顺着钦敦江的支流乌有河漂流。5月23日，竹筏漂流到霍马林以南河段，被日军发现。日军派出骑兵沿岸追赶，疯狂扫射。齐学启临危不惧，对伤兵们说："昔日成功，今日成仁，此其时矣。弹尽，各自裁。"经过激战，多数负伤官兵英勇殉国，齐学启也中弹负伤，倒在血泊中，不省人事，被敌俘获。伤员中仅数人泅水侥幸逃生。

齐学启是一位国人景仰的民族英雄。他被俘后的情况，直到战后才得以查清。这是一个悲壮感人的战争传奇，经过情形如下：

日军在霍马林俘获齐学启后，立刻将其送至旅团部。敌人威胁利诱，费尽心机。齐学启大义凛然，怒斥敌人，只求速死。日军无计可施，将其押解至仰光战俘集中营。这里关押着盟军许多战俘。齐学启没有屈服于敌人的淫威，组织盟军战俘开展斗争。1944年5月，南京汪伪政府得知齐学启被俘的消息后，派伪陆军部长叶蓬等一行，前往仰光劝降，遭到齐学启的严正斥责。叶蓬恼羞成怒，便暗中挑唆中国战俘，反对齐学启。他们在中国战俘中散播流言，说："你们之所以不能前往南京享受高官厚禄，全都是因为齐副师长不肯与我们合作。"在中国战俘中，有一批败类如蔡宗夫、章吉祥等人，听信他们的鬼话，便对齐学启心怀怨恨，处处与齐学启作对。1945年初中国远征军反攻缅甸，节节胜利，眼见缅甸日军行将失败，仰光战俘营里的中国战俘中的若干败类，唯恐他们过去的恶行败露。于是，策划谋杀齐学启。5月9日夜，在蔡宗夫的帮助下，章吉祥手执尖刀，猛力刺入齐学启的腹部。齐学启被刺后，监狱方面故意拖延救治，至5月13日晚10时，齐学启含恨辞世。

抗战胜利后，齐学启将军的忠骸由云南沾益空运长沙，厚葬于岳麓山下。而谋杀齐学启的凶犯也受到了严厉的惩处。

国民政府明令褒扬齐学启，追赠为陆军中将。褒扬令列举齐学启生平事迹，内容如下：

齐烈士学启，湖南宁乡人。年二十即毕业于清华大学，后赴美国学习陆军。民国十八年（1929年）在美国诺维琪军校毕业后，回国任宪兵第六团团长，负责拱卫首都治安。二十一年（1932年）春，淞沪之役，指挥官兵与敌作战，曾以少数官兵向敌突击，一度夺回北火车站，为当时在沪观战之中外记者所评奖。二十七年（1938年）改任税警总团参谋长。三十一年（1942年）春该团改编为新编38师，升调少将副师长，兼该师政治部主任。时敌正进犯缅甸，该师奉命自滇入缅，协助盟军作战，于敌寇优势兵力下，奋战多月，迭著战功，旋以战局关系，奉令护送伤病官兵，不幸被俘，敌屡诱降，均遭严辞拒绝，遂囚于仰光。敌因诱降不遂，竟以利剑刺其腹部，壮烈牺牲。

参加盟军阅兵式，英国人对中国军队刮目相看

由于第113团的归建，新38师部队得以重新聚拢。此时清点兵员，全师尚有6000余人，部队建制完好，基本完整。

新38师在普拉村的营地继续休整待命。他们有英军供应给养，士兵们放心地修补军装，擦拭武器，养精蓄锐。

中国军队进入印度的消息，很快在印度报纸上广为刊载，在民众中引起热烈反响。新38师在缅甸战场勇敢作战，救援英军的战绩，以及他们在进入印度后的优良表现，得到广泛传扬，在盟国中也得到由衷赞赏。

始终注视着缅甸战场的美国罗斯福总统，看到在这场败仗中，也有某些表现不俗的部队和出类拔萃的人物，当新38师进入印度后不久，罗斯福总统给孙立人打来一封电报，以示祝贺，全文如下：

中国孙立人中将：于1942年缅甸战役，在艰苦环境中，建立辉煌战绩，仁安羌一役，孙将军以卓越之指挥，击退强敌，解救被围之英军，使免被歼灭。后复掩护盟军撤退，于万分困难中，从容殿后；转战经月而达印度，仍军容整肃，锐气不减，实是难能可贵。其智勇双全，胆识过人，足为盟军之楷模。

为了提振士气，印缅战场盟军总部决定，6月14日，在印度首都德里举行盛大阅兵式，邀请驻扎在印度的11个国家军队代表参加。中国远

征军部队也在受邀请之列，新 38 师奉命派出一个步兵排参加阅兵。

此时，中国远征军总司令罗卓英将军正在印度德里。5 月初，入缅部队开始总撤退后，罗卓英带领长官部部分幕僚乘坐火车向后撤退。不久火车脱轨，无法继续前行。后来，经蒋介石批准，罗长官乘坐盟军飞机，飞往印度。他是最早进入印度的中国远征军高级将领，并奉命留在印度，负责协调盟军接应中国远征军部队有关事务。印缅战场盟军总部邀请罗卓英出席德里的阅兵式。

新 38 师接到参加阅兵的命令后，官兵们极感振奋，纷纷报名要求参加。可是名额只有一个排，30 人。部队于是开展严格的选拔，百里挑一，要求参阅士兵五官端正，身高 1.7 米以上。人员选定后，开始严格训练。受阅士兵天天走队列，踢正步，站军姿，还要准备装具。军装要补好，武器要擦亮，钢盔水壶掉了漆的全要补上。大家都抱着一个信念，要为国争光，要让盟军看到，走上国际战场的中国军人不含糊，走在国际阅兵场的中国军人"顶呱呱"。

阅兵那一天，德里的阅兵场上，阳光灿烂，旌旗飘扬，阵容严整，军乐齐鸣。各国参加阅兵的部队整齐排列，等待出场亮相。按照排列，中国远征军受阅分队继美、英之后，是第三个接受检阅的单位。分列式开始后，每支受阅分队走过检阅台时，全场都报以热烈的欢呼声。当中国远征军新 38 师的队伍走来时，全场一片欢腾。人们知道，这是一支了不起的部队，在仁安羌，在缅甸战场，他们打得十分漂亮。而今天在阅兵场上，他们的表现也十分出色。他们头戴钢盔，脚穿草鞋，军装虽然俭朴，但是精神面貌极其振奋。

阅兵式结束后，印度总督韦维尔将军做简短讲评，他对中国军队的表现给予很高评价，他说，今天的阅兵式上，华军代表队精神最饱满，步伐最整齐，军容最严整。这位一向挑剔的英国将领，对中国军队竟毫不吝惜地一连说了好几个"最"字。

英国人对中国军队刮目相看，新 38 师的日子也越来越好过了。6 月 20 日，新 38 师奉命从普拉村临时营地，移驻印度北部阿萨姆邦马格里达镇。英军按月向中国官兵代发军饷，供应伙食。中国官兵们脸上的笑容更加灿烂了。

新38师喜事连连。这一天,亚力山大将军到访。见了面,亚力山大握住孙立人的手,说:"将军,恭喜你。"

孙立人不解地望着亚力山大。

亚力山大递上一份请柬,说:"尊敬的孙将军,鉴于贵部在仁安羌的出色贡献,英国女王决定给你颁发一枚'帝国司令'勋章。韦维尔将军受女王委托,明日亲自向你颁发勋章。"

次日,授勋仪式在英军司令部礼堂隆重举行。礼堂布置得富丽堂皇,正面悬挂着英国女王画像。画像下放置一把座椅,座椅装饰着华丽的图案。椅子上放置一顶王冠,象征女王亲自莅临。

礼堂门口站着两排身穿红衣、头戴红帽的印度侍卫。被邀请出席仪式的英美高级官员身穿礼服,陆续步入会场。礼堂门口,印度仆人托着银杯,给每位来宾献上一杯香水。客人用手指蘸一蘸杯中的香水。仆人还给来宾献上一包香树叶。客人接过树叶,放进嘴里咀嚼。

主持仪式的韦维尔将军今天穿上杏黄色大礼服,胸前挂满勋章,他站在门外恭候宾客。

上午10时整,孙立人将军来到大礼堂。他身着浅黄色军装,脚蹬咖啡色马靴。韦维尔上前迎接。英军军乐队演奏风笛致意。

韦维尔谦恭地将孙立人引入会场。场内宾主全体起立,鼓掌致意。孙立人容光焕发,频频挥手致谢。

宾主坐定,司仪宣布仪式开始。军乐队奏乐,全体起立。

乐毕,韦维尔致辞:"奉女王陛下的命令,今天在这里举行授勋仪式,本人代表陛下,向孙立人将军授予'帝国司令'勋章,表彰孙将军在仁安羌作战中建立的卓越功绩。"

孙立人起立,健步走到韦维尔面前。孙立人向韦维尔敬礼。

孙立人在印度接受英国女王颁发的"帝国司令"勋章

侍者手托托盘走到韦维尔身边，韦维尔从托盘中拿起勋章。一枚铸有英王头像、镶着蓝色十字的勋章，放射着金色的光芒。

孙立人跨前一步，含笑低头。韦维尔将勋章挂上孙立人的胸前。之后，孙立人致答谢辞："今蒙英王颁发勋章，万分荣幸。缅甸仁安羌之役，体现中英两军合作精神，这是消灭日军和打倒轴心国的最有力保证。在未来作战中，本人和中国官兵将本着团结奋斗精神，再接再厉，与盟军一起，并肩战斗，收复缅甸，夺取最后胜利。"

全场掌声雷动。

第九章　史迪威的雄心与困惑

韦维尔揶揄史迪威："将军脱险，值得庆贺"

1942年盛夏的一天。夜里11时，重庆黄山官邸云岫楼内，蒋介石身穿宽松睡袍，在做着晚祈祷。自从与宋美龄结婚后，他由原先信奉佛教，改换门庭，成为一名虔诚的基督教徒。晚祈祷是他每天临睡前必须温习的功课。

昏暗的灯光下，他孤零零一个人站在圣像跟前，双目紧闭，神情木然，口中念念有词。看来，这位总司令有满肚子的话要和上帝交谈。

他在祷告什么呢？

蒋介石要上帝帮忙的事太多了。入夏以来，日机对重庆狂轰滥炸，一夕数惊；长沙会战以失败而告终，国军损失惨重；国内金融崩溃，物价飞涨，怨声载道……而此刻，让他食寝难安的是，在缅甸战场，中国远征军败入缅北丛林，联系中断，生死未卜。这数万人马不仅是他的嫡系，也是王牌，他心头的一块肉啊！

这时，侍从室机要秘书毛庆祥走了进来，他向总司令报告：同缅甸前方的电台还是没有联系上。

蒋介石"嗯"了一声。

做完祷告，蒋介石拖着疲倦的身躯进入卧室。他取下假牙，放到床头的一个玻璃器皿里，该是睡觉的时候了。但是，重庆的夏夜仍是这样闷热，加上心中烦躁，睡意全无。他在室内来回踱了几步，便坐到那把雕花柚木椅上。在人前，蒋介石总是威风凛凛，神采飞扬，而夜深人静，独自一人时，他却如此苍老、疲惫。蒋介石也是人哟，旷日持久的战争和无休无止的政治搏斗快把他的精力血气熬干了。他确实疲劳了。

坐在木椅上,他闭目养神,干涩的手指不停地在圆滑的脑门上摩挲。在剃得光光的脑壳上,他能摸到隆起的一道道坎,一条条棱,他用手轻轻地摩挲,想把它抚平,想让自己的心境入静。可是,他怎么能平静呢?此时他内心呼唤的是:

史迪威,你把我的人马带往哪里去了?

此时此刻,史迪威正领着他的随从向印度方向艰苦跋涉。

自从在曼德勒城外与亚力山大一起签署了中英军队总撤退的命令后,史迪威将军认为他在缅甸战场的使命已告失败,他这个总指挥官在战场上可做的事情已经不多。他给美军驻华军事代表团团长马格鲁德中将发去一封电报,并请其转达蒋介石,告知部队情形和自己的行动计划。

之后,他便下令砸毁电台,领着他的随从人员,向印度撤退。

东方露出一片霞光,大地笼罩着浓雾。

在缅北温托的指挥部营地,史迪威将军和随从人员集合完毕,准备起程。这是一支小型多国部队,共114人,有美国军官和士兵,医生,缅甸护士,美国记者,有中国军人,还有临时投奔过来的十几位胡子拉碴的英军突击队队员。

出发前,史迪威将军训话:"我们的队伍,是缅甸战场无数支撤退队伍中的一支。这里没有将军,不需要将军,只有兄弟姐妹。保持基本生存是我们每天要做的唯一事情。我们的目标是到达印度。好,要说的都说了,我们出发吧。"

队伍开始上路,共有三辆卡车。他们在一条泛着红色泥浆的山路上艰难行进。

走出不远,史迪威将军和他的队伍便陷入困境。泥泞的山路上,两辆卡车坏在路边,司机开始修理。

史迪威将军的作战参谋梅利尔走过来,敲了敲车头。

梅利尔:"怎么啦?小子。"

司机:"轮胎爆了。"

梅利尔:"倒霉。"

梅利尔往前走,他用脚踢了一下另一辆车。

梅利尔:"怎么回事?"

司机从车底爬出来,摇摇头:"发动机烧坏了。"

梅利尔:"该死。"

史迪威将军在河中撩着水洗了一把脸。他那布满皱纹的老脸,显得十分疲惫。他擦干脸上的水,走了过来。看着司机做无望的努力,他无可奈何地摇摇头。

史迪威:"小伙子们,不要瞎折腾了。"

参谋长鲍特纳:"放弃吗?将军。"

史迪威:"必须承认,有些事我们无能为力。汽车不想跑了,我们有什么办法呢?"

梅利尔:"只剩一辆卡车了,怎么办?"

史迪威:"有一辆车不错了,把物资放上车,人员一律步行。我们有两条腿。"

梅利尔指挥大家将物资装上卡车。史迪威领着大家步行。

赤日炎炎。山路崎岖。荆棘丛生。

史迪威沿缅甸中部林间小道逃往印度

史迪威将军领导的队伍行进极为艰难,个个累得直喘气。

身体肥胖的梅利尔,满头大汗,气喘吁吁。

一位美国医生的鞋底磨穿,他撕下上衣的袖口将脚包上。

一位大个子军官斜挎着一支卡宾枪,沉默无语。

担任警戒任务的士兵也步履迟缓。

倒是那几位缅甸籍女护士,很适应山地行军,走得比谁都轻快。

史迪威将军走在队伍前头。他身躯瘦削高大,戴着战斗帽,手里的烟斗这时换成了拐杖。他满脸是汗,无框眼镜不时往下滑,每走几步就用手扶一下。但是他步履矫健,大步向前。

史迪威回过头,看到身后的军官们步履艰难的样子,十分不满。

史迪威:"你们是赶集的老太婆吗?不是,是军人。行军速度每分钟105步,一步也不能少。打起精神来。"

队伍里有人骂骂咧咧。

"我的天呀,每分钟105步!"

"是在接受检阅吗?"

"我们不是机器!"

"那个老家伙,真该敲断他的腿。"

史迪威带头唱起赞美上帝的圣歌:"主是道路,从主而行,方能出死入生。无论何人寻求天父,当从主而行……"

缅甸护士附和,大家都唱了起来。

史迪威将军满意地看了一下他的队伍。他举起手臂,看着腕上的手表,说:"每分钟105步。姑娘和小伙子们,前进。"

几天后,他们的队伍来到缅甸钦敦江东岸地区。夕阳西斜。群山暗淡。大地苍黄。

史迪威将军领头,沿着一条山脊往下走,队伍在山地投下长长的背影。

山下就是大江。江面宽阔,波光闪闪。

"钦敦江。"

"钦敦江到了。"

人们高兴地喊了起来。几个缅甸护士兴奋得又蹦又跳。

史迪威将军脸上露出了笑容。

梅利尔一头躺倒在草地上。

鲍特纳一屁股坐在地上。

一个美国兵将手中的卡宾枪往地上一扔,如释重负。

史迪威将军坐在草地上,擦擦汗,掏出烟斗装上香烟,点燃,深深地吸了一口。烟雾在夕阳的照射下,慢慢散开。

天空传来马达的轰鸣,一架轻型飞机从远处飞来。

"飞机!"

"谁的飞机?"

"快躲!"

人们紧张了起来。梅利尔急忙从地上爬起。鲍特纳不等穿好鞋子,站起来就跑。一个美国兵端起卡宾枪。那几位英国突击队员坐着不动。

飞机越飞越近。银灰色机身在阳光照射下闪闪发亮,机翼上涂着的米字旗机徽十分耀眼。

"是我们的飞机。"英国人喊了起来。

人们大喜,全都跳了起来,挥舞着手里的帽子、枪支。英国人赶紧拿出一面英国米字旗铺在地上。飞机在山顶盘旋,之后,开始空投。一顶顶降落伞飘摇而下。

当晚,史迪威和他的随从们享受了英军空投的食品,之后,队伍就地宿营。次日,队伍又准备出发。他们来到江边。

朝阳映照江面,雾岚轻轻飘动。

江边停着几只木筏,挑夫正往木筏上搬运物资。缅甸护士在筏子上搭设遮阳篷顶。

史迪威:"孩子们,抓紧点,过一会儿就出发。"

众人分头做出发前的准备工作。史迪威将军脱下上衣和长裤,跳进江水中畅游。

看着将军很惬意的样子,梅利尔问:"将军,要不要我陪您?"

史迪威:"忙你的吧,我很好。"

史迪威游泳技巧高超,在水中做各种花样动作。木筏已经装载停当。

鲍特纳:"将军,上来吧。"

史迪威:"我妨碍你们了吗?"

鲍特纳:"我们已经准备好了。"

史迪威:"那就出发吧,你们还等什么呢?"

梅利尔:"将军,你是想从这里一直游到印度?"

史迪威:"我不是一条鳄鱼,我只是想多游一会儿。"

木筏启程,顺流而下。史迪威在木筏前头以自由泳的姿势,快速向前游去。梅利尔忍不住也跳进江中,几位缅甸护士跟着也跳了下去。

碧空如洗。两岸青山如黛,江中波光潋滟。

游出去好远后,史迪威将军等人尽兴地爬上木筏。木筏顺流而下,

向印度方向漂去。

梅利尔坐在木筏上,不停地哼着家乡的乐曲。缅甸女护士就着江水梳理长辫。

在一个单独的木筏上,史迪威将军躺在上面,兴致勃勃地同美国记者贝尔登交谈,描绘他决心从印度反攻缅甸的战略构想。

贝尔登:"史迪威将军,你是在钦敦江上,向印度漂流。此时此刻,你感觉如何?"

史迪威:"贝尔登先生,我感到身心疲惫。但是,我没有失去信心。"

贝尔登:"缅甸怎么办?将军。"

史迪威:"我认为我们必须重新返回缅甸。"

贝尔登:"怎样返回?坐着木筏?"

史迪威:"不,不,先生。正如你在缅甸战场看到的,中国军队十分懦弱,很可能经受不住这场失败的打击。必须重新训练他们。重新装备,重新编组,换血、换骨、换脑子,重新站起来。"

贝尔登:"你是说要对中国军队动一次手术?"

史迪威:"对,脱胎换骨。"

贝尔登:"会很痛的。中国人愿意吗?"

史迪威:"为了活命,他们应该忍受一点痛苦。"

贝尔登:"将军,我认为重造一支军队远比指挥一支军队难。你一个人行吗?"

史迪威吸一口烟,烟斗里的火光闪了一下:"不,不,我对你说的是一个美国将军的观点。懂吗?"

贝尔登点头。

史迪威望着远处的山峦继续说:"一个封闭的中国可能会被日本吞没,这是我们不愿意看到的。年轻人,一旦中国人倒下,会是什么结果呢?日军的军舰和飞机,就会从太平洋扑向美利坚。现在,我们必须避免中国人退出战争。最有效的办法,就是向他们灌输战斗精神,让他们强大起来。"

贝尔登:"将军,我理解,战争刚刚开始,对不对?"

史迪威:"真聪明。"

离开钦敦江后,他们又爬了5天山。5月20日,史迪威将军一行来到英法尔。队伍的人数与出发时同样,114人,一个也没有少。这是退往印度的队伍中唯一没有死亡的一支。英国官员在此迎接他们。随后他们被送往印度东部的廷苏基亚机场,一架美军飞机在机场等候他。史迪威等人下了汽车,没有停留,直接上了飞机。

两个小时后,史迪威将军的飞机在印度德里机场降落。一大群记者等候在机场的停机坪上。

飞机降落,史迪威将军走下飞机。记者们一拥而上,团团包围。有记者大声地问道:"史迪威将军,你到印度来了,缅甸怎么办?"

史迪威:"我必须说,我们吃了大败仗,挨了一顿狠揍。我们从缅甸逃了出来,这是一个奇耻大辱。我认为,我们应该找出原因,然后打回去,收复缅甸。"

说完,史迪威在梅利尔等人的帮助下摆脱了记者,钻进了汽车。

当晚,在驻印英军司令部,韦维尔和亚力山大设宴迎接史迪威将军。

驻印英军司令部,豪华气派,灯火辉煌。

亚力山大:"史迪威将军,我们又见面了。"

老迈的韦维尔走上前尖酸地说:"史迪威将军,失敬。"

史迪威盯了英国将军一眼,回敬了一句:"上将阁下,从缅甸逃出来的不只是倒霉的史迪威。不是吗?"

韦维尔:"是的,我们在整个东方战场都受到沉重打击,令人痛心。"

亚力山大若无其事。

史迪威:"可是,韦维尔将军,亚力山大将军,我们必须重新站起来,打回去。"

韦维尔:"好哇。史迪威将

驻印英军总司令韦维尔将军

军，我正在考虑这件事情呢。"

亚力山大："史迪威将军是不是已经有了一些想法？"

史迪威："是的。"

韦维尔："啊，在史迪威将军的天才计划中，我们能做点什么？"

史迪威："我会一揽子提出一个订单的，不过现在请赏脸，让我吃上一顿热饭。"

韦维尔大笑："啊，啊，史迪威将军一定是饿坏了，请吧。"

韦维尔、亚力山大陪着史迪威走向宴会厅。

宴会厅内灯火通明。

"西瓜事件"，导致总司令与参谋长之间矛盾总爆发

令人失望的缅甸作战，以及后期无比艰难的溃退，让史迪威身心俱疲。他的体重减轻了至少20磅，使原本就消瘦的身体更加显得骨瘦如柴。撤退途中，他得了黄疸病，面黄如蜡，眼窝塌陷，双手不停地颤抖。在德里，他一边调养身体，一边痛苦地分析缅甸战败的原因，准备给美国陆军部写出报告。

史迪威将军认为缅甸战败，有技术上的原因，比如空军、坦克、大炮、机枪、迫击炮、弹药和运输上的劣势，以及缅甸百姓的敌对情绪、日军的进攻精神，但是蒋介石的插手、愚蠢的指挥，把本来就不占优势的中国军队彻底地推入了失败的深渊。他怒气冲冲地抱怨说，要不是"花生米"在幕后遥控，横加干涉，缅甸之战不至于这么惨的。

"花生米"是史迪威参谋长给蒋介石起的绰号，指的是蒋介石那圆溜溜、白里透红，由皮下血管鼓起道道坎棱的光脑袋。

缅甸战场本来是个热热闹闹、吵吵嚷嚷的地方，加上一位对谁也不放心的总司令和一位谁也不放在眼里的参谋长，就更显得纷乱和嘈杂了。

将史迪威将军派到缅甸指挥中国远征军作战，本来就是蒋介石为协调盟军复杂关系而做出的一种策略安排。蒋介石难以完全放心让一位外籍军官指挥中国军队作战。史迪威将军临危受命，仓促上任，他对缅甸

战场情况不清楚，对中国军队不熟悉，对中国政府关于缅甸作战的策略不摸底，对蒋介石行事风格尤其不能适应。因此他与蒋总司令间的争吵与纠葛，贯穿于缅甸作战的全过程，并且随着战局变化阴晴不定，时好时坏。

4月的头半个月，缅甸战场的战争机器运转得比较顺当，统帅部里争吵的电话比较少，从重庆方面传来的"手令"、"急电"也少多了。仁安羌一仗，给战局注入生机，缅甸战场天气晴好。

这段时间，史迪威心情舒畅，胡子刮得蛮干净，食量也有增加。他常常自己开着吉普车跑到前沿阵地，对士兵们说：进攻，进攻，即使防御的时候，也要想到进攻。回到指挥部，他则一个人边玩着扑克，边浏览战报。

4月下半月，形势逆转，平满纳会战陷入危机。

平满纳在史迪威心目中有特殊的地位，不仅仅因为这里战略地位重要，而且，自同古弃守，回重庆讨到兵权后，他便开始苦心经营平满纳会战。这是他作为远征军战场指挥官亲自设计的重大作战计划。

眼看会战成为泡影，史迪威的心境一下又到了伏天。他连忙调兵遣将，更变部署，设防线，补漏洞，拆东墙，补西墙，搞得他焦头烂额，狼狈不堪。

这时，接二连三地发生让史迪威心烦的情况，过去一直归史迪威指挥的美国第10航空队，突然被调到欧洲，支援英军作战。史迪威一直指望这支航空队能在缅甸战场提供空中支援。此事还表明了美国对亚洲战场的轻视，史迪威对此感到恼火。

由于缅甸战场出现意想不到的紧急情况，史迪威刚刚建立起的权威，在中国将领中又开始下跌。他的指挥棒又不灵了。有一天，史迪威命令新22师的一个团占领沙斯瓦阵地，填补英军撤走后留下的缺口，团长不断推诿，说这也不行，那也困难，史迪威气得把枪拔了出来，才把他逼了上去。杜聿明这时又变得强硬起来，连罗卓英也对付不了他。

史迪威想起重庆，蒋介石肯定又在插手了。

他的猜想很快得到证实。蒋介石给他写来一封亲笔信。信很短，但等级很高，特急，绝密，还加了火漆。史迪威从来不在乎蒋介石的信，

因为他根本不欣赏蒋介石的指挥才能，认为蒋介石的军事视野是相当可怜的，耍政治手腕可以，搞军事完全外行。但是，这封短信却引起他的高度注意，他翻来覆去看了几遍。信中，蒋介石命令他："给每四个士兵发一个西瓜。"

史迪威气得脸色煞白！

在战局动荡，全军陷入困境的严重关头，蒋介石还用这种鸡毛蒜皮、无关痛痒的琐事分散前线指挥员的注意力，干扰他的决心。古今中外，前所未有。史迪威过去就瞧不起蒋介石，现在更把他看得一文不值，骂他是一位"微不足道的小人物"。他还把这件事，作为蒋介石既腐败无能，又想独断专行的证据，报告了美国军事当局。

听说史迪威拿那封信大做文章，在重庆，蒋介石也勃然大怒。最高统帅体恤下情，关心士兵，有什么错？我管大事，掌大权，他史迪威跟我大吵大闹，说我削了他的兵权。现在我过问小事，他也发雷霆。还让不让我说话？部队是他的，还是我的？蒋介石一开始就不放心史迪威，担心他是来夺兵权，要让中国改变颜色的，现在更骂他"拿中国军队当雇佣军"，是一个"可恶的殖民主义者"。

关于西瓜本是件小事，拿它和一场战争比较，简直小到不能再小了。但是，在缅甸这场特殊的战争中，在缅甸作战面临危局的时刻，它却导致了蒋介石与史迪威之间矛盾的总爆发，双方都从这件事中找到否定、诋毁对方的理由，成为互相攻击的炮弹，造成了破坏性的严重后果。

"西瓜事件"不仅影响了蒋、史之间的关系，也影响了缅甸作战的进程，甚至给中美关系投下一道阴影。

缅甸作战已经没什么指望了。

由于对史迪威的彻底失望，蒋介石此时已更多地通过军委会滇缅参谋团团长林蔚，指导缅甸作战。

到4月底，史迪威认定，缅甸作战已成败局。此时，他坐在自己那又矮又小、又闷又热的行军帐篷里，已经在独自构思重新打回缅甸的计划。面对着一张皱皱巴巴的作战地图，他的目光在寻找印度。他打算，利用密支那机场，把中国远征军的部队空运到印度，在那里彻底改组和严格训练，然后，从印度打回缅甸，报仇雪恨。他接到马歇尔的通知，空运部队的25架C47大型运输机已在印度待命。

但是日军战略计划之恶毒，战术动作之神速，出人意料。日军先是飞兵腊戌，切断远征军后路。接着，兵分两路，夹击中央，瓦解我军曼德勒会战计划。转瞬间，日军又轻取密支那，使史迪威的空运计划破产。最后，日本军队把中国远征军一步步逼进了野人山。

夏天的重庆，闷热难捱。即使在林木葱茏、江风轻拂的黄山官邸，蒋介石也备受酷暑煎熬，通体上下，就连最凉快的地方——光秃秃的脑门，也沁出点点汗珠。

中国远征军数万精兵，陷入缅北丛林，音讯全无，生死不明，为古今战史罕见。

我蒋某人，要为兵家留下笑柄啰！

蒋介石天天呼唤着史迪威，诅咒着史迪威。

后来，才接到美军驻华代表团团长马格鲁德中将转来的电报，大意是：

史迪威一行百余人，正在徒步向印度前进。中国远征军也撤向印度。现在部队化整为零，由小单位统率，无须以命令指挥。

看罢电文，蒋介石气得浑身哆嗦，头上青筋暴突，上下牙咬得咯咯作响。史迪威是我的参谋长，我以大军相托，打了败仗，竟不顾部队，只身逃跑。娘希匹，崽卖爷田心不疼。你自己逃到印度，我且不说你。通天大事，你不直接请示我，反向马格鲁德报告，眼里还有我吗？

蒋介石越想越气，提笔在电文上恶狠狠地批写了一句：

史迪威脱离我军，擅赴印度，只来此电文作为通报，不知军纪何在？

史迪威："我们没有被征服，必须打回缅甸。"

史迪威回来了。6月3日，史迪威从印度飞回重庆。史迪威是带着他在印度德里拟订的重新训练中国军队，准备反攻缅甸的计划回来的。

第一次缅甸作战，使史迪威将军加深了一个印象。他认为中国的士兵很优秀，军官素质很差，职务越高素质越差，必须加以改造。改造的

办法就是由美国提供武器装备,由美军派出教官,练成一支新式的军队,脱胎换骨,然后,由他们担任反攻缅甸的作战任务。

在德里养病期间,史迪威闭门三日,起草了一份重新训练中国军队的庞大计划,主要内容是:

在印度设立训练基地,利用美国援华物资,由美国派出教官,训练中国10万军队。与此同时,以同样的方式在中国云南训练15至20个师。这样,使第一批训练部队包括印度基地和云南基地共达到30个师。第一批训练部队主要用于反攻缅甸作战。待第一批部队训练完毕后,在广西设立基地,训练第二批部队30个师。之后再在全国部队训练第三批30个师。如此,分三批共训练中国军队90个师。

这是一个雄心勃勃的计划。

史迪威将军的这个训练方案大胆、新颖,富于进取精神,得到美国政府特别是陆军总参谋长马歇尔将军的支持。缅甸作战失败后,中国完全被日本封锁,美国十分担心,中国与外界隔绝后,能否坚持抗战?美国政府要求陆军部以"如何使中国继续作战"为题,提出方案。陆军部研究后认为,要使中国继续对日作战,最有效的方法,是开辟新的运输线,向中国运输更多的军用物资,不断地为中国输血。史迪威的计划与陆军部的方案不谋而合。陆军总参谋长马歇尔将军回电明确地支持史迪威的设想。

美国国防部部长史汀生也积极支持这个计划,他认为利用美援物资训练中国军队,鼓励中国军队打击日军,符合美国国会通过的租借法案的精神。租借法案的实质,是由美国向盟国提供军火物资,利用盟国的兵力打击共同敌人,减少美国的损失。这是战争期间最为合算的一桩交易。

史迪威将军经与韦维尔协商,韦维尔同意将印度比哈尔省蓝姆迦镇附近的一处英军的旧营房,提供给中国军队作为训练基地。

在B-25轰炸机机舱内,史迪威将军和随行的作战参谋梅利尔坐在舷窗前。机舱内温度很低,史迪威将军披着一件大衣,神情凝重地注视着窗外的景象。

机窗外,天空蔚蓝,阳光灿烂。机翼下是巍峨的雪山。

梅利尔:"将军,你是不是觉得冷?"

史迪威:"轰炸机机舱真不是人待的地方。"

梅利尔:"飞机正在飞越喜马拉雅山。"

史迪威:"驼峰!我们只剩这条路了。马歇尔将军昨天来电说,美国政府已经批准开辟驼峰航线,向中国输血。"

梅利尔:"好消息。我们能起死回生吗?"

史迪威:"你不信,上校?"

梅利尔:"我当然相信。我们有很好的计划。但是中国人得接受我们的计划。他们会吗?"

史迪威:"他们为什么不呢?我们把武器运到印度和云南,装备中国军队,由我们的教官帮助他们训练,然后打回缅甸。他们吃亏了吗?没有。'花生米'那颗脑袋,是天底下最好用的脑袋,他会算账,他不会拒绝的。上校,我有些不舒服,头痛。"

梅利尔:"将军,你需要补充一点氧气。"

梅利尔将一只氧气袋递给史迪威。史迪威吸了几口氧气,闭目养神。

6月4日,蒋介石在重庆黄山官邸接见了史迪威,蒋夫人在座作陪。

史迪威将军在侍从官引领下,进入蒋介石办公处。

蒋介石坐在椅子上,满脸怒容。

史迪威入内晋见蒋介石。

史迪威:"总司令,我回来了。"

蒋介石:"你,就这么回来啦?"

史迪威:"我们让日本人赶出了缅甸。我们打了败仗。总司令。"

蒋介石:"史迪威将军,你回来了,好。可是我们的远征军在哪里?我们有10万人马。他们在哪里?你怎么一个人回来了?"

史迪威:"总司令,远征军部队分路撤退。当然我们付出了代价。因为我们打了败仗。"

蒋介石:"这就是你要告诉我的吗?"

史迪威:"总司令,我要向你报告的事情很多。"

看到史迪威将军面黄肌瘦的样子,宋美龄心中颇为不忍,她向史迪威将军致以热情的问候。蒋介石强压不快,开始听取史迪威的情况汇报。

史迪威简要汇报了缅甸作战最后阶段的情况后，坦率地谈到他对中国军队的评价，他说："此次在缅观察，我深感中国士兵素质之良好，伤兵绝无怨言。但是缺乏优秀将领。一般连长甚佳，营团长优劣不一。唯高级将军殊令人失望。师长及职务较高之将领或缺能力，或少谋略。其中最恶劣者为暂55师陈师长，他躲在后方，每日仅以电话指挥部队。在前线日军一个营来攻时，陈未得上级训令即令部队后退45里，仅留一个连掩护，致使失去可守之地，而退至难守之处。"

蒋介石回答："陈师长已革职查办。此人为最恶劣之师长，国军在缅失利，此人难辞其咎。"

蒋夫人："请将军继续将此类事情呈报委员长。"

史迪威："此外有人传闻，若干高级军官似在经营商业。有用军用卡车装载非军用品的事实。"

这是一个过于敏感的话题，蒋介石没有搭话。史迪威接着又点评了几个将领，对孙立人，他给了最高分，说："第38师战绩特别优秀，该师第113团在仁安羌救援被围之英军，孙师长亲自率领士兵奋勇解围。"

对廖耀湘将军所率领之新22师，他评价基本及格，说："初时不明了，但其后认识该师及该师长，情形尚可。"

他也不可避免地谈到杜聿明，他知道杜是蒋的爱将，但是也没有放过，他说，"杜军长作战勇敢，不离部队，唯个性刚愎，不易应付，罗卓英也驾驭不了他。"

这些话不是蒋介石爱听的，他话题一转，问道："缅甸失利的原因何在？"

史迪威回答："失利的原因在于缺乏空军，情报和侦察效率也欠佳。敌军士气、训练、装备、人数、供应、指挥、组织均优于我方。以人数为例，棠吉之役，第200师仅余5600人，第5军员额应有4.7万人，而实仅2万人。"

蒋介石问："将军记得我在缅甸战役之初说过的话吗？当时我说过中国入缅军能胜不能败。"

史迪威："记得此言。"

蒋介石："此次我们学得一个教训，值得所付出的代价。"

史迪威：“我要说，最重要的是，我们虽然吃了败仗，但是我们没有被征服。我们必须打回缅甸。”

蒋介石：“打回去？拿什么打？部队都打垮了，第5军、第6军是国军精锐，也打垮了，我们还拿什么去打？”

史迪威：“总司令，我们必须重新训练部队，站起来。”

蒋介石：“重新训练？怎么训练？”

史迪威：“我的设想是，把退入印度的军队，就地训练，由美国提供装备，由美国教官训练，练成一支精锐部队。”

蒋介石：“嗯。”

史迪威：“同时，我建议中国政府抽调15至30个师，在云南地区集中，仿照驻印度部队的方法，也由美国提供装备和教官，重新整训，之后，从怒江防线开始反攻。”

宋美龄：“史迪威将军，你的设想很大胆哟。”

蒋介石：“缅甸我们怎么办呐？”

史迪威：“我必须重新夺回缅甸。我有一些初步设想，这是我的书面报告，请总司令审阅。”

史迪威递上书面报告。

蒋介石：“好的，我看看，看看再说。”

宋美龄：“史迪威将军。你刚从前线回来，很辛苦，好生休息。”

蒋介石：“说得对，此次将军自缅赴印，途中十分辛苦，先休息数日，我们再谈有关问题。”

此后，史迪威在重庆一边调养身体，一边与在重庆的美军驻华代表团的官员，以及在印度的英美将领沟通，就有关入印部队的接济、利用美援物资训练中国军队，以及开辟驼峰航线、修建中印公路等问题拟制详细计划。

此期间，蒋介石同有关将领反复研究史迪威关于训练中国军队的方案。

这个计划对蒋介石也有巨大的吸引力，中国抗日战争在经历近五年全面作战后，部队损失很大，亟须训练新的部队，以提高战斗力。同样重要的是，由美国提供装备训练中国军队，这对在战争中军火工业损失

殆尽，军用物资供应陷于困境的中国政府来说，实在无异于雪中送炭。

但是，蒋介石对史迪威将军的练兵计划也心存疑虑。他担心由美国人训练中国军队，会削弱他对军队的控制权。蒋介石视军权为命根子，他绝对不会允许军权旁落。鉴于缅甸作战的教训，他也特别担心盟国再次利用中国军队为他们的利益火中取栗，使中国军队蒙受损失。

这一天在黄山官邸，蒋介石又与何应钦、商震等人商讨此事。

蒋介石："史迪威提出了一个重新训练部队的大计划，你们看怎么样呀？"

何应钦："史迪威在缅甸打了败仗后，内心觉得对不起委座的信任。从自责的角度，他提出了这个计划，我以为值得重视。"

蒋介石："你是说他想将功补过？"

何应钦："是的。他提出将退到印度的部队，留在印度驻训，本人以为这个办法有可取之处。目前孙立人部队已经到达印度，如果将这些部队运回国内，只有通过空运。这样会挤占向国内运输物资吨位。将他们留在印度，既减少运输的负担，而且可以就地利用美援物资。这是一件很合算的事。史迪威提出打通中印公路，取代滇缅路，很有价值。从长远看，空运难以满足需要，必须打通陆上通道。至于在云南训练部队，只要美国政府愿意提供装备，我觉得也可以接受。"

蒋介石踱着步。他停下，问商震："美国方面对史迪威的计划有什么反应？"

商震："据我们得到的消息，美国陆军部认为，缅甸战场具有决定性意义。马歇尔将军支持史迪威的计划。"

蒋介石："哼，美国人一心一意在欧洲战场对付德国。在亚洲战场，他们必须依靠我们。"

何应钦："既然美国政府支持，史迪威将军的这个计划看来是可行的。"

蒋介石："他早应该这样做了。我看，可以把退到印度的部队留在那里训练。但是有一条，不许史迪威用这支部队为英国人做事。印度正在掀起独立运动，英国人日子不好过。中国军队不能介入印度内部事务，不能给英国当枪使。在云南训练部队的事我们下一步再说。"

6月15日，蒋介石接见了史迪威，宋美龄作陪。他们先后就国军入印官兵如何安置、组织中国战区参谋本部、开辟驼峰航线、组织中国战区空军，及反攻缅甸等5个问题进行商谈。其中，重点讨论第一个问题，即关于如何安置退入印度的中国军队。他们的谈话要点是：

史迪威："关于第一个问题，经本人与美国驻华军事代表团团长马格鲁德将军研究，拟在印度训练中国军队10万人，就地装备美国援助之武器。至于入印之第5军如何安顿，本人尚未获得任何消息。第5军前奉钧座命令回国，后又奉命赴印，目前部队位置和将到达印度的人数究有若干，愧目前皆无以奉告。本人亟欲明了，该军目前所处位置，人数多少，途中归何人指挥？"

蒋介石："我们暂时搁置训练10万军队之计划，先讨论退入印度之第5军问题。我想知道的是，应令该军留驻印度或调回国内？"

史迪威："在解答此问题前，似应先了解该军是否有许多人身染疟疾？如果是这样，将他们调回国内，实属危险。不知该军现在卫生状况如何？"

蒋介石："我们得到的一份报告称，第96师今在葡萄，卫生状况甚佳，且得当地居民善待，第5军其他部队的状况，至今未得到任何报告。"

史迪威："缅北供应不足，不宜长期驻军，他们如果返回国内，恐将恶性疟疾传播，我意拟将该军调至印度气候较佳之地点，将来韦维尔将军率部队入缅作战之时，深盼中国军队亦能参加，即可由该军任之。"

蒋介石："韦维尔将军准备反攻缅甸，当然是我所盼望的事。然而本人对英军此役能否成功，尚不无怀疑。韦维尔将军如果认为英军陆空军之实力，足以完成反攻缅甸任务，我们将调我入印部队返国，另任国内其他战区任务。在此我必须坦诚相告，据我的判断，韦维尔将军的计划，实多有困难。因此我一方面愿乐观英国单独完成反攻缅甸之作战，一方面仍不能不作我方对此役贡献之准备，余意将第5军留在印度，并由美方负责安顿和训练。"

史迪威："钧座认为应由美方完全负责吗？"

蒋介石："我希望由美方完全负责安顿并负统辖之全权。"

史迪威:"根据训练华军10万人之原议,美国方面愿意负训练之全责,配备以在印度可得之大炮等武器,供给以营房及医疗设备,并希望得到升降罢黜军官之全权,凡此各点,都在此前呈报的备忘录中详述。"

宋美龄:"第5军杜军长应如何处置?"

史迪威:"调之返国。"

宋美龄:"第5军其他军官如何处置?"

史迪威:"用考试甄别的方法,择其精良者留印,次劣者调回国内。但军官中或有身染疟疾不能立即返国者,可休养4个月,再行处置。"

蒋介石:"目前应先研究在印第5军之安置问题,如果令其留印,中国政府不愿就此向印度英国当局直接提出交涉。此项任务,应由史将军负责。倘将军无意为此,那么,我宁愿调该军返国,而不愿向英方要求留印。"

史迪威:"本人愿任向英方交涉之责,唯不知交涉之方针如何?"

蒋介石:"我深信第5军有仍归杜军长指挥之必要,一旦杜离该军,该军或有瓦解之虞。至于美方向英方交涉,可用该军留印数月,仍调回本国为辞。"

史迪威:"本人以为华军在印驻扎地点,以加尔各答东北200英里靠近仁溪(Ranchi)之蓝姆迦(Ramga)为最佳。该地在淫雨区之外,卫生环境较好。"

蒋介石:"此事可再商。"

史迪威:"另有一点尚祈明示,未知第5军入印后是否自求供应?"

蒋介石:"杜军长无法自筹供应。"

史迪威:"最好的方法是由英方供应米粮,医药设备又应如何?"

蒋介石:"可由史将军负责办理之,史将军如能派联络参谋在印常驻第5军中,最所切盼。我意最好的方法是第5军仍由史将军统率,将军即以此资格与英方谈判。我会命令杜军长服从将军之指挥,望将军熟加考虑。"

史迪威:"英方托言蓝姆迦营房屋顶败坏,不能拨归华军应用,拟应通知英方,华军留印是暂时性质,且仍归我本人统领。"

蒋介石:"此意甚佳。"

这是蒋介石与史迪威历次谈话中气氛比较融洽的一次。他们对即将退入印度的军队安置和训练的关键性问题，初步达成一致。

重庆嘉陵新村三号，是史迪威将军的官邸。这是一座二层楼中式建筑。

楼顶平台上。史迪威将军披着衣服，

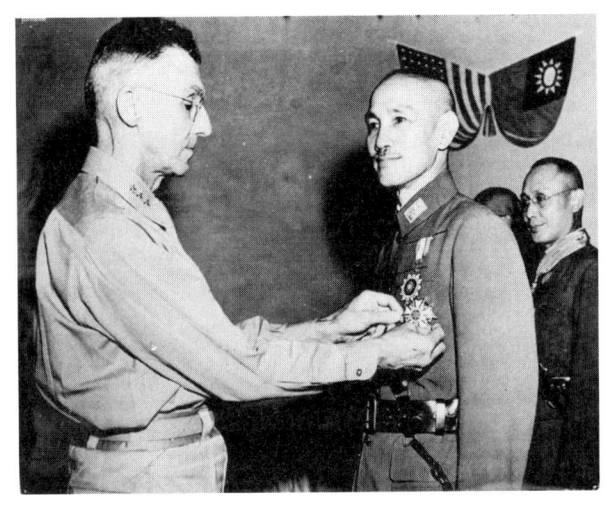

史迪威代表罗斯福总统授予蒋介石"合众国勋章"

坐在藤椅上观赏嘉陵江中的景色。江水穿过峡谷滚滚而来，江中船只往返穿梭，十分繁忙。

这时梅利尔拿着一份电报草稿走上来，请史迪威签发。这是梅利尔根据史迪威的授意起草的致美国陆军部的电报稿，内容是告知陆军部，中国政府原则上接受在印度训练中国军队的方案，并提出请求陆军部准备拨付军火物资的清单。

史迪威浏览了一遍，便签上了自己的名字。他对梅利尔说："这份报告，马歇尔将军会满意的。马上发出去。"

梅利尔："是。将军。"

梅利尔随即叫来机要参谋，吩咐他立即拍发电报。

之后，梅利尔感叹道："关于在印度训练部队的计划，蒋总司令能够乐意接受，真值得庆幸。"

史迪威："他为什么不接受呢？小傻瓜。我在拼命地帮助他，扶助他，他只点个头，好像是对我的一个恩赐。他是上帝吗？见鬼！"

梅利尔："他是接受美援。"

史迪威："对了。"

梅利尔："不管怎么说，他接受了我们的计划，是一个好的开端。"

史迪威:"我们又可以做一些事情了,得赶紧行动起来。"

梅利尔:"要做的事情真不少。"

史迪威:"杜聿明那个狗杂种,不知下落如何?计划在印度训练的部队,还在他手里呢!"

梅利尔:"我们的空军每天都派出飞机,在丛林地区搜索,一直没有发现目标。"

史迪威:"通知空军,继续加强搜索,找到他们!"

第十章　太阳浴血

在日军铁蹄下，缅甸乃至东南亚都在颤抖

缅甸，这个佛塔林立、宝光四射的国度，是充满神秘和玄机的地方。

第二次世界大战的头些年，全世界都在遭难，都在走向衰败，唯独缅甸因为一条滇缅路，在天下大乱中出奇地繁荣起来。而到1942年，缅战爆发，局势急转直下，两三个月的事态发展，再次使全世界目瞪口呆。

维持了118年的英国殖民统治大厦轰然倒塌。

浩浩荡荡而来的中国远征军，如落潮一般，纷纷后退。红彤彤的日本太阳旗照红了全缅甸。

东洋人赶走了西洋人。

红太阳战胜了白太阳。

战败者说，压根没想到败得这么惨。

胜利者说，做梦也没想到胜利会这么快。

缅甸的事情太让人捉摸不透了。

战争的车轮如流星闪电，在缅甸平原和山地、水网和丛林间滚滚飞驰，不仅使处于下风的中英联军疲于奔命，躲闪不及，甚至连稳操胜券的日军也手忙脚乱，应接不暇。

日军指挥部号令频出，朝令夕改。战斗命令中充满了"放胆前进"，"全速攻击"，"尽快缩小包围圈"，"敌军兵力不值得重视"等字眼。各项战斗日程提前，提前，再提前。

从3月8日占领仰光到4月29日占领腊戍，50多天时间里，日军第15军已经向北推进了近800公里。占领腊戍当天，饭田祥二司令官，站

日军第15军司令官饭田祥二在曼德勒

在瓢背城中那座曾经作为杜聿明第5军指挥部的尖顶木楼的阳台上,贪婪的目光紧盯着缅北的大片丛林,发出了一道咄咄逼人的追击令,命令日军将中英联军全歼在缅北地区。

饭田祥二中将有一对鹰隼一般凶狠贪婪的小眼睛和一双棒槌一样坚定有力的短粗腿。他总是站在战场的制高点上俯视一切。一旦他犀利的小眼睛盯上某一目标,就会毫不犹豫地驱动双腿扑向它。

1940年9月,他从法国维希政府手中夺占了越南。1941年12月,他率领第33、第55两个师团,一枪未发,"和平"占领了泰国。1942年3月至4月末,不到两个月,又将缅甸这块相当于日本本土两倍的广大土地踩在铁蹄之下。从吞并泰国到强占缅甸,前前后后只用了4个多月时间,饭田祥二将日本"王道乐土"一下从太平洋扩展到印度洋。

日本天皇应该为饭田中将授勋了。

但是,不。日军大本营认为,中将的目光还不够远大,进攻的步伐还不够坚决。就在饭田中将在瓢背发出追击令的第二天,4月30日,南方军总司令官寺内寿一大将转来大本营的急电:

15军方面果敢的作战指导,值得共庆。大本营希望不失时机,更加扩大战果,确立积极向重庆进攻的姿态。力争在缅甸国境内歼灭敌军,同时,以有力的师团越过国境,向龙陵、腾冲附近怒江一线追击。

日军大本营的视线,这时越过了缅北,也越过了滇西,已经在注视着几千里外的重庆。

饭田祥二中将看了大本营的电报,惊讶得张大了嘴,瞪大了眼睛。可是,他的嘴和眼睛毕竟还不够大。

中英联军的最后抵抗只维持到4月末。4月29日，亚力山大、史迪威、罗卓英和斯利姆等在曼德勒附近的土威坡研究了缅甸战场的形势后，一致决定实行总撤退。

亚力山大终于松了一口气。他当然应该松一口气，他的使命完成了。丘吉尔把他派到缅甸来，就是要让他下达这道命令的。

美国记者贝尔登对英军在缅甸的全部作战日程作了生动准确的概括，他写道："1月，战争的问题是如何从毛淡棉脱身；2月，是如何渡过锡唐河；3月，是如何逃出仰光；4月，是如何撤出仁安羌；而5月初的问题是如何逃回印度。"现在亚力山大已经逐一实现了他的目标。他将作为一名指挥撤退的优秀将领、民族英雄，再次受到大英帝国的奖赏。

日军第15军10万官兵，迈动着同他们的军司令官一样粗短有力的双腿，放胆向北猛追。

已经没有任何力量能够阻挡日军的凌厉攻势。英军迅速脱离战场，他们像兔子一样从曼德勒以西的林间公路中消失。中国远征军则在曼德勒以北的丛林中奔突。唯一能迟滞日军追击的是，沿途遗弃的大批车辆，以及潮水一样四散逃难的人群。道路的严重堵塞，使日军大为恼火，就连机械化快速部队也只好改为步行。

然而，日军的步兵是世界公认的最强悍的队伍。日本人在空中也许战不过苏联，在海上也许打不过美国，但是，他们的步兵在亚洲大陆横行无阻，所向披靡。日本步兵有一双钢铁一样坚实的脚板，别看他们双腿又粗又短，可是威力无比。矮脚虎最利害呢！他们凭着一双铁脚板，踏过中国东三省，踏过卢沟桥，踏过上海、南京，踏过中国半壁河山，然后，踏过越南，踏过泰国、马来西亚、新加坡。整个亚洲大陆都在日军的铁蹄下颤抖。现在，日军在缅北一跺脚，整个缅甸和印度恐怕都要地动山摇了。

日军的铁蹄把缅北的土地踏得咚咚作响，轻易到手的果实让日军官兵欣喜若狂。唯一叫日军痛苦的是军鞋供应不足。昼夜强行军，又是在山地丛林，军鞋磨损得特别快。一对胶鞋顶多能穿两天。即使是蹄子也得给钉掌啊，何况那是肉长的脚板。加上缅甸的夏天，赤日炎炎，大地生烟。石板能烙饼，沙窝可烤蛋。烈日之下，连当地土人也不敢赤脚

走路。

日军官兵叫苦不迭。

有的脚板烫起了大水疱,有的脚后跟蹭掉了一层皮。鞋子破了,只好用麻袋片把脚板包扎起来,有的把裤管撕下一截,裹着脚走路。还有的干脆把布帽套到脚板上。有些地段,日军从柏油路上开过,身后留下一行行斑斑驳驳的血脚印。

部署作战任务,长官问部下需要什么?回答是军鞋。每场战斗结束,论功行赏,最高奖赏也是军鞋。

打扫战场,缴获战利品,日兵拼命争抢的还是军鞋。

一封封十万火急电报打到日军司令部:"军鞋","尽快补充军鞋"。第33师团樱井省三师团长甚至叫苦说:"若不及时补充军鞋,本部战斗行动将推迟一周。"

在仰光后方基地,日军将满载的弹药从汽车上卸下,装上军鞋军袜,紧急向前方输送。

在曼谷机场,日军运输机奉命向缅甸前线紧急空投军鞋。

征服缅甸,日军好像已经不再需要枪支和弹药、战车和大炮,只要有鞋子和袜子就行。

这也算古今战史奇闻吧!

在西路,英军撤出曼德勒后,正沿着加里瓦、百灵庙、铁定,通向印度的公路拼命撤退。这是开战之初英军就为自己备下的一条退路。

为建造这条公路,英军动用了不少部队,还征用数万民工,昼夜施工,拼命赶修。虽是急造公路,但标准并不低,路面8米宽,桥梁能承受20吨的重型坦克,昼夜通车能力为800辆。英军满以为,有这条路,够用了。

没想到,到撤退时,局势大乱,不仅军队撤退,政府机关撤退,还有成千上万难民也在退。人们一齐涌向公路,把路面挤得一塌糊涂,混乱不堪。军人和老百姓、战车和牛车搅在一起,慢慢爬行。

一直在西线作战的日军第33师团,派出荒木支队追击英军。

荒木支队是一只饿狼,4月上旬他们从中国的华中战场匆忙赶来时,缅甸作战最热闹的高潮已经过去,急得荒木少将龇牙咧嘴不知往哪里咬好，现在，樱井省三师团长终于给了他一块肥肉。

5月4日夜间，荒木支队从阿隆出发。荒木少将果然阴险歹毒，一口咬到对手的咽喉。他兵分两路，一路以步兵第213联队和炮兵第33联队为基干，沿公路尾追英军；另派一支水上机动队，分乘40艘炮艇，溯钦敦江而上，直插加里瓦，腰斩英军去路。

英军庞大的车队在公路上缓慢爬行，日军的水上部队却在江面破浪飞驰。5月9日傍晚，日军炮艇驶进加里瓦以南8公里的雪金。黎明时分，日本士兵抢占了雪金公路两侧的山头。在朦胧的晨曦中，日军居高临下，等待着那没有尽头的英军车队蹒跚而来，东洋兵小眼睛笑得更细了。

英军和逃难的百姓争着逃命，根本没想到日军突然降临。山头上，东洋兵枪炮一响，公路立刻乱了营。

逃难的百姓见大事不好，赶紧扔掉腋下的小包袱，离开公路，逃进两侧的丛林。

英军士兵胡乱打了几枪，见无济于事，也连忙跳下汽车，钻进树丛。

刚刚还蚂蚁搬家似的挤满人的公路，转眼间人影全无，只剩各种车辆东倒西歪地摆在路面上，像一条僵死的蛇。

逃进丛林的人们，前头有钦敦江阻隔，屁股后有追兵压迫，进退两难。荒木支队的主力赶到后，开始搜剿扫荡。英军在丛林中左奔右突，东躲西藏。但日军的包围网，像一把无情的笊子，将躲在树丛草莽中的英军一个个"笊"了出来，重新赶回到公路上。

曾暂时被冷落的公路又开始拥挤起来。垂头丧

日军飞机轰炸缅甸梅苗

气、战战兢兢的英军俘虏，在等待日军发落。

荒木少将登上英军的坦克，一脚踩在炮塔上，于是这位矮墩墩的东洋人立时有了顶天立地、压倒一切的气概，他对着黑压压的英国战俘下达命令：

"各人找各人的车辆，各归原位，统统掉头开回去。不然，死了死了的！"

没想到东洋人的命令这样管用，多少天来一直乱哄哄的英军队伍，在荒木少将一声令下，立刻恢复了秩序。不用一刻钟，2000多名英军官兵，各自都找到了自己的车辆，并且规规矩矩、整整齐齐地坐回自己的位置上。

等到荒木少将下达启动的命令，所有的车辆几乎在同一个时间，"呼"地吐出一口黑烟，颤抖着发动了。

在日本军车的引导下，英军车辆乖乖地调头，又一辆挨一辆地往回开，再也看不到争道抢行和拥挤纷乱的情景了。

由500多辆汽车、100多辆炮车和10多辆坦克组成的一支庞大的车队，烟尘滚滚，浩浩荡荡，一路急驰。

乍一看，人们肯定以为这是一支势不可当的钢铁劲旅，是一支冲锋陷阵的进攻行列。怎么可能想到，这是英国人驾驶着自己的战车，在开向俘虏营呢？

日军4月29日攻占腊戍的当天下午，作战有功的第56师团平井和松本两个支队，得到最高奖赏：自由行动至午后18时。于是，日本兵精神大振，狼群一样涌向街道，涌向商店，涌向仓库，涌向当地人的竹楼。几乎每一座房屋内，都有三五成群的日本兵在奸淫掳掠，为所欲为。

夜间，日军搬来仓库里美孚石油公司的石油，浇向街道两边的房屋。霎时，全城火光四起，黑烟滚滚。

腊戍的冲天大火，成了向日本天皇祝寿的烛光。

东洋兵在火光中癫狂。

腊戍在黑烟中哭泣。

当第15军醉心于缅甸胜利的时候，日军大本营作战部作战课长服部卓四郎大佐，从东京飞到仰光，他带来重要信息：在中国境内的遮放，储存有大量援华物资，为使华军不能利用这批军需品，大本营希望一举越过中缅边境，追击至滇西。

4月中旬才从爪哇岛赶到缅甸的坂口支队，承担了滇西追击任务。坂口少将指挥的这支混成步兵团，是穿着草鞋冲上印度尼西亚的爪哇岛的，可是，下岛的时候也都钉上了铁掌。他们靠缴获英军装备，实现了机械化。

现在，坂口支队以装甲车为先导，百余辆汽车运载步兵，在滇缅公路宽敞的柏油路面上向北疾驶。

公路上有不少向北撤退的中国士兵，也有一些来不及退向印度的英国兵。打了败仗的中国兵已经够狼狈的了，英国散兵就更不成体统啦。他们三三两两，稀稀拉拉，垂头耷脑，一路走一路轻装。先扔武器装备：铁锹扔了，背囊扔了，重武器扔了，钢盔也扔了。再精减服装：夹克式上衣太厚，脱了；马裤太长，脱了；皮鞋太重，脱了。最后，有的光着脊背，下身只剩短裤，精减到不能再精减了。

在滇缅公路上，坂口支队与中英军队几乎在进行一场不流血的赛跑。走在前头的中国军队，远远望见日本追兵，赶紧闪进路旁的树林或竹丛，为日军让道。稀里糊涂的英国人看到日军的车队，反倒以为是殿后的中国军队赶到，竖起大拇指，"OK，OK"，胡喊乱叫。

坐在车上的日本兵满不在乎，从公路上呼啸而过，只是偶尔才端起枪，打鸟似的撂倒路边个把散兵寻开心。

畹町桥头，那幅巨大的宣传画还赫然矗立。蒋总司令还是那么威风凛凛地挺立在国境线上，还在挥舞巨臂，指点江山，还在发出"收复缅甸"的响亮号令。

日军的战车轧着畹町大桥，由南向北隆隆开来，桥墩在摇晃，桥面在颤抖。日军铁流势不可当，滚滚向前，越过大桥中心，也越过那条曾经是神圣不可侵犯的国境线，开上中国的土地。

首先遭到蹂躏的是桥北的那幅宣传画。蒋介石的巨大画像在日军战车的履带下化为齑粉。连总司令都没来得及撤退啊！

畹町市内已是一片大火，那是中国军队焚烧没能运走的军用物资，瑞丽江北岸的高地还有几百名散兵来不及逃走，他们曾以为大难临头。但日军睬也不睬便越过畹町市区，继续北进。日本人胃口大如海。坂口支队 5 月 3 日通过畹町、遮放，5 月 4 日越过芒市、龙陵，5 月 5 日，已经兵临怒江的惠通桥头。只要跨过惠通桥，下一步就是保山、昆明……

占领者的脚步把滇西踩得摇摇晃晃。重庆在震颤。

蒋介石急忙调兵遣将，挽救危局。

5 月 5 日上午 10 时，宋希濂部第 71 军之第 36 师从祥云赶到惠通桥东岸。此时，日军先头部队约 500 人已经通过了惠通桥，占据北岸高地。敌人后续部队源源不断而来。

惠通桥已乱成一锅粥，桥面上挤满了人和车，有中国人，也有日本人，有中国车，也有日本车，敌我双方一齐挤上狭窄的桥面，争道抢行，不时有车辆从桥面掉入江中。悬吊桥面的巨大钢缆被压得咝咝冒烟。

被炸毁前的惠通桥

系千钧于一发！

第 36 师一时难以控制局面。工兵指挥官马崇六见情况危急，当机立断，下令炸桥。

随着轰隆隆的爆炸声，挤在桥面上敌我双方几十辆汽车和几百名士兵，与吊桥一起栽进怒江激流中。

侵略者的铁蹄，终于在怒江南岸被遏制。

战场的温度还没有完全降下，硝烟也没有全部散去，日军就开始清点他们的战利品，并对这次战役进行评估。1942 年 6 月，日军第 15 军司令部根据缴获文件和他们自己掌握的战场数据，向大本营提交了如下一份战果统计资料：

一、交战各方投入兵力

1. 英印缅军

战前驻在缅甸的兵力

英军2个营

印度军3个营

缅甸军23个营

作战期间从印度和埃及增援兵力

英军步兵3个营坦克2个连

印度军步兵12个营野山炮9个连

总计兵力

步兵43个营

坦克2个连

炮兵9个连

共45000人

2. 中国远征军

第5军

第200师、新编第22师、第96师

第6军

暂编第55师、第49师、第93师

第66军

新编第28师、新编第29师、新编第38师

每师约11000人，共约10万人

由云南增援部队

第71军

第36师、第88师、预备第2师

3. 日军第15军投入兵力

第33师团

第55师团

第56师团

第18师团

第5飞行集团（师团）

共约 10 万人

二、综合战果

1. 中英军

遗弃尸体 27454 具

被俘 4918 人

被缴坦克 270 辆

被缴装甲车 134 辆

被缴火炮 104 门

被缴机车 333 台

被缴客、货车厢 6000 节

被缴汽车 7383 辆

被缴牵引车 388 辆

2. 日军

战死军官 141 人士兵 1755 人计 1896 人

因伤致死军官 5 人士兵 98 人计 103 人

其他原因死亡军官 11 人士兵 421 人计 432 人

总计死亡 2431 人

三、日军参战部队作战距离、作战天数、行军速度、交战次数

第 33 师团

作战天数 127 天（自 1 月 24 日至 5 月 30 日）

作战距离 2500 公里（每日平均 19.7 公里）

交战次数（大队以上，下同）34 次

第 56 师团

作战天数 43 天（自 3 月 27 日至 5 月 8 日）

作战距离 1647 公里（日平均 38.3 公里）

交战次数 37 次

坂口支队（配属第56师团）

作战天数14天（4月22日至5月5日）

作战距离1540公里（日平均110公里）

交战次数7次

第55师团

作战天数159天（自1月3日至6月10日）

作战距离2533公里（日平均15.9公里）

交战次数50次

第18师团

作战天数34天（自4月8日至5月11日）

作战距离971公里（日平均28.6公里）

交战次数18次

附注：

第33师团步兵第215联队（原田联队），在攻占仰光期间，一日徒步行军突破80公里。

第56师团由吐昌（缅甸）至拉孟（云南松山）之间挺进速度日平均51.2公里。

这是一份令日军引以为傲的成绩单，也是一张令中英军队无比汗颜的账单。

占领仰光，"皇军"兽性大发

当中国远征军官兵们在野人山痛苦挣扎的时候，日本太阳旗把全缅甸照得一片通红。

突如其来的胜利使日军官兵如醉如狂。他们是占领者，在付出血的

代价之后,现在是索取的时候了。缅甸这只美丽的孔雀已经到了他们手里。仰光的大金塔,仁安羌的石油,鲍德温的铝矿,孟关的宝石,滇缅路上的物资,还有温顺驯服的女人,全是他们的了。

日军攻占仰光后在市政厅前狂欢

日本军队是一支劣迹昭彰的疯狂军队,是从"潘多拉"盒子里放出来的魔怪。歇斯底里式的疯狂,使全世界为之震惊。这不仅仅表现在战场上横扫一切、征服一切的武士道精神,尤其表现在战火平息后,主宰一切、占有一切的强烈欲望。征服欲与占有欲两团邪火,把日军烧得片刻不宁。征服是为了占有。因此,征服后的占有,更能表现出日军的精神本质。看看中国沦陷区的悲惨景象,看看南京城下血海尸山,看看马来西亚、新加坡陷落后的遭遇,你就知道什么叫日本"皇军",你就知道"皇军"在缅甸会干什么!

在占领平满纳的那个晚上,在一处空地中央点燃一堆大火。四周站着一排日兵。日兵手中的刺刀在火光映照下闪着寒光。几只狼犬狂吠。一群百姓被挤在场地一角,脸上露出惊恐的神情。一位日本军官坐在一旁,手里拄着一柄战刀。一队日兵将抓到的几名中国战俘押了上来。日兵将俘虏塞进一个大竹笼。日兵往竹笼上浇汽油。一个日兵从火堆中抽出一支燃烧着的柴火，将竹笼引燃。俘虏在笼中挣扎、号叫。竹笼在地上翻滚。火越烧越大，火苗越蹿越高。日兵狰狞的嘴脸。闪光的枪刺。日军军官看着眼前的情景，脸上流露出满足感。竹笼中的俘虏的喊声越来越小。火苗越蹿越高。

饭田祥二司令官是了解他的部下的。攻下缅甸后，城乡市井到处张贴着司令官签署的布告：

驻缅甸日军行动受世界之注目，军规必须严正。

但是，日军士兵们也了解司令官，布告贴在街道路口，那是给老百姓看的。士兵们该干什么，还干什么。

因为英军不加抵抗就匆忙撤退，仰光没有经过战火蹂躏就落入日军之手。仰光过去就是一座美丽的海港城市，近年因为滇缅路刺激，更加繁荣起来。仰光河两岸高楼林立，鳞次栉比。市中心的老陋区店铺集中，商品琳琅满目。绿绮湖畔，波光点点，树木成行，景色宜人。最为壮观的是城内的瑞大光宝塔。主塔高达100米，塔身由青砖砌筑，外表镶贴着8000多块金箔。塔顶由宝伞和金球组成，宝伞重达一吨，金球上镶嵌着红宝石、蓝宝石数千颗。阳光下，整个塔身金光万道，炫人眼目。悬挂在宝塔四周众多的小金铃、小银铃，在微风摇曳下，叮叮唥唥，清脆悦耳，好似绝妙的古典音乐。

战前，南洋华侨慰劳团团长潘国渠先生沿滇缅路南下，来到仰光，放眼港城绚丽风光，不禁诗兴大作，吟成七律一首：

水光潋滟草凄迷，
绿绮湖边万里堤，
好是晚风熏客醉，
归鸦万点夕阳西。

现在，日本兵占领仰光，好似搂着一个顶好顶好的花姑娘。东洋人醉了。

日本兵首先冲进商店。仰光的商店太丰富了，美国香烟、法国罐头、英国茶叶、澳大利亚牛肉干、中国丝绸、瑞士手表、印度棉布、缅甸珠宝,还有日本的和服,全世界最有名气的商品几乎都有。日本兵傻眼了,简直不知道拿什么好。他们用枪托砸破柜台,用手榴弹炸开仓库,拼命往裤兜、衣兜、背包里装东西。东洋兵笨重的翻毛皮靴在堆积如山的香烟、糖果、布匹上踩来踩去,被打翻的罐头瓶满地乱滚,啤酒从仓库一直流到街道上。有的日本兵手腕上套上四五只手表,10个手指头都套上金戒指。有的腋下夹了一条中国大前门香烟,但是看到更高级的美国三炮台牌,便扔掉"大前门",伸手去拿"三炮台"。

他们什么都想要,香烟、啤酒、茶叶、糖果、打火机、鞋、袜,甚至女人的乳罩。有个日本兵拎了两副乳罩,左看右看,舍不得扔,向同伴嘿嘿地笑着说:"这东西作绷带顶好。"但日本兵终究背不了像小山一样的各种货物。拿不走的东西,就毁灭它。他们往茶叶上撒尿,把啤酒倒进香烟里。几个兽兵闯进一座竹楼,将屋里的男人杀死,把藏在床底的女人拖出来,扒去衣服,轮番强暴。

这都是些小打小闹的日本兵。军官们对这不感兴趣。他们手里有司令部发下来的一大摞一大摞的接收条。看上了什么,往上一贴,东西就归他。他们占领了哪座楼房,连同楼内的女人都归他们了。

军官们先弄汽车。汽车有的是。英军和英国政府官员撤离时,将5000多辆汽车遗弃在仰光。什么牌号都有。从老式的奥斯汀到最新式的雪佛莱。专门跑滇缅路的重庆西南运输处也在仰光扔下1000多辆美国大卡车。

日本军官在街道上挑挑拣拣,选中哪一辆,把接收条往挡风玻璃上一贴,他就开走了,要几辆都行。在街上巡逻的日本宪兵,只要看见盖有司令部小蓝戳子的接收条,就"叭"的一个立正,放行。

有了汽车,军官们就去接收房子。手续也简单。看上哪幢房子,往门口立块木牌,房子就算有了新主人。仰光最豪华的建筑全在绿绮湖和维多利亚湖附近的英国人住宅区。现在,都理所当然地成了日本军官们的私邸。

甚至有人把接收条贴到仰光瑞大光宝塔的塔座上。这块属于佛爷的神圣之地,日本人也要把铁蹄踏进来。日军欲壑难填,到处贴接收条,盖蓝戳,他们恨不得把一切有用之物都打上日本的印记,恨不得把整个缅甸据为己有。

在仰光市乌因卡巴路18号的豪华别墅里，几位光着膀子的日本人，正在阳台上一边喝着罐装啤酒，抽着三炮台牌香烟，一边海阔天空地聊着各自的见闻。

这是英国官员的私邸，气派的欧式建筑。二层楼房，尖尖的屋顶，前面有绿茵茵的草坪，屋后有大片柚树林。站在阳台上，视线越过绿绮湖，可以望见大金塔。英国人他妈的真会享福！室内大吊灯、落地扇、木地板、弹簧床，二楼还有双人浴池。英国人逃走时，电冰箱里还塞满火腿、香肠、牛排、面包。院子里还停着一辆罗斯罗埃斯牌卧车。据说，这位英国房东是坐着越野吉普车逃走的。罗斯罗埃斯牌汽车豪华、舒适，但不适合越野逃亡，是专为胜利者设计的，所以，它留给了日本人。

新接管了这座住宅的是日军几位随军记者。他们随先遣部队，坐着大卡车入城后，立即开始跑马圈地式接收。在班都拉广场，他们先接收了一辆老式"奥斯汀"汽车。之后，在仰光河畔国会大厦附近，他们看中了一幢办公楼，门口贴上接收条，插上木牌，写上各自报社的名字，并插上社旗。这楼就成了他们的新社址。然后寻找住所。他们在市内兜了一大圈，最后，才在绿绮湖边看中了这座别墅。

美中不足的是，英国人撤退时，把电厂炸毁，吊灯、风扇、冰箱，不能享受。仰光的夏天，又如此闷热难当，他们只好把晚餐摆到阳台上。

空啤酒罐已经堆了一大堆，个个周身汗水涔涔，连裤衩都湿了。可是，酒还在喝。

华军和英军被赶进丛林，缅甸战场已经沉寂，战争已经没有什么谈资。饭桌酒席上，他们需要有点花边新闻、小噱头这类东西轻松轻松。

这可都是些说假话、写假报道、拍假照片的专家，造谣公司的经理、伙计们。他们之中有的参与炮制七七事变时日军一名军曹在宛平城下失踪的弥天谎言；有的在日军攻占香港时，到处散发传单，贼喊捉贼地说，"该是推翻鸦片战争以来英国对香港统治的时候啦"，"推翻暴虐的英国，解放中国人民的日子到了"；有的在日军强占越南时，用刺刀强迫村民在村口列队欢迎"皇军"，拍成"老百姓举着太阳旗欢迎皇军"的假照片。

但是,今天他们在酒桌边约好了,闭上说假话的嘴,都说真话,说说各人到缅甸后干的最见不得人的事。

说就说。

这个说在一座竹楼放过一把火,那个说在缅寺的井里撒了一泡尿。有人说,他"处分"过华侨商人,敲下他的大金牙。又有人说,他曾躲在仰光河边的竹林里,偷看缅甸女人下河洗澡。还有人说,他把英国女人的尼龙裤衩套在身上,弄得整夜做噩梦。

一个比一个坏。

每人说后照例是一阵哈哈大笑,一阵"叮叮咣咣"干杯。

酒已经喝了不少,话越说越多。各人把自己的丑事说完,不过瘾,又说自己最惬意的事。

"进入仰光那天,我爬上大金塔,把古钟敲了三下。"《每日新闻》的一位记者用沙哑的声音说。

"攻下曼德勒后,放假两天,头一天,我刺破了五个处女膜,嘿嘿!"《读卖新闻》那位专拍假照片的摄影记者,说完还做了个猥琐的动作。

"前天,敝人搞到个缅甸女人,睡觉时,她把头发缠到我的脖子上,挠得我浑身酥麻,舒服极了。"仰光新闻社的O君得意洋洋地说。

"你们说得都不够刺激,听我的吧,"朝日新闻社的长着一对金鱼眼的A君呷了口酒,骄傲地说,"我寻到了英国金发女郎,胸脯老高老高的,躺上去就像睡弹簧床。我感觉征服白人比征服黄种人更痛快。"

已经是二更天,夜雾在四周弥漫,月光朦胧,像女人送来的秋波。即使是操守很严的斯文人,也常常经不住月光的诱惑,何况是一群开了戒的日本军人。酒喝了这么多,话又说得这样放纵,人人心中都烧起一把邪火。他们似乎都感觉到,今晚的事情不能到此为止。必须有一盆凉水,才能将心中烈火浇灭。

这时,年长点、有点结巴的读卖新闻社报道组长D君,说出了大家的心里话:

"惬意的事,说100件,不如干1件。今晚,我们'扫荡残敌',怎么样?"

"扫荡残敌"是句黑话,就是搞女人。

"顶好，立即出动。"

日本记者们推开酒杯，披上衣服，打着趔趄，坐上那辆罗斯罗埃斯黑色卧车，出发了。

据领头的 D 君自己回忆，那一夜"扫荡残敌"也不怎么惬意，他记得，走进了一户人家，里面有四五个女人，每人便带了一个出去。他跟在一个女人后面。她像日本人似的穿着木屐。到了一座寺院的走廊，在那儿铺上一张像席子一样的东西，月光照进来，那个女人的脸显得非常苍白……而 D 君印象最深的是，膝盖在板条间硌得生疼，差一点没把皮给蹭破了。后来，他懊丧地对同伴说："与其那样，还不如在床上或蒲团上呢。"

日军傀儡政府挂牌，缅甸百姓痛哭流涕

乌因卡巴路 18 号，不仅是日军新闻中心，同时也是阴谋中心。从这里进进出出的人各色各样，有日本将军，有缅甸宗教头人，有仰光社会名流，也有一些行踪诡秘、成天戴着假面具的家伙。

常客中有一位肥肥胖胖，有一副慈祥善良外表的人物。他总是穿着一件缅甸男子喜爱的筒裙，腰间挽一个结，上身是白布对襟短褂，头上缠着一块白头巾，打着赤脚，手里忽扇忽扇一把大蒲扇。他总是夜里来，夜里去。一进门，先上二楼浴室洗个澡，端上一杯威士忌，到阳台和记者们嘀嘀咕咕，交头接耳。酒后，他绝不和记者们出去"扫荡残敌"。因为在缅甸，他不是一个凡人，而是至尊至善、救苦救难的神。

他是谁？

在缅甸佛教徒面前，他骑着白马，自称是前来拯救缅甸的博莫乔将军。在一般村民跟前，他又冒充缅甸王室的后裔。他的真实面目，只有少数日本人清楚，他是日军参谋本部部附铃木敬司大佐。

一个从头到脚、从里到外、阴险诡异的神秘人物。

1940 年，日本参谋本部为中国战场煞费苦心。国民党军队虽然败退至西南一隅，但是依靠美国输血打气，仍在坚持抗战。滇缅路成了日军

眼中钉、肉中刺。当时，日军正热衷于太平洋作战，要想用武力封锁滇缅路，深感兵力不足。于是，决定施展阴谋。

同年3月，阴谋专家、日军参谋本部铃木敬司大佐接到秘密指示，研究在缅甸开展民族"独立"活动，颠覆英国殖民统治，建立由日本人控制的伪政权，以达到切断滇缅路的目的。6月，铃木大佐冒充读卖新闻社记者飞往仰光，侦察滇缅路现状及缅甸国内情况。铃木大佐在日本僧人永井行慈帮助下，与缅甸独立运动领导人秘密接头。当时，大英帝国大厦摇摇欲坠，缅甸独立运动如地火潜行，即将喷薄而出。铃木敬司心怀叵测，巧言令色，乘机进言：由日本帮助缅甸，推翻英国殖民统治，实行独立。

双方一拍即合。

铃木大佐的阴谋很快有了腹稿：利用缅甸独立运动，发展成武装暴动局势，达到切断滇缅路之目的。

一笔无本生意。

由此引发了一个恶毒的战略构想——日本不用一兵一卒，既可利用缅甸人打击英国、封锁中国，同时还可利用缅甸"独立"刺激印度。如果印度也和缅甸一样摆脱英国的控制，投进日本的怀抱，那么日军就可以不费吹灰之力，越过南亚，在中东地区与德军会师。这一天到来的时候，世界局势将彻底改观。

1941年1月，日本参谋本部设立了专门策划缅甸"独立"的南机关。铃木为机关长。2月，南机关人员以曼谷为基地，对缅甸进行阴谋活动。夏天，南机关特务策动30名缅甸独立运动骨干分子潜出缅甸，送到台湾和海南岛，接受日军训练。铃木大佐计划，一旦时机成熟，就把他们派回缅甸，组织民众，把缅甸闹个天翻地覆。

太平洋战争爆发后，日军的攻击能力达到了登峰造极的地步，连日本人自己也没想到，不到3个月，日军连下中国香港、马来西亚、新加坡、印度尼西亚以及太平洋上许多重要岛屿。日本为进行太平洋战争而编成南方面军共11个师团，在实战中绰绰有余。日本陆军颇感英雄无用武之地。他们认为已经有能力以武力封锁滇缅路了。

1941年12月11日，日军大本营决定以武力进攻缅甸，同时兼施谋略策反，双管齐下，一鼓作气，攻占全缅。大本营认为，占领缅甸对中国战场和未来印度战场有重大意义。此外，缅甸鲍德温铝矿、仁安羌石油及缅甸的大米，对亚洲战场至关重要。

日本的战略目标是以缅甸作跳板和战略资源地，向中国和印度进攻，最后独霸包括缅甸、印度在内的整个亚洲。但是，12月17日，铃木大佐在曼谷召集缅甸独立运动"30同志"开会时，却对他们慷慨陈词：

"缅甸老百姓在英国人的殖民统治下，痛苦生活了100多年，现在是清算白人的时候了。日本与缅甸同种同族，共存共荣。大日本帝国绝不允许白种人继续统治缅甸，一定要还给你们一个独立的缅甸。"

"独立的缅甸"，像一个美好的梦，一直日夜萦绕在德钦党人的心头，而今，听说梦要实现了，他们立刻热血沸腾。

"该是行动的时候了。"铃木敬司命令说。

于是，不明真相的"30同志"，歃血为盟，发誓为缅甸独立而战。之后该他们打起独立斗争的孔雀旗，离开曼谷，向仰光进发了。

缅甸老百姓恨透了英国人。1824年，英国不宣而战，突然出兵占领缅甸。马克思曾指责说："英国在东方进行的历次征战，哪一次也比不上征伐缅甸这样师出无名。"自那时起，善良的缅甸百姓便在英国统治下痛苦呻吟。印度已经是英国殖民地，从1886年至1937年，英国却把缅甸作为印度的一个省，这样缅甸就沦为殖民地的殖民地。缅甸百姓受到英国殖民者和印度地主的双重剥削。缅甸出产的大米60%被运往国外。英国官员甚至亵渎佛塔、浮屠和佛像，或棒打，或脚踢，乃至尿淋。有的官吏竟在村民饮水罐中洗脚。缅甸百姓不堪殖民统治，1930年组织咖咙会起义抗英，惨遭失败。1932年，以德钦弥亚为首成立了秘密组织，开展反英地下斗争。

缅甸布满干柴，一有火星就会燃起抗英斗争熊熊大火。

所以，当那面象征独立的孔雀旗在缅甸蓝湛湛的天空飘扬时，全缅甸立刻沸腾了。在缅甸，没有什么比孔雀更具有象征意义和号召力；没有什么比这面绣着绿孔雀的大旗更能唤起民众为自由独立而斗争的热忱。

孔雀旗就是一把火炬，举到哪里，哪里就燃起斗争的冲天大火。

孔雀旗就是一支巨桨，挥向哪里，哪里就卷起反英的汹涌波涛。

"赶走万恶的英国人，缅甸独立的时刻到了。"

"日军是援助缅甸独立的。"

缅甸百姓把独立看得比生命重要,但他们太善良了。

打着孔雀旗的缅甸民族运动先驱分子,一路走,一路宣传。所到之处群情激奋。青年农民们纷纷放下锄头,拿起枪杆,加入独立义勇军的队列。

离曼谷时,孔雀旗下一共只有三十来人,越过泰缅边境,增加到190人,而进入缅甸港口毛淡棉,已经扩展为一支拥有5000多人的队伍。

3月上旬,缅甸独立义勇军作为日军的先导,由毛淡棉向仰光进军。这支农民的军队,举着从英军手里抢夺的枪支,驾着数百辆牛车,"吱吱"作响地向北而去。一路风烟滚滚,尘土飞扬,浩浩荡荡。

英军侦察飞机竟将牛车队误以为是日军庞大的坦克部队开来。仰光守军因此不战而退。

占领仰光后,缅甸群情振奋,独立义勇军官兵们更是欣喜若狂,以为民族独立指日可待。缅甸百姓笃信神灵,现在关于骑白马的"博莫乔"将军的种种神话,传得更玄乎了。白马将军每经过一地,百姓们在村口匍匐于地,迎接神仙降临。

在香烟缭绕,祷声如潮中,每当看到芸芸众生诚惶诚恐的样子,"博莫乔"将军本人,那位一边吃着人间香火,一边拿着日军参谋本部薪饷的铃木大佐,总是在心里说:徒儿们,你可知道我是哪洞神仙?

3月25日,一万多名缅甸独立义勇军官兵在仰光运动场举行盛大阅兵式,并誓师"北伐"。关于那次集会的盛况以及"博莫乔"将军的神威,《读卖新闻》刊载了驻仰光记者,那位在走廊里让木板条把膝盖硌得生疼的D君写的一篇歪曲民意的报道:

从早晨起,身着短袖衫、短裤制服的义勇军队伍沐浴在南国阳光下,排着整齐的队伍入场。队伍中混杂着腰缠隆基(腰带)光着脚的青年,胡子蓬乱穿一件衬衣的年轻农民,还有少年。他们肩扛从英国兵那儿缴来的枪支,齐步走过体育场的草坪。中午12点半,阅兵时间到了,神采奕奕地骑在白马上的"博莫乔"将军出现了,全场响起暴风雨般的掌声。阅兵开始,分列式踩着鼓点步调一致地进行着,"博莫乔"将军的军刀在阳光下闪闪发光。阅兵式结束时，看台上出现五个身着盛装的美丽的缅甸妇女，为首的妇女捧着金冠，第二个妇女把插满白色小花的首饰放在银盘上。她们把在佛像前盛开的神圣的鲜花捧献给民族解放的英雄。"博莫乔"将军接受了这一首饰后站在坛上，挥手响应民众的欢呼。大阅兵式结束了，义勇军各部队也将随即奔赴前线，为完成缅甸的"北伐"，他们踏着雄健的步伐开始北上。

此后，"博莫乔"将军指挥的独立义勇军配合日军作战，孔雀旗与太阳旗在缅甸上空一起飘扬。

由于有独立义勇军的配合，日军在缅甸的作战出乎意料地顺利进行。但是，对缅甸的占领越顺利，日军就越是"忘记"了自己的诺言。

在攻占缅甸南部的土瓦时，缅甸独立运动领导人去找铃木，要求宣布缅甸独立。日本人回答："等打下毛淡棉再说吧。"打下毛淡棉，日本人说："到仰光再宣布。"拿下仰光，日本人说："等攻下全缅甸，就给你们独立。"

现在，全缅甸都到手了，英国人全跑了，该是缅甸独立的时候了吧！

1942年6月初的一天，饭田祥二司令官有重要决定宣布，独立义勇军的将领们及缅甸各派领袖被请进在仰光的日军总司令部。

司令部门口气氛异常，哨兵荷枪实弹，如临大敌，门外还摆着两辆装甲车。

缅甸人感到事情有点不妙，连大气也不敢出，一个个垂着头，从日本哨兵的刺刀尖下通过，进入阴森森的日军总司令部。

他们被引导到一个狭窄的小会议厅里，等待日军司令官召见。足足等了半个小时，饭田祥二司令官才从侧门走了进来。饭田个头不高，但威气逼人，一撮得意的小胡子，一双凶狠的红眼睛。沉重的皮靴把地板踏得"咚咚"响，一把军刀寒光四射。缅甸人过去领教过英国人的威风，白人摆臭架子，骄横跋扈，目空无人，其实那是蒜瓣，没啥了不起。而眼前这位干瘪的日本人，才是一颗小辣椒，辣到你骨头里！

饭田祥二司令官朝在场的缅甸人点点头，开始讲话。

"诸位。"刚一开口，饭田祥二神经质似的用军刀往地板上使劲一戳，

在场的缅甸人不由心头一紧。接着就听到饭田祥二宣布缅甸的命运：

"鉴于战争已经结束，在缅甸建立政权时机成熟，奉天皇陛下旨意，决定在缅甸成立日本军管政府，忠实秉承帝国之意图施政。地方权力可由过去英国人建立的行政机构行使，但必须接受日军司令部监督。"

马上有人"啊呀"叫了一声，接着是死一样的寂静。

为了避免任何误解，饭田祥二进一步声明："在战争期间，给缅甸独立是办不到和不可思议的事情。你们的命运取决于日本的胜利。战争胜利结束以后，缅甸将获得自由。缅甸必须准备长期战争，并为战争动员一切资源。危及军事的努力或者拒绝协助满足军事需要的人，将由军事当局严加惩处。"

这就是缅甸的"独立"！

缅甸独立义勇军的将领们顿时全慌了神，他们开始四处寻找发誓要给缅甸独立并订有"君子协定"的骑白马的"博莫乔"将军。然而，白马将军已经从缅甸的土地上消失，他正坐着飞机往东京飞去，准备接受日军大本营赋予的新使命。

日军卵翼下的傀儡——缅甸中央行政机关筹备委员会的招牌，堂而皇之地挂了出来。那位英国统治时期曾担任过伪总理的巴莫博士，被日军从监狱放了出来，官复原职，又一次当上了缅甸日军傀儡政府的首脑。甘愿做帝国主义走狗的巴莫的复出，给缅甸百姓当头一棒。

缅甸的僧侣和民众痛哭流涕：

这不和英国统治时期完全一样了吗？

不一样！

日本人比英国人更加残酷，更加歹毒，更加懂得如何榨取殖民地人民的骨髓。

日军官兵开始露出本来面目。他们抢劫国家和私人财产，闯入居民的住宅和佛塔，见什么都拿，想干什么就干什么，稍有反抗，格杀勿论。

日本军队为所欲为，日本资本家也无孔不入。他们跟在战车后面，大批涌入缅甸。他们一声不响就没收了英国人的财产。缅甸出产的大米、石油、铝矿、牲畜、宝石，凡是能运走的东西都运走。在仰光，日本人办的商店、饭馆、妓院纷纷开业。

到 8 月，日本占领军宣布撤销缅甸独立义勇军，狂热一时的义勇军官兵被遣散回家。他们放下枪杆子，重新拿起锄头、斧头和铁镐，为日本占领者生产大米，砍伐柚木，挖掘矿石。同时，缅甸老百姓还必须为每个在缅甸战死的日本人支付赔偿费 3000 卢比。

独立义勇军的孔雀旗被取缔。在义勇军的总部，缅甸将领们含着热泪，亲手降下孔雀旗。他们这时才发现，当初铃木敬司交给他们的这面旗帜，上面赫然印着"昭和十六年日军大本营监制"字样。

缅甸人一下全明白了。

日本人喜欢孔雀，因为它不像咖咙鸟，有一双捕食毒虫的利爪；也不像雄鹰，有两支搏击长空的翅膀。它徒有一身漂亮的羽毛，只能关在铁笼里，供人消遣。

孔雀旗被抛进伊洛瓦底江。混浊的江水载着一个民族的耻辱，流向远处。

只有血红血红的太阳旗，在缅甸土地上骄傲地飘扬。

中国远征军缅甸、滇西抗战秘录

第十一章　野性野人山

野人山里文明与野蛮的冲突

覆盖在缅甸北部，绵延而至中国云南、西藏，以及印度阿萨姆邦的这片热带丛林，纵横千里，浩浩渺渺，地老天荒，是地球上的黑三角。

一切保持着混沌未开的原始状态。躯干高大的乔木，枝杈丛生的灌木，低矮的草本植物，加上专门横向生长的攀蔓附生植物，把整个丛林交织在一起，难分难解。千年古树，百年老藤，还有一年一茬的无名花草，自生自灭，各领风骚。

那一棵参天大树，矗立林中，你别碰它！它早已腐朽，一阵风来，也许就会轰然倒地。那一根枯藤，横在眼前，你别抓它，也许那是一条巨蟒！那里有一丛鲜花，你别摘它，旁边也许就有一个陷阱！

野蛮得到充分的展示和延伸，弱肉强食、优胜劣汰在这片热带丛林里表现得极为单纯而残酷。高大的乔木霸占了高空，独享阳光雨露，将灌木和草莽永远压在低层，不见天日。而一些寄生的植物，则把自己的根系扎入大树的躯干里，不断吸吮它的气血和养分。有的藤萝可以把一株参天大树活活勒死。食草类动物大口大口地吞吃野草树叶，而他们的尸骨终究又成了草木的肥料。有一种形似口袋的羊齿类植物，竟能将落入袋内的爬虫消化吸收。

动物之间的相互屠杀，更是残酷无情。林中蝙蝠为何长得又肥又大？你知道它曾吞噬了多少蚊蚋？而蚊蚋靠吸吮牛马身上的鲜血，也曾把自己喂得像小蜻蜓那么大。甚至连最没有本事的蚂蚁，也能在其他动物身上咬出红包。黄褐相间，鲜丽异常，虽无毒，但力大无比的蟒蛇，可以把一匹野牛绞死。而臭名昭著的眼镜蛇，不动声色，靠喷射毒液，致敌死命。狮子则养尊处优，很少自己动手，专等别人捕到猎物，它才上前连唬带吓，把别人嘴边的食物抢夺过来。

丛林中，还可看到老虎与大象惊心动魄的搏斗场面。老虎凶狠残暴，声威并重，号称"林中之王"，无人敢捋其须。而大象身躯高大，力举千钧，倒拔大树，横冲直撞，所向披靡。虎有利爪，大象有巨鼻。虎下利爪，大象身上就要少一块肉。大象伸展巨鼻，卷住虎腹，就要把它摔个半死。每次搏斗，往往两败俱伤，血肉模糊。

野蛮的生存竞争总是血淋淋的。文明在此遭到无情的扼杀和剥夺。丛林中也有人类。但是，他们刀耕火种，茹毛饮血，赤身裸体，被称为"野人"。野人的居住十分简陋。选一棵大树作依托，打下几根木桩，架上竹排，算是房子的地板。四周围上草帘，就是墙。门口斜搭一根树干，树干上砍出道道深槽，就是上下的梯子。整个房屋从外看去，千脚落地，乱草蓬蓬，像搭在树上的鸟巢。野人身材矮小，强悍结实，通体黝黑。男性仅用一片草帘或兽皮遮丑。女人下身也仅系一件小草裙。

要是查族谱，野人属缅北克钦族。由于久居深山，与外界隔绝，他们没有文字，语言简单、难懂，其文明程度尚处于钻木取火、结绳记事的远古时代。

中国远征军官兵败走野人山，这些拥有20世纪文明，用美式先进武器装备的现代人，一下跌进混沌的蛮荒世界，回到人类远祖生活的地方。

于是文明人与野蛮人便在同一片山林，同一缕阳光下，同一团空气中共同生活。

他们能和谐相处吗？

野人是什么样儿？进山以后，中国官兵们绝少见到野人行踪。偶尔，找到野人的山寨或零零星星的草屋，他们也早已逃之夭夭。文明人便从那鸟巢式房屋内的石刀、石斧、石桌、石凳、木盘、竹碗等笨拙肮脏的日常用品，断定他们就是野人。他们比原始人仅仅多迈了一步：将自己的窝从山洞搬到树上。

间或，文明人看到挂在屋檐下圆咕隆冬、白森森的骷髅，更是惊骇不已：野人果然是会吃人肉的。

文明人对野蛮人由恐惧而蔑视：野人不可以同现代人相提并论，他们是用两条腿走路的动物。

可是，文明人的优越感没能维持多久。

时光在慢慢地流逝，文明人的处境每况愈下。没有吃的，没有喝的，衣服破了没有换的，晚上睡觉没有铺盖，病无医药，死无人埋。饥饿、疾病、死亡笼罩着丛林，吞噬着每个人的灵魂和肉体。

风雨黄昏，一些文明人如能幸运地钻进野人居住的高脚屋，围着火塘，呼呼入睡，或者更幸运一些，能从野人留下的竹篮、木碗里找到一截苞米，从火堆里扒出一只煨熟的地瓜，开始狼吞虎咽的时候，他们就会悲哀地感到：

现在，我们连野人都不如！

败退的中国远征军士兵在丛林中艰难跋涉

于是，文明人开始模仿野蛮人，学习丛林中求生的本领，掌握蒙昧世界中待人处世的法则。脱下文明的外衣，摒弃文明世界中规范人类行为的种种戒律，潜存于文明人灵魂中、肉体里的野性，便像一团烈火熊熊燃烧起来，从而实现了野性的复归。

人们惊异地发现，人类由蒙昧走向开化，由野蛮步入文明，每一步都要付出巨大的代价，耗费漫长的时间；而由开化退回蒙昧，由文明跌进野蛮，却只要很短时间，甚至一夜之间便可完成。

人类由文明跌进野蛮，竟然就在一夜之间

故事之一：

新28师第83团团长杨励初，黄埔第三期毕业，参加过东征和北伐，抗战开始又参加过淞沪战役。他打仗不怕死，人长得也很帅，军装笔挺挺的，黑皮鞋，白手套，干净利落。4月底，远征军放弃曼德勒会战后，第5军主力已开始向北后撤，该团还奉命固守曼德勒城内工事，掩护撤退。直到5月上旬，主力退远了，他才缓缓后撤。这是全军退在最后的一个团队。

进入野人山后，由于连日大雨，官兵衣服透湿。火柴点不着，既没有饭吃，连烤衣服都办不到。饥寒交加，长夜难熬。为了防止疾病，杨团长别出心裁，每天夜间和早晨，规定各连队进行体操锻炼，以运动驱寒。

不幸得很，不几天，他自己竟病倒了。

也叫不上是什么病，只觉得小肚子像灌了铅，又沉又胀。最初是发烧，接着小便大便全带脓血，还有一股恶臭。

俗话说，硬汉经不住三泡稀。何况他屙的是血！

团长已经便血三天。士兵们只好抬着他行军。

杨励初看见有的士兵和他患同一种病，已经倒毙在路上，他心想自己也难逃厄运。但一想到"出师未捷身先死"，他死不瞑目呀！

有位老兵一直护理在担架前，他见团长长吁短叹、痛苦不堪，便悄声说：

"团长，不用悲伤，你的病有救，不得死。"

"无医无药，如何得救？"团长有气无力地问。

"我有个方子，只要你能吃得下去，就能有救。"老兵信心十足。

杨团长想,这是老兵用话安慰他,其实能有什么法子呢?

停了一会儿,老兵接着说:"你要得救,只有一招,喝'回龙汤'。"

"啥叫'回龙汤'?"见老兵一片好心,团长问了一句。

老兵迟疑了好一会儿,才贴在团长耳根边低声说:"就是喝自己屙的血呀!"

"叭",一个耳光抽了上来。

又拖了一天。

杨团长的病越发沉重。晚上,已不省人事。老兵自作主张,动手给团长灌了半瓷缸"回龙汤"。

第二天,团长的烧退了,人也清醒多了。他问:

"咋回事?"

老兵如实告诉他。团长听后无言,只使劲闭上眼睛。

老兵趁机说:"团长,'回龙汤'得喝三遍才治根呢。"

"哼!"团长鼻子重重地哼了一声。

果然,三遍"回龙汤"下去,团长的烧彻底地退了,感到一身轻松。他站起来后,一眼看见那只盛过"回龙汤"、满是血腥的搪瓷缸子,一脚踢飞,大骂道:

"喝自己屙的血,我还算个人吗?'回龙汤'?呸!"

故事之二:

机枪手朱大贵膀粗腰圆,长得像座小铁塔。那是个能吃能喝的主儿哇!他自称胃口好,石头块进了肚子也消化得了。他不怕打仗,就怕饿饭。出国之前,在畹町桥边吃最后一顿饭——肉包子。连里说了,过了畹町桥,就出国,一切伙食都由英国人供应,面包、罐头,全是西餐。这是最后一顿中国饭,放开肚子吃。那顿饭,大贵一气吃了16个大肉包子,跟打机枪似的,不带卡壳。

部队撤退后,英国人停止供应,部队伙食开始定量分配,一人一顿顶多半缸稀粥,这哪够大贵舔?他开始骂大街:

"妈的,打仗,按个头,叫大个子扛机枪;吃饭,论人头,大小一份,这公平吗?"

进了野人山，连半缸稀粥也不供应了，全靠自己谋生，这就更苦了大贵。在密林里行军，绊胳膊挂腿的，小个子占便宜，他五大三粗本来就不灵便，还扛着挺又长又沉的机枪。

每天能跟上队伍就不错了，哪顾得上找吃的？别人一天啃上几个生芭蕉，或者野果子什么的，也就凑合过去了。可是，大贵那食量，树皮草根也得一大捆。

后来，看见别人把皮带煮了吃，他又骂。别的当兵的背的是汤姆式，或者卡宾枪，枪带全是皮的，偏偏他扛的捷克式机关枪是帆布带。当官的呢，有皮手枪套，还有皮鞋，大贵只有草鞋，没得啃。大贵实在没了办法，人已经瘦了一圈，机枪却越来越沉。他常常饿得心里发慌，手脚冰凉，全身冒虚汗。有时他想，什么时候能再吃上一顿肉包子，死了也心甘。

这天中午，他实在迈不动腿了，双腿一软，歪倒在路边。心想，就这么死啦，做个饿死鬼，太冤了。他想站起来，已经没有这份力气。

死就死吧！他侧过身去，突然看见不远处草丛里有一只皮鞋，他眼睛一亮。不知从哪里来了一股力量，"噌"的一下从地上爬了起来，奔过去要拿皮鞋，结果从草丛中拖出一条腿。是一具死尸。

大贵略一迟疑，最后说："兄弟，既然你用不着了，给我吧！"

他生了一堆火，从河里舀来半钢盔水，架在火上烧，用匕首把皮鞋削成薄片放进水里煮。他妈的，那皮鞋太结实，半天煮不烂。大贵等不及了，边煮边吃，天快黑的时候，把一只皮鞋全都吃进肚里。

夜里，腹部绞痛，他觉得大事不好。曾听别人说过，牛皮吃多了，会得牛皮结，枪药能解。他急忙取下子弹带，扭开弹头，把火药一筒一筒吞进肚里。可是疼痛越来越厉害，肚子胀得要爆炸，他躺在地上滚来滚去，叫爹叫娘，直到断了气。

天亮后，别人看见大贵双手抱着肚子，全身曲卷成一个圆球，四周的树丛和乱草全让他碾平了。

故事之三：

一棵大榕树下，横七竖八躺着几个士兵，半天没人动一下。长时间在丛林中生活，天天下雨，又见不着太阳，枪支、钢盔、衣服、皮肤、指甲盖，甚至眉毛、胡子都长了青苔，大森林把人都染绿了。躺着的那几个兵，乍一看，你分不出哪是树干、树根，哪是人，他们已经和古树融为一体了。

人毕竟不是木头。终于有一个士兵坐了起来，说：

"班长，得找点吃的呀，不能就这么等死。"

"放屁！谁说不找吃的，你得说上哪儿找去？"

大家又都不说话了。

静了好一会儿，突然又有个士兵坐起来，说：

"班长。你听，有水声。"

"野人山到处是水，水能填饱肚子吗？"

"有水就有鱼呀。"那个士兵又说。

"小子，对呀，怎么不早说呢？"

班长起身，大家也赶紧爬了起来，循水声走去，眼前豁然开朗，看到一处瀑布。瀑布脚下有个水潭。可是，深潭之中是不是有鱼？管他呢！

班长从腰间解下两枚手榴弹，捆在一起，往水中一扔。

"轰隆"一声，冲起一丈多高的水柱。水柱降落，水面浮起两条大鱼。士兵们一高兴，叮叮咣咣，又扔了几枚手榴弹。立时，水面浮起白花花一大片死鱼。

水性好的士兵跳下水潭捞鱼。鱼儿太多，光拣大的捞，一会儿就是一大堆。各人的钢盔、衣兜、裤袋都装满了鱼。回到榕树下，抱来柴禾，架起铁锅，准备美餐一顿。

半盒火柴是全班的命根子，由班副保管着。哪知，刚才光顾高兴，下水捞鱼，忘了把火柴掏出来。现在要点火，掏出来一看，全泡汤了！

"嚓嚓嚓"，半盒火柴划光了，没划出半点火星。气得班长把枪栓拉得哗哗响，威吓班副道："毙了你这个王八蛋！"

刚才是愁没吃的，现在有了水灵灵的大肥鱼，却没法烧熟它。七八个大兵眼巴巴地干着急。

一个时辰又一个时辰过去，再不吃，鲜鱼就要变成臭鱼。

班长走了上来，抓起鱼，一人手里塞一条："既然进了这地方，甭把自己当人看。吃，都给我吃！"

说完，他自己像一条饿狗似的，先大口大口地撕咬吞吃起生鱼来。吃了第一口，他的肠胃翻江倒海地往外冒，全吐了出来。

吃第二口，又要吐。他咬紧牙关，紧锁喉咙，眼泪都要憋出来，硬是把快翻到嗓子眼的东西咽了回去。再往下吃，就顺当多了。

他妈的，人变成狗，变成猫，也就是一会儿的工夫。班长自己先变成了狗，再来逼别人，他见士兵们个个哭丧着脸，便瞪起眼睛：

"吃！不吃，吃枪子！"

于是，全班的人都像狗像猫一样，学会了生吞活剥。

故事之四：

炊事兵李二过去在团部炊事班是掌勺的。不管有什么好吃的，他必尝第一口。所以嘴也特别刁，伙房杀猪，他光拣里脊吃，杀鸡专吃鸡胗子。他是个麻子脸，因为吃的油水大，脸上的麻点一坑一坑的都是油。

现在可好，在山林里要啥没啥。他经常顶着一只白铁锅，可惜没东西可煮，只能扣在头顶，用来挡雨。他肚子瘪了，嘴馋了，脸上的麻点失去了油光，全是泥水。一饿起来他就后悔，掌勺那阵为啥不多吃点，挑肥拣瘦个什么劲呢？

已经三天没找到可吃的东西，饿得他头昏目眩。这天有点小运气，逮到一只小鹌鸡，他内行呀，生了一堆火，往火上一燎，三下五除二，转眼就把鸡毛退净，再把肠子肚子扒出来。一会儿工夫，白铁锅的水也开了。他把鹌鸡往里一搁，一会儿就闻到那股许多日子没闻到的香味。李二馋得大口大口咽口水，脸上乐开了花。

鹌鸡出锅了。李二双手一提，张口就咬下半只腿。真香啊！

这时，走来一个人。他是靠鼻子找到李二这儿来的。刚才那股肉香实在太诱人了。

李二回头一看，是杨副团长。副团长抓后勤，正是他的顶头上司。李二不言语，跟没看见似的。他低头还啃他的鹌鸡。副团长站着，眼睛直勾勾地盯着李二手中的鸡，看来不说话不行了。他艰难地伸出手，对李二说：

"给一点吧!"

要是往常,还用长官张口,李二早给端过去了。可是,今天不行,他指望手中这点东西活命呢!

"这点野鸡,没拳头大,怎够两人吃?"李二头也没抬,边说边加快了吞咽,好像怕鹌鸡从手中飞走。

"给点汤也行。"副团长说。

"汤也没多少。"李二答。

"给一口就行。"

杨副团长说着,把碗伸了过来。

"你要动手?"

平时见长官总是和和气气的李二,突然发起急来,他横眉竖眼,夺过副团长的铁碗,扬手就扔了出去。

"离我远点。"李二恶狠狠地说。

副团长含着眼泪,从草丛中捡起铁碗,一步一颤地走了。

当天下午,李二在前头的一棵芭蕉树下,又看见了杨副团长。他已经死了。他四脚朝天地躺着,嘴巴张得大大的,像要把整个世界吞下去。那只白铁碗,紧紧地抓在他的手里。

李二扑上去,痛哭流涕。他拼命地捶打自己的胸膛,抽打自己的嘴巴,号啕大哭:

"副团长,我不是人,我是畜生,我对不住你呀!"

故事之五:

英军联络官汉森中校随新22师进入野人山。白色人种一直自认为是高贵人种,他皮肤白皙,黄发碧眼,鼻梁又高又直,像搭在屋檐下的一架梯子,军装是夹克式,高腰皮鞋黑又亮。中国话很生硬,听起来拿腔拿调的。也许这样更能显出白色人种的优越感。

刚进山的时候,他是比中国人优越多了。他那身夹克衫前后左右到处是兜兜,裤腰裤腿也有四五只口袋。这家伙有点先见之明,进山之前,他到英军的一个仓库去了一趟,什么玩意儿也不要,只把全身上下的十几只口袋塞满了压缩饼干、巧克力和罐头。整个人鼓鼓囊囊的像口大麻袋。当中国官兵在山外炸毁战车、大炮等重武器的时候，他把身上的卡宾枪和子弹带全扔进了水坑。他很明白，进了野人山，枪还有什么用？即使偶尔碰上毒蛇猛兽，那也不用他动手呀！

进山的头些天，他不慌不忙。宿营时，他背囊里有一顶很精致、很轻巧的小帐篷，别人在砍树枝砍芭蕉叶搭棚子，他总是找个远点的地方支起他的帐篷，然后一个人悄悄地从衣袋里掏出饼干罐头细嚼慢咽。他高傲，喜欢孤独，不愿意中国人打扰他，因为他是野人山里唯一的大财主、大富翁。有时候，中国士兵们找了些野果野菜，围在一起大啃大嚼，也请他入席，他总是警惕地摆摆手：

"我们白人不吃这些东西，谢谢，谢谢！"

他既不想吃那些东西，同时也是怕别人打他口袋里的主意。

汉森中校研究过地图。他计算，走出野人山大约要20天，他口袋里的干粮基本可以维持。可是，他只计算了野人山的路途距离，没有估计到野人山的难度，所以，当他上下衣袋里的干粮告罄的时候，野人山还没有走完一半呢！

于是，汉森中校惊慌起来了。

首先是晚上宿营时，他的小帐篷再也不离中国士兵的草棚那么远了。因为口袋里粮食一空，他就感到心里不踏实。夜间的虎啸猿啼叫他心神不安，好像野人山里的野兽也比以前凶了许多。手中无粮，心里发慌啊。

过去行军，他总喜欢跟黄种人拉开点距离，远远地跟在后边，踩着别人脚印走。这样既省劲，又少走弯路。他处处显示出人种的差别，白人的精明和高贵。现在不敢了，他总是设法夹在黄种人中间，生怕掉队。一天途中休息的时候，几个中国兵不知从哪里弄来一点甜面，准备做面糊喝，可是火柴划不着。

汉森中校走了上去，很亲密地说："哈啰，邀请我吗？先生们。"

"不行！"

蹲在地上的几个中国兵不约而同地往中间靠了靠，一面护住小铁锅里的甜面，一面用敌对的目光抵制那只饥饿的"白狼"。

"我可以入股吗？"汉森狡黠地问。

"用什么入股？"一个小个子中国兵反问。

"我有这个。"汉森中校从衣袋里掏出一个打火机,"咔嚓"一下,打火机头闪出红色火苗。

为首一个中国兵接过汉森中校的打火机,也"咔嚓"一下,点着锅底的柴禾。之后,将打火机熄灭,拿在手里玩了一下,便放进了自己的衣袋。他冲汉森中校点点头,说:"你入股了。"

汉森搓搓手,便也坐到中国兵的圆圈里。

一会儿,甜面糊熟了,一人分了半瓷缸。一阵"稀里哗啦"的声音过后,各人的瓷缸都已底朝天。中国兵们便用脏的手指去刮黏在缸底的那点面糊。汉森中校以为这很不雅观,他坚持不用手,但又忍不住使劲伸长舌头去舔缸底的东西。而他那高鼻子有点碍事,结果,弄得满鼻头都是白面糊。最后,他很幽默、很有风度地做个手势,对中国兵说:

"我们的合作很圆满。"

隔一天晚上,又是那几个中国兵弄了一些玉米在啃,中校走了过来,又很亲密地问:

"我可以入股吗?"

"用什么入股?"

中校取下口袋里的金笔递了上去。

"先生,你留着自己用吧!"中国兵说。

见不要金笔,中校又脱下手中的金表递过来。中国兵看也没看一眼。

中校无可奈何地摇摇头。

中国兵啃完玉米,走了。地上留下几个玉米芯。中校悄悄地走过去,拾起玉米芯,擦也没擦一下,就啃了起来。又过了几天,上回那个小个子中国兵在挖芭蕉根充饥的时候,看见汉森中校趴在一座高高隆出地面的蚂蚁窝前,正使劲用双手掏东西,便走过去问:

"中校先生,这是干什么?"

汉森抬起头。只见他胡子上沾满了白花花的蚂蚁蛋,还有不少蚂蚁爬到他的脸上,咬得他龇牙咧嘴,他继续往嘴里大把大把地填蚂蚁蛋。

"白蛋能吃?"中国兵问。

"这是蛋白,高蛋白。"汉森中校纠正道。

十来个玉米棒子的代价：多个士兵和野人死于非命

进入野人山的上万中国远征军官兵，饥寒交迫，疯狂绝望，成了生存竞争中一股可怕的力量。他们是一群蝗虫，所过之处，树皮草根全都遭殃；他们是新来的林中之王，锋芒所向，飞禽走兽纷纷落荒而逃。

野人山中的野人，很多年来，就是这里至高无上的主人。因为他们会用两条腿直立走路，会用火，会用工具，因而，在森林中处于无可超越的地位。现在，突然窜进一群强有力的对手。

于是，野人与文明人之间无可避免地展开了竞争与冲突，这是野性的冲突。

中国远征军本来是一支有铁的纪律的队伍，在整个盟国中都享有盛誉。但是，纪律是文明的产物。当文明被毁灭时，纪律便荡然无存。

茫茫林海中，远征军的官兵们白天艰难跋涉；夜间，他们需要安身之处。当然可以搭芭蕉棚，也可以睡草堆，但是，视界所及，发现鸟巢式高脚屋时，他们便渴望能在那里占有一席之地。高脚屋毕竟比芭蕉棚、草堆干燥些，暖和些。那毕竟是人待的地方啊，高脚屋里的野人，一见如狼似虎、端着枪的军人走来时，自感势单力薄，赶紧退避三舍，望风而逃。军人们便轻而易举地占领了高脚屋。遇着那些野人聚居的山寨，见着少量军人，野人便在首领的带领下，举着大刀长矛，拥立在寨门前，对不速之客，怒目而视，严阵以待。于是，精疲力竭的军人自知是不受欢迎的人，并处于下风，便从半山腰绕道而过，另寻生路。

此时的竞争一般是不流血的。

然而血淋淋的竞争不可避免。

在一处山坡下，森林的隙缝里有一小块耕地，稀稀拉拉长着些玉米。野人刀耕火种，能长出什么好庄稼？玉米秆上结了些棒子，虽然不多，但在墨绿的森林中，那鲜红鲜红的玉米缨子就像一面面"小红旗"，是相当耀眼的。一群饥饿的士兵老远老远就盯上了这些"小红旗"，不顾一切地扑了过来。

他们如野牛一样，瞪着饿得发绿的眼睛，在地里争抢玉米，完全忘记了蛮荒中的这片耕地是有主人的。就在他们拼命地抢摘玉米的时候，林莽里闯出一群野人。野人们张牙舞爪，挥动着大刀铁矛，弯弓搭箭，劈头盖脑地向玉米地里的军人猛袭过来。

立时，地里倒下几个士兵。

士兵们从慌乱中猛醒过来。此时，饥饿已成了威胁生命的第二敌人，而野人手里的那些笨家伙立时就可能要了他们的命。于是，他们扔掉手中的玉米棒，端起了汤姆枪。起初，士兵们向空中打了几梭子，以示警告。但是野人肯定不能领会这个意思，或者，他们根本不知道汤姆枪是个什么玩意儿。他们继续逼了上来。

又有几个士兵被野人的笨家伙击中。

士兵们迫不及待地将枪管放平，"刷——"一串火光在玉米地里飞舞，野人们便像喝醉了似的，东歪西斜。剩下的也不恋战，一转身消失在丛林中。

枪声停止后，玉米地里已是一片殷红，好几具士兵和野人的尸体杂乱地横陈着。

这就是十来个玉米棒子的代价！

除了为了生存而拼命外，野人与文明人也为人格和尊严展开冲突。

野人信鬼，每个高脚屋内都有一个专门房间安顿鬼魂。房内有个木架，遍插着用纸扎的牛头马面之类的鬼符。上面涂抹着红、蓝、黄、黑各种颜色。这都是神圣不可侵犯的。野人可以为文明人退让出自己的高脚屋，可是，文明人要是不懂规矩，闯进了鬼的房间，把鬼符弄乱了、弄坏了，那就冒了天下之大不韪。只要发现鬼们遭了冒犯，野人必尾随而来，向文明人猛烈报复。

野人的祖坟也是神圣的。野人什么都能将就，而祖坟很讲究。坟墓的四周挖着很深的沟，用科学的道理来解释，这是为了排水，保持坟内干燥。坟头是三四尺高的土堆，上面盖着如"白无常"帽子样儿的草帘子，那是让祖宗避雨的。旁边插着一根一丈多高的竹竿，顶端扎着纸糊的刀弓剑戟，以保证祖宗免受外来侵害。外人要是看见野人的祖坟，即使不肯磕头，也必须绕道而走。要是有人用脚踩一下坟墓的土堆，或者将屁股坐了上去，野人看见了准饶不了你。有些士兵就为这点事，让野人活活打死了。

一般来说，野人不主动向文明人发起攻击，但是，也有例外。

在野人家族中，女性的地位比男性更高。男人多外出狩猎，女人则看家护院，生儿育女。同时，因为野人山生态条件恶劣，女性死亡率高，男女比例失调。物以稀为贵，这也利于提高女性的地位。

野人中的男性十分强悍粗犷，女性一点也不比男性逊色。女性的上身也是光着的，两只大乳房无遮无盖地裸露着，或者以为这样很美呢。女人也文身，大多是双刀形或八卦图等对称图案。她们大嘴巴，厚嘴唇，高颧骨，塌鼻梁，身材短小，披头散发，背挎大刀，野性十足，显得比男性更能为所欲为。

野人对异性的追求和占有单纯而勇猛，一点也不用考虑地域、肤色、语言、相貌、年龄等因素。在野人山里，身体单薄的女兵时常成为男性野人的猎取对象。而女性野人有更多向男兵发起进攻的机会。

有一天，两个女野人暗中盯上一个掉队的男士兵。她们很有耐心地跟踪了整整一个上午。那男士兵看上去相当疲劳，走路一瘸一瘸的，越走离队伍越远。中午时分，机会来了，男兵离开同伴到一处山泉下喝水，两个女人极为果断地扑了上去，像老鹰抓小鸡似的，架起男兵就跑。男兵精疲力竭，已经没有挣扎的气力。

穿过一座山谷，来到林子深处，那里有一个极隐蔽的草棚。两个女人把男兵放倒在棚子里；男兵又急又怕昏厥了过去。女人便舀来半瓢泉水，把男兵扶起，轻轻地搂在怀里，一点一点地给男人喂水，还不断蘸着凉水擦男人的额头和脸颊。见男兵慢慢睁开了眼睛，两个女人大为高兴，又唱又跳，还采来些野花，插在头顶，不知是调情，还仅仅是因为兴奋。终于，夜色降临。黑沉沉的夜幕抹去了天与地、阴与阳、水与火的界限，抹去了野人与文明人的鸿沟。世间万事万物都在这墨色下融为一体了。

当夜，两个野女人共同占有了一个男兵。

次日白天，一个女人留在草棚里陪伴和看守男兵，另一个出去寻找食物。到了夜间，她们又重温旧梦。梦持续了三夜。一个皮包骨头的男

兵,无论如何经受不住两个身体壮实、情欲炽盛的野女人的轮番压迫。

男兵实在无能为力了。野女人似乎懂得这种事不能过分勉强男人。何况,眼下野人山里到处都有可以捕捉的目标。到了第四天,两个女人背起男兵,悄悄地送回到士兵们必须经过的一个山口,把人交还回来。黄昏时分,她们又在另一个山口轻而易举地捕到另一个猎物。

野人山里的篝火:一个跨越文明的歌舞之夜

野蛮人与文明人经过一段时间的相互竞争和较量,彼此加深了了解。

野人们切切实实地知道,闯入他们领地的是人中豪杰,比他们自己强大得多。文明人手里端着、胸前挂着、屁股后面别着的那些长短粗细不一的"水火棍",确实比他们的刀弓弩箭厉害得多,文明人使用的火柴和"咔嚓"就着的打火机,也比他们的燧石火绳便当得多。野人们逐渐由对鬼神、对虎豹龙蛇的恐惧,转而对文明人的恐惧。恐惧本身也包含着崇拜。

文明人呢,他们感觉到自己已经沦为野人,甚至连野人都不如。这样,文明人便能以平等的眼光、公正的态度对野人进行研究和揣度。

他们首先发现野人那鸟巢式的高脚屋原来设计得极为合理、极为科学哩!把屋底架离地面,能防潮,防野兽,防洪水。野人山的雨水和山洪给这些中国人的印象太深了。中学地理课本里曾经介绍过,缅北和印度的阿萨姆邦是全世界降水量最大的地方,年降水量高达 800~1000 毫米。这里的暴雨常常引发山洪,摧枯拉朽,扫荡一切。有一天,几十个士兵在野人山寨宿营,高脚屋不够住,一些士兵就在地上露营。夜间,一股山洪呼啸而至,将睡在底下的士兵一扫而光,而住在高脚屋里的却安然无恙。

你能说这鸟巢式的建筑不是一个了不起的科学发明吗?

至于高脚屋那"八字"草帘屋顶,有人经过一番考察后,惊异地发现,那就是活脱脱一顶孔明帽哩!这种说法不无根据。孔明南征时,在这一带打过仗,谁能保证雄才大略而又体恤民情的诸葛先生在这方面对当地人不会有所点拨呢？

野人吃人肉，过去是传得最玄乎的。有的说野人吃人肉、枕人皮。也有的说，到了播种季节，野人便四处寻找陌生人，把头割下，挂在树上，大家围着人头跳舞。如果死人脸上表现出笑容，就互祝来年丰收；要是死人脸色悲哀，预示来年遭灾，大家就互相叹气。这些无稽之谈很快不攻自破。要说吃人肉、枕人皮，现在野人山什么都缺，就是不缺人肉人皮，满山都有死尸，都有奄奄待毙的伤病员。野人吃了哪个的肉，剥了哪个的皮？要说挂起人头跳舞，谁发现路上有无头之尸？

最主要的是，野人与文明人并无根本的、长远的利害冲突。野人关心的是他们对自己领地的永久主宰地位。文明人不过要从野人山闯出一条生路，根本不打算在这里安营扎寨，占山为王。

渐渐地文明人与野蛮人取得了谅解和信任，学会了克制和礼让，开始和睦相处。

部队行军途中，遇有野人的高脚屋，一般都不进去。即使借宿，也不乱翻乱动屋里的物件。野人禁忌很多，以免无意中冒犯了他们。经过野人山寨，部队自动绕道而行。野人聚集在寨门观望，以目相送。有时，由头领出面，手持托盘，献上一些槟榔、鲜果等食物。军人即回赠些火柴、小刀之类物品。

新28师第83团团长杨励初和他的部下，则运气更好一些。这位胡子拉碴、病秧秧的汉子，自喝下"回龙汤"后，病情大有好转，躺在担架上继续前进。行走若干天后，来到一座大山，山上有些人家，经查询竟发现有两位爱尔兰女士长期住在山顶，专为野人治病。

全团官兵大为诧异。此等非人的环境中，她们身为女流，又是外国人，竟能在此长期居住，为山里人服务，这得有多大的善心呀！

杨励初更是喜出望外，他叫士兵把自己抬到爱尔兰女士住所。她们给杨团长诊病，打针，拿药，非常细心周到。在杨励初眼里，她们的金发那么秀美，碧眼那么有神，心地那么善良，简直就是救苦救难的观世音菩萨。爱尔兰女士不仅治好了杨团长的病，而且治好了全团官兵的心病。人们大受鼓舞，说："欧洲女人都能在缅甸的野人山生存下去，我们亚洲的男子汉没有理由在自己家门口闯不出一条活路。"

在缅北的野人山里，杨励初的团队与杜聿明部队撤退的路线不同，他们不是向西去往印度，而是向北准备翻过高黎贡山直接回国。越往前走，渐渐地野人的山寨比较密集了些。向导讲，渡过前头的淡水河，就是蒲桃镇，那儿可以弄到粮食。

饥饿中没有什么比粮食更能鼓舞人心！

行军速度明显加快，可是来到淡水河边，官兵们刚要过河，对岸林中枪声大作。杨励初判断，敌人已经抢占了蒲桃镇。

这是坏消息，也是好消息。既然敌人从北边抄到了蒲桃镇，说明这儿离山外确实不远了。

部队精疲力竭，残破不堪，不能与敌人对阵，只好改道绕过蒲桃镇。

7月中旬，队伍终于到达中缅边境的高黎贡山。经过两个多月的煎熬，野人山已经吞噬了一半以上官兵，全团只剩下700余人。

前面又是大山，没完没了。山，沉重地压在官兵的心头，有人见山就头晕，呕吐。

能不能翻过眼前这座山？人人都在心里问自己。

杨励初领着残兵，拼死拼活，总算攀上山顶。山顶有一土著部落，几十户人家。杨励初不敢打扰他们，吩咐部队在土人的寨外宿营。没想到，竟感动了上帝。

土人看见这些兵衣衫褴褛，形容枯槁，却能安分守己，又见他们咦食野菜树皮，全无难色，不禁动了恻隐之心。下午，土人首领派人送来60桶粮食。

一支垂死的孤军，竟然绝处逢生。

部落人越发高兴，晚上杀了一头牛，煮了几锅牛肉，在寨子中央燃起篝火，要和文明人联欢。

这是一个跨越时代的狂欢之夜。

部落里的男男女女都赶来了，也说不上那是什么鼓乐，叫不上那是什么舞步，火光映照下，部落人手舞足蹈，狂蹦乱跳，如醉如痴，如癫似狂。

在感情的狂涛中，文明人则显得拘谨，有点手足无措。

部落首领向杨团长敬了一碗牛肉汤后，又请他跳舞。杨团长虽然身体屡弱，气力不支，但盛情难却。部落人上来两个男子，扶着他跳了一圈。

士兵们大受感染，也纷纷起身，和部落人舞了起来。熊熊火光下，融融夜色中，语言不通，习俗各异，分别处于两个文明时代的人，奇妙地融为一体。

第十二章 丛林里的女兵们

野人山里最为不幸的一群人

走进野人山的中国远征军,如同跌入没有底的泥潭,越陷越深……

起初,部队尽量保持着建制,保持着队形,手拉手,一个一个往前走。渐渐地,距离拉开了,身强力壮的走到前头,老弱病残者甩到后面。有人掉队、有人栽倒,路边不断有倒毙的尸体。

大自然的淘汰是不可抗拒的。

队伍成了三三两两的散兵游勇,满林子都有人声,但又很难见到人。在浩瀚的林海里,人就如同蚂蚁一般不起眼。越往前走,尸体越多,幸存者越少。野人山张开血盆大口,在慢慢地咀嚼、消耗着一支活生生的队伍。

撤退的部队中,有不少女兵,她们是最不幸的人们。只要看看途中男兵们的悲惨遭遇,女兵的境况,便可想而知了。

那是一群风华正茂、胸怀理想、充满激情的新女性啊!

远征军组建的时候,对女兵的挑选是相当苛刻的,横挑鼻子竖挑眼,百里挑一。走上国际战场,和盟军并肩作战,理应选择最优秀的人才。参加远征军的女兵,绝大多数来自大中学校,也有一些是从缅甸归国的华侨。她们有文化,年纪轻,身体好,怀着美好的憧憬,投入缅甸战场。在男兵们的眼里,女兵们最受尊敬。她们的每项工作都那么重要,那么神圣。有了护士,伤员们才能保住生命。有了译电员,战场指挥才能畅通无阻。出于女政治队员之手的战场小报总是比男队员写得更加动人,更有鼓动性。文工团里的女演员,则是最受欢迎的百灵鸟。口齿伶俐的翻译小姐，更是让男兵们羡慕得不得了。不能设想，没有女兵的加入，军队如何成其为军队？没有女兵的参与，军队如何打仗？

而现在，女兵在蒙难。

与男兵相比，女兵的弱点是明显的。女兵的身躯比男兵纤细，这从军装的尺寸可以证明；女兵的步幅比男兵狭窄，这在队列条例里有明文规定；女兵的饮食比男兵要精细，这从军需供给标准可以查到；女兵的感情比男兵更脆弱，男儿有泪不轻弹，女儿有泪泪沾衣。何况，在生理上，女人还有那么多的啰唆事。

野人山的种种磨难，把身强力壮的男子汉也一个一个拖倒了，熬垮了。女兵们，她们那纤细的身躯如何抵挡得住黑丛林的无情摧残？她们那无力的肩膀如何承担得起老荒山的巨大压迫？她们那脆弱的神经如何经受得住绝望的精神折磨？她们那星点生命的火光如何经受住洪荒世界的风吹雨打？

她们有多少罪要受啊？

野人山里的死尸，没人数得清。沿路都有尸体，很多地方都找不到空隙落脚。搭座小帐篷，得挪开好几具死尸。满林子都是一股带着霉味的腥臭。

译电员王小青是个长得很秀气的姑娘，15岁，入伍时多报了1岁，说是16岁。参军到现在正好满5个月。15岁的姑娘，5个月的新兵，细皮嫩肉的，能经过多少事？

打仗是怎么回事？她不懂。

死人是什么样子？没见过。

她整日在军指挥部里收发电文，"××日，我军攻占××阵地"，"××日我军放弃××山头"，"××团歼敌××名"，"××营伤亡××名"。对战争，对牺牲的概念就这些。进了野人山，战争之残酷，死亡的恐怖，直把她吓得魂魄飘摇。

那天，她和班里的姐妹结伴前行。天下着大雨，道路泥泞不堪，衣服透湿，又饿又冷。全身都是鸡皮疙瘩，上下牙不停地打架。同伴中谁也不说话，没有什么可说的，也没有力气说，各自都紧盯着脚下，低头赶路。

"哎呀!"突然前面的伙伴叫了一声。

"什么事?"后面有人问。

"有死人。"

进山时间还不长,第一次听说有死人,王小青心里一下毛了,赶紧扭过头去,用双手捂住脸。既怕吧,又想看一眼。小青慢慢回过头,从手指缝里瞅了一眼。这一眼,让她一辈子也忘不了。

横在路上的那具死尸,经雨水浸泡,像泔水桶里的馒头,煞白煞白的全发起来了。衣服被撑破,黄水从肚皮往外冒,白蛆、蚂蟥、苍蝇爬得满头满脸都是,臭气四溢,令人作呕。

不看不要紧,一看王小青吓得"哇"地哭了起来,扭头往回跑,死也不肯朝前走。

同伴们见她年纪小,怪可怜的,便留下来陪了她一夜。但不能老这么待着,次日,好说歹说,又绕了一个大圈子,才绕过死尸,上了路。

越往前走,尸体越多。各式各样,惨不忍睹。有的躺着,有的趴着,有的靠着大树坐着,有的蹲着,好像在解手,其实已经断气。还有的躺在路旁,奄奄待毙,气还未绝呢!一大片,一大片的死尸,绕都绕不过去。可怜的王小青,见着这么多的死尸,吓得头发麻,腿发软,整天哭哭啼啼。有一回,她要躲过一具死尸,绕到路边,没看清草丛里也有一具尸体。她一脚踩了下去,像踩破一个气球,尸水四溅,臭气直顶脑门,拔出脚来,双脚爬满蛆虫,吓得她瘫倒在地,昏死过去。

猴子与人的战争:女人的最后防线崩溃

野人山所有的动物中,猿猴是人类的近亲,通人性。它们对人的到来,特别敏感。

饥寒交迫的官兵本身就是一种可怕的破坏力量,他们破坏了森林中原有的平衡,带来了不稳定的因素。饿慌了的人四处找食,刨树皮、挖草根、掏鸟窝、扒蚁穴、捕杀动物,把林中飞禽走兽吓得四散逃命。在这场大屠杀中，猿猴首当其冲。人类过去就把猴肉、猴血列为佳肴美味，把猴骨、猴膏当作滋养补品，在野人山，更是常常拿猴子开刀。

猴子遭殃了。

猴子伤心了。

每到夜间，猿猴便放声痛哭。没想到猿猴之悲鸣，酷似人声，如婴儿啼哭，像母亲号啕。其声如诉如泣，听来撕心裂肺，催人泪下。林中猿猴数量又多，物伤其类，一哭百哭。于是，漫山遍野，一片悲声，时远时近，时断时续，从傍晚一直哭到天明。

远征军的官兵们身陷绝境，情绪沮丧，愁肠百结，一听到猿猴哀鸣，不禁悲从中来。

女兵们更受不了！她们本来就愁眉不展，眼泪汪汪的，夜深人静，躺在到处漏雨的芭蕉棚里，耳听四周一片悲鸣之声，像母亲哀号，像姐妹呜咽，也像出殡的队伍在给自己送葬。想到伤心之处，止不住泪水纵横。有些棚子里，女兵们你抱着我，我抱着你，哭成了一团。

芭蕉棚外是猿猴们的哭叫，芭蕉棚里有女兵哀鸣。野人山中愁云惨惨，遍野悲声。

军部演出队女战士朱红，来自武汉，人长得眉清目秀，有文化，又机灵，常常自编自演节目。有一回，在医院慰问伤兵，她说快板，把一个病房内伤兵们的事迹全都糅了进去，说完，把伤兵们乐得嘴都合不拢。伤兵们把藏在床头的饼干罐头全都拿出来要她品尝，有的还亲自剥开糖果塞到她嘴里，闹她一个大红脸。

这些都过去了。在山里，她已经几天找不到吃的东西了。

树皮，她啃不动；草根，她咽不下去；野果子，她又不敢乱吃，怕有毒。

听人说，猴子认得野果，猴窝里的野果保准无毒。所以，她到处找猴窝。

中午，终于在一片苇丛里找到一个猴窝，伸手一摸，果然摸出几颗果子。饿得急了，哪想到许多，她坐在猴窝旁，大口大口啃野果。

刚啃下两颗果子，一只老猴领着一只小猴回来了。见有人掏窝，猴子生气了。老猴和小猴龇牙咧嘴，不断发出"吱吱吱"的叫唤声，样子

非常可怕。

朱红哪见过这场面？又是自己偷吃了人家的野果，自觉心虚，她怕得不得了，赶忙扔下果子，端起步枪。猴子哪懂枪是什么玩意儿，以为是根木棒，要打它。老猴一下扑了上来，要夺枪。朱红见势不妙，一边后退，一边扣扳机。

"砰"的一枪，老猴应声倒地。

这回闯大祸了！

猴子心齐，打死一个，围上一群，了不得的。

那只小猴见老猴给打死了，惊慌地掉头跑进密林，一边跑，一边"吱吱"尖叫。转眼的工夫，从树顶上、石洞中、草丛里跳出几百只猴子，把朱红团团围住。

女兵吓蒙了。

猴子见她孤单一人，又是个女的。猴子是懂得性别的，并且已经知道枪比木棒厉害，所以不急于下手。它们远远地围住女兵，乱蹦乱跳，发出阵阵带有威吓的尖叫。还有些大猩猩，像个老佛爷似的，坐在石头上，咧着嘴，嘿嘿狂笑。

朱红看见这么多的猴子，大的、小的、黑的、灰的、长尾巴的、短尾巴的、长胳膊的、短胳膊的，一个个都那么可怕，那么恶心，像是碰上了一群日本兵。她被围在中间，端着枪，转来转去，不知道该瞄哪个，也不敢开枪。

这样僵持了半个多小时。朱红又急又慌，开始感到头晕眼花。

猴子开始动手了。它们抓起石头往女兵身上砸，捧起泥土往女兵脸上扬。朱红眼睛让沙迷住了，一不留神，枪被夺走了。

对手没有了枪，猴子胆大了，一下围近来。朱红如何对付得了这么多野蛮的畜生？猴子打她的头，抓她的脸，揪她的辫子，有的撕开她的衣服。野兽亦懂得人的秘密。几个回合，女兵的上衣已经被剥个精光，裤子也撕成布条。当枪被夺走时，女兵还可赤手搏斗，但是当衣服被撕下，女人的最后防线便崩溃了。

可怜的女兵势单力薄，被推倒在地，让畜生们活活打死了。

饥饿和伤病夺走多少热血健儿的生命

第 5 军政治部上尉干事李明华和胡汉君,可谓患难之交。1937 年,她俩在汉口同时考入军委会战时干部训练团第 1 团。毕业后,先后分配到后方医院、中央军校服务。

1941 年一起派到第 5 军。在缅甸战场,两人形影不离。进了野人山后,于危难之中,互相照顾,亲如手足。分到一块饼干,必是一人掰一半;摘到一颗野果,也是一人咬一口;一条破军毯,两人合着盖。

因为把两个人的力量扭在一块儿,所以在艰难卓绝的行军中,女兵中很多人已经掉队、倒毙,她俩却还在一步一步向前迈。

山越爬越高,林越钻越深,路越走越艰难,尸体也越来越多。

这天,爬过一座大山后,天色已晚,该宿营了。人要是饿了,鼻子特别灵,哪里有香味都能闻得到;人要是累了,眼睛也好用,哪里有间屋子都能看得见。细雨蒙蒙中,她们发现前面山脊上露出一座茅屋的屋顶。

她俩不觉加快脚步,朝茅屋走去。

看着没多远,走起来却差不多一个时辰。她们跌跌撞撞来到茅屋前,天已经黑了下来。

俩人在门口站了一会儿,屋门半开着,里面一点动静也没有。

犹豫了好一会儿,她们才壮着胆子,跨进门去。

屋里没有火,黑黢黢的,怪吓人的。两个女兵你抓住我的手,我扶住你的肩,心里"咚咚"直跳。她们瞪大眼睛瞅了半晌,才影影绰绰看到屋里已睡满了人。

啊!原来别的弟兄已捷足先登了。她们这才松了一口气。

弟兄们累坏了,睡得这么好。两位女兵不忍心打扰他们,看见门后还有一小块空地,便蹑手蹑脚地走过去,悄悄地躺下。

女兵在林中跋涉了一天,也累坏了,身体一放平,便呼呼入睡。

自进了野人山,从未在屋子里睡过觉。这么干燥暖和的屋子,又有

这么多弟兄在身旁,这一夜,李明华和胡汉君睡得特别香。

一觉醒来,天已大亮。

李明华抬头一看,满屋子里的人仍然躺着,毫无动静。

忽然,闻到一股臭味。

她急忙翻身坐起,定睛一瞧,屋里躺着的都是死人。全身肿胀,肚破肠流。

李明华吓得面无人色,一把拽起胡汉君,三步并作两步,窜出了茅草屋。

新22师政治部有一位女政治队员,她叫什么名字,已经无人知晓。人们只记得她长得五大三粗,说话办事很泼辣,很有点男子汉气概。唯有脑后那根短粗短粗的辫子,表明她是个女性。

她的头发长得太好了,又黑又密,极富光泽,一把能攥出油来。可是,到了野人山,头发让她受罪。因为很长时间没有梳洗,并且天天下雨,一股子馊味。这下,虱子可找到窝了。她满头都是白胖胖的虱子和白花花的虱子蛋。虱子是个坏东西,喝人血,不拉人屎,还传染疾病。她染上了回归热。这是热带丛林中最可怕的一种病。发病很急,好得很慢,持续高烧,并且有周期性。初次发烧,烧七天,又歇七天;然后第二次发烧五六天,又间歇五六天;再第三次发烧……周而复始,交替进行,间歇时间越来越短,发烧越来越频繁。因此,名之回归热。

已经有许多官兵被回归热反复折磨,熬干气血,死于非命。

那位女政治队员已经发烧三轮。要是一般人,烧到第三轮,也就呜呼哀哉了。但她身子骨结实,还在挺着。这种病,要是没有药物消灭体内的发病螺旋体,就继续烧下去,直到生命完结。

女兵求生不得,求死不能,一直烧了一个多月。

持续不退的高烧,把她烤得像一把干柴,她那双曾经很有神、很动人的大眼睛深深地塌陷,像两个水坑。瘦削的脸庞,发起烧来通红通红的,要是退烧,则煞白煞白。

谁见了谁伤心。

她知道自己不行了,只求早死,免得拖累别人。清醒时她对同伴说:

"行行好,给我一枪吧!"

同伴摇摇头。

这天,她又烧了起来,双颊绯红,呼吸短促,不断地说胡话。

天又要下雨了。突然,头顶响起一个炸雷。

这种晴天霹雳式的惊雷,好人都受不了,何况精神恍惚的高烧病人。

雷声炸响,只见她猛然从地上爬起,冲出窝棚,脱掉自己的军装,赤身裸体,手舞足蹈,边跑边喊,跳下了悬崖。

第5军政治部的几位女兵在行军中失散了。身体单薄的高淑梅、王云清和小苑（名字不详）落到后面。在森林中掉队是很可怕的。她们鼓起勇气,拼命追赶。三位女兵都是昆明人,高淑梅是小学教师,王云清和小苑是昆华女中学生。她们一齐考上第5军政治队。别看她们是女性,可是,报效祖国不让须眉。

那位高淑梅老师看上去很文静、很随和,像个慈祥善良的大姐姐。有谁知道,她胸中竟有男子汉大丈夫大义凛然的刚烈之气。她家境清贫,老母及弟弟全靠她一人的薪水度日。她瞒着母亲报名参加远征军。出国之前,部队放假三天准备行装。高淑梅这才告诉母亲。老母也不是不赞成女儿的行动,只不过,家里实在不能没有她。母亲左劝右说,让她先向部队请个长假,等弟弟念完书后再入伍。母亲劝不动她,只好将她锁在家中。老人抱着女儿刚领回的军装和军帽,迈着小脚,颤巍巍赶到部队,哀求长官准她女儿的假。军政治部主任听了老人的陈述,当即批准。老人千谢恩,万磕头,高高兴兴地走了。但母亲前脚一走,女儿后脚回营。原来,高淑梅越窗逃了出来。同伴们劝高淑梅回家,免得家中老人心急。没想到,高淑梅义无反顾,她说:如果大家再劝阻,她宁愿自戕,以明心志。

好一位志坚如钢、性烈如火的巾帼英雄。

在山道崎岖、遍地泥泞中,高淑梅在尽着一个姐姐的责任,她一手拉着王云清,一手搀着小苑,互相勉励,艰难行进。

她们拼尽最后一点力气,紧追三天,终于赶上前头的同伴。

在一条小溪边,她们见到了失散的李明华和胡汉君,在危难中重逢,格外动情。李明华和胡汉君将别人分给她们的、一直舍不得吃的一点碎

饼干分给三位姐妹。三人感动得热泪涌流。

野人山中还有比粮食更珍贵的吗？如果有，那就是同胞姐妹的骨肉之情！

当夜，五位姐妹同睡在一座芭蕉棚内。

次日，高淑梅脚痛难行，王云清和小苑也得了病，三人叫李明华和胡汉君先行，她们休息一天，再从后头追赶。

李明华和胡汉君给她们留下点吃的，便继续前行。

谁料到挥手一别，竟成永诀。

数日之后，李明华遇到从后面赶来的军部华侨队罗副队长，才知道，高淑梅她们三人已经长眠在无名溪边那座又低又矮的芭蕉棚内。

蚂虫和瘴疠让细皮嫩肉的女兵们惨不可言

野人山里大的动物很厉害，如野象、老虎、狗熊、野猪、巨蟒，常常害人；但是一些小玩意儿尤其可恶，如蚊子、蚂蝗，特别猖狂，扰得人心惊肉跳。大动物好对付，动枪动炮，打死了还可以美餐一顿；对小玩意儿是一点办法也没有。

野人山的蚊子大得出奇，长得有蜻蜓那么大，嘴上那支毒针有护士的针头那么粗、那么长。在你耳朵根飞过，像飞机俯冲。蚊子那个多呀，一巴掌能拍死十几个。据说，山里的蚊子能把野牛活活叮死。

蚂蝗就更要命了。水里有，地上有，草叶上有，更多的蚂蝗是吊在树顶上。树顶的蚂蝗最讨厌。也不知是凭耳朵、凭眼睛，还是靠鼻子，反正人一从树底下走过，它就从树顶掉下来，落在你的头顶、领口、衣袖。开头你一点感觉也没有，等你感到身上痒痒时，它已经吸饱了血，胀得有大拇指那么大。

野人山里连蝙蝠、蚂蚁也戕害人。在臭水坑边，成群的蝙蝠用肥肥大大的肉翅和利牙向人进攻。在路边，庞大的蚂蚁群搬运泥土，一夜之间可以筑起一座几尺高的土堆，将一名伤员埋葬。

男兵们经受不住害虫的折磨，许多人死于非命。细皮嫩肉的女兵们更惨不可言。

护士马华，19岁，山东人。山东出大汉，也出身材高大的女性。她身高1.7米，体重150斤。她力气大，胆子也大。部队在棠吉打仗时，她到火线背伤员，后面背一个，腋下还能夹一个。就是进了野人山，她也是一副天不怕地不怕的神情，行军时她手里握根木棒，在前头敲敲打打，敲山震虎，打草惊蛇，为别人开路。她最怕的是蚊虫和蚂蝗这些小玩意儿。毕竟是个十几岁的女孩子，又是长在干旱的北方，哪受过这份罪？

有一天宿营时，她觉得身上痒痒。她把衣袖卷起，发现胳膊上爬了好几条蚂蝗，她头都大了。再检查，另一支胳膊上也有，摸摸脖子，也有那软乎乎的东西。她慌忙解开衣领，胸口、胳肢窝也有那玩意儿。她吓得魂儿都丢了，毕毕剥剥，解开全部衣扣，发现胸脯、乳房、小腹都有蚂蝗。裤带也解开，从小腿到大腿根，哪个地方皮肉嫩，哪个地方爬得最多，全乱套了。她忘记自己是个女人，忘记了四周可能有男人，把衣服全剥光了，乱扑乱打，乱蹦乱跳。可是，那玩意儿是打得掉的么？

她坐下来用手抠，捏住那玩意儿的后半截，软不拉遢，滑不溜湫，使劲拽，拽出有两寸长，可是那一头还死死扎在皮肉里，有的愣给拽断了，钻进肉里的那头也没拽出来。把大个子女兵吓得啊，急得啊，腻歪得啊，直哭鼻子。

后来，是别的女兵赶来，教她用烟火慢慢熏烤蚂蝗露在外面的屁股，让它一点点往外缩，这才把那讨厌的东西全弄干净。一数，全身上下共有四十几个伤口，都还流着血呢。

女翻译玉波自从进了野人山，二十几天没解大便了。这是正常的，别人也一样。每天吃的那几个有数的野果子，或一点点芭蕉根，一进了空荡荡的肚子，就被消化吸收得干干净净，连渣儿也没剩。人的肚皮薄得像一层纸，似乎一手指头就能戳破，体内储存的那点脂肪，已经被消耗精光。

可是，这几天，玉波却拉起肚子来。可能是吃了什么有毒的东西，肚子本来就空空的，能拉出什么东西？全是水，还有脓。

一天拉十几趟，一下把小玉波拖垮了。每解一次大便，她就感到头晕气短，全身冒虚汗，好像排的不是便，而是身上的气血。她已经没有

力气行走,每天只能靠别人扶着走一小段路。

她的血统是中国的,但在缅甸长大,是华侨。战争之前,她家在仰光,父亲开照相馆。去年圣诞节那天,日军轰炸仰光,把她家的照相馆炸毁了。幸好那天,她全家出门给朋友送圣诞礼物,得以幸存。仰光待不下去了,全家便搬回云南保山。不久,远征军征召缅语译员,她应征入伍。姑娘心底藏着一个愿望:随中国远征军打回仰光,在飞机炸毁的地方,把父亲的照相馆重新建起来。

她的愿望很快破灭,远征军最远只开到同古。之后,节节后退,离仰光越来越远。

姑娘毕竟是小业主家庭培养出来的人啊,很懂得过日子。她又想,仰光回不去也罢,退回保山也行,保山也能办起个照相馆。但是,连这个愿望也成泡影。远征军回不了保山,要退到印度。

所以,进了野人山,这位口齿伶俐的翻译小姐,一路沉默寡言。还有什么可说的呢?野人山的厉害,别人可能不晓得,她是缅甸长大的,知道这是一块瘴疠之地,疾病流行,连当地人也望而却步,光听那些民谚,也让人胆寒:

"四月五月烟瘴起,新客尽死;九月十月烟瘴起,老客魂也落。"
"要到某某坝,先把婆娘嫁。"
"要过某某岭,先买棺材板。"

姑娘已经知道,进了野人山,甭再想开照相馆重操祖业的事,恐怕连同家人见面也难了。现在,痢疾把她折磨得全身没有一点力气,万念俱灰。

她想,既然成这个样子了,还往前走什么呀?越走离缅甸越远,离中国越远。我是在缅甸生长的中国人,不如埋在中缅交界的野人山里。这样,还省得连累别的姐妹。

这天,同行的姐妹们扶她走。她摇摇头说:
"不了,这里挺好,我不走了。"
说完,她躺到一片刚砍下的芭蕉叶上。
姐妹们流着眼泪要架她走。她不知从哪里来了一股狠劲,死死抱住一根老藤，谁也拽不开她。女兵们无可奈何，只好挥泪诀别。

不远处，正躺着几具男兵的尸体。

她必须活下去，为了阵亡的丈夫和没有出世的孩子。

她叫黎莉，师部译电员。丈夫叫李善辉，炮团副团长。

记得她是从电报上认识他的，那看不见的电波是他们的大媒人。1939年昆仑关战役时，李善辉在炮团当营长。他打炮技术好，胆子又大，曾把榴弹炮秘密推到敌人据守的昆仑关山脚下，从敌人鼻子底下开炮，摧毁了日军六个火力点和一个指挥所。由此，大炮上刺刀的李大胆便出了名。他的名字出现在军师指挥机关来往电文的同时，也印进译电员黎莉的脑海。没费多少周折，他们便相识、恋爱、结婚。虽然同在一个部队，但战事频繁，偶尔能见上一面，总是和新婚那么甜蜜。

后来，夫妻双双来到缅甸战场。出国前，部队放了几天假，牛郎织女相会，他们继续着蜜月里的梦。从那以后，部队开到缅甸，他们一直没见面。黎莉只能从前线部队电报里知道丈夫的行踪。关于丈夫的最后信息，也是从电文得悉的：

4月5日，日军攻占叶达西我军阵地，炮团副团长李善辉英勇阵亡。

黎莉一言不发，在电报机前默默地坐了十几分钟，然后才把译出的电报交了上去。

自那以后，她感到自己肩上责任重大。李善辉是个独子，家中只有老母一人，善辉曾说，等缅甸的仗打完，就退役，回家照顾老人，给老人生个胖孙子，好好过日子。现在，善辉把这副重担都交给她了。她必须活着走出野人山，保护好腹中那可怜的孩子。那是善辉的骨血，是善辉生命的延续啊！

在野人山里，她像换了个人。她浑身像有用不完的力气，永不疲倦，简直有点发狂，歇斯底里。她行军速度特别快，手持一根竹杖，几尺宽的沟，一跃而过，密密的草丛，低头就钻过去，像只野猪似的。她什么都能吃，野果子、芭蕉根、带血的兽肉、蟒蛇蛋。过溜索，别的女兵对那深不见底的万丈深渊惊恐万分，她不怕，眼一闭，双手死死抓住溜索，跟在男兵后头"哧溜哧溜"地就过去了。

她总想，野人山能挡住别人，但挡不住我。

因为在山里走得快,并且总走在别人前头,她损耗也大,常常饿得眼发黑。腹中的孩子好像长得挺快,感觉到身体越来越沉重。这使她又高兴,又揪心,她的手脚出现浮肿。

后来,情况开始严重起来,她那双肿胀的大脚板,因为遭到蚊虫、蚂蝗的叮咬,长了红包,化脓。那些害人虫,毒得很,既叮死人,也叮活人。叮了死人,再叮活人,很容易传染疾病。林中到处都有泡着死尸的臭水坑,也是个毒根源。

黎莉的双脚溃烂,开头是露出红红的肉芽,后来竟长了蛆,白森森的骨头都露出来了。她已经不能站立。

她怎么能没有脚?没有脚怎么行?

黎莉抱着双脚,哭得死去活来。

但是,她还在向前。她用两只手代替脚,一步一步向前爬。她那铁钳一样的双手搬开路上的石块,她那利刃一样的牙齿咬断挡道的藤萝,她那沉重的身躯将草丛压进泥淖。地上留下一道深深的印辙,洒下滴滴殷红的鲜血。

这是一个不屈生命滚动的轨迹。

最终,生命的轨迹在一片铺满落叶的树丛边中断了。

大地留下一个沉重的惊叹!

大胡子男兵和5个女兵的生死征程

部队日复一日地在山中痛苦挣扎。野人山是苦海,无边无涯。

今天是几号了?谁晓得!

进山多少天了?谁晓得!

女兵们用一种特殊的办法计算时间。根据月经周期推算,现在该是7月上旬了。进山已有2个月。

部队的建制全被打乱了,无所谓军师旅团营,无所谓官与兵。野人山将部队不断地加以淘汰和编组,全按照体力、脚力、耐力和野生能力来排队,已经不存在编制里规定的那种稳定的战斗集体,山中只有一些临时凑在一起的"伙伴"。

这是野人山中一个极普通的小团体。

那天，部队渡河。河面很宽，水不算深，但急。男兵们卷起裤腿，扎紧裤带，一个个下河。身体瘦弱的，让河水卷走了；身强体壮的涉过水面，登上对岸，又钻进丛林。之后，河面又平静了下来。

河这边，一棵棕榈树下还有一窝女兵。她们望着滚滚河水，低声抽泣。一共有几个人，没人去数，应该有八九个吧。是河水把她们拦在一块儿的。

待了半晌，其中一个年岁大点的女兵站起来，说：

"姐妹们，我们得走哇！能过几个是几个。过不了，死在河里也比死在林子里强！"

说完，她大步往河滩走。其他女兵也跟了上来。

"等一等，姑娘们。"

林子里钻出一个男人。40来岁。满脸络腮胡子，又脏又乱，像草丛似的。"你们要过河？"他问。

领头的女兵点点头。

"等一等。"说罢，他掉头钻进树林。一会儿，他扛着一根竹竿回来，说：

"跟我来，姑娘们。"

大胡子男人在前面走，一步步走到河心。在水最深最急的地方，他站稳了。这时，女兵们才发现他身体真壮啊！站到河心，还露出半个毛绒绒的胸脯，像立在水中的桥墩。

女兵们手拉着手，站在水浅的地方。男兵把竹竿伸过来，虎着脸对站在最前面的女兵说：

"握住竹竿，不要松手，闭上眼睛。"

女兵乖乖照他说的做。

只见男兵那粗大的双手，将竹竿一点一点往回收，把女兵拉过河心，然后，转身往对岸水浅的地方送。女兵像只水鸟，被竹竿挑着，浮游过水流湍急的河面。

这样一趟一趟地送。其中三个女兵没抓牢竹竿，被水卷走了。其余

的,安全过河。

男兵留心了一下,过河的共有五个女兵。

大队人马走远了。

他们踩着别人的脚印,钻进树林。没走多远,天渐渐黑了。

该宿营了。

女兵们停下脚步,目光全投向男兵。他是这个小团体里唯一的男子汉。

男兵也不言语,抽出腰间的大砍刀,砍来几捆芭蕉叶,很快搭好一个窝棚。

"进去歇吧!"他说。

怎么歇?女兵们你看我,我看你,谁也不动弹。还是年纪大点的那位开了口,问:

"你歇哪?"

"我好办。"说着,他拾起大刀,走到旁边一棵大树下,扯过几根藤条,盘了一个顶棚,再搭上块油布,他自己便钻了进去。

女兵们这才东倒西歪地钻进芭蕉棚。一会儿,棚里响起了鼾声。

"姑娘们,点一堆火,把衣服烤烤,夜里凉啊!"棚外传来男兵的声音。说着递进一捆柴禾和几根火柴。

芭蕉棚内亮起了火光。女兵们坐了起来,围着火堆,烘烤前身和后背。湿漉漉的衣服在火光下,升起缕缕白烟,夹着汗渍的咸味。

"我们何不把裤子脱下来烤烤?"有个女兵提议。

"他来了咋办?"有人说不行。

"他睡了。"又有人补充一句。

于是,姑娘们在火光前,脱下身上的破军装,对着火堆烘烤。棚子里有了火光,有了温暖,也就有了热闹。

"瞧我这衣服,都撕成布条了,什么也遮不住呀!"

"我肚子怎么胀得这么大,跟怀孩子似的,这可怎么好?"

"我可好,奶子全瘪进去,丑死了。"

"甭急,等出了山,吃饱喝足了,保管又胀得气球样儿。"

"唉,什么时候能出山呀!"

芭蕉棚外那块破油布下，传来男兵沉重的鼾声。棚子里，女兵们嘀嘀咕咕，说说笑笑，很晚才睡着。

天亮后，大家赶路。

男兵走在前面，用大刀"呼哧呼哧"地开路。跟在他身后的一个女兵问：

"你是班长吧？"

男兵停下刀，抹把汗，回头答："班副，工兵团的。"

"班副也是班长，贵姓呀！"女兵追问道。

"木子李，得，就叫我大叔好啦！"

"大叔，"姑娘们一下围上来，"我们互相认识认识吧！"

"我叫郭小芳，师演出队的。"刚才那位姑娘先报上姓名。

"我叫林春，第65团译电员。"一个浓眉大眼的女兵报了自己的名，又把另一位姑娘拉过来：

"她叫李君，也是我们第65团的。"

叫李君的姑娘很腼腆地点点头。她脸色不好，像是见不着太阳的菜叶子。

"我叫李秀梅，华侨队的翻译，报告完毕。"说话的这位华侨姑娘，戴一副度数很深的近视眼镜，文静、规矩，一看就是个新兵。

"我叫殷海华，新38师医疗队护士长。撤退时走散了，跟上了新22师。"最后通报姓名的是那位年纪大点的女兵。

她声音低沉，很忧郁的样子。

班长大叔冲姑娘们笑了笑，慈祥地说："姑娘们，一下子告诉我这么多名字，大叔记不住。我们慢慢认识吧！日子还长着呢。"

说完，他挥起大刀，又走到前头开路。工兵使用的这种大刀，是在丛林地区专门开路用的，二尺多长，有一定弧度，锋利无比，橛把粗的树干、碗口粗的竹子、胳膊粗的老藤，手起刀落，一刀两断。工兵的大刀没能为远征军开出一条通往胜利之路，现在能不能为五位女兵砍出一条走向生存的坦途呢？

因为有工兵班长开路，这两天，女兵们行军速度很快，有些男兵被甩到了后头。

国殇 中国远征军缅甸、滇西抗战秘录

这天晚上,班长大叔照例给女兵们搭了个大点的窝棚,再在旁边给自己搭了个小的。一切停当后,他钻进林子,准备解个手再回来睡觉。

忽然,树丛里闪出个人,打着招呼:"班长大哥,没睡哪!"

"你也没歇着?"班长搭讪了一句。

"睡不着哇。"那人说。

"睡不着就躺着呗。"

"也躺不着啊。"

"那就转悠转悠吧。"班长解完手,想往回走。

"跟你商量个事儿。"那人"噌"地一下,窜到班长跟前。

"什么事?"班长睨着眼睛瞧那人。夜色朦胧中看出他有三十来岁,好像负过伤,头上缠条绷带,破烂的军装上别着少尉军衔符号。

他迟迟疑疑,欲言又止。班长有点不耐烦:

"有话就说,有屁就放。"

他终于抬起头,像个乞丐似的,望着班长,可怜巴巴地说:

"今晚,你匀我一个吧!"

"匀你什么?"

"棚里的女兵。"

"啪",一个巴掌下去,班长大骂道,"混账东西。"那人蹲在地下,捂着头哭了起来:"我白活30岁,都快死了,还没闻过女人的味儿。你个老家伙,一人霸占5个,这公道吗?"

班长大叔把刀提在手上,在那人眼前晃了晃喝道:

"再不滚,一刀劈了你个王八蛋!"

那人爬起来,"呜呜"地哭着逃走了。

"都成什么世道了,人还叫人吗?"班长大叔躺到自己的棚子里,怒犹未消。

又走了几天,山更高了,树林里整天弥漫着浓雾,耳朵胀得嗡嗡响。女兵们的体力越来越不行了,行军速度不断减慢。这天午后,爬上一座山梁,远望对面山腰上露出一座野人的高脚屋,班长对女兵们说:

"姑娘们,加把劲,看谁先走到那座茅屋前。"

女兵们咬紧牙,加快脚步。真是望山跑死马呀!眼看那草屋就在跟前，可是绕来绕去，足足走了半天才到。

人陆续到了，但左等右等不见译电员李君。她的好友林春着了急，眼睛瞪得老大，嚷起来：

"快找人哪！李君出事了。"

班长大叔想到李君那疲惫的身体和菜色的脸庞，预感事情不妙，赶快带大家往回走。走了有一个时辰，在一条水沟前找到一具尸体。身上已经爬满蚂蚁、蚂蟥，人已面目不清。

但林春认出那根大辫子，哭了起来：

"这是李君，辫子是早上我给扎的。"

林春失声痛哭，其他三位女兵都在默默地流泪。

班长大叔一言不发，他选了块高点的山坡，拼命用刀凿，用手刨，刨出一个坑，再把李君轻轻抱起，放进土坑，他像头野猪似的，又拱又刨，把土埋上。之后，他拿起大刀，走到坟旁的一棵槟榔树前，哗啦几下，刮下一块树皮，在树干上刻上一行大字：

李君之墓

高大挺拔的槟榔树，为一位中国女兵竖起一座顶天立地的墓碑。

班长大叔收起大刀，在李君坟前磕了三个头，然后，默默地向丛林走去。

他身后，紧跟着四个女兵！

李君的惨死，给女兵的心中投下一道沉重的阴影，每个人都在沉默中问自己：能走出野人山吗？

晚上，班长大叔点燃一堆篝火，见女兵们个个垂头丧气，便对郭小芳说：

"小芳子，好久没听见你唱歌了，给大叔唱支歌吧！"

郭小芳的歌喉甜润动听，在前线，曾给士兵们带来多少欢乐和鼓舞啊！

可是，她现在泪水汪汪："大叔，我唱不出来呀！"

"唱吧，孩子。"大叔说，"你李君姐姐歇了，我们还得走呀！走出森林，好回国给她家报个信呀！唱吧！"

"我们一起唱!"护士长殷海华说。

"那好。"郭小芳擦干泪水,强打精神说,"就唱《我的家》吧!"

班长大叔点点头。

于是,在火星四迸的火堆前,在空旷寂静的森林中,飘荡着一支动人心魄的思乡曲:

> 我的家在东北松花江上,
> 那里有森林、煤矿,
> 还有那满山遍野的大豆、高粱。
> 九一八,九一八,
> 从那个悲惨的时候,
> 离开了我的家乡,
> 整天价在关内流浪,
> 流浪。
> 哪年,哪月才能回到我可爱的家乡。
> ……

歌声如诉如泣,若哀若怨,撩动了女兵们遥想故乡、思念亲人的炽热情怀。一曲未终,女兵已是泪水横流,泣不成声。郭小芳一下扑到班长的怀里:

"大叔,我想家。"

班长大叔也已泪光闪闪,他劝慰道:

"小芳子,放心,大叔一定把你们送回家去。"

第二天早晨,天刚蒙蒙亮,下起大雨。窝棚根本不挡雨,女兵们躲在里面淋得浑身透湿,冻得直哆嗦。与其缩在棚里挨淋,不如冒雨行军暖和些。班长领着女兵开始赶路。雨下得大,视线不清,路又特别滑,女兵们行走困难。好不容易爬过一道险象环生的山脊,前面是一片麻栗树林。

这时雨小了一点。大家也不歇息,加紧前行。

麻栗树长得特别茂密,阴沉沉的不见天日,明明是大白天,而树林里却像到了黄昏。树底下是几尺厚的落叶,软绵绵,滑溜溜,人走在上面像掉进棉花堆,举步维艰。翻译李秀梅走在队伍的最后,林中昏暗,她还戴副近视眼镜,够为难的了。

突然,她被东西绊了一下,跌了一个跟头,眼镜丢了。

她到处乱摸,摸不着。走在前面的译电员林春闻讯赶来,她眼尖,看到那白框眼镜正挂在路边的一棵小树杈上,还在晃悠呢。仔细一看,树下竟开着几朵野花,鲜艳夺目,还带着点点水珠。

"眼镜在那儿,我给你取。"林春心里高兴,为那眼镜,也为那几朵小花,说着,她大步迈上前去。

她哪里想到,野花跟前铺着的那层落叶是虚的,底下是个大陷坑,一直通到深不见底的峡谷。译电员一脚踩了个空,落入陷坑,随即卷着陡坡上的浮叶"哧溜哧溜"滚进峡谷,叫都来不及叫一声。

华侨姑娘李秀梅哭得死去活来。

等班长大叔赶来,刚刚还活蹦乱跳的大个子姑娘林春已经无影无踪。树杈下那几朵妖艳的野花还在阴险地开着。

姑娘们心情沉重,不想再向前走了,便提前宿营。班长砍来树枝和芭蕉叶,为女兵们搭好棚子。棚子小多了。现在只剩下3个女兵。

第二天,行走一日,几个人一点吃的东西也找不着。身体结实的大叔也饿得直冒虚汗。护士长殷海华见大叔累得够呛,便提议分成两组。护士长说:"分两个小组,走两条路,找吃的也许容易些。"

大叔听着有点道理,点头答应,但又不放心,说:"距离不要拉得太远,宿营时一定在一起。"

小芳子年龄小,身体嫩,跟着大叔。李秀梅眼镜丢了,行走不方便,跟护士长走。

护士长从班长大叔肩上分到一份照顾姐妹的重担,她是很尽心的。路上,她像大姐似的拉着李秀梅,慢慢行走,生怕把她摔着了。李秀梅没了眼镜,两目茫然,找食的事全靠护士长一人。

整整一个上午,一个果子也没找着。中午时分,林子里亮堂了一些,远近看得清楚。殷海华边走边瞪大眼睛,四下里搜索。突然,她发现左前方一株芭蕉树上挂着一串芭蕉。极度饥饿引起剧烈的冲动,使她按捺不住,她嘱咐李秀梅原地等她,自己便向芭蕉树扑过去。

李秀梅眼力不好。护士长很快从她的视线内消失。她心里空落落的。突然,听到林子深处传来护士长一声惨叫:

"哎哟!"

李秀梅心头一颤,腾地从地上跳起,循着声音摸过去。不知摔了多少个跟头,她摸到护士长身边,发现她躺在草丛中,不停地"哼哼唧唧",护士长告诉她:

"让毒蛇咬了。"

说完,便开始出现抽搐和昏厥。

好不容易,李秀梅在护士长的右脚面上找到伤口,两个深深的牙印。她过去听人说,让毒蛇咬伤后,得赶快把毒液挤出来。但具体怎样操作,她一概不知。她是个翻译,没有进行过这方面训练。她用双手,紧紧捏住护士长的右脚,使劲往下撸。但是,脚面瘦骨嶙嶙,一滴血也挤不出来。

护士长脸色苍白,抽搐得更厉害了。李秀梅越发着急,挤不出血,吸吧。她便俯下身去,用嘴对着护士长脚面上毒蛇的牙印,使劲地吸吮,吸了一口又一口。

一会儿,她先是感到舌头发麻,接着蔓延到喉头、脖颈、脸部,再往下感到胸部发闷,头部麻木,再往后,就什么也不知道了……

等班长大叔和小芳子找到她们时,她们已经没救了。

当晚,野人山的一个角落里,紧挨着支起两座同样大小的窝棚。一路上,班长大叔不知为女兵搭了多少个窝棚,但棚子越搭越小,现在只剩一个女兵了。

夜间,大叔睡得很不踏实,天快亮时他迷迷糊糊的似睡非睡,忽然听见小芳子的棚子里一阵响动,他鲤鱼打挺地一下子坐了起来,探出头去,就见一条黑影窜了出去。

他操起大刀,钻出窝棚,跟着黑影追了过去。

那黑影连蹦带跳,左躲右闪,在山林里急走如飞。

天渐渐放亮,班长影影绰绰望见前头跑的是个野人,肩上扛着女兵。班长心急火燎,紧追不舍。

跳过一道河沟,翻过一座峡谷,望见前面有座草屋。到了屋跟前,野人不进屋，转了一圈，掉头又钻进一片草丛中。

班长跟踪而至，拨开草丛往里看，看见一个草窝。野人把女兵轻轻放到草垫上，自己坐在旁边直喘气。班长这才把野人看清楚了。他皮肤黝黑而粗糙，头发像松针似的盘在头顶，颧骨突出，满口黑牙，上身裸露，相貌丑陋。

野人缓过劲后，用双手扑哧扑哧地拔草，把草窝垫平，将昏厥中的女兵放好。接着，那野人站了起来，非常冲动地围着女人转来转去，好像对猎物一时不知从何下手。

一会儿，他蹲下来，用手去理女兵的头发，摸她的额头、脸颊、耳轮、脖子。突然，他发狂一样，伸手要撕女兵的衣服……

就在这一刹那，班长从草丛中跃起，挥舞着大刀，嗷嗷地叫着向野人扑了上去。

野人被这突如其来的袭击震撼了。他抬头一看，是个身材高大的男子，手里还有明晃晃的大刀。他自知不是对手，一撩腿，钻进深深的草丛中，那动作比猴子还敏捷。

班长奔上去，抱起小芳，飞一样往回跑。一气跑过两道山梁。

这天夜里，是森林最凄凉的一个夜晚。夜雨"滴滴答答"地下个不停，风声一阵紧似一阵，猿猴在风雨袭击下，哭哭啼啼，悲悲戚戚。而最叫班长大叔伤心难受的是，郭小芳的小窝棚里彻夜不停地传来抽抽泣泣的悲声。他不知如何是好：

怎么劝这孩子？怎样才能让她宽心？

东方放亮的时候，风雨停息，猿猴们销声匿迹，小芳子的窝棚也安静了下来。四周一片静谧。

天亮了，而森林却睡着了。

班长大叔钻出自己的窝棚，到小芳棚里一看，不禁大惊失色：姑娘已在棚内悬梁自尽。

"小芳子，这是干什么？"

大叔痛哭失声，一颗颗浑浊的泪珠滚落在脏乱的络腮胡子上。

他把郭小芳的遗体安葬在一棵又高又直的棕榈树下。

这是他安葬的第5个女兵，也是身边最后一个女兵。

然而,大叔自己的道路还没有走完,还要走下去。

向西,向西,一直向西!他抽出腰间的大刀,疯狂挥舞,刀锋所向,树丛草蔓,无不披靡,这位老兵坚决不相信,野人山中杀不出一条血路来!

又该宿营了。

野人山的一个角落,孤零零地支着一座小小的窝棚。夜间,大叔辗转反侧,他不断地责问自己:

见了姑娘们的家人,我该怎么说啊?

第十三章　丛林大救援

杜聿明和他的部队挣扎在尸体横陈的丛林中

野人山好像没有尽头。

每天早上醒来，杜聿明都在担架的横杠上刻下一道刀痕。数起来，已经刻了56道。山中无甲子，屈指一算，该是7月中旬了。

自从在大洛得了回归热，杜聿明的体力一直没有恢复。无医无药，没有死掉，就算命大了。

林中死了多少人，还剩下多少人，谁也说不清。一路上，尸体横陈，白骨成堆。

"一将无能，累死三军。"士兵怨声载道，杜聿明只好充耳不闻。他心里难受极了。作为一名将军，他并不过分吝惜士兵的鲜血。笑卧沙场，轰轰烈烈地死，那是军人的光荣。可是，现在这种死法，士兵们像一排排枯树，无声地倒下、腐烂，连挣扎一下都没有。这是为将的罪过呀！

杜聿明不知道，野人山已经吞噬了多少官兵，可是，他清楚地记得，光为他抬担架，就死了5个人。其中特务连那个壮得像根铁柱似的常连长，就因为染上回归热致死。病毒就是杜聿明传染给他的。

杜聿明感到，他这个半死不活的长官，在野人山中不仅不能给部队以鼓舞，给士兵带来希望，他简直就是一个累赘。

唯一的希望是电台。但一再让他失望的也是电台。

进山的时候，什么都扔了，就是不敢扔电台。

然而，野人山是个密封的世界，遮天蔽日的林木紧紧罩着大地，飞禽出不去，阳光进不来，连电波也不能穿透这绿色的屏障。自从钻进野人山，电台便与重庆中断了联系。每天宿营，杜聿明都命令机要参谋把电台架到他的担架前，威吓说：

"今晚不把电报发出去，办你的罪！"

可是开机后，呼唤重庆，重庆没有回音；呼唤昆明，昆明没有声息。

天天如此。

李参谋懊丧地说：

"天天下雨，机器像水泡过似的，到处跑电，没法搞。"

叫天天不应，叫地地不灵，杜聿明仰天长叹：

"就这么完了么？"

苍天有知，是不该让一支正义之师，湮没在无情林海之中的。

这天，天气晴好。缅北的雨季，难得天晴。电台兵们找到一块空地，赶紧把电台和电池打开晾晒。

森林中的太阳，竟是这般火热，把机器晒得全身冒汗，小半天工夫，电台和电池内存积的雨水和潮气全都蒸干了，趁着这股热乎劲，杜聿明命令机要参谋立即开机。

电台兵架好天线，接通电源，插上耳机和发报键。不到两分钟，一切就绪。

李参谋亲自发报。他戴上耳机，右手手指轻轻地搭在发报键上，神情十分严肃。全军官兵的命运，全系在他那个手指头上啊。

"的的的的"……

清脆悦耳的发报声，叩击着大森林，叩击着每个人的心弦。机要参谋熟练地把呼唤重庆电信总台的讯号发出去后，接下来是等待重庆的回音。

期望与失望、焦虑与忍耐交织在一起，啮咬着每个人的心。

一分钟过去，两分钟过去，五分钟过去……耳机里，音讯全无。

"没有接通。"机要参谋垂头丧气，全身汗水淋淋，像犯下大罪。

"继续呼叫。"杜聿明语气极为严厉。

机要参谋调整机器，摸摸这个零件，捏捏那根线头。一连呼叫三次，均无回音。

杜聿明也绝望了。他沉重地叹了一声：

"唉……"

长官的叹息，像一根鞭子抽在李参谋的身上，这比命令更让人坐卧不安。他不死心，把机器又捣腾了一遍，继续呼叫。他自己也搞不清，已经呼叫多少遍了。

突然，耳机里传来一阵短促的响声：

"嘟嘟嘟"……

这是重庆的回音！

李参谋大喜过望，不敢相信自己的耳朵，再仔细听，对方又重复了一遍回叫讯号。

是重庆，没错！

"赶快发报。"杜聿明迫不及待，催促道。

"的的的的"……

李参谋快速按动键钮，把报告部队目前位置、处境的电文拍了出去。

刚拍了一截，电池又没电了。

虽然电报没拍完，但重要的是，把远征军部队尚在野人山中存活的信息传了出去。

多少天来，杜聿明总感到野人山就像一只魔罩，把他扣着、捂着、闷着，要把他憋死在森林中。现在，终于撕开一道缝隙，透进一缕光明，吹进一丝新鲜空气。他相信，只要蒋总司令知道他们还活着，知道他们的大体方位，一定会不惜一切代价，搭救他们。

一定会的！

在野人山里挣扎的官兵，早已成了散兵游勇，自由行动。

生存的欲望，成了官兵们唯一的行动规范。为了活命，他们必须不断向西前进。向西，向西，是官兵们自己给自己下达的命令。没有逃兵，没有开小差的，没有人敢擅自偏离部队的行军路线。因而，这是一支高度统一的部队。

可以说，在国民党的军队中，没有哪一支部队像野人山中的远征军官兵这样目标一致，步伐一律，休戚与共。

"和重庆联系上了"的消息，在森林中不翼而飞，一夜之间传遍了全体官兵。死气沉沉的大森林，第一次升起希望之光。

次日的行军速度大为加快。官兵们拼命往前奔,仿佛前面那片林子里,已经垂下一架搭救他们的天梯,仿佛对面那座山梁上,有人向他们张开救援的双臂。

野人山的节律有了某种变化。往日里静悄悄的森林,好像热闹了点。有人在大声说话,有人为了表明自己的存在,不断发出嗷嗷的叫声。人们行进时,拨动草丛树枝的声音也大多了,行军的脚步声更加坚定有力。人们都在期待着什么。

太阳升到树顶的时候,天空传来了飞机的引擎声。这声音太熟悉,太美妙了。

森林骤然喧闹起来。

"我们的飞机来了。"

"我们有救了。"

士兵们兴高采烈,狂奔乱跳,忘记饥饿,忘记伤痛,忘记疾病,忘记死亡。躺在担架上的坐了起来,拄着拐杖的扔掉了拐杖,濒临倒毙的也直起了腰板。人们不约而同地仰起头,焦灼的目光一齐射向天空。

可是天在哪?飞机在哪?

野人山那层厚厚的绿色屏障,将天与地隔开了,密不透风的树林阻断了人们的视线。只听见飞机的声音由远而近,渐渐飞临头顶。巨大的轰鸣声,把森林震颤得"嗡嗡"作响,把鸟兽惊吓得四处躲藏。士兵们只听见引擎声,看不见飞机的踪影,急得在树林里又蹦又跳,又喊又叫,有的敲响手中的铁器,有的拼命摇曳树枝竹丛,有的炸手榴弹,但是,他们无法冲破扣在头顶的那层绿色的罩,以同飞机取得联系。在茫茫林海中,人的那点声响,那点行动,不过如蚊子"嗡嗡"、跳蚤蹦达罢了。

飞机从头顶盘旋而过,越飞越远,曾给官兵以巨大希望的引擎声逐渐消失。林中又归于死一般的沉寂。

这可诅咒的森林!

一切都过去了以后,人们这才想起:为什么不先把森林撕出一个口子来?

无须谁来下令,所有的刀手都自动集合起来。选好一处山头,叮叮咚咚,刀斧之声响成一片。一棵棵大树被放倒,被运走,林莽中出现了一个篮球场大小的空地。士兵们抱来一捆捆枯枝落叶，在空地上堆起三个大柴堆，专等飞机再次光临。

次日，也是太阳当空的时候，又传来飞机的轰鸣声。

早已按捺不住的士兵们点燃火堆，三股浓烟冲天而起。

飞机越飞越近，已临头顶。这回可看清了。是一架绰号"黑寡妇"的轻型战斗侦察机，银灰色的机身小巧得像只燕子，翅膀底下，青天白日机徽大放光芒。

"黑寡妇。"

"黑寡妇。"

"我的黑寡妇。"

"老子把你盼苦啦！"

士兵们手舞足蹈，欢呼雀跃，使劲向飞机招手，拼命向上蹦跳，恨不得跳上去和"黑寡妇"握手拥抱。

"黑寡妇"会意，它调整高度，开始低空盘旋，螺旋桨搅动的巨大旋风把士兵的帽子吹掉，把衣服刮得噼啪作响。那是"黑寡妇"在和他们拥抱接吻。士兵们兴奋极了。

在一片欢呼声中，飞机投下两只降落伞。

降落伞在微风中张开，五颜六色，绚丽夺目，像凌空开放的两朵莲花。

士兵们全都把手伸向天空，平地陡然崛起一片肉长的森林。

莲花降落了。它降落在士兵们如林的手臂中。

无数双颤抖的手，高高托着降落伞下面的两只黑皮箱，像举着两座大山。士兵们簇拥着把皮箱送到杜聿明跟前。

杜聿明今天气色很好。他示意士兵把皮箱放到他的帆布担架前。杜聿明伸出骨瘦如柴的双手，仔细掂量掂量皮箱的分量。他感到很沉，又感到很轻。心里揣测着，里面会装着什么呢？是食物？是药品？面对着成千上万让饥饿和疾病痛苦折磨的士兵，两座食物的山、药品的山都不够啊！两只皮箱能够什么？如果是一只能不断变出鸡鸭鱼肉、米饭馒头的聚宝盆，那还差不多。但是，他又一想，即使里面装的是几包盐巴，几听罐头，那也是总司令的一片恩典。

千里送鹅毛，礼轻情义重！

把两只皮箱来回掂量过后，杜聿明决定先把那只重一点的打开。他亲手启封。这是作为副总司令长官的权力，他已经很久没有行使自己的权力了。

士兵们众目睽睽，屏息静气，一齐盯着副总司令官手中的皮箱，好像在盼着一个奇迹出现。捆绑的绳索松开，封条被揭下，箱口的皮扣解脱，箱盖打开了——

是一部电台，一部崭新的电台！

士兵们发狂似的呼喊起来。

电台太重要了。电台就是什么都能变出来的聚宝盆、百宝箱。我们缺什么，就向重庆要什么；要什么，蒋总司令就会给什么。这两个月，我们就是吃了电台中断的苦啊！如今有了电台，我们什么也不怕了。

杜聿明把另一只皮箱提过来。这只皮箱大一些，但轻一些，也上着封条。里面会是什么呢？

反正是好东西，赶快打开！

又是那套程序：解绳索，揭封条，松皮扣。杜聿明把箱盖掀开——

呀！是钞票，满满一箱缅甸卢比。

士兵们全傻眼了。

在这荒无人烟的野人山，钱有什么用？不顶吃、不顶喝，还得当个包袱背着。他们太不了解野人山了。

"我的蒋总司令哟。"

杜聿明心里悲哀地说。

好在有了一部可靠的电台。

晚上，杜聿明开列了一张长长的请求空投物资的清单，交给机要参谋。李参谋从容不迫地将电报拍往重庆，他再也不用担心电池没电了。

次日，一架中型运输机满载着粮食和药品，飞临野人山。已经被扩大了的空投场四周，围着一大群饥饿的士兵。今天，总不会让他们再次失望了吧！

与昨天那架身材苗条的"黑寡妇"相比，今天来的可真是一位体态臃肿、快要分娩的孕妇。这是一架美制 C - 45 型运输机，大肚皮里能装两吨半货物，吉普车都能开进去。

飞机准确地找到空投目标后，降低高度，调整位置，开始空投。

就见飞机的大肚子下，弹出许许多多的小黑点。顷刻间，满天开放数不清的花朵，好一个天女散花！

空投物资很快收拢起来，粮食堆成一座小山，药品也堆成一座小山。

野人山从来没有这么富有过。

不用谁来招呼，士兵已自觉在粮山前排起长队。被野人山剥夺权利达两个月之久的军需官们，又有事可做了。军部那位斤斤计较、办事认真的军需主任，一只手拿着一口搪瓷缸，另一只手拿着一根削得极平直的竹片。他用口缸往白花花的米袋一掏，端出来的是满满的一缸大米，再用竹片一刮，缸口就出现一个平面，既不凸出，也不凹陷，绝对公平。

有的士兵还不放心，眼睛紧紧盯住缸口那个小平面，生怕给自己分米时，军需主任刮狠了一点，少给几粒米。那不是米，颗颗都是救命金丹啊！

分到米后，士兵们迫不及待，找好各人的地方，生火做饭。

丛林处处升起炊烟。

一切能烧的家什全用上了，铁锅、铁锹、钢盔、水壶、茶缸，再不行，砍来竹筒，中间塞进大米，用泥巴堵住两头，投进火里煨烤。

火光给一张张浮肿苍白的脸抹上了生命的血色。

在一处小溪边，燃着一堆大火，火苗欢快地跳跃着蹿得很高。火堆上吊着一只钢盔，正"呲呲"地冒着热汽。老兵王大川、女翻译岩珠和英军联络官欧文三人，围着火堆用钢盔煮饭。在野人山，他们一路走来，互相关照，是野人山中的一个小团体。

王大川在拨弄着柴火。岩珠身体虚弱，半躺着倚在石块上。欧文情绪不错，一边用木棍拨弄火，一边吹口哨。

饭煮好了，白花花满满的一钢盔。三个人手里各拿一块芭蕉叶，将米饭扒到叶片上，便狼吞虎咽起来。

在一棵芭蕉树下，一位满脸胡须的老兵独自一人守着一堆大火，做着自己的饭。他正是那位曾经埋葬过五位女兵的工兵班长。自从埋葬了身边最后一位女兵后，他变成森林里最孤独、最忧郁的人。

在火光映照下,他的胡子比以前更长了,眼窝也更加塌陷,脸上布满皱纹,还有一道道荆棘划出的血印,他一下老了10岁。

刚才,他从军需主任那里领到自己的一份口粮后,他不敢相信这一口缸大米是属于他的。他一个人怎么能拥有这么多的财富呢?他觉得自己突然成了一个大地主。自己富有之后,他更加可怜那些饿死的女兵。要是她们都活着,今天每人也能领到一缸米。有了米,那个活泼可爱的小芳子,那个戴眼镜、很腼腆的翻译姑娘,那个老成持重的护士长,还有那两个像亲姐妹一样的译电员,她们该有多高兴啊!

老班长不禁黯然神伤。

他毕竟也是饿坏了。一边是泪光闪闪,一边是饥肠辘辘。

柴禾很湿,火光有气无力,米粒在小锅里慢悠悠地翻着跟头。做饭的锅是一只漱口用的小铁缸,拳头大小,一次顶多能煮二两米饭。老班长不停地拨弄柴火,同时,忍不住用小铁勺捞起锅里半生不熟的米粒,往嘴里塞。

一边煮,一边吃,等做熟了,只剩半缸饭了。

连哈气带下勺子,三下两下就把第一锅饭报销了。米饭是什么滋味也没品尝出来。

接着又煮第二锅……

煮了吃,吃了煮,一连煮了五锅饭。这顿饭,从中午一直做到黄昏,吃到黄昏。

当他熄火起身,才发现肚子胀得像只大鼓似的。有生以来,从没吃过这么饱的一顿饭。

长时间挨饿,进食缩减,营养不良,使胃腔萎缩,肠壁变薄,整个消化系统功能衰竭,突如其来的暴食,令其不胜负担。

老班长意识到自己办了一件大错事,但为时已晚。

煮得半生不熟的米饭,在肚子里不断膨胀,胃囊在急剧扩大,好像要把其他器官从腹腔甚至胸腔统统排挤出去。心脏受到压迫,心跳加速。肺叶受到压迫,呼吸短促。而肚子还在膨胀,像只不断打气的气球,圆滚滚的要爆炸。

备受饥饿之苦的这位老兵,才知暴食竟比饥饿更要命。

天亮以后，人们发现，在那座用油布搭成的小棚子里，可怜的老兵已经气绝。

据说这一夜，野人山中因暴食致死的不下三五十人。

从天而降的粮食，给官兵们带来了生存的希望，也带来了意想不到的死亡。

救援杜聿明部队的工作全面展开。

蒋介石责令联勤部长俞飞鹏，飞赴印度边境小镇列多具体实施救援计划。

韦维尔答应由英军供应杜部粮食和药品。

以印度为基地的美国空军，保证每天派四架飞机向野人山空投补给。

先期到达印度的孙立人新38师官兵，义不容辞地组织了数支先遣队，背上粮食、担架、药品、被服，分路进入野人山，接应第5军官兵。

印度政府动员的数千名农夫，从印缅边境赶修通向野人山的应急道路，在峡谷间架起溜索，在江面搭起木桥。

民间的大象运输队也被紧急征用，几十头大象把各种救援物资驮进深山。

在野人山的边缘地带，每隔数里，便设置一个收容站，准备有帐篷、蚊帐、被褥、饮水、粮食、医药。

一架架救生的阶梯从空中、从地面伸向野人山深处；一双双充满挚爱和人道的大手，伸向那受苦受难的中国兄弟。

制止饥饿！

制止疾病！

制止死亡！

总司令和参谋长闹僵，美国特使带来了耐人寻味的"口香糖"

野人山中的中国远征军总算有了转机，而在重庆，总司令蒋介石与参谋长史迪威之间本来就不融洽的关系又陷入了危机。

缅甸作战的失败，使矛盾加剧。蒋介石说，缅甸之战全败在史迪威

不听号令。史迪威说,缅甸作战之所以打不赢,全因为"花生米"乱插杠子。

另外还有三件事,起到了火上浇油、刀口上撒盐的破坏作用。一件是,蒋介石朝思暮想,要美国提供500架飞机,为中国组建一支空军。蒋介石自己不好开口,也知道说了没用,他几次要求史迪威施加个人影响,直接向美国国会提出申请。对此,史迪威断然拒绝,蒋介石大为恼火。另一件事,中国航空公司根据租借法案从美国得到10余架大型运输机,蒋夫人想从中调两架归自己管辖的航空委员会,也遭到史迪威的拒绝。参谋长抹了总司令夫人的面子,总司令本人大为震怒。第三件事,美国将驻在印度、负责支援中国战场的第10航空队的B-29远程轰炸机队调往北非。这更使蒋介石震怒。一怒美国轻视中国战区,二怨史迪威不加阻止,三恨他明知此事而不预先报告。

三件事加在一起,蒋介石真把史迪威恨透了。他气哼哼地给大舅子宋子文写信,说:"史迪威是你从罗斯福那里请来的,还由你给罗斯福退回去。我不要他这个参谋长。"他甚至扬言,日本人曾经对他有很好的建议,如果美国舍不得飞机,他将另想办法。

从6月底到7月中旬,蒋介石拒绝了史迪威的多次求见,对史迪威的报告也置之不理。

重庆的总司令与参谋长彻底闹翻。在太平洋西岸的华盛顿,罗斯福总统焦虑不安。罗斯福知道蒋介石并不是吓唬他,许多迹象表明,日本人正在加紧对重庆威胁利诱,"亚洲大团结"的阴影越来越大。如果有一天蒋介石的风向果真变了,倒向日本,亚洲人真的拉起手来,美国就要大难临头。罗斯福总统一边向马歇尔抱怨史迪威不识时务,耍小孩子脾气;一边急忙派出智囊人物劳克林·居里,作为自己的特使飞赴重庆,在蒋介石与史迪威之间斡旋。

居里是罗斯福总统的行政助理,曾多次赴华,处理中美之间的重大外交事项,可是他此次的使命相当艰难。蒋介石与史迪威都太典型了,一个是东方独裁者无止境的贪欲,一个是西方将领目空一切的骄横,他们之间的鸿沟,用什么去填平呢?

但是,居里对自己的使命满有信心。他口袋里带有罗斯福总统给蒋介石的一些许诺,那都是些耐人寻味的"口香糖"。

7月下旬,居里跨过太平洋,来到山城重庆。重庆的闷热使这位美国人难以忍受。他对随行人员开玩笑说:"原来,总统是让我们往火坑里跳啊。"

在炎热的夏天,在火炉子重庆,美国特使与蒋介石夫妇谈起了一个又一个火爆的话题。

"本人到重庆后曾与史迪威将军几次谈话。将军刚由缅甸战场回来,为黄疸病和钩虫所累,体力甚衰。尤其精神抑郁,颇有烦言。据将军说,回重庆三周以来,不曾一睹总司令丰采,数次呈递书面报告,未蒙一复。不知是何缘故?"在黄山官邸,居里呷了一口蒋夫人亲自为他斟的凉茶后说。

大热天,蒋总司令依然戎装笔挺,正襟危坐,衣扣子一直扣到颔下,显示出军人政治家的特有素质。宋美龄把居里的话一句句翻译给蒋介石。蒋介石每次接待西方贵客,都由夫人担任翻译。今天,更不例外。听懂了居里的话后,蒋总司令先是"嘿嘿"苦笑两声,接着,操着连许多中国人都很难听懂的奉化话,又尖又快地说:

"不是我不想见到史迪威将军,而是不好见他呀!"

蒋夫人把这句话翻译给居里,居里听后忙问:"总司令见自己的参谋长,还有什么为难之处?"

"史将军不仅仅是我的参谋长,他身兼六职,还是罗总统的代表。"蒋介石说,"就中国战区参谋长职务而言,我当以部属待之,然为总统代表,则应待之以上宾。此种错综复杂的问题未得明了,我实不知如何接待他。"

"总司令阁下,这有何难?"居里一笑置之,"在处理中国战区军事时,可以参谋长之礼待之;在讨论有关中美两国事项,以总统代表之礼待之。名正言顺。"

蒋介石摇摇头,说:"阁下有所不知,史将军在华,当总统代表的时间实多于当参谋长。就算当参谋长,也是太上参谋长。比如缅甸作战,"说到这,总司令越加气恼,奉化话更尖更快,"缅战至总退却之时,彼并不向我报告部队转移方向,仅电告马格鲁德将军。战败之前,我严令他将中国

军队撤至密支那,他不执行命令,而向印度撤退。事关大局,竟不直接向我请示,擅自主张。有这样的参谋长吗?"

在翻译总司令的话时,宋美龄加上自己的意见,说:

"我们与史将军约有密码,他不使用,反而直接与马格鲁德将军通电,足见史将军目无官长。"

蒋夫人是翻译,但绝不仅仅是翻译。她是蒋介石的政治伙伴、军事幕僚和谈判桌上配合默契的助手,她在翻译蒋介石的每句话时,常常加以必要的推敲、斟酌、补充和发挥,实质上是最后把关。外国人常常搞不清楚,哪句话是蒋介石本人说的,哪个意思是蒋夫人加进去的。

对蒋介石夫妇的诘问,机警圆滑的居里回答说:

"想象当时,见中国部队冲散成若干小单位,无法集合,史迪威必异常失望。唯我本人既非军人,又未明当时真相,自未便代史将军做解释。"

"当时局势并非不可为。杜聿明将军在曼德勒以北尚能集合4个师。"蒋介石接着说,"我以大军委托史将军,明令向密支那前进。他反而命令撤入印度。即使史将军本人退向印度,亦应向我请示。姑不论此举是否得当,他既为我的参谋长,行动之前,应得我的许可,凡有变化,更应随时报告。此乃常识。"

"诚如总司令所言,史将军确有专擅越权之嫌。不过,本人观察史将军最近情形,他好动而深感烦懑。他是一名军人,而不是外交家,所以,在不能有所作为时,呈焦灼之态,有失当之处,实应谅解。"

居里开头打史迪威一巴掌,替总司令顺顺气,但马上又代史迪威讲情,要总司令高抬贵手。

既然居里先生讲情,给点面子吧!大人不记小人过。蒋总司令缓和了口气说:

"倘若阁下不来重庆,这些话,我将深藏于心,不复赘言矣。"

停了一会儿,居里接着说:"史将军对缅甸战役之结果亦深感悔恨。他深悔不该派孙立人部赴援油田被困之英军。并发誓说,此后再有此类事,绝不再援助英军。足见其悔恨既深且痛。"

"愿自此以后,不再提缅甸战役。这一段痛苦的历史,让它结束了吧！"

蒋介石对缅甸战败有切肤之痛，他实在不愿再谈这个话题了。

下一轮，居里希望谈一谈美国对华空军援助的事，这是蒋介石与史迪威之间的另一个死疙瘩。

谈论这件事，蒋介石多少显出东方君子的羞羞答答。说出自己如何去乞求富人施舍，而遭到白眼这种事，好像总有点难于启齿吧。

蒋介石首先声明："关于飞机，不过是细枝末节的事，我所重视的是史将军对我的感情和态度。物质之估量，在任何情况下，皆非我所看重。"

做了这番铺垫后，他才叙述事情的来龙去脉，"鉴于中国战场之重要地位及中国空军之薄弱，我们曾提请史迪威将军向华盛顿建议，接受援助中国500架飞机之要求，并言明，倘此项最低要求不能实现，则证明盟国对中国战区毫不关心。那么，中国将难以承担协助盟国作战的繁重任务，请盟国另想办法。不意，史将军把我们的话曲解为最后通牒，如果美国不援助飞机，中国将另寻他途，云云。实在是无中生有，混淆视听。"

居里侧着耳朵听了半天，也实在听不出蒋介石自己说的"不给飞机，中国将不能协助盟国作战"的话，与史迪威所指的"最后通牒"有多大的差异，于是，便尽量从和解方面给蒋介石开舒心通气丸，他说：

"以史迪威将军的地位而言，他只应将中国某项军事器材之要求转达华盛顿，但，他如认为必要，亦可直接向华盛顿提出建议。换言之，彼实处于转达中国要求与自动提出建议两者之间。据我所知，他对中国，也是诚心尽力的。比如，他曾多次以个人名义要求美国军政部派遣3～5个师部队驻印，扩大在华美军力量。最近，史将军亦屡次敦促美国速派驱逐机2个中队、重型轰炸机1个中队、中型轰炸机1个中队来华，可惜美国军政部未能资助其建议罢了。唯刚才总司令所言，美方如不能援助500架飞机，中国将不能协助盟国作战，史迪威身为美国军官，实不能向华盛顿转达此种过于强硬的措辞。"

蒋介石听后，悻悻地说："我并不责备史将军办事不尽力，美国援华物资数量多寡也不是问题的关键……"

宋美龄又接过话头，补充道："总司令以为，他所重视的不是飞机之

数量，而是态度与精神。举个例子，有人诚心要帮助你，即使事情没办成，你也要感谢人家。而另一种人以傲慢怜悯态度帮助你，事情就是办成了，也不符合你的愿望。是不是？"

蒋夫人妙语连珠，说的都是蒋介石想说而没有说的。蒋夫人话音一落，蒋介石更振振有词，大言不惭：

"望阁下转告罗总统，我要求美国派遣参谋长来华之动机，绝无利用此人向美增索物资之意。倘若我的行动受物质诱惑之影响，早为日本之贡献所动摇矣。故，我愿掬诚保证，我请美国派参谋长来华，绝无物质企图可言。史迪威到重庆以来，我从未向他要求物质供给之事。史将军是我的参谋长，哪有统帅向参谋长提出请求协助的道理？关于飞机的事，唯因为中国战区需要之迫切，故由夫人向史将军提出讨论罢了。"

听了蒋介石一番剖白，居里暗自发笑。既然如此，飞机的事可到此为止啦！

"承教顿开茅塞。"居里一句话，把这个问题给刹住了。

蒋介石与史迪威之间的疙疙瘩瘩，关于缅甸战败的责任，蒋介石已表示不愿再提及；关于500架飞机，他说这也无所谓。虽然，蒋介石言不由衷，但起码表明他不想纠缠旧账。这样一来，蒋史之间的主要障碍也就不了了之。居里重庆之行便告走完第一步。

下一步，他必须让蒋介石接受史迪威提出的三路反攻缅甸的作战计划。这是罗斯福给他的最终使命。

关于反攻缅甸作战方案，最初于1942年5月，史迪威从缅甸退往印度时，在吱吱扭扭的牛车上已经有了腹稿。败出缅甸后，雄心勃勃的史迪威指天誓地，要报仇雪恨，他在退往印度的路上，就初步形成了反攻缅甸的作战设想。6月初，史迪威从印度回到重庆后，一面受蒋介石之命，筹划入印中国军队的安置和训练；一面与美军驻华代表团协商，正式起草了一份三路反攻缅甸的作战计划，要点是：

第一路由英军3个师、美军2个师、华军2个师，从印度阿萨姆邦出发，渡过钦敦江向缅甸中部曼德勒进攻；第二路，华军出动20个师，从滇西反攻缅北，与第一路在缅甸曼德勒会合；第三路，由英国海军从孟加拉湾登陆，攻占仰光，夺取制海权。

这是一个充满了史迪威个人色彩的庞大战略计划，虽然罗斯福没有具体研究过此计划，但是，总统原则上赞成反攻缅甸作战。因为这一计划与罗总统的全球战略非常合拍。罗斯福始终不渝地强调，从全球战略看，日本对美国的威胁远比德国大，而在亚洲，能与日本抗衡的唯有中国，只有鼓励、帮助中国积极对日作战，才能最大限度地减轻日本对美国的威胁。他赞成中国抗击日本的一切积极作战行动。所以，他不吝惜武器，不吝惜飞机大炮，不吝惜美元，尽最大的努力援助中国。在他看来，把武器交给中国打日本，比美国人自己去打日本合算得多。所以，当缅甸行将不保，滇缅路面临断绝时，他焦急，他不安，他一再对马歇尔等说："得赶紧想出什么法子，保证把武器源源不断运给中国。"因此史迪威提出的三路反攻缅甸的计划，正合罗斯福的意。

7月中旬，史迪威将军在重庆以备忘录的形式，将三路反攻缅甸作战方案呈送蒋介石。蒋介石始终咬定，中国军队投入反攻缅甸作战必须有三个前提：一是美军至少派陆军1个师参战，二是加大美军在华空军力量及提高驼峰运输量，三是英军必须从孟加拉湾登陆。此后，中国方面干脆将此计划搁置。史迪威几次请求面见蒋总司令商讨，也不予以理会。

居里觉得说服蒋介石接受三路反攻缅甸作战计划是一个十分艰难的使命。夺回缅甸，重新开放滇缅路，蒋介石当然不会反对。但是，要动用近20个中国师来执行史迪威提出的一项作战计划，蒋介石是赞成还是反对，就不好说了。

劝蒋介石接受三路反攻缅甸的计划，肯定比化解蒋史矛盾困难得多。居里早已意识到这一点，他口袋里不是准备"口香糖"了吗？

该拿出来了！

7月29日，重庆下了一场大雨，火炉子总算降了点温，被酷暑熬苦了的市民们眉头舒展，街面上人们说话都和气多了。这一天，居里把史迪威的三路反攻计划奉呈蒋介石。总司令情绪不错，虽不十分内行，却是十分仔细地审阅作战计划，还对着墙壁上的大地图点点戳戳。

旁边，居里不失时机地掏出"口香糖"，他向总司令进言道：

"从中国利益来看，实行三路反攻计划，好处很多。第一，实行此项计划，中国可有更充足的理由要求美国援助500架飞机及保证每月空运

5000吨物资。只要中国承担此项作战,美国则满足彼项要求,自不待言。第二,目前美国援华物资全经驼峰空运,运量有限。大量物资囤积印度,贻误战机。如收复缅甸,重开滇缅公路,则美国援助物资源源供给中国,实不可限量。第三,此计划中拟请美国派遣一个师部队来华助战。马歇尔将军或不乐闻,但我可用动听理由说服他。果真美军来华助战,则中国军队皆生活力,发扬其战斗精神矣。第四,一向取守势的中国,一旦表现出进攻能力,并且能克复日重兵占领之缅甸,世人将刮目相看。战后,对提高中国国际地位,大有裨益。"

居里一块一块地给蒋总司令递"口香糖"。总司令美滋滋的,时而侧过这只耳朵听,时而侧过那只耳朵听,不住地点头。居里接着说:

"罗斯福总统还有一个设想,战后建立国际训政制度。即是对一些落后国家,可由二三个邻国共同托管。中国为世界四强之一,战后对朝鲜、泰国和越南将有管理之权。"

中国也可以管理若干小国,这个设想太美妙、太有吸引力了。蒋介石看看居里,又回头看看夫人,好像不相信这话是真的。夫人眉尖一挑,冲他笑了笑,意思是,居里确是这么说的,我们可以下决心干。

于是,蒋介石决断地对居里说:"这是个好计划。只要贵国能实现500架飞机援华及每月空运5000吨物资计划,中国同意此项三路反攻计划。"

拍板成交。

此后,居里与总司令就作战计划的一些具体细节交换意见,也都水到渠成。最后,居里话锋一转,把话题又拉回史迪威身上,他以委婉、探询的语气说:

"如蒙总司令阁下应允,可否再将史将军之地位讨论讨论?"

蒋介石闻言,眼珠子一转,怎么又扯到史迪威身上啦?继而又想,我们今天谈的都是大买卖,捎带谈谈史迪威,也无不可。他回答道:

"愿听明教。"

"恕我直言,"居里侃侃而谈,"据我观之,史迪威将军实苦心为中国利益努力,为增进中美关系筹划。当中国急需步枪,而宋子文部长交涉无效时,史将军设法取得。他曾要求美派遣3个师来华,致遭马歇尔将军之怒,斥其勿再喋喋。凡此忠诚表现,事实俱在,皆可复按。唯因其性格关系，不能与阁下融洽相处，我考虑，当然可以另易他人……"

说到这个关节眼上，居里故意打住话头，看看蒋介石做何反应。蒋介石挠了挠头皮，沉思了一会儿，说：

"为利于统一指挥同盟军作战起见，我曾一再要求史迪威端正对我的态度。但对事不对人。至于撤换史将军与否，应由罗斯福总统裁夺，无吾人置喙之地。"

听这话的意思，蒋介石有了松动，对史迪威不像过去那样必欲除之而后快，居里于是放胆往下说：

"依我之见，三路反攻计划远比一个人之进退为大。史将军如调回美国，必将延误计划之施行。况且，马歇尔将军对史迪威倚畀方深，一闻此举，必致不快，影响中美亲睦。折中的办法，可请史迪威离开重庆一段时间，驻节印度，专司驻印部队整训及反攻作战事项。"

"此意甚佳。"蒋介石过去也常常对一些事叫好，但未必是真心话，而这一次实实在在的口心如一。这样一来，居里的面子给了，讨厌的史迪威也远远地打发走了，把退到印度的那点残破部队，交给他折腾去吧！

居里进一步问："在史将军离渝赴印之前，不知阁下能不能同时接见我们二人，共同商讨三路反攻计划。"

"当然可以。我还要请史将军参加为阁下举行的饯别之宴。请阁下转告美国朋友们，我与史将军之间绝无个人之芥蒂。"

蒋介石的回答痛快、坦然。

"那是不言而喻的，阁下。"居里诙谐中含着狡黠。

"哈哈哈！"

蒋介石与居里一齐笑了。太平洋东岸和西岸都听到了这笑声。

走出野人山，第5军残部没有一个像人样的人

7月底，在各方援助下，第5军幸存官兵，陆续挣扎着走出了野人山。

这一天，雨过天晴，阳光灿烂。

缅印边境丛林的最后一条小河。河上有临时搭成的木桥。桥头大树的树干上张贴着许多标语，用降落伞拼成的一条长幅标语，从树顶一直垂到地面，上面写着：

"祝贺第 5 军将士走出了丛林，重见天日，喜获新生！"

从丛林里挣扎出来的官兵一批又一批从木桥上通过。有的拄着拐棍，有的相互搀扶，有的被人抬着，有的是爬着出来的。

桥头设有茶水站和医疗站。出山的士兵在这里喝过茶水，伤兵接受简单包扎后，继续向山外走去。

杜聿明在卫兵的搀扶下，与罗又伦和廖耀湘来到桥头。

孙立人跑步来到杜聿明的跟前。孙立人立正，向杜聿明行举手礼。杜聿明颤抖着举起右手，还礼。孙立人急忙扶住杜聿明。

孙立人："长官，我来晚了。"

杜聿明紧紧握住孙立人的手，一句话也说不出来。

孙立人又和罗又伦、廖耀湘一一握手、拥抱。

新 38 师的士兵抬来担架，请杜长官躺上去。

杜聿明摆手，坚决地拒绝。杜长官挺起胸，迈着大步往前走去。

孙立人等急忙跟了上来。

第 5 军幸存官兵一批接一批从木桥上走过。

队伍中，老兵王大川和英军联络官欧文用担架抬着女翻译岩珠也走出了丛林。来到桥头，望着对面树上的大标语，三人激动万分。

放下担架，王大川伸直腰，欧文也抬起头，岩珠也从担架上坐了起来。

"出山了！"王大川仰望蓝天，强烈的阳光直晃得他头晕目眩，他眼前一黑，一下栽倒在地。

欧文双脚一软，也瘫在地上。

岩珠挣扎着起身，一阵大风吹来，她身上披着的一块黄色降落伞尼龙布随风飞舞，从桥上飘落，像一朵彩色的云。

第 5 军官兵们陆续来到印度边境小镇列多。这里设有临时兵站，用降落伞临时搭起的帐篷，一片连着一片，五颜六色，十分耀眼。他们在这里收拢队伍，整理建制，清点兵员。

劫后余生的人们汇集到一起，没有一个衣冠齐整的人，没有一个健康的人，没有一个像人样的人！

这就是野人山的遗物吗？

衣衫被荆棘撕成了布条，走起路来，随风飘荡，像一面面拖泥带水的布帘子。有的人干脆没有衣服，扯块降落伞，往身上一裹，弄得花花绿绿，不伦不类。个个都是狮子头，又湿又脏又臭的头发乱蓬蓬，鸡窝似的，胡子也有几寸长，泛着绿色的指甲老长老长的，真像魔鬼的爪子。每人都养了一身虱子，衣服、头发、胡子都是虱子窝。人人缺血，脸色苍白，皮肤松弛，眼窝水泡泡的。浑身上下，是一片片红包、黑包、紫包。那是蚊子、蚂蟥留下的伤口，有的在化脓，有的已结痂，通体斑驳、疙疙瘩瘩，竟像是纹了身的野人。

这是野人山给戳下的印记，是丛林给穿上的号衣。

多半人都拄着拐棍，还有不少人不能站立。他们之中，有的被人搀着走过野人山，有的是抬出来的，也有的是用膝盖跪着走出来的，还有的是爬出来的。在列多收容站，没有不得病的人，也没有不带伤的人。但是，没有一个是战伤，战伤的官兵早已被野人山埋葬了。活着出来的，都是最健壮的人。

武器几乎全扔光了。重武器进山之前就销毁了，轻武器也所剩无几，即使有，许多也已不能使用。泥水里泡了两个月，枪支铁的部位锈了，木头的部位朽了，子弹和手榴弹也潮了，臭了，打不响了。

野人山改造了人。苍白、浮肿的皮肤，经不住烈日的暴晒，出山后，马上暴起水疱，中暑的人特别多。胃肠似乎只能承受野果、草根，如今吃上大米、鱼肉、油脂，反倒拉肚子、闹病。长时间钻草窝、睡芭蕉棚，对床铺、蚊帐、被褥也有了排斥性。许多人躺在备有蚊帐、铺盖的竹床上，浑身别扭，辗转反侧，夜不能寐。

最为伤心的莫过于听到自己同伴死难的消息。在列多的收容站，死里逃生的人们到处打听自己的长官、部下、同乡或者好友，不管找到找不到都哭。找到了，相互抱头大哭，那是惊喜的哭；找不到，则独自嚎啕痛哭，那是伤心的哭。

有一位老排长，拄着一根竹杖，举着一块木牌，牌子上写着全排人

的名字,到处寻找自己的士兵。他走遍了列多的各个收容站,查遍了所有的收容登记册,一个也没找着,这位慈祥善良的老兵,对着黑黝黝的野人山放声大哭:"他们一个也没出来,光剩我一个。为什么光剩我一个?野人山,你这魔鬼,吃人不吐骨头!"

有一位17岁的电话兵,在山里快饿死时,一位班长给他半个苞米,救了他的命。现在,他提着一瓶酒,拎着一只烧鸡,寻找自己的救命恩人。找了三天,别人告诉他,那位班长在山里饿死了。小电话兵闻言,把酒瓶砸了,把烧鸡扔了,哭得死去活来。

列多城东有一座大木屋,杜聿明的临时指挥所设在这儿。他的身体虽已康复,但内心陷入更大的痛苦之中。清点人数的结果,军部只有1205人,新22师只剩3000余人。最冤的是女兵,进山时,共有45名,出山后,幸存者仅有4人。

听了参谋长罗又伦的报告,杜聿明半天说不出一句话来。

师长廖耀湘是个硬汉子,轻易不说一句软话,更不易落泪,此时此刻,泪水模糊了眼睛,他失声痛哭:

"新22师在缅甸转战两个月,才伤亡2000人,而在野人山,没放一枪,没打一炮,没见一滴血,就损失4000余人。我这个师长怎么当的啊?"

杜聿明就更惨了。

廖耀湘只是一个师,而他手里是一个军,他甚至要对整个远征军负责。杜聿明身前身后,该有多少冤魂、屈死鬼啊!

第5军之第200师和第96师已经撤回云南,重庆军政部汇集了第5军各师的情况,给杜聿明军长通报了该军伤亡情况,开列了如下一串串悲惨的数字:

番 号	出国人数	战斗减员	撤退减员	幸存人数
军直属队	15000	1300	3700	10000
第200师	9000	1800	3200	4000
新22师	9000	2000	4000	3000
第96师	9000	2200	3800	3000
合 计	42000	7300	14700	20000

触目惊心！不忍卒睹！

撤退减员竟是战斗减员的2倍。杜聿明打了一辈子仗，打过胜仗，也打过不少败仗，但从未败得这么惨，这么窝心。

野人山比十万日本兵更加残酷无情！

在印度小镇列多，面对一群残兵败将，杜聿明抚今思昔，感叹欷歔。

年初，受命领十万精兵，出国门，入缅甸，战车如云，铁流滚滚，何其壮哉！如今，丢失缅甸，放弃滇缅公路，损兵折将，大败而逃。以致归国无路，败走野人山，局促异邦，为外人讪笑。十万大军伤亡过半，其中多少饿鬼冤魂？大炮战车，损失殆尽，大批战略物资，化为乌有。丧师辱国，罪无可恕。

幸存官兵在列多就地休整，包扎伤口，医治疾患，补充营养，恢复体力。一晃几天过去了。

往后怎么办？下一步何去何从？

每个官兵心头都打上沉重的问号。

印度绝非久留之地，英国人也不会长时间管吃管喝。

回国去吧！这是每个人梦寐以求的愿望。在野人山里，饿的时候，想起了母亲端来的热饭；渴的时候，想起了家乡的井水；冷的时候，想到了自家的热炕。想家都快想疯了。活着走出野人山，就是要回家呀！现在可以回去了，可是人人都怕回家。怎么回去？打了这样的大败仗，臭名远扬，如何有脸见江东父老？野人山中，多少兄弟尸骨未收，大仇未报，我们活着的人，能撇下他们不管吗？

从野人山打回去，为死难的兄弟报大仇！这是全体官兵的共同心愿。敢说现在要是有人在列多的山头振臂一呼，立刻会有成百上千的官兵跟上他，反身杀进野人山。可是，后果会是怎么样呢？凭3000多名残兵，2000多条打不响的枪，能闯过野人山吗？能打败日本兵吗？中国官兵们现在缺少的不是决心，而是实力。

有的伤兵捶着伤残的双腿，问自己：我该怎么办？

有的用竹杖敲着泥土，问大地：我该怎么办？

有的举起那锈迹斑斑的枪支，问苍天：我该怎么办？

8月上旬，重庆终于来了电报，命令新22师、新38师残部留印度接受美式装备，严格训练，并改编为中国驻印军，由史迪威将军指挥，伺机反攻缅甸；同时命令杜聿明率第5军军部机关回国。

留驻印度，改编整训，准备反攻，这道命令给中国官兵以极大振奋。同时，给军长杜聿明带来新的痛苦。史迪威终于从他手里夺走了兵权，这还不是他剧痛所在，最为痛心的是，从此剥夺了他从野人山打回缅甸、报仇雪恨的机会。他和其他官兵一样，立了誓，赌了咒，要报这笔血海深仇，要用来日胜利的炮火洗刷今日失败的耻辱。现在，他办不到了。杜聿明，一个败将的名字将永远留在缅甸这片土地上。

杜聿明的情绪降到了最低点。

然而，他毕竟是一位久经征战、目光远大的将领。他想，缅甸战败不是他一个人的耻辱，而是一个国家一个民族的耻辱。只要将来有一天中国官兵们能打回缅甸，消灭日本鬼子，报了国家民族的大仇，我杜聿明的仇也就报了，恨也就消了。

杜聿明把师长廖耀湘叫来，解下自己腰间的勃朗宁手枪，双手捧着交给廖师长，郑重其事地说：

"好好练兵，好好打仗，反攻缅甸，报仇雪恨。拜托了。"

廖耀湘接过军长赠送的手枪，也接过了军长托付的千斤重担，他言语铿锵，掷地有声：

"此仇不报，誓不为人。"

想到长眠在野人山的无数官兵，杜聿明心情沉重。离开印度之前，军部在列多设下灵堂，献上鲜花果品、刚鬣柔毛，与官兵亡灵挥泪而别。杜聿明亲自主祭，祭辞曰：

痛乎！我远征军烈士诸君也，壮怀激越，奉命远征，别父母，抛妻孥，执干戈，卫社稷，挽长弓，射天狼。三月赴缅，深入不毛。与寇初战同古，首建奇勋，为世人瞩目。再战斯瓦河、平满纳、棠古，众官兵同仇敌忾，奋勇争先，杀敌无算。缅战方酣，不意战局逆转，我远征军官兵转进丛林，身陷绝境。诸烈士也，披荆斩棘，栉风沐雨，茹苦含辛，衣不蔽体，食不果腹，蚊蚋袭扰，瘴气侵凌，疾病流行，惨绝人寰。惜我中华健儿，尸殒草莽之中，血洒群峰之巅。出师未捷身先死，壮志未酬恨难消。

悲夫，精魂忠骨，永昭日月。

兹特临风设祭，聊表寸心。

灵堂内外，庄严肃穆。

数千将士，垂手肃立。

祭礼完毕，杜聿明向即将移防的官兵挥手告别。只见，数千幸存者队列整肃，目光灼灼，强压悲痛，摩拳擦掌。

这是一堵冷峻的铜墙。

这是一座沉默的火山。

杜聿明思潮翻滚，激情难抑，千言万语化作一句话：

"官兵兄弟们，我，对不起你们，更对不起死难的官兵。我走了。缅甸的仗，拜托了。野人山里死难官兵的遗骨，托付给你们了。我在国内等你们的消息。"

全场官兵奋臂高呼：

反攻缅甸！

报仇雪恨！

如晴天霹雳，似怒海狂涛。

野人山，听见没有？中国远征军还要打回来！

东洋兵，听见没有？缅甸之战还没有结束！

下编

完　胜

●从 1942 年 8 月起，退入印度的中国官兵奉命整编为中国驻印军（代号 X 部队）留驻印度，接受美援装备，重整旗鼓，准备反攻缅北。

●根据中美两国协议，中国利用美援装备在滇西编组中国远征军（代号 Y 部队）共 6 个军约 20 万人，准备投入反攻滇西作战。

●1943 年冬，中、英、美三国首脑举行开罗会议，商定缅甸作战方案及安排战后世界格局。

●1944 年 1 月至 8 月，中国驻印军 X 部队共 5 个师约 6 万官兵全面展开反攻缅北作战，相继攻占胡康河谷、孟拱河谷和密支那，歼灭日军第 18 师团，重创第 53 师团。同时修建中印公路及铺设输油管。

●1944 年 5 月，中国远征军 Y 部队 2 个集团军 6 个军共 15 万官兵强渡怒江，投入反攻滇西作战。我军先后收复腾冲、松山、龙陵，歼灭日军第 56 师团，重创第 2 师团和第 49 师团。

●1945 年 1 月 27 日，中国驻印军 X 部队、中国远征军 Y 部队在缅北小镇芒友会师，宣告缅北、滇西对日作战取得完全胜利。

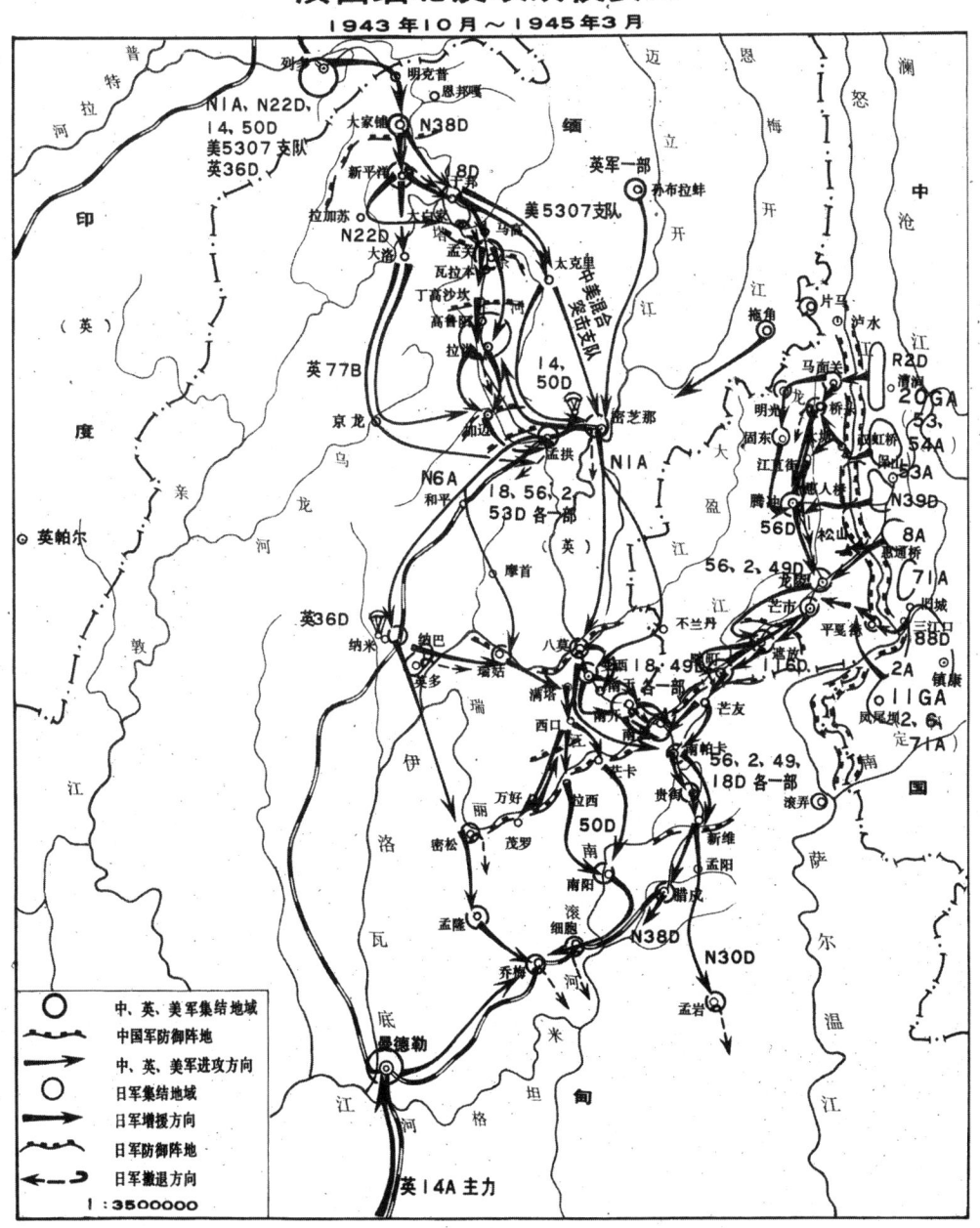

原载：《远征印缅抗战》中国文史出版社出版

第十四章　沸腾的蓝姆迦

当最后一批中国官兵撤出野人山,中国远征军第一次缅甸作战以失败告终。

此次作战,从 1942 年 2 月下旬中国远征军出兵缅甸算起,至 7 月下旬最后一批部队撤出野人山,历时 5 个月。而面对面、硬碰硬的战斗,自 3 月 19 日皮尤河前哨战,至 5 月 5 日中国工兵部队炸毁惠通桥,历时仅为 48 天。中国远征军用不足 2 个月打仗,用 3 个多月撤退,战斗中牺牲近 2 万名官兵,而撤退中病死、饿死的官兵则达到 3 万人以上。师长戴安澜、副师长胡义宾阵亡,副师长齐学启被俘,均发生在撤退途中。中国远征军投入 3 个军共 10 万兵力,结果损失了一半以上的战斗人员,以及几乎全部重型装备。其中最精锐的第 5 军损失尤为惨重。战斗的结果,中国失去了重要的战略屏障缅甸,失去了至关重要的滇缅公路,以及怒江西岸,包括腾冲、松山、龙陵、芒市、遮放、畹町等大片国土。

这是一场战略性大失败。一场屈辱的溃退。一场噩梦。

然而,中国人民绝不会低头!中国军队绝不会屈服!

战争并没有结束。

"打回缅甸去!"中国驻印军X部队发出了吼声

从野人山逃脱的中国远征军官兵,在列多收容集结完毕,新 22 师和先期到达的新 38 师部队集拢在一起,连伤带病,共有 9000 余人,其中新 38 师 6000 余人,新 22 师 3000 余人。

8 月中旬,部队开拔。

列多火车站开来一列列长长的铁罐车,在一个黑灯瞎火的夜晚,中国官兵一批批爬进车厢。

"咣当"一声，车门关闭，列车隆隆启动。

这是往哪开？

没人说，也没人问。

把车门的全是美国宪兵。他们是每节车厢的指挥官，又是唯一穿戴齐整的人。宪兵怀里抱着那支汤姆枪，大约也是全车厢唯一能打响的枪支。挤在车厢里的中国官兵们，衣衫褴褛，臭气熏天，大热的天，闷罐车里的滋味真不好受，吃喝拉撒睡，全在车上。汗味、便溺味、伤口的腥臭味、车厢的油漆味，以及饭菜味，全混在一起，也说不上是被关在厕所里，还是圈在牲口棚里。

有人嫌这里挤，这里热，这里臭，发一句牢骚："这不是赶牲口吗？"

立即有人给他白眼："怎么？嫌这里不好，滚回野人山去！"

发牢骚的人便不吱声了。

列车在滚烫的土地上快速运行。白天极少停车，即使停下来，美国宪兵凶神恶煞似的紧把车门，连门缝儿也不许开。夜间停车，也不过打开半扇车门，放放风而已。下去溜达溜达？甭想！

不过，中国官兵们没多少人有逛热闹、看风景的心思。夜间，人们蒙头大睡，把野人山里缺的觉补回来。白天，有的搔痒痒、抓虱子，有的找块破布，一遍又一遍地擦那锈迹斑斑的枪支。

大约行走了五天，列车在一个不知名的小站停止了。也是黑灯瞎火的夜间，中国官兵跳下闷罐车，晕头转向的连东南西北都没搞清楚，便又都被装进大卡车。

大卡车颠簸奔驰了一夜。天亮下车时，中国官兵才发现被送到一个完全陌生的地方。脚下是一片殷红的沙土地，四周是一排排整齐的灰砖楼房，荷枪实弹的美国宪兵三步一岗，五步一哨。

这是什么地方？是中国，还是印度？是亚洲，还是非洲？是监狱，还是营房？

没人知道。

中国官兵们狐疑的目光四处张望。后来，看到孙立人、廖耀湘师长也在这里，才一块石头落了地。

兵随将转草随风,管它什么地方!

在卡车跟前,中国官兵们整理好队伍。这时,美国军官走了过来,叽里哇啦,比手画脚,说了一通话,然后,领着中国官兵一队一队往前走。

来到一幢很大的楼房跟前,队伍站住了。领队的美国军官又是一阵比手画脚,意思是叫中国人先把枪放到一块,再脱光衣服。

缴枪?

扒衣服?

妈的!美国佬要搞什么名堂?有些中国兵心神不定,瞅着跟前这座庞大的建筑物。平顶的砖瓦房,黑乎乎的,有二百来米长,窗户开得又高又小,还能看到一缕缕热汽往外冒。楼门黑漆漆的,门顶上写着外文字母:

bathroom

什么地方?仓库,车间,还是屠宰场?

有的官兵下意识地死死抓住手中那打不响的枪支,准备拼命。

队伍中有人认得外文,指着楼门上的英文字母,对大家说:"那是浴室,脱吧!"

于是,大家都舒了口气。脱就脱!士兵们把枪支交了出去,然后,三下五除二,剥烂菜帮儿一样扒下衣服。转眼间,个个脱得精光。大伙你瞅我,我瞅你,地地道道都成了光棍。

楼前的空地上临时垒了一个池子,美国人吩咐大家,把脱下的衣服扔进池子里。池子已事先灌好汽油,美国人把一个烟蒂抛进去,立时,引燃一团熊熊大火。

赤赤条条的中国官兵们,面对面排成两行。美国人告诉他们,洗浴之前,先把头发、胡子打扫干净。理发工具发到中国兵手里,两人一组,你帮我,我帮你,喊哧咔嚓,剃了起来。调皮点的中国兵问,为什么都剃光头?美国人说要彻底消灭身上的虱子。中国兵问:"鸡巴毛都长了虱子,也剃吗?"美国人摇摇头,说:"条令上没这方面规定,你们看着办吧!"

中国兵哄然大笑。

在嘻嘻哈哈中，中国兵们从头到脚真个彻底光溜溜了。

接着，过磅。他娘的，美国人办事真精细，称体重也是要净重，不要毛重。可怜的中国兵们，个个骨瘦如柴，肚子瘪瘪的，肋骨一根一根，牛排似的。大腿也没美国人胳膊粗。最轻的才八十来斤，不及美国人的零头。

这才准许一批批进入浴室。洗浴也有一定程序。第一个是消毒池，里面不知放了什么药物，一股强烈的辛辣味，熏得你流眼泪，打喷嚏，犯恶心。但你必须泡到五分钟，才准跳进第二个池。这个池兑了肥皂水，士兵们在这里搓泥挠痒，快活得像一群水鸭子。最后是清水池，在这里涮一下，很快便爬了上来。

三个大水池，每个都能装几百人，像三口下饺子的大锅，流水作业。工业化国家把工厂那套办法，用到了军营。

等从清水池爬上来，中国兵们一个个光溜溜，湿漉漉，泥鳅似的，这回可爱多了。身上的臭气冲跑了，污秽汗泥搓掉了，苍白缺血、带有病态的肤肌，经热水浸泡，开始泛起红晕，脸蛋红扑扑的，身上的脉管鼓突鼓突地有力搏动着。男子汉雄赳赳的气概又回到了身上。

身上的水汽擦干了，士兵们这才想起，日他老先人，衣服都给烧了，穿啥？

美国军官推开两扇大门，把中国兵们引进一个大房间。

哇！这里摆好了一摞摞新军装，几十名美国军需官，一人守着一摊。在美国人指挥下，中国官与兵分成两列，按高矮站队。然后，一个挨一个往前走。经过一个摊点领一样服装，领一样穿一样，大小肥瘦不合适，可当场更换。裤头、背心、衬裤、衬衣、军裤、军上衣、袜子、胶鞋、绑腿、军帽、水壶、干粮袋、铝碗、背包……一件一件往身上添。

等从这间屋子走出来，人们已经穿戴齐整了。出门时，门口立有一面明光锃亮的整容镜。各人往镜子里一照：哈，这是我吗？该不是美国佬变的魔术吧！

从浴室大门进去，到从侧门出来，不到半天时间，一支上万人的队伍已经脱胎换骨，面貌一新。刚才还是一群衣衫褴褛、蓬头垢面，叫花子一样的人，转眼间，变成一队队仪表堂堂、英姿焕发的士兵。

在阳光灿烂的大操场，穿戴一新、装备齐整的官兵们集合完毕。从来没见过有哪一支中国军队像今天这样威风神气，整齐划一。那米黄色英式夹克军服，穿在中国兵身上竟如此利落、可体、精神；那深绿色盔式凉帽，戴在中国兵头上，更显出天不怕、地不怕的英雄气概；那适合丛林作战的厚底防滑高腰胶鞋，不仅穿起来比草鞋更舒适，并且那2.5厘米厚的鞋底给士兵的感觉是身高的增加，这在无形中强化了藐视一切、压倒一切的心理优势。刚刚发下来，挂在每人胸前的簇新簇新的美式枪支，更是力量的宣言。

整个队伍阵容严整，堂堂正正，铁板一块，无懈可击。从前面看，是一张张雕塑一般坚毅冷峻的脸和一双双灼灼有神的眼睛；从后面看，是一副副山一样结实有力的肩膀和一顶顶硬梆梆的盔式帽；从侧面看，是一个个压着怒火的黑洞洞的枪口和一支支寒光闪闪的刺刀。

这是一堵推不倒、打不垮的铜墙铁壁。

一支在缅甸战场惨遭失败，在野人山备受蹂躏的军队，如今又雄起赳赳地站起来了。擦干身上的血迹，洗下通体的污垢，如今又是条条好汉。

队伍前头，一面中国军旗迎风招展，猎猎飘扬。中国驻印军官兵们情不自禁地抬起头，一齐向着自己的战旗行注目礼。于新败顿挫之余、重整旗鼓之际，驻印军官兵们仰望着自己的旗帜，怦然心动，热泪盈眶。想到在缅甸战场，全军败北，战旗倒地，感到无比愧恨。现在，队伍已重新集合，他们要高高举起战旗，以百倍的勇敢杀回缅甸，消灭日寇，报仇雪恨。

史迪威将军这时出现在中国驻印军队伍跟前。缅甸作战的失败，给这位美国将军以巨大打击，他不仅在中国人面前大丢面子，美国人也在戳他的脊梁骨，甚至全世界都知道一个自命不凡的美国将军把一支中国军队领进缅北的死胡同。史迪威知道，缅甸作战很可能是他戎马人生的最后征战，他不能以一个败将的名分退出历史舞台，他需要胜利的结局。

5月下旬，退到印度后，他那张为黄疸和钩虫病折磨着的老脸，特别难看。他咬牙切齿地发誓，一定要打回缅甸去，亲自宰了饭田祥二那混蛋。从那时起，他开始为反攻作战四处奔波，当杜聿明的部队还在野人山挣扎的时候，他乘坐的飞机已经在德里与重庆之间飞了几个来回。为

中美蓝姆迦训练中心正门

在印度给中国军队找一处营房，他同独眼将军、劣等诗人韦维尔磨了几天嘴皮子。为三路反攻计划，他和蒋介石几乎闹翻。

现在，展示在他面前的就是他寄予厚望、代号为X的部队。

老将军检阅着这支彻底整顿了军容、重新配发了装备的中国军队，他那审视、探询的视线一经与中国官兵坚毅果敢的目光碰撞，立刻感到一阵灼热，感到力量的迸发。将军满是皱纹的老脸绽开了笑容。他跃上高台，大声说：

"中国官兵们，蒋总司令派我到印度来，担任中国驻印军总指挥。你们就是我的部下，就是我的孩子。我们部队的代号是X。X是什么？未知数。可以很大很大，也可以很小很小。大家要同心协力，练好本领，提高战力，写一个很大很大的X。我们不仅要打回缅甸，还要打到东京去！"

史迪威平时滔滔不绝，幽默诙谐，但是他不喜欢在部下面前发表长篇大论，摆臭架子。他的训话，三言两语，简洁有力。1940年，升任美军第7师师长时，他发表的就职讲演也极短，他说："猴子爬竿，爬得越高，屁股暴露得越清楚。往后，请多包涵。"

史迪威今天言语不多，但都说到中国官兵心里去了。一声"孩子们"，多么亲切！以他那满头白发、那把年纪，确是父辈的年龄了。而

且，他说的"反攻缅甸，打到东京"极其鼓舞人心。

"打回缅甸去！"

"打到东京去！"

全场官兵以雷鸣般的呼号，回答总指挥官的训词。

中国驻印军方方正正、有棱有角的阵容，像个高深莫测的八卦图，在异国土地上写下一个神秘的"X"。

史迪威费了九牛二虎之力从韦维尔手里要来的这座兵营，好极了。

蓝姆迦兵营原是第一次世界大战时，关押意大利战俘的俘虏营，200多幢楼房，可容纳二三万人。虽说是俘虏营，但各种训练和生活设施一应俱全。电灯泡、自来水、弹簧床。营区内除了营房、饭堂、浴室、厕所这些吃喝拉撒睡必备的设施之外，还有电影院、舞厅、咖啡馆、邮局、商店、照相馆等。

此地位于加尔各答西北200里处，属印度比哈尔邦。除了蓝姆迦独特的地理环境和完备的训练设施，有利于造就一支全新的军队以外，这里还是一块极富于象征意义的神秘土地。

史迪威将军起初可能并未意识到这一点。

蓝姆迦本身是一个不起眼的地方，但是蓝姆迦紧紧靠着佛教圣地伽耶。伽耶对中国人来说如雷贯耳，心驰神往。《西游记》里的唐僧师徒四人，到西天取经，就是到了伽耶。在伽耶大雷音寺，唐僧叩见如来至尊释迦牟尼佛祖，取回真经。这段故事，《西游记》里写得活灵活现。

当然，伽耶是不是真有座雷音寺，唐僧是不是真的在这里见到如来佛，这都是小说家之言，不必当真。可是，历史上的唐玄奘真有其人，他到过伽耶也确有其事。唐玄奘在伽耶诵经拜佛，参观讲学，吃着颗粒粗大、香味殊越、光色特甚，独供国王及多闻大德者享用的"供大人米"，出入乘坐华贵的象舆，参加当地佛教徒的"戒日王"盛会等，在史书上都有真实记载。当地印度老百姓流传着许多关于唐玄奘的生动故事。

伽耶城与蓝姆迦近在咫尺，天气晴朗的时候，站在蓝姆迦附近的山头，可以望见伽耶城内高耸入云、金光万道的宝塔塔尖。遥望那如林的宝塔，感受那炫人的光脉，眼前犹见唐僧师徒四人擒妖缚怪、降龙伏虎、披难西行的不屈身影，耳际犹闻唐僧潜心修炼、诵经拜佛时敲响的宝鼎云磬。每当此时，中国驻印军官兵们无不心潮澎湃，遐想联翩：

唐僧师徒四人，历尽万水千山，经受九九八十一难，来到天竺古国，取真经，成正果，扬威异域，光耀华夏。我们官兵万众，有现代化装备，在印度驻训，难道不能学到硬功夫，练成铁队伍，杀出一条血路，打回中国去？

晨曦中，兵营里军旗飘扬，战歌嘹亮

蓝姆迦兵营里的军事训练，从1942年那个炎热的夏天开始了。

清晨。朝霞似火。蓝姆迦兵营的轮廓在晨曦中渐渐显露出来。

幢幢营房，火车厢一样排列着。

哨楼上，哨兵背着卡宾枪，站在哨位上。

营区中央，中国驻印军的军旗在晨风中飘扬。

号声响起，兵营沸腾了起来。士兵们走出营舍，列队，上操。一支支队伍向操场汇集。士兵们扯开喉咙，放声高唱，激昂的中国远征军战歌响彻兵营上空：

枪，在我们肩上，

血，在我们胸膛；

……

在美国教官的辅导下，中国士兵在各个训练场地，接受严格的基础技术训练。

在烈日下，一队队士兵进行行进间队列操练，人人汗流浃背；在沙土地，一队士兵匍匐前进，地上沙尘翻滚；一队士兵光着膀子练刺杀，杀声震天。

在新38师训练场，史迪威在孙立人的陪同下，四处巡视。史迪威对

中美蓝姆迦训练中心襟章

士兵们的训练感到满意。他走到一支队伍跟前,检查了士兵的着装。

他拍着一个士兵的肩膀,问:"枪支怎么样?"

士兵立正,回答:"报告将军,轻便,好使。"

史迪威又问:"军装怎么样?"

士兵立正,回答:"报告将军,美国料子,好穿。"

站在旁边的孙立人补充了一句:"中国躯体精神。"

史迪威满意地笑了。

蓝姆迦基地里的训练异常严苛。

武器是美国的,教官是美国的,训练方法也是美国的。美国人按照自己的模式,对中国官兵重新锻造。

美国枪支是好使、又短、又轻、又准,射速也快,可是,美国人的训练方法,真让中国人吃不消。有了枪支,瞄准、射击、摸爬滚打,练呗!可是美国人不,先上理论课,又是课本黑板,又是图片幻灯,从火药学、力学讲起,一直讲到枪支的构造、性能。满口概念名词、公式原理。中国兵们哪受得了这个?要是在操场上,真刀实枪地练,个个生龙活虎,而一坐到教室里就打瞌睡。本来拿起就会的事,反而越弄越糊涂。你越不懂,美国人越要考你,一不如意,就是一声:"stupid(笨蛋)。"

结果,什么也没学会,先会个"笨蛋"。

好不容易到了实枪操练,美国人的花样也多,硬是把枪支的分解、组合、瞄准、射击这套程序分解成若干个动作,一个教官就教一个动作。整个练兵场就是一条生产流水线,美国教官是操作工,中国兵是零部件。

中国兵上了流水线,到了每道关口,合格的,在上衣前胸贴个有蓝杠杠的标志;不合格的,贴上红叉叉。

这回没人敢打瞌睡了。美国人倒也不打你、不骂你，看你不顺眼，鼻子一哼，扒拉一边去，不准你进入下个科目训练。没人给你开小灶，一下操课，美国教官早上电影院、舞厅去了。你自个儿反省吧。

要是连着两次不合格，有两个红叉叉，教官一道条子下来：遣返回国！

每天都有飞机从印度飞越驼峰，向国内运送美援物资，把你往运输机里一塞，走人！

中国兵最怕这一条。赌了咒，发了誓，要从野人山打回缅甸去，要是胸前带着红叉叉，处理蹩脚货一样被运回国内，终生有愧呀！

中国兵们铆足一股劲，拼着老命练。就这样，每天还是有人哭哭啼啼地被送上运输机。

蓝姆迦基地工兵训练所设在林中的一片开阔地，那里有工兵团的营房，还有几排教室，操场上摆满了推土机、压路机、风钻等美式工兵机械。

在美国人眼里工兵是一个技术含量很高的兵种。工兵团的士兵们在这里面临巨大的挑战。讲课的教官是位美国黑人，大块头。他先给大家上大课，讲发动机的构造，讲汽缸的原理。他每次上课都在黑板上写满各种公式，还有许多挂图。他讲一句，翻译重复一遍。

老兵王大川和大家一起听课，那才叫受罪呢。

王大川文化低，小学没读完就当了兵。他当工兵多年，仗打过不少，手里也就一把工兵铲，到了缅甸又发一把缅刀，逢山开路，遇水架桥，再就是挖坑道，埋地雷。他从没玩过机器。现在美国教官教他开推土机，还从发动机原理讲起。大川根本听不懂，一上课就打瞌睡。

理论课讲完了，美国教官就要考试。每人发一张考卷。王大川没说的，交了白卷。教官也不给你补课，二话不说在胸前上给你贴个红叉叉。

到了实际操作阶段。教官做完示范动作，士兵们就轮流练操作。一个星期后又考试。王大川已经有了一个红叉叉，如果再有一个，就遭淘汰送回国内。操作考试时，王大川心里发毛，两次操作都没有成功。

教官说："士兵，你被淘汰了。"他拿起红叉叉就要往王大川的前胸贴上去。

王大川急眼了，用力推开教官，大吼一声："你，放屁。"

美国教官没有防备，一个趔趄，差一点摔倒在地。大个子黑人教官被激怒了，伸手就要摸枪。王大川并不退缩，跨前一步站到教官面前，"哗"的一下扒下上衣，厉声喝道："有种的再给老子打一个眼！"

美国教官惊呆了。只见王大川身上伤痕累累，有弹片留下的伤疤，还有过野人山时蚊叮虫咬留下的厚厚的疤痕。

中国士兵们全都被激怒了。大家全都脱下上衣，每人身上都是一片疤痕。

美国教官无言地低下了头。

史迪威将军每天四处巡查督促。他赞成和支持美国教官的训练方式，同时也不断纠正美国教官生硬的训练态度。他认为，对待这些从野人山走出来的中国士兵，应当饱含感情。

这一天，在新22师的射击训练场。

靶位上摆着一排枪支。

中国士兵们进入靶位，卧倒，据枪，瞄准。

美国教官面无表情，站在旁边监督。

中国士兵完成了全套动作后，美国教官开始讲评。他的方法就是打标记。合格的，在你胸前贴上蓝杠杠，"OK"一声，你便可进入下一个科目。不合格的，胸前贴上红叉叉，再在屁股上踢一脚，你被扒拉到一旁，不能进入下一个科目。

史迪威将军站在远处，看着这里的情形，摇了摇头。

老将军走上前去，一个标准的卧倒动作，他在靶位上利索地趴下，接着耐心地向中国士兵示范、讲解。

中国士兵认真模仿、体会，掌握了动作要领。

"OK！"史迪威将军满意地点头。

记者抢拍下了这个镜头。

史迪威朝站在旁边的美教官招招手，教官走了过来。

史迪威训斥道："先生，你以为我是在给这位士兵示范吗？你错了，我在给你示范。你知道吗，他们是缅甸战场上活下来的优秀士兵。你要尊重他，帮助他。"

教官的脸"刷"的红了。

过了一关又一关，筛了一遍又一遍，到了实弹射击，士兵们这才有了笑声。

美国人对精度射击不大感兴趣。他们打仗拼弹药，打覆盖，"哗哗"就是一梭子。并且，这里有的是子弹，你就放手打吧！中国兵们真是过足了枪瘾。

一次实弹射击下来，有的兵说："妈哟，当了四年兵也没今天打的子弹多。"

要是谁能打下空中飞鸟、林中走兽，美国教官就会走过去，拍你的肩膀说：

"OK！OK！"

这一天，天气晴朗，阳光明媚。在蓝姆迦训练基地射击场，新22师第65团进行射击考核。

射击靶位一溜儿摆着乌黑锃亮的枪支，子弹一箱一箱，堆得小山一样。

"嚯——"一声哨响，射击考核开始。

第一批参加考核的特务连的10名士兵出列。

连长："报数！"

士兵："一、二、三、四、五、六、七、八、九、十……"

报数完毕。

连长挥动指挥旗，下达口令："各就各位。"

士兵们熟练地进入靶位，卧倒，据枪，装子弹，并逐一报告：

"一号靶完毕。"

"二号靶完毕。"

"三号靶完毕。"

……

连长举起指挥旗，下达口令："射击！"

士兵随即开火。"砰砰砰"，靶场上响起悦耳的枪声。

美国随军摄影记者在靶场跑来跑去，忙着拍照。

在看台上，史迪威、廖耀湘等将军拿着望远镜，兴奋地观看，不时

交换一下眼色。

射击完毕。报靶的士兵扛着靶标,列队来到看台前,向将军们报告各个射手的成绩。

"一号靶,着弹九发,优秀。"

"二号靶,着弹七发,良好。"

"三号靶,着弹十发,全优。"

……

报靶完毕,将军们鼓起了掌。

"丛林食谱"让中国官兵长见识,长胆量,长本领

蓝姆迦基地的训练,在美国教官的组织下正热火朝天紧张进行。兵营内,官兵们的生活也丰富多彩,有滋有味。特别是到了夜晚,营区里灯火通明。露天电影场正放映电影,乐声在夜空中传得很远。营区内的邮局、银行、咖啡厅和百货店正在营业,门前人来人往,灯火辉煌。营区以外,有个小镇。镇上有许多家餐馆、商店,还有赌场、妓院,门前用彩灯布置,印度文、英文或中文招牌交相辉映,争屏斗艳。蓝姆迦的夜晚是很迷人的。

史迪威将军此时的心情也相当不错。在美国总统特使居里的斡旋下,蒋介石终于接受和批准了他的一些关键性计划,特别是委派他到印度主持训练中国驻印军部队,很合他的心意。他早就向蒋介石提出请求,拨出一支部队,哪怕是一支小部队由他指挥,他也会有所作为的。现在他的这个愿望实现了。在印度,在中国驻印军,他真正拥有了指挥权。难以驾驭的杜聿明被他打发回国内了,罗卓英将军被留了下来,担任驻印军的副总指挥,罗卓英乐意接受史迪威的命令。

目前,驻印军辖下的两个师,在缅甸作战中表现相当不错,两位师长也是很优秀的军官。特别是新38师师长孙立人在史迪威眼中是最优秀的中国将领之一。对廖耀湘师长,史迪威起初评价不高,但后来深入了解,发现他还是相当优秀的。就是在蒋介石的面前,史迪威也曾为廖师

长说过好话呢。

9月的一天晚上,在驻印军指挥所,史迪威将军召集会议,研究部队下阶段的训练事宜。

驻印军指挥所设在一座两层楼内,楼顶是一个平台,从平台可以望见蓝姆迦训练基地的全景。

在平台上,将军们围着一张长条桌子,坐在藤椅上,每人面前放着咖啡。

史迪威将军抽着烟斗,他吸一口烟,火光就亮一下。罗卓英喝着咖啡,目光不时瞟一下蓝姆迦的夜景。孙立人将军正襟危坐,廖耀湘师长腰板挺得直直的,眼镜片后面的双眼炯炯有神。

训练基地参谋长鲍特纳站在桌子前,报告部队训练情况:"诸位,步兵各种武器射击考核已经全部结束。迫击炮、榴弹炮和滑膛炮射击也全部完成。统计表已经发到各位手里。成绩非常好。就是说,为期六周的基础技术训练圆满结束了。感谢上帝。"

罗卓英:"感谢美国教官的努力,感谢美国政府支持。"

史迪威:"我说的没有错,中国士兵是最优秀的士兵。他们不仅作战勇敢,吃苦耐劳,蓝姆迦训练还证明,他们非常聪明,善于学习。他们有着惊人的模仿能力。他们可以不依赖语言和文字——"

鲍特纳补充一句:"准确地说,他们多数是文盲,更不懂外国语言和文字。"

史迪威接着说,"但是,这并不妨碍他们学习。他们甚至不用翻译,仅用眼睛和手,有时候是用鼻子和舌头,就能模仿教官传授的各种技术动作,掌握最新式的武器。他们比猴子还要聪明一百倍。"

廖耀湘:"史迪威将军,士兵们是带着仇恨和耻辱练兵的,他们非常刻苦,是逼出来的。"

孙立人呷了一口咖啡,说:"西方技术加东方精神,蓝姆迦兵营是独一无二的,一定能造就一支举世无双的优秀军队。"

史迪威:"各位将军,按美国教官的训练计划,技术训练课目进行完毕,第一阶段的训练可以结束了。蓝姆迦训练基地,中国士兵算是念完小学啦!"

几位中国将领颇感惊讶。

罗卓英:"小学?"

廖耀湘:"那中学和大学学点什么?"

孙立人会意地点头。

鲍特纳:"往下的课程是丛林适应性训练。"

史迪威:"诸位,我们在缅甸吃了败仗,特别是新22师在野人山损失惨重,是因为官兵缺乏丛林作战的经验和技能。所以,我们要补上这一课。"

廖耀湘:"你说得太对了,史迪威将军。我们在这方面吃亏太大了。"

孙立人:"史迪威将军是不是要把西点军校兽营的训练方法,用到蓝姆迦兵营来?"

史迪威:"很对,我挑选的教官,不少人是从西点军校毕业的。鲍特纳准将是这方面的专家,他知道怎么训练。士兵们可能要吃点苦头。"

罗卓英:"中国士兵不怕吃苦,可以应付各种科目。"

"完全正确。"史迪威吸了一口烟,望着蓝姆迦的夜景,接着说:"我对蓝姆迦训练充满信心。中国士兵可以接受任何挑战,也完全可以适应丛林环境。鲍特纳准将,关于丛林适应性训练计划,你说一说吧。"

鲍特纳站了起来:"是,将军。"

为时六周的技术训练结束后,美国教官开始对中国官兵进行丛林适应性训练。

丛林适应性训练,对中国兵来说是个全新的名词,听都没听说过。他们后来才知道,所谓适应性训练,就是孙悟空钻进太白金星的八卦炉里,经雷电水火之磨难,历九九八十一天之劫数,炼成钢筋铁骨,火眼金睛,彻底脱胎换骨。

这回真要遭大难了。

史迪威将军认为,中国军队之所以在缅甸吃败仗,在野人山之所以损失那么多官兵,很重要的一条原因,是缺乏丛林生存和作战能力。可以说,中国远征军在缅甸不是败在日本人手里,而是败在大自然的面前。所以,他把丛林适应性训练作为蓝姆迦兵营的主要科目,下狠心要把中国士兵练成林中之虎。

担任教官的那300名美国军官,都是史迪威精心挑选的,其中不少人从西点军校毕业。西点军校那个赫赫有名、让人听起来头皮发麻的"兽营",就是专门对新学员进行适应性训练的。"兽营",说白了,就是不拿人当人,变着法儿折磨你,让你适应各种恶劣环境。

史迪威将军把中国士兵交给他们,这些美国教官可知道怎样敲打中国人了。

部队首先进行热带丛林生存训练。这是所有训练中最原始、最野蛮、最有刺激性的科目。训练的最终目标,是要现代人学会像原始人那样在丛林里生存、奋斗。

丛林里怎样行军走路?热带丛林没有一般概念中的路。

这里的路千奇百怪,有的是人用刀从树缝里一点点砍出来,有的是野猪从草莽荒榛中拱出来,有的是架空的溜索,有的是藤萝做的秋千,更多的路,是树干的本身。爬树是丛林中最常见的行走方式。

人类经过亿万年发展,才学会用两条腿直立走路。而现在美国教官却逼着你,像祖先一样,回到树上去,用四条腿走路。

蓝姆迦营区到处立有爬杆,从早到晚都有人练。练各种各样的爬杆姿势。练脚内侧爬、又练脚外侧爬,练顺着爬、又练倒着爬,练轻装爬、又练负重爬,直练得像耍杂技似的。

再难,也必须办到。不然,美国人的皮鞭在等着你。

中国兵们一声不吭,拼命训练,指哪儿爬哪儿。手破,脚破,脸破,衣服破,就连衣服底下的肚皮也蹭出一道道血印。硬是练得像猴子那么灵巧,飞身登树,攀藤附革,如履平地。

新38师第112团第1营李营长领着自己的队伍来到一片树林。列队完毕,营长训话:"弟兄们,我们起了誓要从野人山打回去,是不是?"

士兵:"是。"

营长:"野人山的路就在树上。你们要练得像猴子那样灵巧,能不能做得到?"

士兵:"能!"

营长:"好。我要看你们谁爬得好,爬得快。"

一棵大树上有些果子,营长皮鞭一指:"谁去给我摘下果子。"

摘果子可不好办。野果都在细枝末节上，用劲一大就掉，你必须身轻如燕，臂巧如猿。一个兵嗖嗖几下爬了上去，摘下果子。

营长看到另一棵树顶有只鸟窝，又用皮鞭一指："谁能把鸟给逮下来。"

这他妈太难了。光爬树好办，逮鸟谈何容易。鸟多机灵？你必须一声不响，悄悄地摸上去。不然，就鸟飞蛋打。另一位士兵"噌噌"地爬上去，从鸟窝里逮到一只小鸟还掏出几个鸟蛋。

美国教官站在一旁督察。

营长得意地问教官："怎么样，朋友？"

教官伸出了拇指。

练完攀登，又练吃。

都说中国人最能吃，最会吃，什么都吃。两条腿的除了会说话的不吃，四条腿的除了桌椅板凳不吃，其他的都吃。但是美国人开列的丛林食谱，哪一样中国人也不想吃。

那不叫吃，叫活受罪。中国兵们唠唠叨叨地说，人最大的错误是要吃，不吃，少受多少罪啊！

树皮、芭蕉根、野果子、生鲤鱼、生牛肉、鸟蛋、蛇蛋，这些东西，过野人山时，走投无路，极度饥饿的时候，为了活命，吃起来也许不难。现在作为一种训练，明明知道帐篷里有罐头，伙房里有饭菜，而硬要你啃树皮、嚼草根，生吞活剥兽肉，能不恶心吗？

除了原来尝过的那些品种外，美国教官还给增加了许多新花样。蜗牛、蚯蚓、蚂蚁、知了、蝙蝠、蟋蟀、蝴蝶、飞蛾、蚱蜢、蝗虫、湖蝇、蜘蛛、螳螂，都能吃。

扯淡！这些玩意儿，看一眼都恶心，怎么能咽到肚子里去？

不吃？好！美国人说："那么，把你遣送回国，怎么样？"

于是，中国兵们闭上眼睛，捏着鼻子，使劲往下咽。野人山的罪都经受了，还有什么苦咽不下呢。古人卧薪尝胆，不就是想着"报仇"二字吗？

新22师第66团第2营关营长领着队伍进入丛林。

队伍到了林中的一个训练场地。

树上吊着一条蛇，地上摆了许多东西，有林蛙、蚂蚁、生鱼、鸟蛋、蚂蚱。教官对关营长说："丛林食谱，每人都尝一尝。"

关营长站到队伍前，说："各位弟兄，今天的训练科目是野外食物摄入，说白了就是吃东西。教官给大家准备了吃的。现成的，都在这儿。"

士兵们看到这些东西，直摇头。

"这些货，咋吃？"

"恶心人嘛。"

有个兵嚷了起来："教官做个示范吧。"

教官毫不含糊，拿起刀子，三下五除二，剥下蛇皮，割下一块蛇肉，咽了下去。

兵们不再有二话，围了上来，一人拿一样，捏着鼻子，使劲儿往下咽。

丛林中开展了各种奇特的活动，各部队举办野菜品尝会，比赛捕蛇、钓鱼、捉老鼠。有一个团一天捕了500多条蛇，大的、小的、有毒的、无毒的，挂得到处都是，还捕到一条十米多长的巨蟒。比赛吃蚂蚁、蜘蛛、蝗虫，看谁吃得快、吃得多。

一次次观摩见习，一项项操作训练，中国官兵们长见识，长胆量，长本领了。他们闯过一关又一关，学会了行、吃、住，大林莽不那么可怕了。

野人别动队：一支独特的抗日战斗队

光是能在丛林里活下来，还不够。他们是战士，不是原始人。自己活下来是为了打仗，在丛林里消灭敌人。

美国人又开设新课程，训练丛林战术。如果说丛林生存训练，是要充分发掘人体自身潜存的野性力量，适应环境，在与自然搏斗中求活；那么丛林战术训练，则是充分发展人的智能和技能，利用环境，在与敌人搏斗中求胜。显然，丛林战术训练比丛林生存训练更难，更具你死我活的对抗性。

小学毕业后,中国远征军官兵们升入"丛林中学"了。

战术训练的第一课,美国教官出了一个科目:判定方向。

辨别东西南北?这不是考三岁小孩吗?

那天,阴天。美国教官领着一个连,进入丛林转了一圈,然后停下来,挨个问:

哪是北?

中国兵们看天,没太阳,看地,没影子,急得拍脑门,挤眼睛,原地转圈。结果,全连百来号人,指了百来个"北",前后左右,360度,几乎都指遍了。

到底哪是北?

"连东西南北都搞不清,怎么打回缅甸?"美国人说。

中国兵的脸"刷"地红到耳朵根。

他们整整花了两天时间,才完成这个科目。除了学会使用指北针和地形图外,更多的精力用于学习在没有制式器材条件下判别方向的本领。由美国教官指导和中国人自己琢磨,官兵们掌握了丛林中十几种判别方向的方法。树皮一般南面光洁,北面粗糙。树墩及石块四周,南面的野草比北面的茂盛。松树上的松脂,南面比北面多且结块大。树下的蚁窝一般在树的南面。石头上的青苔通常生长在背阴的北边。夜间,除了北斗星会指出哪是北,南十字星也可以告诉你哪是南。

终于把东西南北搞清楚了。

在丛林里办什么事都难。本来,中国士兵们对射击最有信心,特别是新38师的士兵,百步穿杨是他们的拿手戏。可是,这里常常用不上,处处是密密麻麻的树枝树叶,视线根本就没几步远。一叶障目,不见泰山,百步穿什么杨?美国教官说,射击技术得从头练。

丛林战中的射击,没什么卧姿、跪姿、立姿,常常是行进间射击。也往往没有瞄准。没法瞄。目标在哪,根本看不见。也没时间瞄。因为视界不开阔,常常是遭遇战,等你发现敌人,敌人已经到你跟前。瞄什么,赶紧开火吧!所以,丛林里打枪,不是凭眼睛,常常是靠耳朵。听到响动,要能判断出是风声、雨声、兽声,还是人声?方位在哪?距离多远?据此,决定射击方向与时机。有时甚至凭某种说不清楚的感觉来打仗。树上的鸟为什么乱飞？地上的蟋蟀为什么不叫？或者，突然感觉到身后一阵凉风，这都可能是投入战斗的信号！

练到这一步，简直就出神入化了。

除了用枪，还要学会用刀、用拳、用脚、用牙齿、用树杈消灭敌人。丛林里的战斗远比在开阔地复杂而更具突然性。冷不丁从草丛里钻出个鬼子，抱住你的腰，怎么办？猛然间从树顶跳下个敌人，像蚂蝗一样爬上你的身，怎么办？所以，刀枪棍棒、擒拿格斗，都得练。

怎样用拳头打敌人的太阳穴？怎样用手指抠对方的眼睛？怎样一巴掌将对手打哑？怎样用树杈刺破敌人的咽喉？怎样用藤条捆绑俘虏？这些都会有大用的。

丛林里真有学不完的东西。拿起一根枪支通条，美国教官随口能说出几十种用途：当锥子，当弓箭，当尖刀，当避雷针，当烤肉的铁钎子，当电台的天线，当探雷器……一面镜子，可以利用反光原理，进行通信联络，指示位置，镜子棱角可以当小刀。是放大镜还可聚焦取火。缝衣针，可以用来挑刺、做小手术，还可以当鱼钩钓鱼……

人的脑子就像个魔匣子，什么鬼点子都想得出来。士兵们最大的收获，是懂得打丛林战，首先得动脑子，然后才是动手。

丛林里的通信联络训练也非常有意思。通信手段很多，电报、电话、飞机空投、闪光器、对讲机这些现代化的东西都有了。但是，X部队的士兵们练得最带劲的还是暗号联络。丛林是个嘈杂的世界，虎啸猿啼，莺鸣鸟啭，什么声音都有，就是不能有人声。一有人声就暴露目标。士兵们就学虫鸣鸟叫，以此传递信息，彼此联络。

有口技特长的人大显身手，笨嘴拙舌的则往往练得唇干舌燥，口角流血。每到早晚，兵营内外，一片鸟噪虫鸣之声。部队还常常举办口技晚会，学到家的简直可以和林中小鸟对话调情了。有一回，一位高手学雌斑鸠求偶的鸣叫，叫得逼真，有感情，竟把一只漂亮的雄斑鸠从树上骗了下来。这位多情王子，在地上扬着头，一对小眼睛滴溜溜转，看了半天，才发现上当。但是已逃走不及，被士兵逮住，在笼子里关了三天"禁闭"才放走。

在喜欢吹毛求疵的美国教官的监督指导下，X部队的官兵们在一门

一门地学习丛林战术。这种学习,与几个月前爬野人山一样,好像也没有止境。

蓝姆迦兵营附近的森林里,有一座秘密营地。上百名从缅甸召募而来的克钦族土著男女青年,组成野人别动队,在这里接受美军情报部队组织的特殊训练。

本来,缅甸的老百姓们,当然也包括野人山里的克钦族野人,对日本人还是抱有希望的。他们受英国人的欺压太久了。英国人不仅把缅甸的大米、柚木、宝石统统运走,而且奸淫妇女,亵渎神灵。所以,当那位白马将军博莫乔振臂一呼"赶走英国佬,让缅甸独立"时,缅甸青年男女,纷纷扔下锄头,拿起刀枪,参加独立义勇军。

可是,日本人来了后,缅甸百姓才发现,东洋鬼子其实比西洋鬼子更坏。

野人山里,日军修兵营,筑据点,开公路,拉民夫,抢妇女,无恶不作。野人们把日军同从野人山撤退的中国官兵比较,发现中国人比日本人规矩得多。他们想,不把日本军赶走,于山头不利。

因此,当美国情报员出面动员说,"来吧!帮助中国人把日本打败!"立即有许多野人响应,自愿参加野人别动队,接受美军特别训练。

美军情报官员威廉·拉芬上尉担任野人别动队队长。女翻译岩珠精通缅语,被派来担任翻译。英军联络官欧文少尉随中国军队退入印度后,主动要求留在中国驻印军。他表示要随中国人打回缅甸,现在他被派来当野人别动队副队长。同时,他深爱着岩珠。

野人别动队的任务是在未来反攻缅甸的作战中负责收集情报和侦察敌情。在训练营地,队员们全是野人装束,男性裸露着上身,只用一块土布遮挡下身。女性用土布裹着胸部,下身围条草裙。可是,他们却要学会跳伞,使用卡宾枪和电台。

野人别动队的训练进展比预想的要顺利。野人们缺少文化,但不欠缺智力。他们有顽强的意志,坚忍的毅力,反应灵敏,身体灵活。当美军教官在蓝姆迦丛林,用最原始的办法,迫使中国军队官兵去过茹毛饮血的野蛮生活时,在野人训练营,美军情报官员,却在运用现代化的手段,对着一群野人进行严格的文明训练。美国人教他们使用枪支、炸药,教他们收集情报、通信联络、爆炸桥梁、颠覆火车……

不用多长时间，野人别动队的队员已经学完美国人给他们精心设置的课程。蓝姆迦丛林中，一群中国官兵面对着一条血淋淋的蟒蛇无法下咽，或者面对一株参天古树难以攀援时，野人别动队的队员们已经学会从飞机跳伞，或者拿着对讲机向几十里外的伙伴发出密语信号。

在野人训练营，岩珠作为一名有过爬野人山的经历的女性，深得野人尊敬。欧文也非常卖力气，他认为将蒙昧的野人训练成出色的情报人员，然后完成作战任务，简直是一个传奇。同样重要的是，他因此可以和岩珠在一起。

岩珠和欧文在对野人训练中配合默契，在精神上也心心相印。

一弯明月悬挂在天空，林中月色朦胧，鸟虫在暗处发出动人的鸣叫。

林中散布着几座帐篷，灯光从帐篷透射而出，美丽而神秘。

一顶精致的小帐篷内，岩珠坐在马灯前发报。电键发出"滴滴答答"的响声。

天气燠热，岩珠额头沁出汗珠。发完电报，岩珠捋一下头发，收起发报机，站了起来。她走出帐篷。林中月光倾泻，一片银辉。晚风吹拂，四周虫鸣鸟叫。岩珠抬头眺望夜空，心情十分畅快。她回到帐篷内，提起一只小桶，拿上浴巾，走向营地旁边的一条小河。

河水汩汩，波光闪闪。

岩珠从河里打上一桶水，在林中支起一块白布单。她脱下衣服，开始洗浴。月光映照着她洁白的肤肌。

营地里，欧文腰间挎着手枪，怀里抱着几盒罐头和啤酒。借着月光，他向岩珠的帐篷轻步走来。他轻声叫："岩珠。"

他钻入帐篷，见没有人。欧文放下罐头食品，出了帐篷。他四周察看，看到不远处支着一块白布单。欧文轻步走了过去，随手从地上摘下一朵蓝色小花。

岩珠正淘醉在清凉之中。白布单上方显露出她那美妙动人的发辫、娇艳的脸庞和丰润洁白的双肩。欧文站在远处，静静地看着洗浴中的岩珠。四周静静的，没有一点声响。欧文心潮激荡，他悄悄地走近，伸出手中那朵蓝色小花。岩珠好像闻到花香，回头一看，看到欧文站在她身后。

岩珠羞涩地低下头。

欧文就势抱住岩珠。白布裹着岩珠丰满的身躯。欧文将岩珠抱得紧紧的。

岩珠轻轻地依偎在欧文的怀中。

欧文低头轻轻吻着岩珠的肩头、发辫和脸庞。

欧文痴迷地:"岩珠,我爱你。"

欧文将岩珠抱得更紧、更紧。

岩珠一下清醒了过来,用力推开欧文,说:"少尉,等打完仗吧。"

她挣脱欧文的拥抱,跑回帐篷。

第十五章　X 部队与 Y 部队

史迪威将军说，鱼儿已经上钩

史迪威将军永远是一个不安分的人。自从蓝姆迦的军训上了轨道后，他就像一只信天翁，一趟一趟往重庆飞，请求各种支援。1942 年 8 月底的一天，他再次来到印度汀江机场，准备飞回重庆。停机坪上停着一架美军用飞机。罗卓英、鲍特纳、孙立人、廖耀湘等中美军官为史迪威送行。梅利尔随行。众人向飞机走去。

罗卓英："史迪威将军，见了委座和夫人请代我向他们致敬。"

史迪威："会给你带到的，一定。"

孙立人心有疑虑地问史迪威："将军，调兵，不是件容易的事啊！"

史迪威拍了一下他手里夹着的皮包，狡黠地说："放心，我有宝物。"

廖耀湘："我们在这里等着你的好消息。"

史迪威："放心吧，会成功的。你们在这里把营房腾出来，准备接收新兵吧。"

史迪威向众人告别，与梅利尔登上飞机。

起飞后，在机舱里，史迪威与梅利尔面对面地坐着，老将军心情很好。

梅利尔："将军，驼峰航线我们飞了多少趟了？"

史迪威："我也记不得了。"

梅利尔："将军，你可能创造了一个世界纪录。"

史迪威："什么纪录？"

梅利尔："年龄最大，飞越世界最高航线次数最多的纪录。"

史迪威:"上校,你说的是对的。在这里做任何一件事情,都可能创造一项纪录。比如,打个喷嚏,也可能破一项世界纪录。你信不信?"

梅利尔嘿嘿一笑。

从机舱望出去,下面是喜马拉雅山高耸的冰峰。前方有几架美国运输机在飞行。

跨越喜马拉雅山的驼峰航线。自1942年5月至1945年5月,平均每天约有100架美军飞机在该航线上穿梭飞行

梅利尔:"驼峰航线太拥挤了,将军。"

史迪威:"可是,还不够啊。"

梅利尔:"庞大的中国战场,靠一条空中航线来保障,无论如何是不行的。"

地面有金属碎片发出的反光。

梅利尔指着反光点对史迪威说:"将军,你瞧,地面发光的全是驼峰失事飞机的金属残骸。听飞行员们说,飞驼峰航线可以不用导航,沿着这条撒满铝金属的路,就能飞到目的地。"

史迪威:"驼峰航线是世界上风险最大最昂贵的航线。上个月,又有

5架运输机在这条航线上失事了。"

梅利尔:"这一切都是为了中国。"

史迪威:"同时,也是为了美国。"

回到重庆的次日,史迪威将军到黄山官邸晋见蒋介石。

在黄山官邸,蒋介石与何应钦、宋美龄一边等待史迪威的到来,一边商谈国内有关事项。

蒋介石:"敬之,成都双流机场工程贪污舞弊案查清了没有?"

何应钦:"已经派人查清了。当地官员与工程承包商相互勾结,克扣民工工资,建筑材料以次充好,贪污受贿,中饱私囊。问题非常严重。"

蒋介石:"这是为美军轰炸机建的项目,重要军用工程,也敢贪污。可见社会风气坏到了何等地步。一定要严惩。"

宋美龄:"胆大包天。过去在滇缅路,走私猖獗。滇缅路断了,听说走私之风又刮到驼峰航线了。怎么得了?美国盟友怎么看我们?"

蒋介石:"这些事情,敬之,抓紧处理。不要闹大了。家丑不可外扬啊。"

何应钦:"委座,明白。"

这时,侍从入内,报告:"史迪威将军到。"

蒋介石:"快请史迪威将军。"

宋美龄高兴地起身到门口迎接。

史迪威进入,向蒋敬礼。蒋介石还礼,说:"史迪威将军,你辛苦了。"

史迪威:"总司令好,夫人好。"

宋美龄:"将军,你好。"

何应钦与史迪威相互招手致意。

蒋介石:"路上还顺利吧?史迪威将军。"

史迪威:"很顺利。从驼峰航线飞回来的。那是世界上最繁忙的一条空中航线。"

蒋介石:"是这样的,为了开通这条航线,美国朋友尽心了。驻印军训练搞得怎么样?"

史迪威:"我今天带回一些好消息。"

蒋介石："嗯，说说。"

史迪威："训练搞得非常出色。士兵已经能熟练掌握美制新式武器。简直是棒极了。"

蒋介石："好哇，体力恢复得怎么样？"

史迪威："非常好。小伙子们个个吃得饱饱的。特别是新22师的士兵，一个月体重平均增加了15磅。"

宋美龄："哦？"

蒋介石："装备呢？都配齐了吧？"

史迪威："装备也没有问题。总司令，关于驻印军训练情况，我们有一个详细报告，我还带回一些照片，请总司令过目。"

史迪威打开皮包，将一叠有关蓝姆迦训练的照片递上。蒋介石、宋美龄和何应钦兴致勃勃地一一观赏。史迪威将军在旁边不时地加以解释、点评。

史迪威拿起一张蓝姆迦兵营全景照片，解释说："这是兵营的全景，200多幢营房，可以容3万人。营区内设施齐全，除了大营房、训练场、饭堂、浴室外，还有电影院、舞厅、咖啡馆、邮局、商店、照相馆。"

蒋介石："那就是一座小城市嘛。"

何应钦："看上去，比重庆新兵训练基地条件还好。"

史迪威拿起另一张照片。

史迪威："这是蓝姆迦训练场。看，部队正在训练呢。训练场上摆着的这些大炮都是刚从美国运到的。"

何应钦："啊，是最新式的榴弹炮嘛。"

蒋介石："这种大炮，我们国内军队还没有装备吧？"

史迪威："没有。炮身太重，驼峰运不过来。"

史迪威又拿起一张新38师训练的照片，递给蒋介石和宋美龄。

史迪威："这是孙立人师长和士兵在一起训练的照片。"

蒋介石看后，说："好，挺好嘛。"

宋美龄："军装，挺精神的。"

史迪威："是英式夹克，英国提供的。"

宋美龄拿起一张新22师训练的照片。

宋美龄:"这不是廖耀湘师长吗?"

史迪威:"是的,廖耀湘师长和士兵在训练场。"

宋美龄:"啊,他们在野人山可是吃了大苦头的。现在恢复元气,又生龙活虎了。"

蒋介石:"好。真是不错。"

宋美龄:"史迪威将军,这些照片真好。放在这,让我们慢慢看。"

史迪威:"还有很多呢。"

宋美龄:"干脆,挂起来,让军政部、军令部他们都看看。"

蒋介石:"告诉董显光,挑几张,在报纸上登一登。"

史迪威:"妙极啦。"

蒋介石:"史迪威将军,中国抗战正在艰难时期,盟军对中国战场应有更多支持。你要多给我们说话、出力啊。看来,蓝姆迦训练是搞得不错的。"

史迪威:"总司令,蓝姆迦现在是一个试验场,应该成为一个样板,加以推广。"

蒋介石:"啊,怎么讲?"

史迪威:"总司令,驻印军是一个军的番号,应该有3个师。可你知道,现在只有两个不满员的师,新38师6000人,新22师只有3000人,两个师一共是9000人,不到一个师的人数。我认为,应当按3个师编制,补齐兵员。还应当增加技术兵种,比如,炮兵、装甲兵、防化兵、汽车兵。"

何应钦:"嗯,缺额很大啊!史迪威将军的意思是——"

史迪威:"应当向蓝姆迦增兵。现在驼峰航线每天都有回空飞机,利用这些回空飞机,我们每天可以向印度运送1个营的兵员,不增加任何费用,很合算的。"

宋美龄一听很高兴,说:"好主意。"

史迪威:"是的,我们已经拟制了一个增兵计划。"

说着,史迪威将军将计划呈了上来。

蒋介石今天的情绪不错,史迪威今天带回的蓝姆迦兵营训练照片让他看了很动心。

上个星期，他曾派宋子文到蓝姆迦兵营视察了一番。在蓝姆迦，宋子文主要是视察了他的老部队、由税警团改编的新38师。他看到新配备的美式装备十分先进，部队训练很有章法，相当不错。孙立人还特地安排宋子文检阅了部队。宋子文从蓝姆迦回重庆后，曾向蒋介石进言。"老乔，"他这样称史迪威，"把蓝姆迦部队，整治得蛮像样子。我看，再拨他些兵员，没有什么不合算的。光着屁股去，穿戴齐全回来，起码捞套装备吧！并且驼峰又有回空飞机，一个子儿也不用掏。这买卖能做。"宋子文不愧当过财政部部长，账算得很精。

只要生意合算，蒋介石不会不动心的。因此，今天，接过史迪威递上的增兵计划后，蒋介石浏览了一遍，并不时点头。但是他不想轻易拍板，更不想让史迪威将军误以为，他此时多么地渴望美国人的帮助。

看过计划后，蒋介石淡淡地说："这些计划嘛，需要研究啊。"

宋美龄不失时机地进言："达令，史迪威将军刚从印度回来，今天，我们为史迪威将军接风，吃饭。"

蒋介石："对，吃饭。我们边吃边谈。"

说完，史迪威在蒋介石夫妇的陪同下走向餐厅。

宾主走进餐厅。

在餐厅，宾主就座。俞飞鹏、商震等作陪。餐桌上几样时鲜可口的饭菜，并不铺张。

蒋介石说："史迪威将军，前方还在打仗，今天不喝酒，便餐。"

家宴式的晚餐，几样简单中西菜式，大家吃得很愉快。蒋介石兴致很高，宋美龄不时为史迪威夹菜。史迪威感到他的事情有一些眉目了。

饭后，史迪威将军离开黄山官邸，坐渡船返回城里。

山城重庆灯光暗淡，江风轻拂，江水滔滔。渡船在行进中发出哗哗的响声。

渡船靠在朝天门码头。梅利尔在码头迎接史迪威，二人坐上轿车。轿车离开码头。

梅利尔："成功了？"

史迪威："鱼儿正在上钩。"

梅利尔："是什么让他上钩？"

史迪威："美援物资，加上蓝姆迦的那些训练照片，让他眉开眼笑了。"

梅利尔："一个绝妙的招数。"

史迪威："让他接受我们的帮助，还要使用计谋。太不幸了，美利坚。"

汽车加大油门，冲上了通向嘉陵江新村3号史迪威住处的小道。

从国内空运新兵，蓝姆迦兵营越来越热闹

在重庆，史迪威终于等来了好消息。蒋介石批准了他的增兵计划，同意从国内空运23000名新兵至印度，充实新22师和新38师部队，并组建相应的炮兵、装甲兵、防化兵、汽车兵等技术兵团。

得到正式通知后，史迪威将军赶紧飞回印度，准备组织接收兵员。在印度德里机场，史迪威将军走下飞机。韦维尔将军在机场迎接他。

韦维尔："史迪威将军，一个月里，我四次到机场接你。"

史迪威："很抱歉，添麻烦了，韦维尔将军。"

二人朝着汽车走去。

韦维尔："当初，我真不应该接纳你。"

史迪威："现在想赶，也赶不走了。阁下，恐怕还要给你添一点麻烦。"

韦维尔："什么意思？"

史迪威："中国政府决定往蓝姆迦增派兵员。近期先增加2万人。"

韦维尔："增加2万人？谁养他们？你知道，他们是叫花子，要吃的，要住的，要薪饷，要车辆输送，谁来管？"

史迪威："后勤供应，按协议，当然应当由伟大的英国朋友负责。"

韦维尔："不行，不行，我可管不起。不能管。"

史迪威："将军阁下，有关驻印军后勤供应，只是个英镑和美元的问题，我已经提请华盛顿与伦敦协商解决，我们不必就此争论。我认为我

美国飞虎队机群

们应当讨论的是,这支部队一旦训练完毕,收复缅甸作战就应提上日程。英军准备得怎么样了?"

韦维尔:"英军正在加紧准备。史迪威将军,我认为,在未来缅甸作战中,英国应当拥有对中国驻印军的指挥权!"

史迪威:"为什么?"

韦维尔:"他们是在大英帝国领地上训练出来的,是英格兰奶牛喂大了的牛犊。"

史迪威:"过分了。中国人不是无偿地得到英国的面包和牛奶,他们在缅甸洒下了多少血?未来收复缅甸,他们还将付出多少血?"

韦维尔:"阁下,你是美国将军,还是中国将军?"

"都是。"史迪威将军大笑。

在蒋介石决定向蓝姆迦增兵的同时,重庆的各大报纸大量刊登了中国驻印军的训练照片。很快中国驻印军成了国内军民关注的一个热点。听到政府要从国内向印度增兵的消息,在重庆、在昆明、在国内许多城市,大批青年,特别是知识青年都热切希望走上国际战场。

在昆明西南联合大学校园,学校组织的知识青年报名从军活动正在进行。许多学生围在报名处填报名册,群情激奋。有的学生咬破手指,写血书。在学校操场,学生们在举办讲演活动。一位名叫王小川的学生,站在台上慷慨陈词:"同学们,是时候了,从军去。当祖国山河被敌人的铁蹄践踏过半的今天，当无数同胞痛苦呻吟的今天，当国家存亡系于一线的今天，当最后的胜利将要来到的今天，我们能有一秒钟的犹豫吗？我们唯一的办法，是大吼一声，去，去，去，从军去，奔向抗日前线，杀上国际战场。"

"一寸山河一寸血，十万青年十万兵"。知识青年从军的热潮在全国各地迅速掀起，一浪高于一浪。

被批准应征入伍加入中国驻印军的青年，一批批地通过驼峰航线运往印度。

飞越喜马拉雅山的驼峰航线，是第二次世界大战期间世界上最危险、最繁忙的空中运输线。每天都有上百架美国 C-45、C-47 大型运输机，满载美援物资，从印度的阿萨姆邦起飞，越过喜马拉雅山，直飞四川或云南。现在，根据蒋介石签署的向驻印军增派兵员的命令，利用驼峰航线的回空飞机，每天由国内向印度运送约 600 名新兵。

印度蓝姆迦的中国驻印军兵营，一天天热闹起来。一批又一批知识青年从驼峰腾云驾雾而来，给蓝姆迦兵营不断注入新的活力，带来新的气象。

孙立人、廖耀湘两位师长整天缠着史迪威，向他要新兵。各个部队都敞开营门，欢迎知识青年。一些技术兵种，汽车团、重炮团、战车训练所，更是他们的用武之地。

很多大学生被分配去开坦克。战车训练所主任舒适存少将，特别器重文化人，他说：

"今天的战争，是科学的战争。一切战斗工具都需要头脑灵活的优秀知识分子来使用。尤其是坦克车，无论是驾驶、射击，或者应用战术，都要倚仗现代知识。"

他对手下学生兵的表现特别满意，只要一有机会，就把随军记者们请到他的兵营里，给学生兵们拍照片、写文章。他对记者夸奖说："这些知识青年，不论美国教官给多么困难的科目，只要讲一遍，他们就能领会，就能照着做。他们还懂英文，不用翻译。学生兵们一来，连美国教官的积极性都高涨起来了。"

舒适存将军懂得学生兵，知道他们爱受表扬，爱出头露面。这么一

整装待发的中国驻印军

来,战车训练更像刚揭盖的蒸笼,热气腾腾。

来自西南联大的王小川被分配到战车营。他文化水平高,学习刻苦,进步很快。王小川与新22师工兵营的王大川是哥俩儿,他们都为能在蓝姆迦一起参加训练而高兴。他们俩互相鼓励,相约要练好本领,争取杀敌立功。一有空闲,王小川便帮助王大川学习文化,掌握技术。

在每个岗位,学生兵都有出色表现。

重机枪实弹射击,十几挺机枪一字摆开,对着丛林中的集团目标,猛烈射击。枪声像过年放鞭炮一样热闹,子弹拖着火光,形成扇面,狂扫怒射。

防化兵训练场。学生兵们很快学会掌握火焰喷射器,对准目标喷射火焰,训练场烟雾腾腾,一片火海。

工兵训练场,学生兵们学习操纵推土机、压路机等先进机械。

炮兵训练场,学生兵们操练大炮,得心应手。

汽车训练场,学生兵们驾着卡车,通过各种复杂路面。

美国教官对学生兵很满意,竖起拇指表扬,说:"他们有文化,能吃苦,目的明确,是第一流的。"

从军知识青年,既是熊熊燃烧的烈火,也是多姿多彩的花朵。杀敌报国固然是他们的凌云壮志,但他们也不是胸无点墨的一介武夫。他们追求丰富的精神生活,非常赞成美国兵们的口头禅:上操拼命练,下操尽情玩。在赴印度的飞机上，他们不带贵重物品，却在背囊里夹带一本书、一只口琴、一支画笔，或者一副象棋。他们的到来，使蓝姆迦营房一扫沉闷呆板、单调乏味的旧观，吹进乐观向上、生动活泼的清新空气。

帐幕中的文化活动空前活跃。士兵们创办了各种刊物，月刊、周刊、壁报，还订有美国、印度的报纸。廖耀湘喜欢评剧，新 22 师办了一个评剧团。孙立人爱看话剧，新 38 师则拉起了话剧团。每个连队的"中山室"就是俱乐部，有篮球、排球、羽毛球、象棋、围棋、扑克，愿意玩什么就玩什么。反正有的是球友、棋友、牌友，随便一凑合就能玩起来。

假日，基督教青年会蓝姆迦分会的会友们，举办长途越野比赛，吸引了不少官兵助威凑趣。晚上，评剧团演出《杨家将》，唱出了抵御外侮、匡复社稷的一腔豪情壮志。还有游艺会、星期晚会、盟军联谊会。美国人唱个京剧段子，中国人扭一扭"慢四步"、"快三步"，更是情趣盎然。

壁报上抄录的知识青年从军歌，既有文采，又有激情，表达了每个人的心声：

君不见，汉终军，弱冠系房请长缨；君不见，班定远，绝域轻骑催战云！男儿应是重危行，岂让儒冠误此生？况乃国危若累卵，羽檄争驰无少停！弃我昔时笔，著我战时吟，一呼同志逾十万，高唱战歌齐从军。齐从军！净胡尘，誓扫倭奴不顾身！忍情斩断思家念，慷慨捧出报国心！昂然含笑赴沙场，大旗招展日无光，气吹太白入昴月，力挽长矢射天狼。采石一载复金陵，冀鲁吉黑次第平，破浪楼船出辽海，蔽天铁鸟扑东京！一夜捣碎倭奴穴，太平洋水尽赤色，富士山头扬汉旗，樱花树下醉胡妾。归来夹道万人看，朵朵鲜花掷马前，门楣生辉笑白发，闾里腾欢骄红颜。国史明标第一功，中华从此号长雄，尚留余威惩不义，要使环球人类同沐大汉风！

旌旗高悬中军帐，歌声缭绕汉家营。蓝姆迦处处吹拂着生气，充溢着活力。不论从野人山闯过来的老战士，还是从驼峰飞过来的新兄弟，他们置身异域，团结一心，相互激励，韬光养晦，磨刀擦枪，准备报大仇。

中国军官被撤职，让蓝姆迦兵营炸了窝

蓝姆迦兵营是充满了生机和活力的风水宝地。这里的营区不断扩展，规模不断加大，官兵的军事技能日臻完善，战斗力不断得到加强。

但是，这天竺古国毕竟不是自己的故乡，更不是天堂。中国官兵身在异域他乡，寄人篱下，常常感到水土不服。与盟国、与盟军、与盟友的复杂关系，常常困扰着中国驻印军官兵。核心问题仍然是部队的指挥权问题，中国驻印军由谁来指挥？谁说了算？为哪个国家的战略利益服务？

觊觎中国驻印军指挥权的大有人在，其中就有英国人，特别是韦维尔将军。英国人习惯于以殖民主义的眼光看待世界事务，对中国一直持排挤、歧视的态度。在1942年的缅甸作战中，他们一度取得了缅甸战场的决策权，利用中国军队为挡箭牌，掩护英军撤退，招致中国远征军蒙受重大损失。对中国驻印军他们更是把手伸得长长的，企图将其归入自己的麾下。他们认为印度是英国的属地，印缅战区是英军主导的地盘，中国驻印军既以印度为基地，由英国提供给养，英军理应取得对中国驻印军的指挥权。1942年10月间，驻印英军总司令韦维尔，直接向蒋介石伸手。他明确提出，将中国驻印军交他指挥，计划于1943年春与驻印英军一起，投入反攻缅甸作战。他还别有用心地向史迪威建议，将中国驻印军指挥部移至新德里。

韦维尔的这个"建议"遭到蒋介石与史迪威的一致反对。1942年11月3日，蒋介石与史迪威在重庆专门就此商议对策。蒋介石极其圆滑，他对史迪威说：

"将军是中国驻印部队之司令官，韦维尔将军指挥我军之请求，实际是要指挥史将军。所以，我很想听听史将军对此的意见。"

史迪威的回答也很精彩，他说："本人为钧座之参谋长，一切应由钧座决定。据本人分析，由英方指挥中国军队，在战役初期也许不会遇到什么困难，唯两军在缅甸会师后，决定战后的事项，将困难重重。"

史迪威的意思是不管由谁指挥中国驻印军,夺取反攻缅甸作战胜利,都没有问题,问题在于,把缅甸夺回后,谁得到实惠?这就一下点到蒋介石的穴位,要是中国军队把缅甸打下后,英国把胜利的果实全都拿走了,中国人的血不是白流了吗?

蒋介石问:"计将安出?"

史迪威献策:"解决统一指挥问题,最好的办法,只有由钧座出任统帅。"

蒋介石沉思良久,认为不妥,说:"在缅作战,我实不便出任此职。"

史迪威又出一策:"本人深体钧旨,不得已而求其次,则希望韦维尔能调离印度,由前任缅甸英军军团长斯利姆将军继任其职,以指挥未来缅甸作战。本人对斯利姆将军颇多钦佩,深信必能与之合作。"

史迪威的这个想法太大胆了,也太冒险了。如果运用外交手段,通过罗斯福总统向丘吉尔首相施加影响,也许可能弄走韦维尔,但是动作太大,代价太大。蒋介石不想为此冒太大风险,他摇了摇头。

蒋介石与史迪威谈话时,夫人一直在旁。她精通韬略,思维敏捷,马上想到一个变通的办法,说:"如果委座担任统帅,由史将军以参谋长之名义代表委座入缅指挥,不知英方能否同意?"

史迪威回答:"未敢断言。恐怕英方不易同意。"

蒋夫人追问道:"如果委座任统帅,英国陆海空军能受委座指挥否?"

史迪威回答:"本人预测,英国陆军愿接受指挥,但海空军未必。"

蒋夫人:"委座任统帅,英国不予合作。但一旦作战失利,恐怕又会将责任推给我们。"

第一夫人就是第一夫人,一语中的。

史迪威:"确将如此。"

谈话至此,虽然一时还没有找到万全之策,但是蒋介石与史迪威,包括宋美龄,对韦维尔争权一事态度完全一致。

有蒋介石与史迪威的一致抵制,英国人休想染指中国驻印军。然而,关于中国驻印军的指挥权问题,在蒋介石与史迪威、中国将领与美国将领之间的争斗却一直没停止。

关于军队指挥权问题,蒋介石与史迪威已经进行了一轮又一轮的角力。1942年8月,在美国总统特使居里的斡旋下,蒋介石同意派遣史迪威到印度担任中国驻印军总指挥。史迪威汲取缅甸作战的教训,坚决要求把杜聿明调回国内。蒋介石做了让步,但将罗卓英留在印度,任中国驻印军副总指挥,对史迪威予以牵制。蒋介石明确规定,中国驻印军总指挥部只负责部队的训练事宜,对史迪威的权力加以限制。

不久,蒋介石又授意罗卓英,仿照缅甸作战时的机构设置,提出设立中国驻印军长官部,负责指挥作战的方案。1942年11月,蒋介石以此方案,试探史迪威的态度。史迪威识破了蒋介石的计谋,坚决反对。蒋介石许诺,将长官部置于总指挥部之下,并暗示如罗卓英不好好合作,可让其回国。史迪威仍然没有退让。蒋介石此时希望争取更多美援,无意激怒史迪威,只好作罢。

关于指挥权问题,除了最高层次的争斗外,在中国驻印军部队内,美军军官与中国军官之间的矛盾与斗争也十分激烈,越来越表面化。史迪威将军抱着"中国军官不如士兵优秀,越是高级军官素质越差"的成见,他从美国陆军部调来300名军官,准备全部替换驻印军营以上中国军官。

此举遭到中国政府和中国军队的强烈抵制。史迪威只好将这些美军军官改为联络官或者教官,派到各个部队。同时,他赋予美军军官很大的权力,中国军官对部队行使指挥权,必须得到同级美军联络官的许可。有时美军联络官竟越过中国军官,直接指挥部队。史迪威在其总指挥部设置参谋长职位,并仿照美军军制,赋予参谋长很大权力,参谋长可以直接指挥调动部队,以此削弱中国军官的权力。这也激起中国军官们的愤怒。此外,由于军事思想、管理模式、文化背景、生活习惯的差异,中美军官也存在着太多的隔膜,美国军官对中国军队存在的打骂士兵、克扣军饷、营私舞弊、贪污腐败等现象十分鄙视,中国军官对洋人的趾高气扬、颐指气使、人种歧视,也十分反感。中国官兵对这种寄人篱下、受制于人的处境深感苦闷。有人曾赋诗一首,描述了中国官兵当时的苦闷心情:

> 奉檄出神州，天涯作壮游；
> 关山欣聚首，风雨感同舟。
> 束手难为策，倚人岂善谋；
> 重温东汉史，无语对班侯。

在蓝姆迦兵营内，中国人与美国人之间的矛盾与冲突时常发生，并且不断升级，震动最大的一次是关于解除中国驻印军总指挥部副参谋长温鸣剑职务的事件。温鸣剑是中国政府任命的中国驻印军总指挥部副参谋长，负责部队后勤事务。有一次，他因请求国内派遣卫生兵的事情，没有通过参谋长鲍特纳和史迪威，直接给重庆军政部拍发电报，被鲍特纳和史迪威将军认为越权，史迪威将军立即下令撤销温鸣剑的职务，并将温鸣剑直接塞上飞机，遣送回国。此事立时在中国驻印军内激起轩然大波。

这一天，在驻印军总指挥部，罗卓英将军与史迪威将军激烈争吵。

罗卓英："温副参谋长向军政部请示调派医官的事，并无其他企图，不应受到惩罚。"

史迪威："罗卓英将军，勤务条令规定，必须逐级负责，你以为可以儿戏吗？越级指挥和越级报告，是中国军队内一个致命的问题，缅甸作战，我们这个亏吃得还少吗？还有，那位副参谋长不止调派医官一件事，我对他已经忍让好些日子了，他主意不小。他给四个姓温的人安排职务，却不和任何人打招呼，他安排他的多个旧属到这里担任参谋，也不打招呼。他以为蓝姆迦兵营是他家的后院，这里的卢比是可以随便领取的吗？他走得太远了，必须坚决制止他。"

罗卓英："即使他有错，温是中国政府任命的军官，你无权撤销他的职务，并且我也没有同意。"

史迪威："你又错了。在驻印军，我是总指挥，负全责，我可以撤换任何人。不止是温，对那些不执行命令、营私舞弊的军官，必须撤换，有多少撤换多少，一个也不能留。"

史迪威叫来鲍特纳："你把我们列出的撤换军官名单拿出来，给罗将军看一看。"

鲍特纳从抽屉里拿出一份名单放在桌子上,他以挑衅的语气对罗卓英说:"长官,须撤换的军官名单都在这里,共是100人。"

"史迪威将军,你太过分了。"罗卓英看也不看名单,生气地走了。

美国人随意处分中国军官,是很伤感情的。不仅罗卓英恼火,连孙立人、廖耀湘也感到难以容忍。在罗卓英的副总指挥部,几位中国将领聚在一起大发牢骚。

廖耀湘说:"温副参谋长是中国政府任命的将领,说撸就撸了。谁给他们这个权力?他们想干什么?"

孙立人也愤愤不平:"还要撤换那么多营连军官,他们怎么可以这样做呢?必须制止他们。"

罗卓英站了起来,怒气冲冲地说:"我真受够了。别人以为出国打仗是一件多么风光的事,我算领教了,自从4月份到缅甸,我就没有一天好日子。打败仗,遭国人唾骂,还要受洋人的气。到了印度也是一样。委座叫我在这里负责,可是我样样都得听美国人的,史迪威没有一天给我好脸色。"

廖耀湘:"我们下面当师长、团长的,更是受气。美国教官就是天皇老子,想干什么就干什么,他们动不动就把部队拉出去,连招呼也不打。"

孙立人:"哼,谁叫我们领洋人的枪,吃洋人的饷呢?谁叫我们国家积弱呢?我们要争气。"

罗卓英说:"窝囊哪!我心中这股窝囊气没有地方出哟。"

在中国驻印军,中美之间的矛盾,最终集中到罗卓英与史迪威的身上。罗卓英对史迪威的专权心怀不满,史迪威对罗卓英的指挥能力深表怀疑,特别是罗卓英时时表现出来的挑战他的权威的举动,令他十分恼火。例如罗卓英上一次提出的在驻印军成立长官部的想法,让史迪威感到了威胁。那件事虽然被史迪威压了下去,但是嫌隙留下了。后来又发生了一件不算太大的事件,终于引爆了他们之间的冲突。

那是一个关于如何给中国官兵发放薪饷的问题。史迪威将军认为,中国驻印军的军需是由美军负责的,应当由美军军需官按月请领,并直接把军饷发到每个士兵手里。罗卓英将军坚持认为,必须按照中国军队的惯例，由中国军官负责发饷。发放薪饷的方式看起来是一个程序性问题，实际上涉及对中国军队的基本评价和看法。史迪威将军认为中国军队普遍存在克扣军饷和吃空饷的弊端。这种情况在蓝姆迦绝不能重演，办法就是由美军军需官到每个连队按实际人数"点名发饷"。罗卓英则认为此事关系中国军队管理体例和军官体面，绝不能迁就美方。1942年10月20日，罗卓英就此事直接向参谋总长何应钦发电请示，电文如下：

总长何：

顷悉史迪威由德里电其驻蓝姆迦参谋长称，关于驻印华军经费，以后由美军供应处按月领存核发。如果我方果将经理实权授予外人，其事受缚，委实无法办理。且必影响国军在外尊严。故职已决定不向美方请领，以待钧座之复可。又此间三个月来，印币经费未领一盾，各项支出均形停顿。务恳钧部先垫汇印币50万盾，以应燃眉为祷。候示。职罗卓英

罗卓英拒绝由美方经理部队经费，并且不惜以"不向美方请领"经费相抗衡。罗卓英的反应过于强烈了。

史迪威将军立刻反击。他立刻致电重庆，罗列了罗卓英"十大无能"，其中有"对部队管理教育毫无办法，终日绕室彷徨"之语，要求将罗卓英调回国内。

在这场争斗中罗卓英失算了。中国政府不可能因为经费管理权和发放薪饷方式改变而拒绝美国援助，何应钦也不会无端地"垫汇印币50万盾"。

国民政府军事委员会决定将罗卓英从印度调回国内。罗卓英成了继杜聿明之后，第二个被史迪威从印度排挤回国的高级将领。

挑选罗卓英的继任者成了一个棘手的问题。曾经有人向蒋介石推荐邱清泉，蒋介石认为邱清泉性格过于暴躁，容易和洋人闹僵，后来经何应钦推荐，蒋介石最后确定派郑洞国到蓝姆迦。

为了避免因指挥权问题与史迪威将军再次发生冲突，军委会决定，将新22师、新38师合编为新编第1军，由郑洞国任军长。新1军隶属于驻印军总指挥部，由总指挥官史迪威统辖。

郑洞国中将

郑洞国（1903~1991），字桂庭，湖南石门人。1924年，考入黄埔军校第1期，同年10月，参加平定广州反动商团叛乱的战斗。11月，从黄埔军校提前毕业，任教导第1团第2营第4连党代表。1925年2月，参加东征。次年，任国民革命军第1军第3师第8团第1营营长。1926年因战功升任该团团长。1932年，任第17军第2师第4旅旅长。1933年初，日军进攻长城各口。郑洞国率部参加战斗，在南天门一线阵地，与日军殊死鏖战。1935年，郑洞国任第2师师长。1937年"七七事变"后，他先后率第2师参加了平汉路保定会战和徐州会战。1938年任第98军军长。上任不到一月，受好友杜聿明之邀请，降格出任新编第11军荣誉第1师师长。不久该军改番号为第5军，郑洞国升任副军长兼荣誉第1师师长。1939年冬，率部参加昆仑关战役，战功卓著。

新1军军长郑洞国（左）与军参谋长舒适存在蓝姆迦研究作战方案

1940年荣誉第1师扩编为新编第11军，旋改番号为第8军，郑洞国任军长。他率部参加枣宜会战，后负责指挥宜昌以西、宜都以北长江一线防务两年之久。郑洞国作战勇敢，战术灵活，深得战区司令陈诚赏识。郑洞国自东征以来，身经百战，屡建奇功，却从未挂过彩，更兼性格温和，稳妥持重，宽厚待人，擅长交际，素有"福将"之美名。

1943年2月的一天，郑洞国奉命从第8军防区急赴重庆。次日，蒋介石接见了他。

郑洞国到了晚年,在回忆录中记述了当年蒋介石接见他的情形——

在重庆军委会办公处,一位侍从官将郑洞国引至小客厅。郑洞国在沙发上坐下。

客厅的门轻轻打开,蒋介石着便装进入。郑洞国立即起立敬礼。

郑洞国:"报告校长,职郑洞国奉命前来晋见。"

蒋介石微笑着说:"坐下,坐下。"

二人坐下。

蒋介石:"郑军长,你是从前线直接回重庆的吧?"

郑洞国:"报告校长,我是从湖北前线奉命回来的。"

蒋介石简单询问了第8军防务情况。几分钟后侍者便引导他们来到餐厅用餐。席间,只有蒋和郑及侍从室几名官员。郑洞国奉召入渝,不知是何使命,心中颇为忐忑,又见委座亲自招待吃饭,席间并无其他将领陪同,因此更显得拘谨。

蒋介石看了出来,他笑着给郑洞国夹菜:"郑军长,吃菜,不要客气。战国时赵国大将廉颇一餐能食斗酒,肉十斤。郑军长惯于征战,也应该能够吃饭哦。"

寥寥数语便舒解了郑洞国紧张局促的心情。

饭后,郑洞国随蒋介石回到客厅,坐定后,蒋介石表情严肃了起来,谈话进入正题。

蒋介石:"郑军长,此次调你回来,是要你担任一项重要任务。"

郑洞国:"愿听校长调遣。"

蒋介石:"在印度我们有一支部队正在接受美国教官训练。我打算派你到印度,担任军长。你看怎么样?"

郑洞国:"这个……"

蒋介石:"怎么,有困难?"

郑洞国:"学生绝对服从校长命令。不过自忖才疏学浅,没有同洋人打交道的经验,恐有负校长期待。"

蒋介石:"去印度是会有困难,同外国人打交道也不容易。罗卓英在印度与史迪威将军合不来,要换人。我反复考虑,你去比较合适。你身为军人,在国家困难时刻,要以大局为重,挺身而出,担当重任。"

郑洞国（前中）与中美军官在蓝姆迦合影，后排右二为廖耀湘，右四为新1军参谋长舒适存，右五为新22师副师长李涛

郑洞国："报告校长，我愿意去印度。今后遵循校长训导，以黄埔精神为宗旨，克服一切困难，努力完成任务。"

蒋介石："很好，这就对了。时间紧迫，你不要回第8军了，明天就去军政部见何应钦部长，具体领受任务，尽早赴印履新。"

1943年3月，郑洞国飞赴蓝姆迦。到任后，郑洞国从抗战大局出发，团结部属，维系士气，安抚军心；同时注意维护国家尊严，对于美军某些错误做法和失礼行为，进行抵制和劝阻，积极协调中美官兵的关系，增进相互理解和友谊。郑洞国为人持重，堂堂正正，不仅得到中国官兵尊重，也逐渐赢得了史迪威将军的信任和支持。

蓝姆迦兵营里出现了一些新的气象，中美官兵相处比前融洽，各项训练更加蓬勃地开展起来。继从国内陆续补充大批新兵后，1943年下半年，第54军之第30师部队奉命从国内空运到印度，加入新1军序列，使中国驻印X部队的兵力进一步得到加强。

至1943年8月，中国驻印军编制序列内辖有新1军3个师（新22师、新38师、第30师），每个师辖3个步兵团，配备有汽车300余辆、骡马千余匹、各种火炮300余门、重机枪108挺、轻机枪36挺、冲锋枪400余支、火焰喷射器85具、火箭发射筒108具。

此外，驻印军总指挥部还辖有门类齐全、装备精良的直属部队，包括2个汽车团、2个工兵团、2个野炮团、1个重迫击炮团、1个独立步兵团、2个战车营，以及相当于1个团的美军陆军特种作战部队。

中国驻印军全军共有约5万名官兵，经过一年多的训练，中国驻印军 X 部队已经羽翼丰满，整装待发。

这是一支全新的雄师劲旅，是一柄无比锋利的利剑。

组建 Y 部队，滇西成为对日作战前线

在蓝姆迦装备和训练中国驻印军 X 部队，这只是中英美盟军关于反攻缅甸作战庞大计划中的一个部分，是一个示范性试验。

1942 年 7 月，在美国总统特使居里的斡旋下，蒋介石原则上接受了史迪威将军提出的中、英、美盟军三路反攻缅甸作战方案。按照这个方案，在未来反攻缅甸的作战中，中国军队将从印度和滇西两个方向，分别投入 X 部队和 Y 部队参加作战。中国政府在授权史迪威在印度训练中国驻印军 X 部队的同时，在云南，组建和训练 Y 部队的各项工作也在次第展开。

由于缅甸作战失利，滇西已成中国战场对日作战前线，又值我军新败之余，中国政府采取了一系列措施整顿部队，稳定防线。1942 年七八月间，滇西我军认真总结第一次缅甸作战失败的教训，惩处失职将领，严厉整顿部队。经蒋介石批准，吃了败仗的第 66 军及其新 28 师、新 29 师的主要将领，受到严厉整肃。第 66 军军长张轸、新 28 师师长刘伯龙、新 29 师师长马维骥被革职查办，第 66 军及新 29 师番号被撤销，保留新 28 师番号，并入第 71 军建制。战败的第 6 军也受到严厉处分，军长甘丽初被免职，暂 55 师师长陈勉吾交军事法庭审判，暂 55 师番号被撤销，将第 6 军撤回云南的 6000 多人编入第 93 师，调到车里、佛海整训。保留第 49 师基干，归入昆明防守司令部整补。

国民政府军事委员会采取果断措施，调整部署，加强了驻云南部队的实力。从印度回国的杜聿明被任命为第 5 集团军总司令，负责指挥昆明防守。驻守滇西怒江防线的宋希濂第 11 集团军兵力得到加强。第一次缅甸作战前，第 11 集团军辖第 71 军、第 66 军，后第 66 军划归远征军入缅作战，第 11 集团军仅辖第 71 军一个军。此次将从缅甸撤回、经整顿补充后的第 6 军拨归第 11 集团军，又将第 54 军从昆明开至滇西，归入第

11集团军建制。这样使第11集团军辖有第71军、第6军、第54军共3个军,另附独立第36师,怒江防线兵力大为增强。集团军总部也从昆明前移至大理。

采取以上措施,使我军巩固了怒江防线,形成了与日军隔江对峙的局面,稳定了中国战场的战略后方。

在此基础上,组建和训练Y部队的各项工作相继提上日程。1942年12月,史迪威通过宋子文,向中国国民政府军事委员会提交了关于在云南组训中国军队的备忘录,提出仿照蓝姆迦基地的方式,利用美援物资,由美国提供教官,装备和训练第一批中国军队30个师,并提议从这30个师中选定15个师组成中国远征军Y部队。

宋子文认为史迪威得到美国国防部部长史汀生和陆军参谋总长马歇尔的支持,中国政府应该选择与史迪威将军合作,以争取更多的美援。为此,宋子文专程从美国回到重庆,说服蒋介石,接受史迪威的方案。

根据蒋介石的旨意,史迪威将军和何应钦、陈诚、宋子文一起,对方案做了进一步修改,最终形成了一个关于组建训练新部队的综合报告,报告内容包括:指定第一批训练30个师的部队名单,确定部队主官人选;迅速向云南集结部队;增加驼峰航线运输量,保证物资供应;制订和提交装备供应计划;安排经费等。报告特别强调,这是我们装备和训练中国军队,以促使中国强大和安全的重要保证。第一批30个师训练完毕,成为有力的野战军后,第二批30个师的训练也将启动。这两批部队组训完毕,配齐装备武器后,中国就不怕日军攻击了。

这个雄心勃勃的计划得到蒋介石的首肯,并于1943年1月,得到美国陆军参谋总长马歇尔的批准。

1943年2月1日,中国国民政府军事委员会决定组建中国远征军,并任命陈诚为中国远征军总司令,萧毅肃任参谋长。长官部设在云南楚雄。3月28日,陈诚正式就职。史迪威将军派出他的副参谋长多恩准将率领相关参谋人员到昆明设立办事机构,代表史迪威将军本人处理Y部队组建和训练有关事项,并下令向云南调集美军教官。

中国远征军 Y 部队的组建和训练工作于是全面展开。

3 月下旬，蒋介石核准了军政部呈报的云南练兵计划，确定第一批参加训练的部队有第 2 军、第 5 军、第 6 军、第 8 军、第 13 军、第 18 军、第 53 军、第 54 军、第 71 军、第 73 军、第 74 军、第 94 军，共有 12 个军。并且规定了以上部队向云南集结时间。

按照训练要求每个步兵师应有兵员 10500 人，而当时国军步兵师的兵员平均仅有约 8000 人。为此，国民政府广泛动员民众参加军队，补充兵员。考虑到部队即将装备美式武器，

中国远征军装备的美式枪械

技术要求高，政府特别注重动员大中学校学生参军参战。广大知识青年热烈响应国家号召，踊跃报名应征。很快，在抗日大后方迅速掀起知识青年从军热潮。"十万青年十万兵"，在 2 个多月时间内，全国就有 10 余万知识青年参加到部队行列。

为了保证新组训部队的装备供应，中美双方共同努力，加大驼峰航线的运输量，大批美制新式武器源源运抵云南。在很短的时间内，就有近 7000 吨美制军火物资装备部队，使新组训部队装备水平和火力强度提高到前所未有的水平。每个军成立 1 个榴弹炮营，配备 10.5 厘米榴弹炮 12 门。每个师成立 1 个山炮营，配备 7.5 厘米山炮 12 门。每个步兵团成立 1 个战防炮连，配备战防炮 4 门。每个步兵营成立 1 个迫击炮排，配备"八一"式迫击炮 2 门。每个步兵营成立 1 个火箭排，配备"伯房克"式火箭筒 2 具。每个步兵营的重机枪连配备重机枪 6 挺。每个步兵连配备轻机枪 9 挺、汤姆式手提机枪 18 支、"六〇"式迫击炮 6 门及火焰喷射器 1 具。此外，每个军部和师部都配备有设施完备的野战医院一所，自军至师至团至营均配备有完备的通信设备，包括有线电话和无线电报两用机。此外，各部队还拥有先进的工兵器

材和运输工具。

新组训部队的训练方式有两种：技术骨干和军官的训练主要在训练中心进行，普通士兵的基础训练主要在各部队进行。在昆明分别设有步兵、炮兵、通信兵、交通兵、卫生兵和战术训练中心。每期授课时间为6周。

中国远征军战士进行机枪掩护下匍匐前进战术训练

美军在昆明设立的训练中心，负责管理美军教官，指导日常训练工作。阿姆斯上校负责制订训练计划，包瑞德上校负责行政工作，由多恩准将负总责。

为了加强对军官的训练，1943年4月，军委会设立驻滇干部训练团，专门负责训练各级各类军官。由蒋介石兼任团长，龙云代理团长，陈诚为副团长，杜聿明、宋希濂、关麟征、梁华盛轮流担任教育长，潘佑强任副教育长，陈明仁、李道恭、赵家骧、罗又伦分任步兵、炮兵、参谋、战车班主任。还设有工兵、通信、军医、后勤、外语、情报等训练班。据统计，1943年至1944年，共有1万多名各级各类军官在此接受训练。

Y 部队在操练

此外，在蓝姆迦还设有高级军官训练中心，主要是训练新组训部队的军、师级军官。他们被分批空运至印，接受为期 6 周的严格训练。

至 1943 年 8 月，隶属于中国远征军 Y 部队的 6 个军基本组训完毕，并且通过了军政部组织的考核验收。

中国远征军（Y 部队）编制序列如下：

中国远征军（Y 部队） 总司令长官陈诚、副总司令长官黄琪翔

第 11 集团军（总司令宋希濂、副总司令黄杰）

第 2 军（军长王凌云）

第 9 师（师长张金廷）

新 33 师（师长杨宝毂）

第 76 师（师长夏德贵）

第 6 军（军长黄杰兼〈前〉、史宏烈〈后〉）

第 39 师（师长洪行）

预备第 2 师（师长顾葆裕）

第71军（军长钟彬）
新28师（师长刘又军）
第87师（师长张绍勋）
第88师（师长胡家骥）
集团军直属部队
第36师（师长李志鹏）
第200师（师长高吉人）

第20集团军（总司令霍揆彰，副总司令方天）

第53军（军长周福成）
第116师（师长赵镇藩）
第130师（师长张玉廷）
第54军（军长阙汉骞）
第14师（师长龙天武）
第50师（师长潘裕昆）
第196师（师长叶佩高）

中国远征军（Y部队）长官部直属部队

第8军（军长何绍周）
荣誉第1师（师长汪波）
第82师（师长王伯勋）

美军第14航空队司令官陈纳德将军

第103师（师长熊绶春）

第93师（师长吕国铨）
炮兵指挥部（司令邵百昌）
下辖7个炮兵团
滇缅康特别游击区总指挥部（司令郑波）

美国空军第14航空队（司令官陈纳德）

2 个中型轰炸机中队

3 个战斗机中队

注：陈诚 1943 年 2 月至 1943 年冬任总司令长官，后因改任他职由卫立煌继任。

第 54 军之第 14 师、第 50 师于 1944 年初空运印度，编入中国驻印军，之后，第 54 军改辖第 36 师、第 198 师。

第十六章　印缅边境的战斗

以 1942 年 5 月攻占缅甸为标志，在亚洲和太平洋战场，日军的攻势达到了巅峰。

但是，亚洲大陆宽阔无垠，太平洋深不见底，战争的车轮并没有按照日本人的意愿继续前行，日军不可能长久地保持着战争的巅峰状态。就在占领缅甸不久，1942 年 6 月 3 日至 7 日，在中途岛海战中，日军遭到惨败，日本联合舰队主力受到重创，日本侵略者的战争引擎动力下降，开始从巅峰状态走下坡路。在亚洲太平洋战场，日军的攻势开始被遏制。

欧洲战场的战略转折点出现在 1942 年底至 1943 年初那个极其寒冷的冬天。在那段天寒地冻的日子里，德军第 6 集团军在斯大林格勒城下，把一场凶猛的攻势作战，演成了坚城下的对峙，进而陷入苏联红军的重围，最终于 1943 年 2 月 2 日，向苏军投降。这一仗，德军 25 万官兵中，除 3 万多人被德军飞机接走外，9 万多人被俘，12 万余人战死。第 6 集团军总司令保卢斯元帅成了向苏军投降的第一个纳粹元帅。

自此以后，第二次世界大战的局势不断朝着有利于同盟国的方向发展。

1943 年 4 月 6 日，英国第 8 集团军在突尼斯南部与美军第 2 军建立联系，将德国非洲集团军群予以合围。

同年 4 月，侵华日军出动 8 个师团约 10 万兵力，附 100 架飞机，发动"鄂西会战"，企图攻占我长江防线的石牌要塞，威逼重庆。我第 6 战区第 29 集团军、第 10 集团军部队顽强抵抗，粉碎了日军的疯狂进攻，保住了石牌要塞。

同年 4 月，美军太平洋舰队战斗机在南太平洋日军肖特兰基地上空组织拦击，击落日本海军联合舰队司令山本五十六的座机。山本五十六毙命。

同年 5 月 13 日，德国非洲集团军群被歼。13 万德国官兵和 12 万意大利官兵被俘。

同年 6 月 30 日，太平洋战场美军在伦多瓦岛和新乔治亚岛登陆。

同年 7 月 10 日，盟军发起"爱斯基摩人"行动，蒙哥马利率领的英军第 8 集团军和巴顿率领的美军第 7 集团军在西西里岛登陆，向岛上的意大利第 6 集团军和德国 2 个装甲师发起攻势。

同年 11 月 5 日，在太平洋战场，美国派出航空母舰袭击日本海军重要基地拉包尔，美军 97 架飞机参战，击沉日军 4 艘重型巡洋舰。

……

反攻缅甸，"茶碟"计划和"长炮"计划相互打架

就在同盟国军队于各个战场相继向法西斯军队展开战略反攻的有利态势下，制订反攻缅甸的作战计划也被提上了日程。中、英、美三国领导人和军队的领导机关就此不断地讨论协商，讨价还价，争吵摊牌，唇枪舌剑，硝烟弥漫。反攻缅甸的战斗，首先在盟军的谈判桌上打响，其漫长与艰难，并不亚于一场战争。

在第二次世界大战整体格局中，缅甸战场只是一个局部战场，投入的兵力也不算特别庞大。但是，它的复杂性在于涉及中、英、美三个主要盟国不同的战略利益。缅甸战场是一面三棱镜，中、英、美三个国家的决策者们从不同的角度出发，都想找到一条属于自己的彩虹，都想以最小的代价，得到最大的战略利益。

中国政府从重新打通中国战场与盟军的国际交通线，保证盟国援华物资运入中国，以及消除日军对战略后方威胁的角度出发，对反攻缅甸作战持积极的态度。同时，因为第一次缅甸作战的教训，也担心被英国利用，再次为他人火中取栗。因此，中国的基本态度是赞成进行反攻作战，但是英美必须投入相当兵力，特别是派遣海军和空军参战。

美国政府重视中国战场的作用。他们始终认为，支撑住中国战场对美国有重大战略价值，中国战场有广阔的战略空间，支持中国政府抗日，

可以拖住大量日军,有利于减轻美军在太平洋战场的压力。因此美国积极赞成展开反攻缅甸的作战,打通对华运输线,增强中国军队对日作战能力。但是,美国坚持其"欧洲第一、亚洲第二"的全球战略,在未来反攻缅甸作战中,美国的策略是帮助训练中国军队和提供军火物资,避免投入大量地面作战部队。

英国政府始终以一种复杂的心理看待反攻缅甸作战。英国痛恨日本,日军在亚洲和太平洋战场给英军造成极其重大的损失,夺占了英国在亚洲除印度以外的所有殖民地,使大英帝国损兵折将,版图缩小,颜面丢尽。日军占领缅甸,又直接威胁到印度的安全,英国人发誓要把日军赶出缅甸。但是他们担心中国军队重新进入缅甸,会影响英国在缅甸的殖民利益。英国认为收复缅甸最好的办法是盟军从太平洋发起反攻,从海上打败日本,然后英国人可以不战而胜,体面堂皇地返回缅甸,重新将缅甸纳入英国殖民统治的怀抱。所以,英国政府对反攻缅甸作战持消极观望的态度,不断地泼冷水、设障碍,同时由于美国的坚持,英国人不便坚决反对,而是尽量敷衍。

大国之间不同的战略利益,不协调的作战行动,曾经是导致第一次缅甸作战失败的重要原因。现在这个矛盾和分歧依然存在,再次成为盟军反攻缅甸作战谈判桌上的一道严重障碍。

关于反攻缅甸作战方案,最初于1942年5月,史迪威从缅甸退往印度时,在吱吱扭扭的牛车上拟就了腹稿。同年7月,史迪威向蒋介石提交了三路反攻缅甸的作战方案。在美国特使居里的斡旋下,蒋介石原则上接受了史迪威的三路反攻计划。

同年10月,史迪威飞赴德里,与驻印英军总司令韦维尔商议三路反攻缅甸作战计划。韦维尔借口英军缺乏登陆艇,无法在孟加拉湾实施两栖作战,只同意派陆军从印度英法尔向缅中和缅北反击。

史迪威急忙飞回重庆,把韦维尔的意见转达蒋总司令,总司令满脸怒气,断然说:"绝不能再上英国人的当。反攻缅甸根本目的是收复仰光,如果英国海军不出动,中国绝不派一兵一卒。"

蒋介石和韦维尔二人,隔着孟加拉湾,彼此僵持不下。史迪威纵有如簧之舌,也劝不动他们。

1943年1月，罗斯福与丘吉尔在摩洛哥的卡萨布兰卡开会，讨论了缅甸作战，罗斯福答应向英国提供大型登陆艇，丘吉尔只好同意在缅甸实施两栖作战。这次会议通过了收复全缅甸的"安纳吉姆"计划，要点是：

一、陆军以占领曼德勒为目标，从三个方向出击：1. 中国远征军11个师从云南出动，向腊戍前进；2. 中国驻印军2个师从列多出动向缅北攻击；3. 英印军3个师从卡儿瓦出击，向英法尔进攻。

二、英军出动海军封锁塔马湾，陆军攻占仰光。

三、作战时间预计为1943年11月至1944年5月。

同年2月，何应钦、宋子文、史迪威、韦维尔，加上美国空军司令阿诺德、英国陆军元帅迪尔等，在印度加尔各答召开军事会议，讨论实施"安纳吉姆"计划具体步骤，并做出了相应决定。可是不久，因英军第15军团在缅甸南部若开附近地区遭到日军打击，损失巨大，"安纳吉姆"计划还没有开始实施，便告搁浅。

缅甸上空，雷鸣电闪，风云际会，群龙聚首，好像要下雨，而转眼间便又烟消云散。

到了5月，罗斯福与丘吉尔在华盛顿举行"三叉戟"会议，重新讨论缅甸作战。史迪威和马歇尔等美国将军坚持实施"安纳吉姆"计划，而韦维尔等英国将领却提出了一个"绕过缅甸，进攻苏门答腊，收复新加坡、马来西亚，从海上打击日本"的"长炮"计划。经过三天的激烈争论，最后折中成一个代号为"茶碟"的计划，即中国军队在缅北实施一项旨在打通中印公路的局部作战，英军在孟加拉湾的若开港助攻。

盟国"三叉戟"会议研究缅甸作战，要求中国出兵，但是并未邀请中国领导人参加作战会议。会议相持不下，开到下半截的时候，宋子文才以中国驻美大使的身份被邀请出席。结果，他给蒋介石捧回一个滑溜溜的、烫手的"茶碟"。"茶碟"计划行动，跟蒋介石期盼的收复仰光、重开滇缅路根本不沾边，而且叫中国军队打头阵、出大力，英国人只敲敲边鼓。哪有这么便宜的事？蒋介石把"茶碟"撂在一边，看也不看它。

1943年8月，美、英首脑于加拿大的魁北克举行代号"四分仪"的

高级会晤,丘吉尔首相再次把他们的"长炮"推出来,丘吉尔说:"进攻苏门答腊应该成为1944年进行的一次巨大战略性袭击,'长炮'计划将成为印度洋上的'火炬'行动。"英国首相讨厌缅甸丛林,甚至对原先拟订的反攻缅甸的"茶碟"计划也不断挖苦,说:"这个办法将浪费整个一年时间,除了获得次要的若开港,以及将来有权在缅甸的沼泽和丛林中疲于奔命外,将毫无所得。而且,我对收复若开港问题,也很怀疑。"

"四分仪"会议没有对缅甸作战形成最后决议。唯一的一项成果是决定成立东南亚盟军司令部,负责筹划包括缅甸、印度、泰国、新加坡、马来西亚在内的大片战场作战行动。43岁的英国将军蒙巴顿任总司令官,史迪威任副总司令官。

蒙巴顿就任新职后,飞赴重庆,在嘉陵江南岸的黄山官邸,与蒋介石、何应钦、史迪威举行会议,讨论收复缅甸方案。各方都认为缅北作战,须在南缅及孟加拉湾有绝对制空、制海力量配合。蒙巴顿也表示英军大批海军不久可到。但什么时候到,到多少,还得等丘吉尔首相定夺。

列多丛林里,藏龙卧虎,隐伏着数万精兵

关于反攻缅甸的作战方案,成了盟军谈判桌上的马拉松,什么时候能谈出一个结果还很难说,甚至也有可能最终谈不出一个各方都能接受的方案。但是,对中国驻印军官兵来说,反攻缅甸,本来就不是一件要在谈判桌上解决的外交事件,要谈就跟日本人谈,办法就是用大炮说话。

他们要回国!

他们要报仇!

经过近半年的努力,到1943年初,中国驻印军X部队中的新22师和新38师部队已经基本完成兵员补充、配发新式装备和战术训练任务。在蓝姆迦基地,美军教官对他们的战斗力进行了检测验收,评价良好。到了利剑出鞘的时候了。从1943年春天起,中国驻印军官兵开始分批乘火车离开蓝姆迦来到印度东部边境列多,安营扎寨,集结待命。不久,美军工兵团和航空工程营也相继到达。

列多四周的丛林里，藏龙卧虎，隐蔽着一片片帐篷城。装备一新的中国驻印军数万精兵，屏声敛气，偃旗息鼓，像扑食之前的猛虎，竖起耳朵，瞪大眼睛，收紧腰身，随时准备出击。

为了迎接即将到来的反攻作战，中国驻印军必须首先清除印缅边境地区的日军据点，开始修筑从印度通向缅北的公路，为尔后主力部队投入反攻作战创造条件。新38师师长孙立人被中国驻印军总指挥部任命为前敌指挥官，率领该师步兵第114团，以及中国工兵第10团、第12团和美国工兵部队组成先遣队，率先开始行动。他们的任务是肃清印缅边境隘口地区敌军，而后，工兵团在步兵团的掩护下开始修筑公路。

没有任何力量能够遏止一支正义之师的前进步伐；没有什么风雨能够熄灭一团熊熊燃烧的复仇之火。

新38师之第114团奉命首先誓师出动。列多北侧，卡图附近，新38师第114团营房，一夜之间全部拔除。在迷蒙的晨雾中，部队越过印缅边界，向野人山进发。密密的丛林里响起了豪壮的歌声：

> 枪，在我们肩上，
> 血，在我们胸膛。
> 杀回缅甸去，
> 报我民族大仇。

这重新填写的战歌，它糅进了怒火，浸透着仇恨，更加慷慨激昂，催人奋进。中国官兵高唱战歌，驱动双腿，返身杀回野人山。

久违了，野人山！

冷漠的丛林好像把过去的事情淡忘了。一年前，中国官兵们用生命和血在林中开辟的道路，已无可辨认。他们伐倒的大树，长出了新枝；他们踩过的小道，被草丛掩没；他们住过的芭蕉棚，也已坍塌在败叶之下。

唯一暴露在丛林中的是一堆堆白骨。

几乎每堆白骨旁边都有枪支。枪支已经锈迹斑斑，但是，枪托上用油漆写就的枪支号码和部队编号，还历历在目。

这都是中国远征军官兵的遗物。

一块大石板上，并排躺着几具尸骨，旁边架着几支枪，好像这几位弟兄还在酣睡之中。

一棵大树旁,一具尸骨靠着树干,那么斜依着,腰间还箍着一只挂手枪的宽皮带,好像这位军官想在这里歇一会儿再走。

一丛灌木旁,平躺一副尸骨,头朝西方,背对苍天,两只胳膊使劲往前伸,仍保持着烈士咽气之前,向前爬行的不屈身姿。

中国驻印军部队在缅北丛林中前进

偶尔,一棵大树上,挂着一只降落伞,伞内裹着一兜白骨,那是遇难的盟军飞行员的遗骸。

……

在白骨近旁,或者盛开着艳丽的野花,那是献给烈士的祭品;或者生长出一丛新竹,那是护卫着遗骸的士兵。

野人山毁灭一切,但是,毁灭不了中国官兵的累累白骨。

返身杀回野人山的中国官兵们,目睹这森森白骨,回想起1942年那场惨败,人人心中燃起一团怒火。

官兵们招忠魂、收白骨,掩埋烈士遗骸,丛林里留下一座座新坟。

坟包是含冤者的最后脚印,白骨是复仇者前进的路标。古往今来,有过如此悲壮的进军么?没有,绝没有!

哀军必胜!

归师莫遏!

日军策划新的战略进攻,缅甸在战栗

自从1942年夏天占领缅甸后,日军开始对缅甸实行残酷的军事殖民统治，建立丑恶的傀儡政府，残暴地奴役人民，凶狂地掠夺当地资源。巴莫博士的傀儡政府在日军的淫威下，瑟瑟颤抖，缅甸国民军的士兵为虎作伥，被绑上日本的战车，缅甸这只温驯美丽的孔雀，便成了咄咄逼人的鹰隼。

在对缅甸任意蹂躏、掳掠的同时，日军加紧军事部署，一步步把这里变成向印度和中国用武的前进堡垒。

因为缅甸如此轻易到手，日本大本营认为，既然滇缅路已经被封锁，盟国向中国输血打气的通道被切断，那么进而推倒中国巨人便为期不远了；既然缅甸是熟透了的葡萄，那么英属印度肯定就是该摘的西瓜，可以下手了。当中国被制伏，印度也拿到手，整个亚洲都将飘扬着日本的太阳旗，日本列岛就将成为亚洲的中心。

这是一幅多么诱人的图景啊！

缅甸这时成了日军大本营梦想掌控战争进程的枢纽。加强日本在缅甸的军事力量，把缅甸建成日军在西南战场的一个战略支撑点和出击的前进阵地，成了一个紧迫的课题，在大本营和南方军之间反复协商。他们一致认为，"缅甸位于西南方战场第一线，是切断中英美大陆战线的西陲要冲。缅甸的发展趋势，对整个战争全局有莫大影响"。日本大本营陆军省在《昭和十八年（1943年）帝国陆军西南方面作战指导方针》中明确规定，将作战及防卫作战重点置于缅甸及重要资源地。缅甸方面需要确保的要地为怒江以西、密支那、甘马因、加里瓦、甘高、若开等一线地区。

缅甸战略地位的提升，让大本营和南方军司令官感到，要以缅甸为基地，从侧后打击中国巨人，要从缅甸伸手，去摘印度这个西瓜，第15军4个师团力量显然不足，军的机构也承担不了广大战略区域的指挥重任。于

日军缅甸方面军总司令河边正三（右）

是，1943年2月，南方军司令官寺内寿一大将向大本营建议，组建缅甸方面军，提高指挥层次，增强指挥威力，迅速向缅甸增派部队，近期先增派2个师团以及炮兵、工兵等。

1943年3月，日本大本营决定，组建缅甸方面军，由河边正三中将任方面军司令官，下辖第15、第28两个军。第15军军司令官由原第18师团师团长牟田口担任，第28军军司令官由原第33师团师团长樱井省三担任。

日军大本营挑选河边正三、牟田口和樱井省三担任缅甸指挥官，真可谓用心良苦，意味深长。

他们三人是日本天皇帐下的鹰犬将军、侵略成性的急先锋。1937年7月7日，震惊世界的卢沟桥事变，就是他们三人联手策划的。当时，河边正三是驻北平的日军旅团长，牟田口是驻扎在丰台的联队长。而披着军事顾问外衣的樱井省三，则是日军安插在华北政务委员会内的大特务。制造所谓"日本兵在宛平城下失踪"的谎言，而后扩大事态，向宛平城和卢沟桥大举进攻，都是他们共同导演的。

现在，日本大本营又把这三只鹰犬放了出来，准备以缅甸为基地发动新的战略进攻，再次让全世界目瞪口呆。

按照日本南方军和缅甸方面军的战略构想，驻缅日军应以积极态势做好进攻印度的准备。未来进攻印度的作战将从三个方向进行：第一路从缅甸中部地区出击，越过钦敦江，消灭印度英法尔地区英军；第二路从缅甸北部出击，越过野人山，进攻印度阿萨姆邦，消灭中国驻印军；第三路从缅甸南部若开地区出击，占领印度吉大港。日军的作战目标是消灭驻印英军和中国驻印军，占领印度，最终实现在中东地区与德意军队会合。

为此，日本缅甸方面军进行了具体部署，牟田口指挥之第15军是未来对印度作战的主力，主要部署在缅甸中部、北部和中国滇西。其中，第33师团部署在缅甸中部地区，担任英法尔方向作战任务；第18师团部署在缅北，主要担任对中国驻印军作战任务，同时对高黎贡山方向中国军队实施警戒；第56师团部署在中国滇西地区，继续扫荡怒江沿线中国军队。

作为缅甸方面军未来对印度作战的主将，牟田口中将已经按捺不住，跃跃欲试。这位用大和魂浸泡出来、专干冒险勾当的野心家，有着一副结实粗短的体魄和凶狠残忍的性格，他随身携带一只方盒子似的皮囊，从腰间一直吊到小腿上，走起路来"哐哐当当"直响，里面装的全是攻略图。他腰间挂着这只皮囊，从北平城下踏向华北、华东、华南，后来又领着他的第18师团南下太平洋，攻下新加坡，最后来到缅甸。就任第15军军长并接到准备进攻印度的命令后，他在日记中写道：

日军第15军司令官牟田口

> 我挑起了卢沟桥事件，后来事件进一步扩大，导致卢沟桥事变，终于发展成这次大东亚战争。假如今后依靠自己的力量进攻印度，能给大东亚战争起到决定性影响的话，制造了这场大战最初原因的我，对国家就有个交代。这作为男儿的生平愿望当然是求之不得的事。

日本驻缅甸方面军的将领们是一群侵略成性的野心家，是一帮嗜血成癖的战争狂人，日本大本营把他们派到缅甸，委以重任，印缅、滇西战场是会有一场恶战的。

与一年前相比，今天的缅北丛林也更加险恶、恐怖。

在缅甸战场，缅北有特殊重要的地位，日军将这里作为未来向印度和滇西两个方向用武的重要战场苦心经营。他们占领有利地形，构筑据点，囤积兵力，并在主要河道设立渡口，在林中开辟简易道路，建立秘密交通网，便利部队机动和物资补给，逐步形成了以密支那为中心区，向孟拱河谷和胡康河谷延展的梯次防御体系。昔日人迹罕至、交通闭塞、满目荒凉的缅北丛林，成了日军重兵把守、据点密布、暗道相连的可怕战场。

盘踞缅北的日军第18师团，是中国军队的老对手。它的前身是臭名

远扬的米久留师团,1932年"一·二八"淞沪之役,他们在上海一带烧杀掳掠,血债累累。1937年七七事变后,他们再次侵华。11月5日,在杭州湾登陆后,参加南京大屠杀。1938年10月,继续南下,在广东大鹏湾登陆,攻占广州。1939年又在广西钦州湾登陆,越十万大山,陷我南宁。1940年,调往菲律宾群岛,接受丛林作战特别训练,参加进攻越南、马来西亚、泰国作战。1942年2月,与日本第5师团横扫新加坡,俘虏岛上85000名英军,开创第二次世界大战期间盟军一次被俘人数的最高纪录,英伦三岛为之震颤。在1942年缅甸作战中,第18师团进入最晚,但打得最远,沿着缅甸中央铁路,从缅甸南部,一直打到缅北,就是他们将我第5军残部最后逼入缅北野人山。第18师团简直是森林中的老虎,角斗场上的大力士,没人能捋其须。

1943年初,田中新一中将继牟田口之后,接任第18师团师团长。田中新一亦非等闲之辈。此前,他任日本大本营作战部部长,是一位老谋深算的战术家。接任师团长后,他分析缅甸战场态势,权衡师团对印度和云南两面警备的任务,认为未来的威胁主要来自印度方向,因此应加大对印度方向,特别是野人山地区的戒备。他坐上飞机在野人山的上空飞来飞去,选择有战术价值的山口、河谷、隘路,构筑坚固工事,布下重兵,使之要塞化。他把攻防作战的前沿阵地,推进至印缅边境新平洋附近的险峻山口。田中新一考虑到师团两面作战的严峻形势,制定了在前进中消灭敌军的主动作战策略,要点是:

一、对云南方面敌军的进攻,应力求将战场置于密支那东方地区歼灭敌军。

二、对胡康河谷方面敌军的进攻,应求将战场置于遥远的印缅国境狭隘的路口附近以急袭一举歼灭。

三、敌军若由上述两方面同时来攻,究应向哪一方面寻求决战,虽需取决于当时的情况,但应尽可能以一部压制云南方面之敌,以师团主力攻击胡康方面之敌,力求达到各个击破。

第18师团是一个老对手,田中新一是一条老狐狸。他们先入为主,占据有利地形,经营工事,预备战场,囤积弹粮。

如今，X部队主动出击，第18师团以逸待劳。游龙遇上坐地虎，孰高孰低，孰胜孰败，尚在未定之数。

闯过"鬼门关"，密集的炮火把守关日军打蒙了

根据"安纳吉姆"计划的精神，经过中方与英、美联合参谋部反复磋商，中国驻印军总指挥部制订了"中国驻印军反攻缅北"作战计划，主要部署是：

第一，方针

军以协同友军歼灭敌人为目的，先向缅北进攻，夺取孟拱、密支那要点，然后经八莫向曼德勒前进，将敌压迫于曼德勒附近地区，包围而歼灭之。

第二，指导要领

一、军于攻势前集中于列多附近地区，俟列（列多）、新（新平洋）公路完成后，即向新平洋附近跃进。

二、军集中时，派有力部队占领新平洋以北各山路口，掩护集中及筑路跃进。

三、军集中后，分遣有力一部至葡萄附近，扫荡该地区以南，及孙布拉蚌附近之敌，并与滇西兵团联络。

四、军应先发动攻势，将敌兵力吸引于缅北方面，使友军在缅南登陆容易。

五、军攻势作战分期实施，第一目标为孟拱、密支那之线，第二目标为卡萨、八莫之线，第三目标为曼德勒。

六、请美空军对缅北敌各要点尽量予以轰炸摧毁，并支援本军地面作战。

第三，兵力部署

一、左侧支队，兵力约步兵两个团，及山炮一营，由列多空运至葡萄，扫荡该地区以南，及孙布拉蚌后，即向密支那前进。

二、右纵队，以步兵一团，山炮一营为基干，由大洛经康隆，向孟拱西侧地区前进，并派遣一部掩护右侧之安全。

三、左纵队（军主力二个师）沿公路，由新平洋向孟拱前进。

四、军直属部队随左纵队前进。

按照上述计划中"军集中时，派有力部队占领新平洋以北各山路口，掩护集中及筑路"的作战部署，担任先遣任务的新38师之第114团，1943年3月上旬隐蔽地进入新平洋以北的边境地区。

在英军绘制的地图上，将此地标注为HellGate，意为"鬼门关"。

一座恐怖山隘。

隘口两边，大山耸峙，重重叠叠，连云接天。隘口内，断壁嵯峨，林木丛生，荆棘遍地。即使在旱季，这里也终日水汽迷蒙，阴云惨惨。时而，虎啸狼号，山鸣谷应，特别瘆人，真像进了阴曹地府一般。

"鬼门关"，确有恶鬼把门。半年前，田中新一就定下野人山作战的锦囊妙计，"如敌军来攻，应求得将战场置于印缅国境隘路口附近，以急袭一举歼灭之"。"鬼门关"被当作野人山内的第一道防线，为日军苦心经营。

"鬼门关"以西地区过去由英军布防。英军与日军时常有些小接触，但从未真正交过手。据英国人说，关内的十几个山头，日军都构筑了坚固工事，关内十几里长的隘路到处埋有地雷。夜间经常听见地雷爆炸，那是野兽触雷了。

英国人还说，往年一到旱季，野人山里的野象、野牛，常常成群结队从"鬼门关"走出，来印度找食吃。日军进驻后，这些大家伙们一个也没出来，全让地雷崩了。

说得这么玄乎，英国人大概是让"鬼门关"吓出了神经病。

攻打"鬼门关"的战斗，并没有按照日本人的设想，从谷底首先打响。第114团李鸿团长派出侦察兵对敌人的12个山头的情形作了周密侦察后，挑选其中一个山头悄悄下手。这个山头不是最前沿的，也不是最低矮的，而是敌人比较靠后、比较"安全"的第四个山头。李鸿给这个倒霉的山头的编号是"子"字阵地。地支第一位。

反攻野人山的第一仗，必须达成最大的突然性。这一点，密匝匝的丛林可以帮忙。

进攻"子"字阵地有两个加强连。他们带足三天干粮,从"鬼门关"左侧的山腰,悄悄摸上去。

山上不可能有路,连野兽行走的路都没有。山崖像刮胡刀那么锋利,石壁像玻璃板那么光滑。悬崖下能看见摔死的猿猴。有的山涧深不见底,冷风嗖嗖。但这已经难不住中国官兵,他们在蓝姆迦练的就是这个。

突击连的官兵们登崖越涧,攀藤附葛,一批一批摸到"子"字阵地底下,在密林里埋伏下来。两天时间,便在敌人鼻子底下集中了300多人。

双方相距只有百十来米。白天能看见敌阵地上晾晒的被子、裤衩,夜间能听见敌哨兵的口令。

敌阵地上甚至还有女人吱吱咯咯的淫笑声。据说,驻缅日军给下属部队配备慰安妇,根据士兵人数,每个中队分配二至三个不等,专门安抚日军官兵空虚的灵魂,满足他们的兽欲,鼓舞士气。

日本人不知死到临头,还在寻欢作乐。

第三天早晨,浓雾化开以后,太阳照进"鬼门关"。一个难得的晴天。"子"字阵地上的敌军抓紧机会,晾晒衣物,阵地上挂得花花绿绿,煞是热闹。

史迪威(右)与孙立人(中)在缅北前线

10点来钟,突然炮声大作,"鬼门关"地动山摇。

中国驻印军X部队给日军下战书了。

李鸿团长指挥炮兵,集中轰击隘口最靠前的两侧高地。在这深幽的山谷里,迫击炮的声音特别清脆,特别暴烈,"咣咣咣"的就像在你眼跟前炸响,再加上山谷回响,一炮有三炮的震撼力。

"鬼门关"上的日军全蒙了。

新38师105毫米曲射炮向敌射击

"子"字阵地上,炮响的一刹那,日军士兵兔子似的一下全钻进了工事里。

过了一会儿,听出炮打在前面的山头,这才从洞里爬出来。站到高处,伸长脖子朝远处张望。

我军密集炮火向隘口两侧的敌前沿阵地猛轰了10分钟后突然转过炮口,对准靠里面的"子"字阵地,劈头盖脸砸过来。

"子"字阵地上的日本鬼子没有防备这一手,还以为今天没有他们什么事呢。他们把钢炮全搬了出来,把重机枪也拖了出来,电话兵也"哇里哇啦"地叫唤,好像问前面山头要不要火力支援。没想到,像是平地刮起了阵大风,把刚才砸往前沿的炮弹一下全卷到自己头上。

李鸿团长手下一共有34门轻重迫击炮,全对准"子"字阵地方圆不到100米的小山头,一个齐射就能覆盖一遍。

这一下"子"字阵地的日本鬼子可领教到中国军队炮弹的威力了。当第一排炮弹打过来,山顶上晒的被子、衣服,如同纸片卷到半空。刚才从洞里搬出来的钢炮,有几门当场被炸飞。一发炮弹正好落在机枪掩体里,就看见半拉的两具尸体随着沙土杂物,掀起老高。敌军被炸飞的钢盔骨碌碌地从山顶往下滚,还有一截血淋淋的胳膊飞到我军一位班长身上……

第一排炮刚打完,没炸死的敌兵,立刻跳将起来,趁着硝烟,拼命往洞里钻。有的洞口炸塌了,敌兵逃命无门,发出"咿咿啊啊"的号叫。

紧接着第二排炮又砸了下来……

我军突击队员躲避在防炮的反斜面。趴在这么近的地方,听着自己炮火的怒吼,感受那从天而降的巨大摧毁力,士兵们都极为兴奋。

炮兵老哥打得太棒了!

我军炮火从"子"字阵地延伸,"该看我们的啦!"埋伏在阵地下的300名突击队员,一跃而起,扑向敌阵。

表面阵地已看不到敌兵影子,活着的都钻了洞子。

耗子进洞,只能慢慢地掏。

郑洞国(右)与孙立人在缅北前线

敌人的洞子,有的在石缝里,有的在树根下,曲里拐弯,互相串通,用枪不易奏效。你给他一梭子,不知打着没打着。他还你一梭子,可能要了你的性命。比较得力的家伙是加重手榴弹和爆破筒。

最好的武器是火焰喷射器。这玩意儿太厉害了,一张口就是一片火海。中国兵们管喷火兵叫手持火葫芦的孟良"孟二爷"。

用火焰喷射器对付洞里的日本兵,比用火熏洞穴里的老鼠更加有效。从这个洞口往里喷火,就有日本兵屁股后拖着一团火,从另一个洞口钻出来。我军因此抓了一些俘虏。

日本兵的尊容也真够让人恶心的了。因为长年待在野人山里,这些"九州壮士"个个瘦如枯柴,面目浮肿,双脚长满丛林疮,脓水外溢,臭不可闻。看来,野人山对日本人也很不客气。

"子"字阵地的地洞,一个一个地掏,直到下午才基本掏干净。到底报销了多少敌人,搞不清楚。在地面被炮火炸飞的,没有数。在洞里烧死、压死、憋死的更没有数。附近树上还发现被打死的日军狙击手,一个个脚戴铁链,倒吊在树上。惨无人道的日军对自己士兵也是残酷的。军官把狙击手捆在树上,逼他们玩命。

一共俘虏 15 名日兵和一个军妓。据俘虏供称,"子"字阵地共有一个中队,109 人。"鬼门关"内 12 个山头,共驻日军 1500 多人。

"子"字阵地得手,"鬼门关"被我军插入一把尖刀,日军胆寒。我军内外夹攻,所向披靡。当我拿下第八个山头时,其余四个山头日军不战自逃。

不出十天,"鬼门关"被我军攻占。中国驻印军牛刀小试,初露锋芒。

修筑中印公路,缅甸之战成为激烈的交通战

攻击部队的隆隆炮声刚过,修筑公路的机器便"辄辄辄"地开进野人山。

美国将军皮克指挥着一支五颜六色、浩浩荡荡的筑路大军。史迪威给他的命令简单而明了:"部队打到哪,就把路修到哪。"

其实皮克少将的使命才最终体现缅甸作战的目的。

缅甸之战对中国,始终是一场交通战。

早在 1940 年秋,日军出动大批飞机,对滇缅公路上的惠通桥、功果桥等重要桥梁狂轰滥炸,致使这条国际通路数度中断,援华物资运输告停。为了确保中国与外界交通运输的畅通,1940 年 12 月,中国政府责成

飞越驼峰的飞机和地面的马车都是中国战时交通体系的组成部分

交通部提出了修筑中印公路的方案。1941年4月,交通部组织人员开始勘测路线。经过半年多的勘测,1942年1月提出勘测报告,拟定中印公路分为南北两线:南线由云南中甸经其宗、崖洼,进入崖阳、葡萄,越野人山,到达印度列多,到列多以后,接通当地既有的铁路或水路,至加尔各答港或吉大港出海,形成新的国际通道。北线由中甸经德钦进入察隅,再至印度萨地亚。

此方案中的北线因西藏地方政府阻拦没有完成勘测,而南线工程要穿越横断山脉,跨过19条河流、9处高山隘口,工程过于艰巨,最终未能付诸实施。

1942年2月,中国远征军出兵缅甸前夕,蒋介石访问印度期间,与印度政府就修建中印公路达成协议,决定中印两国政府共同修建中印公路,公路线路改为从印度列多,经葡萄、密支那到腾冲、龙陵。于是,中国政府成立中印公路筹建处,并开始勘测线路。公路工程计划于1942年4月开工,当年年底完工。与公路建设同步,还将铺设一条输油管道。此后,中国云南省政府招募了6000多名民工,动用大量汽车,浩浩荡荡地开进缅甸的八莫和密支那,开始施工。但不久,缅甸作战失利,中印公路被迫停工。

自从中国远征军败出缅甸，滇缅路中断后，尽管蒋介石一再要求美国增加驼峰运输量，但毕竟有限，空中运输不能解偌大中国战场的饥渴。最根本的办法，是打开陆上通道，把堆积在印度的美援物资运往中国。

现在，中国驻印军投入反攻缅甸作战，需要开通公路，将堆积在印度港口的援华物资运回国内，也需要公路。中印公路的修建成了摆到盟军面前最紧迫的问题。

美国筑路专家的红铅笔刷刷地勾画出了一张线路图。美国人设计的中印公路以及输油管，以印缅边境列多为起点，向东进入缅北，经过"鬼门关"、新平洋、孟关、密支那、八莫，于中缅边境的芒友，接通原有的滇缅公路。这个方案，兼顾部队作战和物资运输的需要，因此修筑难度更大，1000余英里的公路里程几乎全部在缅北丛林地带，其中野人山内近500英里。更要命的是，这条线路通过的地段现在仍在日本人手里。

方案送到重庆，许多人看了直摇头：

公路能通过野人山？

缅北在日本人手里，怎么过去？

美国专家耸耸肩，说："野人山里的事我不晓得，怎样去和日本人打

工兵部队修筑中印公路

交道我也不知道,"不过,他狡黠地说,"路是逼出来的。我很欣赏中国人的一句话,'杀出一条血路'。"

果然美国人说对了。在驼峰的运输量达到了极限而仍不能满足需要时,蒋介石断然下令,"养兵千日,用兵一时,X部队从缅北杀回,踩也要踩出一条路来!"

沿途少数民族百姓参加中印公路修建

中印公路施工工地

于是,当"鬼门关"的敌人被肃清后,中国驻印军工兵第10团、第12团,举着大刀、斧头、十字镐,扛着炸药包,首先来到这个刚刚开辟的战场。他们是皮克将军麾下的开路先锋。

皮克将军战前是美国著名的水利工程专家,曾主持设计和建成了规模宏大的美国密苏里大坝。现在,在野人山,皮克将军要求中国工兵先把地雷弄干净,然后砍伐大树,清除树根,从密林中撕出一道缝来。

这是一份最苦、最累、最危险的差事。地下到处是地雷,林中不时窜出小股日军袭扰,流血牺牲在所难免。他们必须一手拿镐,一手拿枪。没有机器,全凭人力,那密密匝匝的参天古树,一刀一斧地砍倒、锯断、搬开,得淌多少汗水!那盘根错节、彼此纠缠的树墩树根,一镐一镐地刨,一点一点地炸,得费多大工夫!

中国官兵说,这路是通向中国的,是我们回家的路,我们理应比别人更加卖力气。

没有什么钟点，天亮干到天黑。一天开四五顿饭。半斤米饭下肚，砍一棵树，出一身臭汗，全空了。吃饱了再干，干饿了再吃。一双手套顶多用一天，许多人两手攥一把血泡，血将刀把都染红了。

士兵们砍倒的木头，刨出的树根，堆到一块，恐怕能在野人山码出一条木头路来。

接着，美国工兵第45团、第3302团以及第823航空工程营也开进了野人山。美国工兵一到，野人山就热闹啦！

他们开来各种各样的机器，开山机、推土机、碎石机、空气压缩机、抽水机。机声隆隆，马达轰鸣，吓得林中的兔子、猿猴满地乱蹿。

美国工兵部队6000余人，黑压压的一片，全是黑色人种，他们的到来使本来就光照不足的野人山又暗了许多。可这是一支能征善战的精锐队伍，到缅甸筑路之前，他们的开路机征服过阿拉斯加的雪山荒原，也闯过密西西比河的丛林沼泽，甚至有些老兵在第一次世界大战中，随着潘兴将军远征过法国。

"黑美人"，中国兄弟笑嘻嘻地这样称呼美国工兵。

起初和美国黑人打交道时，中国官兵曾以一种惊奇的目光打量人家：好家伙，怎么这么黑？

仿佛，野人山里突然闯来了一批"怪物"。后来，黄种人渐渐喜欢上了黑种人。

黑人工兵不像中国兵那么玩命，但不等于他们没有效率。美国人按美国人的办法做事。他们把机械手分成三批，轮班作业，一天24小时不停机器。所以，他们的施工速度很快，常常打着口哨，抵着中国工兵屁股往前拱。

美国黑人天真、正直、善良、爱说爱笑、大大咧咧，不像白人那样小心眼，摆臭架子。中国工兵对他们很有好感。有时候，中国工兵伐倒一棵大树，实在搬不动，黑人工兵会主动帮忙。他们拖来一根钢丝绳，捆上树干，用推土机拉着走。有时，中国兵的汽车陷进沼泽，你朝黑人打个招呼："哈啰，请帮个忙。"他们就把开山机驶来，替你把车子拉出去。

美国军队的供应比中国军队好，他们主食丰富，罐装啤酒随便喝，骆驼牌香烟随便抽。黑人很喜欢和中国人凑在一起，香烟大把大把往你手里塞，啤酒一罐一罐往你碗里倒。你跟他谦让，他操着生硬的中国话说：

"烟酒不分家嘛。"

他们喜欢吃中国菜。中国兄弟有时上山打点野味，下河捞几条活鱼，随便弄个几大碗，请黑人兄弟入席，他们吃得直咂嘴：

"顶好！顶好！"

美军放电影，电影场内必留出一半空地给中国官兵。中国官兵唱评剧，也常常吸引着美国黑人士兵。中国官兵还从黑人那里学会扑克牌的许多种玩法，中国人则把象棋的奥妙全部传给了黑人。

和美国黑人在一起筑路，中国官兵感到很快活。他们干得好，而且玩得好。野人山再不那么可怕，那么荒凉，那么死气沉沉了。中国工兵们干的时候，拼命地干，玩的时候也痛痛快快地玩，兴奋起来，不妨大喊几声。

中国人慢慢学会了几句外国话，美国人也懂了不少中国话。他们常常凑在一起，装腔作势，比比画画，"聊"上一会儿。听懂了呢，就点点头，听不懂哈哈笑。懂不懂都不要紧。

黑人工兵还有一个可爱之处，他们喜欢谈女人。你跟他聊一会儿，聊天气，聊筑路，聊野人山的奇情奇景，聊着聊着，他就把话题转到女人。

"乔大叔说，这条路是通向东京去的。听说日本女人很温柔，很疼男人，我真想找个日本女人呢！"

你对他说，"那么，我们加紧干吧。赶快把公路打通，一直通到东京，日本女人一定会好好慰劳你的。"

他就高兴地手舞足蹈。

黑人工兵的帐篷内常常贴着女人的画像，枕头底下，随手就能摸出印得很精致的、展示美女风姿的各种画报。他们的衣袋里也常常揣着妙龄女子的照片。有时高兴了，他会掏出照片向你炫耀一番。如果是他妻子的照片，你得赞赏一番："瞧，她长得多美，你真有福气。"如果是他

的妹妹或者别的什么亲人，你可以开个玩笑："我真喜欢她。我能娶她吗？"他会哈哈大笑，说："朋友，那是你们之间的事啦！如果她也愿意的话，我想你会成功的。"

"鬼门关"路段，有一处非常危险的石壁。路要从石壁上盘过去，石壁下万丈深渊。先要凿眼放炮，再用推土机推石开路。因为路面狭窄，又是急弯，施工不几天，已经有施工机械从石壁滚下悬崖，机毁人亡。

黑人机械手们谈虎色变，谁都怕到这里开机器。

身材高大、乐观幽默的黑人工兵詹森下士懂得美国弟兄们的心思，他在路旁立了个黄色大木牌，上面画了个裸体美女像。那女子正当芳龄，金发披肩，体态婀娜，睁着一双水灵灵的大眼睛。画像旁是一行用英文写的黑字：

亲爱的官兵，慢慢开，我怕你们出险呢。亲爱的！

说来奇怪，自从有了这块木牌，有了这年轻貌美的裸体女子从旁提醒，施工再没出过什么事，公路从石壁上顺利地闯了过去。

接触时间长了以后，中国官兵发现黑人工兵还是相当招人喜爱的。他们那黧黑的脸庞，配上两排洁白的牙齿，黑白分明，对比强烈，显得那么精神，那么爽朗；他们那双天真活泼的大眼睛，加上两片又厚又大的嘴唇，笑起来是那样坦率，那样憨厚热情。尤其是黑人工兵那魁梧的体魄、发达的肌肉和旺盛的体力，使中国人羡慕不已：当工兵就该有这个块头！中国官兵们不得不承认，黑人工兵们原来都是些美男子、黑珍珠。

美国工兵部队用机器把公路的路基开出来后，接着由民工们铺砂垫石，平整路面。来自印度和尼泊尔的数万民工，蚂蚁一样推沙运石，忙忙碌碌。他们穿得花花绿绿，五颜六色，给野人山增添了许多色彩。他们"吭哧吭哧"地喊着号子，那声音甚至比美国工兵的机器更加高亢有力。这么多不知疲倦的民工，踩也能从野人山踩出一条路来。

皮克将军没有辱没史迪威给他的使命，当X部队的前锋向前节节推进的时候，中印公路也在野人山中一码一码地向前延伸。到1944年元旦，公路已经开通103公里，直通野人山内的战略要点——新平洋。

美军曲射炮车沿着新建成的公路开往前线

元旦这一天,由50多辆大卡车组成的运输车队,运载着 X 部队攻击分队急需的弹药补给开到新平洋。战车和大炮也第一次开进了野人山。工兵还在新平洋赶修了一座飞机场。联想到前年撤退时不得不在山外将重武器炸毁,中国驻印军官兵们确切地感到野人山作战已经出现重大转折,报仇雪恨当在此时。

第十七章　英雄的独木林

中外丛林作战史上一场独特的战斗

突破印缅边境隘口地区后，新 38 师部队加大兵力投入，继续向前推进，为工兵部队扫清道路。

1943 年 10 月初，美军情报人员提供了一份要命的错误情报，称大龙河地区敌军防守薄弱，只有日军一个大队和一些缅甸伪军。中国驻印军总指挥部于是下令："着派步兵一团，占领大洛区及下老家沿大龙河之线，以掩护公路及飞机场之构筑，及掩护盟军后续兵团安全进入野人山。"

但是，当陈鸣人团长率第 112 团主力闯进大龙河东岸时，却在于邦地区陷入重围。团指挥所被围，随团一位美军中校联络官被俘。陈团长拼死拼活，好不容易领着部分部队突围。但是，殿后的第一营被敌人截在东岸。

大龙河畔的战斗出现危机。

包围圈内，一营已经苦斗数日，伤亡很大。这天，又被敌军逼上一道山梁。

部队且战且退，敌兵嗷嗷紧追。

四处是密密麻麻的树林，丛莽荒榛，百步以外谁也看不见谁。脚下是藤萝，是草蔓，是荆棘，是又尖又利又滑的山石，跑的跑不快，追的追不上。双方在林子里捉起了迷藏。

不好！

一营退着退着，退到一处断崖上面。

地脉在这里好像突然塌了下去。断崖深不可测,底下阴云惨惨,冷气阵阵,还有野象在林中"卟卟"地走动的响声。石壁刀砍斧凿那样陡峭,长满青苔,滑溜溜的像抹了油。有一个兄弟走到崖边,心急了一点儿,脚下一滑,从断崖滚了下去,无影无踪。

要是砍来些藤条,接成溜索,也许能顺着石壁溜到崖底。可是,再往远处一看,几百米外就是大龙河。站在断崖上不仅能望见河面粼粼波光,而且能听到那汹涌的涛声。大龙河是条恶龙,即使下了断壁,也过不了河。

敌兵眼看要追上来,怎么办?

营长李克己是个天不怕地不怕的人物。他个头不大,非常机敏。他是安徽人,从小在天目山打柴,自称是个山里人。他不相信,眼下野人山里就没有他和弟兄们的一条退路?他右手提着卡宾枪,腰间斜插着一把大砍刀,站在断崖前,回身环顾四周,身边的一二百个弟兄,一双双焦灼的目光正望着他。前面是绝崖,后面有追兵。上天无路,入地无门,把队伍往哪里领?这时,李营长发现右侧的一片树林极为茂密,避避再说,便一挥手:

"弟兄们,跟我来!"

营长带着人马,离开断崖,三步并作两步,飞奔右侧森林。

钻进林子一看,好哇,郁郁葱葱的这片林子,原来只有一棵树,一棵老榕树,独木成林。奇迹便从这里开始了。

这棵老榕树也不知道已有多大岁数,主干五六个人抱不拢,从横枝挂下的气根,一缕一缕,一撮一撮,真像一位老者白花花的胡子。主干四周,有几十根板根支撑着。和别的大树不同,榕树有它独特的景观。它的气根挂在树顶时,毛茸茸的,随风摇曳,但一旦触地,汲取了大地的营养,就能慢慢长成树干状的板根。板根粗细不一,粗的两三人才能抱得拢。就是靠着这些陆续生长的板根的支撑,榕树的树冠不断向四周扩展,繁衍不息。眼前的这棵榕树枝条茂密,绿叶成阴,铺天盖地,霸占了整整一座山头,树冠足有一个足球场那么大。

站在大树底下,浓密的枝叶层层叠叠,遮天蔽日,一丝阳光也不透。脚底下,是一层厚厚的枯枝落叶,软绵绵的像踩在棉被上。枝桠间能听见猴子在吱吱乱叫,但很难发现它的踪影。

李克己和手下的官兵们闯到榕树底下,他们可不是乘凉观景,而是要躲避日军追击。士兵们转来转去,这里瞧瞧,那里探探,树底哪有藏身之处?

日本鬼子这时已经追到刚才停留的断崖旁边。鬼子兵在那边吵吵嚷嚷,吱吱哇哇乱叫了一阵,就听见他们的脚步向榕树这边奔过来。

拼了!士兵们有的压进最后一梭子弹,有的上好刺刀,准备冲出树林,同鬼子拼命。

李克己营长突然拦到前面,低声命令道:

"上树!"

一声令下,200多号人,有的顺着树干,有的抓住藤条,有的抱着气根,"蹭蹭蹭"地爬上大榕树,那动作之麻利迅捷,跟猴子一样。

瞬间,大树底下一个人影也没有。

日本人的行动也蛮快的,中国官兵刚刚在树顶站住脚,稳住身,他们便钻到大榕树下。日本兵端着枪,猫着腰,左寻右找,东张西望。这里捅捅,那里看看,很是纳闷:

中国兵哪里去了?上天?入地?

他们找不到中国兵,中国兵可把他们看得清楚。看着树底下,陆陆续续地钻进百来个鬼子,还有两个挂洋刀的家伙,够一顿的啦!

"打!"李克己大喊一声

树顶200多条枪,几乎同时响起。枪声爆米花似的分不出点,树林中像下雨、像刮风。

中国兵从来没打过这么过瘾的仗,等于骑到敌人的头顶上,枪口顶着他的脑门打。

日本兵也从来未办过这么窝囊的事。这不是自己找死,硬把脑袋往别人枪口上送?

不少鬼子还不知道是怎么回事,就脑袋开花,天灵盖跑气,一命呜呼了。剩下三十几个,连滚带爬,抱头鼠窜,从榕树下逃了出去。

一营官兵点验战果,日本人在树底下留下了几十具尸体,我军无一伤亡。

日本人咽不下这口气。日军指挥官调集后续部队，将榕树团团围住，集中轻重武器对准大树猛烈扫射，直打得大树枝叶横飞，簌簌落地。但是，老榕树树冠太大了，枝叶太密了，像个大沙袋，根本打不透。一营的士兵们躲在深处，日本人的枪弹够不着。

日军仗着人多势众，对着一株百年古树，抖了一阵威风。不过打着没打着中国兵，他们搞不清。

天开始黑了。

野人山的黄昏极为短暂，夕阳苍白无力，它来不及用余晖点燃西天的云霞，就被大山吞没了，这是扼杀。远处的山峦和近处的林梢越来越朦胧，越来越沉重，很快便融合在巨大的黑暗之中。野人山的白天也是阴暗的，夜晚更加漆黑一团，黑得发稠，让人感到窒息。

枪声是停止了，但危险并未解除。敌人还在四周埋伏着。虽然看不见东洋人那丑陋的身影，但黑暗中大树周围不断传来响动。敌人正躲在暗处霍霍磨刀呢。

大榕树里比外面更黑，伸手不见五指。没人敢睡觉，树上有人走动，黑暗没能阻止中国官兵的行动。凭着手的触觉，顺着树枝，他们能走到树上任何一个地方。有的在活动筋骨，有的在擦枪，

驻印军在丛林开展夜战

有的在啃干粮。营长李克己独自一人，坐在一根横桠上，慢慢吞咽着坚硬、干涩的压缩饼干。而他的心也在不断咀嚼着、思忖着……

刚才，敌人的枪声噼啪作响，弹片横飞时，他心里很踏实。现在，四周平静了，反而心里空落落的没点儿底。

敌人在干什么？敌人想干什么？我们怎么办？今夜怎么办？明天怎

么办?

突围已很困难,能守住这里吗?老榕树是不错,今天救了全营的命,可是,能担保它明天也能挡住日军吗?它毕竟只有一个足球场大小呀!它的枝叶再多,也经不住日本人天天摧残呀!我们藏在树上,上不着天,下不着地,能持久吗?

"吱吱吱",树上的猴子开始活跃了起来。白天的枪声,把它们吓得够呛,现在胆子大了。它们在树上来回追逐,呼儿唤女,从树上跳到地下,从地下跃回树上,胆大的还到树外四处寻找食物。

李克己心有所动。是呀,猴子聪明,它依托大树,但也不是困守树上。它上树下地,活动自如,所以森林困不住、饿不死它。

我们也得下地!

营长咽下最后一块饼干,巴掌轻轻地在枝干上拍了三下。榕树的枝枝桠桠,像灵敏的神经,把信息传给全体官兵。他们迅速聚拢到营长周围。

清点人数,树上共有208人。营长命令二连40名战士留在树上,其余分成十个战斗组向外突击,占领有利地形,落地生根,准备长期固守。

夜幕沉沉,万籁俱寂。

百来条黑影从榕树溜下地面,十个战斗组如十把利剑,刺向敌人。

黑暗中,日军正在搬石块,垒沙袋,挖堑壕,赶筑工事。我军突然袭击,地面、树顶同时开火,日军招架不住,向后溃退。

各战斗组抓住时机,就势修筑工事。

榕树四周地形复杂,有土包,有巨石,还有些天然洞穴,稍加改造,就是很好的战斗工事。大树底下,地形地物更妙。老榕树根系发达,地面的板根又宽又厚,像钢板一样坚固结实,枪炮都奈何不了它。地下有很多溶洞,迂回曲折,

小憩中的我军士兵

四通八达，其坚固、其巧妙，连工兵都设计不出来。

地面的士兵们因势利导，因物而用，运用美国教官传授的丛林筑城技术，赶筑防御工事。

树上的官兵，也在行动，鸟儿筑窝一样构筑掩体。还在树冠最高处，设了两个瞭望哨。

树上树下，树里树外，一片忙碌。

东方破晓，一切就绪。

一夜间，树顶、地面、地底，上下三层，里外三圈，已经布下层层火网，形成一座立体碉堡。

这天上午，日军拉开架势，集中火力，企图把中国人从榕树上全扫下来，但四次强攻，均告失败。在我军阵地，地面，每块石头底下都有火力点；树顶，每片叶子后面都是枪眼。老榕树像只大刺猬，摸哪都扎手。

榕树外的这股敌军，正是号称丛林之王的第18师团之第56联队主力，他们吹嘘擅长丛林作战，从新加坡、马来西亚，打进缅甸，所到之处，树倒草偃，无不披靡。今天，在一棵老榕树跟前，却不知从何下手。

怪了！

日军联队长长久大佐远远望着屹立在山岗上的那棵大树，无可奈何，气得小胡子一抖一抖的，他用洋刀在地上画个大圆圈，恶狠狠地说：

"给我困死他们！"

这不失为一条毒计。

中国官兵占据了一棵大树和一座山岗，方圆不过二百来平方米，藏身打仗可以，吃喝怎么办？弹药怎么补给？伤员怎么处置？所以，不必强攻，只要画地为牢，远远地围住他们，不出几天，便不攻自败，不战自毙。

长久大佐打着如意算盘，领着自己的人马，撤到外围，筑起一道封锁线，等待着中国人在某一天从树顶竖起一面白旗。

他想得不错。但是他忘了一条，那棵榕树和山岗，他们可以从地面加以封锁，然而，空中他们无能为力。现在整个缅甸的制空权操在美军手里。野人山上空，日本飞机连影子也没有。

大榕树上，李克己营长在很有信心地等待盟军飞机来临。早上，当日军正在再次向大榕树大举猛攻时，他在树顶的掩体里，不慌不忙地向后方发报，请求空投给养和弹药。而昨晚抢占地面阵地时，他特别关照过一连刘连长，一定要控制住大树北侧的那小块开阔地，那将是一个十分理想的空投场。

现在，从树顶可以十分清楚地看到空投场上，已经铺好三块白布，那是指示飞机空投的标志。

日本人在等待着。

中国人在等待着。

时间悄悄流逝，丛林在平静中度过一个午后和一个黑夜。

次日早晨，清风徐来，浓雾散尽，太阳把金色的光辉撒向山林。不久，天空有了动静，一阵嗡嗡的轰鸣声从白云深处传来。

不用说，那是盟军的飞机。和1942年的情形正好相反，那时，在缅北一见飞机，中国官兵就皱眉头。现在，飞机一响，日本人就知道准没好事。

引擎越来越响，飞机越飞越近。在阳光照射下，飞机尾翼上的星条旗格外引人注目。

在上空盘旋一圈后，飞机开始调整高度，调整方位。在榕树顶上，中国官兵们仰望蓝天，两只眼睛不停地跟着飞机打转，很有兴致地欣赏着飞机的各种飞行动作。飞机一趟趟从头顶掠过，像要下蛋的母鸡，在挑剔地寻找合适的窝。有的士兵焦急了，喊道："屁股一撅，你就大胆下蛋吧，我们伸双手接着呢！"

终于，"母鸡下蛋"。一气下了四个，彩色的。

在一片晨曦中，四只红红绿绿的降落伞飘飘荡荡，徐徐而落，有三只不偏不倚正好落在空投场，另一只更妙，降落在大榕树的树冠上。降落伞下吊着的食品箱，穿过树叶，沉甸甸地挂在士兵们的眼前。

中国官兵乐坏了。

日本鬼子气死了。

往后，盟军飞机每天按时前来空投。中国官兵以古老的大榕树作依托，与日军展开殊死搏斗，演成了中外丛林作战史上一场最独特的、最残酷的持久战。

当初，无论中国人还是日本人，谁也没有料到，大榕树下的争夺战竟会持续达2个月之久。中国人没有料到这里的战斗生活竟是如此艰难，脱出常态；日本人更没有想到这场局部战斗的结局竟是那样悲惨。

"树顶战场"，敌我双方在一棵大树上展开搏斗

野人山的鲜花总是带刺，果实总是苦涩的。

二连的30多名士兵在营长一个手势指挥下，轻松跃上老榕树，当时认为这是捉迷藏，躲过鬼子就下来。谁想呢，一上树就是几十天下不来。

如果上树乘凉，蛮不错。但是，在树顶安家落户，安营扎寨，滋味就不一样了。人一上了树，觉得样样别扭，走路跟踩钢丝似的；屁股板坐不牢，醒着睡着老怕栽下去。

不错，在印度进行丛林适应性训练时，是学过上树下树的，但是没学过在树上筑窝安家呀，美国教官也没教过。现在丛林出了一个新的课题，谁来当教官呢？

士兵们拜猿猴为师。这可是拜师拜到祖师爷门下了。要讲树上的技巧动作还有谁能比得上它们？

古榕树上共有十几只猴子，它们原来生活得很欢。自从日本人把大榕树围住后，连它们也轻易不敢下地，经常闹饥荒。士兵们常常用罐头、饼干接济它们。

其实，这是交学费。猴子有了吃的，一高兴就在树上来回追逐，上蹿下跳，腾挪跳跃，走钢丝、荡秋千、双臂倒立、倒挂金钟，像杂技演员一样，表演各种技巧动作。士兵们从旁观察模仿，偷偷跟着学。

果然大有长进。身体灵巧的广东、云南籍士兵，脚踩大树的横枝，不用手扶，快步如飞，如履平地。还有更绝的，来个倒挂金钟，双脚倒钩着枝桠，能在树上移动四五十米。脚练得跟手那么灵巧，手练得像脚那么有力。

看着人也在树上做起技巧动作，连猴子都感到惊奇。

猴子有一个绝招人类学不来，就是在树上睡觉。猴子往树杈上一坐，

稳稳当当的便能入睡，还打呼噜。人不行，睡不着，不敢睡。有几个贪睡的家伙，真睡着了，一翻身，滚到树底下。但人的大脑毕竟比猴子发达，很快想到个好办法，用降落伞做成吊床，往树上一吊，晃晃悠悠的，像个可爱的摇篮。

猴子羡慕死了。

中国人守住大榕树，又干净又凉快，天天还有美国飞机送吃送喝。日本人很恼火。要跟中国人耗时间，日本人耗不起。野人山里的战斗，从整体上说，对日本人不利。他们唯一占优势的战场，就是大榕树外围这几百米。要是在这里也打不赢，长久联队长在田中新一中将那里很难交代。而且，日军的补给远没有中国人便利。长久大佐手下的几百人，每天吃的全靠牛车沿着山道从于邦一点点运来。长久大佐很怕那条小道被人掐断，或者突然有一支人马从背后搞他们一下。他知道，野人山里什么事都会发生。

日军真恨不得突然有一阵什么大风，把眼前那棵老不死的大榕树连根拔掉。

老天爷不会帮他们忙，要干他们自己干。

强攻试过几次，不行。

那么偷袭。

有几次，日军乘着黑夜，或者早晨的浓雾，企图摸到大榕树下。但是没有成功。四周到处有地雷，触发式、绊丝式、压发式、松发式，像地里的西瓜，个挨个，躲都躲不开。还有到处扔着的空罐头盒，一脚能踩两个。只要罐头盒一响，马上就打过来一梭子弹。弄得日本鬼子寸步难行，每次都是偷鸡不成蚀把米。

从地面偷袭不成功，日本人看中了大榕树西北角那片竹林。那也是一个大家族。老竹新竹，高矮参差，密密匝匝地繁衍了一大片。竹家族野心勃勃，不断向外扩展，好像要同老榕树争一席之地。竹林的外缘已经接近老榕树。竹子的腰杆远没有老榕树硬，长高了以后，风吹雨打，免不了东倒西歪，有的已经斜搭到榕树树冠上。

长久大佐觉得竹子身上有些文章可作。

一个风雨之夜，一小队日军摸黑钻进竹林，顺着竹子，悄悄爬上老榕树。树上风雨飘摇，哨兵竟没有发觉敌人。

情况极为严重。

"吱吱吱吱……"

"嘎嘎嘎嘎……"

突然猴子尖叫起来。树林里的事怎么能瞒过猴子？在风雨嘈杂声中，它们听出了异响；在树枝摇晃中，它们感觉到不祥的颤动；或者，它们嗅到讨厌的气味。一个猴子叫唤，全树的猴子马上跟着惊叫起来。声音尖利、急促、惊恐，拉警报一样。

树上的士兵全惊醒了，急速端起枪。

也许是猴哥们猝然而起的惊叫，吓坏了做贼心虚的日本人，扑通一声，有个鬼子从树上掉了下去。这等于向二连士兵们报告了方位。黑暗中，一条条火龙向西北角扫过去。大榕树闹肚子一样，翻江倒海，枪声压倒了风声雨声。

敌我双方在一棵大树上展开搏斗，这在中外战史上堪称奇特。

优势在我们手里。我军情况熟悉，又有树上工事作依托，说到底，树上的功夫，日本人不如我们。

鬼子疯狂进攻，步步逼近。但他们毕竟是贼，对树上的情形两眼一抹黑，又要打枪，又要抓住枝枝杈杈，稳住自己，手忙脚乱间，"噼里啪啦"，不断有鬼子掉到地下。

榕树四周地面工事，也在开火，他们封锁竹林，把后续的鬼子打跑。

树上的鬼子既然上来，就由不得他下去。他们断了后援，又无退路，成了瓮中之鳖。

天亮后，看那片榕树，枝损叶残，弹痕累累。树下，躺着日军二十多具尸体。

猴哥们可高兴了。它们跳到地下，有的捡起日军钢盔戴到头上，有的拖条步枪挂到胸前，满树乱跑，"吱吱"地欢叫。

洞穴作战，敌方阵地紧贴我方阵地

树上的较量进行了一个回合又一个回合，难分难解。地面的争夺更

是到了寸土必争的白热化程度。

榕树四周,共有我军15个地面火力点,大部分都巧妙分布在天然洞穴中。日军针锋相对,利用地形地物,步步渗透,贴近我方阵地,像讨厌的狗皮膏药。

榕树南端的山尖上,有我军一个洞穴。洞里有5名士兵,全是湖北天门县人,他们本来不是一个连队的。前年撤退时,他们凭那口湖北话走到一块。老乡见老乡,两眼泪汪汪。一路上,互相帮助,抱成一团,结果活着出了山。到印度受训时,他们连同另外6位天门老乡非要编在一个班。他们有句口头禅"天上有九头鸟,地下有湖北佬",一股子顶天立地、宁折毋弯的劲头。参加大龙河作战,他们这个"天门班"战果大,损失也大,已牺牲了6个弟兄,班长阵亡。现在只剩班副李招弟和4个老兵。招弟腰间挂着个小布袋,里面有6个小纸包,每个纸包包着一位阵亡兄弟的一撮头发和几片指甲。他要大家发誓,不管谁活着,都要把这些遗物带回天门去。否则,天劈五雷轰。

他们守的这个洞,最靠外,与敌人贴得最近。

本来,李克己营长不准备让他们来守这个洞,怎奈这个洞口小得可怜,领令来此驻守的五班马班长,那位山东大汉,腰圆膀粗臀围大,硬是钻不进,比来比去,只有招弟他们合适。

命该如此!

从洞口进来,向左拐一点,是个垂直向下的石缝。有3米多深。再往里,平开两个叉口,大点的有一丈长、三四尺宽,窄点的那个,人爬不进去,不知有多深,只觉得阵阵冷风从石缝吹过来,贴着石壁能听见很远的地方有哗哗流水声,看样子通着一条地下暗河,阴森可怕。

洞口对面一小片灌木林有敌人的机枪阵地,黑洞洞的枪口正对着大榕树。

招弟是个急性子,见了敌人就眼红。把洞口稍加改造,他就把轻机枪架了起来,透过薄雾,能把敌人阵地看个一清二楚,两挺重机枪摆的射击位置,射手不知躲在哪里,旁边有一个鬼子伸长脖子在瞭望。

抱着机枪,手指搭在扳机上,招弟通过瞄准缺口死死盯住望风的敌兵,他一次一次地想把扳机扣下,但又一次一次地松开。第一次见面,这点礼物太薄了吧!

约摸等了个把钟头,机会来了。大榕树上的我军不知发现了什么目标,突然响起密集的枪声,灌木丛里的敌机枪阵地立刻乱了起来,五六个敌人奔了出来,扑上射击位置,其中还有一个吊着望远镜的家伙。敌人的重机枪叫了起来,灌木丛里腾起一片黄烟。

哒哒哒……

骤然间,招弟手里的机枪剧烈颤抖,子弹像开了阀门的水龙头喷了出去。一阵长扫射后,敌机枪阵地便安静了下来。

招弟他们于是清闲了好几天。灌木丛里再没有出现鬼子兵。

"那天不该把他们搞干净,留个把解闷多好。"胡子拉碴的老兵李大碗对班副说。他大名叫李会,爱喝啤酒,一次能喝六七碗,所以得了"李大碗"的诨号。他有一手绝活,是精度射击,百步穿杨。一支狙击步枪,800米以内的目标,指哪打哪。

这天,李会下哨回来,正端着大铁碗接石壁的滴水喝。

在外面放哨的哨兵冲洞内叫唤:

"大碗,快来,拿长家伙。"

"长家伙",就是狙击步枪,它比一般步枪长四五寸,还带瞄准具。李大碗操起狙击步枪,奔到洞口。透过一片芭蕉林,左侧600米处,一条小溪旁,两个鬼子兵正在背水。

"老子正愁没下酒的菜哩,来咧。"

李大碗说着,把枪管伸了出去。

作战经验丰富的中国驻印军老兵

通过瞄准镜,李大碗把敌兵看得清清楚楚。瞄准镜就是带十字刻度的望远镜,观察几百米外敌人,眉毛是眉毛,胡子是胡子。

"这个,嗯,嫩点,……这个,他娘的,瞧那熊样,小胡子黄不拉叽,长得跟鸡巴毛似的……"

李大碗像在市场买鸡买鸭,这个摸摸,那个掂掂,挑肥拣瘦。最后看准了一个:"就是你啦!"

瞄准镜里,那个小胡子日本兵在往背囊里灌水,灌足了,双手从后面一提,把背囊挂到后背上。他直起腰,挺起胸,开步要走。瞄准镜里的十字线正好架在他干瘪的胸脯上。

"去你的吧!"

李大碗心里说。搭在扳机上的右食指,稍微一用合力,"啪"的一声,枪口冒出一缕青烟。

就见小溪边那个日本兵应声栽在水里。另一个,愣了一下神,转眼钻进了树丛。

看来那条小溪是日军的命根子,每天必有伙夫到那里汲水。李大碗抱着一杆狙击步枪,像守水的山神,谁来偷水就敲他一下。从那小胡子开始,已经敲掉了四个鬼子兵。

日军也发现了我们的洞口,不断用火力封锁。敌人的小钢炮把四周的树木全炸飞了,露出白花花的一大片岩石,看上去如同一个采石场。

只要一有机会,李大碗是不会饶过敌人的。这天晌午,太阳火辣辣的,敌人又到溪边汲水。

天热,趴在洞口的李大碗满头大汗,黑挺挺的胳腮胡子挂上白亮亮的汗珠。洞里伙食不怎么样,啤酒碗更是好长时间没端了。但是李大碗脸上没有一点倦容,目光还是那样有神。

端起枪,瞄准具里稳稳地套上一个敌兵。只要被李大碗套上,就别想跑!

"啪"的一声响,枪口又是一缕青烟。

李大碗舒了一口气,脸上浮起一丝笑容。他伸手去拉枪栓,"咔嚓"一声,空弹壳带着一股热气,从枪膛退了出来。又是"咔嚓"一声,李大碗把另一颗子弹顶进枪膛……

就在这时,敌人投来一颗手榴弹,"嘭"的一声巨响,洞口升起一股黑烟。

班副闻声从洞里奔出，只见狙击步枪被炸成几截，瞄准具滚出老远。李大碗倒在洞口，血肉模糊。

李大碗走了，走得如此壮烈，如此突然。他身后什么也没留下，只留下一片殷红。夜里，班副李招弟留人守好洞，他自己挎上卡宾枪，手里握着一根爆破筒，爬出洞口，要去报仇。

爬出十几米远后，他听见前方有"沙沙"的响声。那声音像耗子挖洞。他把耳朵贴着地面听。一会儿，又听见搬动石块的声音。

班副心里有数：鬼子原来在这里！

在微明的月光中，他渐渐看清，前面一个树墩下，有一个石洞，洞口正冲着我们。鬼子悄悄地把据点筑到我们鼻子底下了，白天的手榴弹就是他们打的。

敌人正在洞里忙活，听声音有三四个人，在加固工事。李招弟此时不能接近敌人，只好原地不动，等待时机。

一直等到下半夜，敌人折腾累了，便用石块堵上洞口，准备歇息。洞口只留了个瞭望孔。

丛林的夜晚凉风习习，雾霭沉沉。四周树丛和芭蕉叶上，露水滴答响成一片。野人山露水大，每到后半夜，跟下小雨一样。

这就是机会。

班副紧握爆破筒，眼盯前方，在露水滴答声中，悄悄前爬。

滴答，滴答，滴滴答答……

平安无事，一切如常。

李班副已经爬到洞口跟前，仄耳一听，洞里死静死静的。很好！只要把爆破筒往里一塞，再拉底火，而后，我翻身滚下山坡，你们就该升天了。想到这，李班副鱼跃而起，挺着爆破筒，扑向敌人洞口。

爆破筒从瞭望孔往里捅到一半，让鬼子抓住了，还拼命往外推。

一具三尺来长的爆破筒，外面抓住一截，里面抓住一截。谁也不肯松手，谁也不敢松手。

双方相持不下。

僵持对中国人不利。

今晚算是骑到老虎背上去了，不是你死，就是我亡。豁出去了！

李班副双手抓稳爆破筒,用牙齿咬下底火。

"嗤——"

火光一闪,导火线点着了。

一股白烟,咝咝冒了出来。

爆破筒从拉火到爆炸,八秒钟。中国人清楚,鬼子也很明白。

这玩意儿可不是闷铁棍,是火药桶,在手里爆炸,连骨头也别想剩下。

可是,到这节骨眼,谁先松手谁倒霉。你一松手,对方就给你捅过来。

抓住不是,松手也不是,要命!

看谁坚持到最后一刹那。

洞外,中国士兵双手死死抓住爆破筒,还用胸膛往里顶。这位三十多岁的湖北老兵,是一位火爆的刚强汉,前年从野人山的死人堆里爬出来,对死已经看得很淡!今天的事到这节骨眼上,也就是一个"死"字,像李大碗兄弟一样,给野人山献出一腔热血,留下一片殷红。并且我还能赚几个,把你这窝杂种一起送到西天。

干脆,我给你敲丧钟吧!

"一,二,三……"

李班副扯开喉咙,给鬼子报时。那声音,撕肝裂肺,勾魂摄魄。如惊雷滚滚,似地火运行。

爆破筒在手里已经感到灼热,感到颤动。

地壳在运动,岩浆在奔突,火山就要爆发。

中国士兵的声音压倒一切,震撼一切:

"四,五……"

突然间,中国士兵感觉爆破筒那头松了,空了。洞内鬼子精神防线终于崩溃了,撒手了。

就在这一刹那,李班副顺势把爆破筒塞了进去。紧接着,一个鹞子翻身,滚下山岗。

就在这一刹那,轰然一声炸响,地为之一动,山为之一摇……

日军本来指望速战速决,将李克己营一口吞下。但事与愿违,大榕树下的战斗像长久大佐的名字一样漫长而持久。经过许多个回合的较量,日军招数使尽，不能越雷池一步，双方进入了艰苦的相持阶段。

在敌人铁壁中，在日军枪口下，李克己营的士兵们固守待援，过着巢居和穴居生活，其艰苦，其残酷，超乎人们想象。

生活在大榕树上的二连加上营部，四十来个弟兄，据他们自己说，已经"返祖"啦！

不是开玩笑，是真的。瞧他们在树上那模样打扮，走路的体态和坐姿，不敢肯定这是人呢，还是猴子。

穿在身上的已经不好说是衣服，顶多是些布帘子，鞋早没有了，光着脚丫子，四条腿走路，在树枝间来回爬动，脚也是手，手也是脚。脚已经相当灵巧，不仅会在树上走动，而且可以摘果子，钩东西，传递个纸条、烟卷什么的。

人一上树，不胜悲哀。人比动物高强，是有一根上下直立的脊梁骨，能站立行走；把脊梁骨弯下去，用四条腿走路，还叫人吗？中医理论讲过，人体也得靠地气滋养。人离开地面，不沾地气，内部就乱了套。原来长毛的地方长得疯了，原来不长毛的地方也长了。头发、胡子、眉毛、腋毛长得老长老长，脸颊、手臂、胸脯、大腿也毛茸茸的。病也来了，感冒、发烧、闹肠胃、拉肚子。有人得了森林脑炎，头涨得要爆炸。

树上真不是人待的地方啊！

洞中又是什么滋味呢？

穴居的弟兄们说，谁要是不知什么叫地狱，就让他们到地洞里看看。

一营的地洞大大小小，深深浅浅，大的住十几个人，小的住两三个人。大部分是石洞，天造地设，硬邦邦的，人住在里面就像被装进活棺材。

洞中没有阳光，白天也是黑的，有的士兵进洞以后就再见不着太阳。

人连老鼠都不如，老鼠还可以出洞遛一遛，晒晒太阳呢！

老晒不着太阳，人没病也跟得了病一样，皮肤煞白煞白的，浑身没一点儿气力，视力也在下降。洞里通风不良，臭气熏天。洞中的气味一般人是想象不到的，以为臭也就是霉味啦、水腥啦、枯枝烂叶腐臭味啦等等。其实这都不算什么。进了洞中，才知道人自身的各种气味那才叫难闻，那才叫臭呢！汗水的馊味，人体呼出的废气，口臭、腋臭、便溺臭、伤口的腥臭，再加上饭菜的味道，等等，混杂在一块，叫你说不上

是什么臭味，熏得你心口发闷，脑门子疼。

穴居生活，不是常人忍受得了的。平常环境中易如反掌的事，在这里也变得十分艰难。

人有五件事，吃喝拉撒睡。在地洞中，这五件事样样不好办。吃是罐头饼干，盟军飞机天天送，足够吃。吃罐头饼干打仗，问问老兵，听说过有这等好事？可是天天吃这玩意儿，把人吃腻、吃怕、吃伤了，见着就犯恶心。士兵们天天敲着罐头桶骂，美国佬安的什么心，为什么不给送点青菜萝卜来呢？

饮水也难。多数石洞没有水；有，也是污水、臭水。只能喝从石壁上滴下的水。有的洞内有一种树根，将它劈断，一天能滴一两碗水。人逼急了，什么法子都想得出来。

睡觉甚至比前年过野人山时睡芭蕉棚还难受，那起码能放平来睡。现在，洞中因为积水或者过于狭窄，不少人只能站着睡，坐着睡。

从未听说过拉屎撒尿也是个事，这在石洞里也发生了困难。日军火力封锁洞口，见人就打，有个士兵就是因为出去撒尿，让鬼子把大腿打断了。后来，只好这么办：撒尿嘛，简单点，拿只空罐头盒接着，完事往外一扔。解大便呢，费点事，得拿两只罐头盒，前面一只接稀的，后面一只接干的。

生存环境尽管恶劣，然而人体适应能力相当惊人。难以克服的克服了，无法忍受的忍受了。不管巢居的还是穴居的，吃喝拉撒睡，也都因地制宜、顺理成章了。

大榕树像一根拴马桩，把日军死死拴住

连续在树顶作战、洞穴作战，战士们经受了难以想象的磨难。可是人的脑袋瓜是最不安分的，人的思想感情受不了牢笼之苦。

四周一片沉静，森林陷入长眠。中国官兵们像精神亢奋的失眠者，面对漫漫长夜，寂寞、空虚、焦躁不安，陷于巨大的精神痛苦之中。

尤其是到了朗月之夜，碧空繁星点点，皓月如盘，附近溪水淙淙，草

丛中春虫唧唧，遍野林涛阵阵，不禁撩动了思乡之情。

官兵们离开祖国、离开亲人都两年多了，祖国怎么样？家乡境况如何？亲人是否平安？

默对夜空，遥想亲人，情思飞驰。再想想如今困守荒郊，援兵未至，什么时候才能冲破樊笼？什么时候才能打败鬼子？什么时候才能重返故乡？

月色朦胧中，老榕树上，有人唱起了思乡曲……

凄婉的歌声拨动了官兵们的心弦，此呼彼应，低声唱和。一时间，树上树下，情思潮涌，乡音连绵。官兵们归心似箭，杀敌意切。

时间过得真慢啊！

这里什么都缺，就是时间过于富足。几乎人人抽烟，过去会抽的抽得更凶，不会抽的也学会了抽。香烟，成了官兵们打发时光、消闷解愁的良药。后方指挥员曾打电报问：守住大榕树，需要点什么？李克己营长回电：子弹和香烟。

是的，有子弹才能对付敌人，有香烟才能安慰自己。

树上的士兵们，和猴子混得非常熟。有些胆大的猴子，公然把爪子伸进士兵的口袋掏香烟。

躺在地洞里的士兵有时很入迷地观看老鼠打架，像在观看精彩的篮球赛。人的精神不能没有寄托。有的士兵每天把枪擦几十遍，把子弹也擦得亮锃锃的。有的用树叶做成扑克、象棋玩。有个广东兵，是个机枪手，既不会打扑克，又不会下象棋，他每天把头顶的树叶数一遍。有个湖南兵，想家都想疯了，天天用树叶写家信。明知寄不出去，但一天写一封，布袋里已经塞满了一大袋。如果美国飞行员发了善心，空投食品时夹带一张报纸，一本书刊，那么官兵们就该念叨：这个美国人够朋友，真正懂得中国人的心。

不管识字不识字，得到报纸或书，每个人都得轮着看一遍。这是每个人的权利。有一次得到一张 X 部队司令部出版的战地报纸——《精忠日报》，有个士兵把四个版的内容背得滚瓜烂熟。而另一个士兵目不识丁，他拿着这张报纸，独坐在一旁，一字不漏地看了一遍。别人发现，他把报纸拿倒了，告诉他。他瞪了一眼：

"我爱这么看,你管得着吗?"

在一个天晴日朗的日子,李克己营的官兵破天荒地得到一封信件,是蓝姆迦后方总医院美军护士小姐玛莉写给中国远征军官兵的信。好心的美国飞行员,把这封信翻译抄录下来,投到大榕树下。

对生活在铁壁合围中的中国官兵兄弟来说,这封信简直就是阳光、雨露、精神炸弹。李克己营长像主持什么隆重仪式,今天特地把头发胡子梳理整齐,衣服扣子能扣的全扣上,把树上的弟兄集合起来,他亲自宣读玛莉小姐的信,信中写道:

亲爱的中国战士:

你们在前线打胜仗,我们医院里,无论医官或护士,感到的只是快乐和兴奋。

夜晚,为了你们,我常常想起我曾经到过的阿萨姆省,茫茫森林,可怕的蚊虫和蚂蟥,我真替你们担心。平常,我看护着中国伤兵,我感到无限的荣幸和快乐。或者,你们中有很多人认识我,因为我老是在病房里做事。我真希望在前线与你们重逢!

还有,我从来没见过真正的日本人,我很想看看你们捉来的日本人。

最后,我祝福你们快乐,健康!

李克己营长把玛莉小姐的信一气念了三遍。然后,派营部书记官把信带到每个地洞去传达,营长说:

"要让每个弟兄都听到。"

玛莉小姐的问候传遍了整个阵地。

像干渴的土地普降甘露,像荒芜的原野荡起春风,士兵们个个兴奋不已。

后方没有忘记我们!

朋友们还在想着我们!

全世界都在关注着我们!

在极度寂寞、极度困苦中,士兵们突然发现自己不是暴露在狼群里,而是生活在朋友中。大榕树并不孤立,它的根须吸吮着大地的营养,它的枝叶承受着普天的艳阳。

士兵们把玛莉小姐看作后方全体官兵的代表,看作是整个同盟军的化身，看作是自己最知心的朋友。每个人都认为，我是认识玛莉小姐的。每个人都在想象着、描绘着玛莉小姐的音容笑貌，有的在心中说，玛莉小姐，不要担心，我们这里一切都好！有的暗中计划，玛莉小姐不是没见过日本兵吗？我一定给逮一个回来！

长久大佐以优势兵力，将李克己营铁壁合围，时间已达2个月。

敌军步步渗透，我军紧缩防御，双方阵地犬牙交错，彼此胶着。日军既不能吞下李克己营，退兵也办不到。大榕树像一根拴马桩，把日军死死拴住了。

时间一天天过去。

时间对日本人不利。

孙立人师长亲率第114团，附炮兵、工兵各1个连，赶来解围。援军在密林中艰苦跋涉20多天，于12月下旬秘密进入大龙河地区，对驻在于邦的日军实施反包围。孙师长一面派兵侦察敌情，部署进攻，一面通知李克己营长，届时配合援军，对敌实施内外夹攻。

中国驻印军官兵在丛林中拽炮前进

听说援兵到来，李克己营士气大振。不用谁来说一句话，人人都开始做反攻的准备。把枪擦得亮亮的，把弹药补充得足足的。树上的官兵，把放了很久的军鞋穿了起来,练跑步、练刺杀。地洞里的士兵抓紧活动筋骨,恢复体力,准备战斗。

12月24日,我军发起总攻。在孙师长的指挥下,第114团之第1营、第2营渡过大龙河,分两路从日军侧后发起突然进攻。我军先以山炮对敌阵地实施1个小时猛烈轰击,继以步兵实行果敢冲锋。设围的日军与李克己营纠缠多日,也已精疲力竭。现在,我第114团突然从其背后猛击,日军的防线很快被冲垮。

李克己营官兵见时机已到,从内往外突。树上的天兵天将,地下的各洞神仙,一齐杀向敌阵。李克己营官兵们对日军恨之既切,知之亦深。哪里有敌人的火力点,哪里是敌人的指挥部,了如指掌。他们出手刀刀见血,处处打中要害。

火山迸发。

地倾天斜。

我军里应外合,前后夹击,经过一周连续作战,长久大佐苦心经营的铁壁包围圈被敲得七零八落,敌兵死的死,伤的伤,剩下的如漏网之鱼,从丛林中逃之夭夭。

战斗结束后,李克己营的官兵们自动集拢到大榕树下,他们拆除树上的工事,扶正被压弯的枝桠,清理缠绕着树干的藤箩,填平树下的洞穴,像在为一位耄耋老者尽一份孝心。离开的时候,官兵们一步一回头,仰望着矗立在山岗上的这棵古老的大树,心里说:

我们忘不了你呀!老人家。

在阵阵山风中,老榕树枝叶轻摇,像一位慈祥的老人在为中国官兵挥手送别。

在大龙河畔的于邦,我

中国驻印军通信兵

军李克己营凭借一棵孤独的大榕树，利用十分狭小的战场空间，被困不惊，勇敢沉着，与优势敌军巧妙周旋，顽强固守，最终在我军主力的支援下，反败为胜，击毙日军冈尾大队长以下军官11名，士兵173名，俘获敌兵13名，演成了古今战史奇迹。这一仗，展现了我军官兵英勇无畏的战斗精神和高超的丛林战术，检验了蓝姆迦的

战斗结束，中国驻印军士兵展示战利品

训练成果，鼓舞了驻印军全军士气。大龙河畔"李家寨"的传奇战斗故事传遍全军。勇敢战斗的李克己营，成了中国驻印军的精神象征。

　　史迪威将军也亲临前线观战，他对我军战场表现十分满意。战斗结束后，他派人专程到印度加尔各答制作了锦旗一面，赠与孙立人师长，嘉奖杀敌立功、创造奇迹的新38师官兵。这是缅甸作战以来，史迪威将军向中国官兵颁发的第一面奖旗，意义深远。

第十八章 开罗的暖冬

1943年冬天来到了。这个冬天对开罗来说，是一个有重要历史意义的时刻。

当印度洋初冬的凉风，把南亚的丛林换上橘黄色艳丽外装的时候，来自地中海的寒流，使本来就光秃秃的北非大地更显得荒凉肃杀。

然而，位于尼罗河三角洲的开罗，它的冬天是美丽的。开罗的冬天气温与武汉、重庆差不多，仅在零摄氏度左右。比起骄阳似火、气温高达摄氏40多度的夏天，开罗人更喜欢冬天的到来。当寒风把开罗西部撒哈拉大沙漠和南部阿拉伯大沙漠冷却了以后，开罗便进入一年中最好的冬季。

开罗的冬季暖和而湿润，细雨菲菲，街道两旁树影婆娑，芳草萋萋，玫瑰、大理菊、夜来香、水仙、石竹，到处散发着清香。尼罗河上，水气迷濛，云蒸霞蔚，白帆点点，汽笛声声，为城市的冬天增添了活力。分布在城区的400多座圆堡式古建筑的塔尖，在清风中巍峨挺立，直指蓝天，展示着古都不屈不挠、坚韧刚毅的骨魄和神韵。

尤其是，正当沙漠之狐隆美尔的非洲军团把北非搅得天昏地暗的时候，尼罗河畔的这颗明珠依然如此灿烂夺目，光彩照人，就更加难得了。

在开罗西南郊，金字塔和狮身人面像附近的梅纳饭店，中、英、美三国政府首脑，将召开决定全球战略的三巨头会议，最终敲定反攻缅甸作战方案。

反攻缅甸的作战方案及其副本，自1942年5月提出，一直放在史迪威和有关将领的黑皮包里，史迪威从野人山提着出来，带到重庆，带到德里，带到卡萨布兰卡、华盛顿、魁北克，又回到重庆，几度环球旅行，历时1年半。

到现在，1943年11月，黑皮包又被提到开罗。

丘吉尔的骄横态度，让蒋介石感到愤怒

蒋介石和宋美龄的座机在开罗培因机场降落时，开罗城内教堂里的钟声正好敲了七下。

这是1943年11月21日清晨。蒋介石政治生涯中最得意的一页，自此打开了。作为一个大国的领袖，到国外出席国际首脑会议，是他平生第一次。后来的事实证明，也是最后一次。

开罗之行，使蒋介石的国际声望达到巅峰。

站在飞机的舷梯上，蒋介石居高临下，犀利的目光迅速扫过机场，四周空落落的没有几个人，只有头一天到达的、蒋介石最忠实的朋友美国飞将军陈纳德和几位穿皮夹克的飞行员在恭候他。

蒋介石脸上掠过一丝不快。他紧紧地抿着嘴，勾着头，很匆忙地走下舷梯。当他听说参加会议的三国首脑中，他是最先到达的一位，他自言自语地嘟哝了一句：

"我来得太早了点！"

陈纳德将军像忠实的仆人，亲自驾车，把蒋介石夫妇送往会议的地点——梅纳饭店。

车上，蒋介石问："史迪威将军为什么不来接我？"

"他正忙着与老上司马歇尔将军叙旧吧！"陈纳德话中含有冷嘲热讽的味道。他与史迪威不和，他认为史迪威到中国夺了他的权，两人在"三叉戟"会议上为中国空军地位吵得不可开交。所以，当着史迪威新上司蒋介石的面，特别强调了史迪威对老上司马歇尔的热乎劲儿。

蒋介石心中又是一阵不快。

汽车穿过开罗市区，蒋介石偶尔看了一眼从窗外掠过的异国风光，蒋夫人则兴致勃勃，十分内行地向丈夫介绍沿途的景观。

不一会儿，汽车开过尼罗河大桥，来到西岸的别墅区。这里是一片辽阔的森林，森林中错落有致地分布着各国富豪和外交官们豪华的私邸。东西方各种风格的建筑，圆顶的、尖顶的、拱券式、塔柱式、红房子、

黑房子、白房子、灰房子，如同争奇斗艳的花朵。

与这怡人的景色很不和谐的是，整个别墅区戒备森严，一派紧张气氛，英军冲锋枪手三步一岗，五步一哨，高射炮阵地炮管林立，处处提醒着人们，现在是战争时期。

车至梅纳饭店，英军官员将蒋介石夫妇引导到1号别墅下榻，随行官员入住26、27号楼。戴着红袖箍和绿钢盔的一连英军士兵为中国国家领导人担任警卫。

第一次置身于外国士兵保护之下，蒋介石内心升起一种异样的感觉：这里不是重庆啊！

开罗会议期间蒋介石和宋美龄在一起

下午3时，丘吉尔到达开罗。他下榻在英国驻开罗官员舒适的别墅，离蒋介石住处仅半里地。

依蒋介石的心思，他希望罗斯福先于丘吉尔到达。在见到丘吉尔之前，他想先见到罗斯福，以便就某些关键问题取得一致意见。他知道，在中国战区及缅甸作战问题上，中美之间有许多共同之处，而英国对此一直持冷淡态度。但丘吉尔既然早于罗斯福到达，那就必须先见丘吉尔。

下午6时，蒋介石夫妇前往丘吉尔住处，会见英国首相。

蒋介石是第一次会见这位盎格鲁撒克逊铁腕人物。丘吉尔穿一身皇家海军元帅军装。在担任首相之前，他是英国海军大臣。而蒋介石则穿着领口上缀有灿灿金星的大元帅礼服。

今天的着装一开始就使蒋介石处于窘迫的境地。丘吉尔现在实际上是英军三军总司令，没想到他竟穿海军军装会晤中国大元帅。这明显出于丘吉尔的故意安排,他要以此捉弄一下大元帅。让蒋介石参加开罗会议,丘吉尔一直持反对态度。他认为中国顶多是个三流、四流国家,只是由于罗斯福一再坚持,他才做了让步。一见面,丘吉尔果然首先在军阶上讥讽蒋介石,他说:

"大元帅阁下,你瞧,我们都是军人,对军阶的原则是懂得的。你是三军大元帅,我只是海军军官,应该由我去拜访你才对呀!"

对丘吉尔不大友好的"谦让",蒋介石拿出东方斗士的气魄,"友好"地反驳道:

"首相阁下言之差矣。开罗会议是政府首脑间的政治会晤,不是军事会议。穿鞋戴帽等小事,何足一提?埃及是大英帝国的领地,你们是主人,中国有行客拜座客的老规矩。况且,我是早上到的,而阁下是下午才到的,先到拜后到,此乃常理也。"

"哈哈!"听了蒋介石的答话,丘吉尔突然爆发出一阵笑声。那笑声沙哑粗涩,却很放肆,像是敲击一只有裂缝的酒瓮发出的响声,让蒋介石听着很不舒服。他过去就听说,丘吉尔这人很粗鲁、很傲慢,特别瞧不起东方人,看来这话不假。但他笑什么呢?

"阁下,"丘吉尔收起笑容,说,"你来得真早。这次会议的地点,是今天中午才最后确定的。你差一点扑空了。"

"是这样吗?"蒋介石大为惊讶,"在开罗开会,是罗斯福总统在11月9日向我通告的呀!"

丘吉尔说的是实情。

夜间,丘吉尔曾接到罗斯福总统的电报,总统担心会议期间,如果德国从希腊或罗得岛空袭开罗,那将是一场空前灾难。总统建议易地开会。丘吉尔认为,总统小看了英国的防卫力量。如果在英国的属地召开一次首脑会议都没有安全感,那么英军都干什么去了?其实,对开罗的防卫,英军是做了周密部署的,在亚力山大港有8个中队的空军在待命,在开罗城郊有500多门高射炮严密注视着上空,还有一个旅的步兵担任地面警卫。于是,丘吉尔满怀信心地给正在"依阿华"号军舰上的罗斯福发去如下密语电报:

首相致罗斯福总统：

请读《约翰福音》第十四章一至四节。

《圣经》里这个章节的内容，罗斯福知道，蒋介石也熟悉，那是耶稣对信徒们说：

"你们心里不要发愁，你们信神，也当信我。在我父亲的家里，有许多住处，若是没有，我就早告诉你们了。我去原是为你们预备地方的。……我在那里，也叫你们在那里……"

丘吉尔电报的意思是劝罗斯福相信他，不要易地开会了。蒋介石不仅精通教义，更懂得丘吉尔对他讲这段故事的全部用意：开罗会议上的大事，得由英美决定，中国应该知道自己的位置。

丘吉尔的骄横态度，使蒋介石感到恼怒，心想，你神气什么？日不落帝国是20世纪以前的事了，到你的手里已是日薄西山，江河日下，正向它应有的位置滑了下去。蒋介石说：

"首相把会址选择在非洲，是明智的。因为在大英帝国的属地内，亚洲不可能有更合适的地点了。"

蒋介石不动声色，但这句话打中了丘吉尔的痛处，正是他把英国在亚洲的领地几乎全丢光了。丘吉尔是个好斗的公鸡，只有打中他的痛处，才能安静下来。

这时，医务人员走了过来，向他嗓子里喷了一点药剂。

丘吉尔解释说，在穿过直布罗陀海峡时，他受了风寒，喉咙痛得厉害。

英国首相再不那么咄咄逼人了。谈话开始进入正题。

蒋介石对英国给中国驻印军的种种援助表示感谢。丘吉尔则对在缅甸作战中，中国军队表现出的勇敢精神和合作诚意深感敬佩。

缅甸作战是蒋介石最为关切的问题，他参加开罗会议，一个重要的目标，就是要在开罗的会议桌上，将几经周折的缅甸作战计划拍板定案，付诸实施。所以，他紧紧抓住这个话题往下说：

"自从缅甸陷落，中国战场面临极大困难，重新打通滇缅路至关重要。中国为此做了充分准备，在云南的Y部队和蓝姆迦的X部队已经训练完毕。刀磨快了，就要用。中国准备随时进行缅甸战役。"

说完这番话，蒋介石看了看丘吉尔，看不出英国首相有任何反应，便接着说：

"当然，反攻缅甸不仅仅是中国的需要。缅甸作战在整个亚洲战场举足轻重。让日本人留在缅甸，我相信，这尤其不符合我们伟大的盟邦英国的利益。"

英国首相方方正正、棱角分明的脸上还是那么冷峻，毫无表情，但是，他的内心，对蒋介石的话特别反感。

英国在亚洲有大大小小好几块殖民地，可是不知什么原因，丘吉尔对缅甸总是另眼相看，好像那是后娘养的。当日本人进攻时，他为了保住印度，非常轻易地牺牲了缅甸。现在，要收复失地，他对缅甸总是不那么热心。他认为缅甸除了通往中国之外，哪里也不通。他一直热衷于"长炮"计划，希望首先收复新加坡、马来西亚以及进行殖民统治的中国香港。他的如意算盘是，等日本投降后，在谈判桌上收复缅甸，以免中国人染指缅甸。他知道，在历史上，中国和缅甸渊源太深了。一百多年前，英国占领缅甸时，在缅甸的卖身契约上签字的就是大清皇帝。

再一个原因，丘吉尔认为，开罗会议是德黑兰会议的前奏。在德黑兰会议上，英美将和苏联就欧洲战场作战方针最后摊牌。斯大林是个强硬的家伙。在开罗会议期间，他和罗斯福应集中精力，讨论欧洲战场，以便在德黑兰的会议桌上共同对付斯大林。他不愿意让缅甸作战的细枝末节，分散了他们的注意力。

正是由于以上原因，他才一直反对让蒋介石参加开罗会议。

果然，蒋介石一来就为缅甸作战唠叨个没完。

望着蒋介石那瘦削的脸上透着绝不妥协的神情，丘吉尔知道他的这个对手也不是个轻易就范的软家伙，他回答说：

"阁下说得极对，反攻缅甸是我们的共同事业，开罗会议必须对此做最后决定。但是，开罗会议不仅仅讨论缅甸作战，还有一个更庞大、更复杂的欧洲战场。依我之见，开罗会议的第一阶段，我和罗总统应首先对欧洲战场统一看法，以便同斯大林会晤。等德黑兰会议后，我和罗总统返回开罗，继续进行开罗会议第二阶段，再从容讨论缅甸作战，这样，

更能得出正确结论。你以为如何?"

"我不同意。"蒋介石对丘吉尔的主意深感不满。英国首相把缅甸作战取决于欧洲战场,含有贬低中国战区地位的恶意,蒋介石断然说:

"如果把缅甸作战推到德黑兰会议以后讨论,那么,中国代表团现在到开罗干什么?我们干脆先回国好啦!"

"那大可不必,"丘吉尔解释说,"德黑兰会议开不了几天。你们先休息一下,开罗该看的地方多着哪!金字塔、狮身人面像,还有埃及古城卢克苏尔遗址。请相信,你们会很愉快的!"

这更激怒了蒋介石,他说:"我们是来讨论战争,还是观光游览?"

说完,蒋介石气鼓鼓地坐在一边不说话了。

见蒋介石生气,丘吉尔反而觉得很开心。他把蒋介石撇到一边,侧过身开始同蒋夫人攀谈起来。丘吉尔发现蒋夫人是一位非常出色而富于魅力的人物。他想起1943年5月访问美国时,蒋夫人正在美国治病。当时蒋夫人曾托罗斯福总统带来口信,希望在纽约会见英国首相。丘吉尔因为蒋介石在访问印度时,对英国的殖民制度多嘴多舌,说了些"不该说的话",而粗暴地拒绝了蒋夫人的请求。后来,罗斯福夫妇从中转圜,邀请丘吉尔和蒋夫人一起出席白宫午宴,蒋夫人拒绝出席宴会,以此报复丘吉尔。想到此,丘吉尔后悔不迭,他对宋美龄说:

"夫人,半年前,我们同在美国,竟未找到一个会面的机会,这是多么遗憾的事啊!"

宋美龄侧过身来,那双迷人的黑眼睛直对着丘吉尔,矜持一笑,说:

"首相,我们现在不是在开罗会面了吗?但愿开罗给我们留下美好的记忆。"

"我想会这样的。"丘吉尔肯定地说。

"未必如此。"蒋介石满脸不高兴,尖利地说,"如果不能就缅甸作战达成决议,开罗会议在我国的历史上将是一片空白。"

"会有决议的。"丘吉尔说,"不过,只能在德黑兰会议之后。"

"我们不会在开罗等待德黑兰的消息的。绝不会!"

"好吧,等罗斯福总统来后,我们听听他的意见。"丘吉尔说。

蒋介石夫妇起身告辞。

剖陈利害，罗斯福把丘吉尔拉回缅甸丛林中

11月22日上午9时，罗斯福的座机在开罗机场降落。丘吉尔和蒋介石前往机场迎接。

本来，预先约定三国首脑21日在开罗集齐，但罗斯福却姗姗来迟。后来才知道，在横渡大西洋时，罗斯福总统心血来潮，命令舰队进行防空演习，结果忙中出乱，另一艘军舰向总统乘坐的"依阿华"号旗舰发射了一枚鱼雷，好在躲闪及时，避免了一场灾难，但行期不免有所耽误。

听了关于罗斯福总统旅途遇险的故事，过度敏感的蒋介石继而联想到丘吉尔在途中感冒，发高烧，再又想到他自己率领的中方代表团飞越驼峰时，因为飞行高度过高，团员中老气横秋的王宠惠心脏病突发，一度昏厥，险些毙命。这一连串的不测，在蒋介石心中蒙上一层阴影：

开罗会议险象环生，很不吉利。

罗斯福总统的迟到，在会议之前造成一种奇妙的局面。因为对会议第一阶段讨论不讨论缅甸作战，中英一票对一票，美国的意见便成了关键，无形中造成了罗斯福可以左右会议的有利地位。罗斯福是善于驾驭局面的人物，谁知道他的迟到是不是深思熟虑后采取的一个小小计谋？

此时，蒋介石和丘吉尔都迫切希望见到罗斯福并首先与他私下会晤。尤其是蒋介石，他虽然与罗斯福总统文电频繁，信使不断，神交已久，但从未谋面。而在开罗会议上，他特别需要罗总统的支持。

罗斯福乘坐的"圣牛"号飞机在开罗沙漠机场停稳。

一辆特别的舷梯车开到机舱下。舱门打开，一辆轮椅被推出舱门。美利坚合众国总统端坐在轮椅上，在四名仆役的帮助下，从舷梯上慢慢向下滑行。

总统身披一件黑色斗篷。这一点，他与蒋介石有共同之处，蒋介石出门也常常披一件黑色猫皮披氅，只不过，罗斯福双腿不能站立，不能让清风将斗篷威风凛凛地鼓起，这不免有些遗憾。但是，总统斗篷系带别出心裁，一条金链子，系着两只狮子形状的铜扣子。胸前有这么两只

神形兼备的铜狮子，平添了几分令人敬畏的威风。罗斯福11月13日从美国起程，在大西洋上颠簸了一个多星期，海洋的风浪使他虚弱的身体不胜辛劳，他脸色苍白，形容憔悴，再配上那顶皱皱巴巴的深色布帽，更显出他的病态。

看到这位患过小儿麻痹症、长年困在轮椅上的美国总统，蒋介石感到非常熟悉，又非常陌生，说不上是喜，还是悲。

这就是罗斯福？

这就是美利坚合众国的大总统？

这个世界乱了套，怎么把拯救人类、指导全球战争的责任压到一个双腿不能行走、生活不能自理的残疾人肩上？

迟疑间，丘吉尔已大步上前，走到轮椅边，俯下身去，同罗斯福互相拥抱。他们是老朋友，显得亲切自然。

蒋介石偕夫人在丘吉尔之后，也向罗斯福总统致以问候。与蒋介石夫妇见面，罗斯福似乎更为兴奋。罗斯福与蒋介石亲切握手，然后是长时间的拥抱。

罗斯福身体虚弱，不能在机场停留过长时间。在走向座车的那小段路上，丘吉尔看见蒋介石在罗斯福轮椅边又快又急地说着什么。然后，由蒋夫人小声地翻译给罗斯福。罗斯福听了，不住地点头，好像达成某种口头协议。

很快就来到了汽车跟前。在罗斯福就要上车的时候，丘吉尔表示，希望在下午能到总统下榻处登门拜访。罗斯福听了，哈哈一笑：

"首相先生，刚才有人向我提出了同样的建议，我已经答应了。"

罗斯福转身望着蒋介石，接着说："据委员长说，他们在开罗等候我27小时了，他们有一些建设性意见要和我谈一谈。"

蒋介石满意地点点头。

伶牙俐齿的蒋夫人却纠正了罗总统的话："不是27小时，是等了6年。自从和日本交战以来，我们一直希望面晤罗总统。"

宋美龄的英语说得十分流畅动听。罗斯福和丘吉尔听了，都会心地微笑，唯有蒋介石不知夫人到底说了什么。看见大家笑，他也嘿嘿地跟着笑。反正夫人说的肯定是他应该和必须说的。

罗斯福对丘吉尔说："至于我们之间的会晤，尊敬的首相先生，我更希望晚上由我到你的住处去。据说，在英国首相下榻处，观看尼罗河夜景是最好的享受，欢迎不？"

"随时恭候美国总统光临。"丘吉尔回答。

夕阳像一团火球栽进撒哈拉大沙漠，天际立时燃起大片的晚霞。这里的霞光是那么热烈，那么绚丽，以致寒风中你也能感到一丝温热，染上一抹橘红。

落日的余晖如同神奇的彩笔，把袒露在尼罗河畔的开罗，描绘成一幅中世纪的油画。灿烂的晚霞给古城涂上一层神秘而富丽的底色，地面上纷繁复杂的景物，街道、房舍、花木、行人、驼队、毛驴

宋美龄在美国白宫会见罗斯福夫人

车，全在霞光的大笔触下，失去原有的轮廓，而那些年代久远、代表着开罗古代文明的高大建筑却在暮色中大放异彩。矗立在尼罗河中心岛上的开罗古塔，挂天而立，直插苍穹，城内上千座教堂的钟楼摩肩接踵，像一片远古的森林，尤其是梅纳饭店附近的金字塔和狮身人面像迎着金色的晚霞，巍峨屹立，力拔山川。城内城外炊烟袅袅，晚祷告的钟声此起彼落。

黄昏中的开罗古老而凝重，神圣而充满魅力，如童话世界一般。

而当霞光从西天熄灭，夜幕便笼罩开罗。开罗的夜色完全是另一番景象。城里城外，万家灯火，曾经在晚霞里黯然失色的街道、广场、商店、楼房此时大放光华，公路上车灯闪闪，马达轰鸣；尼罗河水面，大小船只，来往穿梭，笛声悠扬。而那些象征着古代开罗的塔、寺、钟楼，已经在夜色中隐去身姿。如果说开罗的黄昏充满着古老神秘的色彩，那么这里的夜晚处处洋溢着年轻、蓬勃的现代生活气息。

偶尔,一队队英军巡逻机从夜空中飞过,它明白无误地提醒着人们:开罗正处于第二次世界大战中。

面对开罗的夜色,丘吉尔显得有点闷闷不乐。在机场,罗斯福首先接受蒋介石的拜会约请,而将他往后面排,这使他感到不悦。而伤风引起的症状,也使他更加烦躁。他决定在罗斯福来访前洗个蒸汽浴,提提精神。

丘吉尔在政治上大刀阔斧,在日常交往中也不拘礼节。据他身边的人说,首相喜欢脱光了睡觉,早晨起床,他常常光着身子站在走廊门口,大声呼唤侍从,而不使用床头的蜂音器。在宴会上,他有时喝得酩酊大醉。会见客人时,他常把腿跷得老高老高,喝水的声音也弄得很响,像头水牛似的。前年他访问美国,罗斯福总统到他下榻处回访,正好赶上他在浴室里处理"私事",罗斯福很窘迫地想退出来。这时,丘吉尔披着宽大的浴衣,从浴室走出来,乐呵呵地大声说:

"进来吧!总统阁下,任何时候,英国首相对美利坚合众国总统毫无秘密可言。"

今天还好,罗斯福到来时,丘吉尔已经处理完"私事",换上一身刚熨过的夜礼服。他热情地引导着罗斯福:

"请总统这边来,我们将面对尼罗河的灿烂夜景,谈论我们愿意谈论的所有问题。"

丘吉尔和罗斯福来到一间有落地大玻璃窗、能眺望尼罗河景色的客厅,首相对总统说:

"昨天,也是在这间屋子里,我和蒋介石大元帅第一次会晤。"

"你也是刚从浴室里出来,迎接他的么?"总统笑着问。

"不是,完全不是。"丘吉尔说,"在我看来,他还是个神秘人物,我还不能对他敞开一切。不过,他的沉着、严谨和对追求自己的目标不达目的不罢休的劲头,给我留下了深刻印象。"

丘吉尔把自己的烟盒给罗斯福递过来。罗斯福礼貌地谢绝了。他抽不惯英国雪茄,而喜欢抽美国加州出产的带有点薄荷味的香烟。

罗斯福从自己的烟盒里挑出一根香烟,插在烟嘴上抽起来。丘吉尔抽自己又短又粗的大雪茄。

客厅里弥漫着和谐的气氛。

罗斯福此时回想起会见蒋介石的情景,跟那位刻板、不抽烟的委员长会见,很难造成现在这样融洽的气氛,这使他有点遗憾。他对丘吉尔说:

"蒋委员长也给我留下很好的印象,他是我见到的第一个地道的东方人。"

"你们谈得怎么样啊?"

"很好。"罗斯福吸了一口烟后,意味深长地说,"不过,委员长好像对有关参观金字塔的安排不大满意。"

"我认为,在德黑兰会议之前,请大元帅在开罗好好休息,是最明智的安排。"丘吉尔坚决地说。他似乎已经感觉到,罗斯福和蒋介石已经坐到一起去了。

当丘吉尔有这种预感后,他们往下的谈话便不那么融洽了。

罗斯福将烟嘴叼住,双手紧紧扶住轮椅的扶手,正过身躯,他一边远望着开罗的夜色,一边冷静地分析天下大势,他说:

"中国是我们非常重要的谈判伙伴,应当尽快让他和我们一起坐到会谈桌上。一个强大的中国,不仅在大战中具有重要意义,而且战后,必须让中国填补日本战败留下的空隙。不然,苏联就会不仅在欧洲,也在亚洲产生重大影响。这将打破世界的均势。我们美国正是从这两个方面来评价中国的。"

"这只是一种良好愿望。"丘吉尔不同意美国的观点,他接着说,"我不同意人们这样过高地估计中国的力量和中国战场的作用。我始终认为,开罗会议只是几天后的德黑兰会议的前奏,主要任务是使我们对欧洲战场达成一致看法,以便和斯大林谈判。在开罗我们没必要用一些枝节问题分散我们的注意力。"

"如果把中国人所关心的缅甸作战放到德黑兰会议之后再讨论,中国人就会感到自尊心受到损害。"

罗斯福进一步透露说:"在华盛顿,中国外长宋子文曾不止一次地向我暗示,日本人曾向重庆提出过一些很好的建议。言下之意,中国如果得不到盟国有力支持,可能屈服于日本。而美国将领们认为,一旦日本

在中国得势，美国就可能要从欧洲退出来。"

"这是中国人的讹诈。"

丘吉尔激动了，他把雪茄拿在手里，当一根棍子似的在空中挥舞，好像要把中国从某个位置上赶下来，他愤怒地说："其实，没有中国，我们照样可以打败日本。我认为英国将领们提出的'长炮'计划是个很好的计划，我们只要通过苏门答腊，收复新加坡和马来西亚，然后从海上北上，可以直逼日本本土。我们完全可以不依赖中国。"

罗斯福永远不会像丘吉尔那样激动，但是，这并不减轻他说话的分量和说服力，他心平气和地说：

"是的，对付日本，我们可以有许多方法，但是，我们认为，通过中国进攻日本仍是一个最合算的办法。想想看，待我们把欧洲问题解决后，腾出手来对付日本时，苏联可能早就把手伸过来了。苏联离日本多近！新式轰炸机只有一个小时航程。如果苏联把日本抢先拿到手，天下会成什么样子呢？所以我们一定要扶助中国。而最好的办法是帮助他们打通滇缅公路。不然，一个封闭的中国很可能为日本所吞没。"

罗斯福巧言善辩，剖陈利害，他把海上的路、空中的路，一条条都堵起来，一点点把丘吉尔拖回到他所讨厌的缅甸丛林中来。

丘吉尔对着开罗的茫茫夜空，沉思了许久，最后，很不情愿地说：

"那么好吧，我们共同来解决该死的缅甸。请问，美军打算为缅甸做点什么呢？"

"我们一直在为反攻缅甸做出努力，除了在蓝姆迦训练中国部队外，还在云南训练了约15个中国师。缅甸作战打响之前，我们准备把驼峰的空中运输能力从每月3000吨提高到10000吨。必要时，我们还准备派出一至两个步兵师参加缅甸作战。"

顿了一会儿，罗斯福强调说："至于伟大的英国，委员长坚持认为，如果没有英国海军在孟加拉湾登陆，缅甸作战没有取胜的希望。"

"登陆，登陆，我们要登陆的地方太多了。"英国首相不知道蒋介石给罗斯福喝了什么药，使罗斯福如此卖力地为他说话，丘吉尔不耐烦地说，"我们要在突尼斯登陆，还要到德黑兰同斯大林讨论诺曼底登陆。英军太缺少登陆舰艇了。"

"如果只是登陆艇的问题，美国将领们表示，可以向你们提供某些帮助。"

罗斯福左逼右逼，一定要丘吉尔答应英国海军在孟加拉湾登陆，执行代号为"海盗"的两栖作战计划。

丘吉尔实在无法逃脱蒋介石和罗斯福的前后夹击，他只好让步：

"好吧！英国准备实施'海盗'计划。不过，"丘吉尔又警告说，"我们可能会为此而后悔的。"

作为开罗会议参加国，中国代表团常常坐冷板凳

经过中、英、美三国领导人一番私下磋商，讨价还价后，代号为"六分仪"的开罗会议，于1943年11月23日上午正式举行。

会址在梅纳饭店主楼。这是一座蓝灰色两层楼房，样子很陈旧，在卡塞林森林别墅区的豪华建筑群中，一点也不起眼。

按照中国人的观点，在这样一座古老的小洋楼里召开世界三巨头会议，安排全球战略，未免过于简陋。

楼内陈设很简单，走廊里没有地毯，卫生设备也少，每层楼的卫生间一次只能供两个人同时使用。会议厅在顶层的一个大房间里。厅内，三排长条桌子围成一个"门"字形。桌上铺着米黄色毛毯，摆上一些鲜花盆景。三排桌子上分别插着三个国家的国旗。透过厅内的窗户，古老巍峨的金字塔和冷峻威严的狮身人面像就在跟前。唯有这两件稀世古物，证人一样，不断提示人们：

一个历史性的时刻即将降临。

上午11时，三位大人物进入会议厅。

坐在轮椅上的罗斯福总统在仆役的帮助下，来到插着星条旗、摆在中央的那排桌子后面就座。因为事前公推美国总统主持会议。

蒋介石和丘吉尔分别在青天白日满地红旗和米字旗旁边找到自己的座位。

他们的座位正好面对面。等仆役把罗总统轮椅位置调整好，并锁紧

轮闸后,丘吉尔以盎格鲁撒克逊人特有的风度,向蒋介石做了一个友善的手势,请大元帅先落座。然后,他才把自己那臃肿的身躯塞进属于他自己的那张大木椅。

和罗斯福、丘吉尔坐到一起,蒋介石显得单薄、瘦削了一点,但是他精神特别好,满面春风。他先是靠上去闻了闻桌子上那盆玫瑰花,然后又动手把桌上那面精致的青天白日满地红旗往跟前挪了挪。

在他的眼里,这面被缩小了的国旗,是他所看到的"青天白日满地红"中最庄严、最神圣的一面。中国国旗和美国、英国国旗一同在开罗会议桌上飘扬,这正是中国大国地位的有力证明。

中国首脑今天没有理由不感到高兴。

他知道,经过美国总统施加影响,丘吉尔已经接受"海盗"计划。这不仅意味着反攻缅甸作战方案即将实施,重开滇缅路指日可待。而且,在谈判桌上,中国的意见占了上风,这在百多年中英关系史上还是第一次。

出席会议的人员全部到齐。各国首脑身边坐着的都是大名鼎鼎的高级将领,每个人手里都握有千军万马,随便谁跺一脚,地球都要抖一抖。

罗斯福身边有陆军总参谋长马歇尔上将、海军司令金上将、空军司令阿诺德上将及总统军事助理李海海军上将等。英国代表团成员有帝国陆军总参谋长布鲁克元帅、陆军元帅迪尔、海军元帅坎宁汉以及蒙巴顿海军上将。蒋介石率领的代表团就更加庞大了。除了蒋夫人外,还有国防委员会秘书长王宠惠、军事委员会办公厅主任商震、总统侍从室第一处主任林蔚、空军司令周至柔。更为特别的是,中国代表团里还包括两位大鼻子美国将军,一位是史迪威,另一位是陈纳德。美国陆军部本来不准陈纳德出席开罗会议,蒋介石临时用中国空军参谋长的头衔,把他拉进会场。

11时10分,罗斯福宣布会议开始。

经过一夜休息,罗斯福已经不像昨天刚下飞机时面带倦容。实际上,一坐到会议桌上,罗斯福就恢复了一个政治家的风采神韵。罗斯福环顾四周后,开始讲话,他说:

"首先,我与英国盟友乘此机会,向蒋委员长及夫人表示欢迎。"

罗总统这么说是得体的。蒋介石夫妇第一次出席同盟国首脑会议，是他们的新伙伴。罗斯福的话得到丘吉尔的热烈响应，英国首相带头鼓了掌。

罗斯福接着说："开罗会议为历史性会议，为英美苏中莫斯科会议四国宣言之具体化，影响所至，将达今后几十年之世间。"

美国总统说话慢条斯理，即使谈及最重大的问题，语气也极为平和，不事渲染，这正是大政治家应有的风度呢。

"我相信，"罗斯福进一步说，"作为同盟国三个主要国家的领袖在这里集会，我们的目的是赢得我们正在进行的这场战争。我提议，在今天的会议上，主要讨论美、英、中三国共同关心的事情，我指的是东南亚战场，主要是缅甸作战的局势。"

说完，罗斯福扶了扶夹鼻眼镜，用征询的目光看了看丘吉尔，又看看蒋介石。其实这是礼节性的，三国领导人昨天频繁接触，斗智斗法，就是为了安排今天的议程。

在得到丘吉尔和蒋介石肯定的表示后，罗斯福宣布道：

"现在，请蒙巴顿将军，就东南亚作战计划发言。"

作为东南亚战区司令官，年轻英俊的蒙巴顿将军起立，他打开那只黑色皮包，取出一沓厚厚的文本和作战地图，那是魁北克会议之后，同盟军联合参谋长会议制订的缅甸作战计划草案。要点包括：

中国远征军 X 部队自 1944 年 1 月起经野人山反攻缅甸；英军第 15 军团自印度推进至阿拉干前线，相机占领若开港；英军第 4 军团自英法尔进至钦敦江西岸；中国远征军 Y 部队于 3 月进攻龙陵、腾冲，攻入缅甸；X 部队于 3 月攻下密支那，并与英军会师，4 月攻占卡萨，与 Y 部队会师。

蒙巴顿报告完缅甸作战计划，蒋介石听着听着，不由得皱起眉头，这个部队那个部队，为什么不提英国海军部队？这里作战那里作战，为什么不讲攻占仰光的两栖作战？

蒋介石正要发问，这时，丘吉尔举起右手要求发言。英国首相从座位上站起，就英国海军情况作补充发言。

这才是蒋介石最关心的内容。

"自从意大利投降后,英国皇家海军已能腾出手来,对孟加拉湾用武。"丘吉尔与罗斯福不同,他的两条腿不停地走动,从不站在一个地方把话说完,他边说话,边围着座位来回转。这一点罗斯福做不到。

开罗会议期间,蒋介石、宋美龄与罗斯福(左二)、丘吉尔合影

丘吉尔讲话声音非常宏亮,抑扬顿挫,富于感情,一听就是个出色的演说家。在讲完一段话,让人翻译时,丘吉尔的嘴唇仍在不出声地动弹,好像把要说的下一段话预讲一遍。

英国首相的头一句话,就让蒋介石高兴。蒋介石一边听着夫人翻译,一边冲着嘴唇不停地动弹、有一肚子话要说的丘吉尔点头,好像说:

"你赶快往下讲吧!"

丘吉尔宏亮的嗓音又响了起来:"印度洋上的英国舰队,将拥有最新式乔治五世级战斗舰2艘,重型战斗巡洋舰1艘,配备有15吋口径炮之战斗舰2艘,大型航空母舰4艘,小型航空母舰10艘。此一海上力量,将大大超过孟加拉湾日本海军。至于陆地方面,英军准备18万人,加上同盟军部队将达30余万人,也大大优于日军。空军方面,在印英空军及驻华之美空军,均相当雄厚。所以,我们可以预言,攻缅计划确有成功之把握,只须各军事长官,速订详细计划,即可开始行动。"

首相以一个有力的手势结束了自己的讲话，之后，坐回到自己座位上，拿起放在烟具上的雪茄，深深吸了一口，慢慢品味着。

在场的所有人对丘吉尔的讲话，反应积极。蒋介石更是满心欢喜，对英国首相昨天一再叫苦，推说海军力量不足，蒋介石不相信；而今天在印度洋突然冒出一支庞大的英军舰队，中国领导人也是打了问号的。但无论如何，丘吉尔既然把话放出来了，就要抓住他，别让他从自己的许诺中缩回去。蒋介石盯准时机，开始发言：

"今承丘首相告知海上使用舰艇数目，至为欣慰。攻缅胜利之关键，完全在于海陆军能否同时发动，配合作战。根据情报，敌在缅可使用兵力，可达10个师团30万众。如其海上补给线不予切断，敌兵力还可增加。望罗总统、丘首相对此特别注意。敌人之生死战场有三：一为缅甸，二为东北四省，三为华北。如在缅甸失败，则彼在华南、华中、华北以至东北皆将不守。缅战之重要，于此可见。"

蒋介石纵横捭阖，有理有据，无懈可击，把缅甸作战利害得失陈述得十分透彻，连丘吉尔也不得不表示赞同。

最后，蒋介石使出杀手锏，他的结论是：

"直言之，陆军集中必须与海军同时，陆军集中之日期，应视海军集中之日期为定准。"

这一招厉害！

蒋介石把陆上作战与海上作战紧紧捆在一起，使丘吉尔无法脱身。丘吉尔根本没打算在今天的会议桌上承担执行"海盗"作战的具体责任，他不过是说说而已。印度洋上那个庞大的舰队还没影子呢，没想到蒋介石非要他一句话砸出一个坑来，确定海军行动的日期。这是办不到的事。

然而，丘吉尔绝不能当众说，他刚才开的是空头支票。他反而煞有介事地说：

"海军集中，事关机密，不便在此宣示，当亲自面告大元帅。"

没想到关于"海盗"行动的讨论，丘吉尔一句话便给刹住了。蒋介石的杀手锏、捆身索统统失效。

首脑会议接着就缅甸作战的指挥系统、交通运输、后勤供应进行讨论，蒋介石认为这些都是"技术问题"，不感兴趣。

12时20分，罗斯福宣布会议结束。罗斯福谦称他和丘吉尔都是文人，希望蒋介石参加联合参谋长会议，继续讨论缅甸作战。

历时1小时10分钟的中、英、美三国首脑会议，以丘吉尔给蒋介石留下一个十分诱人的悬念而告终。这是开罗会议期间，三国首脑同时出席的唯一的"高峰会议"。

中国政府组织民众在滇西建设机场

此后，罗斯福和丘吉尔一头扎进欧洲作战计划，把棘手的缅甸作战方案交给联合参谋长会议讨论。

蒋介石又陷入水深火热之中。

代号为CCS的英美联合参谋长会议是一个惯会争吵和扯皮的机构，反攻缅甸计划，就是在CCS里扯了一年多。

CCS由英国陆军总参谋长布鲁克元帅主持，这位身材高大、皮肤粗糙、目空一切的英国将领，在羞辱中国人方面，一点也不比独眼将军韦维尔逊色，他可知道怎样当众出中国人的丑了。

在讨论缅甸作战方案时，他借口中国人以泄露秘密著称，对一些关键性内容掐头去尾，常常使中国将领们丈二和尚摸不着头脑。他闭口不谈孟加拉湾登陆的事，时而提些古怪的问题，要中国人回答，时而塞过来一张标志不清的作战地图，让中国人发表看法。中国将领们第一次受这种洋罪，常常被弄得晕头转向，丢人现眼。对英国人的诘难，有时几个人凑在一起小声地议论，然后，其中一个人说："我们希望听听你们的高见。"

布鲁克则嘲讽地回答："既然如此，我们何必请你们参加会议呢？"

11月24日下午，中国代表团被拒绝参加CCS的会议，中国的意见改由马歇尔将军转达。作为开罗会议参加国之一，中国代表团竟被关在会议大门之外。

奇耻大辱！

不知蒋大元帅的脸往哪里搁？

关于海军集中日期，蒋介石一直等待丘吉尔的回信，但英国首相总不露面。

25日上午，蒋介石下了大红请帖，请来丘吉尔，同来的还有英国外长艾登和蒙巴顿。英国首相闪烁其词，蒋介石不得要领。谈了一个多小时，全无结果。

蒋介石在日记里发泄对丘吉尔的憎恶，他写道：

"英国之自私与贻害，诚不愧为帝国主义之楷模矣。"

蒋介石急眼了。

下午4时，蒋介石偕夫人再次拜访罗斯福。罗斯福对丘吉尔简慢中国的态度表示强烈不满。美国总统以他个人的名誉向蒋介石担保：一定迫使英军执行"海盗"计划。

"山姆大叔"果然面子大。26日，蒙巴顿终于带来口信，英国海军将于1944年3月在孟加拉湾集中完毕。

蒋介石笑了。

《开罗宣言》的发表，是中国人的盛大节日

27日上午，在梅纳饭店1号别墅，蒋介石对随员们宣布：

缅甸作战计划已得罗斯福总统保证,吾人目的达到了。

几天来,谈判桌上唇枪舌剑的公开较量,紧张频繁的私下会晤,以及没完没了的宴请茶会,把蒋介石搞得精疲力尽。现在终于万事妥帖,如愿以偿。经三国首脑审定的《开罗宣言》现在已经放进中国代表团的皮包,只等适当时机公开发表。其全文如下:

罗斯福总统、中国国民党主席蒋介石、丘吉尔首相偕同各该国军事与外交顾问人员,在北非举行会议,业已完毕。兹发表概括之声明如下:

三国军事方面人员,关于今后对日作战计划,已获得一致意见。我三大盟国决心以不松弛之压力,从海陆空各方面,加诸残暴之敌人,此项压力,已经在增长之中。

我三大盟国此次进行战争之目的,在于制止及惩罚日本之侵略,三国绝不为自己图利,亦无拓展领土之意思。三国之宗旨在剥夺日本自从1914年第一次世界大战开始后,在太平洋上所夺得或占领之一切岛屿;在使日本所窃取于中国之领土,例如东北四省、台湾、澎湖群岛等,归还中华民国;其他日本以武力或贪欲攫取之土地,亦务将日本驱逐出境。我三大盟国稔知朝鲜人民所受之奴隶待遇,决定在相当时期,使朝鲜自由与独立。

根据以上所认定之各项目标,并与其他对日作战之联合国目标一致,我三大盟国将坚忍进行其重大而长期之战争,以获得日本无条件投降。

这份历史性的重要文件,总共才300余字,有一半内容是为确定中国的利益而写进去的。其中包括战后日本归还中国东北、台湾、澎湖列岛等重要条款。

在开罗会议的公开宣言和秘密协定里,中国得益最大。扯了一年多皮的英国两栖作战计划得到担保,与此同时,美国也答应将驼峰运输量提高到每月1万吨,并且将分三批装备中国90个师。

开罗会议是中国人的盛大节日。

蒋介石可以游览观光了。27日下午,委员长换下大元帅礼服,身穿长袍马褂,头戴圆礼帽,一副东方绅士的派头,嘴里轻松地哼着一支古老的歌曲。

什么曲子？

只有身边的宋美龄知道。那是1927年，他们两人结婚典礼上演唱的歌曲《啊，答应我》。

宋美龄不由得心花怒放，一边优雅地挽起蒋介石的左臂，一边低声唱和。

蒋介石一行来到吉萨高地金字塔前。这里一共有三座金字塔和一尊狮身人面像。三座金字塔中，以胡夫大金字塔最为高大，塔高140余米，共用230万块石料堆砌而成，每块石料重2.5吨。在巴黎埃菲尔铁塔落成之前的4000多年，金字塔一直是地球上最高的建筑物，被列为世界七大奇迹之首。

不过，金字塔并不是以它的高度，而是凭神秘感和哲理吸引着古今游人。几千年来，不管富人还是穷人，当权者或是平民，都能从这里悟出人生的道理，找到自己的位置。叱咤风云的希腊马其顿国王亚力山大大帝，在征服埃及后，曾进入胡夫金字塔的墓室内独自冥想。拿破仑曾在金字塔前留下千古名言："士兵们，以往四千年历史在它后面瞠目注视着你们。"而历代的平民们则常常抚摸着金字塔底层斑斑驳驳的砖石发问："凭什么永远把它们压在最底层？"

在金字塔旁，蒋介石围着边长230米的正方形基座，转了两圈，好像在用脚步丈量着什么。之后，他摘下礼帽，仰望着高耸入云的塔身。金字塔是一部无所不包的万全教科书，每个人都能从这里读到自己需要的知识。蒋介石从政治家的角度观察到，埃及国王建造的这种古老建筑物，分明是权力的宣言书。古往今来的政治家们，一直仿照金字塔原理，结构权力，掌管国家。令蒋介石感叹不已的是，砌筑金字塔的石料，历经数千年风吹雨淋，承受着难以数计的重压，仍然方方正正，结结实实，难得，真难得！

夫人宋美龄今天游兴颇浓。她身穿黑缎旗袍，外加白色短外套，脚穿饰有蝴蝶结平底白布鞋，手持艳丽的遮阳伞。她的光临，使这旷野荒郊增色不少。夫人走一路，议论一路，惊叹一路。这时，她侧过头，以神秘的目光斜睨着蒋介石，问道：

"达令，你可知道，金字塔为何能历万古而不朽？"

这也是蒋介石心中一直翻腾着的问题。他思索一番后,很有把握地回答:

"夫人,我能回答这个问题。金字塔的长寿,全在它特别的结构。你瞧,它的底座多大,根基多牢!"蒋介石对自己的出色回答,颇有几分得意,故意反问道,"你说是吗?"

夫人嫣然一笑:"说得对,达令。"说着,她轻轻拐上蒋介石的手臂向前走了几步,与随从人员拉开点距离,然后低声说,"我是说,你前一句说对了,而后一句全错了。"

"这,这还有错?"蒋介石诧异地眨巴着眼睛。

"是的,错了。"宋美龄点点头,"金字塔所以历尽沧桑,万劫不毁,其秘诀不在于底座,而在塔尖。看见了吗?金字塔所有的石料都是方的,唯有塔尖那块带尖角。头顶苍天,下压三界。想想看,要是没有这块巨石统挈,塔身早就四分五裂,土崩瓦解啦!金字塔的几百万块石料,哪一块都无关紧要,唯有顶头那块不可少,少了它,就不叫金字塔了。"

"哎呀呀!说得好哇,说得好!"蒋介石拍着脑瓜,大彻大悟。

离开金字塔,在沙地上走不多远,来到狮身人面像下。

一个多么怪诞的庞然大物啊!

狮身人面像由整块巨石凿成。这张脸真大!鼻子1米多长,嘴巴2米多大,耳朵也有2米来长,胡须的长度即在10米以上。传说,这脸是依据埋葬在金字塔内哈夫拉国王的模样雕刻而成。出奇的是,它竟安在一只50多米长的雄狮的身躯上。不知古人为何生出这种奇思妙想来。

在这尊谜一样的怪物跟前,蒋介石东瞧西看,评头论足。狮身人面像集人的灵性与雄狮的勇猛于一身。脸部轮廓分明,有棱有角,双唇紧闭,目光炯炯,一副冷峻而捉摸不定的神情,十足一代枭雄的脸谱。其威、其勇、其智、其诈,令人望而生畏,远远超过中国古戏里曹操那张大花脸。

蒋介石顿时觉得这张脸如此熟悉,好似在哪里见过。

啊!想起来了。不是别人,正是他刚刚结识的那位盎格鲁撒克逊铁腕人物。

几天前,在梅纳饭店的会议桌上,他们相对而坐。窗外能远眺金字塔和狮身人面像。蒋介石当时曾经很细心地探究过桌子对面他的朋友的那张刀砍斧凿一样棱角分明、毫无表情的大方脸,并且不安地感觉到,那朋友在一副倨傲的神情中,似乎深藏着某些难以捉摸的东西。偶尔,越过窗户,一瞥窗外那尊狮身人面像的朦胧身影,蒋介石曾奇妙地感觉到,他的朋友与石头像似乎有某些相似之处。如今,走近石像一看,就精神气质而言,二者竟惊人地相似。

蒋介石极有穿透力的目光紧紧盯着跟前的这尊石像,像要识破点什么,却总也识不破。他只好在心中告诫自己:跟这种人打交道,当心!

开罗会议已告结束,罗斯福与丘吉尔已经飞往德黑兰,同斯大林举行会谈。11月27日晚11时,蒋介石和夫人飞离开罗,取道印度回国。登机之前,狮身人面像的影子不断在蒋介石脑海里扑闪,他对丘吉尔勉强应承的两栖作战,很不放心,便把史迪威留在开罗,听候德黑兰会议的消息。

蒋介石的预感很快应验。德黑兰会议开完后,12月2日,罗斯福和丘吉尔再次回到开罗。因为与斯大林谈妥明年诺曼底登陆的庞大作战计划,丘吉尔坚决拒绝实行刚刚答应中国人的代号为"海盗"的孟加拉湾两栖作战。经过一番激烈争吵,罗斯福只好让步。

蒋介石被出卖了。

12月5日,蒋介石接到英美首脑发自开罗的电报:

经与斯大林会晤,将在明年晚春,在欧洲大陆发动一规模较大联合作战,此战须使用巨型登陆艇数额甚大。因此,不能调用足数登陆艇从事明年孟加拉湾之两栖作战。

蒋介石气得发抖,嘴里骂道:

"言而无信,狮身人面,娘希匹!"

第十九章　扬威胡康河谷

中国军队反攻缅北，打乱了日军的作战部署

开罗会议结束后，蒋介石偕夫人回国，途中在英军将领蒙巴顿的陪同下，转道印度，特意来到蓝姆迦视察。此时，中国驻印军新1军主力新22师、新38师已经开赴前线，留在蓝姆迦的主要是不久前从国内调来的第30师。蒋介石视察了部队训练营地，检阅了留驻部队。蒋介石看到部队军容严整，武器精良，士气旺盛，十分高兴。军长郑洞国向蒋介石汇报了前方部队正在印缅边境地区作战以及中印公路修筑进展情况。蒋介石赞赏中国驻印军的训练成果，对前方作战及筑路情况也十分满意，反复强调把驻印军训练好使用好，对争取美援十分重要。

参加开罗会议后，蒋介石视察中国驻印军

由于罗斯福和丘吉尔在德黑兰会议中，为了欧洲战场的利益，取消了"海盗"作战行动。蒋介石怒不可遏，作为报复，坚决拒绝将滇西的Y部队投入反攻作战。但是，同意X部队照原计划继续投入作战。为了祝贺新年，鼓舞士气，蒋介石回到重庆后，于1944年元旦，特别发表了《致中国驻印军新

编第1军军长郑洞国及新38师师长孙立人等元旦慰劳远征将士文》,全文如下:

今值民国三十三年元旦,我远征国外及捍卫边陲之国军将士,坚强战斗,辛勤训练,屈指将达两年。我国内全体军民同胞,在庆贺新年之中,无不倍增怀念,引领翘首,为我官兵祈福。尤以青年学生对我远征将士,属望甚殷,景仰至隆。

开罗会议后,蒋介石偕夫人赴蓝姆迦视察,
(前排右起)郑洞国、蒋纬国、蒋介石、宋美龄、蒙巴顿、黄乍霖

两个月来,千万成群,相聚请缨,愿追随我诸将士之后以效命于疆场。足证诸将士万里长征之壮举,不独为反侵略之重要战场,播其声威,亦将使全民族之士气民心,变其方向。际此万象更新之日,诸将士得悉其及身之事业,有转移国运之影响,必能加倍惕励,格外奋勉,庶无负于国家之付讬,而无愧于社会之赞扬。

我远征军两年来所得于盟邦物资上之援助甚多,而受盟军精神上之砥砺尤深。诸将士战斗力之有成绩,训练之有进步,尤应感怀盟邦生产之勤劳,与盟军将士辅导之诚挚,更应与之共同奋斗,互相合作,以竭

尽职责，无愧为盟军之一员，以发扬我革命军之荣誉。我国民革命军之创立至今已二十年。此二十年中，我全体将士受主义之熏陶，经革命之锻炼，故自东征北伐以后，常能以少胜众，无坚不摧，而抗战七年之中，更能以劣势之武装，抗横暴之强敌，牵制其广大之兵员，剥夺其主动之地位。迄至今日，世界战局，已达于最后决战之关头，联合国在东西各战场上，皆能改守为攻，转败为胜，我国民革命军对于世界反侵略战争之贡献，随战局之发展益加显明。

蒋介石在蓝姆迦视察新1军军部
（右起）蒋介石、郑洞国、舒适存

去年一年中，我全体国军，持久作战于四千公里之战场，对于寇军各路之蠢动，无不予以重大之打击，尤以两次湘鄂会战粉碎寇军狼奔豕突之大举，摇撼敌军长江腹部之根据，策应太平洋上之盟军，展开环击敌军之势局。足证革命精神之充沛，实为战胜攻取之前提。我远征军本此坚毅不挠之气概，百折不回之志节，既有优良锐利之武器装备，复经严明精深之技术训练，更有休戚相依、患难与共之友军，共同行动，一旦发动全面之攻势战争，必能斩将搴旗，杀敌致果。在二十年国民革命军光荣战史上，增加其最光荣之一页。

现在日寇与纳粹独悬绝境，到处被攻，节节挫败。而我联合国家对于反攻敌寇之全盘战略与处置敌寇之远大政略，业已周密商讨，共同决定。我远征军即将与联盟各友军在同一战场上，并肩奋斗，依据吾人所共定之整个战略，达成吾人所共悬之最后目标。尤应相期于日寇无条件投降之后，更进而达成我建军之大业。远追班超马援之立功异域，近效刘仁轨戚继光之震慑倭奴，不但为国家民族之光，亦且为家庭门楣之荣。

唯本委员长在殷拳期望之中，所时刻关心不能忘怀者，第一为诸将士必须保持身心之健康，诸将士训练与作战之地域，气候与故乡不同，而语言与祖国有别，所望严守起居之节制，注意体力之增强，锻炼健全之体魄，代表中国之国魂，始足以负荷艰巨。第二为诸将士必须敦睦友军之情谊。须知此次战争，为全面之战争，故共同作战之军队，不但要有统一之指挥，亦且要有统一之理想，和睦之感情，即为协同一致之基础。去年十月中英美苏四国宣言与十一月中英美三国声明，已明白确定我共同作战之理想。诸将士今后所当致力者，唯有力求与各友军感情之增进，务使同一战场之军队虽国籍各异，而动作有如一人。第三者诸将士必须以自主自动之精神，遵守纪律，服从命令，而无待于长官之督责。须知纪律之所以增进全军之力量，亦且为个人生命所寄托。凡军队之装备愈益精良，其要求于将士之自主自动之精神，亦愈益迫切。

总之诸将士必须持有健全之体力，涵养民族之思想，团结精神，敦睦友军，忠勤职务，敬爱袍泽，恪遵纪律，执行命令，始能不负国家之付托，无愧为我全国同胞之期许，贯彻五十年国民革命之主张，完成七年来抗战之目的，接续民族悠久的生命，转移社会传统的风气。成败荣辱，所系至巨，务各自奋自励，相勉相期，建殊勋于万里，垂盛名于百世，有厚望焉。

蒋中正

蒋介石的新年祝辞在中国驻印军官兵中广泛传播，军心极为振奋，士气空前高昂。

此时，中国驻印军新 38 师先遣队已经肃清印缅边境地区的敌军，中印公路也从印度的列多向前开通了 186 公里，到达缅甸境内的新平洋。同

国殇 中国远征军缅甸、滇西抗战秘录

中国驻印军在美军飞机掩护下沿着中印公路反攻缅北

时,在新平洋附近新建的飞机场也开始投入使用。中国驻印军X部队全面投入反攻缅甸作战的时机已经成熟。在蒋介石的号令下,我军主力沿着中美工兵用生命和鲜血开通、被官兵们命名为"东京路"的战时急造公路,向野人山内的集结地新平洋全面开进。

新38师开到。

新22师开到。

炮兵团开到。

战车队开到。

野战医院开到。

新1军军部开到。

史迪威总指挥部也开到。

1944年1月,中国驻印军主力在新平洋集结完毕,反攻缅北的作战以新平洋为基地,随即全面展开。

中国驻印军即将发起全面反攻缅甸作战之际,正值日军痛苦之时。

开罗会议结束后不久,1943年12月1日,《开罗宣言》即在重庆和华盛顿正式公

日军第18师团团长田中新一

布,中、英、美三国政府共同宣告,日本必须无条件投降。由此敲响了日军的丧钟。在中国战场,中国军队从正面战场和敌后战场不断向日军发起进攻;在太平洋战场,美军加紧在马绍尔群岛以北海区实施跳岛作战,逐渐向日本本土进逼;在缅甸战场,日军正越来越感受到来自印度和云南两个方向的军事压力。在印度东部英法尔和若开地区,英印军第14军团和第15军团正在集结。在云南,中国远征军Y部队已经训练完毕,随时可以出动。特别是在缅北,中国驻印军X部队已经打进了野人山地区。

发生在印缅边境地区的战斗,给日军造成巨大的震颤,打乱了缅北日军作战部署。当中国驻印军先遣队在边境隘口地区发起进攻时,日军第18师团正处在兵力分散的最坏状态下。师团集中了5个大队的兵力在密支那以东,展开针对从云南渗透过来的中国远征军Y部队游击队的扫荡作战。田中新一师团长的计划是,先调集兵力清除来自云南的威胁,然后,将主力转到胡康河谷,对付中国驻印军X部队。

中国驻印军提前出手,打得田中新一措手不及。中国驻印军先遣队在印缅边境发动突然袭击时,田中新一正在密支那师团司令部召开会议,商讨师团今后作战方案。会议上,他接到印缅边境部队传来"正与强大之敌交战"的急报,惊愕不已。同时,前线部队截获了一批重要情报,了解到中国军队的编制、装备及作战企图,其中有一份班长的日记,详细记录了部队在印度训练的情况。田中新一是战术家,他据此得知,中国驻印军的战斗力已达到不可与昔日相比的精强程度,预感前景不妙。他下令立即结束密支那以东地区的作战,除留第114联队守卫密支那外,将师团主力全部集中到胡康河谷,准备应战。同时他将师团司令部,从密支那迅速移至胡康河谷的孟关。

缅甸方面军司令官河边正三中将,对缅北作战深为关切。

1944年1月11日,河边正三司令官偕参谋人员从仰光飞到缅北,巡视战场。

孟关机场。田中新一和师团司令部几位幕僚站在停机坪上等候飞机。一架日军飞机飞临机场上空,降落。

舱门打开。方面军司令官河边正三走下飞机。田中新一上前敬礼,河边正三回礼,之后二人乘吉普车驶离机场。

在师团司令部,河边正三与田中新一详细地讨论了目前缅甸作战态势和即将开始的胡康河谷作战。

河边正三:"田中君,国境地区的战斗进展如何?"

田中新一:"报告司令官,国境地区的战斗打得并不顺利。当时师团主力正在云南进行讨伐作战,印缅国境地区只有少量部队,敌军突然进攻,实出我之意料。"

河边正三:"敌军先发制人,来者不善。"

田中新一:"根据印缅边境作战的情况和截获的敌军文件,可以断定,史迪威将军率领的这支军队,战力精强,不可与昔日相比。它包括两个满员战斗师,还有坦克团、炮兵团、工兵团等技术兵种。"

河边正三:"无论如何,史迪威毕竟是我军手下败将。"

田中新一:"当然。这支华军,充其量是一支重新整编过的挫败之师,不值得忧虑。不过,大东亚战争全局不容乐观。美军在太平洋地区反攻作战已形成规模,马里亚纳群岛争夺战一触即发。在中国战场,我军攻势一再受挫。本月,天皇已宣布国家进入非常时期。展望将来,令人感到悲运重重。"

河边正三:"田中君,大东亚战争虽然出现某些不祥征兆,值此国运兴衰关头,正是帝国军人建功之时。本官今天前来,是要通知你,关于进攻印度作战计划,已得到大本营批准,马上即可开战。印度作战将是扭转大东亚战局之关键。皇军将开辟一个广阔的战场。田中君,大东亚战史从此将掀开崭新一页。"

田中新一:"此役非同小可。既已获批准,当全力以赴,务期必胜。不知此役开战后,方面军司令官对本师团有何部署。"

河边正三:"进攻印度的序幕,是英法尔作战。战争发起后,第15军主力将向英法尔地区集中,第18师团作为独立兵团,要担负起缅北作战任务。贵师团应利用胡康河谷的天然险阻和既设阵地,坚强固守。待我军拿下英法尔后,将派出有力部队迂回至印缅边境地区,切断敌军后方供应线,史迪威部队将再次困在丛林。而后,贵师团开始反击,瓮中捉鳖。嗯,第一次缅甸作战的景象又会重演。"

田中新一:"我们期待着这一天。"

河边正三："英法尔作战期间，本司令官可能减少对第18师团的关心。缅北作战指导，务请贵官独断。缅北作战，应坚持四至六个月。"

田中新一："请方面军司令官放心，本师团将竭尽全力，完成任务。"

河边正三方面军司令官巡视后不久，1月28日，第15军司令官牟田口也从曼德勒来到第18师团前线指挥所，会见田中新一师团长，进一步把即将发起的英法尔作战准备情况做了说明，军司令官准予解除第18师团对云南方面的警戒任务，要求师团作为独立作战兵团，集中于胡康河谷中心孟关地区，邀击来自印度方向的中国驻印军。

缅甸方面军和第15军司令官相继亲临前线部署作战，田中新一深感职责重大。他按照两位长官的部署，下令将在大龙河上游于邦附近地区作战的第56联队主力第2、第3大队后撤至孟关，第55联队在大奈河沿岸地区，利用水网和丛林，迟滞中国驻印军的进攻，为师团主力在孟关地区集结争取时间。同时，田中新一考虑到孟关附近是一个开阔的平原地带，联想到中国驻印军将展开优势的坦克攻击，于是从师团的炮兵、工兵和辎重兵联队抽出部分兵力，组成预备队，构筑反坦克壕，配备速射炮和山炮等反坦克火器。在田中新一的号令下，第18师团主力迅速向胡康河谷孟关地区集结，耗子进洞了。

田中新一曾是日本大本营作战部部长，筹划过日军一系列重大战役。现在他在狭小的缅北局部战场，指挥区区一个师团作战，以他的经验和才能，在战术上绰绰有余。但是胡康河谷的作战会不会如他所愿呢？

激战胡康河谷，X部队一路摧枯拉朽

这一天，在新平洋中国驻印军总指挥部，林间晨雾迷蒙，四周岗哨森严。史迪威将军走出帐篷，仰望天空，嘴里哼着美国乡间小曲，开始体操锻炼。

参谋长鲍特纳准将拿着一封电报从电讯室走出，来到史迪威身边："早上好，将军。"

史迪威："你好。是不是又熬夜了？"

鲍特纳:"是的,将军,为筑路材料供应的事和德里打了一夜的嘴仗。英国人真是扯皮能手。不过现在弄妥了。这是一封电报,请将军签发。"

史迪威:"和英国人打嘴仗,打赢了,那你什么仗也不在话下了,准将阁下。"

史迪威在缅北战线

鲍特纳:"我最后把电话打到蒙巴顿将军指挥部,事情才算有了着落。"

史迪威:"你让蒙巴顿和你一起熬夜?好招数。"

史迪威戴上眼镜签发电报。鲍特纳拿着电报进入电信室。

勤务兵端上早餐,有燕麦粥、热蛋糕、咸肉、咖啡、果酱和黄油。

史迪威容光焕发,看一眼盘中的食品,嘬一下嘴:"丰盛的早餐。"

勤务兵:"谢谢夸奖。"

史迪威:"太奢侈了吧?"

勤务兵:"一点也不奢侈,将军,午餐的菜谱是火鸡,保证你喜欢。"

史迪威:"什么?火鸡,从哪里弄来的?"

勤务兵:"昨天从加尔各答空运来的。机场开通,一切都有办法。"

史迪威:"嘿,在野人山里也能吃上火鸡,不简单。小家伙,你知道吗?前年中国军队从这里

史迪威在指挥所里研究作战计划

撤退时,他们连树皮也吃不上。"

勤务兵:"听说过。那是以前的事了。"

史迪威:"野人山里的事情确实发生了变化。"

史迪威将军在帐篷外的凳子上坐下,慢慢享用早餐。

这时,几辆吉普车从公路开过来,来到史迪威的住处。郑洞国、廖耀湘、孙立人将军下车,走了过来。

郑洞国向史迪威打招呼:"将军,我们是不是来早了?"

史迪威:"来得正好。来,一块用早餐。"

孙立人:"谢谢将军,我们用过了。"

廖耀湘:"早餐,我还是喜欢烤馒头和咸菜。西餐吃不饱。"

史迪威:"来一杯咖啡,不反对吧?"

郑洞国:"谢谢。"

勤务兵端上咖啡,郑洞国等品尝咖啡。

早餐用过后,史迪威擦一下嘴,笑着对郑洞国说:"早餐吃过了,我们安排正餐吧。"

史迪威在前沿指挥所小憩

于是,几位将军走进作战室,来到地图前,鲍特纳也跟了过来。史迪威指着地图说:"年前,新38师大龙河前哨战,我感觉就像刚才的早餐,很精美,但顶多是点心,歼敌不多,第18师团第56联队被我们揍了一顿,但是它们的主力还在后面,田中新一还没有露出真面目呢。"

郑洞国:"好戏刚刚开场呢,将军。"

史迪威:"第18师团是一群耗子,全进洞了。在缅北起码有三个大洞,第一个在胡康河谷的孟关和瓦鲁班一带,第二个在孟拱河谷,第三个在密支那。我们只能一个洞一个洞地掏。"

史迪威喜欢用轻松、幽默的语言谈论重大、严肃的话题,常常能收到特殊的效果。看着几位中国将军心领神会的样子,史迪威满意地笑了

笑。但马上，脸色严峻了起来：

"而耗子洞你们是知道的，前面有洞口，后面还有洞口。所以，必须兵分两路，前后包抄，不然它会溜了。"

说到这，史迪威拿起精致的标示棍，在地图上的孟关周围的河谷地区画了一个圈，决然地说：

"第一个目标，拿下胡康河谷。"

胡康河谷，横亘在缅甸西北部，境内河流纵横，山峦起伏，丛林密布，有少量没有开化的野人出没，故亦称野人山。这里曾是中国远征军第5军残部败退印度途中深陷的最后绝境，现在，成了中国驻印军反攻缅北必须穿越的第一个重要战场。

中国驻印军战车在丛林中待命出动

胡康，缅语意为"魔鬼居住的地方"。明代这里曾属中国滇西孟养军民宣慰司管辖，据中国史书记载，此地原名为户拱，其行政中心原名孟缓，现名孟关。户拱的地域四至在《永昌府志》和《腾越州志》中均有记载："北极吐蕃，西通天竺，东南邻于缅"，其大体范围包括今印度阿萨姆邦以东，西藏以南，钦敦江上游的广大地区。

胡康河谷东西宽约20公里至70公里，南北长约110公里，面积约

2800平方公里。整个胡康河谷地区，山高林密，河流纵横，沼泽遍布，交通极其困难。河谷内主要有大龙河和大奈河流过，并形成了大龙河和大奈河两个盆地。两个盆地间有山岭分隔。其中大龙河盆地面积较大，主要村寨有孟关、新平洋、于邦、太白家和瓦鲁班等。大奈河盆地面积较小，但地形更加复杂，环境更加恶劣，主要居民点是大洛，前年，杜聿明部在这一带蒙受了巨大损失。

按照史迪威将军的作战命令，中国驻印军两个主力师，兵分两路，向胡康河谷全面进攻。新22师作为右翼部队从新平洋出发，准备突破大奈河日军防线，从正面进攻孟关。新38部队作为左翼部队，附美军"加拉哈德"特种作战部队一个营，自大龙河的于邦地区出发，向孟关以东地区迂回南进，绕到孟关侧后的瓦鲁班，切断敌军退路。而后，我军两个师将敌第18师团予以合围，一举聚歼。

新22师部队首先由新平洋基地出动。离开新平洋不远，部队就进入了丛林地带。从新平洋到孟关，正是1942年夏天他们撤入印度时走过的路，是一条白骨之路。当年他们闯进这块死地，损失惨重，遗尸无数。胡康河谷内的每棵树下都撒着中国官兵的尸骨，每处河滩都洒下他们的血泪。现在他们复仇来了。

返身杀回野人山，新22师官兵们首先便掩埋烈士遗骸。林中有一块空地，官兵将收集到的烈士遗骨集中安葬。一个巨大的坟窟已经准备好了，官兵们将烈士遗骨一一放进坟窟，编上号码，做好标记。将收集到的枪支和烈士遗物，也分别摆放整齐。官兵们上前培土。林中崛起一个巨大的坟包。坟前立上木碑，上面写着"异域成仁"四个大字，坟前摆放着野花。士兵们轮流上前向烈士鞠躬致哀。师长廖耀湘领着官兵向烈士庄严宣誓：杀回缅甸，报仇雪耻。

清脆的枪声打破了丛林的寂静。

铿锵的誓言表达了官兵的战斗决心。

第22师官兵招忠魂，收白骨，在野人山辟路前进。1月中旬，担任先遣任务的第65团附工兵营翻越摩芒山，前进至百贼河北岸。百贼河是大奈河上游的一条支流，水流湍急，地势险要，两岸山高林密，日军第55联队派出第3大队在这里把守，企图阻止我军前进。我第65团在团长

傅宗良的带领下，决心全歼此处日军，一是用日兵的血，祭奠前年在胡康河谷殉国的官兵；二是力争首战制胜，为师反攻作战祭旗。

我军增援部队到达孟关战场

1月24日，是农历除夕，我军官兵在美国空军支援下，向敌军发起攻击。清晨，我军迫击炮连首先开火，摧毁敌军工事，为步兵渡河做火力准备。两架美军轰炸机如期而至。我地面指挥所用无线电引导美机，飞临目标地区上空。轰炸机降低高度，开始投弹。航空炸弹从机舱弹出，在敌军阵地落弹，爆炸。一枚重磅炸弹击中地堡，掀开顶盖。炸弹落在敌炮阵地，一门野炮一下被掀倒在地，炮手被炸得血肉横飞。

紧接着，在北岸渡河点，我步兵部队分乘橡皮舟，向对岸划去。到了河心，敌军开火。一时枪炮齐鸣，火光闪闪，河面蹿起一根根水柱。有橡皮舟被炸翻，士兵落水。

官兵奋勇前进，冲在前面的橡皮舟靠岸。士兵们跳下橡皮舟，登上对岸，杀入敌阵。在散兵壕，我突击队官兵与敌展开搏斗。在一处掩体内，敌重机枪向我军扫射，我军进攻受阻。我二连一位尖兵匍匐前进，将集束手榴弹投进敌掩体。敌重机枪火力点被打掉。

经过激烈战斗，百贼河据点里的日军死的死，逃的逃。敌军小队长领着十几个敌兵，从一条小道退到河边。鬼子钻入河边的芦苇丛中。里面藏着一艘汽艇。鬼子爬上汽艇准备逃走。我军打来一发燃烧弹，芦苇燃起大火。汽艇爆炸，敌兵落水。

激战至1月25日（农历新年初一），我军全歼百贼河守敌，敌军遗尸182具，我缴获山炮1门、迫击炮2门，生俘日兵7名。

史迪威将军得到我军在百贼河歼敌的报告后，他通知前方，暂不要掩埋敌尸，他要亲自查验。1月26日，将军乘坐汽艇来到百贼河阵地巡视，检验战

向胡康河谷推进的中国驻印军战车队

果。老将军对击毙的敌军尸体逐具清点，对缴获的武器也一一过目。全部核实后，他对官兵们说："孩子们打得好，我要为你们颁奖！"史迪威将军依照新38师部队于邦大捷后的"待遇"，派人到加尔各答制作锦旗，授予新22师廖耀湘师长，祝贺他的部队取得百贼河作战胜利。

百贼河日军被肃清后，我军乘胜前进。1月31日，我第65团占领大洛。大洛是大奈河盆地内的要点，也是向孟关进军的必经之地。在大洛，部队做短暂休整，并得到美军空投补给后，继续前进。官兵们斗志旺盛，不顾疲劳，越过了海拔3000英尺的畹达克山，攀登瓦崖绝壁，于2月22日晨7时，占领孟关平原的外围重要据点腰班卡。与此同时，第66团由康道渡河南下，于2月23日午时进至腰班卡，与第65团会合。与此相呼应，第64团也前出至拉征卡。

在廖耀湘新22师从正面进逼孟关的同时，孙立人将军率新38师沿大龙河东岸，向孟关侧后迂回包抄也进展神速。1月11日，第113团渡沙色河，14日攻占大班卡，16日占乔卡，17日占宁鲁卡，之后连克太伯卡、卡杜卡、拉安卡。第114团渡大龙河后，于1月中旬至2月中旬，先后攻克甘卡、丹般卡、恩英卡、南卡、新朗卡、拉貌卡，并在拉安卡与第113团会合。仅一个多月，新38师部队便攻克了日军30多个外围据

点,向前推进180里,几乎每天都拿下一个"卡"。至2月21日,全部扫清了孟关东北地区敌外围据点。

按照田中新一的预想,凭借大龙河、大奈河河网地带有利地形,以及畹达克山天险,日军在孟关的外围阵地至少可以坚守到3月末,可是,仅至2月下旬,就把外围阵地丢失殆尽。田中新一低估了中国驻印军作战能力。返身杀回缅北的中国官兵作战勇敢,报仇心切,并且有美军空中支援,补给及时,野人山内的天然险阻对中国官兵来说已经不在话下了。田中新一只好采取紧急措施,将师团部队全部撤退到孟关。

随即,中国驻印军将敌第18师团紧紧包围在孟关地区。

发起总攻,孟关城外尸横遍野

在孟关敌第18师团指挥所,灯光幽暗,阴森森的。田中新一召集军事会议,有第55联队联队长山崎四郎大佐、第56联队联队长长久竹郎大佐、工兵联队长深山忠男中佐,以及辎重联队长中尾正五郎中佐等参加。

田中新一:"大龙河、大奈河作战结束后,华军尾随而来,孟关决战不可避免。孟关地势平坦,正面宽阔,敌众我寡,我军须梯次防御,方可击破敌军。为此,本官决定,以第55联队为第一线兵力,部署于孟关正面阵地。第56联队为预备队,部署在孟关侧后阵地,待正面迟滞敌军攻势后,投入反击。为补充兵力,将从师团司令部、炮兵和辎重部队,抽出部分兵员,组成临时部队,投入一线战斗。各位官佐,方面军决定,不久将在缅甸中部发起大规模攻势,本师团在缅北独立作战,如能坚持四至六个月,战局必大为改观。尔等应督促士卒,发扬九州武士精神,在孟关打一个大胜仗。拜托了。"

各联队长起立:"遵命。"

各联队长准备离去时,田中新一将工兵联队长深山忠男中佐留下。田中新一对深山中佐面授机宜,说:"敌军来者不善,孟关不是久战之地。深山君,工兵要有所准备,明白?"

狡猾的田中新一做了一个准备逃跑的手势。

深山忠男会意，说："明白！长官。工兵联队在孟关以南密林，准备了秘密通道，可以应急。"

田中新一满意地说："嗯，悄悄地。明白？"

深山忠男："明白。"

深山中佐鞠躬离去。

田中新一站在孟关作战地图前，沉思良久。

在隔壁，随军歌伎川芳子弹奏古筝。乐声凄楚。

孟关位于胡康河谷中心区。这里为一圆形小盆地，四周崇山峻岭怀抱，北部畹达克山耸峙，南部有坚布山与孟拱河谷相隔。盆地内林木茂密，藤萝纠结，有南比河等多条河流流过。从孟关向南，经过瓦鲁班，越过坚布山，可以进入孟拱河谷。

史迪威将军了解到，田中新一中将本人和他的师团主力此时全部落入包围圈，而经过大龙河和大奈河的战斗，田中新一现在手中掌握的兵力不会超过5个步兵大队，中国驻印军处于绝对优势，完全掌握了战场主动权。于是，2月21日，中国驻印军总指挥发布了第10号作战命令，命令新22师为正面、新38师为侧翼，向孟关发起进攻。同时，命令战车第1营向孟关以东地区突进，配合新22师正面进攻，并派美军"加拉哈德"部队配合新38师行动。

中国驻印军战车向孟关进攻

担任正面进攻任务的廖耀湘部3个步兵团从2月24日起，分三路向孟关进逼。第64团担任师正面进攻任务，由北向南攻击前进。第66团控制了般尼至孟关的公路。第65团在丛林中曾一度迷失方向，经过多日跋涉，历尽艰苦，终于到达指定地域。3月4日，各攻击部队均进入攻击预定位置。

3月5日，新22师全线发起总攻。

设在孟关城外寺庙废墟中的我军指挥所

拂晓，我军开始火力准备。在我炮兵阵地，155毫米加农炮首先开火。接着榴弹炮、迫击炮也相继射击。

炮声震耳欲聋，阵地上浓烟滚滚，一片火光。我炮火准确命中目标，孟关敌军阵地弹如雨下。敌人的战壕被炸塌，地堡被炸得中间开花。敌军一座营房被炸得一片大火。

大约半个小时后，我军炮火开始向敌后延伸。步兵们跃出堑壕，向敌阵冲去。

战斗在孟关城外全面展开。

我军第64团突击连中尉连长率领全连向前猛冲。他身中数弹，仍坚持指挥作战，直至将敌人阵地攻下，他才倒地。

我第65团一位射手冲锋陷阵，一连打死十多个敌兵，他又夺过敌人的机枪继续战斗，他打得全身是血，最后中弹牺牲。

在一处地堡，我军进攻受阻，第66团一位士兵在敌人火网下匍匐前进，贴近敌堡，他接连投出几颗手榴弹，消灭了敌人火力点。

我军一位突击队员冲入堑壕，与敌搏斗。三个敌兵围上，想夺走他的机枪。他巧妙地用太极拳术与敌周旋。敌兵抵挡不住，四散逃命。他抱起机枪，将敌兵一一收拾。

我军负伤的坦克兵

我军第64团一传令兵，在散兵壕与敌狙击手遭遇。传令兵纵身一跃，踹掉敌兵手中的枪支，二人在战壕内扭打起来，各不相让，直打得头破血流。我军排长听见堑壕内有人在搏斗，大喊一声："我来了！"便冲了上来。我军传令兵听到喊声，热血上涌，浑身是劲，将敌兵摔倒在地。他从地上拾起枪支，结果了敌兵。

战斗在孟关四周全面打响。敌军据险固守，我军反复冲锋搏斗。孟关城外尸骨横陈，血迹斑斑。

我军全线连续猛攻，三面紧迫，枪炮齐鸣，地动山摇。

这时，美军布朗上校和国军赵振宇上校率领的战车营投入战斗。在野人山里，战车是一种可怕的武器。他们突然出现在孟关城下，以雷霆万钧之势，摧枯拉朽之力，向敌人的阵地压过去。战车的轰鸣给日军以巨大的震颤。我战车部队没有按照常规出现在孟关正面的平原地带，而是沿着丛林地带隐蔽地扑向孟关东侧的大班卡，准备切断孟关日军的退路。

日军顿时陷于极度恐怖之中。

倒不是因为战车那震天撼地的轰鸣和那炽盛无比的炮火，日本人搞不明白的是，中国军队怎么可能把这钢筋铁骨的庞然大物开进野人山？

田中新一中将毕竟久经沙场，见多识广，他从坦克轰鸣声中猛然醒悟，中国远征军已不是两年前的远征军了，其战斗力同两年前不可同日而语。他无可奈何地哀叹：中国军太强大了。

三十六计，走为上。

夜间,借着微弱的月色,日军第18师团主力逃出孟关,在丛林的掩护下向南退往瓦鲁班。

1944年3月5日晚,新22师占领孟关。

在胡康河谷日军遗尸无数,中国士兵掩鼻而过

水陆空立体作战,瓦鲁班日军防线彻底崩溃

田中新一的金蝉脱壳之计,早在中国驻印军的意料之中。当新22师从正面猛攻孟关之时,担任侧翼迂回包抄任务的新38师以及美军"加拉哈德"部队,已经悄悄地向孟关的侧后猛插过去,一路抢占了丁宣卡、拉曼卡、拉树卡、山那卡、卫树卡、拉干卡,进入南比河地区,进展相当神速。只是在南比河东岸,美军"加拉哈德"部队一个营遭到日军袭击,损失较大,后我军第113团及时赶到,解救了美军,并继续向南攻占瓦鲁班侧后的泰诺,切断了日军南逃的退路。

于是,刚刚从孟关逃出的日军,在瓦鲁班地区再次落入中国军队的包围圈。

瓦鲁班在孟关以南12公里处,南比河三面环绕,东面是一道峭壁。

南比河河面开阔，河水虽然不深，但两岸河堤均有垂直丈余的河坎，不要说是坦克，连步兵都爬不上去，进出瓦鲁班唯有西面的一座水泥桥。

田中新一看中了这里的险要地形，在占驻孟关的同时，把瓦鲁班作为预备阵地，苦心经营，使之要塞化。防区内，火网密布，堑壕相连。从核心阵地到南比河河岸的三四里这一距离，预筑了三道环形阵地，还设下了雷区、陷坑，布置了鹿砦、铁丝网等障碍物。瓦鲁班成了丛林中的一座暗堡。现在，日军第18师团被压缩在南比河与瓦鲁班之间的狭小地带内，作困兽之斗。

新22师在肃清孟关残敌后，挥师向南，扫荡前进，连克库宁卡、昆年卡，进抵瓦鲁班北侧。瓦鲁班以南新38师则向北节节推进，逐渐收缩包围圈。

日军如网中之鱼，笼中之兽，惶惶不可终日。但是，要把他们逮住，还要费一番气力。

可不能大家一齐下手，七手八脚的容易造成混乱，让猎物溜了。

眼下急需一只铁钳。由新38师第113团、战车第一营及美军一个营组成的"步坦"特编突击队行动了。

刘放吾团长指挥的第113团，1942年在仁安羌曾大显身手，威震海外。经过蓝姆迦一年多磨炼，刀锋更加锋利。战车第一营拥有60多辆美式中型坦克，孟关城下牛刀小试，就让田中新一战栗不已。把他们编到一块，真是铁钳的上下牙，再狡猾的猎物也休想从中逃脱。

3月8日，我军特编突击队向瓦鲁班发起攻击。在我军炮兵的掩护下，工兵首先出动。工兵兄弟驾着推土机，冒着敌军的炮火，在南比河河堤上推土作业，他们要从陡峭的河堤打开几个缺口，为坦克开路。工兵班长王大川驾驶的推土机冲在最前面。敌军一发炮弹打来，掀起的沙土将王大川驾驶的推土机埋了半截。过后，王大川抖落身上的泥土，踩下油门，推土机"呼"的一下，吐出一团黑烟，又冲了上去。

工兵们冒着炮火，加快作业，陡峭的河堤被推出了条条通道。

盟军的飞机也赶来助战。飓风式、战斧式战斗轰炸机在敌人头顶盘旋，机上的机关枪没遮没挡地"哒哒哒"狂扫，重磅炸弹劈头盖脑"嘭嘭嘭"猛砸，如同平地卷起的飓风，凌空劈下的神斧，打得敌军阵地一片火海,处处冒烟。

下午1时,战车营出动。几十辆坦克从河堤缺口,分路涉水过河。南比河水深不过三尺,河床坚硬,战车如同战舰隆隆而过,河面水花四溅,炮火迸射。

对岸的日军根本没想到坦克竟能涉水过河,急忙集中火力封锁河面。我军大小火炮对准敌人阵地突施压制射击,南比河上空,弹丸带着红光,带着呼啸,织成密集的火网。

我战车队穿过一片黑森林,前面出现一片开阔地。南比河冲积而成的这块小平原,平展展的没有一点棱坎,鹅黄色的野草像给平原铺了一张大地毯,其间点缀着簇簇野花,色彩斑斓,争奇斗艳。难为野人山,为战车队预备了一个唱大戏的好舞台。

中国驻印军搭设浮桥向前开进

一上平地,坦克兵们极为兴奋,加大油门,战车像脱缰的野马,横冲直撞,勇猛向前。

在战车的追赶下,日本兵像兔子一样,四散奔逃。

这是用石头对付鸡蛋、用钢铁对付肉体的较量。

这是以血还血、以命抵命的复仇。

这是泰山压顶、不可抗拒的胜利进军。

阵地上机声轰鸣,黑烟弥漫,撼天动地。王小川驾驶的051号战车,沿着他的工兵哥哥王大川开辟的道路冲了上来。敌兵躲在地堡里顽抗,王小川给它一发穿甲弹,立刻叫它底朝天。敌兵伏在树下射击,一发榴霰弹打过去,树丛内便是一摊血污。不少敌兵匍匐于草莽之内,一发燃烧弹便叫他原形毕露,无处藏身。

还有些笨拙的日本兵,被战车撵得满地乱跑。敌兵前头跑,战车后面追。日军的两条小短腿,哪能跑得过战车的铁轮子?

进军路上,横七竖八,躺下具具敌尸。

我步兵突击队紧随战车之后前进。第113团刘放吾团长指挥步兵从南比河大桥通过。我军勇猛冲锋,突入敌阵。

瓦鲁班阵地,飞机、大炮、战车协同,水陆空立体作战。野人山自古没有这样热闹过。

前沿阵地的敌军抵挡不住我军潮水般的攻势,撒腿就跑。我军穷追不舍。

下午5时,我军突破敌军第二道防线。

在瓦鲁班核心阵地,田中新一中将坐在自己的地下掩蔽部里,神情沮丧。

史迪威将军和参谋人员向前线进发

野人山的战斗太让他伤心了。

接任第18师团长时,他野心萌发,最初确定的目标是进攻印度阿萨姆邦。他必须比自己的前任干得更出色。没想到中国人先发制人,提前下手。中国的X部队对他来说,完全是个谜。前年缅战结束后,他们以为中国远征军残部已经被野人山埋葬了,一笔勾销了。后来,他从一些零星情报得知,中国人在印度重整旗鼓。田中新一认为,即便如此,中国驻印军也不值得重视,他们不可能形成强大战斗力。"鬼门关"初次交手,田中新一大吃一惊。面对源源而至的中国军队,他急忙调集兵力开往大奈河北岸,阻击华军。但不到半个月,大奈河防线土崩瓦解。于是,他决定固守孟关。师团参谋长大越兼二曾向他夸口,孟关防线起码可以坚守到3月末,可结果,3月5日便放弃该地。田中新一谙熟丛林战术,可是野人山中的华军技高一筹,虚虚实实,声东击西,远程奔袭,侧翼包抄,防不胜防。特别是战车的使用,更是令人胆寒。

大势去矣。

眼见瓦鲁班日军防线已经崩溃，田中新一回天无力。幸亏工兵联队长深山忠男中佐，在瓦鲁班以南预先备下一条秘密通道，以应急需。

躲在掩蔽部里，田中新一如同热锅上的蚂蚁，燥热难安。这时，从一墙之隔的卧室传来军妓川芳子哀婉的歌声：

樱花，

樱花，

醉人的樱花……

美军的武器修理车开上前线，为中国驻印军士兵修理枪支

缴获的日军第18师团司令部印鉴

田中新一不禁凄然。

黄昏时分，中国军队向瓦鲁班核心阵地发起最后攻击。田中新一中将一手提着佩刀，一手抓着川芳子纤细的手臂，慌忙逃出瓦鲁班。他带着残兵败将，沿着工兵联队长深山忠男中佐预先开辟的那条秘密通道，爬过坚布山的峭壁，穿过密林，潜出胡康河谷，逃入孟拱河谷。

至此，野人山战斗以我军全面胜利而告终。

胡康河谷作战，是中国驻印军主力与缅北日军展开的第一次决战。中国驻印军两个主力师密切合作，成功地捕捉并重创了号称"常胜军"的日本第18师团。此役毙敌1500余人，伤敌约3000人。第18师团作战课课长石川中佐、经理部部长木村大佐等一批骨干军官被击毙。我军不仅缴获了日本大批武器辎重，还缴获了第18师团的关防大印。这一仗是在环境最为恶劣的丛林地带进行的，检验了中国驻印军的训练成果，振奋了士气，增强了信心，为我军在丛林地区作战积累了经验。此役将日军一举逐出胡康河谷，把缅北的三个耗子洞中的第一个大洞彻底地掏干净了，为我军下一步作战创造了条件，也为中印公路建设扫清了障碍。

战斗结束后，盟军东南亚战区总司令官、英国海军上将蒙巴顿，在史迪威将军的陪同下来到孟关战场视察。那天，蒙巴顿将军的座机在16架战斗机的护送下飞临孟关机场。史迪威尽管心中高兴，但是对英国人的讲排场、摆阔气颇不以为然，这位尖刻的美国将领私下对身边的美国军官讥讽说，英国人的16架护航飞机用掉的汽油，比我们打一个星期的仗用的还多。蒙巴顿下了飞机后，史迪威陪同他视察了瓦鲁班战场。据说，这位军装笔挺、英俊潇洒的英国海军上将被战场上的日军尸体熏得

蒙巴顿（右）与史迪威在缅北

够呛，海军上将打趣地抱怨说，其实在海上打仗比在丛林里干净得多。

听了这话，在场的英国军人、美国军人，特别是中国军人全都爽朗地笑了。

胡康河谷战斗胜利结束，令新22师官兵特别兴奋。两年前他们正是在这一带丛林蒙受巨大损失，现在终于报仇雪恨，洗刷耻辱。廖耀湘师长更是抑制不住兴奋的心情。在第一次缅甸作战中他的部队损失最大，结局最惨，

最丢人。现在，野人山之战，终于出了一口气，总算为黄埔学生、为校长、为中国军队争回了一点面子。所以，刚打下孟关，他即致电重庆，喜传捷报。电报中，廖师长详细列举了野人山作战战果，对参战部队也作了简要点评。电文中对新22师官兵战场表现大加赞赏，同时也对协同作战的美军官兵稀松散漫、满不在乎的战场表现颇有微词。在重庆的蒋介石看到电报后，一方面为新22师辉煌战绩深感快慰，同时也为廖耀湘对美军的评议略有担忧。他斟酌再三，给廖耀湘复了一电，电文如下：

新22师廖师长：此次克复孟关，吾弟声播中外，名震遐迩，足以聊中国军前年在缅失败之憾，而慰阵亡先烈在天之灵。惟新胜之余易生虚骄，而为他日挫失之因，务希戒慎警惕，自重自勉，对友军、对上官更应谦让敬和。对部属尤宜严督勤训，勿使有稍涉傲慢之气，养成我国古名将见胜勿骄淡泊勿矜之气，是所切盼。并望对立人同志勿分彼此，相亲相爱，精诚团结，共成大业也。中正手启

蒋介石的这封电报，有感而发，语重心长，既有对得胜官兵的亲切嘉勉，也有对爱将的提示警醒，戒骄戒躁，特别讲到对美军官兵要尊重，与孙立人将军要合作，有的放矢，切中要害。蒋介石对手下的这员爱将，知之甚深，爱之甚切。

这封电报对廖耀湘犹如醍醐灌顶，他在大胜喜悦之余，不禁惊出一身冷汗。

第二十章　攻占孟拱河谷

孟关、瓦鲁班一战，日军被全部逐出胡康河谷。号称"丛林之王"的敌第18师团，像一只受了重伤的老虎，连滚带爬，越过海拔1300米的坚布山，逃往孟拱河谷。缅北的第一个耗子洞被掏干净了。田中新一这条老狐狸要不是腿长，恐怕连他本人也要成为关押俘虏的"和平村"里的一名村民。

胡康河谷之役，震荡缅北丛林，震荡全缅甸，驻缅日军为之胆寒。从野人山杀回的中国驻印军，战斗力及勇猛程度，超出日军意料。驻缅甸日军的作战部署一下被打乱了。

此时，日军缅甸方面军主力正在紧锣密鼓地准备向印度英法尔发起进攻，他们担心一旦缅北崩溃，将危及印缅作战大局。于是，缅甸方面军司令官河边正三急忙向缅北增调兵力，方面军将新增援到缅甸的第53师团紧急派往缅北。同时，为了挽救已遭重创的第18师团，又急调第56师团之第146联队、第2师团之第16联队进入缅北，归田中新一师团长指挥。这样，第18师团得以借尸还魂，死灰复燃。

为了协调和加强在缅北和滇西方向的作战指挥，1944年4月，日本缅甸方面军组建第33军，统辖在缅北作战的第18、第53师团和在滇西的第56师团。本多政材中将出任军司令官。

本多政材1889年出生于日本长野县，1910年5月陆军士官学校第22期毕业。1937年8月任陆军少将、关东军混成步兵第2旅旅长。后参加了南口、平型关和忻口战役。1939年10月升任陆军中将，12月任中国派遣军副总参谋长。1940年10月任关东军第3军之第8师团师团长。1942年6月任陆军装甲本部部长，1943年3月任第20军司令官。

本多政材就任军司令官后，召集军事会议，研究对付中国驻印军的策略。他打算加紧收容和补充第18师团部队，恢复其战力，而后在孟拱

河谷重新部署，固守孟拱和加迈等据点，等待雨季到来。本多政材军司令官认为，只要在孟拱河谷挡住中国军队的凌厉攻势，拖到雨季，就能得救。在雨季里中国军队的攻势将会被迫停止。而雨季过后，英法尔作战也将结束，日军即可腾出兵力对付缅北的中国军队。

本多政材的算盘打得不错！他能如意吗？

用两只拳头砸碎敌人的两只"大螯"

孟拱河谷是中国驻印军反攻作战途中遇到的又一道天险。孟拱河谷西与胡康河谷隔坚布山毗邻，向东有铁路与密支那相通，向南有铁路通往曼德勒、仰光，是缅北地区仅次于密支那的交通枢纽和战略要地。日军不仅在孟拱河谷构筑了坚固的防御工事，而且储存了不计其数的军需辎重。

孟拱河谷为一狭长地带，面积略小于胡康河谷。南北走向的南高江将谷地劈为两半。南高江汹涌澎湃，河面最宽处达千米以上。雨季一到，山洪暴发，平地皆成泽国，交通阻塞。河谷东侧为库芒山脉，最高处海拔近1000米，峭壁耸峙，重峦叠嶂，西侧也是海拔400米以上的山峦石壁。孟拱是这里的行政中心，而河谷里的另一个重镇加迈，隔南高江与孟拱对峙，形成攻守相望、互为犄角的局面。现在日军第18师团残部，在第53师团的支援下，猬集在孟拱和加迈两个据点，企图利用这里的天然险阻，拖住中国驻印军的进攻步伐。

这是一个双穴连环的耗子洞！

让田中新一逃出胡康河谷，史迪威将军十分懊恼。但是这不是中国军队出了什么错，也不是他的作战指挥存在什么漏洞。只是说明丛林作战确实复杂，田中新一确实是一位高明的战术家。

胡康河谷作战中，中国驻印军面对的是有丰富丛林作战经验的第18师团，敌军熟悉地形，以逸待劳，利用既设阵地邀击我军，战场形势于敌有利。但是我军不畏强敌，不惧怕恶劣的丛林环境，在精神上不输于敌。而且指挥有效，战术灵活。我军巧妙利用丛林复杂环境，变不利为有利,变天险为通途,采用奇正结合、迂回包抄、辟路前进、隐蔽接敌、地空协同等丛林战术,已经到了得心应手、出神入化的地步。

胡康河谷作战的胜利,初步验证了蓝姆迦的训练成果,显示了中国驻印军的战斗力,史迪威对中国

史迪威在前线与官兵在一起

驻印军的表现深感满意,他对中国驻印军中的几位主要中国将领更是刮目相看。史迪威将军过去对中国将领总体评价不高,不信任,有戒心。在印度时也是这样。他曾逼走杜聿明,赶走罗卓英,郑洞国将军来当新1军军长,他也是把指挥大权集中在他的总指挥部,设法限制军长的权力,对师长、团长们也不放心,不放权。他更喜欢通过美军参谋人员、联络官指挥中国军队打仗。

现在他的看法有了很大改变。他认为郑洞国将军是一位很优秀的指挥官,难得的合作伙伴。孙立人和廖耀湘,是两位出色的战场指挥官,是他的左膀右臂。他们两人在胡康河谷,左右开弓,配合默契,一下又一下敲打田中新一,干得太漂亮了。这两人简直就是专门对付缅甸丛林的斧头与锯子。

孟拱河谷的战斗就要展开了,史迪威将军又要为他们量身定制一套新的丛林战术。

这天,作战会议在史迪威前线指挥所的帐篷里召开。史迪威开会不喜欢开得很长,地下铺块油布,摊开地图,几个人围着蹲下就开会。

"将军们,孟拱河谷的敌人是一只大螃蟹。"史迪威说。

这位老将军说话开门见山,而且幽默。他张开两只手,接着说:

"你瞧,有两只大螯,一是加迈,一是孟拱。两地相距又这么近,只

有30公里。很显然，打加迈呢，孟拱这只螯来咬你。打孟拱呢，加迈这只螯要捣乱。这有点麻烦。听说，吃螃蟹，中国人是很有点办法的。"

说完，他以期待的目光望着身旁的郑洞国军长和两位主力师长。

郑洞国是一位战功显赫而又为人持重的年轻将领。接替罗卓英就任新1军军长之前，他曾得到有关人士告诫：这是个困难的角色。驻印部队指挥大权是史迪威的，军长是个空架子，但又必不可少。史迪威是个老倔头，对中国将军很少瞧上眼。杜聿明被他挤走了，罗卓英前不久也从印度给撵回来。你可留点神。郑洞国处之坦然，他想，用人不疑，疑人不用。国家既然将一支部队指挥大权委与史迪威将军，就应信任他，支持他。我这个军长可以当个配角。所以，事关部队作战指挥重大问题，郑洞国总是遵从史迪威将军意旨，自己不过抓抓军容纪律、精神教育等补阙拾遗的工作。因此，两人一直配合默契，关系融洽。今天，商讨孟拱河谷作战方略，郑洞国知道史迪威将军肯定有了腹案，郑洞国不急于发表实质性意见，以免喧宾夺主。于是，他接过史迪威的话头，只说些模棱两可的话：

"吃螃蟹么，有多种吃法。有人喜欢水煮，有人喜欢爆炒，要是我们湖南人还喜欢加点辣椒末，各有所好！"

说完，他自己先"哈哈"笑了起来。

在昏暗的灯光下，孙立人也是一副深思熟虑的神情。看样子，他也不想第一个发表意见。

唯有廖耀湘是个急性子。这不明摆着吗？敌人有两只螯，我们不也有两只拳吗？一对一砸呗。别人戴眼镜，目光会拐弯，像是看这里，其实盯着别处，廖耀湘却直来直去。他抬起头，扶正近视眼镜，马灯的亮光照在他的镜片上，一圈一圈的。他盯了史迪威一眼，便挥动着两只拳头，直截了当地说：

"这很简单，双管齐下，一对一。"

廖耀湘移过目光，看了看孙立人。孙立人冲廖耀湘点点头，然后很干脆地说：

"廖师长的想法与我完全一致。一个师拿一个据点，没问题。"

史迪威微笑着问郑洞国：

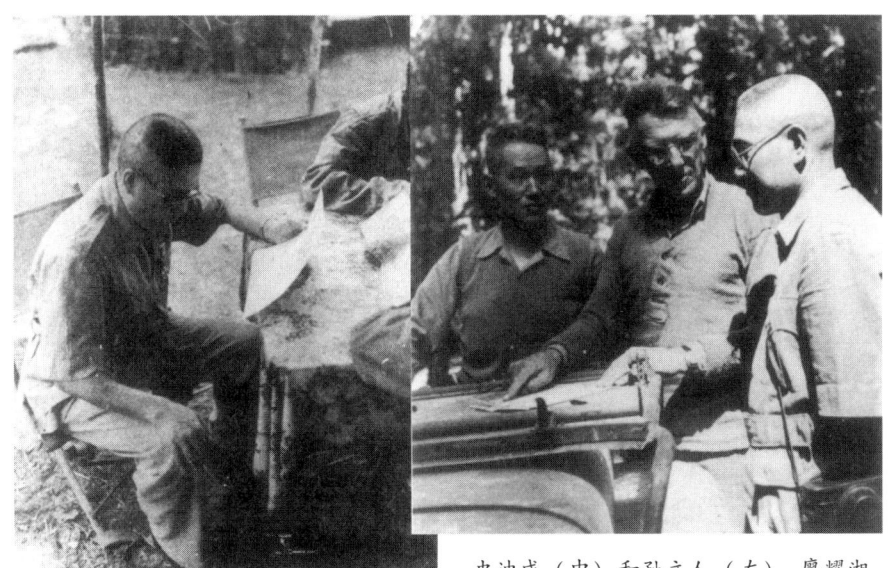

廖耀湘在缅北前线指挥所

史迪威（中）和孙立人（左）、廖耀湘在前线部署作战

"军长阁下，你认为这个吃法如何？"

"很好！将军。"郑洞国的回答非常肯定，很有点英雄所见略同的意思，接着他说："不过，还有个问题，我们的两只拳头，哪只砸哪里好呢？"

军长提到的这个问题看起来很简单，可越简单的事有时办起来越难。加迈和孟拱两大敌军据点，距离很近，加迈在南高江西岸，孟拱在东岸，两处守敌兵力大体相当。加迈距我军近一点，守敌第18师团刚刚从胡康河谷被赶出，但其作战精神相当顽强，又是背水一战，肯定要同我死拼一场的。孟拱在加迈后面，进攻孟拱必须绕过加迈，行军路线远，道路艰难。守卫孟拱的第53师团增援部队是一支新军，缺少丛林作战经验，但队伍齐整，以逸待劳。打孟拱也不容易。

而且，孙立人、廖耀湘两个师旗鼓相当，一直在暗中较着劲。眼下的加迈和孟拱，就像一只螃蟹的两只大螯，不知把哪只给哪个好。

"双管齐下"的方针对了史迪威的思路，他愿意在一些枝节问题上表示出对军长的尊重。于是，史迪威笑眯眯地对郑洞国说："这是个技术问题，属于你职权范围的事！"

不过，他愿意提点参考意见："按照我们美国人的习惯，处理这类事，最公平的办法是抓阄儿。"

抓阄儿？

美国指挥官的话，使在场的所有中国军官感到震惊。

廖耀湘腾地站了起来，像蒙受巨大的侮辱，脸涨得通红，说：

"如果总指挥官今晚就是为了抓阄儿，把我们找来，那么，告辞了。"

孙立人也愤愤不平，觉得他这位弗吉尼亚的老校友太小看中国人的度量了，连连摇头说："荒唐，真荒唐。"

史迪威没料到自己一句话，惹恼了中国将军。他尴尬极了，埋头使劲吸烟。

当"太阳"急忙退下去的时候，"月亮"升了起来。郑洞国于是出来收拾局面，他对史迪威说：

"如果总指挥官对此事没有预案的话，那么，请授权于我，我来具体安排。"

"好，好，好。"史迪威立刻顺着郑洞国搭的台阶下来，"这种技术性问题，本来就是你军长职权内的事。我出去方便方便，啊！"

说着，史迪威将军悻悻地走出帐篷。

等美国指挥官转回来的时候，中国将军把一切都商量好了：

新22师打加迈，新38师打孟拱。

史迪威将军听后，自我解嘲说："其实，这跟吃饭一样，你们用筷子，我们用刀叉，结果都一样，填饱肚子。"

大家都被逗乐了。

斧与锯：征服丛林的两样利器

中国驻印军上演的反攻缅甸作战活剧中，把孙立人和廖耀湘这样两位风格迥异的人物，放在缅北丛林，分别担任两个主力师师长，真可算巧妙绝伦的安排。

这两位将军不仅仅长相仪表、精神气质不同，战术思想、作战风格差异也很大。

廖耀湘是马背上摔打出的将军，1926年20岁时，他考入黄埔军校骑兵科。1929年入南京中央军校，也学骑兵。1932年保送入法国圣西尔军校，还是学骑兵。后入机械化骑兵学校深造。1936年回国，任中央军校教导总队骑兵队二连少校连长。后升任教导总队第二旅中校参谋主任，参加过保卫南京作战。廖耀湘年轻气盛，不顾人微言轻，于南京失

廖耀湘在缅北战场

陷后，上书国民党当局，对国军改造提出意见，竟为老军事理论家蒋百里器重。由蒋百里向蒋介石保荐，廖耀湘被破格晋任机械化新22师少将副师长。在昆仑关战役中，廖耀湘佐弼师长邱清泉作战有功，脱颖而出，1940年6月，接替邱清泉任新22师师长。

廖耀湘多年在马背上摔打，骑过各种各样的烈马，蒙古马、伊犁马、东洋马、西洋马，都让他驾驭得服服帖帖。久而久之，他有了一种火爆、耿直的性格。再加上，他是湖南邵阳人，湖南辣子味重。客气点的人说他比烈马还厉害，是个"驴脾气"。骂他的人，见他架副眼镜，气势汹汹的样子，背地里叫他"猪眼"、"廖瞎子"。据说，后来在辽沈战役时，有一次他在电话中直呼手下一位军长的姓名，对方以为不恭。双方在电话中吵得面红耳赤。最后，导致那位军长去职。

骑兵的禀赋，使廖耀湘形成灵活机变、大胆果断、大刀阔斧的战斗作风。他打仗没有一定之规，既能打正面攻坚战，也能侧翼迂回，一把斧头几面砍。他把骑兵战术思想应用到丛林作战的特殊环境，编写了《小部队战术》及《森林作战手册》，发给部队学习。连眼界很高的史迪威将军也戴起了老花镜，认真研读哩！

孙立人不同，他底子是清华大学和美国普渡大学机械工程系的高才

廖耀湘与史迪威在缅北前线交谈

生,后来考入弗吉尼亚军校,投笔从戎。他自觉不自觉地把理工知识和工程师的思维方式应用到治军打仗上来。他思维缜密,逻辑力强,做事认真,对部队管理严格。

要讲新38师的排面和战术动作,连美国人都竖大拇指。在蓝姆迦练兵时,新38师的队伍往操场上一拉,站有站相,坐有坐姿,走有走样,军官的黑皮鞋擦得亮亮的,士兵也是板板正正,精精神神。就是进了野人山,他们在林中宿营,小帐篷一顶一顶,一排一排,整齐利落,有章有法。新38师为什么神枪手那么多?投弹手那么棒?那是按着操典,一招一式练出来的!这方面,新22师就差了点啦!大的问题也没有,作风稀拉点,战术训练粗糙点,战场管理松懈点。遇到有谁批评这些事,廖耀湘一笑置之:"打胜仗就行,不搞花拳绣腿。"

孙立人将军严格治军,从点滴做起,部队因此得益不浅。他们师打仗计划周密,不打无把握之仗,不打冒险之仗,并且作风坚决,军令如山,决心既下,不达目的不罢休。就像一把大锯,舍命向前,锯一下是一下,再硬再粗的大树也要把它锯倒。

就是这样两员战将,两支部队,各有各的特色,各有各的高招,刚柔并济,奇正结合,互为肱股,在野人山里唱了一出又一出好戏。

斧头和锯子——征服丛林怎能缺少这两样利器呢?

我们现在说的是在缅甸，是在丛林，是在抗战中。可是，一旦离开抗战中的缅甸丛林，这斧头和这锯子就又各是各了。就在缅甸作战结束两年以后，人们又听到关于斧头和锯子故事的结尾。故事的结尾和故事的开头已经南辕北辙了。

在这里，我们不妨离开一下缅甸丛林，说一下这个故事的结尾。

说的是缅甸作战结束后不久，廖耀湘和孙立人两位将领先后率领部队回国，又相继被调往东北，投入东北战场。此时他们两位分别是握有重兵的兵团司令。1948年冬天，当辽沈战役激烈进行，国民党军队分崩离析，纷纷溃退时，就传出了廖耀湘和孙立人两个兵团司令不和的消息，国民党东北"剿总"报纸《前进报》，别出心裁地刊登了廖耀湘和孙立人四年前在缅北孟关合影的照片，编者特意加了大字标题：

廖孙两军是常胜军
生死与共患难相同

照片拍摄于1944年3月，中国驻印军攻下孟关之时。

照片的战场气氛非常浓。背景是一片断壁残垣，四处弥漫着硝烟。右侧有几棵被炮火炸得七倒八歪的香蕉树，远处是座被炸坍一半的敌军碉楼，一面青天白日满地红旗在碉楼顶端骄傲地飘扬。

两位头戴钢盔、征尘未洗的将军，紧紧挨着站在一片瓦砾上。左侧一位身材不算高，但健壮墩实，上下一般粗，脸庞方方正正，有棱有角。虽然戴着一副度数不浅的近视眼镜，而眉宇间仍透出一股威武逼人的气概。厚厚的嘴唇咧开着，脸上毫不掩饰地挂着笑容。豪爽、刚强、精力充沛，他是廖耀湘。

右侧的孙立人与廖耀湘相比，完全是另一种类型。他身材修长而洒脱，脸膛清癯，神情严肃，目光灼灼，显得严谨，机敏，含威不露，城府甚深。

有意思的是，照片上，身强力壮的廖耀湘手里拄着一根乌黑结实、弹性很好的藤杖，温文尔雅的孙立人则一脸胡须，虬髯刚髭。

据说，他们之间曾有一个约定。1944年元旦，自新平洋基地出兵时，确定两个师从左右两翼，分进合击，以攻取孟关作为第一期作战目标。

孙立人立下誓言，不拿下孟关不剃胡须。廖耀湘定下决心，要用手中的藤杖敲开孟关大门。

照片上，廖耀湘用藤杖使劲地戳着脚下的焦土，笑得非常豪迈，好像在问大地：下一步，我的藤杖该敲向哪里？

孙立人比较含蓄，好像在对众人说：胡子是长了点，该刮了。

看了这张报纸，当时，国民党许多人士哭笑不得。因为这种宣传姿态，恰好从反面证实，东北战场前景不妙，以及关于廖耀湘与孙立人二位兵团司令意见不和的传闻。果然，过了不久，在鞍山、海城作战中，廖孙两人南辕北辙，互相拆台，面对解放军猛烈攻势，廖孙两军节节败退。东北"剿总"副总司令杜聿明一怒之下，将孙立人调离东北战场。而最终，廖耀湘于辽南兵败，成为解放军俘虏。

平心而论，廖孙合影的这张照片和那两行醒目的标题，要是发表在1944年——缅北作战如火如荼的时候，那就无可挑剔了。

廖耀湘的紫藤杖敲开敌重兵防守的索卡道

从史迪威将军那里领命，廖耀湘连夜回到师指挥所召集各团团长开会。

据侦察分队提供的情报，加迈地区有日军两个步兵联队和一个辎重联队共约7000人，其中主力集中在加迈以北索卡道附近。敌军企图凭借索卡道一带山地，据险固守。

廖耀湘决定派出一个加强步兵团，迂回穿插，分割敌军，师主力及战车营自正面向敌压迫，先于索卡道地区歼敌主力，而后攻取加迈。6月中旬，雨季之前结束战斗。

参谋长刘建章据此分派任务，团长们一一衔命而去。

会议开完后，夜已很深。夜空黑沉沉的，又下起了小雨，丛林中蛙声一片。廖耀湘和衣躺在行军床上，睡意全无。他想得很多，想得很远。第一次缅甸作战期间，他的新22师损失最大，流血最多，胡康河谷、孟拱河谷这两大片丛林不知躺下多少官兵。现在反攻，报仇，要是落在别人后面，实在没有脸去见长眠地下的弟兄。

想到他的友邻新38师。1942年仁安羌一仗，让他们拣了个便宜，廖耀湘不服气。但是实话说，过去对新38师也不大摸底，总觉得是宋子文用美元喂大的，是"绣花枕头"。这两年，印度驻训，又经胡康河谷作战，廖耀湘在暗地里称赞，人家也真是一条龙哩！在大龙河，他们一个营凭一棵大榕树守了2个月，在瓦鲁班他们和战车配合默契，突入第18师团核心阵地。不容易。所以，现在打孟拱河谷，一家拿一个据点，这是一场竞赛，不敢松懈呀！

廖耀湘（坐者）与史迪威（弯腰者）在缅北前线指挥所内

想到这，廖耀湘从衣袋里拿出笔记本，抽出一张照片，正是打下孟关后，和他的老朋友孙立人合影的那张照片。凑近灯火，仔细瞧了瞧，廖耀湘觉得，那天照相，自己好像笑得大了点。其实，那有什么呢，胡康河谷作战，新22师与新38师平分秋色，我们先打入孟关，他们先打入瓦鲁班，顶多算个平手。

那么，在孟拱河谷，我们再比试比试吧！看谁先拔下日军的膏药旗。

廖耀湘对着照片中的孙立人在心里说。

说完，廖中将便睡着了。

按围歼索卡道日军的计划，廖耀湘第一斧要向索卡道侧后砍去，以截断日军退路。这是致敌死命的一斧。但向索卡道后方迂回遇到意想不到的困难。最先，廖耀湘把这项任务交给一位工兵上校，由他率领一个步兵团及一个工兵营向敌后穿插运动。这位老伙计劲头倒是很大，但出发后，因大雨滂沱，丛林茂密，竟迷失了方向。部队在密林中辗转7天，补给中断，只好无功而返。

廖耀湘气得眼珠子快弹了出来，只好另请高明，改派精明强干的第65团团长傅宗良当此重任。

傅宗良当时患痢疾卧病在床，但仍抱病而出。除了他本身的部队外，廖师长又给他增拨一个步兵营和一个炮兵连。

在丛林中穿插迂回，那滋味使人想起1942年在野人山的撤退。路线只能选择在隐蔽的、敌人不注意的地方，而这种地方必然异常险峻。

自元旦投入反攻作战以来，官兵们连续在野人山艰苦奋战，跋山涉水，披荆斩棘，冲锋陷阵，虽然士气很高，体力毕竟消耗过大，身体已相当疲惫。

开路尖兵第六连冒着倾盆大雨，首先出发。连长邱中岳是全团有名的铁脚板。前年撤退时，他鞋子跑丢了，光着脚板走出野人山。现在，他的脚板更硬了。他和士兵们穿着加拿大生产的厚皮鞋，"蹬蹬蹬"地一路从野人山闯过来，他们连已歼灭了60多个鬼子，他自己也被破格晋升为少校。他说，前年，他的连在野人山也损失了60多个弟兄，现在刚够本。再往下，才有赚。

在大雨中，六连官兵们忍饥挨饿，攀岩越壁，登上2295号高地，而后，从山脊的断崖，顺着大树，抓住藤蔓，垂直下降，一直降到谷底。谷底又深又黑，水雾迷漫，由于气压增大，耳鼓嗡嗡作响。

紧随其后的工兵连沿着六连留下的路标，循踪前进。他们用刀砍，斧劈，锯子锯，在丛林中一点点开辟通路，在山崖上搭设栈道。崇山峻岭间，居然开出一条能通骡马的道路来。

不过，这条山道也太险要了。驮负辎重和火炮的骡马，有20多匹从山道坠下崖底，连叫一声都来不及。

第65团经过7昼夜苦战，秘密潜行，终于进入指定的敌后地域，占领了有利地形，切断了日军后路，并且奇迹般地在密林中开辟出小机场，供轻型飞机起落。

建了机场，不仅补充弹药给养、后送伤病员都有保障，而且其精神鼓舞作用不可估量。一些士兵看着起落的飞机大发感慨：

"嗬，饿了有飞机送饭，伤了病了，还能坐上飞机回后方医院。仗这么打，俺们要不玩命，对得起谁呀！"

索卡道敌军知退路被切断，极为恐慌，立即纠集4个大队兵力，火炮百余门，向第65团阵地突击，企图打通退路，让其主力及车辆辎重逃出虎口。敌军狗急跳墙，疯狂搏斗。我军阵地弹如雨下，落炮5000发以上。第65团官兵发扬不屈不挠精神，孤军奋战，死拼苦撑，打退敌军轮番进攻，紧紧套住日军这条疯狗。

廖耀湘当机立断，指挥师主力第64、第66团，以及刚从国内空运而来的第50师之第149团由北而南席卷而来。三个步兵团并列展开，一线平推，势不可当。敌第18师团经孟关、瓦鲁班会战，已残破不全，在我军强大攻势下，立即土崩瓦解。我军渐次收紧包围网，将敌人压缩至索卡道附近的一片沼泽地。激战至6月9日，全部肃清守敌。

战斗结束后，廖耀湘特地请军长郑洞国一起巡视阵地，身后是师里团里那些刚刚立下战功的军官，以及一大群战地记者。

廖耀湘手里仍然拄着那根紫黑色藤杖，情绪高涨，喜形于色。他时而和郑军长说说笑笑，时而哼哼一段湖南老家的花鼓戏。

这片沼泽地本来就水汪汪的，乱七八糟，经过几天激战，人踩、马踏、炮弹炸，更成了一片烂泥塘。到处都是又黑又臭的水坑，泥浆溅到草丛、树顶，溅到敌人的火炮上，斑斑驳驳。死尸在太阳的蒸晒下臭气熏天，令人作呕，红头苍蝇、绿头苍蝇到处飞舞，长长的蛆虫在死尸上爬来爬去。敌军的死尸横七竖八，有的横卧在水坑边，脚在上面，头泡在水里，像头喝不饱的水牛。有的被压倒在炮管底下，嘴巴张得大大的，脸上一副痛苦的表情。有的脚套在马镫上，上身光溜溜的，看上去肯定是让马给拖死的。有的像根树

敌军尸体横陈

桩似的被埋在堑壕里，胸前还挂着枪，脑袋却不知飞到哪里去了。多数敌尸，都是泥乎乎的，就像裹了生粉的黄鱼，在等着下油锅哩！

廖耀湘今天高兴，特意穿上一身笔挺的咔叽军装，皮鞋也是刚刚擦过的，手上还戴着白手套。他知道，军长带来这么多记者，少不了要给他这位主角拍照的。

不久前，瓦鲁班战斗结束，东南亚盟军总司令蒙巴顿上将前来视察。这位英国将军曾在阵地上摆出各种姿势，大拍其照。"中国人打胜仗，凭什么让英国佬出风头，气人！"廖耀湘当时心里非常窝火。他今天捞上机会，一定要好好拍几张。

他们走一路拍一路。廖耀湘先和军长拍了几张合影，又拍单人照。半身、全身、正面、侧面，全都拍。敌军的死尸堆旁、熊熊燃烧的卡车前、被炸毁的日军大炮下，都留下廖耀湘那如树桩一样粗壮结实的身影。

每摆出一个姿势，大家评头论足一番，好像怎么照都不过瘾，不够派头。

不大工夫，师长给折腾得汗水涔涔。廖耀湘笑嘻嘻地对军长说：

"想不到，仗好打，派头倒挺难拿。蒙巴顿那小子，是怎么练出来

从胡康河谷进入孟拱河谷的山隘

的啊?"

过足了照相的瘾,接着往前走。

脚下到处是枪支、马刀、皮囊、军鞋、军帽、雨衣、防毒面具,打扫战场的士兵们三五成群嘻嘻哈哈,你追我赶,这里翻翻,那里看看。

"他们在干什么?"廖耀湘问。

团长曹艺附在廖师长身边低声说:"弟兄们想发点洋财呢!"

"什么洋财?"郑洞国听到曹团长的话,不知其中奥妙,板起脸问。

师参谋长刘建章赶紧解释道:"弟兄们也不要别的,只要日本的膏药旗。一面膏药旗可以向美国朋友换三条三炮台香烟呢!"

"这还是官价。"另一位上校军官似乎很了解行情,补充说,"黑市价,最蹩脚的一面膏药旗,也能换五条美国烟。"

原来如此!郑洞国和廖耀湘相对一笑,不再做声。

走着走着,就见几十名俘虏迎面被押过来。他们破衣烂衫,一身污泥,像从泥塘里赶出来的老水牛,一副惊恐的表情,惶惶然。

两支队伍,一支是胜利者的队伍,一支是失败者的队伍,越走越近。

突然,俘虏群中,有个穿着红衣服、满脸胡须的大个子,噌噌几步走出队列,"叭"的一个立正,向中国军官行了个举手礼。

紧接着,后面的俘虏也跟着行礼。

失败者荒唐的举止,一时竟使胜利者手足无措,不知该还礼还是不还礼。

倒是新闻记者们,对各种场面都应付自如。他们立刻围了上去,对俘虏们又是拍照,又是询问。

那位大胡子俘虏是一位很老练的小头目,他操着不大流利的英语,不慌不忙地接受记者们访问。

原来,他们是印度兵,前年在新加坡被日军俘虏后,押到南洋做苦工。上个月,又被赶到缅北,为日军挖战壕、抬伤兵、当伙夫。索卡道被围后,日军发给他们枪,要他们当炮灰。

大胡子说,在包围圈内,许多饥饿的日本兵,满身长着疥疮,躺在公路边等死。有的人骂田中新一,说他把野人山的仗打败了,他应该剖腹自杀,以谢国人。随军的军妓整天哭哭啼啼。有的军官脱掉马靴,扔掉战刀,化装成士兵。印度兵知道小日本快完蛋了,昨天夜里,中国军队冲到阵地前,他们认为解放的时刻到了,便举着双手,拼命跑到中国队伍里来。

"过来后,我们检查人数,多了六个人。原来,夜里,黑咕隆咚,六个日本兵,稀里胡涂,跟着我们跑过来了。"印度人说着,用手指了指队伍后头的几个日本兵:

"喏,就是他们。"

几个日本兵立刻低下了头。

听了这段有趣的故事,廖耀湘心中有几分得意,对郑洞国说:

"军长,我倒觉得,这比听我们参谋人员的作战汇报有意思得多。"

"嗯,这可是秀才们的抢手货呀!"郑洞国朝记者们努努嘴,说。

俘虏们刚被押走,树林里又走来一支队伍。五只大象,摇头晃脑、大摇大摆地走过来,边走边"呃呃"地鸣叫。大象驮着的枪支、弹药和钢炮,堆得像座小山。一位赤身裸体的缅甸土人,坐在前面一只大象头上。他是骑手。骑在大象庞大的身躯上,人显得那么小,小得可怜,小得滑稽。似乎大象打个喷嚏,就能把他颠下去。但他是精灵,大象被他指挥得服服帖帖。他用双脚拨弄大象的耳朵,叫它怎么走,就怎么走。就像厉害的婆娘,掐住胆小的丈夫的耳朵,叫他干什么,就得干什么。

将军们站在一旁,很有兴趣地看着大象从跟前通过。别看大象身躯粗笨,大鼻子却很灵活,皮鞭似的甩来甩去。一边走,一边搂树叶吃。身上驮着成吨重的弹药武器,却一点也不费力,还互相打闹呢!走在后面的不断用长鼻子去挠前面的大屁股。前面的大象则快活地摆动那又短又秃的小尾巴。要不,就仰起头来,大声鸣叫,好似让挠得痒痒的受不了。

你死我活的战场上,难得见到这些小情趣,将军们都给逗乐了。

此时,有人悄悄地报告军长和师长:

"大象是日军辎重队的。昨天,让我们捉拿了。"

"它们也是俘虏呀?哈哈!"廖耀湘开心地大笑起来。

"这哪像俘虏的样儿,趾高气扬,旁若无人。"郑洞国说。

在场的人,又是一阵大笑。

一边继续巡视战场，一边商讨下一步的作战计划。索卡道是拿下了，但是加迈还在敌人手里。据说田中新一那条老狐狸正缩在加迈，可不能让他再溜了。

想到一个月之前，从史迪威将军那里，他和孙立人各领了一支令箭，展开了一场秘而不宣的竞赛，廖耀湘关切地询问新38师进展情况。郑洞国的回答，意味深长：

"新38师进展也极迅速。据孙师长报告，他们已经攻占瓦兰。而瓦兰到孟拱的距离，与索卡道到加迈的距离一样近。据说，他们还有一支穿插渗透部队在向孟拱与加迈之间猛插过来。孙师行动不慢哇！"

听完，廖耀湘沉默了片刻。

突然，他举起手中的紫黑藤杖，将跟前一门日军火炮的炮管敲得"嘭嘭"地作响。他对手下的军官命令道：

"向加迈全速前进！"

孙立人的象脚椅，助他运筹帷幄巧妙用兵

在孟拱东北地区，孙立人将军正在被一个突然出现的情况，弄得左右为难。

自从与廖耀湘分手后，孙立人领着新38师，于南高江以东地区，自北而南，向孟拱迅速推进。全体官兵越高耸入云无顶之山，跨烟雾弥漫无底之谷，排除万难，秘密潜行。

经过近1个月艰难转进，5月下旬，师主力攻占孟拱外围敌军要点瓦兰，切断孟拱敌军退往密支那的通路。而后，该师第112团以神速、秘密之行动，楔入加迈与孟拱敌军结合部，分割此两股敌军。

这一果敢行动，不仅对孟拱形成威胁，加迈城内日军尤感痛苦。

恰在此时，挺进中的第112团于无名高地，缴获敌第18师团步兵指挥官相田俊二少将致前方军官的信，得知一个重要情报：索卡道日军主力被围，加迈城内兵力极为空虚，师团长田中新一坐守空城，惊恐万状。

瞬息万变的战场形势，一下把孙立人的注意力从孟拱引向加迈。

在自己的指挥所里，孙立人陷入沉思苦想。

与廖耀湘那粗犷豪放、不修边幅、不拘小节的作风不同，孙立人喜欢把自己的身前身后收拾得干净利落，井井有条。

他的指挥所是一顶降落伞做的帐篷，豁亮，整洁，在野人山里，算得上有点舒适。淡黄色的降落伞，用绳子把顶部吊到树上，四周自然下垂，便成了一座圆形尖顶的大房屋，很像缅甸处处可见的大佛寺。

如果天晴，在里面处理军务和休息，就很好。白天，从树隙透下来的阳光，把整个帐篷照得玲珑剔透，如水晶宫似的，充满了恬静、华贵的气氛。夜阑人静，要是有兴趣，可以躺在床上赏月，透过那层薄薄的帷幕，月色朦胧，若隐若现，在伞体上折射出鹅黄色的光亮，充满了神秘的色彩。自古谁欣赏过黄色的月亮姑娘？

遇上雨天，也不碍事。帐幕里再搭一块油布，屋里有屋，别有一番情趣。

室里摆设简单，唯一特别的是，他有一把别人没有的座椅，是用象腿做的。在列多待命时，搜索连打了只野象，士兵们用四只象腿给师长做了一只象脚椅。象脚椅特别对孙立人的心思。过去，领兵打仗，中军大帐摆过虎皮椅，可听说过象脚椅么？虎皮椅，威风，那是样子货，不如象脚椅平稳、结实、牢靠，天塌下来也不慌。

象脚椅跟着孙立人转战缅北，坐在这上面，孙师长深谋远虑，运筹帷幄，处理了一桩又一桩军务，取得了一个又一个胜利，没有遇到太难办、太伤脑筋的事情。可是，现在，在孟拱河谷，当进攻出人意料地迅猛发展时，他却遇到了难题。

按照敌我态势，现在是攻取加迈的最好时机。敌第 18 师团主力在索卡道地区为廖耀湘师围困，无暇回顾，加迈城内敌军兵力单薄，我唾手可得。

以新 38 师现在的攻击位置，完全有能力突袭加迈，然后回师孟拱。

机不可失，时不我待。

但是，按照事先约定，加迈是廖耀湘将军的作战目标。廖师长正在索卡道激战，人家是想先啃骨头再吃肉。你孙立人却乘人不备，从后面下手，把肥肉抢走了，廖耀湘将军会怎么想？

坐在象脚椅上，孙立人左思右想，决心难下。

打加迈，还是不打？

打，有打的道理；不打，也有不打的考虑。

从有利战局着想，应该打。但从与友军的关系看，不大好打。大局管小局，但弄不好，小局也会坏了大局。国军中，名呀、利呀、苦呀、乐呀，功大呀、功小呀，因这些琐事伤感情，坏团结，最终影响作战的例子还少吗？

孙立人是个严谨的人，他制订作战方案，像画图纸一样，总是要反复推演、计算，照应到各种各样错综复杂的因素，力免失误。这是清华大学理工科出身的将军特有的禀赋。靠这点，在大起大落、险象环生的缅甸战场，他的队伍一直打得很顺手，没有大的挫折。但是，事情还有另一面，思虑过细，难免犹豫，尤其遇到两可之间的事情。

今晚，在打不打加迈这件事上，孙立人心中的天平一直在左右摇摆，上下晃动。这种时候，他需要外力帮一下，方能摆脱困境。

已经到了下半夜，鹅黄色帐幕内，闪烁不定的灯光还在亮着。孙立人下一步行动的箭头仍在加迈与孟拱之间来回摆动。这时，随新38师行动，常常给中国人传递坏消息的英军联络官贝森上校走进来了。一看他的脸色，今晚准又没什么好事。果然他告诉孙立人：

他接到英军的情报，说来自曼德勒的日本援军，今晚在卡萨附近突破了英军第3师阵地后，继续向加迈靠近。

加迈城下，我军的有利态势可能逆转！

一直在犹豫中的孙立人，立即变得坚定无比：先打加迈，后攻孟拱。

决心既下，孙立人回头一看，觉得自己刚才很可笑。迷惑徘徊这半天，其实就因为眼前一团雾。拨开迷雾，道理明摆着：

孙子曰，水因势而制流，兵因地而制胜；故兵无常势，水无常形，能因变化而取胜者谓之神。

行军打仗，见机而行，何必拘泥于作战地界而分畛域？

廖耀湘师长久经战阵，胸怀广大，必不为虚名浮誉所累。我怎能小看了别人的度量？

加迈早该下决心打啦！

当夜，孙立人调兵遣将，命第112团秘密迂回，锥形突进，抢占要点西通，拦截由卡萨向加迈增援的敌军。第113团向西运动，攻占支遵，进取加迈。派第114团继续南进，控制孟拱以南各隘口，严防孟拱之敌逃跑。

次日，各团分头行动，各显神通。

陈鸣人上校率领的第112团士气旺盛，求战心切。大龙河畔，他们曾吃了日本人的亏。现在是报仇的时候了。官兵们攀高山，涉溪涧，冒雨开进。5月26日13时，全团渡过狂涛汹涌的南高江。

大名鼎鼎的李克己营走在全团前头。昔日，困守大榕树上，他们像猿猴那么机敏；如今，从地面进攻，又像猛虎一样武勇。27日，他们营神不知，鬼不觉，迫近西通公路。西通在加迈西南，由卡萨增援加迈的日军必经此地。

中国驻印军机枪掩体

在蒙蒙细雨中，李克己营进入伏击阵地，等待敌军。

天黑以后，敌人来了。西通南面公路上出现了点点灯光，伴随着传来低沉的马达声。

敌军车队小心翼翼，慢慢爬行。

李克己埋伏在木桥附近的山包上。只见车灯把路面照得如同白昼，整个车队就跟火龙似的。

李营长按捺不住内心的喜悦，捅了一下伏在旁边的营部书记官，说：

"多少辆，数一数，等会好开收条。"

当敌人车队全部进了伏击圈后，"叭叭叭"，李营长向空中放了三枪。

一时，全线开火。士兵们先用手榴弹炸毁首尾两辆汽车，令整个车队动弹不得。

开始，敌军缩在车上，拼命抵抗。但汽车本身是个汽油桶，一打就着。不大一会儿，敌兵只好弃车而逃，窜进四周丛林。之后，日本援军源源而至，我112团主力也及时赶到。敌我双方在西通展开激烈争夺。但日军始终不能越雷池一步。

孙立人在抵近前沿的树上指挥所

西通公路被掐断，援军不能到达，加迈城内，田中新一的感觉，比滇缅路陷落时的蒋介石还痛苦。

在加迈东侧运动的第113团，是曾经取得仁安羌大捷的英雄。他们一路扫荡，连克日军外围据点十余个，于6月7日进占支遵。

支遵与加迈一江之隔。在支遵的城楼，可以望见插在加迈城内大佛塔塔顶的日军膏药旗。

事情就这么凑巧。自从廖耀湘在索卡道用藤杖猛敲日军炮管，下令猛扑加迈后，新22师以神速动作，挥师南下，先头部队第65团恰在此时，进逼加迈北郊。

这种巧合，于孙立人除去一块心病，不用担心落下抢友军功劳的恶名；于廖耀湘避免一个遗憾，在一场竞赛中他没有落在友军后头。

加迈城下，我军士气大振。6月16日两支部队同时攻城。

攻城战似乎太顺利了一些。第113团一次猛攻就渡过了南高江，突入

加迈东南郊。第65团也不怎么费劲，就突破了城北的复廊阵地。

午后1时20分，第65团的突击队员，冒着滂沱大雨，爬上加迈城中心大宝塔塔顶，一脚踹掉那面垂头耷脑的膏药旗，一面耀眼的"青天白日满地红"旗插上了加迈城头。

中国官兵一片欢腾！

第65团傅宗良团长倒拖着刚从大宝塔上踹下的那面膏药旗，领着搜索连，满城寻找田中新一。攻城之前，廖耀湘师长专门叮嘱两件事，一件是拔下大宝塔上的膏药旗，一件是活捉田中新一。现在，只办了一件，还有最要紧的一件。

田中新一藏哪儿去啦？

田中新一中将是一只狐狸。当我军攻城正急时，他见大势已去，领着他的川芳子，以及数百名残兵，悄悄地从暗道出了城，攀援雪帮山悬崖，向银岛湖方向逃跑。

又让他溜了！

傅宗良气得直跺脚。

攻克加迈后第十天，6月25日，孙立人部队攻占孟拱。

孟拱河谷作战按照史迪威的命令，于雨季之前宣告结束。

战场成了军需库，廖耀湘和孙立人通话：恭喜发财

仗打完了，但在加迈和孟拱地区打扫战场颇费时日。这是一项既艰巨又愉快的任务。

日军在加迈和孟拱囤积的军需物品太多了。仓库有50多座，火车皮也有上千节。他们把什么东西都往这里运。他们确实曾经打算在这里长期固守呢！

打下加迈不久，廖耀湘师长巡视战场。与索卡道战场敌尸横陈、遍地狼藉的情形不同，加迈四周显得干干净净，井井有条，路边停着一队队日军军车和大炮，山边是一座座原封不动的大仓库，各种军需物资堆积如山。廖耀湘笑逐颜开，对旁边的人说："这是战场吗？是军需库吧！"

在一片竹林里,十几门崭新的平射炮,失魂落魄地蹲在牛车道上,炮身上铸着的"昭和×年×月造"的字样清晰可见。有的炮弹上了膛但来不及发射。公路上,敌人遗弃的汽车摆成长蛇阵,车上装的都是军火、药品。还有军官们抢来的物品,衣物细软,

在宿营地里的中国军人

珠宝首饰,一箱一箱的。

一座水泥桥边,停着十几辆小包车。其中一辆银灰色小车,挂着"菊字001号"的车牌子,有人告诉廖耀湘,这是田中新一的座车,师长敲着车牌哈哈大笑,说:"我看田中新一是天字第一号的大笨蛋,净打败仗。"

山坡边,几座日军仓库被打开,里面有药品纸张。还有一个仓库

作战间隙,中国士兵在河边快活地洗下征尘

存放着几百辆自行车和缝纫机。公路上,士兵们正东倒西歪、摇摇晃晃地学骑车呢!弄得满公路都是"哈哈"的笑声。

栗树林一带也有一排仓库,分门别类,存放布匹、鞋袜、被服、雨衣、蚊帐、罐头啤酒等。在一座文具仓库旁,士兵们正三个一群,五个一伙,躺在草地上开着留声机,欣赏日本歌曲呢!

耳闻目睹的种种生动情景，使廖耀湘心中充满了喜悦，他想：

战斗间隙官兵们抓紧时间理发

田中新一，你是跑了。但是，你把你的官兵，成千成万地扔在胡康河谷，扔在索卡道。现在，又把你的全部辎重扔在加迈。既没有士兵，也没有枪炮，你这个中将还值几个钱？

回到指挥所，廖耀湘拿起电话，和正在孟拱城里的孙立人将军通话。他好像不是在打电话，而是拿着喇叭筒直接和几十里之外的孙立人讲话，大嗓门把树上的小鸟都吓跑了，他说：

"我是耀湘呀！你很好吧！如果不是天黑了，我一定去看你。加迈这一仗得感谢你们呀！"

两位将军在电话里互相寒暄了一会儿，就听见廖耀湘接着说：

"敝师自索卡道歼灭敌人主力，到拿下加迈，共缴获敌大小火炮56门，卡车230辆，连田中新一的座车也缴了。还有仓库35座，其他轻武器也很多呀，数都数不过来，哈哈……"

报完自己的战果，廖耀湘又问道："听说贵师在西通截路，斩获也不小呀！打孟拱，你们又发了一笔大财吧？"

往下，廖耀湘在电话中静听孙立人的答话，不时发表感慨：

"嗯，嗯……缴获不小，……嗯，干得漂亮……恭喜发财！哈哈！"

这是两位将军之间一次愉快和难忘的通话。

第二十一章 "眼镜王蛇"行动

密支那,中美军队锁定的下一个进攻目标

1943年4月,正当新22师、新38师部队向孟拱河谷大举进攻的时候,中国驻印军的另一个重要作战行动,也在悄悄地展开。这个作战行动的目标是攻占密支那。

密支那是缅甸北部最重要的战略支撑点。它是缅甸克钦邦首府,位于伊洛瓦底江西岸,是纵贯缅甸的中央铁路的北部终点,公路四通八达,河网密布,历来是缅北水陆交通枢纽。它南连八莫,西通孟拱,东北通孙布拉蚌、葡萄,往东则可到达腾冲。南面沿着铁路可以到达曼德勒和仰光。它周围多山,高度在海拔500米至1000米左右。缅甸中央铁路自南向北穿城而过,城外西北是一个地形略有起伏的小平原,遍地是丛林。城外西、北方,各有一座飞机场。密支那战略地位重要,易守难攻。

在整个缅甸作战中,密支那一直处于重要地位,是进退胜败的一个关键。在1942年第一次缅甸作战中,杜聿明将军曾经计划从密支那将部队撤回国内,结果因为密支那失陷,致使近万官兵陷入野人山绝境。史迪威将军曾设想利用密支那机场将中国远征军撤向印度,也因机场易手,而使计划落空。

在眼下中国驻印军反攻缅甸的作战计划中,密支那更具特殊的战略意义,主要有三:一是中国驻印军占领密支那就可以将日军驱逐出缅北,进而威逼滇西,将缅北滇西战场连成一体,最终在滇西与中国远征军Y部队会合,全部歼灭日军第33军。二是攻占密支那,驼峰航线可以南移,避开喜马拉雅山脉,降低飞行高度,提高运输效率。三是占领密支

那可以为中印公路扫清最后障碍,加快公路建设进度,早日通车。可以说,在中国驻印军反攻缅北的整个作战计划中,胡康河谷作战、孟拱河谷作战,都是密支那会战的前奏和铺垫。

中国驻印军早就瞄上了密支那。求胜心切且足智多谋的史迪威将军在部署孟拱河谷作战的同时,秘密组建了一支中美特遣作战队,队员包括绰号"抢劫者"的"加拉哈德"美军特种战斗团,中国驻印远征军新30师之第88团,以及不久前由国内增调的第50师之第150团和一支野人别动队。他们的任务是远程奔袭,抢占密支那机场。作战代号为"眼镜王蛇"行动。

而此时,驻守密支那的日军兵力相对单薄。因为胡康河谷作战失败,第18师团损兵折将,焦头烂额,更因孟拱河谷作战正在进行,日军从密支那抽出部分兵力援助孟拱,驻守密支那的仅有第18师团第114联队部分兵力。密支那守军兵力空虚,正是中国驻印军偷袭的好时机。

"眼镜王蛇"行动启动时间在4月下旬。那一天,在孟关城下,廖耀湘和孙立人刚从史迪威那里领走进攻加迈和孟拱的令箭,美军梅利尔准将又被史迪威召来。

梅利尔是史迪威将军最信任的少数几位美国军官之一,在缅甸战场常常受命担任最重要的任务。史迪威将军也没有亏待他,原来的梅利尔上校,现在已是梅利尔准将。据说,早年他曾因为眼睛散光,投考六次,才考上西点军校。他身体高大肥胖,患有严重的心脏病,晒得脱皮的红鼻子上架一副眼镜。虽然他的身体像一只熊,但在丛林里行动一点也不笨。作为一名在缅甸作战中被提拔的将军,最主要的原因是他精通丛林战术。今天,两位美国将军进行了如下谈话:

史迪威:"你手下的'抢劫者'部队投入缅北作战多长时间了?"

梅利尔:"75天。"

史迪威:"也就是说,三个月的合同快到期啦?"

梅利尔:"是的,5月7日合同期满。"

史迪威:"不过,战争将改变一切,包括关于作战的合同。"

梅利尔:"我不明白将军的意思。"

史迪威:"就是说,'抢劫者'部队的作战期限可能要延长。"

梅利尔："为什么？"

史迪威："因为战争需要。"

梅利尔："可是，他们是为合同，而不是为战争而来的。"

史迪威："但你不要忘记，他们的合同原是为战争而订的。"

梅利尔："那么，您想让他们干点什么？"

史迪威："你的这句问话很正确，早该如此。请你过来看地图，目前日军在缅北还有三个大据点，加迈、孟拱、密支那。我们必须在6月份雨季之前，拿下这三大据点。加迈和孟拱，已经有两支中国部队分头去拿。还剩密支那。密支那不能等待他们。所以，我打算给'抢劫者'一个机会，一个很好的机会。把密支那机场攻下来，为后续空降部队进入市区作战创造条件。"

梅利尔："这等于说，他们要在缅甸丛林里比合同多待很长时间，请问，这样做，他们有什么特别的酬劳吗？"

史迪威："有。美国陆军战史上将给他们写上一笔，以证明他们不虚此行。"

梅利尔："将军，事关修改合同，这得跟当事人商量。"

史迪威："完全没有这个必要。准将阁下，你现在要做的事，是好好想一想，拿下密支那机场，需要提供什么支援，现在就向我提出，不要等出现了困难，再来找我，那就不好啦！"

梅利尔："那么，让我想想……"

史迪威："……"

梅利尔走到窗户前，猛吸了几口烟后，转过身来对史迪威说："将军，我想好了。为了达到您刚才提出的作战目标：第一，推迟合同期限的事，必须由将军您亲自出面和当事人谈妥；第二，'抢劫者'部队必须得到中国军队的加强和支援；第三，派野人别动队配合行动；第四，也是最重要的一条，'抢劫者'突击队的任务以拿下机场为限，一旦占领机场，后续部队空运到达，就把突击队撤回。他们绝不参加市区作战。"

史迪威："……你的要求被批准了，准将。现在是我向你提要求的时候了。你们必须在5月中旬拿下机场。"顿了一顿，史迪威强调说，"此次作战行动要绝对秘密，达到最大的突然性。我指的不仅是日本人，对

英国人也一样。叫日本人大吃一惊,叫英国人也大吃一惊。明白吗?"

梅利尔:"明白。"

史迪威:"好。这次作战的代号是'眼镜王蛇'。行动吧!"

"眼镜王蛇"行动,是史迪威将军在缅北作战中最大的一次冒险计划。起初,有人强烈地反对这个计划,认为以有限的兵力,同时进行加迈、孟拱、密支那三大战略要点作战,违反了兵法上关于"每次作战,只争取一个战略目标"的原则。史迪威不以为然,说:

"我们不是躺在兵书上,而是站在缅甸丛林里打仗。兵书上是没说一次可以攻打几个战略目标,我们给添上不就行啦!"

史迪威不是空想者,而是一个脚踏实地的卓越战术家。他确信,他有能力给兵书添上这一笔。

他手里掌握着有以印度为基地的美国第10航空队。他有可能组织上百架运输机,一个航次空运一个整团的兵力,以实现大规模、远距离的机动作战。X部队里,除了新22师、新38师的部队外,1943年年中调至蓝姆迦的新30师已经训练完毕,投入缅北战场,1944年春新划归驻印军序列的新50师和第14师,直接空运至印度列多,现也陆续到达缅北战场。

况且,史迪威手里还有一个秘密武器,那就是他最得意的绰号为"抢劫者"的特种突击部队。

"抢劫者"突击队是马歇尔将军为支援缅甸作战,送给史迪威的一件礼物。

本来,他们有正式番号——美国陆军第5307暂编团。不过,士兵们不喜欢这个名称,说是听起来"好像洛杉矶街道上的一个通信处"。另外,它还有个代号叫"加拉哈德部队"。而士兵们最喜欢的还是战区记者们给他们起的"抢劫者"这个绰号,认为这"更符合他们的脾气"。

"抢劫者"特种突击队共有三个营,每个营各1000人,都是从西太平洋岛屿和加勒比地区各个部队抽调而来的有丛林作战经验的老兵。"抢劫者"突击队的主要作战任务,是在丛林中作远程偷袭。

史迪威把一次重大作战行动交给"抢劫者"特种突击队挑头,除了对它的战斗能力和丛林作战经验信赖外,也不排除以下考虑:"抢劫者"

突击队是在缅甸战场参战的唯一一支美国地面部队，是史迪威将军的子弟兵。史迪威不能忘记，1942年，他到缅甸指挥中国远征军时，英国人曾讥笑他说，美国人如果真正关心缅甸作战，应该派来一支军队，而不是一个光杆司令。现在，该是美国人露一手的时候啦！

几乎与史迪威将军会见梅利尔的同时，郑洞国将军在孟关附近的一座营房，检阅了准备参加"眼镜王蛇"行动的中国远征军第88团和第150团官兵。两个团的官兵列队完毕。几辆小汽车开到营房。在营门，郑洞国将军下车。凌则民团长、黄春城团长在营门外向郑洞国军长报告。

凌则民："报告军长，陆军第30师第88团团长凌则民，率部到达战场，整装待命。"

郑洞国："凌团长，辛苦了。"

黄春城："报告军长，陆军第50师第150团团长黄春城，率部到达，请调遣。"

郑洞国："黄团长，辛苦了。"

郑洞国在两位团长的陪同下检阅了部队。但见士兵们个个精神饱满，士气高昂，郑洞国心中甚为喜悦。检阅后，他们来到指挥所。

郑洞国："凌团长、黄团长，你们来得正好。"

凌则民："我们随时听命出动！"

黄春城："军长，驻印军在缅北打胜仗的消息传到国内，我们手里都痒痒哪。"

郑洞国："是呀，缅北作战，进展神速。你们看，孟关是半个月前刚打下的，现在部队又开到孟拱河谷去了。把营房都空出来了，是不是？"

军长招呼作战参谋："郭参谋，你将作战计划讲一讲。"

郭参谋："凌团长、黄团长，情况是这样的。为了在雨季之前结束缅北作战，我军决定，在孟拱河谷作战的同时，发起密支那作战。你们两个团的任务是与美国特种作战部队一起，长途奔袭，占领密支那机场。之后，配合主力部队攻占密支那。"

郑洞国："这是硬骨头，二位团长。从孟关到密支那120多公里，全是高山密林，还有众多河流。没有路，没有援助，也没有补给，全靠自带干粮。一切都靠自己，有没有信心？"

凌则民："报告军长，坚决完成任务。"

郑洞国："黄团长呢？"

黄春城："我们也没有问题。军长，不要说吃苦，牺牲的准备都做好了。到国际战场，和盟军一起打仗，是我们的光荣。"

郑洞国："好，有决心就好。此次行动的总指挥官是美军梅利尔准将。他是一位非常出色的指挥官，有丰富的丛林作战经验。和盟军一起行动，不要给中国人丢脸。知道了吧？"

二位团长："知道了。"

中美特遣队的秘密行动和"摘除心脏手术"

执行"眼镜王蛇"任务的特遣部队很快编组完毕。在梅利尔准将的统辖下，特遣部队分K、H、M三个战斗分队，其中K分队由金尼森上校指挥，兵力有美军"抢劫者"突击队第3营和中国新30师之第88团；H分队指挥官为亨特上校，兵力有美军"抢劫者"突击队第1营和中国第50师之第150团，以及役畜运输团一个连、新22师炮兵一个连；M分队指挥官为马基上校，兵力有美军"抢劫者"突击队第2营和野人别动队。

4月底，中美特遣队从孟关秘密出发。这天，大雨如注，丛林里白茫茫一片，地下积水过膝，头顶电闪雷鸣。

史迪威在梅利尔陪同下，来到中美特遣队营地。史迪威检查了队员们的行装，之后开始训话："孩子们，我们选择这样一个日子出发，是想告诉你们，这一路要准备吃点苦。你们知道吗，你们将要干一件惊天动地的大事情。要把它干成。缅甸丛林不是一个密封的世界，人们在注视着这里的一举一动。当然，在你们拿下密支那机场之前，我不希望人们关注你们，特别是不能让日本人注意到你们。但是当你们出现在他们面前时，他们会大吃一惊的。全世界的人都会为你们叫好的。为了一声叫好，吃点苦是值得的。上帝保佑你们。出发吧。"

队伍在雨中出发，很快消失在迷蒙的雨幕中。

本来就变幻莫测、高潮迭起的缅北战场，现在又异军突起，他们会创造出什么样的奇迹来呢？

从孟关到密支那，在地图上看，只有120多公里。但是，密支那在伊洛瓦底江之畔，与孟关之间隔着两道大山，一条河谷。出孟关，翻过海拔1000多米的坚布山，进入孟拱河谷，穿过孟拱河谷，又得翻越更为险峻的苦蛮山脉，才能进入伊洛瓦底江流域。沿途，不仅有高山深壑和茂密丛林，还有大大小小十几条河川和数不清的湖沼。尤其是苦蛮山，光听名字，就知道是个混沌未开的蛮荒世界。特遣队的士兵已经得到指示，为了保证行动的绝对秘密，途中，他们将得不到空投补给。为此，士兵们奉命带足半个月的干粮和必需药品。

背上沉甸甸的背囊，里面装满了包装得很精致的饼干、巧克力，野人别动队的队员和那些刚刚投入缅北战场的中国士兵倒是蛮高兴，他们从没有一次得到过这么多的上等食物。而那些美国"抢劫者"们却是一副冷漠、嫌恶的表情，他们从背囊的重量已经掂出此次行动的艰难程度。

野人别动队在美军情报官员威廉·拉芬上尉和英国军官欧文少尉的率领下，已经先于主力部队离开孟关。他们在前面担当开路、收集情报和歼灭小股敌军的任务，像是"眼镜王蛇"那根既敏感又有威力的蛇信子。

走在丛林里，野人别动队的队员们也许与其他野人没有多少区别。他们也是赤身裸体，上身文上各种鬼怪神符，嘴里嚼着槟榔果。但是，从根本上说，他们已经不是蒙昧无知的野人，而是一支训练有素的军队。

在由孟关向密支那挺进的路上，他们避开大路，专走小径。荒莽丛中，他们能够寻找出当地野人行走的路径。对各种林间径道，能区分哪条是人踩出来的，哪条是野兽走的。只要看看路边的露珠碰掉了没有，便能判断出这条路刚才有没有人走过。在人烟稀少的山林，他们能准确地找到野人聚居的山寨。只要到山寨待上四五分钟，便能从他们的同胞那里探听到附近有无日军出没的情况。在野人山搞情报，他们得天独厚。让他们带路，你就放心走好啦。

野人别动队每走一段，欧文少尉和岩珠便拿出罗盘识别方向，并为特遣队留下标记。

特遣部队的主力，沿着野人别动队留下的路标，步步跟进。他们之

间保持一两天行程的距离。

美国"抢劫者"们,都是些令人望而生畏的家伙。起初,中国官兵们以为,既然是从美国各个部队里挑选出来的尖子,个头、仪表、人品、能力,肯定都是第一流的。后来,混熟了,才知道不完全是那么回事。

这些美国兵,老的老,少的少,高的高,矮的矮,也是十个指头,不一般齐。有的胡子拉碴,满脸皱纹,疙疙瘩瘩,像老橘皮似的。有的腰圆背阔,人高马大,也有的又矮又矬,还不如中国人高呢。

还听说,这些家伙并不都是出类拔萃的人物,不少人智力低下,性情粗鲁,纪律涣散,长期有不满情绪。有的在战前还有"前科"。难怪他们这么喜欢"抢劫者"这个诨号。很多人身有残疾,得过疟疾、伤寒,还有精神病患者!

不过,人家的确是丛林作战的老手。

美国兵生性喜欢标新立异,搞些花里胡哨的东西。他们每人的钢盔上都画着眼镜蛇,蛇头大大的,眼睛有小灯泡那么大,蛇信子伸得老长,活灵活现,样子煞是吓人。他们穿的服装也稀奇古怪,颜色斑驳,皱皱巴巴,穿在身上,简直就不叫衣服。上衣裤子,到处都是口袋。人家说,那是适应丛林作战的专用制服。行军的时候,不知是用油彩还是泥巴,把脸上涂得乱七八糟,弄得人不人,鬼不鬼的。听说,那是伪装手段。

说的也是,有了这身服装打扮,在丛林里行军,或者埋伏,很难发现他们。

"抢劫者"们在丛林里的各种生活本领,也常常叫中国官兵拍手叫绝。

随美国人一起行动的中国两个步兵团,新30师之第88团较早调到印度,在列多进行过短期丛林战训练,第50师之第150团的官兵,刚刚从国内空运到缅北战场,丛林对他们还是一个陌生和恐怖的世界。所以,中国兵们瞪大眼睛,小学生似的,观察、模仿美国人的种种举动和技巧。

在雨季里行军,全身透湿,但美国人总能在身上找个干燥点的地方,保存好火柴。中国士兵们的干粮常常被雨水浸湿,而他们的总是包装得那么牢靠结实。烧一杯开水,美国兵总比中国兵烧得快。擦破了皮,美国人很轻易就能找到些草药，帮助止血。刮胡子用的刀片，到了美国兵手里，也比中国兵多了许多用途。

更让中国兵羡慕不已的是，"抢劫者"们那种天不怕，地不怕，满不在乎，随遇而安的心态。该吃则吃，该睡则睡，该行则行，跟在家里一样。不像一些没有经过丛林作战的中国兵，整天愁眉苦脸，处处觉得别扭，不踏实，提心吊胆。夜里听见猴子叫也睡不着。

5月上旬，中美特遣队进入苦蛮山脉。这里山峦起伏，峭壁林立，险象环生。山中古木参天，荆棘遍地，虫鸣鸟叫，虎啸猿啼，雾气升腾，混沌一片。真是个既艰苦又荒蛮的恐怖世界。

山顶，连当地克钦族野人打猎的小道都没有。特遣队队员们攀悬崖，越峡谷，有时要用手和双膝爬行，有时则用溜索越涧而过。

役畜运输连就更苦了。他们用骡马驮着火炮和辎重。骡马常常不能和人走一条道。为了绕过某座悬崖，要绕很远的路。上坡的时候，骡马上不去，人在牲畜屁股后面推着它走。下坡时，更难，前头得有人顶着它的前胛，后面还得一人拽着它的尾巴，防止它滚落谷底。骡马摔倒了，得把它扶起来，宿营时，得喂它草料。人比骡马还累。一天下来，把驭手们累得连尿尿的力气也没有了。驭手们再卖力气还是不行，不到一个星期，已经有不少骡马累死，还有一些由又窄又滑的山道滚下谷底摔死。

疾病也可怕地蔓延。有的人腿上长了脓疮，流血，又流脓，走到哪，苍蝇嗡嗡地跟着追。有人得了疟疾，烧得满脸通红，说胡话。得了赤痢的人也很可怜，一天不知要屙多少次，屙的是血，是脓，又腥又臭。连有些体魄高大的美国兵，也扛不住了，没拉两天，已经瘦得皮包骨头，显得鼻子更高，眼窝更深。有时解裤子都来不及。美国兵们讲实际，干脆把裤裆的后片剪掉，像小孩的开裆裤，什么时候想屙，一蹲就行。

K分队的指挥官金尼森上校死于斑疹伤寒。

"抢劫者"们骂骂咧咧，大发脾气。他们认为，在该死的缅甸丛林，他们已经洒下了该洒的血汗，为期90天的作战合同已经到期。现在，他们应该躺在后方某个疗养院调养身心，和护士小姐调情取乐，或者在酒吧间喝得酩酊大醉，然后，去干自己想干的事情。他们不应该再待在丛林地狱里。

野人别动队队员在丛林中担当向导

"那个该死的猪猡!"美国兵们大骂史迪威。他们认为,史迪威是要他们死在缅甸丛林,以便给中国人创造一个纪录,"必要时,牺牲美国在这个战区的一支步兵部队也在所不惜"。

有人曾经咬牙切齿地扬言:"见了老杂种,定叫他脑袋开花。"

有的还声称:"史迪威违反了战时兵员管理法律条文,应该向联邦法院控告他。"

骂归骂,走还得走。既然已经进了丛林,要紧的是活着走出去。"抢劫者"们明白,史迪威精着啦,派他们进来的时候,合同也没有期满呀,至于什么时候走出丛林,那看自己的本事啦。史迪威不是已经答应,一拿下密支那机场,就将他们撤回去吗?

所以,赶快走!

尽管已经疲乏不堪,体力极度下降,"抢劫者"们还是抖擞精神,奋力前进。

中国官兵们就更没说的啦!没人跟他们定过什么合同。凭着一腔热血,他们自愿投进缅甸战场。"一寸山河一滴血,十万青年十万兵"。他们是在举国上下踊跃从军的热潮中,走上国际战场的。如果说他们的作战也有期限的话,那就更长了。不仅仅是拿下密支那,还要拿下整个缅甸,还要夺回整个中国,把日本鬼子扫地出门。

特遣部队里的中美官兵和野人别动队队员,肤色、语言不同,服装武器不同,甚至连吃饭、睡觉、屙屎撒尿的方式都不一样。但是,他们的目标高度一致,那就是闯过丛林,拿下密支那机场。

丛林挡不住他们的脚步,疾病动摇不了他们的意志。队伍仍然以每天十公里的速度,顽强前进。

丛林也不是不透风的墙。日军在苦蛮山南缘布下广泛的搜索网，先遣队的行踪终于被日军谍报队侦察到。但是，日军一时搞不清我军的企图，不知是要袭击东面的瓦扎，还是南下密支那。

日军迅速派出了阻击部队。6月6日，在苦蛮山脉的雷托邦，特遣部队与敌人遭遇上了。

敌人选择有利地形，构筑了袋形工事，打算乘我不备，施行伏击。但是，他们的计谋瞒不过嗅觉灵敏的野人别动队。

将要接近雷托邦时，走在前面的别动队队员，听到山头上猿猴发出惊慌的鸣叫，栖息在板栗树林里的鹭鸟也四散飞逃。凭经验，野人别动队队员断定山岗上有人。

爬上棕榈树侦察，果然发现了日军伏击阵地。

别动队只管提供情报，至于怎么对付这股日军，那就是美国人和中国人的事了。

首先赶到雷托邦的是由"抢劫者"第3营和中国新30师之第88团组成的K分队。自从离开孟关，他们已在林中行走十天，现在正需要打一仗，鼓舞士气。

"既然如此，不管好事坏事一家一半。"刚刚接替死去的金尼森上校任K分队指挥官的戈登中校当即决定，中美部队分别从左右两翼，同时向上突击。

苦蛮山脉第一次响起剧烈的枪声。人类文明的利器，震撼着这座处于蒙昧年代的恐怖山林。

第一天的进攻，竟然没有得手。日军由于计谋败露，由准备伏击，改为固守。他们凭借有利地形，依托坚固工事，守得相当顽强。

戈登中校碰了一鼻子灰，只好收兵，他望着山顶的敌人狠狠地说：

"留你们多活一天，明天再收拾你们。"

次日，H分队也赶到。指挥官亨特上校问戈登："要不要帮什么忙？"

戈登答："忙你们的去吧！这里没你们什么事！"

亨利上校于是领着自己的人马，绕道前行。

6日和7日，K分队连续猛攻两日，将敌人前沿阵地悉数占领，但是据守在山顶核心阵地的敌人死守不退。中美官兵毕竟在丛林中艰苦行军，

历时旬日,体力不加,手中又无重型火力,强攻难以见效。

戈登中校使出最后一招,对日军施行"心脏摘除手术"。8日夜间,他从美军中挑选20名精壮士兵,由野人别动队队员引路,乘夜攀上山岗,将敌军指挥所捣个稀巴烂,打死敌少佐指挥官。

敌军指挥瘫痪,不战自退。9日早晨,K分队占领了雷托邦。该戈登倒霉。他们在雷托邦与敌苦战四日,行程已落在别人后面。没想到,离开雷托邦不久,又在钦克尔坎被日军拖住。

戈登中校深知赶路要紧,不能恋战。他把第88团第3营留在钦克尔坎,与敌周旋。其余部队摆脱敌人,继续潜行疾进。

亨特上校指挥的H分队"抢劫者"一个营和中国第50师之第150团,行动十分迅速。6月10日,他们进占阿兰,闯出了苦蛮山。14日,进抵密支那地区敌军防线外缘。15日,越过密支那至孟拱公路。5月16日凌晨2时,他们隐蔽地进入距密支那西机场西北8公里的南圭河。

梅利尔准将也随后到达。

神兵天降,日酋尚在慰安妇的温柔乡中

达摩克利斯宝剑已经悬到密支那敌军头顶。

日军却还在睡梦之中。

在敌军看来,密支那此时还是他们的战略后方。同中国驻印军X部队的战斗,正在孟拱河谷激烈进行。战火要从孟拱河谷的丛林烧过苦蛮山,烧到伊洛瓦底江流域还早着呢!

由八莫方向增援孟拱河谷作战的日本军队和军火物资,正通过密支那铁路,向前源源输送。密支那火车站军车南来北往,日夜奔驰。站台上军火物资堆积如山,日军军乐队敲锣打鼓吹喇叭,为源源开向前线的部队送行。一些认贼作父的缅奸,围在站台上,特别卖劲地摇晃着手中的纸旗,旗上画着妖魔鬼怪,他们以为用这些神符就可以保佑皇军打胜仗。

日军对密支那的防御是心中有数的。它的西北有苦蛮山天险作屏障,

东南边有伊洛瓦底江可依托,中国兵除非长了翅膀,否则,甭想进入密支那。纵然中国兵能飞,飞到密支那,那也无妨,城内城外工事,经过日军多年经营,可以说上四个字——"固若金汤"。密支那近郊,有片片稻田,稻田的土埂纵横交错,密如蛛网。这些土埂经年累月人畜踩踏,风吹雨打,像钢筋水泥那样坚固,是天然的防御工事。再近一点,还有密密的麻栗树林作掩蔽。树林里和田野上散布着一栋栋民房。田埂、民房、密林巧妙地构成复杂的防御体系。密支那的北郊,有一片开阔的沼泽地,既利于守军发扬火力,又能有效地阻滞进攻者的行动。

就算仗打到城内,也不惊慌。密支那城内的十几条街道,上千座建筑物,日军全按战斗的要求重新估量过它们的价值。主要街口都构筑了工事,临街的商店楼房,全都改造加固,布置了火力点。一旦战斗打响,每条街道就是一只火药桶。

地面工事还不是日军最得意的。密支那守军官兵,多数是九州的煤矿工人出身,惯于打地洞,对构筑坑道式地下工事甚为得心应手。他们构筑的地下掩体,均在十余米地底,洞口由一层又一层圆木加固,外包马口铁板,防止火焰喷射器进攻。真是炸不毁、烧不坏、攻不进的地下堡垒。密支那地下工事四通八达,城下快让日军掏空了。日本人说,密支那的仗要是打到这一层,那才叫到了热闹处。

因此,尽管孟拱河谷炮火连天,但密支那守军还可以不慌不忙。白天,日本兵在密支那市街上游游逛逛,进商店,下馆子。日本商人在密支那东街区办的那几家餐馆,特别受到日兵的青睐。那里卖的日式饭菜,真是家乡风味呀!从伊洛瓦底江捞上来的大鲤鱼,又肥又大,经过日本厨子加工,做成日式熏鱼,皮焦肉嫩,香味四溢。日本兵们个个吃得津津有味,满嘴流油。用缅甸上好大米蒸制的日式饭团,香喷喷的,吃起来都不知道饱。

不少日本兵们精于茶道,在缅甸品茶,别有一番风味。在临街的茶楼里,日本兵们三三两两,围坐一桌,喝着茶,吸着烟,一边抠着脚丫子,一边嘻嘻哈哈,谈天论地。茶楼里,侍应的缅甸女子忙忙碌碌,一会儿给客人点烟,一会儿斟茶续水拿扇子,蝴蝶一样飞来飞去。她们打着赤脚,下身穿着色彩艳丽的沙笼,上身是做工精细的紧身对襟短褂子,

头上松松地挽着发髻。两只耳坠子像挂在宝塔上的风铃叮当作响。顺着一双圆浑白嫩的手臂往下，是两只大镯子。日本兵们一边端着茶盅，一边色迷迷地盯着侍应女郎。他们那很有穿透力的目光一会儿盯住女人薄薄的沙笼，一会儿盯住女人的上身，发出阵阵淫笑。趁着女侍应过来斟茶时，日兵顺手在女人汗津津的大腿上拧一把，或者在女侍应高高耸起的前胸上乱摸一气，像自家树上的梨子，伸手就摘。

到了夜间，正是日本兵行乐的好时光。溜马路，看电影，进咖啡馆都意思不大了，日本兵更大的兴趣是找女人。太阳下山后，缅甸女人们沐浴完毕，穿上干净漂亮的服装，头上用象牙梳拢着乌黑的长发。晚间是缅甸女人最水灵的时刻。日本兵们专在这个时候下手，他们喝得酩酊大醉，穿街过巷，见门就入，见女人就抢。

在士兵面前，丸山房安大佐是一位严厉的军官。他是日军第18师团之第114联队联队长，是目前密支那的最高指挥官。因为田中新一师团长一直全力应付孟关和孟拱方向作战，无暇他顾，从1943年初起，第114联队直接归第33军军部指挥。在密支那，空闲的时候丸山大佐也不"打野外"，他宁愿天天到设在密支那一座古庙里的日军"慰安所"去，那里有专门为军官准备的"慰安妇"。"慰安妇"大都是从日本本土招来的，也有个别来自朝鲜和中国台湾，都是些久经沙场的军妓。丸山大佐粗壮结实，高不过五尺，圆滚滚的，像个大肉丸。他脸很平，很短，右腮帮有一道很深的伤疤，据说是在新加坡作战中被流弹打中的。伤疤的痂面亮晶晶的打着褶，好似让电烙铁烙了一下。这样一来，右脸更"抽"更短了。于是，整个脸像只刚脱坯的土钵子，让人踹了一脚，歪里巴叽，特别难看。

丸山大佐是个资深军人，他喜欢训练有素的士兵，也喜欢有经验的女人。再说"家乡风味"，毕竟比较合他的胃口。

昨晚，刚好密支那又有一家"慰安所"开业。其中，有一位从日本大坂来的"慰安妇"颇有几分姿色。丸山大佐作为密支那最高长官，大驾光临，自然得到来自大阪的那位美人儿服服帖帖的"安慰"。

直到今天早晨，美国"抢劫者"和中国150团的官兵潜伏到南圭河边时，丸山大佐还在"榻榻米"床上同那位大阪"慰安妇"相抱未起。

南圭河畔一片芒果和柚木杂生的树林里，支起了一顶顶简易帐篷。中美特遣队 H 分队的官兵 16 日凌晨到达此地后，开始作短暂休整。如果有人留心一下，这片树林还是相当美的。南圭河冲积而成的这块小盆地既平坦又肥沃，高大的树木如同一把把张开的布伞，林子里凉风习习，喜阴的蕨类植物，紧贴着地皮，长了密密的一层，像给森林铺上地毯。天绿，地绿，空气绿，水珠绿，连阳光也是绿色的。5 月正是花开季节，万绿丛中，点缀着簇簇鲜花，处处飘散着淡淡的清香。这花香时浓时淡，若有若无，如姑娘身上的香水，然而，却比香水更加清新淡雅，淳朴怡人。好一片绿荫蔽日、鸟语花香的快活林！

只可惜，中美特遣队的官兵们在林中跋涉多日，衣衫褴褛，疲惫不堪，没有谁有闲心欣赏这清凉世界。

美国"抢劫者"们恨不得立刻发起进攻。他们是急性子，眼看到手的猎物，如何能按捺得住？何况他们知道，只要拿下密支那机场，他们在讨厌的缅甸丛林的全部使命，便告完成，就可以退出战场，飞回后方。

后来，头儿们下达了带有强制性的休整命令，他们才躺回到各自的位置上去。有的架起茶缸，把最后的一小包咖啡煮了喝，喝完后把茶缸也摔了。因为他们相信，到了明天，绝不需要再躺在丛林中用茶缸来煮咖啡喝了。有的摸出扑克牌，独自玩一种叫"算命"的简单游戏，更多的美国兵在蒙头呼呼大睡。

中国第 150 团士兵们情绪也很高涨。第一次在缅甸打仗，一定要打得漂亮，他们在抓紧时间擦拭武器，修补衣服，把绑腿松开，把鞋子晾干，恢复体力，好明天冲锋陷阵。

野人别动队的队员们没有接到休整的命令，欧文和岩珠立即带领队员分头探听情报。

梅利尔准将坐在一张吊床上，两只长腿耷在地上。附近的另一张吊床上，坐着亨特上校。梅利尔的指挥所一直随 H 分队行动。由于在丛林里长时间没见太阳，梅利尔那只曾被晒得脱皮的红鼻子显得有点苍白，眼镜腿缠着胶布，那是在丛林里给摔折了的。梅利尔一边慢慢吸着雪茄烟，一边听着侦察人员陆续传回的情报，内心禁不住阵阵狂喜，他对亨特说：

"老天爷保佑，日本人还蒙在鼓里哪！这真是太好啦！"

当听到野人别动队报告说，守卫飞机场的日军仅有300余人，机场空荡荡的，跑道也没有被破坏，梅利尔惊喜地叫了起来："我的天哪！"

不好！梅利尔突然感到胸口发闷，心头发紧，脸色陡变，亨特见状忙问："怎么啦，将军？"梅利尔捂着胸口答："老毛病又犯了。"他赶紧掏出小药瓶，咽下两片硝酸甘油，慢慢地才感到胸部舒坦了些。

原来，经过20天林中跋涉后，身体已极度疲劳，他那本来就不强健的心脏像一部运行过度的老爷车，快开不动了。密支那机场的情报出人意料的好，他一激动，等于把"老爷车"的油门一脚踩到底，差一点弄熄火了。

"东洋人，原来在搞心理战术，差点要我的命。"

平缓下来后，梅利尔招呼亨特上校说：

"凭我的经验，越是熟透了的葡萄，摘的时候越是要小心。阁下，我们好好商量明天的事。"

突袭日军机场，"威尼斯商人"款款而来

5月17日早晨，在密支那西机场，机场守备大队大队长平井中佐刷过牙，洗过脸，并且对着镜子，把两撇胡子精心梳理了一番，完事后，戴上军帽，佩上武器，跨出地下掩蔽部。

在洞口，他习惯地抬头望天，只见碧空万里无云，一弯残月还挂在西边天壁。而东方，一轮红日正跃出地平线，整个大地都沐浴在金色的光辉之中。机场跑道上，升腾着缕缕白雾，两旁的草地上，露珠在晨光下闪闪发亮。

"又是一个晴天。好天气。"

平井中佐脸上浮上一丝笑容。他是一位预言家，昨晚，他向丸山大佐提供的天气预报准极了。

但是，今天的值勤情况会怎样呢？也是"平安无事"吗？

密支那城一共有两座机场，一座在城的西侧，一座在北侧。西机场规模较大，且是老机场，早已通航。北机场是新机场，尚未竣工通航。西机场这段日子一直很清闲。年初，美国飞机每周轰炸密支那机场一次，4月中旬以后，因为孟拱河谷发生激战，美国空军几乎没有再光顾这里。其实，密支那机场也没什么可炸的啦！这座机场过去是英国人修的，后来，在第一次缅甸作战时，中国人进行过扩建。但没来得及使用，中国远征军就从缅北败退了。日本占领密支那后，进一步增加设施，使密支那机场最多时曾停过二百多架飞机。但是，进入今年后，美军在南太平洋地区与日本空军频繁交战，密支那机场的飞机几乎全被调到南太平洋。所以，现在机场上空空如也。没有飞机起落，跑道上堆了不少汽油桶、牛车和木柴，野草都长出老高了。

守备机场的日军第15机场大队，本来有500余人，丸山大佐说："既然'鸟'都飞走啦！我干吗还派那么多兵力守个空鸟窝？"丸山大佐把兵力逐步向市区收缩，守卫机场减少到只剩300余人。就300多人也没有多少事好做。大队长平井中佐每天晚上把"平安无事"这类值勤简报及次日的天气预测情况向丸山大佐报告完后，便打着哈欠钻入被窝。

平井中佐离开掩蔽部，在机场四周巡视一遍，然后来到停机坪的草地上，他张大嘴巴，贪婪地呼吸着早晨的空气，接着做完一套健身操。此时，薄雾渐渐散去，大地开始裸露在蓝天之下。鸟儿在林间跳跃，蝉声在耳际低鸣。守卫机场的日本兵们又开始新一天的操课……

一切有条不紊，纹丝不乱。

太阳升到树梢上，大约是10点钟光景。这个时辰的阳光已经不像早晨那么可爱，温度在急剧升高，草丛上的露珠早已蒸干，地面散发着热气。鸟儿蝉儿开始疲倦。

就在这时，一阵凄厉的警报声从密支那城内传来，紧接着，机场的警报也鬼哭狼号地叫了起来。工事外面的鬼子兵立刻耗子般地钻进地洞里。

报警肯定是太迟了。头一遍警报声还没落，美军轰炸机已经飞临密支那头顶。

在太阳的暴晒下,密支那城恰如一片发蔫的芭蕉叶,无精打采地耷拉在伊洛瓦底江畔。美国飞行员们从空中往下看,看到的已经不仅仅是城内的大片工厂、街区、道路、民房、烟囱,而且,他们清楚地发现遍布城内的各种指示标志。

那是野人别动队队员们干的。他们带上白布板,悄悄地在一些主要街区、工厂,特别是日军的军事设施旁边布上地标,向美军轰炸机指示目标。

美国飞行员们把飞机降得很低,然后,对准目标从容投弹。有些飞行员事后形容这次空袭,说:"我们贴着树梢飞,炸弹投得同摔手榴弹那么准。太过瘾了。"

50多架飞机把近100吨炸弹投完后,像下过蛋的母鸡,"咯咯"地欢叫着飞走了。密支那城陷入一片火海之中。

城外却没什么事。

守在机场的平井中佐,缩在掩体里听着城区方向阵阵猛烈的爆炸声,起初也心惊肉跳,担心炸弹落到自己头上。

不久,一批批美国飞机从机场上空掠过,但没有投弹。

平井壮着胆子,从掩体内探出身来,望见美机一架架轰鸣而去,仿佛躺在地上的这座空荡荡的机场根本不值得浪费美国炸弹。偶尔,也有几架飞机把在城内没投完的炸弹胡乱地往下扔。机场停机坪被炸开几个大坑。

平井中佐搞不清美国人为何不理睬他。

美国飞机离去后,空袭警报解除。守卫机场的日军像得了大赦一样,全都从地洞里钻了出来。危险已经过去,可以松口气了。他们有的爬上瞭望塔,眺望密支那城内升起的股股浓烟;有的跑到刚才落炸弹的地方,看看美国炸弹到底有多大威力;有的在跑道上奔跑打闹,哈哈大笑,他们讥笑美国飞机瞎了眼,竟然放过了机场这样的重要目标。

他们以为今天交了好运哩!

其实,埋伏在机场四周的中国第150团官兵,等的就是他们得意忘形的这个时刻。

梅利尔准将昨天经过深思熟虑,决定把对机场的突击放在对市区猛烈空袭之后，这样既可麻痹机场守军，也可以争取在攻占机场之前，尽最大威力摧毁市区敌军阵地，为尔后占领全城铺平道路。

同时，他决定把攻占机场的任务交给第150团。"抢劫者"部队被派去攻取另一个目标——伊洛瓦底江跑马堤渡口。"抢劫者"们起初很不乐意。他们认定攻下机场就是他们的归期，害怕红鼻子梅利尔变卦。梅利尔不同，他受史迪威委托，要对攻下包括机场在内的整个密支那作战负责。于是，他把攻取机场与攻占渡口的作战任务捆绑在一起，让美国人选。"抢劫者"们只好骂骂咧咧地同意去攻占渡口。

当美国飞机狂轰猛炸密支那城区的时候，第150团的官兵伏在机场周围的丛林里，感受着大地的阵阵颤动，心都快跳出来了，宛似戏台上的武将，听到为他出场造气氛、做铺垫的锵锵锣鼓声。

好不容易空袭结束，机场的日本兵爬出工事，全都暴露在我军枪口之下。过门的锣鼓便转为急促的"倒板"，该武将出场了。

"冲啊！"

团长黄春诚，大臂一挥，举着手枪，首先从树丛中跃了出去。

全团官兵如猛虎出山，一齐扑向敌人。

中国官兵出现在机场，甚至比刚才的空袭还突然，连声警报都没有，日本鬼子简直不能想象，丛林里怎么会猛然杀出一支队伍来。

刚才光顾高兴，有的从工事钻出来时，连枪也没带，爬在瞭望塔上的一时也下不来，在跑道打闹的更慌了神，平展展的跑道哪有他们藏身的地方？

第150团的官兵们在丛林里受了二十多天磨难后，今天可算拣了个大便宜。不到半个小时，便把机场的鬼子收拾干净。那位平井中佐，连指挥刀也没来得及拔出，就在一辆牛车旁被击毙。早上刚刚梳理过的两撇胡子沾满了血污，一对失神的小眼睛吃惊地仰望着蓝湛湛的天空。他至死也搞不明白：今天到底是怎么啦？

梅利尔准将高兴得"喔喔"地叫。他手里提着卡宾枪，跟在攻击队伍的后头，来到机场。当他确信机场已经牢牢地掌握在我军手中时，10时50分，他给史迪威发去"威尼斯商人"的密语信号。

"威尼斯商人"是离开孟关时，史迪威与梅利尔约定的密语，意思为

中美特遣队秘密接近密支那机场

"运输机可以着陆"。

日日想、夜夜盼的"威尼斯商人"终于到来。史迪威看着梅利尔的密码电报,脸上的皱纹全都舒展开了。他在电报上吻了一下后,从上衣袋里,掏出小日记本,就着膝盖,匆匆忙忙地写下一个词:

欢呼!

"眼镜王蛇"行动成功!英国人颇为尴尬

在印度机场待命多时的增援部队立即登机起飞!

下午13时30分,100多架美军道格拉斯式运输机,拖曳着滑翔机,穿云破雾,飞临密支那机场。机场上空,飞机马达轰鸣,遮云蔽日。不时,地面传来密支那日军高炮阵地稀稀拉拉的几声炮声。然而,日军的炮声逐渐为雷鸣般的引擎声吞没。

调整好飞行姿态后,一架架滑翔机脱离运输机,开始向机场跑道俯冲降落,已经冷落多时的密支那机场骤然喧闹、拥挤起来。

第一个航次，中国驻印军新 30 师之第 89 团及美国第 819 航空技术大队，全部空运到达。入夜后，仍利用灯光照明，继续空运。

第二天，5 月 18 日，史迪威乘坐一架轻型飞机飞到密支那。12 名记者随行。史迪威喜气洋洋，头上还是戴着那顶油渍斑斑的旧式战斗帽，右肩下挎着一支卡宾枪。下了飞机，他与前来迎接的梅利尔准将紧紧拥抱，放声大笑。

记者们拍足了这个镜头。

"眼镜王蛇"行动的成功，使史迪威处于反攻缅北作战最辉煌的时刻。

1942 年缅甸作战以来，密支那曾是史迪威想到而一直没能到达的地方。正是由于密支那的陷落，导致了第一次缅甸作战末期最惨烈的失败。两年前，在逃往印度的时候，他史迪威指天誓地要打回密支那，现在兑现了。在全世界的面前，史迪威可以理直气壮地说：我说到哪做到哪！

占领密支那机场对中国战区至关重要。有了这座机场，从印度飞往中国的空运，可以避开高耸险峻的驼峰，改经密支那中转，缩短航线，降低飞行高度，使空运量大幅度增加。

比增大运量更为重要和直接的成果是，密支那落入我军之手，等于在缅北和滇西日军防线内打进楔子，进而将导致东南亚地区敌军防御破产。

在此之前，不仅日本人认为密支那是他们整个防御链条中最稳固的一环，连英国人也断言，中国 X 部队目前无力攻占密支那，纵令攻占，也难确保。

史迪威期望的正是以异乎寻常的手段，占领密支那，卡断日军的咽喉，要他的命；同时出其不意地掴了英国佬一个耳光。

现在，史迪威的愿望全都实现了。

当中美军队抢占密支那机场的捷报，以及史迪威头戴战斗帽，肩挎卡宾枪，在飞机场与梅利尔相互拥抱，哈哈大笑的照片传开后，全世界为之一震。

丘吉尔首相自伦敦，给东南亚盟军总司令蒙巴顿打来一封措辞严厉的电报，质问他：

"美国人用什么样的高招,使我们在密支那难堪?蒙巴顿将军对此事是否料及?"

丘吉尔的恼火是有缘由的。10天之前,也就是5月6日,他曾收到蒙巴顿的一封电报,蒙巴顿预言:"占领包括密支那在内的北缅一带绝非易事,为此需要投入更多的部队。"

蒙巴顿处境极为尴尬。作为东南亚战区盟军统帅,对统辖范围内如此重大的军事行动竟毫不知晓,而史迪威名义上还是东南亚战区副司令官、他的副手。这更使他大丢面子。

英国人是最讲体面的啊!

第二十二章　密支那攻坚战

首战失利，梅利尔身心交瘁无奈离任

密支那机场易手后，丸山房安大佐如梦初醒，大惊失色。

丸山大佐之所以深感震惊，一是中美特遣队突袭机场下手太过突然了，事先他竟然没有得到任何情报消息，连一点征兆也没有，因而，机场没有来得及破坏，完好无损地落入对手的手中。二是，此时他指挥的联队主力正分驻各处，守城部队兵力太过单薄。

丸山大佐率领的第114联队，共有3个步兵大队，但是这3个大队现在都分散在各处：其中第1大队主力，年初被派去参加云南扫荡作战，划给了第56师团，至今一直没有回到密支那；第2大队主力被派到密支那北部的瓦扎担任警戒任务未归；第3大队部署在密支那以西的莫罕地区，负责密支那至孟拱铁路守卫任务未归。

此时，驻密支那城区的兵力仅有第114联队本部，第1大队的1个步兵中队加1个步兵小队、机枪中队的1个小队、大队炮1个分队；第2大队的1个步兵中队，以及联队炮中队、通信队、宪兵队及机场守备队，共1200余人。而在机场的突袭中，机场守备队已被全歼，密支那城内的日兵只剩下不足1000人。

丸山房安大佐不敢迟疑，决心作困兽之斗。他立即调动密支那城内的所有兵力，连同勤杂人员和伤兵，投入作战。他下令：

1. 军旗中队主力连同野战医院的康复兵占领靶场附近；
2. 步兵第7中队占领铁路正面；
3. 包括通信中队的大约200名士兵占领与第7中队南部相邻阵地；

4. 宪兵队指挥缅甸新兵占领最右麻栗树林一带；

5. 卫生队和防疫供水部占领最左翼的孟拱公路正面。

中国远征军在密支那机场开设野战医院

与此同时，丸山房安向第33军司令官本多政材中将请求向密支那紧急增援。他还命令驻扎在瓦扎的第2大队主力和在孟拱河谷的第3大队火速撤回密支那。

丸山大佐心惊肉跳，已经预感到大难临头。

然而，战场上的事情真是难以逆料。按当时密支那我军与敌军兵力对比情况，密支那城区本应唾手可得，但是中美联军进攻城区的战斗，竟遇到意想不到的困难，演成了一场旷日持久、损兵折将、伤亡惨重、极其悲壮、堪称经典的攻坚战。

对中美特遣队来说，攻占密支那机场之轻易和顺利，出乎意料之外。第150团一个冲锋就把至关重要的机场拿下，敌人竟没有任何反抗。而"抢劫者"第1营也不太费力就拿下了伊洛瓦底江跑马堤渡口。

5月17日上午攻占机场后，梅利尔准将得到情报称，"密支那城里的日军仅有步兵300名、联队炮1门、速射炮2门"。这份不确切的情报，误导了美国将军，他再次兴奋起来，认为既然机场和渡口这样轻易到手，那么，何不顺手将密支那城区迅速拿下？

梅利尔迫不及待地开始行动。当天下午，第30师第89团先头部队刚刚空运至密支那机场，梅里尔立即命令他们接替第150团担任机场警戒任务，接着下令第150团派出2个营向市区进攻，要求当晚肃清残敌。

第150团官兵上午刚刚拿下机场，对密支那情况不熟悉，连城区的具体方位也没有搞清楚。他们仓促出动，又是傍晚，地形不熟，走出没有多远，便迷失了方向。等他们摸黑走到密支那火车站时，突然遭到日军攻击。狡猾的敌军从我军队伍中间开火，我军队伍顿时大乱，官兵们分不清敌我，在黑暗中盲目射击，以致两个营的官兵之间发生了误射误伤。不少官兵被自己人击中，当晚的进攻便糊里糊涂地败退下来。

5月19日，第150团奉命对火车站发起总攻。团长黄春城是黄埔军校第6期毕业生，湖南人，打仗勇敢。投入缅甸作战后，他立志多杀敌，多建功，第一次进攻火车站作战失利，让

在密支那，我曲射炮部队向敌猛烈开火

他很窝火。现在他汲取了教训，部队出动前，他亲自带着营连指挥官实地侦察，标记好进攻路线及沿途地形、地物，规定部队夜间识别和联络方法。一切准备停当后，到了黄昏时分，团长下令参加进攻作战的第2营、第3营隐蔽进入攻击准备位置。天黑以后，我军开始发起进攻。在迫击炮火力支援下，我军进攻相当顺利，午夜时分，便全部占领了火车站。

可是到了下半夜，日军发起了反击。日军第114联队情报官八江正吉，乘着夜暗领着情报班的一小队士兵从城里赶到火车站，向我军突袭。火车站四周杂草丛生，草高齐胸，十分隐蔽。敌军声东击西，虚虚实实，枪声大作，手榴弹爆炸，到处都是火光。火车站内残存的敌人，这时也从各个隐蔽火力点向我军射击。我军内外受敌，搞不清敌军兵力多少，火力来自何方，一时又乱了阵脚。官兵们地形不熟，情况不明，胡乱射击，自相残杀，损失惨重，只好退出火车站。

天亮后，黄团长再次组织进攻，重新夺回火车站。

争夺火车站的战斗来回拉锯，得而复失，几度易手。此期间，丸山大佐正紧急调动部队回援密支那。5月19日早晨，敌步兵第2大队主力共约900人，从瓦扎撤回到密支那。密支那守军的兵力顿时得到增强。丸山大佐喜出望外。

5月20日,丸山大佐将刚刚赶回的步兵第2大队投入争夺火车站的作战。敌军火力强大。我第150团刚刚夺回火车站,来不及构筑工事,立足未稳。关键时刻,随团行动的美军联络官扎姆中校,擅离岗位,致使我军无法与指挥部联络炮兵支援。激战中,第3营营长郭文干少校中弹身亡,壮烈成仁。战至21日黄昏,第150团损失惨重,撤出火车站,退至跑马堤渡口附近休整。

密支那攻城失利,梅利尔准将急火攻心,加上过度劳累,心脏病发作,被紧急空运送回列多后方医院抢救。史迪威将军只好解除他的指挥职务,改派美军麦卡门准将接掌中美联军指挥权。在列多后方医院,史迪威将军和麦卡门看望了梅利尔。

梅利尔躺在病床上,看到史迪威进来,他想坐起来。

史迪威将军扶住他,问候道:"梅利尔准将,你怎么样?"

梅利尔:"我这不争气的心脏。"

史迪威:"不要紧的,安心治疗。"

梅利尔:"密支那作战遇到麻烦。"

史迪威:"我知道了。"

梅利尔:"真是对不起。"

史迪威:"梅利尔准将,你在密支那的使命已经完成了,新的任务是回到后方安心养病。麦卡门将接替你的指挥职务。"

麦卡门准将上前和梅利尔握手。

麦卡门:"梅利尔将军,你好。"

梅利尔:"你好,麦卡门将军。"

史迪威:"梅利尔将军,我们已通知医官,将你送回德里医院治疗,那里有最好的外科医生,飞机正在机场等你。"

麦卡门:"放心去吧,梅利尔将军。"

史迪威:"梅利尔将军,你要记住,优秀军官也不能保证总是打胜仗。然而战争必须朝胜利的方向前进,这是一场接力赛。"

梅利尔:"麦卡门将军,要狠狠地揍日本人,把他们肠子打出来。"

医生用担架抬着梅利尔向机场走去。

再战无功，麦卡门黯然去职

麦卡门到密支那接任中美联军指挥权后，立刻部署新的进攻。

密支那城北侧的机场，虽然还没有建成通航，但却是密支那北郊的一个交通要道，从北机场进入市区没有河流阻隔，道路畅通，只有七八里地。北机场目前尚在日军手中。麦卡门决定拿北机场开刀，从北面打开进攻密支那市区的缺口，以改善攻城作战态势。

执行"眼镜王蛇"行动计划的中美特遣队K分队和M分队，因为在穿越苦蛮山时受日军阻拦，行军落后于H部队，而错过了进攻密支那西机场的机会。他们急起直追，于5月19日进入密支那北郊，现在已经休整完毕。麦卡门决定把进攻北机场的光荣任务交给他们，作为他们参加"眼镜王蛇"行动的补偿。

麦卡门命令K支队担任主攻任务，向北机场正面进攻，M支队作为助攻兵力，在K支队西侧随后发起攻击，共同夺取北机场。

21日，K支队和M支队按计划发起进攻。但是他们远没有H支队那么幸运。此时守卫北机场的日军是第114联队第2大队第1中队全部、第3中队和机枪中队各一部，还有大队炮兵一部。这些日兵大多家在日本九州，是矿工出身，擅长挖掘工事。他们把机场的防御工事构筑得格外坚固隐蔽。

当担任主攻的K支队的"抢劫者"部队第3营和中国军队第88团，进攻到敌军阵地前沿时，敌军突然开火，我军猝不及防，一时血肉横飞，伤亡惨重。在K支队西侧助攻的M支队，也受到阻击。我军勇敢还击，顽强前进，并用60式迫击炮摧毁敌军浅表工事。当日，我军攻占了北机场敌外围阵地。而在21日夜间，日军第114联队第3大队先头部队由孟拱赶回增援，越过南圭河进至北机场附近地区，从侧后进攻我K、M支队。我军前后受敌，力不能支，只好从北机场外围撤出战斗。我军又一次进攻失利。

史迪威将军以焦虑的心情注视着密支那的作战。时间已是5月下旬，雨季很快就要到来。拖延时间对我军作战十分不利。此时正进行的孟拱河谷作战进展顺利。史迪威将军于是集中精力，专注于密支那作战。5月23日，史迪威将军再次来到密支那。他还带来了一批将军和参谋，其中有新1军军长郑洞国、新30师师长胡素、第50师师长潘裕昆、驻印军总指挥部参谋长鲍特纳等中美将领，以及将军身边的参谋人员王楚英等人。史迪威将军要亲自看一看密支那进攻受阻，到底问题出在哪里，他要和前方的将领们一起，想出一个有效的办法来。

战后，王楚英在自己的回忆录中记述了当年史迪威亲临密支那指挥作战的若干细节。

史迪威将军走下飞机后，麦卡门已等候多时。在机场听取麦卡门准将的简要汇报后，史迪威将军四处巡视战场，慰问官兵。他在麦卡门的陪同下，首先来到西机场东侧第89团阵地视察，又来到伊洛瓦底江边跑马堤看望第150团官兵，之后又巡视了第88团、第42团驻地。史迪威将军热情赞扬中国官兵的作战精神，鼓励官兵们奋勇战斗，早日拿下密支那，并且许诺提供充足的军需物资，保证及时用飞机将重伤员送回后方治疗。中国官兵们对史迪威将军的鼓励给予热情的回应。

当天下午，史迪威将军冒雨特别看望了美军"抢劫者"部队的官兵。那可是他的子弟兵啊。可是在"抢劫者"营地，史迪威将军与他的子弟兵的对话，却远远没有同中国兵对话那么融洽。

中国驻印军通过浮桥越过伊洛瓦底江

按照事先约定，拿下密支那机场后，"抢劫者"们就算大功告成，可以撤离了。但是，由于攻城受阻，史迪威将军认为如果让美军撤出战斗，将会影响中国官兵的战斗精神。他坚持让"抢劫者"们留在密支那继续作战。他的这个决定在美国士兵中又引起强烈不满。

听说史迪威将军前来视察，"抢动者"们觉得这正是他们的机会，他们准备演一出"戏"，当场向史迪威示威抗议。

"抢劫者"部队营地出现了骚动，美国士兵们把背囊堆在地上，肩上斜挎着卡宾枪。士兵们围住亨特上校，大吵大闹，情绪激动。

"我们要回家。"

"什么时候让我们回去？"

"谁欺骗了我们？"

"机场拿下了，为什么还不让我们回去？"

"是谁不让我们撤走？"

正在这时，史迪威将军和麦卡门准将走了进来。看着美国士兵们吵吵嚷嚷，史迪威将军走上前，说："不关亨特上校的事，小伙子们，是我。我不同意你们撤离。"

士兵们一下围了过来，大声地质问将军。

"为什么？"

"你为什么扣下我们？"

史迪威："小伙子们，你问为什么？原因很简单，因为这里在打仗，因为这里遇到了麻烦。"

"合同已经到期，战争和我们没有关系了。"

"该干的活，我们都干完了。"

史迪威："你们不是旁观者，你们手里拿着枪，是不是？士兵们，我是说过，拿下机场就让你们撤走。但是，情况发生了变化。我们的作战不顺利。敌人可能从我们手中再次夺回机场。中国士兵们还在流血，还在战斗，这个时候，我不能让美国士兵离去。除非你也心脏病发作，或者高烧不退，口吐白沫。"

美国士兵们开始安静下来。

史迪威："我现在宣布，拿下密支那是中美联合部队的作战任务，当然也包括你们。麦卡门准将，你有什么要说的吗？"

麦卡门："士兵们，你们必须继续战斗，直至拿下密支那。"

亨特："回到营房去，准备战斗。"

美国士兵们不情愿地返回营房。

为了安抚"抢劫者"们的情绪，史迪威同意将他们中的伤病员送回后方医院治疗，并且决定将2个美国战斗工兵营调到密支那，改为步兵，补充"抢劫者"部队。

在史迪威的督促下，麦卡门准将抖擞精神，下令中美联军于5月24日，向密支那城发起总攻。这是继5月19日，我军对火车站发起总攻后的第二轮强大攻势。此次攻击计划是，第30师之第88团、第89团在炮兵和美军飞机的火力支援下，向西郊射击场进攻，予以占领。第50师之第150团及第14师之第42团第3营向密支那南郊攻击。美国"抢劫者"部队第2营、第3营向北机场进攻。

而此时，日军第114联队第3大队主力全部由孟拱赶回增援，日军第56师团第148联队第1大队约1100人，也进入了密支那，使城内的日军兵力达到4000余人。守城日军得到增援后，士气大振，利用密支那城区的道路、民房以及沼泽、河流，顽强死守，阻击中美联军的攻击。密支那近郊有大片的农田，田间有纵横交错的土埂。这些土埂高可及胸，坚固无比，是很好的作战掩体。由于连日降雨，密支那四周形成了许多沼泽地，这也利于日军防守。

守卫密支那的日军构筑的地下指挥所深入地下十余米，能承受重炮轰击。第一线的散兵壕，在其上方均用马口铁覆盖，防止火攻。敌军要求士兵进入坑道需带竹筒和管子，防止因坑道垮塌而窒息。弹药、粮食、饮水由各部队分散保存，各自为战。

我军集中全力，多路并进，攻势猛烈，密支那全城震颤。但是密支那敌军依托坚固工事，死守不退。日军第2大队队长山畑实盛少佐等百余名兵佐阵亡。我军损失也很大。

麦卡门投入中美联军主力发动总攻，意欲一举攻占城区，但猛攻一日，仅第88团向前推进约800米。其他方向均无明显进展。"抢劫者"第3营在进攻中遭日军顽强反击，不仅没能前进一步，反而将原有阵地丢失。

几乎就在史迪威、郑洞国等将领的眼皮底下，5月24日的总攻作战，被日军瓦解。

史迪威召集将领详细检讨密支那作战,汲取教训。大家对作战部署、步兵和炮兵协同、进攻战术运用,以及战场指挥都提出了不少意见。郑洞国特别提出,目前在密支那城下作战的主力是中国第30师、第50师,应该将战场指挥权交给各位师长,由他们负责指挥本师作战。史迪威将军认真听取了这些意见,并做出相应决定。鉴于攻城作战再次受挫,麦卡门准将意志消沉,史迪威将军决定,将麦卡门撤职,由驻印军参谋长鲍特纳准将接替指挥。同时,为追究火车站作战失利的责任,决定撤销第150团团长黄春城的职务,遣送回国。

5月25日,史迪威正式发出命令,调整密支那战场指挥体系:

1. 撤销中美特遣队组织及其指挥机构,所属中美部队归还建制。

2. 设立中美联军密支那前方司令部,由驻印军总指挥部参谋长鲍特纳任指挥官。

3. 麦卡门不再担任密支那战场指挥职务。

4. "抢劫者"部队(即5307团)恢复原建制由亨特上校负责,另调美军第209和第236两个工兵营加强该部队的兵力。

5. 新30师之第88团和第89团由该师师长胡素直接指挥。

6. 第50师之第150团和第14师之第42团,由第50师师长潘裕昆师长指挥。

第三轮攻势受挫,鲍特纳万分沮丧

中美联军围攻密支那,令日军第33军司令官本多政材中将寝食难安。他指挥的第33军担负着缅北和滇西广阔战场的作战任务,密支那是联结缅北和滇西战场的枢纽。一旦密支那失守,中国军队就会将缅北和滇西战场隔离,进而将日军各个击破。

况且,在本多政材原订的作战计划中,密支那处于防区的腹地,是一个十分隐蔽和安全的所在。在他4月初就任军司令官时,缅北丛林的

战斗,还在孟拱河谷进行,本多政材打算,孟拱河谷的战斗至少可以坚持到雨季的到来,战斗要在密支那打响,至少是秋天以后的事。现在还是5月,孟拱河谷的战斗正在激烈进行,中美军队竟穿越丛林,从天而降,远程奔袭,进攻密支那。中美联军的这一战术,是本多政材过去从未遇到过的,他不由得心中惊恐。

为了挽救危局,他断然决定将守卫密支那的第114联队脱离第18师团的序列,归军部直辖,由他本人亲自掌控。在他的号令下,各路援兵迅速驰援密支那,仅在5月19日至5月底,先后有4批援兵进入了密支那,使密支那守军兵力从最初的1200人增加到4000多人。并且,他已经下令,将正向缅北增援的第53师团主力,速向密支那急进。目前这支援军正沿曼德勒至密支那铁路北上,预计6月上旬可进入密支那。

为加强密支那作战指挥,本多政材下令急调正在八莫附近地区作战的第56师团步兵团长水上源藏少将,赶赴密支那,由水上源藏少将接替丸山房安大佐,担任密支那守备司令官。

派遣水上源藏担任密支那守备司令官,是本多政材军司令官在万般无奈的情况下,与第56师团师团长松山佑三反复协商的结果。

1944年5月3日,水上源藏奉松山佑三师团长之命,率部到达八莫,负责守卫南坎经八莫至加兹的公路交通线。他率领的这支部队,包括第113联队第3大队、野炮兵第53联队第2中队、工兵第56联队主力、师团通信无线电1个班、防疫供水部一部,共600多人。5月12日,因滇西方面形势趋紧,松山佑三师团长命令水上源藏率部返回滇西,加入师团主力作战。

就在此时,军司令官本多政材又因密支那情况危急,命令水上源藏救援密支那。为区区一支数百人的小部队的调动,日军第33军司令官与第56师团师团长分别发出两道相互矛盾的命令,可见日军兵力已经捉襟见肘。讨价还价的结果,第56师团同意水上源藏赶赴密支那,但是,只许可他带走少量部队。

水上源藏知道此去密支那凶多吉少。但他是一位被"大和魂"浸泡过的武士,在开赴密支那之前,他在南坎与师团参谋长通了诀别电话称:"命令接悉。对于不能在云南与师团主力共存亡深感遗憾,但在密支那必将竭力完成任务。今日一别，恐难再晤。请代向师团长致意。"

5月30日，水上源藏率领他的步兵团司令部、第113联队第8中队1个小队、第2机枪中队1个小队、野炮兵第56联队第2中队（山炮两门）及工兵第56联队第1中队、师团无线电1个分队、卫生队及防疫供水部各一部共约300名士兵，进入密支那。

水上源藏，日本山梨县人，1939年6月，任关东军第4师团第61联队联队长，同年9月，返回日本国内，任津轻联区司令官。1940年9月，再次赴中国，任华北方面军第110师团步兵第110联队联队长。当时，八路军正在进行"百团大战"。水上联队的主要任务是担负石家庄附近的反击作战，但未能阻止八路军成功地进行大规模的奇袭和攻击，致水上多次受到上司的训斥。1941年10月，他调任第54师团兵务部部长。1943年6月，他从中国战场调任缅甸方面军第33军第56师团第56联队联队长。

在密支那城内，丸山大佐迎接水上少将。

水上："丸山君，奉军司令官命令，本官率援兵赶到，并负责指挥作战。本官对密支那守备队英勇作战，深表敬意。"

丸山："守备队兵佐誓在贵官统率下，英勇作战，死守密支那。"

水上："本官与大家的心情一样，与城共存亡。"

在本多政材军司令官的亲自调遣下，各路援兵先后进入密支那，至5月底，密支那守备队兵力达到近5000人。

鲍特纳准将就任密支那中美联军指挥官后，雄心勃勃，很想有一番作为。他是最早跟随史迪威将军投入缅甸作战的美军军官之一，深得史迪威将军的器重。但同时，他很傲慢，对中国军队抱有不少成见，在蓝姆迦训练时，他常常与中国官兵发生冲突。在反攻缅北的作战中，他作为驻印军总指挥部参谋长，他的指挥出现过不少失误。1943年冬第112团在大龙河于邦战斗中的被动局面，很大程度是由于他的错误指挥造成的。因此，他在中国官兵中的口碑不佳。

现在史迪威将军把密支那作战的指挥权交给他，他必须有所作为。此时，中国军队正在进行的孟拱河谷的战斗进展顺利，这也给他造成一些心理上的负担。他急于求成。他必须比他的前任干得好一些。

5月25日接过指挥权后，鲍特纳便在5月30日下令新30师、第50师，以及"抢劫者"部队发起进攻。但因准备不足，进攻中步兵和炮兵缺乏协调，结果，又招致进攻失利。

6月3日，鲍特纳又组织进攻。他责成潘裕昆师长指挥第42团、第150团和第89团第1营，投入作战。各部队对自八角亭至火车修理厂的宽大正面发动进攻。但是由于平均使用兵力，没有形成重点，又因弹药准备不足，进攻乏力。我军各部队没能推进至预定目标。

好在中美联军拥有了密支那机场。美军第10航空队的运输机和滑翔机昼夜不停，不断向密支那运送兵员和武器装备。鲍特纳运用他的权威，不断加大空中运输量，美军飞机运来2个基数以上给养和弹药，同时增调了炮兵部队。经史迪威特别批准，炮4团的1个重炮连，空运到了密支那。这个炮连装备有4门105毫米榴弹炮。每门炮重达两吨多。至6月上旬，密支那战场，中美联军集中了中国4个步兵团，美军3个战斗营、2个工兵营，以及野人别动队。主要重型装备有重型迫击炮8门、山炮4门、105毫米榴弹炮4门。

此时，密支那战场敌我态势是，我军以西机场为枢纽，从西向东对密支那形成了一道长约10公里的弧形包围圈，而密支那城东侧就是伊洛瓦底江。整个战场如同一把巨弓，我包围圈如弓之座，伊洛瓦底江如弓之弦，将整个密支那包围得如铁桶一般。包围圈内，日军依地形，划分为北、中、南三个防御区域。中区为城区，北区主要包括北机场、射击场，南区包括火车站、火车修理厂、八角亭。

鲍特纳将军决定自6月14日起，集中全力发起新的一轮总攻。其作战部署是：

新30师之第88、第89团，担任左翼进攻任务，向射击场方向前进，夺取日本兵营。

第50师之第150团和第14师之第42团为右翼，分别向八角亭和火车修理厂进攻，得手后向北挺进，与左翼部队在伊洛瓦底江渡口会合。

重迫击炮连支援新30师战斗。

新22师山炮连和重炮连用于第50师方面。

"抢劫者"部队向北机场进攻，切断密支那北侧至滇西的通道。

美空军第848战斗联队对密支那市区，以及北机场、射击场、八角亭、火车修理厂等目标重点轰炸，支援地面作战。

6月14日，战斗按计划展开。

清晨，欧文、岩珠率领野人别动队，趁着晨雾，潜入敌军阵地，侦察敌情，并在重要目标设置标志，安放闪光器，为美军空袭提供引导。

上午9时，浓雾散去，从云南飞来的美国空军轰炸机群飞临密支那上空，投掷炸弹。

地面。日军阵地、仓库、桥梁等重要目标中弹起火，浓烟滚滚。

空袭结束后，攻城部队从左右两翼分别出动。

我军奋勇进攻。敌军依托坚固工事顽强抵抗。战斗极为激烈。

左翼部队两个团，在胡素师长指挥下，向射击场一带发起冲击。我军前进的路上要通过一片灌木丛，其间分布着一些农舍。日军在其中分布了许多火力点。当我军靠近时，突然射击，使我军官兵蒙受不小的伤亡。我军士兵们伏在地上匍匐前进，刚炸掉敌人一个火力点，但隐蔽着的另一个火力点又开始射击。我军第88团付出重大伤亡，好不容易攻占了射击场北侧的一个土丘，日军随后组织反击，我军阵地得而复失。我军第89团从南侧发起进攻，借助炮火掩护，士兵们通过了一片农田，迅速冲入射击场。此时这里已被炸成一片废墟，地表建筑全被摧毁，但是，在倒塌的房屋里、瓦砾中、大树根部，到处有敌人的地下火力点。敌军一个地下堡垒里，敌兵以轻重机枪火力向我射击，我军官兵在进攻中纷纷中弹倒地，伤亡很重。我进攻受挫。在前线指挥作战的胡素师长看到敌军火力太猛，我军损失太大，只好下令部队暂停攻击，就地构筑工事，准备再战。

我右翼部队第42团、第150团，在潘裕昆师长指挥下，分别向八角亭和火车修理厂进攻。其外围地区亦多为农田和民房。敌兵以田埂为胸墙，布下纵横交错的火网，从四面八方向我射击。周围的民宅、大树、竹丛也都成了敌军堡垒。水田里水深齐膝，我官兵在泥水中战斗，行动十分困难。第42团第2、第3营集中火力突击火车修理厂的日军阵地，全团的8门迫击炮轰击敌地面工事。之后，发起冲锋，攻占了火车修理厂西部。第150团第1营在向八角亭北侧的进攻中，受到敌军两面火力夹

击,我官兵无法前进,只好就地卧倒,寻找依托物,与敌对射。第150团第3营欧阳营长,率全营强行突破中遭敌伏击,中弹牺牲,成为该营继郭文干营长后,第二位牺牲在密支那的营长。

亨特上校率领的"抢劫者"部队在向北机场进攻中,开头还算顺利,第3营击溃了迈恩纳渡口日军。而美军第209工兵营在北机场北侧高地,遭敌军围攻,情况危急,亨特速派第1营支援,反而陷入敌之包围。鲍特纳闻讯大惊,急派中国军队两个营前去救援,才将"抢劫者"部队撤了下来。

6月14日我军组织的这次总攻,是密支那攻坚战中的第三轮总攻。距5月24日的第二轮总攻20天。鲍特纳准将把20天时间内我军积蓄的力量,包括增援的兵力和弹药全部投入了战斗。战斗中,鲍特纳焦虑万分,在指挥所不断地用电话,给前线指挥官下达命令,施加压力。在进攻中我军官兵作战勇敢,顽强推进,造成了重大伤亡。但是我军只攻占了火车修理厂阵地等若干外围据点,仍然被日军阻挡在密支那城外。

战斗结束,在指挥所里鲍特纳万分沮丧,自言自语地说:"不可思议,真是不可思议。"

在右翼阵地,潘裕昆师长望着密支那城郊绵延不绝的稻田和水塘,说:"密支那简直是个泥潭。"

攻坚乏力,韦瑟尔斯忧心忡忡

雨季到来了。

雨季给密支那攻城作战带来更大的麻烦。地上到处都是泥泞,伊洛瓦底江江水猛涨,雨天限制了空军的行动,我军攻势失去空中火力支援。我军的补给也出现了困难,空中运输常常由于大雨而中断,军队的口粮短缺,弹药供应不足,伤员增加,疾病蔓延。

雨天让日军得到喘息之机。敌兵抓紧时间,加固工事,布置火力。日军不仅加强了地面的抵抗,而且拼命进行对空拦击。运载中国士兵的飞机常常被凌空击毁,有时我军滑翔机成了日军的靶子,被打得像蜂窝一样。有一次，一架运送中国士兵的滑翔机中弹，被挂在大树上，士兵的鲜血从机舱底部向下流淌，把大树都染红了。

随着雨季的来临，密支那攻坚战陷入一片泥潭。

史迪威忧心如焚，他仰望缅北的天空，注视着密支那的战况，在日记中写道："缅甸雨季的每一滴雨点都令人心痛。"

密支那作战一再受挫，史迪威将军心烦意乱，1944年6月18日，史迪威再次飞抵密支那。这一次史迪威又带来一位美军将领。他是韦瑟尔斯准将，原在蓝姆迦训练基地负责制订训练计划，是史迪威将军欣赏的一位战术家。

在指挥所，神情沮丧的鲍特纳见到了史迪威将军。

鲍特纳："史迪威将军，你好。"

史迪威："你好，鲍特纳将军。"

鲍特纳与韦瑟尔斯相互握手。

史迪威："鲍特纳将军，到底发生了什么事？"

鲍特纳："史迪威将军，我们努力了，还是打不进城里。"

史迪威："密支那是一块铁板吗？"

鲍特纳："不，不是铁。要是铁，我们早把它打烂了。走，史迪威将军，我们去看看。"

鲍特纳陪同史迪威将军到前沿阵地观战。

密支那城郊到处是弹坑、瓦砾、废墟。我零星进攻部队仍在顽强战斗。

在射击场外围美军阵地，一群精疲力尽的美军士兵躺在堑壕里。一位美军士兵累得趴在掩体上打起了瞌睡。"抢劫者"们看到史迪威将军走了过来，没有人起立，个个面无表情。远处的一处掩体里有个黑人士兵还小声地骂道："这个该死的老浑蛋，来干什么？"骂完，他端起枪向史迪威瞄了一下，接着骂道："老骗子，真想给你一枪。"说完，他恨恨地将枪放下。

史迪威等将领继续往前巡视。

鲍特纳："你看，史迪威将军，地面工事炸平了。敌人全钻进了地下工事。"

史迪威:"光靠炸弹,打不下密支那。韦瑟尔斯将军,你认为呢?"

韦瑟尔斯:"将军说得对。密支那现在既不是丛林,也不是城市,是一片废墟。地面争夺已经失去意义。要与敌人在地下决斗。他们有坑道,我们也要有坑道。"

史迪威:"对,用坑道对付坑道,用炸药包对付炸药包,用牙齿对付牙齿。"

鲍特纳点头。

史迪威:"鲍特纳将军,你把日本人统统赶到地下,这很了不起,你的使命完成了。下一阶段作战,由韦瑟尔斯将军指挥。"

鲍特纳:"谢谢。"

史迪威:"鲍特纳将军,你是我最喜欢的前线指挥官。"

韦瑟尔斯向鲍特纳竖起拇指,表示敬意。

鲍特纳:"祝你成功。韦瑟尔斯将军,我是第三任指挥官,你是第四任。但愿没有第五任。"

韦瑟尔斯:"上帝保佑。"

进入6月以后,我军在加紧围攻密支那的同时,孟拱河谷的战斗也进入白热化。缅北日军全线告急。日军被分割孤立在孟拱、加迈、密支那3个据点,不能动弹,死守待援。奉命增援缅北作战的日军第53师团主力4个大队,乘火车兼程向北急进,6月7日,这股敌军进至密支那西方12公里处铁路区段,正准备按计划进入密支那。就在此时,我军向孟拱发起总攻,守卫孟拱的日军第18师团朝不保夕,面临灭顶之灾。为了解救孟拱守军,本多政材军司令官急忙命令第53师团改为增援孟拱。这样,密支那守备队望眼欲穿的援兵顿成泡影。

本多政材的这道命令掐灭了驻守在密支那的水上源藏少将的最后希望。密支那守军彻底成了瓮中之鳖。

在密支那的外围,中美联军不断地紧缩包围圈。新就任指挥官韦瑟尔斯准将,是一位战术思想颇为活跃的将军。他到任后,认真听取中国将领的意见,改进战术,采用挖壕与强攻并用的战法,逐步压缩敌军阵地,与敌军尺寸争夺。

6月中旬以后,孟拱河谷的战斗逐渐进入尾声,中印公路建设工程也迅速向前推进,我军不断加大对密支那的支援,在孟拱河谷作战的部分兵力及重型装备逐步转向密支那。孟拱至密支那的铁路也落入我军之手。我军大批援兵通过空中和地面,源源不断地向密支那开进。

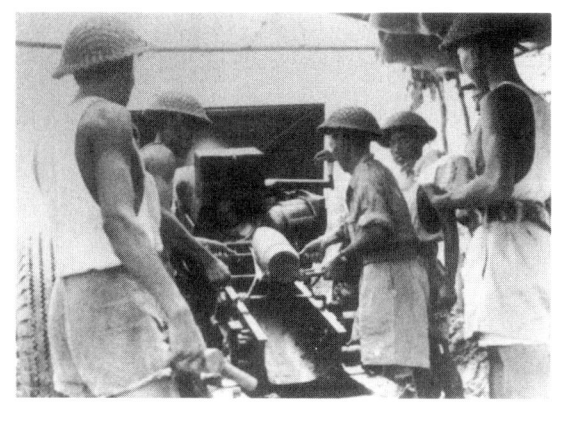
密支那战场的中国炮兵阵地

密支那西机场十分繁忙,美军运输机继续向密支那运送部队及装备给养。运输机拖着滑翔机,飞抵密支那上空。一架又一架滑翔机安全降落,增援的中国工兵携带工兵器材,一批批走下滑翔机。

工兵班长王大川背着行囊和十字镐,和他的伙伴也走下滑翔机。

增援的工兵部队被分配到各个重点方向,开始掘壕作业。工兵们挥锹抡镐,挖堑壕,筑掩体,布置火力点。一条条战壕隐蔽地抵近敌人阵地。

死亡笼罩着密支那。敌我双方展开坑道战。我军步步为营,掘壕推进,紧缩火网,逼近敌人。密支那四周昼夜枪声不断,火光冲天,敌我双方殊死搏斗,浴血奋战,场面极为惨烈。那些九州矿工出身的日本士兵知道,既然仗打到了地下,那就再没有退路了,只能死守。坑道里灌满雨水,鬼子兵成天浸泡在齐腰深的水中作战。黄泉路近,只好以死相搏。

我军官兵继续加紧坑道作业。

王大川率领工兵挖掘坑道,挖着挖着,接近敌人的坑道,听到声音异样。士兵们停止作业,用铁铲敲打坑道壁,一个兵说:"班长,你听,这声音。"

王大川仔细一听,说:"他妈的,我们的坑道挖到鬼子的坑道边上了。"

"怎么办?"

王大川说:"悄悄地掏,掏开,端掉它。"

王大川和几名工兵轮流作业，悄悄将坑道打通，突然冲了过去，与敌兵在坑道里打了起来。坑道内的鬼子没有防备，被我军歼灭。

采用新的战术，我军进攻有了起色。至6月下旬，我军右翼第150团依托堑壕向前推进，占领了伊洛瓦底江西岸的一块三角地。第88团占领了射击机场附近的一个高地。第42团和美军第309工兵营向北机场渗透前进了600米。

但进展仍嫌迟缓。照这样的速度，何时能拿下密支那？韦瑟尔斯四处巡视督战，神情严肃。

郑洞国临危受命，果断指挥，全歼守敌

时间进入了7月。我军在孟拱河谷的作战已经胜利结束。密支那与孟拱两地距离仅50多公里。中国驻印军主力部队正准备自孟拱挥师向东推进，中印公路也急需向前开通。密支那此时成了我军前进道路上的一个拦路虎。

迅速攻占密支那，成了一项刻不容缓的紧迫任务摆到中国驻印军面前。

一向持重的新1军军长郑洞国将军再也坐不住了。

中国驻印军展开缅北作战后，作为中国驻印军副总指挥兼新1军军长，他受史迪威将军之命，一直随驻印军总指挥部行动，主要负责协调新1军之新22师与新38师的作战行动。在密支那攻城作战胶着的那些日子里，他也曾随史迪威将军亲临密支那巡视战场。他对密支那的战场形势深感忧虑。他认为密支那攻城作战屡屡受挫的一个重要原因是，在那里作战的主要是中国军队，指挥官却是美军将领。美军将领对中国军队不熟悉，彼此缺乏信任，作战不协调。郑洞国将军出于使命感，曾自告奋勇，要求到密支那前线指挥作战，但一直没有得到史迪威将军的准许。看到密支那作战一再受挫，陷于困境，郑洞国将军鼓起勇气，曾于1944年5月30日，直接致电蒋介石，一面报告5月份缅北作战情况，一面请求到密支那前线指挥作战。

中国驻印军密支那前线机枪阵地

一、此次我军奇袭密支那，初期战斗颇为成功，然该方面战事相持半月，犹未攻下，兹将原因分析如后：

1.梅利尔准将缺乏经验，不谙国军情形，资绩职务皆不孚众望，且计划欠周全，致协同作战甚差，常陷于混战状态。

2.部队建制过于分散，兼隶属美人指挥，故统一使用困难。

3.敌情不甚明悉，攻击前均不明了任务与目标。

4.敌于市内坚守据点，非致整个歼灭，决不退却。

二、刻下在密支那之我军计有新30师之88、89两团，50师之150团，14师之42团之一个营又一个连（现又空运去一部），新22师山炮兵第2营之2个连，重迫击炮团之2个连、工兵营之1连、运输兵2个连，此外尚有美方5307支队之两个营，宪兵一队，英方高射炮两个中队（8门），土著游击军约1营（由印度卡克族及缅人组成），及英、美工兵一部。

三、今我战场既分为二，空间相隔遥远，史总指挥实不能兼顾，余先前已报钧座及史总指挥请求前往任何一处战场，并拟于6月5日赴前方，仍恳钧座电令史总指挥命职前往指挥。

……

郑洞国这封电报是一份请战书。电报中,他客观地分析了密支那的战场形势,指出我军作战指挥方面存在的主要问题,明确表达了前往密支那指挥作战扭转局面的愿望。作为高级将领,困难时刻挺身而上,勇于承担责任,精神可贵,勇气可嘉。

中美士兵在一起研究战术

此时,蒋介石正为密支那作战深感忧心,郑洞国的电报理所当然地得到蒋介石的重视。但是,蒋介石没有立即干预此事。中国驻印军投入反攻缅北作战后,蒋介石汲取了第一次缅甸作战的教训,给予史迪威将军充分授权,对前方作战指挥较少插手,而缅北作战进展顺利,他也乐得放手让史迪威指挥。所以此事,一直搁置了下来。可是拖到7月上旬,密支那作战已经进行了一个多月,史迪威将军已经换了四任美军将领,战局仍然没有突破。蒋介石不能再等待了,他亲自过问此事,要求史迪威将军派遣郑洞国到密支那指挥作战。

史迪威将军现在正陷于密支那作战之困。为了推动战局,他本人几度飞赴前线亲自督战,为了改善指挥,密支那战场已经有三任美军将领落马,他把手下能派出的将领都派到密支那试了一遍,他帐下的美军将领中再无可派之人。现在蒋介石亲自过问此事,况且郑洞国将军是他比较信任的一位中国将领,孟拱河谷作战也业已结束,史迪威于是同意派遣郑洞国前往密支那督战,在韦瑟尔斯之上指挥攻城。

7月6日,中国驻印军副总指挥兼新1军军长郑洞国中将奉命到密支那督战。郑洞国巡视全城,见敌我胶着,且敌依托工事,以逸待劳,拖延时日,于我不利。他于是决定调整部署,对敌军作不间断的扑击。郑洞国毕竟熟悉自己的士兵，他把我军第5轮总攻发起时间定在7月7日，卢沟桥事变7周年这个有号召力的日子。

在指挥所，郑洞国主持召开作战会议，部署总攻。韦瑟尔斯、胡素、潘裕昆、亨特等出席。

郑洞国："目前缅甸战场形势对我极为有利，日军败局已定。蒋总司令命令我军尽快攻下密城。明天就是7月7日，我国对日作战已是第7个年头。为纪念"七七"抗战7周年，本官决定，明天中午1时起，集中全力发动总攻。从总攻之时起，本军将连续不断地进攻，不间断地战斗，不给敌人喘息之机，直到消灭敌军，攻下密城。"

7月7日午后，美军出动了20多架B-25"空中堡垒"式重型轰炸机。炽热的炮火卷地毯似的，把敌军的浅表阵地翻了个个儿。在地面，我军集中所有火炮，对准敌军阵地猛轰。几十门威力强大的新式火箭炮，第一次投入使用。经过半个小时的炮火准备后，我军全线出击。

此次进攻，我军士气旺盛，作战部署得当，炮兵和步兵配合密切，作战取得了明显成效。激战至傍晚，我右翼第150团在伊洛瓦底江边三角地突破了敌军阵地，向前推进约150米。第42团终于将火车修理厂完全占领。同时该团新增援至密支那的第3营第一次投入战斗，表现良好，超越团主力，独自向市区方向进攻，占领了八角亭日军据点。该团副团长宁伟、王竹章，第2营营长黄晋隆，在战斗中身先士卒，带头冲锋，身负重伤。在左翼进攻的第88团、第89团，迎着敌人炽烈的火力，冒死向前，艰难推进，激战一日，向前推进200米。在散兵壕我军与敌军展开肉搏，尺寸争夺，每一块阵地都洒下了我忠勇官兵的鲜血。

郑洞国和各军官检讨当日战况，发现敌军巧妙利用郊区的村落，构筑坚强阵地，村内的房屋均为火力点，每一房一屋均布置三至四名士兵死守。我军对村落巷战战术生疏，不得要领，以致进攻受阻。于是决定，自7月8日起，我军各步兵团均以轮战轮训的方式，一边组织进攻，一边进行火线练兵。每天每个团均有两个营担任进攻，抽出一个营至后方，演练巷战攻坚作战战术，逐日轮换。

此后，我军以连续作战的顽强作风，日日有攻势，夜夜有突击，不间断地向敌压迫。

7月13日至15日,我军在美军空军支援下,集中力量连续苦战三日,终于肃清密支那外围地区日军据点,将敌军全部压缩至城市街区。

经过两个月的激烈战斗,密支那城内的日军损失惨重。至7月上旬,密支那日军已阵亡过半,剩下的兵力不足1500名,且不少是伤兵。弹药不足,火炮射击每天被限在6发以内,手榴弹每人只发两枚,战斗中主要采用白刃格斗。这时,在瓦扎地区尚有守备部队少量士兵及第二野战医院伤兵,共400多名。在全城被围的情况下,水上源藏派出联队情报主任八江正吉潜出密支那,前往瓦扎,将这批兵员接回城内,补充守备队力量。

眼看着密支那行将不保,1944年7月12日,第33军司令官本多政材致电水上源藏少将,询问作战前景。

水上源藏却硬着头皮表示:"密支那城区仍可坚持两个月以上。"

本多政材对此大加赞赏。

美军士兵缴获战利品留影

此时本多政材既不能下令撤出密支那,也没有援兵可派,密支那守备队只有死守一途。根据军司令官的旨意,第33军主任参谋辻政信以兔死狐悲的心情,一边簌簌落泪,一边把"水上少将要死守密支那"的命令拍发到密支那城。

水上源藏接到电报后，复电称：

谨领军命令，守备队誓将保卫密支那。

至7月下旬，水上部队减少到1200人，阵地设施几乎遭到彻底破坏，第一线官兵已处于毫无掩护、完全暴露的状态。战壕积满雨水，官兵们浸泡在齐腰深的水中，艰难地进行着抵抗。

缅甸方面军司令官河边正三中将获悉密支那守备队的命运危殆，决定向水上及守备队颁发嘉奖状，但侦察机无法飞临密支那上空，只好以电报传达。虽然面临绝境，但是日军仍计划作困兽之斗。

战斗在密支那城区内全面打响。我军步步为营，掘壕推进，紧缩火网，抵近敌人。密支那街区昼夜枪声不断，火光冲天，敌我双方殊死搏斗，浴血奋战，场面极为惨烈。

我军援兵不断，7月下旬，第30师之第90团从列多调到前线，第50师之第149团也从孟拱开到密支那，第14师之第41团也到达密支那战场。在孟拱的新22师和新38师部分技术兵种和总部战车营也先后移师密支那。至此，在密支那城下，我军集结了3个步兵师共7个步兵团、美军1个团，以及炮兵、工兵、装甲兵的强大兵力。

我军士气大振，进攻猛烈。我士兵与敌军逐屋争夺，展开巷战。

至7月28日，我军向密支那敌军发起最后总攻。第50师担任正面主攻。第30师负责肃清城南敌军残余。第14师向八莫方向警戒，控制伊洛瓦底江渡口，防止残敌逃跑。战斗至7月31日，密支那城大部为我占领，11条马路，我军已经占了7条。敌军被包围在核心阵地几个孤立的地堡式据点内。

密支那守备队已濒临绝境，丸山大佐向水上提出，与其固执地死守密支那，作无谓牺牲，不如迅速转移到伊洛瓦底江东岸再谋对策。水上默认了这一建议，并派副官给丸山大佐送交一份亲笔命令："贵官应与搜索第53联队配合突破敌线脱出。"丸山大佐于是率领残部从8月1日开始分批撤退。

水上源藏少将有军司令官的"水上少将要死守密支那"电令在身，不能撤退。他开始办理自己的后事，分别给第33军司令官和缅甸方面军司令官发去如下诀别电报：

一、因下官指挥不力，终未能确保密支那，致使陷入最后阶段，深感歉疚；

二、伤员排除万难已乘木筏随伊洛瓦底江而下，祈求在八莫给予救助。

城破之日，水上源藏于城郊伊洛瓦底江东岸的一棵树下，用手枪自尽，最终完成了本多政材军司令官给他的"死守密支那"的命令。

企图从密支那突围逃命的敌兵，坐着竹筏自伊洛瓦底江向下游漂流，被我军悉数截获。

8月2日夜间，我军向死守在市区中心的残敌发起最后冲击。第50师师长潘裕昆挑选100名精壮士兵组成敢死队，携带轻便武器和通信器材，突入敌军指挥所，瘫痪日军指挥枢纽。我主力四面会攻，终于全歼守敌。

经过2个多月激战后，密支那城终于沉寂。

平时不苟言笑的郑洞国终于笑出了声。

密支那之战从5月17日我军占领机场开始，至8月3日完全攻占城区，历时近80天。中国军队投入3个步兵师以上的兵力，美军投入了5个营以上的地面部队，以及飞机、火炮、战车等大量重型装备。期间，还有少量英军远程作战部队支援作战。这是第二次世界大战中，中国军队和盟军协力进行的一次重大战役。此役全歼守军约3000人，俘敌187名，

被我军捕获的日军俘虏

夺取了缅北战略要点密支那，为中国远征军取得反攻缅甸作战的最后胜利打下了基础。

中国军队和盟军官兵英勇作战，付出了重大代价。此役，中国军队阵亡972人，负伤3184人，病员188人。美军阵亡官兵272人，负伤955人，病员980人。我军攻占密支那后，使缅北和滇西战场联为一体，加速了日军的灭亡。同时由于控制了缅北地区的制空权，驼峰航线南移了数百公里，避开险恶的喜马拉雅山脉，使运输量显著增加。随着密支那及孟拱的占领，中印公路得以向前延展，尽快开通。这是中美英军队反攻缅甸取得的一场重大胜利。

中国驻印军攻占密支那后在城内设立的营房

蒋介石接到捷报后，于8月5日，给史迪威将军发来如下贺电：

史迪威将军勋鉴：欣悉密支那完全克复，敌军虽顽强抵抗终于全部就歼，不胜欣慰。我盟军获此重大之成就，皆由麾下指挥有力，谋略得当，我美英中盟军将士协力一致，忠勇效命，克服气候与地理之困难，击灭敌人，造成此次光荣之战绩。中正对我部能达成任务，同所嘉慰，特电驰贺阁下成功与盟军之胜利并请转郑洞国、孙立人、廖耀湘各将领暨各师长、副师长、参谋长及全体官兵，代达余嘉勉之意为盼。蒋中正。

重庆《新华日报》发表社论，祝贺中美联军取得密支那作战胜利。

同日，史迪威接到罗斯福总统签发的命令，由三星中将晋升为四星上将。

第二十三章　五月渡泸

1944年，第二次世界大战的形势继续发生着剧烈变化，在正义力量的主导下，战争车轮不断朝着有利于人民的方向加速前进，人民的胜利已经成为不可逆转的大趋势。

在中国战场，全面抗日战争已进入第7个年头，中国军民在正面战场和敌后战场顽强作战，努力抵抗和粉碎日军进攻。1月1日，中共中央发出《向敌后军民致贺电》，号召敌后军民加强团结，在新的一年为胜利而斗争。1月下旬，八路军在河南任丘、河间等地粉碎敌第63师团进攻，予敌重创，攻克敌据点50余处。2月，新四军对敌作战200余次，毙伤日军1600余人。3~4月间，在华日军计划出动16个师团共约50万兵力，分三个阶段发动"打通中国大陆交通线"的作战行动，我国军民奋起反击，有力地打击了侵略者的疯狂进攻。

在太平洋战场，美军实施跳岛战术，由南太平洋地区不断向北发展进攻，节节推进。1944年1月31日，美军两个师5万余人在太平洋马绍尔群岛登陆，消灭岛上的8000名日军。2月15日，美军在格林岛登陆。2月17日，美军占领太平洋埃尼威托克珊瑚岛，3500名日军被歼。2月23日，美军飞机首次空袭太平洋马里亚纳群岛，击落日本战机168架，击沉相当于4.5万登记吨的舰船。3月20日，美军在俾斯麦群岛登陆。3月30日至4月1日，美军第58特遣队共11艘航空母舰攻击日军基地帕劳群岛，共击沉日军舰船10万登记吨。

在欧洲战场，1944年1月14日，苏军对德国北方集团军群发起强大攻势，迅速突破德军防线，德军全线撤退。1月28日，苏联第1、第2乌克兰方面军对切尔卡瑟突出部的德军实施钳攻势，将德军第8集团军之第11军和第42军共7个师5万余人予以合围。同年2月8日，关于盟军在诺曼底登陆作战计划，最终在盟军大本营制定完成。

世界人民反击法西斯侵略者的战争浪潮汹涌澎湃，势不可挡。

对峙与冒险：日军向印度英法尔地区发动突然进攻

1944年春，当中国驻印军X部队在缅北与日军展开激战的时候，在滇西，中国远征军Y部队仍然按兵不动，怒江防线相对平静。

中国军队与日本侵略军在怒江地区隔江对峙的复杂局面已经维持了两年时间。自1942年那个风雨飘摇的夏天，中国工兵炸毁惠通桥，将日军的攻势遏止在怒江以西地区后，日军再也不能越雷池一步。中国军队在怒江东岸逐渐站稳了脚跟。在北起泸水，南至孟定，长达200多公里的怒江防线上，第11集团军部队沿江布防，利用怒江天险，构筑了严密的防御体系。在近两年的时间里，我军除时常派出小股部队渡过怒江，渗透到敌后，开展游击战斗外，怒江防线没有发生大规模的战斗。

与此同时，我军加紧练兵，中国远征军Y部队2个集团军共6个军，已于1943年8月编组训练完毕。由美国政府提供的新式武器装备也于1944年初全部到齐，配发部队。

至1944年初，中国远征军Y部队的防区部署是：中国远征军Y部队长官部驻楚雄。第11集团军总司令部驻大理。第6军军部驻瓦窑，辖下之预备第2师担任六库至栗柴坝怒江江防，第39师担任栗柴坝以南至双虹桥以北怒江防务。第71军军部驻保山，辖下之新28师担任双虹桥至满八腊以北怒江防务，第87师担任满八腊至三江口怒江防务，第88师驻保山之板桥、辛街、由旺，第36师驻邓川、洱源。第20集团军总

在滇缅公路沿线，我军高射机枪对空警戒

司令部驻弥渡。第2军军部驻顺宁，辖下之第9师担任镇康、果敢、孟定一带防务，第33师担任耿马、缅宁一带防务，第76师驻缅宁、云县、营盘街。第53军军部及辖下之第116师、103师分驻南涧、公郎。第54军军部驻祥云，第198师驻永平。第8军从原驻滇南开远，开赴滇西凤仪、祥云地区集结。

在怒江东岸广阔的滇西高原，中国军队已经集结起一支规模庞大、装备精良、战斗力强的战略集群。

在竭力维持怒江防线对峙局面的同时，日军在缅甸加紧策划更大的军事冒险行动。

在日本大本营的战略布局中，缅甸一直是日军向北威逼中国、向西对印度动武的跳板。1942年5月，日军在占领缅甸后，企图乘胜渡过怒江，进窥昆明，威胁中国的战略后方，但在怒江沿岸，遭到中国军队坚强阻击。日军在惠通桥头撞得头破血流，侵略计划没有得逞。之后，日军的贪婪目光转为向西，1942年8月，日军第15军计划向印度发起进攻。日军认为，在缅甸战场的交手中可以得知，英军战斗力不值得重视，既然日军可以轻而易举地占领缅甸，那么乘着新胜之威，拿下印度也没有问题。只是因为此时日军在中途岛海战中刚刚吃了败仗，太平洋战场局势趋紧，日本大本营和南方军才将这一作战计划予以搁置。

然而日军丝毫没有放松对缅甸的经营。日军不断向缅甸增兵，大批来自越南、泰国的日本军队从陆路开进缅甸，还有更多的来自太平洋地区的日军穿过马六甲海峡，经印度洋，从仰光登陆。至1944年初，日本缅甸方面军下辖部队达到3个军10个师团加一个旅团，近30万兵力。日本缅甸方面军序列如下：

缅甸方面军（司令官河边正三）

第15军（司令官牟田口廉也）

第15师团

第18师团

第31师团

第33师团

第 28 军（司令官樱井省三）

第 2 师团

第 54 师团

第 55 师团

第 33 军（司令官本多政材）

第 53 师团

第 56 师团

独立第 24 旅团

第 49 师团第 168 联队

注：第 18 师团后转归第 33 军。

第 2 师团后转归第 33 军。

第 5 飞行师团协助缅甸方面军作战。

日军曾在 1942 年以 4 个师团的 10 万兵力，轻松占领缅甸。两年后的今天，他们在缅甸部署了 10 个师团 30 万兵力。日军是不会让他们的士兵闲着的。日本大本营一直策划着在缅甸新的作战行动，进攻的矛头总是在向北或者向西两个方向之间摆动。

向北，突破怒江，进攻云南，当然是日军做梦也想实现的目标，在两年的时间里日军也没有放弃这种努力。在怒江西岸，日军在其占领的包括腾冲、松山、平夏、龙陵、芒市、畹町、瑞丽、片马在内的中国 3 万多平方公里国土上，加紧修筑工事，布置防线，在占领区内"扫荡"、"讨伐"，并曾派出部队向怒江东岸进行试探性攻击。但是当他们在怒江防线一再碰壁，发现中国军队在怒江东岸已经集结了一支令人生畏的强大的战略部队后，日本人再次打消了北进的念头。

日本人的目光又一次转为向西。日本侵略军的眼睛盯上了印度东部的英法尔。英法尔是印缅边境的主要门户，也是印度整个东部地区的战略枢纽。占领英法尔不仅可以进而威逼印度的腹地，而且可以摧毁位于北部阿萨姆邦列多的中国驻印军后方基地，瓦解中国驻印军在缅北的攻势。同时，英法尔也是盟军东南亚战区重要的后方供应基地，储备着大量的战略物资。攻占英法尔，夺取这些战略物资，可以削弱盟军东南亚战区的战力，且为缅甸日军增加军需补给。

进攻英法尔一可以打击英军，二可以瓦解中国驻印军的攻势，三可以夺得大批战略物资。一石三鸟，这是多么诱人的战略目标啊！

为了扭转日军在亚洲太平洋战场的颓势，整备北自千岛群岛、南至澳洲的"绝对国防圈"，以及向西加强印度洋方向的攻势，日本大本营于1944年1月，将搁置多时的进攻印度作战计划重新翻了出来，立即启动实施。

英军第14军团军团长斯利姆将军

这个代号为"乌"号作战计划的要点是：缅甸方面军将第15军，下辖第15师团、第31师团和第33师团共约10万兵力全部投入作战，第5飞行师团予以空中支援。先派出第33师团渡过钦敦江，从英法尔南侧纵深迂回。第31师团和第15师团担任主攻，从左右两翼夹击英法尔，最终将斯利姆中将指挥的英军第14军团（下辖第4军、第33军）予以合围、歼灭。

3月8日，日军正式发起英法尔作战。日军攻势凌厉，3月28日，第33师团打到英法尔西南约20公里的比辛布尔地区，封锁了英法尔的南部通道。随后，第15师团攻占了英法尔外围的密宣，从北部封锁英法尔。第31师团也打到了英法尔北侧交通要点科希马附近地区。英军第14军团岌岌可危。

狂妄的日军第15军军司令官牟田口此时更是口吐狂言，他宣称："日本陆军现已达到天下无敌的地步，太阳旗宣告我们占领印度为期不远了。"

日军在印度英法尔地区的突然进攻，令驻印英军极感恐慌。如果不能挡住日军攻势，不仅第14军团将陷入危险境地，整个印度东部防线也将崩溃，同时由于英法尔地区是盟军补给基地，储备有大量战略物资，一旦失手，将危及东南亚盟军及中国战区的后勤供应体系。英军第14军团司令官斯利姆中将紧急调动兵力，与日军展开激战。英法尔、科希马一带炮火连天，杀声震耳。

斡旋与摊牌：蒋介石发出渡江作战命令

英法尔出现的紧急局势，惊动了英伦三岛，也惊动了华盛顿。丘吉尔惶恐失色，罗斯福也忧心如焚。英军驻印度兵力单薄，战局险恶，丘吉尔这时想到了中国。他认为挽救危局的唯一方法是中国远征军 Y 部队立刻渡过怒江，反攻缅北，把进攻英法尔的日军吸引过来。丘吉尔有心屈尊求助于中国，可是，他有口难言，只好请求罗斯福出面，向中国施加影响，敦促中国远征军 Y 部队从云南出击。

由此，中国远征军 Y 部队被视为扭转危局的救兵，成了盟国领导人进行外交斡旋、讨价还价的一个焦点。

关于中国远征军 Y 部队投入反攻作战，1943年整整一年，在盟军关于反攻缅甸作战的历次军事会议上，都是其中一个重要的内容。开罗会议上通过的三路反攻缅甸作战方案，更是进一步明确要求"云南之远征军部队于3月进出于腾冲、龙陵"。但是由于英国出尔反尔，漠视中国的战略利益，拒绝在反攻缅甸作战中投入英国海军力量，蒋介石一怒之下，拒绝将中国远征军 Y 部队投入作战。在中国驻印军 X 部队投入反攻缅北作战后，Y 部队一直在怒江东岸隔岸观火，按兵不动。

现在，当英法尔出现危局后，英美领导人联手向中国政府施压，敦促派 Y 部队出击。

一场夏雨，飘飘洒洒，把山城重庆淋个透湿。

经雨水的冲刷，洗去积了一个冬天的污垢，洗去为防空袭而给楼舍房屋涂上的黑灰，街面清清爽爽，马路光光溜溜。枇杷山上林木葱茏，

青翠欲滴。往日里水汽迷蒙,散发着霉味的朝天门码头,也江风浩荡,空气清新。本来就很秀气的山城,大雨之后,水灵灵的,更显得明光鲜丽,精精神神。

重庆难得有这样令人身心俱爽的夏日,尤其是在抗日战争的这些年。

自从国民党把陪都搬到重庆,山城的百姓们便总是在惊恐中度过闷热的夏天。城里人口膨胀,交通拥挤,供应紧张,乱哄哄的更增加了燥热的感觉。满耳都是打败仗的消息,"某某城市失守","某某部队转进"的噩耗,夹杂在湿热的空气中四处弥漫。并且,夏天雾少,袒露的山城便成了日机轰炸的靶子。记得仅1941年6月6日一次空袭,日本就出动了三百多架飞机,把重庆搅得底朝天。这一次,光在防空洞里被憋死的就有数千人。

到了1944年的夏天,全球战局发生了根本性变化。法西斯阵营正土崩瓦解,不可逆转地走向灭亡。意大利已经投降。德国面临着苏军和准备在诺曼底登陆的盟军的双重打击。

日本小太阳在亚洲太平洋地区步步下沉,日薄西山。日本所谓"绝对国防圈",已经从南太平洋的千岛群岛和澳洲溃退4000余海里,退到菲律宾群岛以北。在重庆,雾季结束后,再没听到过空袭警报。相反,以成都为基地的美国超级空中堡垒式远程轰炸机,已经把巨型炸弹投向东京、九州和八幡。重庆的市民们,从自己亲身感受中,确信战争出现了转机。与此同时,重庆出版的报纸,也不断传播中国驻印军在缅北打胜仗的消息。

经过七个年头的流血牺牲,中国百姓们确信,抗战胜利已经不像天上的星星那么遥远了。

然而胜利还没有降临,中国人民还在受苦,还在付出流血牺牲。胜利也如同快要分娩的孕妇,愈是临产,阵痛愈是加剧。

今天晚上,蒋介石脸色一直很阴沉,有好几件事让他不高兴。下午接到财政部的报告,近日金融愈加恶化,法币贬值,物价飞涨,有10名参议员联名上书,吁请政府切实控制物价。晚间,主管情报的蔡文治将军送来几份敌情通报,越来越多的迹象表明,日军正在加紧实施"一号作战",企图在中国东南部发动大规模攻势,打开华南与越南之间陆上通道。那安装了假牙的牙床出现了炎症，也使他哼哼唧唧，坐卧不安。

最让蒋介石恼火的还是罗斯福总统胁迫中国远征军Y部队投入作战的电报。

在不长的时间里，罗斯福接连来了数封电报，口气一次比一次强硬。3月20日，罗斯福曾致电蒋介石，敦促蒋派Y部队出击，口气十分生硬，电文如下：

缅北形势已达重要阶段，此情形可有利于吾人，但若吾人不能把握有利之时机，则亦可予吾人以甚大之不利。中国军队在列多公路已予日军以严重之挫折，阿拉干海岸之英军，亦已对骚扰我方交通线之日军予以严重之打击。曾受良好训练之英国长距离突击队，已由美方运至克多附近，建立坚固据点，敌人飞机被毁之数，亦已占其在缅飞机百分之二十，在此有利情势之下，如云南中国军队不即采取行动，则敌将在此劣势之下逐渐回苏，请阁下立命云南华军在此一良好机会之下，与吾人共同合作。

以上这一封电报，是最近以来罗斯福催促蒋派Y部队出击的第4封电报。蒋介石咬住牙关，拒不出兵，但为了给罗斯福一点面子，他同意从Y部队中抽出第50师与第14师空运印度，并入中国驻印军序列。他于3月27日，电复罗斯福，电文如下：

中国为能对盟军和中国自身尽到义务，确认当前重要课题为：

一、必须倾尽全力保持中国作为盟军大规模轰炸日本本土唯一地面基地的安全。

二、因盟军决定将为进攻日本本土而使用中国沿海基地，中国需要准备配合行动。

联系上项考虑，中国在过去长达七年之久对日作战中所征之兵力、物资确已达到莫大之量。在此之上再强行投入超乎中国之国力，必将招致灾难，并给云南、四川，乃至全中国造成深刻影响。若如是，必将招致日军入侵云南、四川，以及新疆革命、山西赤化以最终之全国赤化之新局面，进而使我政府无法尽战争之义务，以至失掉对日作战基地。

权衡以上理由与中国义务，唯有目前中国战区得到适当加强，方能

策划自云南发起的攻势。

正因余考虑缅甸之军事地位，故已同意自云南派往印度两个师，以增强新一军。

总之，余深知中国对东亚地面作战所负之重担，并感谢迄今给予中国之援助。

请对阁下之盟友，寄予一如既往之信赖。

蒋介石的回电态度极尽谦恭，但是"不出兵"的态度十分明确，前后躲闪、左右推挡，柔中有刚。他是在和罗斯福打太极拳呢。这封回电肯定令罗斯福火冒三丈。果然，4月4日，罗斯福再次致电蒋介石，这封电报，已经带有最后通牒的味道，通篇是讥讽和威迫的口吻，全文如下：

罗斯福总统致蒋介石委员长：

目前日军对英法尔发动进攻，目的在于切断印中联系，打击通华物资路线。倘若攻势得手，日军下一目标，无疑为缅北之X部队，继而阁下之云南Y部队。

英军现在所抵抗者，亦即打击贵国补给线之威胁。缅甸与阿拉干海岸皆在激战，而萨尔温前线尚无动静，致使日军转用其56师团以攻击史迪威孟拱方面之部队，威胁美国缅北长距离之突击队。

对阁下美式装备之Y部队，不能进击已被削弱之敌第56师团，余实难想象；纵令一个薄弱师团的炮弹能在怒江江畔干扰贵军，但亦无力阻止贵军之进击。

我方过去装备、训练阁下之Y部队，即为此种时机使用。

假若Y部队不用于协同作战之目的，则空运装备、提供训练教官等我方呕心沥血之广泛支援，将毫无意义。

罗斯福这第5封电报，如今正压在蒋介石的案头。

日军进攻英法尔与我何干？逼我出兵，岂有此理！把罗斯福的电报摺在案头，蒋介石气乎乎地把干瘦干瘦的身体歪在椅子上，伸手从一个装有药品的屉斗里抽出几根棉球，慢慢地调理自己的牙病。

老实说，对日军进攻英法尔这一事态，蒋介石不仅不像罗斯福这样火急火燎，而且，多少有点幸灾乐祸地想看看英国佬的狼狈相呢！

开罗会议后,蒋介石气一直不顺。关于缅甸作战,会上中英美三方对面说定了的,中国X、Y部队反攻缅北,英国第14军团从英法尔进攻缅中,同时,英海军从仰光登陆,两栖作战。但协定墨迹未干,丘吉尔蛮横无理,单方面取消两栖作战计划。蒋介石一怒之下,也把Y部队扣住不放。

英国人成心要中国为他们火中取栗。当X部队投入野人山战斗,驻印缅边境英法尔的英国军团仍在观望。现在可好了,日军在野人山被打得鼻青脸肿,招架不住,便改变战略,突然向英法尔大举进攻,将英军第14军团团团包围。

对罗斯福的前面几封电报,蒋介石已经一一回绝。话当然说得很巧妙,既不得罪罗斯福,又不能担当不出兵的责任。他曾在一封信中说:"每念及罗大总统之取消在华不平等条约,提高我国地位,以及援助我抗战之恳挚情谊,无论大总统欲余作何事,凡余力所能及者,自当竭诚以赴。故,开罗会议之际,余曾向大总统阁下言及,一俟英国在缅甸沿海展开大规模登陆作战,我主力当立即对缅采取攻势。此一约定,现今仍当有效。"

言下之意,英国海军不在仰光登陆,我的Y部队绝不出击。

罗斯福再三催促,蒋介石不为所动。到了4月4日这第5封电报,罗斯福显然失去往常那种矜持和忍耐,开始用要挟的口吻说话。几年来,美国向中国提供大量援助,现在是索取报偿的时候了。

蒋介石仍然心如铁石。已届不惑之年,他把一切看得很透。他认为国际间从来没有什么不要报偿的援助,只有交易,跟上海证券交易所一样。美援也不例外。眼下进行的这场战争,美国提供武器,中国投入兵员。他们花的是美元,我们付出的是鲜血。中国人的血在"哗哗"地流,这代价还小?中国并不欠谁什么,谁也别想敲诈我们!

服下几片止痛药后,牙痛已经大为减轻,蒋介石呷了一口侍者送来的清茶,在铺着长绒地毯的房间内来回踱步。在心情烦躁的时候,蒋介石常常是令人望而生畏地在椅子上默坐。他只在胸有成竹、轻松愉快时才踱步,目的是活动身体。宋美龄经常告诫他,即使不能远足,也要坚持室内活动。清爽的晚风鼓起薄薄的窗幔,送来清凉,送来紫荆花淡淡

的芳香。在完成夫人布置的任务后,蒋介石开始坐到案前,批阅公文。罗斯福的电报被推到一旁,他开始处理另外几件更为紧迫的文电。

重庆的夏天阴晴不定,又经过几场大雨后,黄山官邸窗外的紫荆花已开始凋谢,但是,来自白宫的火急电报一直压在蒋介石的案头。

英法尔被围的英军弹尽粮绝,面临绝境。

丘吉尔抓耳挠腮。罗斯福在轮椅上急得团团转。

美国终于把恐吓变成行动。美军参谋长联席会议决定:三天之内,倘若Y部队仍按兵不动,支援Y部队之空运物资,将转交驻华美国第14航空队,并收回根据租借法案贷给中国的所有飞机。

为了给蒋介石回心转意留下最后一个台阶,美国没有把上述威胁直接通知他,而是授权驻华美军参谋长多恩将军,把上述决定非正式地透露给蒋夫人,同时,还转达罗斯福的重要口信。罗斯福提醒蒋介石:

"朋友之间不要把事情做绝了。"

送走说话瓮声瓮气而又趾高气扬的多恩将军,宋美龄急急忙忙离开城内曾家岩德安里103号自己的办公处。不消一刻钟,她便渡过嘉陵江,驱车回到黄山官邸。

路上,她不断嘀咕:罗总统把话说到这份上,不能再迟疑了。拖下去,委员长要闯祸的。必须立刻出兵!

宋美龄绝不仅仅是委员长身前身后的传话人,事实上,在帮助蒋介石作出重大决策时,她常常表现出大刀阔斧的政治家风度。据说,去年访问美国时,在白宫,罗斯福曾半开玩笑地问她:"如果贵国工人进行罢工,政府应该如何办?"宋美龄毫不犹豫地抬起白晰的手臂,决断地做了个抹脖子的姿势。在场的罗斯福夫人对此惊骇不已。

在黄山官邸云岫楼内,蒋介石以一副漫不经心的神情,听着夫人带回的来自大洋彼岸的信息。之后,他不以为然地说:

"我已听够'软脚蟹'的恐吓。"近来,在夫人的面前,他已经多次把过去仰慕的罗斯福总统轻蔑地称为"软脚蟹"。"软脚蟹"曾是史迪威送给罗斯福的绰号。"夫人,我已经想好了。"蒋介石斗气地接着说,"他们一旦切断援助,我就下令关闭他们在华全部机场。归根结底,中国是一个大国,不能总让别人牵着鼻子走。"

"亲爱的，你说得很对。"宋美龄打心眼里赞成蒋介石以牙还牙的决心，但是，在这件事上，不能拱他的火。她转而用平缓的语气说，"不过，现在不是说这种话的时候。美国的事情实际上比想象的要复杂。罗斯福总统想必也有很多难处。据我的一些美国朋友说，美国军方有不少人，最近正与英国遥相呼应，不断鼓吹撇开中国，从海上进攻日本本土。太平洋舰队司令尼米兹，还有那位狂傲自大的麦克阿瑟都在拼命贬低中国战场的地位。在关键时刻，我们的Y部队要老是不动窝，正好授人以口实。如果再关闭驻华机场，那更中某些人的下怀。你好好想想，是不是？"

对美国政界、军界的许多情况，蒋介石确实不如夫人明了。开罗会议，蒋介石第一次会见罗斯福及美国军政要员时，宋美龄与他们中的许多人已经是老朋友了。至今，蒋介石还从未涉足过美洲大陆。方才夫人提到美国军方关于中国战场地位的种种议论，已经打中他的心窝。他想，中国为了抗击日本，已经打了七年苦仗，要是被人从海上摘走胜利果实，中国被撇到一边，那就什么也捞不着了。

蒋介石以一种痛苦和迷惘的神情，望着窗外天际飞过的流云。

宋美龄接着说："我们与美国的友谊是在抗战最困难的年头建立起来的。这么些年都走过来了。眼看胜利了，为了一支Y部队的使用，反而与他们分道扬镳，很不划算。战后，重建世界政治格局时，要美国朋友说话的地方多着呢！比如对战败国的惩治、满洲的地位等，还有共党问题……"

宋美龄还想说点什么。但是，足够了。蒋介石眼珠子一转，已经算过账来。他朝夫人感激地点点头说：

"DarLing，还是你说得对。剩下的事由我来办，你休息去吧。"

"good bye！"宋美龄一阵春风似的上楼了。

蒋介石随即拿起电话，向军政部部长兼参谋总长何应钦口授命令：

"Y部队应迅速渡过怒江，投入作战。"

下达这道命令的时候，蒋介石的手握成拳头，有力地在空中挥舞。末了，他还特别强调："投入Y部队作战的决定，是在没有任何外部压力的情况下作出的。此点，务必明白地告诉美国人和英国人。"

"是。"何应钦回答道。

"五月渡泸":Y部队10余万官兵突破敌人封锁,合击滇西

蒋介石挥手之间,怒江西岸日军的命运已经被决定了。

在怒江东岸,中国远征军Y部队官兵卧薪尝胆,摩拳擦掌,枕戈待旦,就等出征的一声号令。

国民政府军事委员会军令部,奉命制订了关于中国远征军Y部队出击的作战计划,并于4月19日呈请蒋介石批准,内容如下:

一、以策应中国驻印军攻击密支那之目的,着以第53军(第116师、第130师)为第一线,第54军(第36师、第198师)为第二线,于栗柴坝、双虹桥间地区,超越防守部队,渡河攻击当面之敌,向固东街、江苴街之线进击,相机攻占腾冲。各部队作战准备限4月底以前完成,待命开始攻击。

二、第一线攻击部队对于渡河攻击之准备,应绝对秘密隐蔽,力求出敌意表。

三、攻击部队对少数敌所盘踞之坚固据点,仅留必要兵力围攻或监视,其余仍向攻击目标超越前进,勿为其所牵制、抑留。

四、攻击步骤:

第一步,渡河攻击开始,第一线攻击部队(第53军)即以一部利用栗柴坝、双虹桥间各渡口一举强渡,于怒江西岸占领桥头堡阵地,掩护主力渡河。

第二步,第一线攻击部队主力渡河成功后,即极力进占当面高黎贡山通陇川江谷地之各要道口,掩护第二线攻击部队(第54军)渡河,并继续向桥头、林家铺之线进击,务求于高黎贡山西侧获得尔后攻击所要之展开地域。

第三步,第53军攻抵桥头、林家铺之线后,即占领有利阵地,一面构筑阵地,一面为而后之攻击前进准备,等待第54军到达,再向固东

街、江苴街之线攻击。

第四步，攻占固东街、江苴街之线后，即构筑工事固守，并依状况调整部署续向腾冲攻击。

五、原任怒江东岸防守各军（第6军、第71军、第2军）之第一线师，应各派一营以上兵力加强怒江西岸游击活动，牵制当面之敌，并破坏敌交通线，使攻击部队易于进展。

中国远征军部队向前线开进

六、当我攻击部队攻击进展至固东街、江苴街各附近之线，而敌第56师团以其主力集中于腾北，企图向我攻击部队反击时，我第2军应相机以一个师之兵力由三江口以北地区渡河，乘虚奇袭龙陵，以策应腾冲之攻略。同时，第71军应以一个团之兵力由惠人桥附近渡河攻击，以期与我腾北攻击部队合围腾冲之敌而歼灭之。

七、滇康缅特游击区所部，应集中力量袭击片马、拖角并相机向密支那挺进。

八、空军须派有力部队协助地面部队之攻击，并集中力量轰炸芒市、龙陵、腾冲、固东街、瓦甸街等地之敌及其间之交通线。

九、第20集团军辖第53、54军两个军，由霍总司令揆彰负责指挥，担任攻击，而以第53军为第一线攻击部队，第54军为第二线攻击部队。

十、第11集团军辖第2军、6军、71军三个军，由宋总司令希濂负责指挥，担任怒江第一线防务。

十一、第8军开滇西后，归远征军直辖，控置于祥云附近地区，为总预备队。

按照军令部的这个命令，在渡江作战中，中国远征军Y部队的两个集团军,以第 20 集团军为攻击兵团,首先渡江,第 11 集团军作为防守兵团,担任掩护任务。

4 月 21 日,中国远征军长官部进一步给第 20 集团军下达了渡江作战的具体指令:"战区以策应驻印军攻击密支那之目的,着贵集团军以第 53 军为第一线,第 54 军辖第 36 师、第 198 师为第二线,于栗柴坝双虹桥地区,越过防守部队渡江,攻击当面之敌,向固东街、江苴街之线进击,相机占领腾冲。并限 4 月底前完成准备。"

为了加强渡江作战攻击力量,4 月 29 日,中国远征军长官部进一步调整了作战部署,改令第 20 集团军之第 54 军为渡江第一线兵团,第 53 军为渡江第二线兵团。同时要求担任渡江任务的部队,于 5 月 6 日以前到达渡江出发地域,5 月 10 日前完成攻击准备,并在出发阵地展开。

接到命令后,第 20 集团军按第 54 军、第 53 军顺序,相继由驻地祥云、弥渡,向前移动。担任第一线渡江任务的第 54 军共两个师,在军长阙汉骞的率领下,按时到达渡江出发地域。其中第 36 师进抵白龙井,第 198 师到达瓦马街。两个师部队随即展开于怒江东岸栗柴坝至双虹桥地区。军炮兵主力即集结于户柏至新寨间,并于猛懒渡、双虹桥一带占领阵地,准备为渡江提供炮火支援。集团军工兵部队协助第 54 军渡江。5

中国远征军新式火炮

月4日，第20集团军指挥所推进至上河湾地区，并于前线召集军事会议，决定为集中兵力，突出重点，加快进攻步伐，第二线兵团之第53军两个师，完全使用于双虹桥，并在第一线兵团渡江后，随即渡江。10日，远征军长官部下令，第54军全部及第53军先遣兵团均于11日开始渡江。

横渡怒江的攻势于5月11日拉开序幕。

又是一个"五月渡泸"！

怒江是中国西南地区的大河之一，古称泸水，发源于青藏高原的唐古拉山南麓。入云南省后折向南流，流入缅甸后称萨尔温江，最后注入印度洋的安达曼海。进入云南境内以后，怒江奔流在碧罗雪山与高黎贡山之间，西岸高黎贡山的最高处达海拔5000米，东岸碧罗雪山最高处海拔4000多米，江面海拔在2000～800米，山谷幽深，危崖耸立，水流在谷底咆哮怒吼，故称"怒江"。

往日里狂躁不安的怒江，这时节，更是一条暴怒难羁的巨龙。"云蒸孤鹤喘，海热巨鳌惊"，古人这样形容怒江的惊险。"要过怒江坝，先把婆娘嫁"，民谚如此描绘怒江瘴气之毒害。而对怒江一泻千里的滚滚洪波，只要看看两岸峭立的万丈石壁，看看怒江及其支流如何操刀弄斧，将滇西高原切割成千沟万壑的横断山脉，你便可以想象到江水的威力了。

Y部队分批渡过怒江

5月，正是怒江发怒的时候。

当年，诸葛亮远征南蛮，"五月孤军入不毛，月明泸水瘴烟高"。如今，中国远征军Y部队10余万精兵渡怒江，伐日寇，又当五月。

也是月明之夜。晚风在轻轻吹拂，雾岚在悄悄飘动。月光朦胧，昏昏欲睡。夜色下，怒江舒展着身躯，闪烁着粼粼波光。奔腾、咆哮了一整天的怒江，现在乏了，困了，开始进入梦乡。笼罩水面的白雾，是盖在大江身上蓬松的棉被，"哗哗"作响的涛声，是大江匀称的鼾息。明月，使猛兽也变得温良驯服了。

此刻，蓄有漂亮的小胡须，既得到蒋介石的赏识，也得到史迪威赞誉的Y部队总司令卫立煌，果断地下达了渡江的命令。

5月11日黄昏，第54军之第198师和第36师部队，分别于怒江栗柴坝至双虹桥间的7个预先选定的渡河点，同时渡江。

宽阔的江面上，数百只橡皮舟悄悄下水。由美军提供的橡皮舟，轻便好用，每舟一次可渡一个步兵班。满载兵员和军械的橡皮舟，星星点点，在波峰浪谷间时隐时现。士兵们手执桨板，驾轻就熟，顺水推舟。轻舟如离弦之箭，斜插西岸。

约莫半个小时，第一批部队登上了对岸，接着是第二批，第三批……

午夜时分，第一线兵团之第54军两个师部队全部渡过怒江，登上了对岸。

之后，第二线兵团之第53军部队随即渡江。

在夜幕掩护和涛声伴随下，天亮之前，Y部队第20集团军之2个军5万余官兵，神不知、鬼不觉地渡过了怒江天险。

这一夜，怒江没有发怒，一直在酣睡之中。

渡过怒江的第20集团军部队，马不停蹄，开始翻越高黎贡山，全力向腾冲方向突进。

此时，中国驻印军在密支那与敌激战正酣，为扩张滇西我军进攻威势，策应我军密支那作战，与驻印军在缅北会师，迅速打通中印公路，5月22日，中国国民政府军事委员会命令，第11集团军迅即渡江，向龙陵、芒市方向发起进攻。

第 11 集团军总司令宋希濂（戴帽坐者）率部队渡过怒江

中美将领检阅部队

于是，第 11 集团军由防守兵团，改为攻击兵团，与第 20 集团军相互配合，形成两只拳头，从左右两翼合击滇西日军。

5 月 25 日，第 11 集团军下达了渡江作战命令，要求"集团军以主力由惠人桥迄七道河间各渡口渡过怒江，重点置于右翼，向龙陵、芒市包围攻击"。

5月底至6月初，Y部队第11集团军约7万人马，在怒江下游地区，分别从惠人桥、攀枝花、毕寨渡、火石地、打黑渡、七道河、三江口等渡口，以另一种方式渡过怒江。那是在天晴日朗的白昼，我军发起浩大攻势，突破敌军炮火封锁，强渡天险。

怒江在焦躁中目送中国官兵胜利地登上彼岸。

第二十四章　滇西大反攻

1944年5月这时节，缅甸战场扑朔迷离，盟军与日军正打得难分难解。在野人山，X部队加紧围歼加迈和孟拱地区日军，中美特遣队神兵天降，奇袭密支那。日军虽然在缅北连吃败仗，但在中路，牟田口部队却在英法尔地区将英军第14军团铁壁合围。敌我双方各使绝招，出手很凶，你踩我的"炮"，我杀你的"马"，缅甸这盘棋正下到要紧处。

Y部队投入反攻，使缅甸战局骤然改观。

瞪着小眼睛，全神贯注于英法尔和缅北作战的缅甸日军统帅河边正三中将，突然发现一支强大的中国生力军从侧后猛扑过来，顿时乱了方寸。他急急忙忙地从缅中和缅南地区抽调兵力向北增援。

负责缅北和滇西作战指挥的第33军军司令官本多政材，也预感到这将是"防卫缅甸生死攸关的重大战役"。

盘踞在滇西的日军主力第56师团更是惊恐万分，师团长松山佑三急忙召集各联队主要军官到司令部开会，部署应战。此时，日军在滇西的兵力分布是：

第56师团，司令部设在芒市。

第148联队（联队长藏重康美大佐）守卫腾冲城，以及城北桥头、马面关、界头、瓦甸、江苴、大塘子。

第113联队（联队长松井秀治大佐）附第56炮兵联队守卫腊猛、松山、猪圈山、大坝子、黄草坝。

第56工兵联队（联队长小宝中佐）守卫龙陵城区附近。

搜索联队（联队长平井卯辅大佐）守卫弄滚。

第114联队第1大队（大队长猪獭少佐）守卫片马、拖角、落孔、明光、固东。

第146联队第1大队（大队长安部少佐）守卫平戛、象达。

日军第56师团师团长松山佑三（左二）和参谋人员在滇西战场

另外，第2师团及第53师团各有部分部队分驻遮放、畹町至腊成之线。

在怒江西岸长达200余公里的狭长地带，日军分兵固守腾冲、松山、龙陵等主要据点，准备与中国军队决一死战。

于是，抗战时期中国战区海拔最高的战场——滇西高原，敌我双方先后展开了一场又一场搏斗。Y部队如同一柄利剑，直捣黄龙。

著名历史学家方国瑜曾于1946年间，"周历滇西诸战场，广收油印战报和私家记录，走访亲历其事者"，之后，写成皇皇巨著《抗日战争滇西战事篇》，再现了中国远征军反攻滇西的壮阔历史场面，为后人研究滇西作战提供了依据。

腾冲攻坚：第20集团军令日军"黑风队"魂断古城

跳下橡皮舟，登上怒江西岸，第20集团军官兵随即向腾冲方向进攻，大队人马立刻消失在崇山峻岭之中。

怒江以西属高黎贡山主脉，海拔3000米以上，地势险要，断壁嵯峨。日军第56师团之第148联队把守着山里所有关卡隘口。由藏重康美大佐率领的这个联队，是日军著名的山岳丛林作战部队，号称"黑风队"。日军利用高黎贡山的复杂地形，构筑工事，布置火力点，通向腾冲的路上，充满艰险，充满恐怖。

渡江次日，第54军先头部队在灰坡、唐习山、大塘子等隘口遭到日军抵抗。我军刚刚渡江，士气旺盛，攻势猛烈，各种轻重火力刮风一样卷上山头，敌军据点被打得硝烟弥漫，沙石横飞。日军居高临下，工事隐蔽，打得很沉着，火力并不太猛，但每颗子弹都奔人来。我军伤亡很大。

敌既死守，我亦猛攻，血战九日，敌军溃退，我军终于攻占了灰坡沿线山头。

阙汉骞军长满以为头一仗起码报销千儿八百鬼子兵，登上山头一具尸体一具尸体地数，数来数去，一共才打死23个鬼子。活的一个没抓着。

阙汉骞的脸都气白了！

把战果上报集团军后，总司令霍揆彰在电话里只说了两个字："窝囊！"

阙汉骞的脸"刷"的红了。

没有别的话比"窝囊"这一句，让阙汉骞听着更伤心的了。

4月间，史迪威曾要求给驻印军X部队增援。经蒋介石核准，把阙汉骞第54军之第14、第50师派往缅甸。出国作战当然是派最精锐的部队，最得力的将领。当阙汉骞带着自己的两个师空运到缅甸后，谁知史迪威根本瞧不起他这个黄埔生，史迪威要兵不要将，把两个师留下了，却将阙汉骞的军部塞进飞机退了回来。

奇耻大辱！回国后，集团军总司令霍揆彰一边嘟嘟囔囔，埋怨阙汉骞在美国人面前丢尽黄埔生的脸面，一边重新给他拨了两个师，叫他一定干出点样儿来，让美国佬看看黄埔生将领也不是吃干饭的。

你瞧，渡江第一仗却打得稀里糊涂。阙汉骞心里躁得慌，一挥

手,追!

"黑风队"的日本兵退出灰坡、大塘子一线后,且战且退。这支在北海道专门训练过的山岳作战兵团,士兵中不少人当过伐木工,矮脚虎似的特别善于在山岳地区奔跑运动。他们又在怒江这一带盘踞了两年多,地形熟悉,工事坚固巧妙,碉堡式据点,鼠穴式散兵壕,鸟巢式树上火力点,洞穴式掩蔽部,星罗棋布,互为呼应。据点与据点、山头与山头之间,有许多秘密通道。在我军追击下,"黑风队"化整为零,神出鬼没,机动作战,有便宜就打,没便宜就跑,就像一股诡谲、险恶的妖风在崇山峻岭间旋转。

第20集团军大兵团运动,2个军4个师5万多人,加上运输粮草辎重的上万名民夫和几千匹骡马,浩浩荡荡,席卷而去。经十余日追击,我军进至斋公房地区。

斋公房位于高黎贡山顶部,海拔4000多米。南北共有两个垭口,垭口之间有一条狭长隘路,是通向腾冲的咽喉要道。这里地形险峻,道路崎岖,气候恶劣。四周山峰顶天立地,犬牙交错,顶峰终年积雪,狂风怒号,气候奇寒。垭口内云山雾海,路径难辨,人马通行,极端困难。在这个地方打仗,就跟孙悟空大闹天宫一样,得在云里雾里干。

垭口两侧山头均有日军的坚固据点,诚有一夫当关,万夫莫开之慨。

霍揆彰总司令效当年诸葛亮故智,明修栈道,暗度陈仓。他派第53军周福成部于斋公房正面佯攻,吸引敌军,以阙汉骞第54军为奇兵,迂回敌后,断其退路。

周福成部是东北军余脉,抗战爆发后,他们一路败退,从东北一直退到大西南,心里也憋着一股劲:在怒江再不能打个胜仗,东北军就算败到底啦!他们在斋公房敌正面阵地,假戏真做,摆开架势,天天讨敌撩阵,不给日军片刻安宁。

阙汉骞这回该是露脸出气的时候了。他勒紧腰带,系牢绑腿,马也不骑,挂根拐棍,领着队伍钻进高山密林之中。

翻过悬崖绝壁,越过万丈深渊,队伍向着杳无人烟、绝无道路可循之处开进。高山严寒,阴风嗖嗖,细雨霏霏,官兵衣单被薄,每日冻死人数达一二百人,还有摔死、饿死、毒蛇咬死的。因为高山缺氧,有的战士一屁股坐下去，再没起来。

阙汉骞下了血本。

但是，这值得。一个星期后，他们突然出现在敌后。日军顿时乱了阵脚。我军前后夹攻，两面掩杀，"黑风队"死伤无数，遗尸遍野，残敌一溜烟，逃得无影无踪。

斋公房夺路战，第54军建立奇功，霍揆彰总司令请准重庆，授予虎旗一面。

阙汉骞总算出了一口气。

我军攻下斋公房后，腾冲已经遥遥在望了。我各路大军尾追"黑风队"，自高黎贡山高处往下攻击前进，开始迫近腾冲。腾冲城区附近是高黎贡山内的一个小盆地，但四周仍有四座大山拱卫，飞凤山耸立于东，宝凤山雄峙于西，来凤山横枕于南，蜚凤山屏障于北。"四凤求凰"，腾冲城像一个骄傲的王子，身价很高。

我第53军、第54军始终是两只巴掌，左右开弓，一下比一下更有力地抽打藏重康美大佐的嘴巴子。6月28日，第54军以迅雷之势，先拔头筹，攻占宝凤山。第53军不甘落后，7月3日，也拿下飞凤山。而同日，54军又建奇功，轻取蜚凤山。

之后，两军兵合一处，向腾冲最后屏障来凤山同时猛攻。远征军出动飞机助战。7月26日，在空军掩护下，我官兵奋勇冲锋，前仆后继，血战竟日，至傍晚，摧毁敌军四个堡垒群，完全占领来凤山。

攻下来凤山的次日，阙汉骞骑上红鬃烈马，登上顶峰摄影留念。透过炮火余烟，看到远近群山，尽入我手，脚下的腾冲城近在咫尺，全在我瞰制之中。阙军长豪情涌动，声如洪钟：

"'黑风队'，你就是变作妖风也跑不了！"

马通人意。军长话音未落，红鬃烈马突然趵起跳踉，仰天长啸，更壮主人威仪。

阙汉骞一高兴，跳下鞍桥，轻吻马面，以示嘉奖。回营后，下令加菜聚餐，并特别犒赏马夫20块大洋。

腾冲外围的宝凤、飞凤、蜚凤和来凤四座大山既下，至此，我第20集团军部队已经将腾冲城铁桶一般完全包围。

藏重康美大佐和他的士兵在我军夹攻下，左挨一记耳光，右抽一个嘴巴，在丢失高黎贡山各处隘口阵地后，又从腾冲外围的四座大山被赶下，退守城内，四门紧闭，深沟高垒，企图死斗。藏重康美大佐知道，他这支山岳部队被从大山赶到平地，退守孤城，剩下只有死路一条了。

腾冲，古称腾越，位于云南省保山西南部，西部与缅甸毗邻，是中缅交通要冲。由于地理位置重要，历代都派重兵驻守，素称"极边第一城"。

腾冲的城池是明代所建的石头城，城区方方正正，约4平方公里，城墙高7米，厚4米，由青石砌成。兼有大盈江、饮马水河东西北三面环绕，形势天然，有险可凭。1942年夏天滇西沦陷后，日军在滇西设腾越省傀儡政权，在腾冲设县。为了加强防守，日军"黑风队"将腾冲城内居民驱赶出城。日军将城墙加固和改造，城墙顶部堡垒环列，间隔距离不过十米，而城之四角均有坚厚堡垒侧防。还利用城内的民房，布置了密集的火力点。整个县城就是一座坚固无比的巨型堡垒。至我军将全城包围之时，城内有"黑风队"主力共2000余人。其中，部署在城区南半部及英领事馆阵地有第2大队主力，城区西北部及拐角楼阵地有3个步兵小队，城区东北部及饮马水阵地有步兵4个小队，在城中门附近阵地有联队本部及预备队。

7月28日，"黑风队"队长藏重康美大佐，接到松山佑三师团长的命令：死守腾冲至10月底，等待援军。

几乎与此同时，中国远征军总司令卫立煌上将也给第20集团军总司令霍揆彰下达了斩钉截铁的命令：速占腾冲城。

两道针锋相对的命令，导致了腾冲城下的一场空前血战。

第一轮攻城战。我军攻占来凤山，完全包围腾冲城后，7月29日，第20集团军司令部下达攻城命令：集团军决定以主力围攻腾冲城内之敌，一举而歼灭之，第54军附迫击炮一营向南门至西门、北门至东门之线攻击。第53军以第116师附重迫击炮一营、军山炮营向东门至南门之线攻击。第130师防守马垒、上下猛连。

从8月2日起，我军发起全线猛攻。2日上午10时，美军飞机飞临腾冲助战，对城内日军阵地猛烈轰炸。12时，我地面部队开始攻城。第

54军第198师渡过饮马水河，向拐角楼及东北城角之敌猛攻，激战至黄昏，未能突破城垣。第54军之第36师第107团利用云梯强行登城，攻占城墙上敌堡垒3座，但遭敌军反击，又退下城墙。第53军之第116师突击队，利用飞机轰炸缺口，冲上城墙，敌军使用毒气，向我反扑，被我击退。当日，我军占领城内帮办衙门阵地。

8月2日，我军激战一日，进展甚微。集团军召集各军师长开会，检讨攻城战况、研究巷战战法，决心加大进攻力度。

8月3日，传来X部队攻下密支那的消息，腾冲城下的Y部队军心振奋，4日午后，发起攻城。在美军轰炸机配合下，我军将城墙炸断十余处。步兵部队冒着敌军密集火网，从缺口涌入城内，展开巷战。敌军处处设防，街垒密布。双方短兵相接，死斗肉搏，尸填街巷，血满城沿。第36师第107团官兵，组织敢死队，利用飞机、炮兵轰击之缺口，强行登城，激战至黄昏，占领城上敌堡垒2座。第116师第348团登上城墙，在墙顶的堡垒间与敌军尺寸争夺搏杀，将占领之阵地延展至50米。

6日，我第36师在空军和地面炮火支援下，出动工兵，将城南门城楼炸塌，步兵突击队从缺口强行攀登，占领城墙上敌军堡垒一座。

13日，美军战斗机和轰炸机混合编队共24架战机突袭腾冲，向城内敌军阵地猛烈轰炸扫射，取得重大战果。美军数发重型航空炸弹击中城东门内敌指挥所，日军腾冲守备队"黑风队"队长藏重康美大佐以下共32人被炸死。

我军自8月2日发起第一轮攻城作战以来，日日攻城，顽强推进，官兵斗志昂扬，奋勇争先。但因城内敌军工事复杂，火力炽盛，我军进攻受阻，进展缓慢。至15日，第116师攻占城南门以东的一个缺口，预备第2师攻占南门以西2个缺口，第36师攻占西南角英领馆右侧之缺口，第198师之第593团攻入拐角楼。

第二轮攻城战。第20集团军总结第一轮攻城战的经验教训，调整作战部署，决心集中兵力突击敌军南门阵地，形成重点，以期突破。8月16日，集团军下达新的作战指令：以迅速攻占腾冲为目的，即以第198师之一团，担任由西门经北门至东门方面之攻击，集团军主力第116师、预备第2师、第36师，由南门方面强行攻城，将城内之敌包围而歼灭之。

国殇 中国远征军缅甸、滇西抗战秘录

从17日起，我军按新的作战部署开始行动。当日，第116师部队从东南角攻城，炸毁城墙上敌军堡垒3座，并占领2座。18日，预备第2师从南门登城，占领敌军3座堡垒。19日，第198师用炸药将南门城墙炸开2个缺口，随即登上城墙，激战至黄昏，与预备第2师部队在城墙上会合。20日，第36师部队从西南角突入城区，占领民房、堡垒数处。

21日，我攻击部队在城墙上与敌军全面激战。建于明代的这座古老的石头城墙顿时火光四溅，弹片横飞，成了敌我争夺的战场。敌军在代理守备队队长太田大尉的率领下，继续顽抗。我官兵与敌短兵相接，近战搏斗，用手榴弹和刺刀消灭敌兵。终于，我军在午前将南城城墙上的敌军火力点全部拔除。这样，敌人赖以顽抗的"乌龟壳"被我撬开了。

之后我军居高临下，转为从城墙往下进攻。我官兵士气大振，攻势如虹，全线推进。第116师之第346团、第348团、第347团分别攻入岳庙、左所街和顺城街。预备第2师攻占电报局、天元宫、督办公署。第36师占领武侯祠。第198师占领教育局。

第三轮攻城战。我军第二轮进攻取得重大进展，突破了敌军以城墙为依托的防御体系，我军攻城作战全面推进至城区内的街巷。第20集团军变更作战部署，重新划分了两个军的作战地域，规定以南门大街至北门大街为线，以东为第53军作战区域，以西为第54军作战区域。按照新的作战区域，从22日起，我2个军4个师的部队全面投入作战，逐巷逐屋与敌争夺。当日，天气晴好，美军派出飞机60架，配合我军作战。美军飞机分5个批次，密集轰炸城内日军阵地，为我军提供强大的火力支持。我地面部队乘势突击，取得了明显进展。当日，第54军之第36师、第198师部队分别向前推进约100米。第53军之预备第2师、第116师分别攻抵自治局文庙附近。

腾冲古城不仅城墙坚固，城内的民房公屋也全是砖石砌成，高墙深院，鳞次栉比，每一个院落都是一座堡垒，每一座房屋都是一个火力点。我军每前进一步都付出重大伤亡代价，有的一线攻击部队战斗减员一半以上。8月26日，我将原在腾冲外围担任警戒任务的第53军之第130师调来投入攻城作战，增强攻击力量。

第四轮攻城战。腾冲城内敌军虽经我军连日击打，死伤累累，就连其守备队队长也早已毙命，但是残敌仍依托城内街巷房屋，作困兽之斗，死守不降。我军以两个军的优势兵力发起攻城作战，已近一月，至今仅占领城区的一半。区区县城，我军何时可以完全攻占？城内千余残敌何时可以肃清？腾冲城下的战斗，让远征军长官部十分焦虑，威严的卫立煌总司令已经发脾气了，他数次致电第20集团军总司令霍揆彰，施加压力，限时攻下城池。霍揆彰再也坐不住了，8月30日，第20集团军下达命令：本集团军自明（31）日起，限5日内将各该军区域内之敌彻底肃清，并将每日进展情形具报，如有观望不前，或借故推诿，不能如限肃清，致使外敌增援，影响整个计划者，各该军长师长应负贻误之责。

长官的严令，军人的责任感，令我军官兵精神大振，自31日起，我军5个师的部队按照划分的作战区域，向着各自的目标发起冲击。我军官兵人人有战死的决心，个个是杀敌的勇士，他们在残垣断壁、砖石瓦砾间与敌搏斗，将阵地一码一码向前推进。激战至9月7日，我第54军部队终于将西城全部占领。只有东城区部分残敌依然负隅顽抗。

第五轮攻城战。我军第四轮攻城虽然取得了重大进展，但是集团军8月30日下达的"五日内肃清残敌"的目标还是没有实现。在重庆，蒋介石也密切关注着腾冲的攻城作战，9月9日，蒋介石斩钉截铁地下达了最后命令：

"腾冲必须在9月18日国耻纪念日之前夺回。"

腾冲守敌死期已定。

9月13日起，第20集团军集中全力，怒涛般地向腾冲残敌发起最后总攻击。第54军从西城区转向东城区，配合第53军攻击敌军最后阵地。我军官兵13日清晨发起总攻，由辰时战至午时，由午时战至酉时，接着又是夜战，夜以继日，通宵达旦，天明后继续战斗。我军轮番作战，连续攻击，不给敌人喘息之

腾冲国殇墓园内第20集团军克复腾冲阵亡将士纪念塔

机。激战至9月14日午后，卒将东城日军据点全部清除。敌军代理守备队队长太田大尉，将第114联队队旗焚毁后自杀毙命。自此，臭名昭著的"黑风队"，烟消云散，魂断腾城。

当最后的枪声消失，腾冲陷入死一般沉寂。

然而，一座曾是美丽边陲的重镇，也毁于战火。城内一片颓垣，尸骸枕藉，有日军尸体，也有国军遗骸。

战斗平息后，第54军军长阙汉骞巡视战场，看到断壁残垣下躺着一片片身穿灰色制服的国军遗体，不禁哀思如潮，吟成一绝：

曾同甘苦好兄弟，身去功成起我悲。
手酹清浆酬国土，临风不觉泪交垂。

将军胯下的红鬃烈马见此情景，也低头无言。

据第20集团军战后编写的《滇西对日作战概述》称，此次作战自5月11日渡过怒江起至9月14日克复腾冲止，所历大小战役40余次，共生俘敌军官4名，士兵60余名，营妓18名。毙敌藏重康美大佐联队长以下军官100余员，士兵6000余名（原文如此）。虏获野山炮7门，步兵炮6门，迫击炮10门，重机枪19挺，轻机枪47挺，步骑枪1000余支，汽车20余辆，有线、无线电机25部及其他军品无数。我亦伤亡官佐1234员，士兵17075名。

腾冲国殇墓园内远征军阵亡将士墓

松山之战：第8军8次进攻，3000"皇军"全员"玉碎"

我第11集团军部队于5月底至6月初渡过怒江后，作为我军反攻滇西的左翼兵团，分头向南发起进攻。初期我军进展顺利，势如破竹。

其中，第71军之新28师于5月30日从惠通桥地段渡过怒江后，奉命沿滇缅公路向腊勐、松山地区推进。新28师旗开得胜，于6月4日顺利攻占腊勐，6月6日攻占竹子坡，开始进逼松山。当时，我军判断松山仅有守敌三四百人，于是准备乘势拿下松山。6月7日新28师之第82团、第83团，向松山的外围阴登山发起攻击，苦战一日，竟然没有进展。之后又几次组织进攻，仍然没有得手。

至此，我军方知松山已经不是普普通通的一座老荒山，而是日军苦心经营、重兵驻守的无比坚固的防御体系。

松山雄峙于怒江西岸，直扼惠通桥头，是一处总面积十余平方公里的狭长山系。南为阴登山，北为黄土坡，东为平山，西为滚龙坡，中间隆起的主峰为

从松山日军阵地瞰视惠通桥

松山，松山侧后有小松山。松山顶峰高出怒江江面约1000米，站在山顶，可以眺望怒江江水自北而南汹涌而去，也可以瞰视滇缅公路从山腰迤逦而过。山上的敌炮兵阵地，可直接控制滇缅公路长达70公里。

日军自1942年5月占领怒江以西地区后，即在惠通桥西侧，利用松山的险要地形，构筑工事，准备长期固守。据当地民工说，为修筑松山阵地，日军一个工兵联队足足干了一年，还拉来几千民工挖土方。山头都给掏空了。碉堡大都是地面三层，地下三层。即使把地面工事全掀开，还有地下室。日军松山阵地是一个以松山为主，包括整个惠通桥西岸周围山峁、坡地，以及腊勐在内的布置完整的立体防御体系，主要火力分

布在大小松山、阴登山、黄土坡、滚龙坡、大垭口、松树坡、竹子坡等处，核心阵地在松山主峰。

为了便于长期固守，日军在松山阵地内储藏了大量的食品和弹药，并设有小型发电厂，安装抽水机，埋设水管，供应饮水。

日军驻守松山的部队为第56师团之第113联队，亦称腊勐守备队。常驻此处的日军有步兵3个大队及配属师团之炮兵、工兵、辎重和通信队4000余人。1944年5月，我军向腾冲发起进攻后，第113联队联队长松井秀治大佐奉命率领联队主力前往腾冲救援，改命炮兵第3大队大队长金光惠次郎少佐为腊勐守备队队长，率领共约1200名官兵留守松山。

敌军松山阵地的兵力分配是：

上松林阵地，高桥九洲男大尉以下约60名士兵；

小股阵地，福田果夫中尉以下约40名士兵；

侧防阵地，约30名士兵；

平山阵地，大野满喜雄曹长以下约30名士兵；

松山阵地，松尾良种中尉以下60名士兵；

横股阵地，泽内秀夫中尉以下80名士兵；

西山阵地，毛利昌弥中尉以下约70名士兵；

阴登山阵地，真锅邦人大尉以下160名士兵；

里山阵地，只松茂大尉以下约150名士兵；

竹子坡阵地，野泽高雄中尉以下约400名士兵；

此外尚有预备队约200人。

我军第71军之新28师攻打松山，因敌情不明，进攻屡屡受挫，损失不小。不拿下松山，滇缅公路就无法开通，向龙陵进军，以至反攻缅甸，便受到极大限制。于是，中国远征军总司令部急调第8军接替新28师攻打松山。

第8军，军长原为郑洞国，郑洞国调中国驻印军任职后，何绍周继任军长，下辖荣誉第1师、第82师、第103师共3个步兵师。1944年4月拨归远征军序列，担任战略预备队后，才匆忙从滇南开远地区，开到滇西。接到攻击松山的作战任务后，军先头部队昼夜兼程，于7月1日进抵松山地区，开始布置阵地，抓紧做攻击各项准备。当时部队的配置是，荣誉第1师之荣3团配置在大松山，荣2团配置在阴登山；第82师之第246团配置在滚龙坡，第245团配置在腊勐；另外，第8军、第5军之炮兵营配置在竹子坡，炮兵第10团、第7团配置在怒江东岸大山头地区，负责对步兵实施炮火支援。各部队进入预定位置后，军部决定，自7月5日起发起攻击。

第一次进攻

5日拂晓，我军攻击部队对松山、滚龙坡敌阵地同时发起进攻。从凌晨3时15分起，炮兵进行火力准备，集中炮火摧毁敌地面阵地。清晨5时，荣3团向松山主峰及其北侧高地猛烈进攻。这次突击出奇地顺利，我军一个冲击，便突破敌军阵地，4分钟后，荣3团的尖兵便冲上了松山主峰的子高地。可是，当我士兵刚在主峰子高地露头，敌军火力便从各个方向交叉射来。迫击炮弹像冰雹一样砸在阵地上，机枪子弹密集得如同雨点一般。我突击队队员立足未稳，无处藏身，完全暴露在敌人的火力下。敌军一个火力反突击，不到十分钟，荣3团突击队便被敌军从子高地赶下。我军第一次攻击，连敌兵一个照面都未打，便败下阵来。

第二次进攻

我军第一次进攻受挫后，检讨战术，认为敌军松山主峰阵地位置突出，敌军布置了一系列的侧防工事，我军即使将其占领，也难以立足。于是我军改变战术，决定先扫清敌军滚龙坡和黄土坡两翼阵地，然后再攻松山主峰。

7月7日，我军发起第二次攻击。我军以第82师担任主攻，突击滚龙坡敌阵地，以荣誉第1师为助攻，向黄土坡敌阵地进击。当日，第346团在炮兵支援下，由核桃沟向滚龙坡进攻。滚龙坡上共有甲、乙、丙、丁、戊5个高地，每个高地敌军均构筑有堡垒。战斗至黄昏时分，第346团占领了滚龙坡上的丙高地和乙高地地面阵地，只是因为丙高地敌军堡垒十分坚固，我军与敌展开近战，后方炮火无法支援，一时难以攻下。到了夜间，敌人的地下火力点全部复活，敌人从预先设置好的各个角度，向我军火力反击，我士兵无处躲藏，只好退下阵地。在黄土坡方向助攻的荣3团曾再次迫近松山山顶，亦因敌军反击，被迫退回原阵地。荣2团

滇西战场我军扫雷兵在扫雷

由阴登山出击，亦无功而返。

第三次进攻

第8军两个师主力连续两次进攻均告失利，何绍周军长急调第103师增援。7月8日，第103师到达松山战场后，随即加入战斗。7月12日下午，我军集中火力突击敌滚龙坡阵地，摧毁敌地表工事，第103师之第307团，开始向敌丙、丁阵地进攻，当我突击队接近敌阵地时，敌军地下火力点均又复活。此两阵地敌火力为交叉火力，相互掩护，我进攻丙高地，即遭丁高地火力攻击，我进攻丁高地即受丙高地火力打击。我突击队受敌火力压制，动弹不得，徒增伤亡，无功而退。第82师之第246团向大垭口敌阵地进攻，也告失利。荣3团向黄土坡敌阵地进攻时，遭敌侧防火力打击，也没有取得进展。

第四次进攻

第8军3个师投入松山作战，兵力雄厚，炮火威力强大，敌军黄土坡、滚龙坡、大垭口及松山阵地地面工事，大多已被我摧毁。但敌军部署在反斜面的侧防工事和地下掩体的火力点一时难以清除。当我进攻部队攻入敌军

1944年7月8日，中国远征军总司令卫立煌通过修复后的惠通桥向松山阵地前进

阵地后，遭敌火力逆袭，而我炮兵又因双方胶着，无法实施炮火支援，致使我进攻部队功亏一篑。我军决定改变战术，查清敌军阵地所有火力点的位置、角度、深度后，集中炮火，对敌火力点进行外科手术式的精度射击，务求彻底摧毁，剔除干净。而后再组织步兵进攻。按照这一战法，7月23日，我军发起第四次进攻。这一天天气晴好，能见度高，对炮兵射击十分有利。炮兵第10团、第7团的大小火炮按照预先的分工，各自对准目标进行射击。我军上百门火炮，一齐开火，敌军阵地顿时陷

在松山战场，日军战俘目光呆滞，用破布吸取水坑里的水往嘴里送

入一片火海之中。我军炮火射击后，只见敌军阵地遍地弹坑，敌军的堑壕被炸平，有的地下掩体被炸得开了天窗，连阵地表面的草丛树木，也都被炸飞烧光了。于是，我步兵出击。第307团、第246团从左右两翼主攻滚龙坡和大垭口，荣誉第1师两个团助攻黄土坡。这一战术果然见效，当日，我军分别攻占大垭口庚高地及滚龙坡丙、丁两高地。可是，到了24日，天降大雨，雨后又有浓雾，我炮兵无法射击，敌军乘机进行反扑，已攻占滚龙坡丙、丁两高地的我官兵，遭到来自甲、乙、戊高地敌火力逆袭，我官兵伤亡惨重，第307团突击队损失殆尽。

第五次进攻

我军继续改进战术，决定采用掘壕推进的方法，由步兵挖掘战壕，

逐渐抵近敌人阵地,然后突然发起进攻,并给步兵配备火焰喷射器,以消灭地堡内的敌兵。同时将大炮推进至敌军阵地下方,进行抵近射击,消灭敌军残存火力点。各部队从7月26日起进行掘壕作业,步兵们放下枪支,抄起铁锹,挖掘堑壕,向敌军阵地步步逼进。至月底,各堑壕向前推进数百米不等,紧贴敌军阵地前沿。8月2日午后,各部队由堑壕末端发起进攻。由于双方堑壕接近,缩短了我军进攻距离,减少了伤亡。向大垭口进攻的突击队,只用15分钟就占领了己高地。第103师突击队只用半个小时就攻占滚龙坡甲高地,甲高地地堡内的敌兵,在我军火焰喷射器的攻击下,多数被烧死,少数被从地堡内赶出,在地面被我全歼。至此,我军全部占领滚龙坡。

第六次进攻

掘壕推进战术取得成效后,我军全面推广。我军增加进攻兵力,将驻守在祥云的第309团及保山的荣3团急调松山前线,参与进攻。至此我军在松山投入作战的步兵部队达到7个团。从8月3日起,我军分别向敌军黄土坡、大垭口等阵地,多路开掘战壕,一寸一寸地逼近敌人。至8月6日,第307团占领大垭口壬高地。8月7日,荣2团主力攻入大垭口巳高地,我军与敌军在堑壕内展开肉搏,全歼守敌。第246团占领未高地。

第七次进攻

攻占松山!迅速攻占松山!!一道道来自重庆、来自保山的命令,像无情的皮鞭,一下又一下抽打着第8军军长何绍周。可是,松山还是迟迟没有拿下来。时间一天一天过去,时间让何绍周感到没有退路。到了8月9日,何绍周决心亲自组织一次强攻,一举拿下松山主峰。

早上7时过后,浓雾散开,松山开始显露出来。

"咚咚咚……"

几发炮弹打破清晨的静谧,对面山头升起几股黑烟。这是炮兵在试射。

转瞬间,密集的炮火铺天盖地,砸向松山主峰。山头顿时癫狂起来,战栗起来。巨大的爆炸声连成一片,山顶火光四溅,硝烟弥漫。

何绍周站在前沿指挥所的观察孔前,从望远镜里清清楚楚地看见,在猛烈炮击下，山头的大树一棵棵被拦腰炸断，敌军地碉被一个个掀开，散兵堑壕被夷为平地。炮火把整个山头几乎翻了个个儿。"打得好，给我狠狠地打！"他满意极了。

经一个小时饱和轰炸后，炮火开始延伸，步兵出动。

荣誉第1师今天担任主攻任务，这是一支战功累累的精锐部队，参加过昆仑关大战，全师多数官兵都是历次作战负伤后，经治愈归队的老兵，作战勇敢，经验丰富。何绍周指望他们今天有所建树。

我军进攻的号令一下，荣誉第1师的官兵们跃出战壕，迅猛地、潮水般地涌向山顶。先头部队很快越过滚龙坡与松山主峰相接的洼地。顺利的话，从洼地攻上顶峰，只需20分钟。

起初的战斗比预想的还要顺利。在山腰上没有遇到有力的抵抗。在盘山公路的第四个拐弯处，有敌人残留的几个火力点，部队出现伤亡，但敌火力点很快被拔除，部队奋勇前进。

在通过松林坡时，荣2团遭到激烈抵抗，伤亡不小。但右侧的荣3团进展迅速，开始向顶峰扑上去……

何绍周心情迫切，通过望远镜紧紧地盯住跃进中的突击部队。

荣3团果然是好样的。他们动作极为神速，一边射击，一边跳跃前进，进攻前锋已经跃过主峰下的一个长形高地，开始向顶峰汹涌而上。

"快，冲上去，给我冲上去！"何绍周激动地大喊大叫。

就在这最后关头，刚才已被炮火摧毁的主峰敌核心阵地突然复活了。从碉堡底部，从石洞里，从岩壁中，喷射出炽烈的火力。敌人好像从地层底下突然冒出来似的。

在敌军密集火力扫射下，我攻击部队潮水般纷纷败退。

何绍周气急败坏，抓过对讲机，对荣1师师长汪波大声喊叫："上，你他妈的给我上！"

"军长，我，我他妈的上不去哇！"

"上不去，我毙了你！"

说完，何军长狠狠地把对讲机甩到一边去。

"我毙了你！"这句话，自松山作战以来，火急火燎之中，军长说了好几遍了。对第103师师长恐吓过，对第82师师长威迫过，就是对荣1

师汪师长也不是第一次说这种话。可是，松山仍然没有拿下。

松山又不能不尽快拿下。

几天前，卫立煌传来蒋介石的命令：第8军应于8月底收复松山，否则，唯军长、师长是问。

卫立煌还特别加了一句：

"绍周，希勿以熟相欺，以身试法。"

何绍周虽是资深将领，黄埔一期生，又有叔叔何应钦撑腰，但要是误了委座的严令，叔叔也救不了他的命。他能不急？

自6月进攻松山以来，我军已多次强攻，四周的阴登山、黄土坡、滚龙坡等敌军阵地，已悉数占领，可是松山主峰硬是拿不下来。敌表面阵地已被我炮兵烙饼似的翻了好几遍，但每当步兵接近时，敌人地下火力点一下又全都复活了。

炮轰跟挠痒痒似的，根本奈何不了它！

时间一天天溜走，松山简直成了何绍周的"伤心岭"，看着就头疼。

"谁能想出个绝法子来？你们都好好想一想！"

军长一次又一次发出呼吁。

"火攻"、"偷袭"、"空降"……一条条计策献了出来，又一条条给否定了。

最后是第82师副师长王景渊一语惊人，他想了个绝招，叫做"坑道颠覆法"。就是挖坑道，埋炸药，把松山主峰整个掀掉。

这个法子不但可行，而且解恨，最对何绍周的心思。把松山主峰连同日军一起，从地球上抹掉，那真是太好啦！

"景渊，你的主意好。这事由你去办，军工兵团交给你，把松山给我炸个底朝天。我们有的是炸药！"

何绍周摔掉手中的烟蒂，使劲踩上一脚，恨恨地说。

第八次进攻。

"坑道颠覆法"的作战方案一经确定，部队立即开始行动。军工兵团被紧急调到前沿。王景渊精于此道。他选择隐蔽地形，先开挖堑壕，壕顶用树枝、杂草遮蔽。待堑壕迫近松山主峰时，改为坑道掘进。共挖两条坑道，每条高 1.2 米，宽 1 米。经精确计算当坑道延伸至松山主峰底部时，即开掘药室，共挖左右两个药室。8 月 18 日晚，药室完成。当夜装填炸药，两个药室共装 TNT 炸药 10 吨。

一切就绪。

何绍周亲自检查爆破准备工作。他来到工兵指挥所，王景渊指着安装完毕的电点火装置，对军长说：

"军座，万事俱备，只等按电钮啦！"

军长满意地点点头。他不动声色地走出指挥所，最后看了一眼塔尖一样的松山主峰，心里说，明天就看不到你啦！

爆破时间定在次日上午 9 时 30 分，那是 8 月 20 日，一个很普通的日子。

拂晓，我军又一次向松山发起攻击。炮火还是那么猛烈，步兵冲锋还是那么急迫。只有指挥员才知道，今天进攻的全部意义在于，把尽可能多的敌人吸引于松山主峰。

同前几次一样，攻击部队接近主峰时，遭到敌军疯狂阻击。于是，我官兵纷纷后退。9 时 15 分，我军全部退出日军火力圈。

一切都是周密计算好的。从 9 点 15 分至 9 点 30 分，还有一刻钟。

这一刻钟是给攻击部队留下的，好让他们安全隐蔽。

这一刻钟也是给日军留下的，好让他们从地下工事里探出头来，最后一次看看即将离开的这个世界。

然而日本人却不了解事情的真相，他们在庆祝胜利，庆祝第 8 次打退中国军队的进攻。高地上传来日军"哈哈"狂笑声。

在这无知、狂妄的笑声中，时针坚定不移地"哒哒"前行。

9 时 30 分到！

骤然间大地剧烈地摇晃了两下，传来两声极低沉、极可怕的轰鸣。几乎同时，松山主峰蹿起两股冲天黑烟，人们很难精细体验当时的瞬间感觉，只惊慌地以为天塌下来，或者地陷下去。

大地颤动和爆炸的巨响转瞬即逝，只有山顶的浓烟，在急剧地翻腾，越蹿越高，直冲云霄。之后，黑烟随风飘散，笼罩了主峰，笼罩了整座松山。隐蔽在山脚下的我军士兵，感觉到黑色的粉末，细雨一样簌簌

落地。

浓烟散去，松山主峰已经被削去一截。我军登上山顶后，日本人什么也没留下，只留下两个深20米、宽50米的大土坑。

后来，有人听到日军广播说，天皇颁布诏书称：

"松山3000名皇军将士全员玉碎，举国哀悼。"

龙陵拉锯战：日军的"断"变为中国的"通"

1944年6月上旬，第11集团军之第71军部队渡过怒江后，即分路进击，除新28师负责进攻腊勐、松山外，军主力之第87师和第88师分路向南急进，直指龙陵。

龙陵是滇西地区的交通枢纽和战略支撑点，这里四面环山，中间是一片开阔的丘陵地，滇缅公路从城中穿过，沿滇缅公路向北80公里可达松山，向南25公里是芒市、130公里是瑞丽。此外，这里还有公路通向腾冲。

龙陵地理位置重要，扼滇缅公路和龙腾公路交通要冲，是中国远征军进出滇西和缅甸的必经之地。它南与日军第56师团司令部芒市毗邻，互为犄角，日军利用龙陵四周的山地和城内的民宅等建筑物，设置了坚固的防御工事。龙陵日军守备队的兵力包括第56师团工兵联队和第113联队第3大队部分兵力，以及刚从缅北增援而至的第2师团第29联队第2大队，总共900余人，第29联队第2大队大队长藤木隆太郎大尉担任守备队队长。

我军第一轮进攻。我军向龙陵发起的第一轮进攻始于6月5日。在第71军军长钟彬的命令下，第87师在龙陵北侧，第88师在龙陵南侧同时发动进攻。但这一天气象条件不良，午后有雨。我军主要是以炮兵轰击龙陵敌军外围阵地，步兵没有发起冲锋。6日，天气转好，美军派飞机助战，美战机和我炮兵集中火力轰击以东山为中心的敌军阵地，之后我步兵发起冲锋。至7日，第87师攻占东山，同日，第88师推进至南天门之线。8日，第11集团军总司令宋希濂亲临前线督战，我军集中兵力，冒

Y 部队向龙陵进发

雨突击龙陵北侧敌军阵地。敌军不支,连夜撤退。至10日,我军向城内发起总攻。我军集中了20多门山炮轰击城内日军据点,之后步兵多路出击,敌军先后放弃了园山、一字山和龙陵中学等阵地,不断向后收缩。战至夜间,第87师攻占赵家祠堂两侧街区,第88师攻占封家坡、桤干坡。城内残敌二百余人全部被压缩至日军野战医院和军需仓库附近的若干个孤立的小据点,束手待毙。敌军守备队长藤木隆万念俱灰,已经向松山佑三师团长发出诀别电报。

中国军队也认为,龙陵已是我军囊中之物。当夜,集团军总司令宋希濂便把攻占龙陵的捷报传回重庆。这位总司令年轻气盛,且旗开得胜,得意之情溢于言表,在给蒋介石的电报中称:

职亲率71军及第2军主力,分别由毕寨渡、打黑渡过怒江,后向龙陵之敌攻击前进,沿途各地之敌均顽强抵抗。我军士气旺盛,连克腊勐、镇安街各点,6日迫近龙陵近郊,经围攻苦斗,于10日攻克龙陵。

宋总司令急躁了一点。

其实,发报时,尚有二百余敌兵死守在城内十余个据点。总司令以为,与他的千军万马相比,这点残渣余孽不值一提,便把战果报了上去。

战场上的事真是难说得很。没料到城内残敌,负隅顽抗,我军几次冲锋竟没拿下。也没料到,赶上连日暴雨,飞机不能空投,我军供应中

断,粮食和弹药告急,攻势顿挫。更没料到,日军动作如此神速,各路援军纷至沓来,几天之内,龙陵四周纠集了大量日军。最先赶到的是松井秀治大佐率领的第56师团之第113联队主力,这个联队原驻腊勐,是松山佑三师团长手下的一支应急部队,6月初,当我第20集团军开始进攻腾冲后,奉命从腊勐赶往腾冲救援,第71军进攻龙陵后,又奉命从腾冲回救龙陵。半个多月时间里他们在滇西战场往返奔命。6月12日夜间他们赶到龙陵,正是龙陵守备队奄奄一息之时。紧接着由第56师团参谋永井清雄中佐率领的第53师团第119联队第1大队,以及野炮兵第56联队长山崎周一郎中佐率领的一支机动分队也赶到龙陵。当各路救援部队到达后,坐镇芒市的松山佑三师团长命令部队于6月16日,开始向龙陵我军实施反击。

敌军对我三面围攻,我军猝不及防,力不能支,于6月17日撤出龙陵城区,退守龙陵北侧的山地。龙陵作战功亏一篑,中国官兵唉声叹气,后悔不迭。

蒋介石接到宋希濂的捷报,还没笑出声来,17日,便传来龙陵失守的噩耗。蒋介石大怒,致电卫立煌:

饬即查明放弃龙陵系何人所下命令,迅速呈报。

何人所下命令?当然是宋希濂下的。但是他不怕,他有话说。他回电卫立煌,并转告蒋介石:

第一,反扑龙陵的敌军主要来自腾冲,如果第20集团军动作迅速,将腾冲之敌切实包围,绝不会祸及龙陵。第二,如果松山早日拿下,开放滇缅路,我11集团军何至于弹尽粮绝,攻势顿挫?第三,如果空军密切配合,龙陵城内残敌早被扑灭,岂能死灰复燃?

言之凿凿。

卫立煌哭笑不得。

蒋介石杀气腾腾,本想惩办败将,但举起板子,左右环顾,不知该打谁的屁股。最后,只好气哼哼地说:

把龙陵给我拿回来!

我军第二轮进攻。龙陵日军得寸进尺，主力沿滇缅路两侧向我猛攻。激战至6月25日，我伤亡惨重，节节后退。敌军前锋距我第11集团军指挥部仅两三里，宋希濂的掩蔽所也挨了炮弹。

战局险恶。风声鹤唳。

宋希濂急眼了。他严令各部死守：惊慌失措者斩！临阵畏葸者斩！丢失阵地者斩！

连声叫"斩"！

第87师奉命死守达摩山、黄草坝，苦战数日，兵员锐减。师长张绍勋亲加督率，全力拒敌，怎奈敌战车与炮兵反复蹂躏，战至25日，我军阵地被突破。张师长目睹情形恶化，回天无力，愤而举枪自戕，幸被卫兵救下。

敌我争夺，到了你死我活的关头。

幸亏第8军之荣誉第1师抽出部分兵力，从松山赶来救援，稳定了战局。

宋希濂果真有大将风度。他判定敌军连日征战，已成强弩之末。"两鼠斗于穴中，勇者胜。"他不断向龙陵增兵，将麾下的第2军之第76师、第9师各一部调往龙陵。6月28日，宋希濂亲临前线指挥，催促部队向龙陵发起第2轮围攻。第87师、第88师、第76师和荣1师各派出一个团，分四路向龙陵外围阵地突击，连克猛连坡、长岭岗、尖山寺、广林坡、老东坡、头道坡、红土坡等日军据点。敌军抵挡不住，惊慌败退。我军乘势进占龙陵外围全部日军据点，恢复原有阵地。敌军全部龟缩至龙陵城区。我军复将龙陵四面合围。

宋希濂与日本第33军军司令官本多政材在龙陵城外来回拉锯。到了第二个回合，宋希濂力大气盛，反败为胜，把大锯又给拉回来了。

我军第三轮进攻。我军与日军在龙陵城下来回拉锯，反复争夺，正当缅甸战场风云变幻之时。在缅甸中部，6月底至7月初，日军第15军向印度英法尔的进攻已经以失败告终。日军被英军赶出了印度。在从英法尔逃回缅甸的途中，大批日军士兵病死饿死，路上遗尸无数，其惨状堪与1942年中国军队败退缅北丛林相比。英法尔之战，日军共有5万多人战死或病死、饿死。狂妄的缅甸方面军司令官河边正三和第15军军司

令官牟田口均因战败被撤职。在缅北，日军第18师团被中国驻印军包围在孟拱河谷，濒于覆灭。英法尔作战和缅北作战失败后，7月2日，日军南方军下令，变更缅甸方面军作战任务，解除其在缅甸中部和南部的作战任务，集中兵力在怒江西岸地区及缅北，摧毁中国军队打通中印地面交通之企图。日军在缅甸中部和缅北均告失败后，现在唯一的希望是在怒江西岸挡住中国远征军Y部队的攻势，以阻断中国和印度地面联络。于是，新上任的缅甸方面军司令官木村兵太郎把目光全部集中到滇西，并且把刚从马来西亚赶到缅甸的第2师团主力紧急派到滇西，增强第33军。根据南方军和缅甸方面军的作战意图，7月上旬，第33军军司令官本多政材制订了代号为"断作战"的计划，要点是：

军将主力集中于芒市周围，在龙陵方面击灭云南远征军之主力后，前出至怒江一线，切断中印联络路线。

第56师团要长期保持目前态势，在扣住云南远征军的同时准备今后的攻势。

第2师团首先集结在南坎附近，构筑工事，以佯攻欺骗敌人。待主力集中完毕后，利用夜间一举跃进芒市方面，与第56师团一起准备今后攻势。

在第56师团和第2师团准备完毕后，尽快攻击龙陵周围。

日军将领全是冒险家、赌棍，赢时眼红，输了更眼红。在颓势中，本多政材拟制的"断作战"，企图集中两个师团以上兵力，在龙陵地区击垮宋希濂，进而解腾冲、松山之围，最终粉碎X、Y部队会师缅北计划。所谓"断"，一是切断滇缅路，二是阻止我X、Y部队会师。

这是一步凶棋。

日军"断作战"计划将龙陵作为战场重点。这就注定了在龙陵这个小丘陵地内，我军与日军的恶战将会愈演愈烈。

缅甸日军孤注一掷，倾尽全力投入"断作战"。日军援兵源源开向龙陵战场。第56师团之第146联队从缅北撤回归建，从日本本土和中国台湾派来的2200多名补充兵到达龙陵后，被充实入第56师团。原在遮放的第56师团一支约1000人的机动兵力迅即赶赴龙陵。第2师团师团长冈崎清三郎中将率领的师团主力共两个半联队，正昼夜兼程向南坎、芒市、龙陵之线进发。第33军军长本多政材已经把作战指挥所从缅甸境内前移至芒市。日军摆开架势，准备在龙陵与中国远征军决一死战。

此期间，中国驻印军 X 部队和中国远征军 Y 部队与日军的战斗正进入最紧张阶段。在缅北，中国驻印军正全面围攻密支那，密支那指日可下。中国远征军 Y 部队在腾冲和松山的作战也到了最后关头。龙陵作战的胜败，关乎缅北、滇西作战全局。国民政府军事委员会要求尽快结束龙陵作战，打通滇西与缅北的通道，粉碎日军的"断作战"计划。为此，中国远征军 Y 部队急速向龙陵增兵，先后将第 5 军之第 200 师、第 54 军之第 36 师派到龙陵。不久，松山作战结束，荣誉第 1 师主力也移师龙陵。龙陵四周，我军兵力骤增，除了原有 4 个师，又新增了 3 个师。

尤其让日军心惊肉跳的是，新增的这

第 11 集团军总司令黄杰（接替宋希濂）在滇西前线

3 个师都是他们的死对头。一个是第 5 军之第 200 师，当年在同古城下，曾让日军撞得头破血流。另一个是第 36 师，1942 年夏，当日军"扫荡"缅甸，正向滇西长驱疾进时，在惠通桥头，遭第 36 师当头棒喝，日军因此没能跨过怒江。再一个是，在昆仑关重创日军的荣誉第 1 师。

日军倾其全力发起的"断作战"于 7 月中旬至 9 月上旬全面展开。这同时也是我军进行的第三次围攻龙陵之战。

7 月中旬，敌军首先调集在龙陵、芒市地区的第 56 师团兵力，集中突击龙陵南侧放马桥山我新 28 师阵地。我军奋起反击，将敌击溃。后我军第 87 师、第 88 师、荣 1 师部队主动向敌发起进攻，分别攻占蛇腰坡、广林坡、老东坡等龙陵外围阵地。我军乘胜反击，向龙陵城区进逼，经

连日激战,至 8 月 23 日,我军攻占城区文昌宫、余家寺、钟山、张家寨等要点。

8 月下旬,日军第 2 师团增援部队到达龙陵,日军拼尽全力又发起新的更加疯狂的进攻。

日军第 2 师团成立于日本明治维新时期,先后参加过甲午战争、日俄战争、第一次世界大战,是日本侵略军的骨干和中坚,曾为日本帝国立下了赫赫战功。此次他们作为生力军从马来西亚赶到滇西战场增援,师团长冈崎清三郎踌躇满志。

但是在龙陵战场,他的头一脚就没能踢出去。9 月 3 日,冈崎清三郎师团长以两个大队兵力突击龙陵东侧小松山顶峰我第 76 师阵地,遭到我军顽强阻击。日军苦战 3 日,突入主峰阵地一角,但马上遭到我军火力反击,突入阵地的日军全部战死,阵地又回到我军手中。小松山进攻受挫,第 2 师团只好绕过小松山,向北发起进攻。但是在小松山以北的一山、二山、三山等高地,第 2 师团又遭到第 71 军第 87 师的部队迎头痛击。师团长冈崎清三郎气得直跺脚。

我军正在公路东侧痛击第 2 师团,可是在西侧,日军第 56 师团突破了我军新 39 师和荣誉第 1 师的阵地,龙陵西侧分哨山等高地亦被日军攻占。日军继续向龙陵增援,吉田四郎大佐指挥的第 49 师团第 168 联队到达战场。9 月 13 日,日军发动全面攻势。战斗在第 87 师华坡阵地、荣誉第 1 师南厂阵地、第 76 师山头寨阵地全面打响。一时龙陵外围,炮声震天,杀声动地。远征军部队官兵坚守阵地,以密集的火力回击日军。

龙陵城下的激烈争夺在雨季继续进行。至 10 月底,我军在先后攻克了密支那、腾冲、松山等日军要点后,开始集中全力投入龙陵作战。10 月 31 日,远征军向龙陵守敌发起最后的总攻。我军共投入了 5 个步兵师和 400 多门火炮,在美军飞机的支援下,向守敌发起摧枯拉朽式的攻击。日军精疲力竭,损兵折将,丢盔弃甲。11 月 2 日,我军终于完全占领龙陵。

龙陵之战从 6 月 5 日打响至 11 月 2 日结束,历时近 5 个月,我军先后投入 7 个师以上兵力,敌军投入 2 个师团兵力。我军毙伤敌军 1 万余人,俘虏 200 余人。我军损失 28000 余人。这是滇西反攻作战中,时间最长、投入部队最多、我军战果最大的一次战役。

这也是滇西反攻作战的最后一场大战。至此,滇西地区的日军主力基本上被我军歼灭。日本缅甸方面军拼尽最后的力气发起的"断作战"宣告失败,而滇缅公路和中印公路在中国远征军的脚下不断向前,一路"畅通"。

第二十五章　X+Y=V

中国驻印军扩编与史迪威将军黯然去职

中国远征军Y部队在滇西激战的1944年8、9、10三个月中，缅北战场相对平静。中国驻印军X部队在8月初攻下密支那后，已是雨季，大雨淋漓，江河暴涨，遍地泽国。

雨季将战火暂时熄灭了。

中国驻印军停止了一切攻势，就地休整。自从年初反攻缅北以来，官兵们在丛林里不停顿地奔突，不间断地战斗，七八个月了，战袍需要修补，武器需要保养，体力需要恢复，队伍需要整顿。他们该喘口气了。

这年的雨季，雨量还是那么充沛，雨点还像铜钱那么大，雷电还像剑一样，从天劈到地。但是，人们的感觉已经不一样了。

在密支那，在孟拱，在战场废墟上搭起的帐篷城里，中国官兵像丰收后的农夫，猎获后的猎户，不慌不忙地消化着已到手的成果。他们在清点房获、总结作战经验、评功评奖。当然，这个时候，又有一些美国兵，拿香烟，拿手表，兑换中国人手里的日本战刀、膏药旗，或日军别的什么遗物。

惯于吃苦的中国兵们对伙食也挑剔起来。这没什么可指责的。他们得抓紧时间补充营养，恢复体力。盟军的供应是好的，但士兵们吃腻了饼干罐头，有人一闻到澳大利亚出产的牛排罐头，或者美国罐装香肠，直想吐。他们热衷于进山打一只山羊，下河炸几条鲤鱼，或者干脆采些野菜，支起小铁锅，弄几样家常菜，调调胃口。

有什么业余爱好，尽管施展就是了。打扑克、下象棋、听京戏，有的帐篷里还放着缴获的日本留声机，谁愿意听就听。最热闹的还是来了劳军团的时候，吃的、喝的、玩的，全有。国内派来的劳军团三天两头不断线，走马灯似的，前脚刚走，后脚又来。美国电影明星战场慰问团还光顾过密支那呢！他们给士兵带来歌声，带来欢乐，还带来温馨。运气好点的士兵，被选出来当代表，被请到台上，美国女明星会给这位骑士献上甜美的一吻。于是，全场欢声雷动。不论吻的，被吻的，被别人代表他吻的，全都兴奋不已。

雨季给中国官兵带来的再不是饥饿、寒冷、疾病和愁苦，而是不尽的欢乐和希望。

望着漫天大雨，官兵们欢呼：来得更猛点吧，把鬼子的尸体漂得远远的，把鬼子的血污洗得干干净净的，让大地清清爽爽，让丛林充满生机。

望着闪闪雷电，官兵们呼喊：炸得更响点，劈得更低点，为我们劈出一条通往胜利的道路。

就在这充满欢乐和希望的多雨季节里，X部队完成了扩编任务，将原有的新1军扩编为新1军和新6军两个军。新1军（军长孙立人）下辖新38师（师长李鸿）、新30师（师长唐守治）；新6军（军长廖耀湘），下辖新22师（师长李涛）、第14师（师长龙天武）、第50师（师长潘裕昆）。

郑洞国卸下原新1军军长之职，升任X部队副总指挥。

人人各得其所，皆大欢喜。

1944年这个雨季唯一给一个人带来了哀伤。史迪威将军被解除中国战区的一切职务，凄凄凉凉地返回美国。

史迪威与蒋介石之间充满矛盾的紧张关系，在最近几个月里，电闪雷鸣，风雨交加。在关于美援物资分配、中国军队的使用以及对延安的态度等要紧问题上，总司令与参谋长距离越来越大。1944年夏秋之交，侵华日军投入30多万兵力实施"一号作战"，沿粤汉铁路大举进攻，企图打通大陆交通线，中国战场出现了紧急情况。由于担心中国战场崩溃，危及盟军在亚洲、太平洋战场作战，美国总统罗斯福慌里慌张，接连致电蒋介石，敦促他委命史迪威为中国战区总指挥，在蒋介石之下指挥包括八路军、新四军在内的所有中国军队以及驻华美军对日作战。

这就犯了蒋介石的大忌。

蒋介石意识到，把军队交给史迪威指挥，即使打败了日本，战后的中国也绝不是他所希望的那个中国。在中国战区内，有蒋无史，有史无蒋。蒋介石气得全身哆嗦，致信罗斯福，坚决拒绝。

要将军，还是要委员长？罗斯福进退维谷。

在困难时刻，赫尔利将军作为总统特使，被派到中国，调解矛盾，处理危机。赫尔利出生于俄克拉荷马州，共和党人，担任过胡佛总统的陆军部长，1931年访问过中国。在美国政界，他以"相貌漂亮、崇尚虚荣和善于见风使舵"著称。他此行的使命是试探蒋介石的态度，探明蒋介石在任命史迪威问题上的底牌，寻找化解这场危机的办法。这是继1942年7月派居里为特使，调解蒋介石与史迪威矛盾之后，美国专门派出的又一任特使。居里成功了，赫尔利呢？

1943年9月2日，赫尔利抵达印度，他首先与史迪威将军会晤，听取了史迪威将军关于中国战场作战的意见。9月6日，赫尔利到达重庆后，即按照他提出的加强中美合作、促使在华军队统一使用，确定史迪威前线指挥权、确定史迪威作为蒋总司令参谋长之权限、美援物资供应和管理等10个议题，与蒋介石进行马拉松式会谈。会谈进行得非常艰难。

此期间，日军加紧推进"一号作战"第三阶段作战，日本第11军和第23军共8个师团于9月中旬沿湘桂铁路发动进攻，中国战场吃紧，蒋介石打算将中国远征军Y部队撤回内地应战。史迪威将此事报告罗斯福。罗斯福大为恼怒，9月18日致电蒋介石，强硬要求中国加快推进Y部队在怒江西岸的作战，"同时必须立即委任史迪威将军，授以全权，指挥中国全部军队"。并强调，"此步骤之实现，将更增进美国之决心。此间各高级人员均认为，如再延搁犹豫，阁下及吾人对于援助中国之计划，便将完全消失"。

罗斯福总统这封电报，再次以美援物资相要挟，迫使中国政府就范，这显然是中国方面所不能接受的。蒋介石的态度一下变得更加强硬起来。

9月24日，蒋介石召见赫尔利。这一次谈话，蒋介石不再使用迂回战术，而是直奔主题，专门就关于史迪威任命问题发表意见，明确地表达了他对此事的反对态度。

蒋介石开门见山，说，余今日欲与将军商谈者，一为我两国之政策，一为执行政策之人。此二者固同等重要，而无执行政策之人，或有人而不得其当，则其不能依照原定政策切实执行，仍归无效。执行政策之人最重要之条件有二：第一，根本上彼此要互相尊重，互相信任。如双方执行政策之人不能互相尊重互相信任，即令有良好政策，亦必不能成功。第二，即彼此要诚实，要确认两国政策在谋两国长久之利益，而不能斤斤计较一时之利害，如缺乏此种诚意，或所说之话不能实在，不能力行，则两国邦交，必蒙受其损失。

他接着说，当将军来华之前，时在7月初旬，罗斯福大总统曾电余，将史迪威将军在余直接指挥之下委任为中国战区总司令，余以罗斯福大总统对于中国之好意，以及彼余个人平日之感情，余认为彼之提议，有利中国，余自愿赞同，但必须予余以充分准备与布置之时间。余之处理此事，态度十分慎重，其所以然者，因此电所涉及者乃关系我国家生死存亡之事，绝非通常彼之来电可比。军队乃国家之命脉，军队指挥权乃操国家生死存亡之大事，况余负有国家成败存亡之重任，就余对国家对全国军队负责者之地位言之，余处理此事，实不能不取极其慎重之态度，非得万全妥善之办法，绝不能轻易处理。

蒋介石反复强调了中美邦交及军事指挥权的极端重要性，之后，话锋一转，直接指向史迪威。他说，史迪威将军来华任职已两年半，于此期间，彼工作甚为勤劳而实在，处事亦甚坚决勇敢，彼擅有此长，余甚为佩服，因此，凡彼力能胜任之事，余必授予全权，听其主持，并助其成功。即如缅甸之战，余初指派两师交彼统带，后又增派一师，继复增派两师，此五师部队之指挥与作战之事，余既全权交彼负责，即从不加遥制或干涉。但如除此五师之外，再要加派部队，归其掌握调度，则彼之力不能胜，如欲委以中国战区全军总司令之职，使其指挥全中国三千公里战线之军队，则彼之能力，更不足任此艰巨。余观察史将军固为一勤劳朴实果敢之军人，然彼之政治与战略头脑殊为缺乏，而主持全部战局之人，不仅须有军事之素养，尤其具有政治之脑筋，二者兼备，始堪称职,否则未有不误事者。

蒋介石滔滔不绝,赫尔利连插嘴的机会也很少。赫尔利已经清楚地知道,这位中国独裁者往下要对他说什么了,他此行的使命失败了。以"善于见风使舵"著称的赫尔利,在明白他不能改变事态走向后,选择了妥协。在蒋介石谈话稍作停顿的当口,赫尔利终于找到一个插嘴的机会,他回答道,委座此意,余完全有同感。

蒋介石接着说,至于中国之军队,其内部情形之复杂,尤非他国军队可比,如欲史将军任中国战区全军统帅之责,自更非所宜。史迪威将军来华,余与共事已两年多,彼虽有所短,亦有其所长,彼为余之朋友,私人情感素笃,余必使之成功,而不能使之失败。彼为美国参谋总长马歇尔将军之旧部,马歇尔将军相信其可以任事,故寄予信任。余对部下亦系如此,凡余对其有信心者,必可成功,反之必归失败。不过,马歇尔将军所信于史氏者,在其他战区或可,对于中国战区复杂之情形,恐彼尚不甚了解,而余则十分清楚。余在中国军界已三十余年,而最近二十年来,余乃为中国军事之领袖,以余二十余年之经验,对于军事政治之处置,有时尚不免失当,然则以史将军之情形而出任全中国战区统帅之重任,余实不能保证其必无意外。

最后,蒋介石当着赫尔利的面,宣布了他的决定:因此,余认为史将军绝不能担负中国战区中美联军统帅之重任。在余个人,以免牺牲一好友,而于中美两国,亦免影响将来之合作。余之意见,甚盼贵国能另派一资望显著、能力卓越之将领前来中国继续执行我两国合作作战之政策,以达到我两国共同胜利之目的。

此次谈话后,赫尔利这位美国钦差很快抛弃史迪威,倒向蒋介石。10月13日,他在致罗斯福的信中做出自己的判断,他写道:

"我的意见是,如果你在这场争论中维护史迪威,你将失去蒋介石,并且你还会连同失去中国。即使天堂里所有的天使都将发誓,说我们支持史迪威是对的,这也改变不了历史的结论:美国势必在中国遭到失败。我谨建议你解除史迪威将军的职务。"

罗斯福总统无奈之下,于10月19日致电蒋介石,决定将史迪威调回美国,将史迪威在华职权一分为二,派原盟军东南亚战区参谋长魏德迈中将接替史迪威出任盟军中国战区参谋长,派原中印缅战区美军司令官索尔登中将接任中国驻印军总指挥。

史迪威是一名军人,不是政治家。他可以指挥千军万马,把握住某一战场的进程。但是,有时他连自己也把握不住。在错综复杂、波涛起伏的中美关系长河中,他只是一条小船。

一阵狂涛袭来,他搁浅了。

10月中旬,史迪威黯然离开中国。离开重庆后,他特意绕道密支那,与曾经在缅北丛林并肩战斗,饱尝了失败的惨痛,又共享过胜利喜悦的中国官兵告别。

在过去的日子里,这位美国老头子虽然刻薄了点,严厉了点,但他毕竟是位出色的将军。他懂得丛林战术,懂得尊重士兵。在战斗激烈的时候,他轻车简从,胸前挂着卡宾枪,自己开着吉普车往前沿跑。为此,他赢得中国官兵真诚的拥戴。

当缅甸作战取得决定性胜利时,他却不明不白地离去了。不管是什么原因促成他的去职,中国官兵们不会忘记,这位白发苍苍的美国将军与他们在缅甸丛林度过的日日夜夜。

X部队攻占八莫、南坎

进入10月以后,缅甸的气候明显地改变了。

大陆气压转高,海洋高气压中心趋向衰弱。来自云贵高原强劲的东北季风,逐渐驱散印度洋的湿热气流。

空气干燥,雨量稀少,河流萎缩,丛林失去光泽,变得苍老了。

野草枯黄,树叶飘零,山花凋谢。秋风起处,枯枝败叶漫天飞舞,簌簌下地。林中又铺上一层厚厚的落叶。荒莽榛榛,具有强大生命力的热带丛林,在秋风扫荡下,也无可奈何地显出萧条、破败景象。

战火,在旱季重新点燃。

经过2个多月整备,中国驻印军X部队这口宝剑更加锋利了。当它再次出鞘时,缅北残敌,立刻感受到它那直刺脏腑的闪闪寒光。

八莫战场我军炮兵阵地

10月中旬，在飒飒秋风中，中国驻印军X部队之新1军和新6军分别从密支那、孟拱出发，新1军在左，新6军在右，席卷而去。

攻占八莫。我军第一个进攻目标是八莫。八莫位于伊洛瓦底江东岸，太平江南侧，是缅北水陆交通要冲。它处于密支那与畹町之间，也是中印公路必经之地。日军自1942年夏占领八莫后，便在这里构筑了坚固的工事，布置了严密的防线，准备固守。2个月前，在孟拱河谷，日军第18师团被我歼灭，师团长田中新一拼光了部队后，只身逃回仰光，出任几成空壳的缅甸方面军参谋长，第18师团残部数百人由第2师团收容，并撤退至八莫。1个月前，日军又将从滇西败退的第2师团部分兵力派往八莫，加强工事，企图继续顽抗。至我军向八莫发起进攻时，敌八莫守备队共有以第2师团搜索联队为骨干，包括第16联队第2大队、混合炮兵1个大队、第18师团残兵在内的5000余兵力，及10辆轻型战车。搜索联队联队长原好三大佐任守备队队长。

10月中旬，新1军第38师向八莫前进。10月15日，李鸿率领该师，沿密八公路挺进，激战半个月相继拔除敌据点十余处，将太平江北岸日军全部肃清。10月29日，部队到达太平江北岸庙堤。太平江江宽水深，我军几次组织渡河，均遭敌军阻击。孙立人军长亲赴前线督战，经与李鸿师长商量，决定将第113团留在庙堤佯攻，由李鸿率第112、第114团迂回包抄，夺取太平江上游的铁索桥，绕到八莫侧后。11月1日，第112、第114团成功地越过太平江，进抵不兰丹，3日进占柏坑，直趋八莫东侧。我军乘胜前进，11月6日一举袭占兴龙卡巴。之后，新38师以主力向莫马克及八莫正面攻击。在空军的支援下，我军官兵连续作战，以破竹之势，于14日攻占莫马克，17日攻占曼西，并占领飞机场，切断了八莫敌军退往南坎方向的通路，从左侧包围了八莫。

新6军主力10月下旬从孟拱出动，从右翼向八莫方向进发。新22师师长李涛率领师主力自孟拱乘火车进抵和平，随后穿越丛林向东进发，于11月1日抵达伊洛瓦底江北岸。先头部队随即以橡皮舟渡江，并顺利地建立了滩头阵地。日军仓促应战，被我军击溃。我军尾追溃逃之敌，于7日深夜进占瑞古。此时担任助攻任务的第50师由卡萨出发，也进展顺利，于11月上旬两个师部队在瑞古会合，从右侧完成了对八莫城区的包围。

根据中国驻印军总指挥部的命令，进攻八莫城区的任务主要由新38师担任，新22师派出两个营协助作战。

11月31日，新38师师长李鸿下令对八莫城区发起攻击。八莫城区东西宽约3公里，南北长约6公里，毗邻伊洛瓦底江，城区地形复杂，溪河众多，沼泽遍布，间有少量的丘陵和树林，地形地貌与密支那相仿。敌军利用地形和民房，设置了坚固的防御工事。我军推广密支那攻坚作战的成功经验，充分发挥火力优势，加强陆空协同，合理配置步兵和炮兵火力，并充分发挥战车的突击作用，逐码前进，不断缩小包围圈，用绞杀战术与敌军展开殊死搏斗。

激战至12月14日，我军攻入城北，将陆军监狱、宪兵营房、老炮台等坚固堡垒相继攻克，乘胜沿江岸马路锥形突进，攻向敌腹廓阵地，直刺其心脏部位。敌守备队长原好三大佐被我击毙。敌整个防御阵地崩溃，军心动摇。我军效密支那作战战法，组织敢死队乘着夜暗，多路突入敌阵，四处出击，与敌展开肉搏。14日夜间，我军终于占领敌核心阵地。部分残敌突围而逃，沿城西沙滩向南溃退，我城南攻击部队集中各种步兵火器向敌猛烈射击。敌仅二三十人乘夜暗，从伊洛瓦底江泅水逃跑，其余悉数就歼。八莫敌军医院中部分伤病员，被敌长官以手榴弹集中炸死。

我军于12月15日完全占领八莫。

八莫作战，我军共击毙日军原好三大佐以下官兵2430人，生俘敌池田大尉等20余人，缴获敌零式战斗机2架、战车10辆、各种火炮28门、轻重机枪95挺、步枪1200余支。我军阵亡军官20人，伤33人；士兵阵

中国驻印军攻入八莫

亡273人,伤695人。

参加八莫作战的中国驻印军士兵

1944年11月间,正当缅北作战进入尾声之际,国内战场出现了紧急局面,日军于11月11日攻占桂林,11月24日攻占南宁,随后沿桂黔公路向贵州攻击,威逼四川。重庆极感震荡,蒋介石急令廖耀湘率新6军主力新22师、第14师回国救援,其辖下之第50师转隶新1军,继续留在缅北作战。12月1日,新6军主力停止在缅北的作战行动,于12月中旬由廖耀湘率领空运返回昆明,担任昆明警备任务。

攻占南坎。新1军为争取战

略主动，不待八莫作战结束，即以新30师主力绕道向南坎发动攻势。南坎位于瑞丽江南岸，与中国瑞丽市弄岛乡隔江相望，是缅甸北部的重镇和门户，眼下也是中印公路在缅甸境内最后一个障碍。南坎地形为一长条形谷地，长约60公里，宽约10公里，四周为群山围拱，瑞丽江迂回曲折川流其间。驻南坎日军为不久前刚从朝鲜调来的第49师团第168联队、炮兵第18联队第1大队，以及第18师团、第56师团残部。11月底，新30师分三路纵队，沿八（莫）南（坎）公路及其两侧山地，长驱南下。12月2日，我先头部队分别占领康马西北、南于附近山地。4日和5日，攻占八南公路西侧之5338高地，控制了八南公路。此时，因我军在八莫攻城甚急，八莫日军危在旦夕，驻南坎日军倾巢而出，在山崎四郎大佐率领下驰援八莫。12月9日，新30师主力与敌山崎部队遭遇，随即展开激战。敌军狗急跳墙，集中火力，以150毫米重炮2门、山炮8门、平射炮16门，轰击我5338高地。步兵轮番进攻。战至11日，我军共打退敌军15次进攻，歼敌无数，粉碎了敌山崎部队增援八莫的企图，且不让该敌从南坎河谷脱身。为了最终围歼南坎之敌，我军将控置于西曼附近之第89团，增加至第一线，加强第30师攻击力量。还从八莫方面调来新38师之第112团担任左翼支队，对南坎方面之敌后，作秘密深远之迂回。

我军部署停当后，即向南坎敌军发起围攻。新30师之第89团附山炮1连，工兵一部，从正面向马支攻击前进。该团以破竹之势，17日攻占马支，旋即向东发展攻势，由正面向敌猛攻，19日攻占卡提克、卡龙等地，残敌向南遗退。21日，我军乘势占领邦渣。新30师之第90团从右翼发起攻击。左翼支队第112团，于22日越过南王河，进抵拉康附近地区，与敌对峙，其一部沿南王河之西岸向南猛进，23日，一举将莫南公路切成数段。24、25日，我正面攻击部队及右翼部队，两相策应夹击南开附近之敌，并击溃企图增援之敌两个中队，一举攻占南开。26日，我右翼部队攻占曼切姆及马王。27日我左侧支队由南王河两岸之崇山峻岭中冒险疾驰，一举袭占劳支及其机场，8日攻占般康。我正面及右翼部队于1945年1月4日，相继将瑞丽河西岸之敌据点攻占，并向敌仅存之坚固据点茅塘攻击。

此时，我军侦知敌人企图利用南坎东南侧险要山地，作长时间固守。我军避免正面攻坚作战，采取迂回与奇袭并用战法，新30师以部分兵力向敌正面攻击，吸引敌军，主力则由南坎西南侧迂回突进，以期一举攻占南坎。

1945年1月5日，新30师第89团在左、新38师第112团在右，分别越过南坎以西古当山脉的丛岭隘道，于7日进抵西朗附近。适逢连日大雨，山洪暴发，泥泞没膝，人马俱难通行，但是我军不计一切艰困，仍然冒雨前进，先于西朗附近暗渡瑞丽河，向南坎左侧背后丛山密林间突进，以一部继向茅塘猛攻。新30师第90团秘密沿河南下，至11日拂晓，乘雾偷渡瑞丽河，由东北向敌南侧背出击。我集中主力部队星夜猛攻，于15日11时突袭南坎，一举将其攻占。残敌逃至瑞丽河东岸及西侧山地，经我南北夹击，全部就歼。

此役，我军毙敌1700人，俘敌15人，缴获火炮12门、步枪850支、掷弹筒70个、仓库10余座。

第11集团军攻占芒市、遮放、畹町

第11集团军部队自1944年11月初攻占龙陵后，乘胜追击，挥师沿着滇缅公路向中缅边境地区迅猛进攻，决心将日军残余部队彻底消灭在滇西的芒市、遮放和畹町。

日军第33军的"断作战"第一期在龙陵告败后，军司令官本多政材仍不死心，下令进行第二期"断作战"。日军将第56师团、第2师团残部以及增援而来的第49师团部分兵力，分别部署在以芒市为中心，包括遮放、畹町在内的滇缅路沿线地区，逐次抵抗，顽强死守，阻滞中国军队南进，以达到控制和切断中国与印度陆路联系的战略企图。

攻占芒市。为彻底粉碎敌军的企图，11月13日，第11集团军下达了向芒市以及以南地区发起进攻的命令。我军的作战部署是：1.第53军集结于河头街及河头村附近地区，向右梯次配备，经梁子街、石板寨、下寨前进，于蚌哈以北渡过芒市大河，进击遮放东北地区，确实切断遮芒公路，阻敌北进，并相机攻占遮放。2.第71军（辖第87师、第88师、荣誉第1师）先在象滚塘及河心昌附近集结，于第53军开始行动后之第3日，取捷径向三台山附近之敌攻击，并占领之，而后以主力协同第2军、第6

第11集团军在芒市公祭阵亡官兵

军向芒市之敌攻击。3.第6军（辖第200师、预备第2师）将第200师当面之敌驱逐后，接替第2军之第76师阵地，然后展开于提蜡、木康及锅盖石附近，俟第71军攻击三台山时向芒市攻击。4.第2军展开于青树坡附近地区，于第6军攻击之时，向马鞍山、诸葛营、五峰山进击，与第53军及第71军取得联络，彻底破坏芒遮公路及敌之通信设施。

第11集团军各部队于11月15日分别进入攻击准备位置。11月19日上午9时，在空军和炮兵火力掩护下，各部队分头向敌阵地发起攻击。第6军右翼第200师由北向南攻击青树坪之敌，激战至午后，将该敌肃清，完全占领了该地附近的8个小山头。左翼预备第2师攻击大湾东山，至傍晚攻占敌之山头阵地。第2军之第9师向松园包及大洞坡敌阵攻击，激战3个小时，将两地占领。第53军、第71军分别向遮放及三台山各要点猛攻。19日，我军全线出击，芒市四周炮火冲天，敌军阵线迅速崩溃。当夜，残敌撤出芒市，向遮放、猛戛方向撤退。20日拂晓，我军乘胜将芒市全部占领。

攻占遮放。第11集团军总部于20日14时下达追击命令。第76师循遮芒古道向南攻击。第6军之第200师和预备第2师分别向芒市西、南进击，至晚各部队均到达蛮乃芒市南侧地区。第71军之荣誉第1师主力向蛮别、南景、弄蒙等地攻击，敌不支而退，芒市大河西北之敌于是肃清。

第53军向遮放西南推进。11月21日，第71军荣1师攻占遮放外围敌军要点三台山阵地。11月26日，第88师攻占囊左寺。11月27日，预备第2师在第76师协助下，攻占白羊山。至此，遮放敌军外围要点均被我占领，残敌被我完全包围。

12月1日起，我军分三路向遮放发起全面攻击。第71军担任中路攻击任务。该军第88师沿滇缅公路，攻下尹线、帕兔敌军据点后，即进攻遮放新城。第87师沿遮芒古道，进攻遮放老城。荣誉第1师占领鸭子塘。第6军担任左翼进攻任务。第200师占领蛮海后，主力向蛮冒追击。第53军担任右翼进攻任务。第130师攻占劳山西南高地后，进逼遮放老城。第116师由德下附近渡过芒市大河，进至小街附近。

我军四面紧逼，不断缩小包围圈，遮放日军见势不妙，弃城而逃，向畹町撤退。第56师团师团长松山佑三将指挥所移至畹町以南的曼昆坎。

攻占畹町。第11集团军各部继续挥师南下，追击逃敌。畹町位于中缅边境国境线我方一侧，是中缅边境的重要口岸，也是日军在滇西的最后据点。12月21日，蒋介石下令："着远征军迅速攻击畹町之敌，限期占领。"12月25日，第11集团军下达了进攻畹町作战命令，要求第53军从左翼由龙川江西岸迂回畹町以南；第6军由西北向畹町攻击；第2军向畹町东南攻击；第71军为预备队。自12月26日起，各部队遵照总部部署展开攻击。经连续25昼夜之激战，敌人虽以全力死撑，实施逆袭、反击，但均被我击退。敌为避免被我军全歼，于是向南向西突围溃退，我军于1945年1月19日完全占领畹町。

至此，第11集团军收复芒市、遮放、畹町之战以胜利告终。我军将滇西日军完全肃清。

X、Y部队胜利会师，中印公路全线打通

中国驻印军X部队和中国远征军Y部队，总共20万人马，一路沿中印公路，从缅北往回打；一路沿滇缅公路，自滇西往外突。两路大军相

向突击，互为呼应，炮声相闻。

1月27日，X、Y部队共同攻占中缅边境敌军最后据点——缅北小镇芒友。两股铁流终于会合。

至此，滇西缅北地区日军最后一面膏药旗被拔除。凶恶的日本第33军宣告覆灭。中国期待已久的国际通道中印公路全线打通。

中印公路通车典礼

次日，X部队和Y部队会师典礼在芒友举行。这天天气晴好，碧空无云，金色的阳光洒满大地。

在开遍鲜花的草地上，肃立着两个钢铁方阵。左侧是身穿米黄色英式制服的X部队，右侧是身着深灰色中式制服的Y部队。

典礼台布置得壮美、醒目，喜气洋洋。这是工兵部队连夜赶筑的土台。台顶张盖着鹅黄色降落伞，在蓝天、白云和草地映衬下，既热烈，又和谐。

前台左侧一条标语：祝贺Y部队进军滇西马到成功！

右侧也是一条标语：欢迎X部队反攻缅北凯旋回国！

正中央横幅上，赫然写着一个斗大的字：

V

白底红字，像一把熊熊燃烧的火炬，格外耀眼。

英文Victory（胜利）一词中，打头的字母"V"，对中国驻印军X部队和中国远征军Y部队的官兵来说，太熟悉不过了，不管懂洋文不懂洋文，都知道"V"是啥意思。一些目不识丁，连自己名字也认不全的老兵，也懂得"V"就是胜利。起初，跟美国人打交道，见面就伸两个手指头。后来，中国人见中国人，也是这两个手指头。冲锋的时候，打胜仗

国殇 中国远征军缅甸、滇西抗战秘录

1945年1月X、Y部队在芒友会师时，卫立煌与索尔登检阅部队

中印公路开通后，美军第100运输队汽车驶入中国境内

的时候，是这样相互激励；受了挫折，打了败仗，负了伤，也是这样相互慰勉。一个"V"字，X部队官兵从1942年开始，整整写了两年半，直到现在，才和Y部队的兄弟共同写成。

那都是用血写的啊！

全世界的大人物们都在注视着中国军队的胜利。在今天典礼台的幕帐上，悬挂着蒋介石、罗斯福、丘吉尔和斯大林的巨幅画像。他们都在向中国军队表示祝贺。

1945年1月28日，X、Y部队在芒友会师

你瞧，风度优雅的罗斯福，右手竖起大拇指，像在向中国人说"顶好，顶好"；爱激动的丘吉尔高高举起左手，用食指和中指，竖成"V"字，表示祝贺；长着两撇漂亮唇髭的斯大林在使劲地鼓掌；而一身戎装的蒋介石右手拿着帽子，在向官兵们招手致意。

全场群情激昂。

在嘹亮的军乐声中，X部队指挥官郑洞国、Y部队总司令卫立煌，从左右两侧，大步流星登上典礼台。远远地，他们张开双臂，急促地向对方迎上去，就像不久前，他们那勇敢的进军。

身材修长的郑洞国，他的步伐果断而坚定，带有野人山里披荆斩棘、勇往直前的节律；体态魁梧的卫立煌，他的脚步沉稳而有力，仍是横扫滇西、排山倒海之气势。他

中印公路开通后，我运输车队通过惠通桥

卫立煌（右）与孙立人在芒友握手庆贺会师

们相向而行，越走越近，终于，两双粗壮有力，指挥过千军万马的大手，紧紧握在一起，久久地，久久地……

这是历史性的一握。

台下万众欢腾，欢声雷动。

此刻，宣告 X、Y 部队胜利会师的礼炮隆隆震响，全世界都听到了中国人扬眉吐气的胜利炮声。

此刻，从印度起程，穿过野人山，穿过密支那、八莫、南坎，沿着中国官兵用血肉铺成的中印公路（亦称史迪威公路）辗转而来的首批500辆军车，满载着美援物资，缓缓驶过国门畹町桥头，向昆明，向重庆进发。中印输油管也剪彩开通。

此刻，中国空军轰炸机群，带着呼啸，掠过中缅边境，掠过缅北大地，向曼德勒，向仰光飞去。

此刻，在国内战场，八路军、新四军执行毛泽东主席提出的"扩大解放区，缩小沦陷区"战略任务，于长城内外、大江南北的广大地区英勇作战，打击日军，收复失地；国民党军队正在推进柳桂战役，粉碎日军夺占桂越铁路的图谋；从成都起飞的美军远程轰炸机群，穿云破雾，

中印公路（史迪威公路）通车典礼

直扑东京。

此刻，在太平洋，精锐的美国第 6 集团军登上日军重兵设防的菲律宾吕宋岛，摧毁日军的海上防线。

……

此刻，从南亚到东亚，从大陆到大洋，处处敲响日本侵略者的丧钟。

后　记

　　缅甸丛林是一片沉重而辉煌的土地，它属于上一辈人。

　　20世纪80年代，我在研究抗战历史时接触到中国远征军在缅甸抗日的零散材料。于是，我冒冒失失地"闯"进了当年曾是野人出没的那片热带丛林。我在北京逐一拜访当时尚健在的中国远征军的老将军们。他们中有郑洞国将军、宋希濂将军、郑庭笈将军、覃异之将军，以及当年曾经参与设计、修筑滇缅公路和中印公路的李温平总工程师。老将军们领着我在缅北丛林里神游，向我讲述了当年中国远征军官兵在缅甸抗日的感人故事，还向我提供了许多关于那场战争的十分珍贵的历史资料。

　　在老将军们的殷切期待、热情鼓励下，我不揣浅陋撰写了长篇纪实文学《缅甸，中日大角逐》，并于1990年7月由解放军文艺出版社出版。此书出版后，在读者和学者中产生了广泛反响，多次重印，发行10万余册，被评为第三届全国优秀畅销书。

　　以《缅甸，中日大角逐》的出版为机缘，我又结识了散居在各地的许许多多的中国远征军老官兵。他们及他们的亲属，通过各种方式和我建立了联系。他们有的是来信索要书籍，有的是打听他们所关心的某个战友的下落，有的是反映他们生活的际遇，更多的是向我讲述他们亲历的，或者亲闻的中国远征军当年征战缅甸丛林的往事，有的甚至希望我把他们所经历、所知道的故事补充写进书里。其情甚殷，其意甚切。

　　我本人也深感《缅甸，中日大角逐》成书较早，限于当时的视野和历史条件，书中的内容难免有欠缺，认识难免肤浅。我有意于将此书做进一步的补充、完善，不辜负远征军老战士们的殷望。我的文友唐得阳先生也热心此事。年前，他专门就此事与我详谈，并提出一些指导性意见。

　　在各方师友的关心推动下，于是，我动笔撰写了《国殇：中国远征军缅甸·滇西抗战秘录》。新作以《缅甸，中日大角逐》为蓝本，大量补充了远征军老战士们后来提供的珍贵的第一手素材，增加了作者关于那场战争的新的认识，还参考或引用了近年来两岸解密的作战文电档案，新披露的回忆资料，以及学界新的研究成果。在新作成书之际，衷心感谢对此书提供了帮助的各位远征军老官长、老战士，以及文学界、史学界的学长和朋友。

  谨以此书献给健在的中国远征军老战士！

  并以此怀念长眠在缅甸战场的为数众多的中国远征军官兵！

作者

2012年4月

主要参考书目

本书在编写中,参考或引用了以下书目相关图文内容,在此特别表示深深的谢意!此外,还参考了难以一一列出的网络资讯,亦一并表示感谢!

以下各条建议按 GB/T 7714—2005 规定改。

《中国远征军入缅对日作战述略》杜聿明著 中国文史出版社出版

《中国远征军在滇西的整训》宋希濂著 中国文史出版社出版

《中国驻印军始末》郑洞国著 中国文史出版社出版

《中国远征军印缅抗战概述》王楚英著 中国文史出版社出版

《转战中印缅战区的新编第38师》何均衡著 中国文史出版社出版

《挫辱而归的第一次远征》余韶著 中国文史出版社出版

《第200师入缅抗战经过》郑庭笈著 中国文史出版社出版

《从八莫之役到凯旋回国》史说著 中国文史出版社出版

《血战松山》王景渊著 中国文史出版社出版

《松山攻坚战》陈一匡著 中国文史出版社出版

《密支那攻防战》戴广德著 中国文史出版社出版

《野人山历劫记》李明华著 中国文史出版社出版

《我的戎马生涯——郑洞国回忆录》郑建邦 胡耀萍著 团结出版社出版

《戴安澜传》戴澄东著 江苏人民出版社出版

《中缅印战场抗日战争史》徐康明著 解放军出版社出版

《缅甸作战》日本防卫厅防卫研究所战史室著 天津市政协编译委员会译 中华书局出版

《中华民国重要史料初编——对日战争时期、第二编作战经过》秦孝仪主编

《百战军魂——孙立人将军》许逖执笔　台湾懋联出版社出版

《蓝鹰兵团》罗曼著　台湾星光出版社出版

《抗日战争正面战场》江苏古籍出版社出版

《史迪威事件》梁敬錞著　商务印书馆出版

《抗日战争滇西战事篇》方国瑜著　云南大学出版社出版

《刘放吾将军与缅甸仁安羌大捷》刘伟民著　上海书店出版

《抗日战史》台湾"国防部"史政编译局编译出版

《林蔚报告书》载《中国现代政治史资料汇编》第3辑

《缅甸荡寇志》孙克刚著　上海时代图书公司出版

《第二次中日战争史》吴相湘著　台湾综合月刊社出版

《军碑：1942——王楚英亲述中国远征军滇缅会战全过程》王楚英著　京华出版社出版

《1942年缅甸作战回忆》邓军林著　古籍出版社出版

《滇西作战实录》吴致皋著　云南人民出版社出版

《江山作证》陈祖樑主编　云南人民出版社出版

《浴血怒江》陈祖樑主编　云南人民出版社出版

《中国驻印军印缅抗战》丁涤勋　王伯惠等编著　团结出版社出版

《历史的记忆》五洲传媒出版社出版

《日中战争》［日］平塚柾绪编著　翔泳社出版

《地狱之战场·饥饿战》［日］别册历史读本杂志社

《日本随军记者见闻录——太平洋战争》［日］小俣行男著　世界知识出版社出版

《大东亚战争全史》［日］服部卓四郎著　张玉祥等译　商务印书馆出版

《史迪威与美国在华经验》［美］巴巴拉·塔奇曼著　商务印书馆出版

《史迪威日记》［美］史迪威著　世界知识出版社出版

《生活周刊》［美］

《第二次世界大战大事记》［德］安·希尔格鲁贝尔　格·许梅尔兴著　戴耀先译　军事科学出版社出版